KB237461

新選明文東洋古典大系

新完譯

【朱子四書集註】

中庸章句新講

（附：大全疏註選譯）

張基槿　新譯講述

明文堂

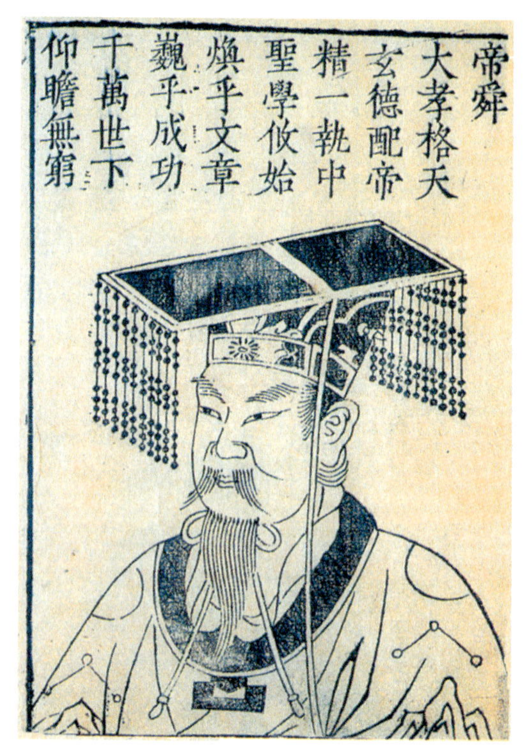

▲ **순제상**(舜帝像)
중국 고대의 오제(五帝) 중 한 사람. 공자가
순임금은 위대한 효자였나 보다고 한 내용
이 《중용》 제17장에 있다.

◀ **요제상**(堯帝像)
중국 고대의 오제(五帝) 중 한 사람.
요순(堯舜) 시대라 함은 덕으로 다스
려지던 태평한 시대를 가리킨다.

▲**문왕상**(文王像)
기원전 12세기경 주(周)나라를 창건한 왕. 이름은 창(昌). 호는 서백(西伯)으로 이상적인 성인 군주의 전형이다.

▶**무왕상**(武王像)
문왕(文王)의 아들로 은(殷)나라를 타도하고 부조(父祖)의 뜻과 사업을 이어받아 왕업을 일으켰다.

▶주희상(朱熹像)

주자(朱子)로 존칭되는 주희는 송(宋)나라 때의 유학자로 〈중용장구〉〈중용혹문〉 등을 저작하였다.

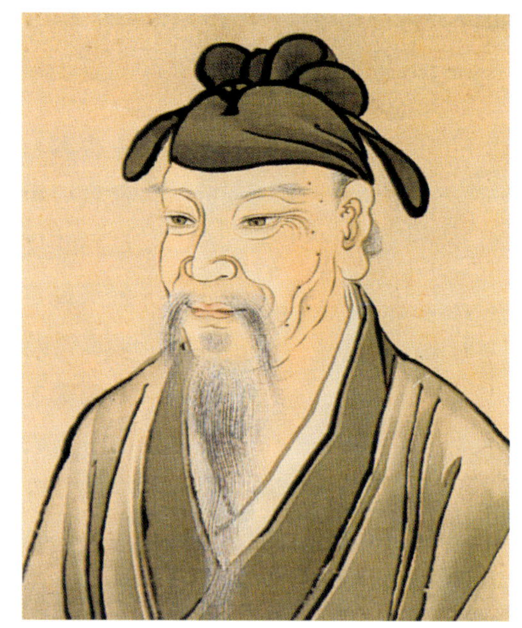

▼하늘이 나에게 덕(德)을 주셨다

공자가 큰 나무 아래서 강의하던 중 환퇴가 공자를 죽이려고 나무를 찍어서 넘어뜨렸다. 공자는 '하늘이 나에게 덕을 주셨거늘 환퇴가 나를 어떻게 하랴?' 며 태연했다고 한다. 중용 제27장～제32장에서는 덕을 설명하였다.

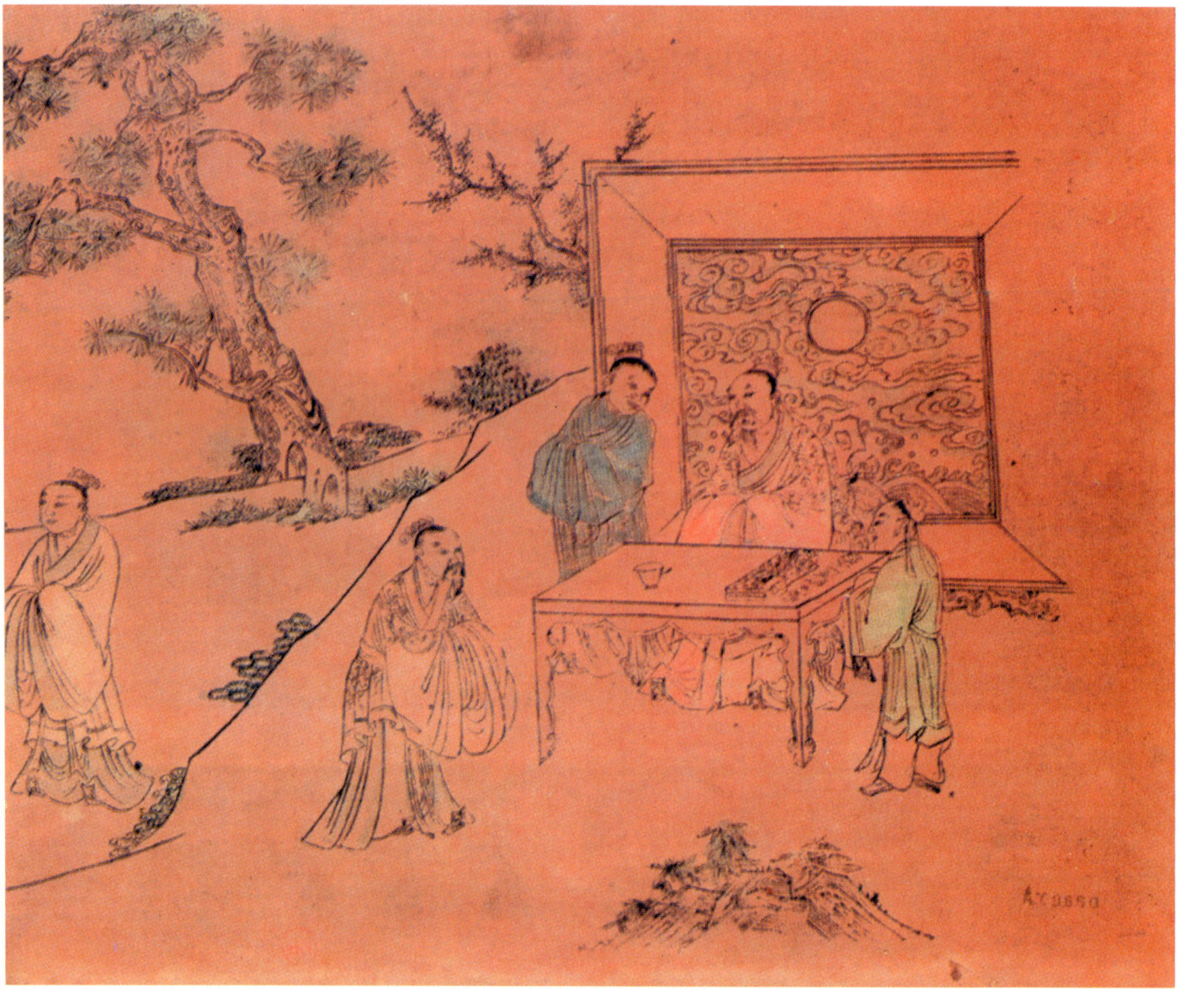

「사서집주(四書集註) 신강(新講)」 간행사

　오늘의 인류사회는 크게 변하고 있다. 외형적으로 눈부시게 발달한 과학 기술 및 공업 생산은 마침내 시간과 공간의 격차를 좁혔으며 이에 인류는 하나가 되어야 한다는 정신적·도덕적 의식이 높아졌으며, 아울러 인류 대동의 하나의 평화세계 창건을 희구하는 방향으로 나가고 있다.

　이에 우리 지식인들도 보다 적극적으로 동양의 한문 경전을 읽고 심성을 함양하고 인격을 도야해야 한다. 아울러 국가 및 세계적인 차원에서도 모든 사람이 「충효(忠孝)」를 실천하고 「예의염치(禮義廉恥)」를 가리어야만이 「수신(修身) 제가(齊家) 치국(治國) 평천하(平天下)」의 일관된 도덕세계를 창건할 수 있을 것이다.

　진정한 평화세계 창건에 참여하는 선구자적·도덕적 지식인을 「대인(大人)」이라고 한다. 우리는 「대인」이 되기 위하여 한문을 공부하자. 그러나 한문 공부는 쉽지 않다. 고전과 성현들의 가르침이나 사상은 심오하고 어렵다. 그러므로 좋은 참고서를 바탕으로 공부해야 한다.

　본사 명문당은 「한문고전 출판」에서는 가장 오래되고 또 권위를 자랑하는 출판사이다. 차제에 우리나라 한문학의 태두(泰斗) 장기근 박사의 「주자 사서집주」의 상재를 기쁘고 자랑스럽게 여긴다.

2004년 11월

명문당 김 동 구 삼가 씀

서론 : 필자의 의도

1. 주자(朱子)의 「사서집주(四書集註)」

속칭 주자의 「사서집주」는 「대학장구(大學章句)·논어집주(論語集註)·맹자집주(孟子集註)·중용장구(中庸章句)」를 함께 일컫는 말이다.

고대로부터 전래하는 글이나 책을 송대(宋代)의 성리학(性理學)을 집대성한 주자(朱子, 1130~1200)가 다시 추리고 여러 학자의 주를 달고 함께 묶어서 「사서집주」라 하고 유학을 공부하는 선비나 학자들의 핵심적 필독서로 삼았다. 그후 중국은 물론 한국에서도 오랜 세월에 걸쳐 관리등용의 관문인 과거(科擧)에서 사서집주를 중심경전으로 삼았으므로 그 영향이 막대했다.

한문경전에 대한 해석은 시대 혹은 학자에 따라 많은 차이가 난다. 시대로는 한당(漢唐)의 고주(古註)와 송(宋)의 신주(新註)가 크게 다르다. 따라서 사서도 고주를 따르는 경우와 신주를 따르는 경우에는 그 해석이나 설명이 다르게 마련이다. 동시에 학자마다 사상이나 의견이 다르므로 사서에 대한 풀이나 설명도 저마다 다르게 마련이다. 현재 우리나라에도 많은 사서가 출판되었으며, 그 해석이나 설명이 각양각색이다.

필자의 「사서집주신강(四書集註新講)」은 어디까지나 주자의 「사서집주」를 바탕으로 했다. 즉 주자가 정리한 장구(章句)와 집주(集註)의 체제와 풀이를 충실하게 따랐으며, 자구(字句)의 해석이나 설명도 주자의 사상과 주자학의 학자들의 설을 참고로 했다. 다만 본인의 공부가 부족하여 제대로 충분히 전할 수 있을지 걱정이 된다.

다음에 이 서론의 주제가 될 「사서집주신강」을 저술한 필자의 의도와 이 책을 공부해야 할 필요성과 아울러 유교의 학문정신을 함께 말하겠다. 먼저 한마디로 요약하면 다음과 같다.

「우리 모두가 인격을 완성하고 인류대동의 하나의 평화세계 창건에 참여할 참다운 지식인, 즉 군자(君子)가 되기 위해서다.」

다음에서 나누어 진지하게 생각해 보자.

2. 인류 위기의 근본 원인

오늘의 세계는 서양의 극단적인 이기적 금전만능주의와 무력적 패권주의가 판을 치고 있으며, 따라서 심각한 인류의 위기를 조성하고 있다.

대체로 서양은 내면적 정신가치나 모든 사람이 함께 고르게 어울려 사는 윤리 도덕보다 외형적 물질가치와 현세적 육신생활 및 관능적 향락을 지나치게 중시한다. 아울러 개인이나 국가나 그들의 이기적 탐욕을 채우기 위해, 간교한 권모술수를 마구 농하고 또 무자비한 무력을 거침없이 휘두른다.

서양에는 「우리」라는 개념이 없다. 하물며, 나와 인류가 하나라는 대동사상(大同思想) 같은 것은 꿈에도 꿀 수 없다. 어디까지나 나의 힘과 지식 및 기술로 부(富)를 축적하고 나의 현세적 육신생활을 알차게 하는 것이 기본신조다.

서양사람은 부모에 대한 효도, 국가에 대한 충성 같은 윤리도덕 사상이 거의 없다. 그들이 군대에 가는 것도 결국은 돈을 벌기 위해, 혹은 자기의 뛰어난 전투기술을 과시하기 위해, 혹은 남을 제압하고 이득을 얻기 위해서다.

서양에서 발달한 체육이나 음악, 무용도 결국은 육신의 기능을 바탕으로 한 기능이다. 동시에 뛰어난 과학 기술 및 공업 생산도 돈에 직결된다. 그래서 더욱 향상되고 발달한다. 그 결과 서양에서는 기능과 과학 기술이 발달하고 공업 생산 및 상업 경제가 발달한다. 이와 같은 것은 서양 문화의 장점이다. 그러나 장점 속에서 단점이 배태하게 마련이다.

지나친 개인주의·이기주의 및 현세적 물질주의는 필연적으로 비도덕적인 쟁탈을 유발하고 마침내 국가적인 차원에서 무력을 바탕으로 한 패권주의를 발생케 한다. 그 결과 지구촌은 약 3 세기에 걸쳐, 서양의 무력 침략과 무자비한 제국주의적 지배에 시달렸으며, 아직도 강대국의 무력적 패권주의의 여파로 오늘의 인류가 위기에서 벗어나지 못하고 있는 것이다.

3. 동양문화의 특성과 성현(聖賢)의 경고

동양문화의 특성을 앞에서 살핀 서양문화에 대비해서 대략 다음같이 말할 수 있다. 대체로 동양은 내면적 정신가치를 높인다. 나누어 그 요점을 기술하겠다.

천도(天道)를 따라 지덕(地德)을 세운다. 눈에 보이지 않는 정신이나 마음을 주체로 하고 육신의 행동을 따르게 한다. 즉 정신이나 마음으로 천도(天道)를 터득하고, 몸으로 실행을 해서, 실질적으로 지상세계에 좋은 열매를 거두기를 강조한다. 그것을 지덕(地德)이라 한다. 천도(天道)는 만물(萬物) 만민(萬民)이 조화를 이루고 공생(共生) 공영(共榮)하는 절대선(絶對善)의 도리다. 그러므로 지덕(地德)을 세운다 함은, 곧 「나와 남이 하나가 되고, 개인과 인류 전체가 하나가 되고, 인간과 자연이 하나가 되어, 함께 잘살고, 발전한다」는 뜻이다. 이러한 동양의 사상은 서양의 이기주의·물질주의·무력주의와 정반대가 된다. 그러므로 동양의 옛 성현들은 다음같이 경고했던 것이다.

예기(禮記)에 있다. 「인간이 숭고한 정신을 잃고 동물이나 물질적 존재로 전락하는 근본요인은 본성 속에 살아 있어야 할 천리(天理)를 멸(滅)해 없애고 반대로 동물적·관능적 욕구를 끝없이 채우려 하기 때문이다.(人化物者 滅天理 而窮人欲者也)」

대학(大學)에 있다. 「위정자의 덕(德)이 근본 뿌리가 되고 재물은 나뭇가지에 해당한다. 임금이 근본이 되는 덕을 소외하고 끝가지에 해당하는 재물을 높이면 <임금이> 백성과 재물을 다투게 되고, 그 결과 백성들로 하여금 서로 재물을 쟁탈하게 만든다.(德者本也 財者末也 外本內末 爭民施奪)」

동양의 성현은 이미 2천년 전에 오늘의 위기를 원리적으로 천명했다. 그러나 오늘의 국제 정치는 아직도 「서로 싸우고 뺏기 내기」를 함으로써 인류를 위기에 함몰시키고 있다. 그러면서 그것이 멸망의 길인 줄 모르고 있으니 더욱 한심하다. 결국 오늘날 대다수의 사람들이 무식하고 우매한 것이다. 위기를 극복하고 바른 길을 찾기 위해서는 동양의 경전과 성현의 가르침을 배우고 공부해야 한다. 공부는 곧 체휼(體恤)하고 실천적으로 단련한다는 뜻이다.

4. 도덕성 회복을 위한 경전공부

하늘의 운세는 돌고 변한다. 궁하면 변하고 변하면 통한다. 그 래서 21세기에 접어든 세계와 인류는 크게 변하고 있다. 즉 무력을 바탕으로 한 강대국의 패권주의가 점차로 시들고 반대로 인간의 존엄한 정신과 천리를 따르고 행하는 윤리 도덕의 싹이 소생하기 시작했다.

이에 따라 인류도 정신 가치를 높이고 아울러 윤리 도덕을 바탕으로 공생(共生) 공영(共榮)과 인류대동(人類大同)의 길을 모색하게 되었다. 그러나 이와 같은 오묘한 하늘의 메커니즘, 즉 천기(天機)를 평범한 사람들은 스스로 혼자서 깨닫고 알고 또 행하기 어렵다. 그래서 동양의 성현(聖賢)의 가르침이 담겨진 경전(經典)을 공부해야 한다.

여기서 우리는 깊이 생각하고 되돌아보아야 한다. 사람의 존엄성은 육체적 기능보다 정신가치와 인덕(仁德)에 있다. 동시에 인류역사의 발전도 이기주의적 침략전쟁보다 서로 사랑하고 함께 잘살려는 평화적 협동정신과 도덕적 실천에 있음을 알아야 한다. 이와 같은 도리가 바로 모든 사람이 수긍하는 천리(天理)인 것이다.

동양의 성현의 가르침이나 경전은 바로 천리를 바탕으로 개개인이 정신의 존엄성과 인격을 되찾고 아울러 인류가 서로 사랑하고 함께 잘사는 인류대동의 하나의 도덕세계를 창건하는 숭고한 가르침이다. 경전 공부의 목적과 효험을 나누어 설명하겠다.

① 사람다운 사람이 된다. 식색(食色)만을 알고 좇는 동물적 존

재에 머물지 않고, 절대선(絕對善)인 천리(天理)를 깨닫고 실천하는 숭고한 인격자가 되어야 한다.

② 인간의 본성은 착하다. 하늘은 인간에게만 선본성(善本性)을 심어주었다. 그 본성은 곧 천리를 알고 실천하는 순수이성 혹은 도덕성이다. 이와 같은 착한 본성을 바탕으로 서로 사랑하고 협동하여 함께 잘살려는 마음을 도심(道心)이라 한다.

③ 인간도 동물이다. 그러므로 동물적·생물적 욕구가 있다. 또 사람은 개별적 존재다. 그러므로 개인주의와 이기주의에 빠지게 마련이다. 이와 같은 욕구와 나만 잘 살면 된다는 마음을 인심(人心)이라 한다.

④ 사람다운 사람, 인격완성이란 다른 것이 아니다. 도심(道心)으로 인심(人心)을 극복하고, 만물을 사랑으로 생육하고 번식하고 발전케 하는 천리를 따라 애인이물(愛人利物)하는 사람이다. 이와 같은 경지를 천인합일(天人合一)이라 한다. 속에 있는 도심을 바탕으로 밖에 있는 만물 만민을 잘되게 하는 것을 「내성외왕(內聖外王)」이라고 한다.

⑤ 나의 인격 완성, 즉 나의 수신(修身)은 필연적으로 남을 사랑하고 남을 교화하고 남의 인격을 높여주고 더 나가서 함께 잘사는 도덕적 공동체 형성으로 이어진다. 이를 치인(治人)이라고 했다.

5. 유교의 학문정신과 목적

이상에서 말한 학문정신과 목적을 한문경전의 용어를 가지고 다음 같이 추릴 수 있다. 「수기치인(修己治人), 내성외왕(內聖外王), 천인합일(天人合一)」이다. 이를 다음에서 항목별로 나누어

설명하겠다. 먼저 한문의 뜻풀이를 하고, 다음 < > 안에 오늘의
잘못된 「지식인상」을 간략하게 적어 반성의 길잡이로 삼겠다.

① 수기치인(修己治人) : 나 자신을 수양해서 훌륭한 사람이 되
어야 한다. 그리고 더 나가서 남들을 사랑으로 품고 교화해서 그
들도 훌륭한 사람이 되게 해야 한다. 그런 다음에 나와 남이 서로
협동하여 함께 잘사는 공동체를 창건해야 한다. 그와 같은 사회의
지도자, 즉 「군자(君子) · 인인(仁人)」이 되기 위해서 「주자의 사
서」를 공부해야 한다.

<그러나 대다수의 지식인은 학식과 기술을 악용해서, 재물과
권력을 획득하고, 나 홀로 부귀를 누리고 사치하는 이기주의적 ·
비도덕적 삶을 당연시한다. 그 결과 많은 사람들을 괴롭히고 사회
와 국가에 해를 끼치고 있다.>

② 내성외왕(內聖外王) : 마음은 몸의 주체다. 마음이 착하면 언
행이 착하게 나타나고, 마음이 악하면 말이나 행동이 악하게 된다.
「성심(聖心)과 인심(仁心)으로 남들을 사랑하고 또 교화해서 남들
도 훌륭한 사람이 되게 하고, 서로 협동해서 함께 잘사는 공동체
사회를 창건하는 데 앞장서는 지도자가 되는 것」을 곧 「내성외왕
(內聖外王)」이라고 한다. 무력으로 나라를 세우고, 권모술수를 농
하는 통치자는 패도(覇道)의 폭군(暴君)이다.

<오늘의 많은 지식인이나 정치인들은 속에 아귀 같은 사심(私
心=邪心)을 품고, 입으로 거짓말하고, 몸으로 악행을 거침없이
하고 있으며 또 악덕한 권력에 아부하고 불의의 재물을 축적하는
것을 당연시하고 있다. 절개와 염치가 없는 오늘의 지식인은 사람
다운 사람이 아니다.>

③ 천인합일(天人合一) : 하늘은 우주 천지 자연 만물 및 인간을 창조하고 생육하는 절대선(絶對善)이다. 이를 기독교에서는 「하나님」으로 높이고 인격신으로 받든다. 유교 사상에서는 「천(天)을 절대선의 도리, 즉 천도천리(天道天理)」라고 풀이한다. 특히 주자(朱子)는 「천즉리(天卽理)」라고 단정했다. 그러므로 성리학(性理學)에서 말하는 「천인합일(天人合一)」은 곧 「사람이 천리를 따르고 행한다」는 뜻이다. 하늘은 사람에게 「천리를 깨닫고 알고 행하는 훌륭한 본성(本性)」을 주었다. 그러므로 「본성대로 사는 것이 사람의 도리다.(率性之謂道)」라고 했다. 고로 「천인합일」은 곧 「본성 속에 주어진 천리를 따르고 행한다」는 뜻이다. 자연과학자가 자연법칙을 엄격히 따르고 활용해서 과학적 성과를 올리듯이, 사람들은 「본성 속에 주어진 바른 도리를 따르고 실천하는 도덕생활을 해야 한다.」 그것이 성리학에서 말하는 「천인합일」이다.

<그런데 오늘날 대부분의 지식인들은 천리를 따르려는 도심(道心)이 있는 줄도 모른다. 오직 동물적 욕구와 이기적 탐욕을 채우려는 악덕한 마음, 즉 인심(人心)을 바탕으로 남을 속이거나 유린하고 나만의 이득을 챙기는 데 골몰하고 있다. 특히 국제사회에서는 무력으로 남의 나라를 침공하고 남의 재물을 강탈한다. 그러면서 악덕을 악덕인 줄도 모르고 악덕을 예사로 저지르고 있다. 그 결과 인류와 세계를 혹심한 위기에 빠뜨리고 있다.>

이상을 종합하여 유교의 학문정신과 목적을 다음같이 요약할 수 있다.

「절대선(絶對善)의 천리를 배워 깨닫고, 본성 속에 주어진 도심(道心)을 함양하고 덕(德)을 세운다. 그것이 수신(修身)이다. 그리고 더 나가서는 남을 사랑으로 교화하고 남들을 혁신(革新)하고, 함께 잘사는 공동체를 창건한다.」

이를 대학에서는 「삼강령(三綱領)·팔조목(八條目)」이라 했다. 그래서 「대학은 큰사람 되는 학문이다(大學者大人之學也)」「처음 배우는 사람들이 덕에 들어가는 입문서다.(初學入德之門也)」라 했으며, 주자가 「사서」 중에서도 「대학」을 먼저 공부하라고 권한 것이다.

6. 경전공부의 핵심은 「사서집주」

주자(朱子)의 「사서집주」가 왜 경전공부의 핵심이 되며 또 「사서집주」를 공부하면 어떠한 효험이 있는가를 나누어 간단히 설명하겠다.

① 대학장구(大學章句) : 도덕정치의 원리인 삼강령(三綱領)과 팔조목(八條目)을 알고 실천하자. 먼저 나의 명덕(明德)을 밝히고, 다음으로 남을 사랑하고, 나와 남이 함께 지극한 선의 경지에 가서 머물러야 한다. 그 단계가 팔조목이다. 대학의 가르침은 곧 「수기치인(修己治人)」「내성외왕(內聖外王)」의 기본원리이다.

② 논어집주(論語集註) : 학문의 목적은 자기수양이며 인격완성이다. 추상적 이론으로 가르치지 않고 공자의 언행을 통해서 다양하게 장소와 경우를 달리하면서 실질적으로 가르쳐 준 것이 논어다. 그러나 논어에는 「일이관지(一以貫之)」하는 기본도리가 있다. 호학(好學)하고 지행합일(知行合一)해야 한다. 즉 천도(天道)를 따라 인덕(仁德)을 세워야 한다. 실직적인 「인행(仁行), 인덕(仁德)」은 논어에만도 백 개 이상 나온다. 그러나 그 바탕은 「효제

(孝弟)와 충신(忠信)」이다.

③ 맹자집주(孟子集註) : 맹자는 부국강병(富國强兵)만을 추구하는 당시의 임금들에게 인의(仁義)와 왕도덕치(王道德治)를 강조했다. 그는 예리한 논조와 웅변으로 무력통치를 하면 백성도 잃고 나라도 망한다고, 역사적 실례를 들어 깨우쳤다. 한편 성선설(性善說)을 바탕으로 「백성이 하늘」이고 「민심(民心)이 곧 천심(天心)」이라 했으며, 「임금보다 백성을 높였다.」 맹자의 예리한 비판과 주장을 오늘의 정치에 적용하자.

④ 중용장구(中庸章句) : 중용의 첫 구절은 다음 같다. 「하늘이 부여해 준 것을 본성(本性)이라 하고, 본성을 따르는 것을 도리(道理)라 하고, 도리에 맞게 저마다를 수양 조절하는 것을 교화(敎化)라 한다.」 인간은 본성적으로 도덕적 본성을 내려받고 있다. 그러므로 도덕적으로 사는 것이 사람의 길이고 도리이다.

그러나 사람마다 기질(氣質)이 다르다. 따라서 저마다 품절해서 도를 따라 살게 하는 것이 교육 교화다. 사람만이 아니다. 자연 만물이나 모든 사물에도 저마다의 본성이 있으며 합당한 도리가 있다. 그래서 중용(中庸)의 뜻을 정이(程頤)는 다음같이 말했다. 「치우치지 않는 것을 중(中)이라 하고, 언제까지나 변하지 않는 것을 용(庸)이라 한다. 중(中)은 천하의 정도(正道)이고, 용(庸)은 천하의 정리(定理)이다.」 한편 주자(朱子)는 말했다. 「중(中)은 치우치거나 기울지 않고, 또 지나침도 없고 모자람도 없음이다. 용(庸)은 평상적이라는 뜻이다.」 결국 「중용(中庸)」은 천지 자연 만물에 있는 평범하고 변하지 않는 도리이다. 사람은 그와 같은 천리(天理)를 따라 살고 또 모든 사물을 도리에 맞게 처리해야 한다. 유교의 학문정신은 선본성(善本性)을 되돌려 찾을 수 있도록 배우고 수양하는 공부이다.

7. 결 론

이상에서 말한 학문정신과 선비의 사명은 바로 「사서집주신강」을 집필한 필자의 목적이고 의도이기도 하다. 끝으로 다시 한번 힘주어 말하겠다.

「우리 모두가 사서 공부를 하자. 그래서 절대선(絕對善)의 천도(天道)를 깨닫고, 실천적으로 자기 수양을 하고, 더 나가서는 모든 사람을 사랑으로 품고 교화해서 그들을 혁신하고, 나 자신과 그들이 서로 사랑하고 협동해서, 인류의 역사 및 문화 발전에 선가치적으로 이바지하고 아울러 참다운 하나의 평화세계를 창건하는 데 앞장서자.」

서양의 학술과 첨단 과학 기술을 더 많이, 더 깊이 습득하자. 동시에 동양의 경전공부를 통해 인격을 높이자. 그래야 사람다운 사람이 되고, 재물과 과학 기술을 선용해서, 선세계(善世界) 창건의 참다운 일꾼이 될 수 있다.

2004년 11월

玄玉蓮書齋에서　張基槿 씀

범   례(凡例)

(1) 이 책은 주자(朱子)의 「중용장구집주(中庸章句集註)」를 전부 새롭게 번역한 책이다. 체제는 대략 다음과 같다.

(2) 먼저 「경문(經文)」, 다음에 「한글 음과 토」를 달고, 다음에 「한글로 뜻풀이」를 하고 또 다음에 자세한 「어구 설명」을 붙였다. 그리고 또 다음에 「집주 본문」과 「한글 풀이」 및 「어구 설명」을 붙였다.

(3) 그리고 또 필요에 따라 「참고 보충」 난에 중요한 항목에 대한 설명을 기술했다. 그리고 다시 「어류(語類)」나 「대전소주(大全疏註)」에서 적절한 것을 선역(選譯)했다.

(4) 체제는 「중용장구대전(中庸章句大全)」을 바탕으로 했으나, 필자가 독자의 편의를 위해 더 세분(細分)하기도 했다.

(5) 사상이나 의미 해석은 원칙으로 주자(朱子)를 따랐다. 그러나, 오늘의 독자의 이해를 돕기 위해 현대적 뜻풀이를 가한 곳도 있다.

(6) 우리가 중용을 읽는 목적은 고대 한문 자체를 해독하기 위해서, 혹은 고전의 사상 내용을 알기 위해서 등 그 목적이 다를 수 있다. 필자도 그와 같은 목적을 달성하기 위해서, 오랜 시일을 두고 연구했으며, 힘들여 번역하고 여러 가지로 설명을 덧붙였다.

(7) 중용을 출판하는 필자의 의도 속에는 고매한 생각이 담겨져 있다. 즉 많은 사람, 특히 지도층의 지식인들로 하여금 중용을 읽고, 자기 자신을 수양하고 더 나가서, 우리나라 및 국제사회를 하늘의 도리에 맞는 선세계(善世界)로 높이게 하기 위해서다.

차 례

중용장구서(中庸章句序)

주자의 「중용장구서문」은 주자의 사상 및 중용장구
를 이해하는 데 반드시 읽어야 할 중요한 글이다. 단
락은 「중용장구대전」을 바탕으로 하고 적절하게 나누
었다.

(1) 中庸何爲而作也 子思子 憂道學之失其傳 而作也.

중용을 왜 저술했는가? 자사선생이 도학의 바른 전달이 없어
질까 염려하고 <이를 바르게 전하려고> 저술한 것이다.

[어구 설명] o中庸何爲而作(중용하위이작) : 중용을 왜 저술했는가? 중용
을 저술한 목적이 무엇인가? o子思子(자사자) : 자사선생, 뒤의 「자
(子)」는 존칭. o憂(우) : 걱정하다, 염려하다. <빈어는 다음 구절이다>
o道學之失其傳(도학지실기전) : 도학의 바른 전수(傳授)가 일실(逸失)
될 것을 <걱정하다.> o而作也(이작야) : 그래서 저술한 것이다.

【참고 보충】 「도학(道學)」

송대(宋代)의 유학(儒學)을 「신유학(新儒學), 이학(理學), 성리학

(性理學), 혹은 도학(道學)」이라고 한다. 주자(朱子)는「공자(孔子), 맹자(孟子), 자사(子思), 주염계(周濂溪), 장횡거(張橫渠), 정자(程子), 주자(朱子)로 이어지는 유학」을 정통의 도학으로 보았다. 송사(宋史) 도학전(道學傳)에는「주염계, 장횡거, 정자, 주자의 학문」을 들었다. 이때의「도(道)」는 공자가 논어에서 말한「사도(斯道)」<子罕-5>와 같으며,「도학(道學)」은 곧「천도(天道) 천리(天理)를 깨닫고 실천해서 지덕(地德)을 세우는 학문」이다. 그러나 기원과 전통은「요순(堯舜)의 도심(道心)」에서 비롯된 것이다.

【大全疏註選譯】

(1) 朱子曰 曾子學於孔子而得其傳 子思又學於曾子而得其所傳 於孔子者旣而懼失傳之久遠而 或失其眞也 於是作爲此書.

　주자가 말했다. 공자(孔子)의 학문을 증자(曾子)가 이었고, 증자의 학문을 자사가 배우고 계승했다. 자사가 세월이 오래 가면「혹 공자의 바른 도리가 실전(失傳)할까 걱정하고 중용을 저술했다.」

(2) 雲峯胡氏曰 唐虞三代之隆斯道 如日中天 中庸可無作也 至孔子時始曰攻乎異端 然其說猶未致 盛行至子思時則有可憂者矣憂思端之得肆其說 所以憂道學之不得其傳也.

　운봉 호씨가 말했다.「당우 삼대 때에는 사도(斯道)의 융성함이 흡사 태양이 중천에 있듯이 분명했으며, 새삼스럽게 중용을 저술할 필요도 없었다.」「공자(孔子) 때에는 이단(異端)이 나타났으나, 심하지 않았다. 그러나 자사(子思) 때에는 이단의 설이 우려할만큼 성행했다. 그래서 도학(道學)의 실전(失傳)을 우려한 것이다.」

(2) 蓋自上古 聖神繼天立極 而道統之傳 有自來矣.

무릇 상고 때에, 신령한 성인이 하늘의 도리를 계승하고 최고의 기준을 세웠으며, 그런 다음에 비로소 도통의 전래와 전수가 줄곧 있게 되었을 것이다.

[**어구 설명**] ㅇ蓋自上古(개자상고) : 무릇 상고(上古) 때부터, 즉 삼황(三皇) 오제(五帝) 때부터. ㅇ聖神(성신) : 일반적으로는 「성인(聖人), 성왕(聖王), 성제(聖帝)」로 풀이한다. 그러나 「신령한 경지에 도달한 성인」으로 풀어야 더 좋다. 맹자(孟子)는 말했다. 「크게 빛나고 만물을 교화하는 경지를 성인(聖人)이라 한다. 성인이면서, 알 수 없는 경지를 신(神)이라 한다.(大而化之 之謂聖, 聖而不可知之 之謂神)」 ㅇ繼天立極(계천립극) : 하늘의 도리를 계승하고 최고의 기준을 세우다. ㅇ而(이) : 그런 다음에 <즉 성신이 계천입극한 다음에>. ㅇ道統之傳(도통지전) : 도통의 전함과 전수(傳授)가. ㅇ有自來矣(유자래의) : 그때부터 줄곧 있게 되었다.

【**참고 보충**】 「도통(道統)」

도(道)의 정통(正統)과 전통(傳統)을 합쳐 도통(道統)이라 했다. 천도(天道)를 따르고 실천하여 지덕(地德)을 세우기를 가르치는 학문이 도학(道學)이다. 그 도학을 대를 이어가면서 바르게 계승하고 더욱 발전케 하는 학문의 계통을 도통이라고 한다. 한유(韓愈)는 원도(原道)에서 도통을 「요(堯), 순(舜), 우(禹), 문왕(文王), 무왕(武王), 주공(周公), 공자(孔子), 맹자(孟子)」로 이어졌다고 말했다. 그러나 주자는 서문에서 「요순」보다 오래된 「삼황오제(三皇五帝)」이래로 도통이 이어졌다고 말했다.

(3) 其見於經 則允執厥中者 堯之所以授舜也 人心惟危 道心惟微 惟精惟一 允執厥中者 舜之所以授禹也 堯之一言 至矣盡矣 而舜復益之 以三言者 則所以明夫堯之一言 必如是而後 可庶幾也.

<도통 전수에 관한 말로써> 경전에 나타난 것은 즉「참되게 그 중을 잡고 행하라(允執厥中)」이며, <이 말은> 요임금이 순에게 일러준 말이다. <그 다음에는>「인심은 참으로 위태롭다. 도심은 참으로 은미(隱微)하다. <마음을> 어디까지나 정밀하게 하고 또 한결같이 지니고, 참되게 그 중을 잡아라(人心惟危 道心惟微 惟精惟一 允執厥中)」라고 한 말이며, 이것은 순임금이 우에게 일러준 말이다. 요임금이 순에게 준, 한마디는 지극하고 충분하다. 그런데, 순임금이 다시 말을 덧붙여서, 세 구절을 더 말한 까닭은, 아마도 요임금의 말, 즉「윤집궐중(允執厥中)」하기 위해서는, 반드시 그와 같이 해야지, 가히 가깝게 되기를 바랄 수 있기 때문일 것이다.

[**어구 설명**] ○其見於經(기현어경) : <도통 전수에 관한 말로써> 경전에 나타난 것은. ○則允執厥中者(즉윤집궐중자) : 즉「윤집궐중(允執厥中)」이란 말이다.「윤집궐중」은「참되게 그 중(中)을 잡고 행하라」라는 뜻이며, 논어(論語) 요왈편(堯曰篇)에도 보인다. ○堯之所以授舜也(요지소이수순야) : <이 말은> 요임금이 순에게 일러준 말이다. ○人心惟

危 道心惟微 惟精惟一 允執厥中者(인심유위 도심유미 유정유일 윤집궐 중자) : 「인심은 참으로 위태롭다. 도심은 참으로 은미(隱微)하다. <마음을> 어디까지나 정밀하게 하고 또 한결같이 지니고, 참되게 그 중을 잡아라」라고 한 말. 이것은 서경(書經) 대우모편(大禹謨篇)에 있는 말이다. ㅇ舜之所以授禹也(순지소이수우야) : 순임금이 우에게 일러준 말이다. ㅇ堯之一言(요지일언) : 요임금이 순에게 한 한마디 말, 즉「윤집궐 중」은. ㅇ至矣盡矣(지의진의) : 지극하고 충분하다. ㅇ而舜復益之 以三 言者(이순부익지 이삼언자) : 그런데 순임금이 다시 말을 덧붙여서, 세 구절을 더 말한 까닭은. ㅇ則所以明(즉소이명)…… : 곧 ……을 밝히기 위한 것이다. ㅇ夫堯之一言(부요지일언) : 요임금의 한마디 말, 즉「윤집 궐중」. ㅇ必如是而後(필여시이후) : 반드시 그와 같이 한 다음에. ㅇ可庶 幾也(가서기야) : 가히 가깝게 되기를 바랄 수 있기 <때문이다.> 庶(바 랄 서) 幾(가까울 기)

【참고 보충】 「윤집궐중(允執厥中)」

논어(論語) 요왈편(堯曰篇)에 있는 말로, 요임금이 순에게 천하를 선양(禪讓)할 때에 일러준 말이다. 「윤집궐중(允執厥中)」은 「참되게 그 중(中)을 잡고 행하라」라는 뜻이다. 즉 어디까지나 절대선(絶對 善)인 천도를 마음속에 굳게 간직하고 따르고 실천해서 천하를 다스 리고 만민(萬民)을 잘살게 해주라는 뜻이다. 이때의 「중(中)」은 「우 주, 천지, 만물, 만인(萬人), 만사(萬事)에 딱 들어맞는 도리, 즉 천도 (天道), 천리(天理)」의 뜻이다.

【참고 보충】 「도심(道心)과 인심(人心)」

사람은 다른 동물과는 차원이 다른 숭고한 정신과 도덕성을 본성 적으로 지니고 있다. 이를 중용(中庸)에서는 「천명지위성(天命之謂

性)」이라고 했다. 그러므로 사람은 본성적으로 천도(天道)를 깨닫고 행하는 마음이 있으며, 그 마음을 「도심(道心)」이라고 한다.

한편 사람도 동물이다. 다른 동물처럼 식물을 취하고 개체(個體)를 보전하고, 생명을 유지하고 활동하고 또 음양(陰陽)이 어울려 종족(種族)을 번식하려는 동물적 본능이 있다. 뿐만 아니라 사람에게는 재물과 권력을 독점하고 자기 혼자만 잘살려는 이기심도 있다. 이와 같은 동물적 본능과 이기적 욕심을 합한 것을 인심(人心)이라고 한다.

사람은 개별적 삶을 살면서 동시에 역사와 문화적 공동체의 일원으로 살게 마련이다. 그러므로 인심만으로 살면 서로 쟁탈하게 된다. 따라서 도심을 바탕으로 함께 잘살고 발전해야 한다.

【참고 보충】「인심유위(人心惟危) 도심유미(道心惟微)」

여기서 말하는 「인심(人心)」과 「도심(道心)」을 다음같이 대비할 수 있다. 「이기주의적·동물적·본능적 욕구를 채우려는 마음을 인심」이라 한다. 한편 「우주의 이법(理法)인 천도를 따르고 행하려는 마음을 도심」이라 한다. 모든 사람들이 인심만을 바탕으로 서로 쟁탈하면, 이 세상은 약육강식(弱肉强食)의 지옥으로 화한다. 그러므로 「인심은 참으로 위태롭다(人心惟危)」고 말하는 것이다.

한편 「형이상(形而上)의 천도(天道), 우주의 이법(理法)」은 은미(隱微)하다. 그러므로 동물적 삶만을 사는 범인(凡人)들은 알기 어렵다. 총명하고 탁월한 정신을 가진 성현(聖賢)이라야 「형이상의 절대선의 천도」를 알고 또 행할 수 있다. 그러므로 「도심은 오직 은미하다(道心惟微)」고 말한 것이다. 특히 천하를 다스리고 만민을 잘살게 할 천자(天子)나 군주(君主)는 절대로 「인심」을 바탕으로 하면 안

된다. 어디까지나 마음을 은미(隱微)하고 정밀(精密)한 천도에 맞추고 항상 한결같이 덕치(德治)를 펴야 한다. 이를 두고 「유정유일(惟精惟一) 윤집궐중(允執厥中)」이라고 한 것이다.

【참고 보충】 「우정지전심결(虞廷之傳心訣)」

참고로 덧붙이겠다. 순(舜)이 우(禹)에게 전수했다는 「인심유위(人心惟危) 도심유미(道心惟微) 유정유일(惟精惟一) 윤집궐중(允執厥中)」은 상서(尙書) 대우모편(大禹謨篇)에 있는 글이다. 그러나, 청대(淸代)의 학자들에 의해, 그 글은 위고문(僞古文)임이 밝혀졌다. 그러므로 사실로 순이 우에게 전수한 말이 아닐 것이다. 그러나 송대(宋代)의 도학자들은 그 말을 「우정의 전심결(虞廷之傳心訣)」이라 하고 높이 받들었다. 역사적으로 사실 여부를 떠나, 이 구절은 오늘의 인류에게도 귀중한 교훈을 준다.

오늘의 세계가 심각한 위기에 빠진 근본요인이 바로 강대국이 도심(道心)을 외면하고 인심(人心)만을 바탕으로 한 약육강식(弱肉强食)의 싸움만을 하고 있기 때문이다. 개인이나 국가나 도심을 바탕으로 해야 진정한 평화세계를 창건할 수 있다.

【참고 보충】 「윤집궐중(允執厥中)이 핵심이다」

「인심유위(人心惟危) 도심유미(道心惟微) 유정유일(惟精惟一) 윤집궐중(允執厥中)」의 네 구 중에서 핵심은 「윤집궐중」이다. 「인심유위 도심유미 유정유일」은 「참되게 절대선의 중(中)을 굳게 잡고 지키고 행하기(允執厥中)」 위해서 「미리 알아야 할 내용과 공부」를 말한 것이다. 즉 순(舜)이 우(禹)에게 「인심은 위태하고, 도심은 은미(隱微)하다(人心惟危 道心惟微)」는 것을 알게 했다. 그러므로, 「절

대로 마음을 <은미한 천도에 맞게> 정밀(精密)하고 전일(專一)하게
지녀야 한다(惟精惟一)」고 훈계한 것이다.

(4) 蓋嘗論之 心之虛靈知覺 一而已矣.

여기서 잠시 논해보자. 마음은 <형체가 없고> 공허하다. <그
러나 그 작용은> 영묘하며, 모든 도리를 알고 또 모든 것을 느끼
고 대응한다. <사람의 마음은> 다 같다.

[**어구 설명**] ㅇ蓋嘗論之(개상론지) : 여기서 잠시 <마음에 대해서> 논해
보겠다. 「상(嘗)」은 여기서는 「지금, 혹은 시험삼아」의 뜻으로 푼다. 「논
지(論之)」는 이들을 논해 보겠다. 즉 「윤집궐중(允執厥中)」「인심유위
(人心惟危) 도심유미(道心惟微) 유정유일(惟精惟一) 윤집궐중(允執厥
中)」에 대한 전반적인 논구(論究)를 해보겠다는 뜻. 그 핵심은 「마음
(心)」이다. ㅇ心之虛靈知覺(심지허령지각) : 마음의 형체는 공허(空虛)
하다, 그러나 작용은 영묘(靈妙)하다. 그래서 모든 것을 지각(知覺)할
수 있다. 「지각」을 「도리를 알고 깨닫는다」로 풀기도 한다. 그러나, 「지
(知)」를 「도리를 알고 도리에 맞게 다스리다」로 풀고, 「각(覺)」을 「사
물을 감각적으로 알고 또 감각적으로 대응한다」는 뜻으로 확대 해석
할 수 있다. 「대학(大學) 경문(經文) 명덕(明德)에 대한 주(註)」 참조.
ㅇ一而已矣(일이이의) : 사람의 마음은 하나다. 다 같다.

【**참고 보충**】 「마음(心)은 하나다」

주자는 「마음이 몸의 주체다(心者 身之主也)」라고 했다. 즉 마음
에 따라, 몸의 행동이 다르게 된다. 착한 마음은 착한 행동으로 나타
나고, 악한 마음은 악한 행동으로 나타난다. 착한 마음이란 도를 따르
려는 이성(理性)이고, 악한 마음이란 자기만의 탐욕을 채우려는 욕심

(欲心)이다. 마음의 본체는 허정(虛靜)하다. 그러나, 외부의 사물(事物)에 감동하면 마음이 발동한다. 이때의 이성을 바탕으로 한 마음을 도심(道心)이라 하고, 욕심에 흐린 마음을 인심(人心)이라 한다. 결국 「하나의 마음」이 「도심적」으로 나타나느냐, 「인심적」으로 나타나느냐 하는 차이가 있는 것이다.

【大全疏註選譯】

(1) 勿齋程氏曰 虛靈心之體 知覺心之用.

　물재 정씨가 말했다. 「허령은 마음의 본체이고, 지각은 마음의 작용이다.」

(2) 格庵趙氏曰 知是識其所當然 覺是悟其所以然.

　격암 조씨가 말했다. 「지(知)는 당연히 할 도리를 아는 것이고, 각(覺)은 그렇게 된 까닭을 아는 것이다.」

(5) 而以爲有人心道心之異者 則以其或生於形氣之私 或原於性命之正 而所以爲知覺者不同 是以或危殆而不安 或微妙而難見耳.

　그러나 인심(人心) 혹은 도심(道心)의 다른 두 개의 마음이 있다고 하는 것은 <마음이 발동할 때에> 혹은 「형기의 사(私)」에서 나타나거나, 혹은 「성명의 정(正)」에서 근원하기 때문이며, 그래서 지각(知覺)이 같지 않게 되기 때문이다. 그러므로 <형기의 사에서 나타난 인심은> 혹은 위태하고 불안하다. 한편

<성명의 정에서 근원한 도심은> 혹은 미묘하고 발현하기가 어렵게 마련이다.

[**어구 설명**] ㅇ而以爲有人心道心之異者(이이위유인심도심지이자) : 그러나 「인심(人心) 혹은 도심(道心)의 다른 두 개의 마음이 있다고」 생각하는 것은. ㅇ則以其(즉이기) : 즉 그 마음이 ……하기 때문이다. ㅇ或生於形氣之私(혹생어형기지사) : 혹은 「형기의 사(形氣之私)」에서 나타나거나. ㅇ或原於性命之正(혹원어성명지정) : 혹은 「성명의 정(性命之正)」에서 근원하기 <때문이다>. ㅇ而所以爲知覺者不同(이소이위지각자부동) : 그래서 지각(知覺)이 같지 않게 되기 때문이다. ㅇ是以(시이) : 그러므로. ㅇ或危殆而不安(혹위태이불안) : 혹은 위태하고 불안하고. ㅇ或微妙而難見耳(혹미묘이난견이) : 혹은 미묘하고 잘 나타나기 어렵다.

【**참고 보충**】 「생어형기지사(生於形氣之私)」

인욕(人欲)은 「형기의 사(形氣之私)」에서 나온다. 「형기(形氣)」는 「형체(形體)와 기질(氣質)」이며 바로 「육체」이다. 「사(私)」는 「개별적 사적(私的) 존재」라는 뜻이다. 이와 같은 개별적 사적 존재인 육체에서 인욕이 나타난다. 「육체적 욕구」는 반드시 나쁜 것이 아니다. 그러나 지나치기 쉽고 공리(公理)에 어긋나기 쉽다. 그래서 「혹은 위태하고 불안하다(或危殆而不安)」고 말한 것이다.

【**참고 보충**】 「원어성명지정(原於性命之正)」

「도심(道心)」은 「성명지정(性命之正)」에서 근원한다. 「성명지정」은 「천명(天命)으로 주어진 바른 본성」이라는 뜻이다. 이는 곧 순수이성(純粹理性), 도덕성(道德性)이다. 그러므로 「혹은 미묘하고 잘 나타나기 어렵다(或微妙而難見耳)」고 말한 것이다.

【大全疏註選譯】

(1) <朱子> 如飢飽寒燠之類　皆生於吾之血氣形體　而他人
　無與焉　亦未便是不好　但不可一向徇之耳.

　<주자>「배고프면 먹고 추우면 따뜻하게 하려는 욕구는 모두 나
의 혈기와 형체에서 나오는 것이며, 남과는 관계가 없지만, 역시 나쁜
것이 아니다. 그러나 한쪽으로 쏠리면 안된다.」

(2) 蔡季通曰　形氣之有善　皆自道心出　由道心　則形氣善　不
　由道心　一付於形氣　則爲惡.

　채계통이 말했다.「형기, 즉 육체의 일에도 선한 것이 있으니, 도심
에서 나온 것들이다. 도심에서 나오면 형기도 선하고, 도심에서 나오
지 않고 오직 형기에만 붙으면 즉 악하게 된다.」

(3) <東陽許氏>　大抵人心可善可惡　道心全善而無惡.

　<동양 허씨>「대략, 인심은 선하기도 하고 악하기도 하다. 그러나
도심은 전적으로 선하고 악함이 없다.」

(4) 新安陳氏曰　知覺　從形氣之私　而發者　曰人心　知覺　從性
　命之正　而發者　曰道心.

　신안 진씨가 말했다.「지각이 '형기지사'를 따라 나타난 것을 인심
이라 한다. 지각이 '성명지정'을 따라 나타난 것을 도심이라 한다.」

(5) <雲峯胡氏>　如飲食男女　人心也　飲食男女之得其正
　道心也　人心之發　危而不安　而發之正者　又微而難見　實
　非有兩心也.

<운봉 호씨> 「마시고 먹고 남녀가 짝짓기 하려는 마음이 인심이다. 그 바른 것이 도심이다. 인심에서 나온 행동은 위태하고 불안하다. 그러나 바르게 나타나기는 지극히 드물고 또 보기 어렵다. 인심도심이 다른 두 개가 아니다.」

(6) 然人莫不有是形　故雖上智不能無人心　亦莫不有是性　故雖下愚不能無道心.

그러나 사람은 누구나 다 형체(形體), 즉 육체를 가지고 있다. 고로 뛰어나게 지혜로운 사람, 즉 상지(上智)라도 인심(人心)이 없을 수 없다. 사람은 또한 <천명으로 주어진> 본성을 가지고 있다. 고로 가장 어리석은 사람, 즉 하우(下愚)라도 도심(道心)이 없을 수 없다.

[**어구 설명**] ㅇ然人莫不有是形(연인막불유시형) : 그러나 사람은 누구나 다 형체(形體), 즉 육체를 가지고 있다. 「막불유(莫不有)」는 「갖지 않음이 없다.」ㅇ故雖上智不能無人心(고수상지불능무인심) : 고로 뛰어나게 지혜로운 사람, 즉 상지(上智)라도 인심(人心)이 없을 수 없다. ㅇ亦莫不有是性(역막불유시성) : 사람은 또한 <천명으로 주어진> 본성을 누구나 다 가지고 있다. ㅇ故雖下愚不能無道心(고수하우불능무도심) : 고로 가장 어리석은 사람, 즉 하우(下愚)라도 도심(道心)이 없을 수 없다.

(7) 二者雜於方寸之間　而不知所以治之　則危者愈危　微者愈微　而天理之公　卒無以勝夫人欲之私矣.

도심과 인심이 한치 크기의 작은 마음 안에 섞여 있다. 그러나 마음 다스리는 법을 모르면 위태로운 인심이 더욱 위태롭게 되고, 미미하게 나타나는 도심이 더욱 미미하게 되며, 마침내 천리의 공정(公正)이 끝내 인욕의 사사로움을 이기지 못하게 될 것이다.

[**어구 설명**] ㅇ二者雜於方寸之間(이자잡어방촌지간) : 도심과 인심이 한 치 크기의 작은 마음 안에 섞여 있다. ㅇ而不知所以治之(이부지소이치지) : 그러나, 마음 다스리는 법을 모르면. ㅇ則危者愈危(즉위자유위) : 위태로운 인심이 더욱 위태롭게 되고. ㅇ微者愈微(미자유미) : 미미하게 나타나는 도심이 더욱 미미하게 되며. ㅇ而天理之公(이천리지공) : 마침내 천리의 공정(公正)이. ㅇ卒無以勝夫人欲之私矣(졸무이승부인욕지사의) : 끝내, 인욕의 사사로움을 이기지 못하게 될 것이다.

(8) 精則察夫二者之間 而不雜也 一則守其本心之正而不離也.

정밀하게 <도심과 인심의 사이를> 살피고 분별하면 곧 혼잡하지 않으며, 아울러 <도심을> 한결같이 지키고 간직하면 <도심에서> 이탈하지 않는다.

[**어구 설명**] ㅇ精(정) : 정밀하게 살피고 분별하면. <즉 순(舜)이 우(禹)에게 「유정유일(惟精惟一)」하라고 가르친 것과 같이> ㅇ則察夫二者之間(즉찰부이자지간) : 즉 도심과 인심의 사이를 잘 살피고 분별하면. ㅇ而不雜也(이부잡야) : 그러면, 둘을 혼잡하지 않는다. ㅇ一(일) : 한결같이 하면, 오로지 하나만을 잘 지키면. ㅇ則守其本心之正 (즉수기본심지정) : 본심의 공정함, 즉 도심을 굳게 지키고 간직한다. ㅇ而不離也(이불리야) : 그리고 이탈하지 않는다.

(9) 從事於斯 無少間斷 必使道心 常爲一身之主
而人心 每聽命焉 則危者安 微者著 而動靜云爲
自無過不及之差矣.

이와 같은 가르침을 따르고 실행하고 조금도 쉬거나 중단하
는 바 없이하고 또 반드시 도심으로 하여금 항상 한 몸의 주체
되게 하고, 인심(人心)이 매사에 도심(道心)의 명령을 듣고 따
르면, 즉 위태롭던 것이 안정되고, 미미하게 나타나기 어렵던
것이 잘 나타나게 되고, 또 동할 때나 정할 때나 혹은 모든 언어
동작에 있어 자연히 지나치거나 혹은 모자라는 차질이 없게 될
것이다.

[**어구 설명**] ㅇ從事於斯(종사어사) : 이와 같은 가르침을 따르고 실행하
고. ㅇ無少間斷(무소간단) : 조금도 사이를 두거나 중단하는 바가 없이.
ㅇ必使道心(필사도심) : 반드시 도심으로 하여금. ㅇ常爲一身之主(상위
일신지주) : 항상 한 몸의 주체되게 하고. ㅇ而人心每聽命焉(이인심매청
명언) : 인심(人心)이 매사에 도심(道心)의 명령을 듣고 따르면. ㅇ則危
者安(즉위자안) : 위태롭던 것이 편안하게 되고. ㅇ微者著(미자저) : 미
미하게 나타나기 어렵던 것이 잘 나타나게 된다. ㅇ而動靜云爲(이동정
운위) : 그리고 움직일 때나 멈출 때나 혹은 모든 언어 동작이. ㅇ自無過
不及之差矣(자무과불급지차의) : 자연히 지나치거나 혹은 모자라는 차
질이 없게 될 것이다.

【**참고 보충**】「인심(人心)・인욕(人欲)・도심(道心)」
인심(人心)은 사람인 이상 누구나 다 가지고 있으며 그 자체로는
선(善)도 악(惡)도 없다. 그러나 형기와 육체적 욕구를 과도하게 이

기적으로 채우려고 하면 곧 악한 인욕(人欲)이 된다. 본연지성(本然
之性)에서 우러나오는 이성적 공정한 인심은 곧 도심(道心)이 된다.
다음같이 도시할 수 있다.

```
              ┌─ 본연지성……천리……공정……도심
              │  (本然之性) (天理) (公正) (道心)
   인 심  ─┤
   (人心)     └─ 형기육체……사욕……이기……인욕
                 (形氣肉體) (私欲) (利己) (人欲)
```

【大全疏註選譯】

(1) 雲峯胡氏曰　人心本危　能收斂入來　則危者安　道心本微
　　能充拓出去　則微者著.

　운봉 호씨가 말했다. 「인심은 본래 위태롭다. 그러나 능히 수습하
면 위태로운 것이 안정된다. 도심은 본래 미미하고 나타나기 어렵다.
그러나 능히 채우고 개척하면 미미한 것이 잘 나타나게 된다.」

(10)　夫堯舜禹天下之大聖也　　以天下相傳　　天下
之大事也　　以天下之大聖　行天下之大事　　而其授
受之際　丁寧告戒　不過如此　則天下之理　豈有以加
於此哉.

　요임금 순임금 및 우임금은 천하의 큰 성인이다. 또한 천하를
서로 전하는 일은 천하의 가장 큰 일이다. 천하의 큰 성인들이
천하를 전하는 큰 일을 행했으며, 그들이 서로 수수(授受)할
때에 간곡히 훈계한 말이 오직 이 말뿐이었다. 그러한즉 ＜그

말속에> 천하의 귀중한 도리가 <다 들어가 있는 것이다.> 어찌 그 말에 더 붙일 것이 있겠는가.

[**어구 설명**] ㅇ夫堯舜禹天下之大聖也(부요순우천하지대성야) : 요임금 순임금 우임금은 천하의 큰 성인이다. ㅇ而天下相傳 天下之大事也(이천하상전 천하지대사야) : 그리고 천하를 서로 전하는 일은 천하의 큰 일이다. ㅇ以天下之大聖(이천하지대성) : 천하의 큰 성인들이. ㅇ行天下之大事(행천하지대사) : 천하를 전하는 큰 일을 행했으며. ㅇ而其授受之際(이기수수지제) : 그들이 서로 수수(授受)할 때에. ㅇ丁寧告戒(정녕고계) : 간곡히 훈계한 말이. ㅇ不過如此(불과여차) : 오직 이 말뿐이었다. 즉 「윤집궐중(允執厥中)」 「인심유위(人心惟危) 도심유미(道心惟微) 유정유일(惟精惟一) 윤집궐중(允執厥中)」이라고 했을 뿐이다. ㅇ則天下之理(즉천하지리) : <그렇다면 그 말속에> 천하의 귀중한 도리가 <다 들어 있는 것이다.> ㅇ豈有以加於此哉(기유이가어차재) : 어찌 그 말에 더 붙일 것이 있겠는가.

【**참고 보충**】 「간곡한 훈계」

요임금이 순에게 천하를 선양(禪讓)하고, 순임금이 우에게 천하를 선양할 때에, 간곡히 훈계한 말의 핵심은 「윤집궐중(允執厥中)」이다. 즉 「천하를 다스릴 때에 중(中)을 꼭 잡고 실행하라」고 말한 것이다. 이때의 「중(中)」은 절대선(絕對善)의 천리(天理)다. 그리고 「중」을 지키고 행하기 위해서는 「유정유일(惟精惟一)」해야 한다. 그러므로 천하를 다스리는 큰 일을 하는 데도 「윤집궐중」이면 족하다. 더 붙일 말이 없다고 한 것이다.

(11) 自是以來 聖聖相承 若成湯文武之爲君 皐

陶伊傅周召之爲臣 旣皆以此 而接夫道統之傳.

그 다음에도 성인과 성인이 <도통을> 서로 이어나갔다. 예를 들면 은나라의 탕왕, 주나라의 문왕과 무왕은 임금으로서, 순의 신하인 고요(皐陶), 탕의 신하인 이윤(伊尹), 은 고종(高宗)의 신하인 부열(傅說), 주나라의 주공단(周公旦)과 소공석(召公奭) 등은 신하로서 이미 '윤집궐중(允執厥中)'의 가르침을 가지고, 도통의 전수에 접하고 참가했던 것이다.

[어구 설명] ㅇ自是以來(자시이래) : 그로부터 다음에도. 즉 요순우(堯舜禹) 이후에도. ㅇ聖聖相承(성성상승) : 성인과 성인이 도통(道統)을 서로 이어나갔다. ㅇ若成湯文武之爲君(약성탕문무지위군) : 예를 들면 은나라의 탕왕, 주나라의 문왕과 무왕은 임금으로서. ㅇ皐陶伊傅周召之爲臣(고요이부주소지위신) : 순의 신하인 고요(皐陶), 탕의 신하인 이윤(伊尹), 은 고종(高宗)의 신하인 부열(傅說), 주공단(周公旦), 소공석(召公奭) 등은 신하로서. ㅇ旣皆以此(기개이차) : 이미 다 「윤집궐중(允執厥中)」의 가르침을 가지고. ㅇ而接夫道統之傳(이접부도통지전) : 도통의 전수에 접하고 참가했던 것이다.

(12) 若吾夫子 則雖不得其位 而所以繼往聖開來學 其功反有賢於堯舜者.

우리 선생님 공자 같은 분은 비록 <성인으로서 마땅히 얻을> 높은 자리를 얻지는 못했으나 그러나 과거의 성인의 학문을 계승하고 미래에 올 학자들의 길을 계발해 줌으로써 그 공적이 도리어 요임금 순임금보다 더 훌륭한 점이 있다.

[**어구 설명**] ○若吾夫子(약오부자) : 우리 선생님 같은 분은, 즉 공자는. ○則雖不得其位(즉수부득기위) : 비록 <성인으로서 마땅히 얻을> 높은 자리를 얻지는 못했으나. ○而所以繼往聖開來學(이소이계왕성개래학) : 그러나, 과거의 성인의 학문을 계승하고, 후세의 학자들을 계발해 줌으로써. ○其功反有賢於堯舜者(기공반유현어요순자) : 그 공적이 도리어 요임금 순임금보다 다 훌륭한 점이 있다.

【**참고 보충**】「계왕성(繼往聖) 개래학(開來學)」

다음과 같은 장횡거(張橫渠)의 말에서 연유한다.「천지는 만물의 번영을 위해 어진 마음을 세우고, 백성을 잘살게 하기 위해 바른 도리를 내세우고, 옛날의 성현들을 위해서, 단절된 학문을 계승하고, 만년 세상을 위해 태평을 계발하리라.(爲天地立心 爲生民立道 爲去聖繼絶學 爲萬世開太平)」<近思錄 2. 論學>

【**참고 보충**】「유교(儒教)의 핵심」

공자를 창시자로 모시는 유교의 핵심은, 천인합일(天人合一)과 수기치인(修己治人)이다. 즉「윤집궐중(允執厥中)」하는 덕치(德治)다. 이를「왕도덕치(王道德治)」라고도 말한다. 이 모두는 도심(道心)을 바탕으로 한다.

(13) 然當是時　見而知之者　惟顔氏曾氏之傳　得其宗　及曾氏之再傳　而復得夫子之孫子思　則去聖遠　而異端起矣.

그러나 공자 생존시에 공자를 직접 보고 배워서 도를 안 사람은 오직 안회(顔回)와 증자(曾子)만이 <직접 배우고> 전수를

받고 공자의 종지(宗旨)를 터득했다. <그후> 증자가 다시 <학
문을> 전수하게 되자, 공자의 손자 자사가 <가르침을> 얻었던
것이다. <그러나 시대가> 성인에서 멀어지자, <노자·장자·
묵자 등> 이단의 학설이 나타났다.

[**어구 설명**] ㅇ然當是時(연당시시) : 그러나 공자 생존시에. ㅇ見而知之者
(견이지지자) : 공자를 직접 보고 배워서 도를 안 사람은. ㅇ惟顔氏曾氏
之傳(유안씨증씨지전) : 오직 안회(顔回)와 증자(曾子)만이 <직접 배
우고> 전수를 받고. ㅇ得其宗(득기종) : 공자의 종지(宗旨)를 알았다.
ㅇ及其曾氏之再傳(급기증씨지재전) : 증자가 다시 전수하게 되자. ㅇ而
復得夫子之孫子思(이부득부자지손자사) : 그래서 다시 공자의 손자 자
사가 <가르침을> 터득했던 것이다. ㅇ則去聖遠而異端起矣(즉거성원이
이단기의) : <그러나 시대가> 성인에서 멀어지자, <노자·장자·묵자
등> 이단의 학설이 나타났다.

(14) 子思懼夫愈久 而愈失其眞也 於是 推本堯
舜以來相傳之意 質以平日所聞父師之言 更互演
繹 作爲此書 以詔後之學者 蓋其憂之也深 故其言
之也切 其慮之也遠 故其說之也詳.

　자사가 세월이 흐르면 흐를수록 가르침의 참 모습이 없어질
것을 걱정했다. 그래서 요와 순이 서로 전수한 근본의 뜻을 미루
어 생각하고, 평소에 부친 백어(伯魚)와 스승 증자(曾子)에게
들은 말을 바탕으로 질정(質正)하고 뜻을 더욱 연역하여 중용의
글을 저술하고 후세의 학자에게 알게 한 것이다. 허기는 자사의

걱정이 심각했으므로 <그가 저술한 중용의> 말이 절실하고, 그 생각이 원대했으므로 그의 설명이 자상하다.

[어구 설명] ㅇ子思懼夫愈久而愈失其眞也(자사구부유구이유실기진야) : 자사(子思)는 세월이 흐르면 흐를수록 가르침의 진면목(眞面目)이 없어질 것을 걱정했다. ㅇ於是推本堯舜以來相傳之意(어시추본요순이래상전지의) : 그래서 요와 순이 서로 전수한 근본의 뜻을 미루어 생각하고. ㅇ質以平日所聞父師之言(질이평일소문부사지언) : 평소에 부친 백어(伯魚)와 스승 증자(曾子)에게 들은 말을 바탕으로 질정(質正)하고. ㅇ更互演繹(경호연역) : 더욱 연역하고. ㅇ作爲此書(작위차서) : 이 중용의 글을 저술하고. ㅇ以詔後之學者(이조후지학자) : 후세의 학자에게 알렸다. ㅇ蓋其憂之也深(개기우지야심) : 허기는 자사의 걱정이 심각했으므로. ㅇ故其言之也切(고기언지야절) : 말이 절실하고. ㅇ其慮之也遠(기려지야원) : 그 생각이 원대했으므로. ㅇ故其說之也詳(고기설지야상) : 그의 설명이 자상하다.

(15) 其曰 天命率性 則道心之謂也 其曰 擇善固執 則精一之謂也 其曰 君子時中 則執中之謂也 世之相後千有餘年 而其言之不異 如合符節 歷選前聖之書 所以提挈綱維 開示蘊奧 未有若是 之明且盡者也.

중용에서 「천명솔성(天命率性)」이라고 한 말은 곧 <순이 우에게 말한> 「도심(道心)」을 이르는 것이다. 중용에서 「택선고집(擇善固執)」이라고 한 말은 곧 <순이 우에게 말한> 「정일(精一)」이다. 중용에서 「군자시중(君子時中)」이라고 한 말은 곧 <순이 우에게 말한> 「집중(執中)」이다. 시대적으로 전후의 차이가 천여 년이나 된다. 그런데도 양자의 말이 다르지 않고 흡사 부절같이 딱 맞는다. 옛날 성인들의 책을 두루 살펴보아도 도통의 대강을 내걸고, 도통 속에 숨어 있는 깊은 뜻을 펼쳐서 밝힌 것으로, 중용같이 명백하게 충분히 밝힌 책은 아직 없다.

[**어구 설명**] ㅇ其曰 天命率性 則道心之謂也(기왈 천명솔성 즉도심지위야) : 중용에서 「천명솔성(天命率性)」이라고 한 말은 곧 <순이 우에게 말한> 「도심(道心)」을 이르는 것이다. ㅇ其曰 擇善固執 則精一之謂也(기왈 택선고집 즉정일지위야) : 중용에서 「택선고집(擇善固執)」이라고 한 말은 곧 <순이 우에게 말한> 「정일(精一)」을 이르는 것이다. ㅇ其曰 君子時中 則執中之謂也(기왈 군자시중 즉집중지위야) : 중용에서 「군자시중(君子時中)」이라고 한 말은 곧 <순이 우에게 말한> 「집중(執中)」을 이르는 것이다. ㅇ世之相後千有餘年(세지상후천유여년) : 시대적으로 전후의 차이가 천여 년이나 된다. 요순(堯舜)시대에서 자사(子思)시대까지는 천 년 이상이다. ㅇ而其言之不異(이기언지불이) : 그런데도 양자의 말이 다르지 않고. ㅇ如合符節(여합부절) : 부절같이 딱 맞는다. ㅇ歷選前聖之書(역선전성지서) : 옛날 성인들의 책을 두루 골라 보아도, 즉 서경(書經), 시경(詩經), 춘추(春秋) 등을 보아도. ㅇ所以(소이) : ……하기를. ㅇ提挈綱維(제설강유) : 도통의 대강을 내걸고. ㅇ開示蘊奧(개시온오) : 도통 속에 숨어 있는 깊은 뜻을 펼쳐서 밝힌 책은. ㅇ未有若是其明且盡者也(미유약시기명차진자야) : 중용같이 명백하게 충분히 밝힌 책은 <이것 이외로> 아직 없다.

(16)　自是而又再傳　以得孟氏　爲能推明是書　以
承先聖之統　　及其沒而遂失其傳焉　則吾道之所寄
不越乎言語文字之間　而異端之說　日新月盛　以至
於老佛之徒出　則彌近理而大亂眞矣.

　그로부터 거듭 도통이 전해져 맹자가 나타나 능히 중용의 뜻
을 더욱 미루어 밝혔다. 그래서 옛 성인들의 도통을 이을 수
있었다. 그러나 맹자가 죽은 다음에는 그 도통의 전함도 없어지
게 되었으며, 그래서 우리들이 의지하고 근거로 할 바, 도(道)나
도통(道統)도 오직 언어나 문자로 쓰여진 책이나 글을 넘지 못
하게 되었다. 그런데, 한편으로는 이단(異端)의 사상이나 학설
이 날로 새롭게 나타나고 달로 성행하게 되었으며, 마침내 노
자나 불교의 무리들이 나타나게 되자, 더욱 <우리의 도통의
설과> 가까운 이론을 가지고 <우리의 도통의> 참된 진리를
크게 혼란케 했다.

[**어구 설명**] ㅇ自是而又再傳(자시이우재전) : 그로부터 다시 전해졌으며.
　ㅇ以得孟氏(이득맹씨) : <그래서> 맹자가 나타나. ㅇ爲能推明是書(위
능추명시서) : 능히 중용의 뜻을 더욱 미루어 밝혔다. ㅇ以承先聖之統
(이승선성지통) : 그래서 옛 성인들의 도통을 이어받았다. ㅇ及其沒而遂
失其傳焉(급기몰이수실기전언) : 그러나 맹자가 죽은 다음에는 그 도통
의 전함도 없어지게 되었다. ㅇ則吾道之所寄(즉오도지소기) : 그래서 우
리들이 의지하고 근거로 할 바, 도(道)나 도통(道統)도. ㅇ不越乎言語文
字之間(불월호언어문자지간) : 언어나 문자로 쓰여진 책이나 글을 넘지
못하게 되었다. 즉 살아 있는 성현(聖賢)에게 직접 접하고 배울 수 없게

되었다.　ㅇ而異端之說(이이단지설) : 그런데, 한편으로는 이단(異端)의
사상이나 학설이.　ㅇ日新月盛(일신월성) : 날로 새롭게 나타나고 달로
성행하게 되었으며.　ㅇ以至於老佛之徒出(이지어노불지도출) : 마침내
노자나 불교의 무리들이 나타나게 되자.　ㅇ則彌近理(즉미근리) : 더욱
<우리의 도통의 설과> 가까운 이론을 가지고.　ㅇ而大亂眞矣(이대란진
의) : <우리의 도통의> 참된 진리를 크게 혼란케 했다.

【참고 보충】「중용(中庸)과 맹자(孟子)」

「대전소주」에서 「격암 조씨(格庵趙氏)」는 대략 다음 같이 말했다.
중용의 핵심이 맹자에 많이 보인다. 「맹자의 성선설(性善說)」은 「중
용의 천명지위성(天命之謂性)」에서 나오고, 「맹자의 존심수방심(存
心收放心)」은 「중용의 치중화(致中和)」이고, 「맹자의 확충기인의지
심(擴充其仁義之心)」은 「치화(致和)」 등이다. 특히 맹자의 성(誠)은
중용의 성(誠)에서 나온 것이다.

(17) 然而尙幸此書之不泯　故程夫子兄弟者出　得
有所考　以續夫千載不傳之緖　得有所據　以斥夫二
家似是之非　蓋子思之功　於是爲大　而微程夫子　則
亦莫能因其語而得其心也.

　그러나 다행히 중용의 글이 없어지지 않고 남아서 전했다.
고로 정자 형제 두 선생이 나타나서, <예기의 원문을 바탕으
로> 고증할 수 있었으며, <맹자 이후> 천 년이나 전하지 않았
던 <도와 도통의> 줄기를 다시 이었고 또 근거할 바를 얻어
가지고 노자와 불교의 사이비(似而非)의 사상이나 학설을 물

리치고 배척할 수 있었다. 허기는 <중용의 글을 저술한> 자사
의 공은 그 자체로서 크지만, 그러나 만약에 정자 선생이 아니
면 역시 중용의 글을 바탕으로 자사의 마음을 알지 못했을 것
이다.

[어구 설명] ㅇ然而尙幸此書之不泯(연이상행차서지불민) : 그러나 다행히
중용의 글이 민멸(泯滅)하지 않고 남아서 전했다. 즉 예기(禮記) 제31편
에 있는 글이 중용의 원문이다.　ㅇ故程夫子兄弟者出(고정부자형제자
출) : 고로 정자 형제 두 선생이 나타나서, 즉 형은 정호(程顥 : 明道),
동생은 정이(程頤 : 伊川). 주자는 이들을 선생이라고 높였다. ㅇ得有所
考(득유소고) : <예기의 원문을 바탕으로> 고증할 수 있었다. ㅇ以續夫
千載不傳之緖(이속부천재부전지서) : <맹자 이후> 천 년이나 전하지
않았던 <도와 도통의> 줄기를 다시 이었고. ㅇ得有所據(득유소거) : 근
거할 바를 얻어 가지고. ㅇ以斥夫二家似是之非(이척부이가사시지비) :
노자와 불교의 사이비(似而非)의 사상이나 학설을 물리치고 배척할 수
있었다. 앞의 「득(得)」은 여기까지 걸린다. ㅇ蓋子思之功 於是爲大(개
자사지공 어시위대) : 허기는 <중용의 글을 저술한> 자사의 공은 그 자
체로써 크다. ㅇ而微程夫子(이미정부자) : 그러나 만약에 정자 선생이
아니면.　ㅇ則亦莫能因其語而得其心也(즉역막능인기어이득기심야) :
역시 중용의 글을 바탕으로 자사의 마음을 알지 못했을 것이다.

(18) 惜乎 其所以爲說者不傳 而凡石氏之所輯錄
僅出於其門人之所記　是以大義雖明　而微言未析
至其門人所自爲說　則雖頗詳盡而多所發明　然倍
其師說而淫於老佛者亦有之矣.

아깝게도, 정자 형제가 직접 한 말이나 쓴 글이 전하지 않는다. 그리고 석자중(石子重)이 집록(集錄)한 「중용집해(中庸集解)」라는 책은 정자의 문인들이 적은 글을 모으고 추린 것이다. 그러므로 대의는 밝혔으나 정미(精微)한 뜻은 잘 알 수 없다. 또 정자의 제자들이 자신의 견해를 기술한 말들은 비록 제법 자세하게 설명하고 또 뜻을 밝혀낸 곳도 많기는 하지만, 그러나 자기 선생의 뜻과 어긋나게 노자나 불교의 사상에 지나치게 물들은 결점도 있다.

[**어구 설명**] ㅇ惜乎其所以爲說者不傳(석호기소이위설자부전) : 아깝게도, 정자 형제가 직접 한 말이나 쓴 글이 전하지 않는다. 형인 명도는 책을 쓰지 않고, 동생 이천은 쓴 책이 마음에 들지 않아서 소각했다고 전한다. ㅇ而凡石氏之所輯錄(이범석씨지소집록) : 그리고, 석자중(石子重)이 집록한 「중용집해(中庸集解)」라는 책은. ㅇ僅出於其門人之所記(근출어기문인지소기) : 정자의 문인들이 적은 글을 모으고 추린 것이다. ㅇ是以大義雖明(시이대의수명) : 그러므로 대의는 밝혔으나. ㅇ而微言未析(이미언미석) : 정미(精微)한 뜻은 잘 밝히지 못했다. 「析=晳(밝을 석)」 ㅇ至其門人所自爲說(지기문인소자위설) : 정자의 제자들이 자신의 견해를 기술한 말들은. ㅇ則雖頗詳盡 而多所發明(즉수파상진 이다소발명) : 비록 제법 자세하게 설명하고 또 뜻을 밝혀낸 곳도 많기는 하지만. ㅇ然倍其師說(연배기사설) : 그러나 자기 선생의 뜻과 어긋나게. ㅇ而淫於老佛者亦有之矣(이음어노불자역유지의) : 노자나 불교의 사상에 지나치게 물들은 결점도 있다.

* <유교에서는 「유위(有爲)」를 주장한다. 노자(老子)는 허무(虛無)를 높이고 불교(佛敎)는 무욕(無欲)을 높이지만 세밀한 점에서는 다르다>

(19) 熹自蚤歲 卽嘗受讀而竊疑之 沈潛反復 蓋亦有年 一旦恍然 似有以得其要領者.

주희(朱熹), 나는 어린 나이에 중용의 글을 받아서 읽었으며 여러 가지 의문을 품었다. 그리고 깊이 생각하고 반복해서 읽기를 한 1년이 지난 후, 하루아침에 어슴푸레하게나마, 그 요령을 터득한 것같이 느꼈다.

[**어구 설명**] ㅇ熹自蚤歲(희자조세) : 주희(朱熹) 나는 어린 나이 혹은 일찍이. ㅇ卽嘗受讀(즉상수독) : 중용의 글을 받아 가지고 읽었으며. ㅇ而竊疑之(이절의지) : 여러 가지로 의문을 품었다. ㅇ沈潛反復(침잠반복) : 깊이 생각하고 반복해서 읽었으며. ㅇ蓋亦有年(개역유년) : 대략 1년 가량 되었을 때에. ㅇ一旦恍然(일단황연) : 하루아침에 어슴푸레하게나마. ㅇ似有以得其要領者(사유이득기요령자) : 요령을 터득한 것같이 되었다.

(20) 然後 乃敢會衆說而折其衷 旣爲定著章句一篇 以俟後之君子 而一二同志 復取石氏書 刪其繁亂 名以輯略 且記所嘗論辨取舍之意 別爲或問 以附其後.

그리고, 감히 여러 사람의 설을 모으고 절충해서 먼저 장구(章句) 한 권을 저술하고 뒤이어 군자들의 <비판을> 기다리기로 작정을 했다. 그러나 한두 사람의 동지, 즉 제자들이 다시 석씨의 책에서 번잡하게 엉킨 글을 삭제하고 <편집해서>「집략(輯略)」이라고 이름을 붙였다. 아울러, 일찍이「장구(章句)」를 만들 때에 변론하고 취사 선택한 뜻을 추리고 적어서 별도로 「혹문(或問)」이라고 이름하고 책 뒤에 붙였다.

[**어구 설명**] ㅇ然後乃敢會衆說而折其衷(연후내감회중설이절기충) : 그리고, 감히 여러 사람의 설을 모으고 절충해서. ㅇ旣爲定著章句一篇(기위정저장구일편) : 먼저 장구(章句) 한 권을 저술하고. ㅇ以俟後之君子(이사후지군자) : 군자들의 <비판을> 기다리기로 작정을 했다. 앞의 「위정(爲定)」은 여기까지 걸린다. ㅇ而一二同志(이일이동지) : 그러나 한두 사람의 동지, 즉 제자들이. ㅇ復取石氏書(부취석씨서) : 다시 석씨의 책을 취해서. ㅇ刪其繁亂(산기번란) : 번잡하게 엉킨 글을 삭제하고. ㅇ名以輯略(명이집략) : <편집해서> 「집략(輯略)」이라고 이름을 붙였으며. ㅇ且記所嘗論辨取舍之意(차기소상론변취사지의) : 또 일찍이 「장구(章句)」를 만들 때에 변론하고 취사 선택한 말들을 추리고 적어서. ㅇ別爲或問 以附其後(별위혹문 이부기후) : 별도로 「혹문(或問)」이라 이름하고 책 뒤에 붙였다.

(21) 然後 此書之旨 支分節解 脈絡貫通 詳略相因 巨細畢擧 而凡諸說之同異得失 亦得以曲暢旁通 而各極其趣.

<주자 장구를 저술함으로써> 비로소 이 책, 즉 중용의 총체적인 뜻과, 중용의 몸통에 해당하는 중요한 글과, 사지(四肢)에 해당하는 설명의 글을 확연하게 알게 되고, 또 전체의 맥락이 관통되고, 자상하게 풀이한 말과 간략하게 기술한 말의 뜻이 서로 이어지고, 큰 부분과 세밀한 부분을 다 추렸다. 그리고 여러 사람이 풀이한 여러 설명의 같고 다름과 옳고 그름도 <알

수 있고> 또 굽은 해석과 잘 통하는 설명을 다 알 수 있게 했다. 그래서 <이 중용장구는> 모든 학자의 설명이나 취지를 가장 잘 알게 한 것이다.

[**어구 설명**] ○然後(연후) : 그렇게 한 뒤에, 그렇게 함으로써. ○此書之旨(차서지지) : 이 책, 즉 중용의 뜻과. ○支分節解(지분절해) : 중용의 몸통에 해당하는 중요한 글과, 사지(四肢)에 해당하는 설명의 글을 확연하게 나누었다. ○脈絡貫通(맥락관통) : 전체의 맥락이 관통되고. ○詳略相因(상략상인) : 자상하게 풀이한 말과 간략하게 기술한 말의 뜻이 서로 이어지고. ○巨細畢擧(거세필거) : 큰 부분과 세밀한 부분을 다 추렸다. ○而凡諸說之同異得失(이범제설지동이득실) : 그리고 여러 사람이 풀이한 여러 말들의 같고 다름과 옳고 그름을 <알 수 있고>. ○亦得以曲暢旁通(역득이곡창방통) : 또 <여러 학자의> 막히는 설명과 통하는 설명이 두루 통할 수 있게 했으며. ○而各極其趣(이각극기취) : 모든 취지를 가장 잘 알게 했다.

(22) 雖於道統之傳 不敢妄議 然初學之士 或有取焉 則亦庶乎行遠升高之 一助云爾. 淳熙己酉春三月戊申 新安朱熹序.

<내가 저술한 중용장구를 가지고> 비록 도통을 전수한 것이라고, 감히 망발되게 말하지 않겠다. 그러나 초학자(初學者)가 혹 이 책을 가지고 공부를 한다면 멀리 가고 높이 오르는 데 있어 도움이 될 것이라고 바랄 수는 있다.

남송(南宋) 효종(孝宗) 16년, 서기 1189년, 봄 3월 18일

신안 주희 씀.

[**어구 설명**] ○雖於道統之傳(수어도통지전) : <내가 저술한 중용장구를 가지고> 비록 도통을 전수한 것이라고. ○不敢妄議(불감망의) : 감히 망발되게 말하지 않겠다. ○然初學之士或有取焉(연초학지사혹유취언) : 그러나 초학자(初學者)가 혹 이 책을 가지고 공부를 한다면. ○則亦庶乎(즉역서호) : 바랄 수 있을 것이다. ○行遠升高之(행원승고지) : 멀리 가고 높이 오르는 데 있어. ○一助云爾(일조운이) : 한 가지 도움이 될 것이다. ○淳熙己酉(순희기유) : 남송(南宋) 효종(孝宗) 16년, 서기 1189년, 주자 나이 60세. ○春三月戊申(춘삼월무신) : 봄 3월 18일. ○新安朱熹序(신안주희서) : 신안(新安)의 주희 씀. 「신안」은 주자의 본적지, 휘주(徽州)의 옛이름. 주자의 본적은 「휘주 무원현(婺源縣)」이다.

【참고 보충】 「왕도덕치(王道德治)와 인간」

유교사상의 핵심을 다음같이 요약할 수 있다.

① 공간과 시간을 통합한 우주의 이법(理法)인 「절대선(絶對善)의 도리, 즉 천도(天道)」를 기준으로 한다.

② 학문과 수양을 바탕으로 천도를 깨닫고 실천하는 지식인, 즉 군자(君子)를 배양하고, 그들로 하여금 왕도덕치(王道德治)를 실현케 한다.

③ 왕도덕치(王道德治)는 천도(天道), 인행(人行), 지덕(地德)을 일관하는 정치다. 사람이 인식과 행동의 주체다. 사람이 절대선의 천도(天道)를 깨닫고 실천하는 것을 인행(人行)이라고 한다. 사람이 천도를 따르고 행하면 지상세계에 좋은 성과, 즉 지덕(地德)이 세워진다. 지덕을 오늘의 말로 다음같이 풀이할 수 있다.

「지상세계의 만물을 더욱 번성 발전하게 하고, 아울러 천하의 모든 사람들을 고르게 잘살게 하고, 동시에 인류의 역사 문화를 더욱 새롭게 창조적으로 향상시키고 발전케 한다.」

천도(天道)는 형이상(形而上)의 절대진리다. 자연법칙도 천도의 일부이다. 과학은 절대로 자연법칙을 따른다. 그래서 좋은 성과를 거둔다. 만인이 함께 어울려 사는 지상세계의 정치도 천도를 따라야 한다.

④ 참다운 지식인, 즉 군자(君子)는 절대선의 천도를 배워 깨닫고 실천해야 한다. 「배울 학(學)」이나 「가르칠 교(敎)」의 핵심은 「육효 효(爻)」다. 이는 곧 천도(天道)와 지덕(地德)을 합한 자다. 「알 지(知)」는 곧 「다스릴 지(知)」이다. 그래서 주자는 「배울 학(學)」은 「깨달을 각(覺)」이며, 동시에 「본받을 효(效)」라고 풀이했다.

⑤ 천도(天道)를 깨닫고 실천해서 지덕(地德)을 세우는 것이 유교의 학문정신이다.

⑥ 하늘은 사람에게 착한 본성(本性)과 숭고한 정신(精神)을 내려주었다. 그러므로 천도를 깨닫고 실천할 수 있다.

⑦ 동시에 사람은 동물이다. 그러므로 육체적·생리적 생존욕구(生存欲求)가 있다.

⑧ 천도(天道)는 광명정대(光明正大)하고 공평무사(公平無私)하고 영구불변(永久不變)하는 형이상의 진리다.

⑨ 한편 동물적 욕구는 「개별적(個別的), 사유적(私有的), 일시적(一時的), 감각적(感覺的), 물질적(物質的) 욕구」이다.

⑩ 여기서 인간의 삶의 태도와 가치를 크게 셋으로 나눌 수 있다. <ⅰ> 순수한 정신적 삶, <ⅱ> 정신적 삶을 높이면서 동물적 삶을 바르고 착하게 산다. <ⅲ> 동물적 삶을 기준으로 하고, 개인주의적·이기주의적 삶을 산다.

⑪ 유교의 인생관은 「정신적 삶을 높이면서 동물적 삶을 바르고 착하게 산다」에 속한다. 이에 비해서 오늘의 세계에는 주로 「동물적

삶을 기준으로 하고, 개인주의적·이기주의적 삶만을 살려고」한다. 그래서 서로 싸우고 쟁탈하며, 따라서 인류 사회를 위기에 빠뜨리고 있는 것이다.

【참고 보충】「수기치인(修己治人)의 핵심은 도심(道心)」

　유교에서는「수기치인(修己治人)」을 중시한다. 학문을 배우고 인격을 닦는 목적도「수기치인」하기 위해서다.

　나 자신이 천도를 깨닫고 실천해야 한다. 그것이「수기(修己)」이고 인격완성이다. 그 다음에는 사회나 국가의 일꾼 혹은 지도자로서, 남들을 지도하고 잘살게 해주어야 한다. 즉 남들도 훌륭한 사람이 되게 해야 한다. 즉 그들도 천도를 깨닫고 실천해서 저마다의 삶을 바르고 착하게 살게 지도하고 인도해야 한다. 정치도 그 중의 하나다.

　앞에서 말한 대로 사람의 마음은 크게 두 가지로 나눌 수 있다. 천도를 따라 바르고 착하게 살려는 마음은 도심(道心)이다. 동물적 욕구를 바탕으로 나 혼자 순간적으로 물질적으로만 잘살려는 마음을 인욕(人欲)이라고 한다. 그런데 불행하게도 오늘의 인류는 도심을 모르고 인욕만을 알고 추구하고 있다.

　「수기치인」은 도심을 바탕으로 해야 한다. 그것이 유교사상의 전통이다. 이 전통은 일찍이 기원전 3천 년 전부터 계승되었다. 즉 요(堯)임금이 순(舜)에게 천하를 물려주면서,「참으로 오직 중(中)만을 꼭 잡고 실천하라(允執厥中)」고 훈계했다. 그리고 다시 순임금이 우(禹)에게 천하를 물려줄 때에 몇마디 말을 덧붙였다. 『인심은 위태롭다. 도심은 미미하다. 그러므로 정밀하게 살피고 한결같이 해야 비로소 중(中)을 잡고 행할 수 있다.(惟人心危 惟道心微 惟精惟一 允執厥中)』「중(中)」은「천리(天理)」다. 중용은 이와 같은 도통(道統)을 밝힌 책이다.

주자(朱子)의 중용장구(中庸章句)

중용(中庸)은 본래 예기(禮記) 31편의 글이었으며 일찍이 한(漢) 및 육조(六朝)시대부터 학자들이 중시했다. 그러나 송(宋)대 성리학(性理學)의 대가 정자(程子)와 주자(朱子)가 각별히 높였고, 특히 주자가 단행본 「중용장구집주(中庸章句集註)」를 편찬하고 「대학(大學), 논어(論語), 맹자(孟子), 중용(中庸)」 넷을 묶어 「사서(四書)」라 했다.

그후 「원(元), 명(明), 청(淸)」 세 왕조(王朝)가 「사서」를 과거(科擧)의 기본경전으로 삼았으므로 중국은 물론 한국 및 일본에서도 선비들의 필독서로 중시되었던 것이다.

기원전 500년경, 공자(孔子)에 의해서 창시된 유교(儒敎)의 역사는 길다. 그러나 유교는 시대와 더불어 새롭게 성장했으며, 발전했다. 전국시대(戰國時代)의 맹자(孟子), 순자(荀子)를 걸쳐, 한(漢)나라 당(唐)나라의 훈고학적(訓詁學的) 유학이 마침내 송(宋)의 성리학(性理學)으로 대성했던 것이다.

그리고 「원명청(元明淸)」을 거쳐 오늘에 이르렀다.

오늘의 세계는 물질과 무력이 횡행하는 난세다. 그러
므로 많은 사람들이 유교를 알려고 하지 않는다. 그
러나 위기적 난세는 반드시 종식되고 세계는 혁신된
다. 그것이 절대선(絶對善)의 천도다.

　사람들은 유교의 도리와 사상을 배우고 알아야 한
다. 유교의 기본도리와 이상은 천도(天道)를 바탕으
로 수기치인(修己治人)하고 대동세계(大同世界)를 창
건함이다. 중용(中庸)은 사람에게 형이상(形而上)의
본체(本體)와 형이하(形而下)의 실천을 가르치는 경
전이다. 나 자신이 인식과 실천의 주체다. 내가 알고
실천해야 이상세계를 창건할 수 있다.

주희장구(朱熹章句)

【集註】 (1) 中者不偏不倚 無過不及之名 庸平常也.

중(中)은 「편벽되거나 치우치지 않고 또 지나치거나 모자람이 없다」는 뜻이다. 용(庸)은 「평상(平常)」의 뜻이다.

[**어구 설명**] 이 주는 주자(朱子)가 서명(書名) 「중용(中庸)」의 두 글자를 한 글자씩 나누어 풀이한 것이다. ㅇ中者不偏不倚(중자불편불의) : 「중(中)」은 편벽되거나 치우치지 않음을 <말한 것이다.> 다음의 「지명(之名)」에 이어진다. ㅇ無過不及之名(무과불급지명) : 지나치거나[過], 모자람[不及]이 없다는 <뜻을> 일컬은 말이다. ㅇ庸平常也(용평상야) : 「용(庸)」은 평상(平常)이라는 뜻이다. 「평(平)과 상(常)」을 다시 나누어 풀이한다. 「평(平)」은 「공간적으로 어디에나 고르게 있다. 혹은 평등(平等), 평범(平凡)하다」는 뜻이다. 「상(常)」은 「시간적으로 고금을 통해 언제나, 항상, 변하지 않는다」는 뜻이다. 즉 「평상(平常)」은 「사람에게 있어서는 모든 사람이 일상적으로 따르고 행할 평범한 도리이고, 사물에 있어서는 모든 사물에 고르게 갖추어진 평범한 도리」라는 뜻이다.

다음에서 주자는 자기가 사숙(私淑)하는 정자(程子)의 풀이를 제시함으로써, 자기의 설이 정자를 계승하고 아울러 더 발전시킨 것임을 암시했다.

【集註】(2) 子程子曰　不偏之謂中　不易之謂庸
中者天下之正道　庸者天下之定理.

　정자 선생이 말했다. 치우치지 않음이 중이고, 변하지 않음이
용이다. 중은 곧 천하의 바른 도리이고, 용은 곧 천하의 영원히
변하지 않는 일정한 도리다.

[**어구 설명**] ㅇ子程子曰(자정자왈) : 정자 선생이 말했다. 정자는 정씨 형
　제를 함께 부른 말이다. 형은 정호(程顥 : 明道), 동생은 정이(程頤 : 伊
　川)이다. 주자는 직접 정자에게 배우지 않았다. 그러나 그들의 학문 사상
　을 사숙(私淑)했으므로 「자정자(子程子)」라고 존칭했다. 앞의 「자(子)」
　는 「선생님」이란 뜻. ㅇ不偏之謂中(불편지위중) : <하늘의 도리는> 편
　벽되지 않고 <고르게 또 속에 있으므로> 「중(中)」이라 한다. ㅇ不易之
　謂庸(불역지위용) : <하늘의 도리는> <시간적으로 영원히> 변하지 않
　으므로 「용(庸)」이라 한다. ㅇ中者天下之正道(중자천하지정도) : <본
　성 속에 주어진 딱 맞는 하늘의 도리, 즉> 「중(中)」은 천하의 바른 길이
　고 도리이다. ㅇ庸者天下之定理(용자천하지정리) : <본성 속에 주어진
　시간적으로 영원히 변하지 않는 하늘의 도리는> 천하의 정해진 <불변
　의> 길이고 도리이다.

【**참고 보충**】 「도(道)와 이(理)」

　도(道)와 이(理)를 혼동하는 경우가 많으며 도리(道理)라고도
한다. 그러나 도(道)는 통합적 대강(大綱)이며 따라나가야 할 도
리, 이(理)는 사물 속에 있는 이치나 조리(條理)의 뜻으로 분별할
수 있다.

【集註】(3) 此篇乃孔門傳授心法　子思恐其久而

差也 故筆之於書以授孟子.

이 편의 글은 공자 문중에서 전해 내려온 심법(心法 : 마음을 다스리는 법)이다. 세월이 오래 지나면 <가르침의 내용이> 다르게 될 것을 걱정하고 자사(子思)가 붓을 들고 글로 써서 맹자에게 전수했다.

[**어구 설명**] ㅇ此篇乃孔門傳授心法(차편내공문전수심법) : 이 편, 즉 중용의 글은 바로 공자 문중에서 전수해 내려온 「마음을 다스리는 법[心法]」이다. ㅇ子思恐其久而差也(자사공기구이차야) : 자사가 세월이 오래 되면 <가르침의 내용이> 변질될 것을 걱정하고. ㅇ故筆之於書以授孟子(고필지어서이수맹자) : 그래서 붓을 들고, 글로 적어서 맹자에게 전수했다. 주자가 주에서 말한 이와 같은 사실은 역사적으로 증명된 사실이 아니다. 고증학적(考證學的)으로 중용의 작자는 정확하지 않다. 그러나 주자는 대학은 증자(曾子), 중용은 자사(子思)의 글이라고 했다.

【集註】(4) 其書始言一理 中散爲萬事 末復合爲一理 放之則彌六合 卷之則退藏於密 其味無窮 皆實學也 善讀者玩索而有得焉 則終身用之 有不能盡者矣.

이 책은 처음에는 한가지 도리를 말했으나, 중간에서는 흩어져 만사에 나타남을 말하고, 끝에서는 다시 한가지 도리로 합치는 것을 말했다. <중용의 도리를> 풀어놓으면 육합(六合 : 상하 사방, 곧 우주)에 가득 차지만, 거두어 말아들이면 은밀한 속에 물러가 숨어 보이지 않게 된다. <중용의 학문은> 그 맛이

무궁하면서 또 사실적인 학문이다. <그러므로> 잘 읽고 깊이 탐구하면 터득하는 바가 많을 것이며, 평생 <그 가르침을> 활용해도 다하지 못할 것이다.

[**어구 설명**] ○其書始言一理(기서시언일리) : 중용의 책은 처음에는 하나의 도리를 말했다. 즉 제1장에서 「천명지위성(天命之謂性), 솔성지위도(率性之謂道), 수도지위교(修道之謂敎)」라고 「도(道)」를 중점적으로 말했다. ○中散爲萬事(중산위만사) : 중용의 책 중간에서는 도가 여러 가지로 흩어져 나타나고 작용함을 말했다. 즉 삼달덕(三達德), 오달도(五達道), 구경(九經) 등에 대해서 말했다. ○未復合爲一理(말복합위일리) : 끝에 가서 다시 하나의 도리로 합친다는 것을 말했다. 즉 제33장에서 만사 만물이 도(道)에 귀일(歸一)함을 말했다. ○放之則彌六合(방지즉미육합) : <중용의 도(中庸之道)를> 밖으로 퍼뜨리면 상하 사방 육합(六合)에 두루 차고 넘친다. 우주 천지 만물의 현상이 중용의 도에서 벗어나지 않는다는 뜻. ○卷之則退藏於密(권지즉퇴장어밀) : 말아서 거두어들이면 은밀한 속에 물러가 숨는다. 즉 「보이지 않는 마음속에 숨어, 보이지도 않고 소리도 없다」는 뜻이다. 그러나 현대적으로 「하늘의 도리는 눈에 보이지 않는 기체(氣體)나 세포(細胞) 같은 미소한 물체 속에도 있으며 또 작용을 한다」고 풀이할 수 있다. 주자는 기(氣) 속에 이(理)가 깃들어 있다고 했다. ○其味無窮(기미무궁) : 그 가르침의 맛이 무궁무진하다. ○皆實學也(개실학야) : 모두가 사실로 나타나는 실질적인 학문이다. ○善讀者玩索而有得焉(선독자완색이유득언) : <중용의 가르침을> 잘 공부하고 <현상세계의 사실과 대비하여> 연구하고 또 그 깊은 뜻을 찾아보면 <스스로> 터득하는 바가 있을 것이다. ○則終身用之(즉종신용지) : 그러므로 평생을 두고 활용을 해도. ○有不能盡者矣(유불능진자의) : 다 쓰지 못하고 <남음이> 있을 것이다.

【참고 보충】「중용(中庸)의 현대적 해석」

「중용(中庸)」이란 책이름을 주자가「중자(中者) 불편불의(不偏不倚) 무과불급지명(無過不及之名)」「용(庸) 평상야(平常也)」라고 나누어 풀이를 했다. 바꾸어 말하면「불편불의 무과불급」하니깐「중(中)」이란 이름을 붙였고,「평상」하니깐「용(庸)」이란 이름을 붙였다고 한 것이다.

여기서 우리는 다시 생각해야 한다. 무엇이「중(中)이고, 용(庸)이란 말인가?」그 뜻을 현대적으로 풀고 이해하지 못하면「중용」공부는 아무런 소용이 없게 된다. 결론부터 말한다.「하늘의 도리가 중용의 도리다.」

우주 천지 자연 만물은 실제로 있으며, 저마다 도리를 따라 생육화성(生育化成)한다. 이와 같은 실존하는 만물을 창조하고 또 생화(生化)하는 도리의 근원적 본체를 기독교에서는「하느님, 하느님의 진리」유교에서는「하늘[天], 하늘의 도리[天道]」라고 한다.

하늘은 자연 만물에게 저마다의 형상(形狀)과 저마다의 본성(本性)과 또 그 본성에 딱 맞는 도리를 내려주었다. 식물에는 식물의 본성과 도리를, 동물에게는 동물의 본성과 도리를, 인간에게는 인간의 본성과 도리를 내려주었다. 그 도리는 모든 사물에 딱 맞는다. 치우치거나, 지나치거나 모자라지도 않는다. 또 그 도리는 우주 천지 만물에 편재하고 또 언제나 변하지 않고 항상 있고 또 작용을 한다. 그것을 가리켜「불편불의(不偏不倚) 무과불급(無過不及)」「평상(平常)」이라고 한 것이다. 결국 중용이라고 하는 책은「하늘의 도리가 만물의 본성 속에 딱 맞게 있다는 엄연한 사실을 알게 하고 아울러 사람으로 하여금 만물 만사를 다루고 처리할 때에, 하늘의 도리를 따라야 함을 깨우쳐 주는 경전」이다.

【참고 보충】「중용(中庸)의 체(體)와 용(用)」

「신안 진씨가 말했다. ‘불편불의’는 발하지 않은 중이고, 마음을 논한 것이며, 중의 체다. ‘무과불급’은 때를 맞춘다는 중이고 사물을 논한 것이고 중의 용이다.(新安陳氏曰 不偏不倚 未發之中 以心論者也 中之體也 無過不及 時中之中 以事論者也 中之用也.)」<大全疏註>

사물에 내재하고 있는 도리나 법칙은 원래 보이지 않는다. 그것을 「발현하지 않은 중(未發之中)」이라고 한다. 그러나 도리나 법칙은 때와 장소와 경우에 맞게 발현한다. 그것을 「때에 맞게 나타나는 중(時中之中)」이라고 한다.

이상을 다음같이 도시할 수 있다.

```
                  ┌─ 미발지중(未發之中) ── 체(體) ─┐
중용지중          │                               ├─ 심(心)
(中庸之中)        └─ 시중지중(時中之中) ── 용(用) ─┘
```

보통 사람들은 「미발지중(未發之中)」을 알지 못한다. 그러나 사물을 처리할 때에는 「하늘의 도리」에 맞게 해야 한다. 그래야 「시중지중(時中之中)」하게 된다.

【참고 보충】「중용(中庸) 공부의 3단계」

경전의 공부는 다음과 같이 3단계를 포괄해야 한다. 그 예를 책이름 중용(中庸)의 뜻풀이를 가지고 설명하겠다.

① 일반적 기본 의미 : 하늘의 절대선의 도리는 우주 천지 만물에 편재하고 만고에 변하지 않는다.

② 나의 인식과 수양 : 하늘의 절대선의 도리는 동서고금(東西古今) 모든 사람에게 주어져 있다. 나도 본성 속에 주어져 있으므로

수양하면 성인 군자가 될 수 있다.

③ 나의 사물 처리 : 나는 남과 함께 살고 또 모든 사물을 처리해야 한다. 그때의 남들도 절대선의 하늘의 도리를 본성 속에 지니고 있으며 또 모든 사물도 본성 속에 하늘의 도리가 주어져 있다. 그러므로 남을 대하거나 사물을 처리함에 있어, 나는 절대선의 도리를 기준하고 해야 한다.

이와 같은 3원칙을 바탕으로 경전의 글을 읽고 또 자기 수양을 해야 「수기치인(修己治人)」하는 참다운 군자가 될 수 있다. 중용의 공부의 목적을 다음같이 오늘의 말로 추릴 수 있다. 「천리를 따르고 행하는 도심(道心)을 함양하고, 진정한 평화세계를 창건할 선가치적 (善價値的) 지식인이 되기 위해서다.」

【참고 보충】 「심법(心法)」

「심법」이란 「마음을 다스리는 법도」라는 뜻이다. 주자는 말했다. 「마음은 몸의 주체다.(心者 身之主也)」, 즉 마음을 주체로 하고 몸의 기능 작용이 나타난다. 착한 마음은 착한 행동으로 나타나고, 악한 마음은 악한 행동으로 나타난다.

또 주자는 말했다. 「마음은 성과 정을 통솔한다.(心統性情)」, 즉 「마음이 본성 속에 내재하는 이(理)와 육신과 형기를 바탕으로 나타나는 정(情)을 통솔한다」는 뜻이다. 이 「정(情)」은 「인정(人情), 정서 (情緖), 감정(感情)」과 아울러 「사물에 나타나는 사정(事情)」을 포함한다. 덕성(德性)을 바탕으로 다스리면 덕치(德治)가 된다. 수심(獸 心)을 바탕으로 하면 악덕정치(惡德政治)가 된다.

그러므로 「심법(心法)」은 곧 「본성 속에 주어진 천리와 도덕성을 기준으로 하고 언행과 감정을 통솔하는 법」이라는 뜻이다. 중용은 곧 「만물의 본성 속에 주어진 하늘의 도리를 기준으로 하라는 가르침이다.」 하늘의 도리를 깨닫고 행하는 주체는 「나의 마음」이다. 그래서 「심법」이라고 한 것이다.

특히 오늘의 인간들은 「동물적 본능과 이기적 욕심」, 즉 인심(人欲)을 바탕으로 모든 악덕을 예사로 저지른다. 오늘의 사람들은 인간의 본성 속에 절대선(絶對善)의 천리(天理)가 주어져 있는 것을 모른다. 그러므로 더욱 중용 공부를 진지하게 해야 한다. 그래야 나의 마음을 하늘의 도리와 하나 되게 하고, 도리에 맞게 살고 사물을 처리하게 될 것이다. 이러한 경지를 곧 「천인합일(天人合一)」이라고 한다.

【참고 보충】「착한 마음과 악한 욕심」

사람은 이중적(二重的) 존재다. 육신(肉身)을 지닌 동물이면서 동시에 정신(精神)을 가진 영특한 사람이다.

「동물적 존재로서의 인간」은 「동물적·본능적 욕구가 있다. 배고프면 먹고, 남녀가 어울려 자손을 얻으려는 본능이 있다.」 이를 넓게 인심(人心)이라고 한다.

인심도 하늘에 의해서 주어졌으므로 그 자체는 나쁘지 않다. 그러나 인심은 「개별적·이기적·외형적·물질적·일시적·쾌락적 욕구 욕심」에 빠지기 쉽다. 그래서 「인심은 위태롭다(人心惟危)」라고 한다.

한편 「영적(靈的)·정신적(精神的) 존재로서의 인간」은 「천도천리(天道天理)를 깨닫고 윤리 도덕을 실천하는 도심(道心)」을 바탕으로 하고 「인류대동(人類大同)의 평화세계를 창건할 도덕정치(道德政治)」를 할 수 있다.

사람의 마음은 하나다. 그 하나의 마음속에「동물적 욕구와 관능적 쾌락을 채우려는 이기심(利己心)」과「천도천리를 따라 서로 사랑하고 함께 잘살려는 도덕심(道德心)＝인심(仁心)」이 공존한다. 주자학에서는 이들을 크게「인심(人心)과 도심(道心)」이라고 나눈다. 특히 하늘의 도리를 따르지 않고 지나치게「동물적·이기적 욕심만 채우려는 마음」을 인욕(人欲) 혹은 수심(獸心)이라고 한다.

【참고 보충】「중용과 도통(道統)」

주자(朱子)는「중용장구서(中庸章句序)」에서 자사(子思)가 중용을 저술한 목적은「도통(道統)」을 전하기 위해서라고 말했다.

도통은「요(堯)·순(舜)」같은 성제(聖帝)가 도심(道心)을 바탕으로 덕치(德治)를 한 전통을 말한다. 옛날에 순임금은 우(禹)에게「인간의 사사로운 욕심은 위태롭다. 하늘이 사람에게 내려준 도심(道心)은 은미(隱微)하지만 정성(精誠)되고 한결같다. 그러므로 그 속마음을 잘 지키고 행해야 한다.(人心惟危 道心惟微 惟精惟一 允執厥中)」라고 했다.

「윤집궐중(允執厥中)」의「중(中)」은 곧「은미(隱微)하고 정성(精誠)되고 또 한결(惟一)같은 도심(道心)」이다. 하늘은 사람에게만「도심」을 주었다.「도심」은 곧「천도천리」를 따르고 행하는「도덕심(道德心)」이다. 이는 인간의 본성이자 도리를 따르려는 이성(理性)이기도 하다.

그래서 주자는「성즉리(性卽理)」라고 했다. 사람도 동물이므로「인심(人心)」이 없을 수 없다.「인심」은「형기지사(形氣之私)」에서 나온다. 그러나 동물적 욕구, 관능적 쾌락을 추구하는 욕심이 지나치거나, 한쪽으로만 쏠린「인욕(人欲)」으로는 덕치(德治)를 할 수 없다. 그래서 평천하(平天下)의 덕치(德治)를 하기 위해서는 「유미(惟微) 유정(惟精) 유일(惟一)」한 「도심(道心)」을 바탕으로 해야 한다. 그것이 곧 「윤집궐중(允執厥中)」이다. 「중(中)」은 곧 「절대선(絶對善)의 천리를 꽉 지키고 실천하는 경지」이다. 이를 「존천리 멸인욕(存天理 滅人欲)」이라고도 한다.

【大全疏註選譯】

(1) 朱子曰 名篇本是取時中之中 然所以能時中者 蓋有那未
   發之中在 所以先說未發之中 然後說君子之時中.

   주자가 말했다. 책이름은 본시 「시중지중(時中之中)」의 「중(中)」을 취한 것이다. 그러나 시중할 수 있는 바탕은 「미발지중(未發之中)」에 있다. 그래서 먼저 「미발지중」을 말하고 다음에 「군자지시중(君子之時中)」을 말한 것이다.

(2) 新安陳氏曰 不偏不倚 未發之中 以心論者也 中之體也
   無過不及 時中之中 以事論者也 中之用也.

   신안 진씨가 말했다. 「불편불의(不偏不倚)」는 「미발지중(未發之中)」이며, 마음을 가지고 논한 것으로 곧 「중의 체(中之體)」다. 「무과불급(無過不及)」은 「시중지중(時中之中)」이며, 일을 가지고 논한 것으로 곧 「중지용(中之用)」이다.

(3) 朱子曰 始言一理 指天命之謂性 末復合爲一理 指上天
   之載.

   中散爲萬事 便是中庸所說許多事 如知仁勇許多 爲學
   底道理 與爲天下國家有九經 及祭祀鬼神許多事 中間無

些子罅隙 句句是實.

주자가 말했다.「시언일리(始言一理)」는 제1장의「천명지위성(天命之謂性)」을 가리키고,「말복합위일리(末復合爲一理)」는 제33장의「상천지재(上天之載)」를 가리킨다.

「중산위만사(中散爲萬事)」는 즉 중용에서 말한 여러 가지 일들이다. 예를 들면 지인용(知仁勇) 같은 것은 학문의 도리이고, 천하와 국가를 다스리는 구경(九經) 및 귀신을 제사지내는 등의 여러 가지 일들이 있다. <그러나> 그 사이에 조금도 틈이나 간격이 없으며, 모든 말들이 알차게 서술되었다.

중용 제1장 (총5절)

1절　天命之謂性　率性之謂道　脩道之謂敎.
2절　道也者　不可須臾離也　可離　非道也　是故
　　　君子　戒愼乎其所不睹　恐懼乎其所不聞.
3절　莫見乎隱　幕顯乎微　故君子　愼其獨也.
4절　喜怒哀樂之未發　謂之中　發而皆中節　謂
　　　之和　中也者　天下之大本也　和也者　天下
　　　之達道也.
5절　致中和　天地位焉　萬物育焉.

　제1장은 중용의 핵심이 되는 대강이다. 총 다섯절이다. 절별로
간단히 설명하겠다.

　1절 : 주자학(朱子學)에서는 마음을 중시하고, 「마음이 몸의 주
　　　　체다(心者身之主也)」라고 한다. 마음이 착하면 말이나 행
　　　　동이 착하게 되고, 마음이 악하면 말이나 행동이 악하게
　　　　된다. 마음은 보이지 않는다. 마음이 무엇이고 어디에 있

느지 아무도 모른다. 과학이 발달한 오늘에도 마음의 정체
(正體)를 설명하지 못한다. 천년 전의 주자도 마음의 정체
를 설명하지 못했다. 그러나 그는 직감으로 마음의 기능이
나 작용을 대략 다음같이 설명했다. 「정신적 혹은 육체적
으로 지각(知覺)한다. 욕구를 채우려는 목적의식을 갖는다.
수단과 방법을 다각적으로 생각한다. 그리고 결정을 내리
고 몸에 행동할 것을 명령한다.」 이것이 마음이다.

주자학에서는 「격물치지(格物致知)」를 중시한다. 실지로
사물에 붙어서 사물의 도리를 바르게 알아야 한다. 사람을
비롯하여 모든 사물에는 저마다의 본성이 있고, 그 본성
속에 천명으로 주어진 저마다의 합당한 도리가 있다. 그러
나 실재하는 사람이나 만물은 형체(形體)와 기질(氣質)의
차이가 있다. 그러므로 저마다 적합하게 품절해서 도리를
따르고 실천하게 교육하고 교화해야 한다.

이를 중용에서 「천명으로 주어진 것이 본성(天命之謂性)
이고, 본성을 따르는 것이 바른 도리(率性之謂道)이고, 도
를 닦는 것을 교화(修道之謂敎)」라고 말했다. 그리고 모든
것은 마음을 바탕으로 하므로 중용을 심법(心法)의 가르침
이라고 말한 것이다.

2절 : 천도(天道) 천리(天理)를 따라 천지 만물이 생성하고 변화
하고, 번식하고 또 발전한다. 그러므로 사람은 물론 존재
하는 만물은 순간도 도리를 떠날 수 없다. 만약에 사람이
나 만물이 이탈해도 무관하다면 그것은 참다운 도리가 아
니다. 자연법칙도 천도의 일부다. 법칙을 떠나면 과학이

성립되지 않는다. 특히 인간은 함께 어울려 잘 사는 사람의 도리, 곧 윤리를 따르고 지켜야 한다. 사람이면서 사람의 도리인 인의예지(仁義禮智)와 충효(忠孝)의 도리를 안 따르고, 반대로 야수의 도리만을 따르므로 오늘의 인류세계가 생지옥으로 전락한 것이다.

그런데도 강대국의 정치지도자는 무력을 가지고 약소국을 유린하고 남의 이권을 탈취하는 것을 당연시한다. 뿐만 아니라 우매한 사람이나, 간악(奸惡)하고 교활(狡猾)한 지식인들은 악덕한 권력에 붙어 명리(名利)를 탐하고 있다. 그래서 세상이 더욱 타락하는 것이다. 즉 천리(天理)를 이탈하고 악덕한 욕심이나 수심(獸心)을 따르면 멸망한다. 그래서 중용은 군자(君子)는 「천리를 간직하고 욕심을 멸하라(存天理滅人欲)」를 강조하고 있다. 그러므로 참다운 지식인, 즉 군자(君子)는 남이 보고 듣지 않는 곳에서도 절대로 천도 천리를 이탈하지 말아야 한다. 또 남이 보고 듣지 못하고, 자기만이 알고 있는 자기 마음을 천도 천리와 하나되게 간직해야 한다.

3절 : 천도 천리는 눈에 보이지 않는 형이상(形而上)의 도리다. 그러나 그 천도천리가 우주 천지 자연 만물로 나타난다. 그와 마찬가지로 은미(隱微)한 자기의 속마음이 행동으로 나타나게 마련이다. 좋으면 좋게 나타나고, 악하면 악하게 나타난다. 가리고 숨기려 해도 결국은 만천하에 드러나게 마련이다. 특히 자기 마음속에서 싹튼 악한 생각은 결국 행동으로 나타나서, 모든 사람이 알게 마련이다. 그러므로

숨어서 범죄하지 말고, 악한 생각을 마음속에 품지 말아야
한다.

4절 : 인간의 행동이나 감정표현도 도리와 절도에 맞게 해야 한
다. 동물적 원색적으로 행동하거나, 감정을 표출하면 서로
싸우게 마련이다. 인간의 본성 속에는 천명(天命)으로 천
리(天理)가 주어져 있다. 그러므로 천리에 맞게 행동하고
천리에 맞게 감정을 표출해야 한다. 그래야 천도(天道)와
지덕(地德)이 일치하고, 천지가 화합하고 또 모든 사람이
화락할 수 있다.

5절 : 도덕적으로 화합하고 정서적으로 화락하는 것을 중화(中
和)라고 한다. 사람이 주체가 되어 천지 만물과 조화를 이
루면, 「하늘과 땅이 바르게 작용하고 만물이 잘 자라고 번
성한다.(天地位焉 萬物育焉)」

「천도를 따르면 천지 만물이 번성하고 발전한다. 그 주
체가 사람이다. 사람이 마음으로 천도를 깨닫고 소중히 간
직하고 천도를 따르고 행해야 한다.」 이것이 중용의 가르
침이다.

제1장 1절 性·道·敎
성   도   교

天命之謂性 率性之謂道 修道之謂敎.

천명지위성(이오) 솔성지위도(요) 수도지위교(니라)

하늘이 절대 명령으로 내려준 것이 바로 본성이다. 본성 속에 주어진 이(理)를 따르는 것을 도(道)라고 한다. 도를 닦고 알맞게 조절하는 것을 교(敎)라고 한다.

[어구 설명] ㅇ天命之謂性(천명지위성) : 하늘이 절대적인 명령으로 내려준 것을 성(性), 즉 본성(本性)이라 한다. 「천명(天命)」은 「하늘이 절대적인 명령으로 내려주었다」는 뜻이다. 사람에게는 사람의 본성이 있고, 식물에게는 식물의 본성이 있고, 동물에게는 동물의 본성이 있다. 이와 같은 본성은 하늘이 내려준 것이다. 그러므로 안 받을 수 없다. 그 본성 속에 바로 각자가 살아나가야 할 바른 길(道)과 도리(道理)가 있게 마련이다. 즉 사람은 사람의 도리가 있고, 동물은 동물의 도리가 있다. 사람이면서 동물의 길과 도리를 따라 살면 안 된다. 이 구절은 인간과 만물을 통괄해서 말한 것이다. ㅇ率性之謂道(솔성지위도) : 하늘이 내려준 본성을 따라 사는 것이 길이자 도리이다. 이 구절도 인간과 만물을 다 포괄한 말이다. 사람은 사람의 본성을 따르고 그 본성 속에 주어진 도리를 따라 살아야 한다. 그것이 사람이 살아가는 길이자 도리이다. 같은 동물에도 하늘을 나는 새는 새의 본성과 도리가 있다. 뛰고 달리는 말은 말의 본성

과 도리가 있다. 물속을 헤엄치는 물고기는 물고기의 본성과 도리가 있
다. ㅇ修道之謂敎(수도지위교) : 길이나 도리를 저마다의 품격에 맞게
닦고 조절하는 것이 교(敎)다. 이 구절도 사람과 만물을 포괄한 말이다.
「교(敎)」의 뜻은 광범하다. 사람의 경우는 교육(敎育), 교화(敎化) 및
예교(禮敎), 더 나가서는 법률(法律)이나 제도(制度)가 다 포함된다. 범
법자에게 형벌을 가하는 것도 수도(修道)의 한 방법이다. 사람은 항상
여러 가지 사물을 대하고 또 처리한다. 그때에도 저마다의 특성과 도리에
맞게 활용할 수 있게, 모든 사물을 적절하게 조절하고 가공해야 한다.
이것도 넓은 의미의 교(敎)이다.

【集註】(1) 命猶令也 性卽理也.

명은 곧 절대적 명령이다. 본성은 곧 도리다.

[**어구 설명**] ㅇ命猶令也(명유령야) : 영(令)은 명령과 같은 뜻이다. ㅇ性
卽理(성즉리) : 본성은 곧 도리다. 즉 본성 속에 저마다의 도리가 주어져
있다는 뜻. 사람은 사람의 본성이 있으며, 그 본성 속에, 사람의 도리가
있다. 동물에게도 천명으로 주어진 동물의 성질과 동물의 도리가 있게
마련이다.

【集註】(2) 天以陰陽五行 化生萬物 氣以成形 而理亦賦焉 猶命令也.

하늘은 음양 오행의 기(氣)를 변화해서 만물을 낳고 살게 하
고 있다. 기(氣)로써 형체(形體)를 꾸몄으며 아울러 <본성 속
에> <저마다의> 도리도 부여해 주었다. 흡사 명령하듯 절대적
으로 부여해 준 것이다.

[**어구 설명**] ㅇ天以陰陽五行(천이음양오행) : 하늘은 음양과 오행의 기(氣)를 가지고. ㅇ化生萬物(화생만물) : 변화해서 만물을 낳았다. 「생(生)」은 「낳고(生), 자라고(育), 변화하고(化), 그리고 새로운 생명체를 완성한다(成)」는 뜻이 다 포함되어 있다. 「만물」은 인간, 동물, 식물 및 자연 만물을 다 포함한 말이다. ㅇ氣以成形(기이성형) : 기로써 형질(形質)을 만들다. 「형질」은 「형체(形體), 형상(形狀), 기질(氣質)」 등을 다 포함한 뜻이다. ㅇ而理亦賦焉(이이역부언) : 그러므로 <기로 꾸며진 형질 속에> 이(理), 즉 도리가 역시 부여되어 있다. ㅇ猶命令也(유명령야) : 흡사 명령한 것과 같다. 즉 절대적으로 주어져 있다는 뜻이다.

【集註】 (3) 於是人物之生 因各得其所賦之理 以爲健順五常之德 所謂性也.

그러므로 사람이나 만물은 태어나면서 저마다 하늘로부터 주어진 본성적인 도리를 부여받고 있다. 그래서 양적(陽的)인 강건(强健) 혹은 음적(陰的)인 유순(柔順)과 「인의예지신(仁義禮智信)」의 오상(五常)의 불변의 도덕성을 지니고 있는 것이다. <한편 만물의 경우에는 「목금화수토(木金火水土)의 다섯 가지 질료나 성질을 가지고 있다> 그와 같이 저마다 하늘로부터 내려받은 특성을 곧 저마다의 본성이라 한다.

[**어구 설명**] ㅇ於是人物之生(어시인물지생) : 이에, 사람이나 만물이 태어날 때에. <사람은 가장 영특한 기(氣)를 받아서, 만물의 영장인 사람이 되었다> <한편 식물이나 동물은 한쪽으로 치우치고 편협한 기를 받아 지니고 있다> ㅇ因各得其所賦之理(인각득기소부지리) : 저마다 각기 하늘로부터 부여된 도리를 얻어 가지고 있기 때문에. <식물은 식물의

도리를 얻고, 동물은 동물의 도리를 얻고, 사람은 사람의 도리를 얻어 가지고 있다. 그와 같이 하늘로부터 내려받은 저마다 다른 도리를 바탕으로 하고> ○以爲健順五常之德(이위건순오상지덕) : 건순(健順)과 오상(五常)의 덕성을 형성하고 지니게 된다. <사람의 경우는 강건(剛健), 유순(柔順), 인의예지신(仁義禮智信)의 덕성(德性)이 된다> <그러나 동물의 경우는 양기(陽氣)가 넘치는 놈은 사납고, 음기(陰氣)가 많은 놈은 순하고, 저마다 타고난 「목화토금수(木火土金水)」의 오행(五行)의 기(氣)에 따라 각기 동물의 특성이 다르게 된다> ○所謂性也(소위성야) : 이것을 이른바 특성 혹은 본성이라고 한다. 이 구절을 좁게 인간의 경우에 극한해서 풀이하면 안 된다. 그렇게 하면 주(註)에서 「화생만물(化生萬物)」, 「인물지생(人物之生)」이라고 한 의미가 제대로 나타나지 못한다.

【集註】(4) 率循也　道猶路也　人物各循其性之自然　則其日用事物之間　莫不各有當行之路　是則所謂道也.

「솔(率)」은 「따르다」의 뜻이다. 「도(道)」는 도로(道路)와 같은 뜻이다. 사람이나 만물은 하늘로부터 받은 저마다의 본성 속에 내재하고 있는 본연의 도리를 따른다. 그러므로 일상시에 모든 사물을 대하거나 처리함에 있어서도 당연히 따르고 행해야 할 길과 도리가 있게 마련이다. 그것을 이른바 「길(道) 혹은 도리(道理)」라고 한다.

[어구 설명] ○率循也(솔순야) : 「솔(率)」은 「따라간다」는 뜻이다. 循(좇을 순) ○道猶路也(도유로야) : 「도(道)」는 「길 로(路)」와 같은 뜻이다. ○人物各循其性之自然(인물각순기성지자연) : 사람이나 만물이 저마다 <천

명으로 주어진> 자기 본성의 자연스러움을 <즉 본성 속에 있는 본연의 도리> 따라가면. ㅇ則(즉) :「……하면 곧 ～하게 된다」, 앞의 구절과 뒤의 구절을 연결하는 연사(連詞)다. ㅇ其日用事物之間(기일용사물지간) :「기(其)」는 주어로「사람」으로 파악해야 한다. 즉「사람이 매일 대하고 쓰고 또 처리하는 사물에 있어」. ㅇ莫不各有(막불각유) : 직역하면「저마다 있지 않음이 없다」가 된다. 이는 곧「저마다 있다, 혹은 있게 마련이다」라고 해석한다. ㅇ當行之路(당행지로) : 마땅히 따라가고 행해야 할 대로(大路)가. <있게 마련이다> ㅇ是則所謂道也(시즉소위도야) : 이것이 곧 <경문에서 말하는>「도(道)」의 뜻이다.

【集註】(5) 修品節之也 性道雖同 而氣稟或異 故不能無過不及之差 聖人因人物之所當行者 而品節之 以爲法於天下 則謂之教 若禮樂刑政之屬 是也.

「수(修)」는 품격에 맞게 닦고 조절한다는 뜻이다. <하늘로부터 받은 본성이나 가야 할> 길이나 도리는 비록 같지만 그러나 타고난 기(氣)의 형질(形質)이 각기 다르므로 <도를 따르고 실천함에 있어> 넘치거나 혹은 못미치거나 하는 차이가 없을 수 없다. <그래서> 성인이 사람이나 만물이 당연히 따라가야 할 도리를 바탕으로 저마다의 품격에 맞게 조절하여 천하의 법도로 삼았으니 그것이 이른바 교육, 교화 및 교령(敎令)이다. 즉 예의 형벌 정치 등속이 다 이에 속하는 것들이다.

[**어구 설명**] 이 구절도 사람만을 중심하고 논한 것이 아니다. 사람과 만물

만사를 포괄해서 논한 것이다. 그러나 이 같은 가르침을 알고 행하는 주체는 사람이다. 결국 사람에게 알게 하고 행하게 가르친 말이다. ㅇ修品節之也(수품절지야):「수(修)」는 품격(品格)이나 품질(品質)에 맞게 조절하고 제도(制度)한다는 뜻이다. ㅇ性道雖同(성도수동):＜하늘이 천명으로＞＜사람이나 만물의 본성 속에 심어준 도리는＞ 다 같다. ㅇ而氣稟或異(이기품혹이):그러나 ＜사람이나 만물이 각각 저마다＞ 타고난 형기(形氣)가 저마다 다르다. ㅇ故不能無過不及之差(고불능무과불급지차):고로 ＜도리를 따르고 행함에 있어＞ 지나치거나 혹은 못미치거나 하는 차이가 없을 수 없다. ㅇ聖人因人物之所當行者(성인인인물지소당행자):＜그래서＞ 성인이 사람이나 만물이 저마다 마땅히 따르고 행할 바를 기준으로 하고. ㅇ而品節之(이품절지):저마다의 품격에 맞게 조절하고 제도(制度)하여.「이(而)」는 구절을 이어주는 연사(連詞). ㅇ以爲法於天下(이위법어천하):그래가지고[以], 천하의 ＜모든 사람과 모든 사물에 대한＞ 법도로 삼게 했다. ㅇ則謂之敎(즉위지교):즉 그것을 이른바 교(敎)라고 한다.「교(敎)」는 여러 가지 뜻을 다 포괄한다. 기본적으로는「교육(敎育), 교화(敎化), 교령(敎令), 예교(禮敎)」등이고, 더 확대하면「예의범절(禮儀凡節), 사회제도(社會制度), 정치법령(政治法令)」등을 다 포함한다. 이들 모두가 사람으로 하여금 도에 따라 살고 또 도에 따라 사물을 처리하게 제도(制度)하는 규범이다. ㅇ若禮樂刑政之屬是也(약예악형정지속시야):예를 들면 예악(禮樂) 형벌(刑罰) 정치(政治) 등이 다 이에 속하는 것들이다. 고대 중국에서는「예악(禮樂)」을 중시했다.「예(禮)」는 위계와 질서를 바로잡는 예법이나 제도이고,「악(樂)」은 모든 사람을 화락(和樂)하게 하는 바탕이다.

【集註】(6) 蓋人知己之有性 而不知其出於天 知事之有道 而不知其由於性 知聖人之有敎 而不知

其因吾之所固有者 裁之也 故子思於此 首發明之
而董子所謂道之大原出於天 亦此意也.

　무릇 사람은 자기에게 본성이 있는 줄을 알지만, 그것이 하늘
에서 나온 것임을 모른다. 사람은 모든 사물의 도리가 있는 줄은
알지만, 그것이 <모든 사물의> 특성에서 연유한 것인지는 모른
다. 사람은 성인들이 제정한 가르침이 있는 줄은 알지만, 그 가
르침이 본래 나에게 <내재하고 있는 본성을> 바탕으로 꾸며진
것인 줄은 모른다. 그래서 자사가 먼저 그 뜻을 밝혀 낸 것이다.
아울러 이는 동중서(董仲舒)가 말한 바, 도의 대원이 하늘에서
나왔다고 말한 것과도 같다.

[**어구 설명**] ㅇ蓋人知己之有性(개인지기지유성) : 대체로 사람들은 자기
에게 본성이 있음을 안다.　ㅇ而不知其出於天(이부지기출어천) : 그러나,
그 본성이 하늘에서 나온 것임을 모른다.　ㅇ知事之有道(지사지유도) :
모든 사물에 도리가 있음을 알지만.　ㅇ而不知其由於性(이부지기유어
성) : 그러나 <사물의 도리가>그 사물의 특성에서 나온 것인 줄을 모른
다.　ㅇ知聖人之有敎(지성인지유교) : 성인이 <교육이나 교화로써> 가
르침을 주고 있다는 것은 알지만.　ㅇ而不知(이부지) : 그러나 <다음 같
은 사실은> 모른다.　ㅇ其因吾之所固有者(기인오지소고유자) : <성인
의 가르침이> 내가 고유하고 있는 바, <즉 본성과 도리를> 바탕으로
하고.　ㅇ裁之也(재지야) : 만들어진 것이라는. <사실은 모른다>　ㅇ故子
思於此(고자사어차) : 고로 자사(子思)가 여기, 즉 중용에서.　ㅇ首發明
之(수발명지) : 먼저 분명하게 밝힌 것이다.　ㅇ而董子所謂(이동자소
위) : 허기는 한(漢)대의 동중서(董仲舒)가 말한 바.　ㅇ道之大原出於天
(도지대원출어천) : 모든 도리의 가장 큰 근원이 하늘에서 나왔다고.

<말한 것도> ㅇ亦此意也(역차의야) : 역시 이와 같은 뜻이다.

【참고 보충】「천명지위성(天命之謂性)」

「천명지위성(天命之謂性), 솔성지위도(率性之謂道), 수도지위교(修道之謂敎)」라고 한 구절이 중용의 「제1장 1절」이며, 가장 중요한 구절이다. 그러므로 뜻을 잘 파악해야 한다. 한 구절씩 요점을 말하겠다. 먼저 「천명지위성」에 대해서 말하겠다.

이 말은 사람이나 만물에 공통되는 말이다. 사람은 물론 천지 자연 만물도 다 하늘의 창조물이다. 존재 만물은 눈에 보이는 외형적 형체(形體)를 갖추고 있다. 동시에 눈에 보이지 않는 내면적 저마다의 본성(本性)도 가지고 있다. 더욱 그 본성 속에 저마다의 도리가 깃들어 있다.

같은 생물(生物)이지만 인간·식물·동물의 본성은 서로 다르다. 그러므로 저마다의 삶의 도리도 서로 다르게 마련이다. 주자는 「성즉리(性卽理)」라고 했다. 이와 같은 것은 절대자 하늘이 내려준 것이다. 그러므로 천명(天命)으로 주어진 것이라고 한다.

【참고 보충】「솔성지위도(率性之謂道)」

「솔성지위도(率性之謂道)」에 대해서 설명하겠다. 이 구절도 인간과 만물을 포괄하는 말이다. 사람은 사람의 본성 속에 주어진 도덕성을 따르고 살아야 한다. 그것이 사람의 길이고 도리이다. 새는 새의 본성을 따라 공중을 날면서 산다. 그것이 새의 도리다. 사람이면서 동물의 본성을 따라 남을 살상하고 남의 재물을 탈취하는 오늘의 인류세계가 바로 악한 세계다. 인간은 모든 사물과 관계를 맺고 또 사물을 처리하고 있다. 이때에도 사람은 사람의 도리를 가지고 만물을 대하고 모든 일을 처리해야 한다. 동시에, 모든 사물의 본성 속에 주어진 저마다의 도리를 바탕으로 사물을 대하고 처리해야 한다. 극단적인 예를 들겠다. 남을 죽이고 남의 돈을 탈취한 살인강도는 호랑이의 성질과 도리를 따르고 행한 것이다. 강대국이 약소국을 무력으로 침공하고 토지와 재물을 약탈하는 것도 천도 천리에 어긋난다.

【참고 보충】 「수도지위교(修道之謂敎)」

「수도지위교(修道之謂敎)」에 대해서 말하겠다. 이 구절도 인간과 사물을 포괄한 말이다. 먼저 사람의 경우를 풀이하겠다. 이 구절은 「모든 사람을 저마다의 격에 맞게 교육해서 도를 깨닫고 도를 행하게 만든다」는 뜻이다. 앞에서 「천명지위성(天命之謂性)」이라고 했다. 즉 사람은 누구나 태어나면서 착한 도덕성을 지니고 있다고 했는데, 왜 새삼스럽게 교육을 해야 하느냐? 이 점을 잘 알아야 한다. 그래야 「나 자신」도 참다운 사람이 될 수 있다. 사람은 영장(靈長)이다. 그러므로 도덕성을 가지고 도덕생활을 할 수 있다.

그러나 사람도 동물이며, 육신을 바탕으로 한 삶을 영위한다. 육신은 저마다의 형상(形狀)과 기질(氣質)이 다르게 마련이다. 억세고 사나운 사람도 있고, 반대로 유순한 사람도 있다. 그러므로 도를 깨닫고 행하는 데도 서로 차이가 나게 마련이다. 호랑이 같은 기질을 가진 사람은 좀처럼 착한 도리, 즉 윤리 도덕을 따르고 행하기 어렵다. 그러므로 「교육·예절·법령 및 형벌」 등을 가지고 제도하고 잘 조절해야 한다.

한편 모든 사물을 대하고 처리할 때도 모든 사물을 적절하게 제도해야 한다. 동물의 경우, 말[馬]도 잘 훈련하고, 고삐나 안장을 달아야, 능률적으로 타고 달릴 수 있다. 이때에도 말의 특성과 그 이치를

잘 알고 활용해야 한다. 그와 같은 일도 넓은 의미의 「교(敎)」에 포함
된다.

【참고 보충】「성즉리(性卽理)」

주석을 직역한 것만으로는 무슨 뜻인지 알 수 없다. 「천명(天命)」
은 「하늘이 절대적 명령으로 내려준 것」이라는 뜻이다. 「천명으로
준 것」이므로 사람은 싫다고 거절할 수가 없다. 그러므로 사람의 본
성은 하늘이 내려준 절대적·필연적 본성이고 그 본성 속에 절대
적·필연적 도리가 내재하고 있다는 뜻이다. 그 본성은 선본성(善本
性)이고, 그 도리는 곧 하늘의 도리이고 사람에게 있어서는 인륜(人
倫)이다. 사람으로 태어난 이상 천명으로 주어진 본성을 따라 살아야
한다. 그것이 삶의 길이고 바르게 사는 도리다. 그래서 「솔성지위도
(率性之謂道)」라고 했다.

주자는 다음같이 말했다. 「본성이 있으며, 그 속에 여러 가지 도리
가 다 갖추어져 있다. 마음에 있는 도리를 성(性)이라 하고, 사물에
있는 도리를 이(理)라 한다.(有是性 便有許多道理總在裏許 在心喚
做性 在事喚做理)」<大全疏註>

또 다음같이 말했다. 「이(理)는 천지간에 있는 사람이나 사물의
공통된 도리이고, 성(性)은 내가 지니고 있는 도리다.(理是泛言天地
間人物公共之理, 性是在我之理)」<大全疏註>

【참고 보충】「주자(朱子)의 천즉리(天卽理)」

동서고금(東西古今)을 막론하고, 하늘을 만물의 창조주(創造主)
및 모든 도리의 주재자(主宰者)라고 본다. 기독교에서는 「하늘을 살
아 있는 인격신으로 높인다.」 그러나 주자는 「하늘은 곧 이(天卽理)」
라고 말했다. 그러므로 「천명지위성(天命之謂性)」을 주자는 「신하

가 임금의 명령을 절대로 따르고 행하듯이, 천지간에 있는 사람이나 만물은 하늘로부터 저마다의 본성을 내려받고 또 그 본성 속에 저마다의 도리를 지니고 있게 마련이다」라고 풀이한다. 공자는 하늘을 경외하되 인격신으로 모시지는 않았다. 주자는 더욱 「하늘은 곧 도리이다(天卽理)」라고 이화(理化)했다.

【참고 보충】 「이(理)와 기(氣)」

주자는 우주의 본체와 만물을 「이(理)와 기(氣)」, 이원론(二元論)으로 파악했다. 우주 천지 만물은 「기」에 의해서 형성되고 기능한다. 그러나 그 「기」 속에는 「이」가 내재한다. 「기」는 「이」를 따라서 쌓여서 형질이 되고 형상을 갖춘 몸이 되고 또 기능한다. 존재하는 만물의 「이」와 「기」가 불가분(不可分)이며 하나이다. 식물의 기가 주축을 이룬 식물의 도리는 식물적이고, 동물의 기가 주축을 이룬 동물의 도리는 동물적이다.

이와 같이 서로 다른 특성을 본성이라고 한다. 식물의 본성 속에는 식물의 도리가 내재해 있고, 사람의 본성 속에는 사람의 도리가 내재해 있게 마련이다. 사람의 도리는 곧 인륜(人倫)이다. 인의예지신(仁義禮智信) 및 충효(忠孝)의 도리다. 사람으로 태어났으면 사람의 도리를 따르고 행해야 한다.

【참고 보충】 「이(理)와 기(氣)의 선후」

천지 만물은 「음양오행의 기」가 쌓이고 엮어져서 형질(形質)이 생긴다. 그와 같은 자연 현상과 법칙은 동서에 두루 통하고 고금을 두고 불변하고 필연적이다. 그러므로 이를 「하늘이 명해서 그렇게 하는 것」이라고 말한 것이다. 우주의 창조원리로는 「선리후기(先理後氣)」

라고 해야 한다. 그러나 존재 만물의 경우는 「선기후리(先氣後理)」 이다. 주자학은 무신론이다. 그러므로 이가 기를 바탕으로 기능한다 고 설명한다.

종교의 세계에서는 이를 앞세우고, 과학의 세계에서는 기를 앞세운 다. 주자학에서는 천명으로 사람으로 태어났으므로 사람에게 주어진 도리를 따라 살아야 한다고, 이를 높이고 앞세운다. 그것이 도덕적 삶이다.

【大全疏註選譯】

(1) <朱子> 自天所賦予萬物言之 謂之命 以人物所稟受於 天言之 謂之性.

<주자> 하늘이 만물에게 부여해준 것을 말하여, 명이라 한다. 사 람이나 만물이 하늘로부터 받아 가진 것을 말하여, 성이라 한다.

(2) 天命與氣質 亦相袞同 纔有天命 便有氣質.

천명과 기질도 역시 서로 이어지고 같다. 천명이 있으므로써 비로 소 기질도 있게 된다.

(3) 旣有天命 須是有此氣 方能承當得此理. 若無此氣 則此 理如何頓放.

먼저 천명이 주어지면, 마땅히 그에 해당하는 기가 있고, 그때에 비로소 그에 해당하는 도리도 얻게 된다. 만약 기가 없으면, 이가 어떻게 붙어 있겠느냐?

(4) 若論本原 卽有理然後有氣 若論稟賦 則有是氣 而後 理 隨以具 故有是氣 則有是理 無是氣 則無是理.

근원적으로는 이가 있고 뒤에 기가 있다고 말한다. 주고받는 점에서 논하면, 먼저 기가 있으므로 뒤에 이가 따르고 갖추어진다고 말한다. 고로 기가 있으므로 이가 있고, 기가 없으면 이도 없게 마련이다.

(5) <西山眞氏> 蓋陽之性健 木火屬焉 在人爲仁禮 陰之性順 金水屬焉 在人爲義智 土則二氣之沖和 信亦兼乎健順.

<서산 진씨> 양(陽)의 성품은 건(健)하며, 목(木)과 화(火)가 속하고, 사람의 경우는 인(仁)과 예(禮)의 덕성이다. 음(陰)의 성품은 순(順)하고, 금(金)과 수(水)가 속하고, 사람의 경우는 의(義)와 지(智)의 덕성이다. 토(土)는 음양(陰陽) 두 기가 어울린 것이며, 신(信) 역시 건(健)과 순(順)을 겸한 것이다.

(6) <東陽許氏> 人物之生 雖皆出於天理 而氣有通塞之不同 則有人物之異 氣通者爲人 而得人之理 氣塞者爲物 亦得物之理.

<동양 허씨> 사람이나 기타 만물은 다 천리(天理)에 의해서 태어난다. 그러나 기(氣)에 있어, 통(通)과 색(塞)이 같지 않으며, 따라서 사람과 만물이 다르게 되는 것이다. 기가 잘 통하는 것이 사람이며 따라서 <영특한> 사람의 도리를 터득한다. 기가 막힌 것이 만물이며 따라서 동물이나 물질의 도리만을 얻는다.

(7) <朱子> 率性 非人率之也 率只訓循 循萬物自然之性之謂道.

<주자> 솔성(率性)은 사람이 이끌고 간다는 뜻이 아니다. 「솔(率)」은 「따를 순(循)」의 뜻이다. 「만물의 자연의 본성을 따르는 것」을 「도(道)」라고 한다.

(8) ＜朱子＞ 道則理也 以人所共有而言 則謂之道 以其各有
條理而言 則謂之理 其目 則不出乎君臣父子兄弟夫婦朋
友之間 而其實無二物也.

　＜주자＞ 도(道)는 곧 이(理)다. 모든 사람이 공유한다는 점에서는
도라 하고, 저마다의 조리를 말할 때는 이라 한다. 그 행할 조목은
군신·부자·형제·부부·붕우간의 지키고 행할 도리이며, ＜덕목은
다르지만＞ 실질적인 도리는 하나이다.

(9) ＜西山眞氏＞ 凡人之爲善者 皆循天命之性也 其爲不善
則發乎氣稟之性矣 以是而觀 則此章 兼人物而言 尙何
疑哉.

　＜서산 진씨＞ 대개 사람의 착한 행동은 모두 「천명의 성(天命之
性)」을 따른 것이고, 나쁜 행동은 「타고난 형기(氣稟之性)」에서 나
온 것이다. 이것으로 보아도 이 장의 사람과 만물을 겸해서 말한 것
임을 어찌 의심하겠느냐?

(10) 雲峯胡氏曰 易曰 一陰一陽之謂道 繼之者善 成之者性
子思之論 本於此 但易先言道 而後言性 此道字是統體一
太極 子思先言性 而後言道 此道字 是各具一太極也.

　운봉 호씨가 말했다. 역경에 「음과 양이 서로 돌고 또 어울려 ＜만
물을 생성하는 것을＞ 도(道)라고 하며, 그 도를 계승하는 것을 선
(善)이라 하고, 이루는 것을 성(性)이라 한다」고 있다. 자사의 말은
역경을 근본으로 한 것이다. 그러나, 역경에서는 먼저 도를 말하고
나중에 성을 말했으니, 그 도는 우주를 통합한 본체로서의 태극이다.
자사는 먼저 성을 말하고 나중에 도를 말했으니, 그 도는 저마다 갖춘

태극이다.

(11) 朱子曰 子思此三句 乃天地萬物之大本大根 萬化皆從
此出 人若能體察 方見聖賢所說道理 皆從自己胸中流出
不假他求.

주자가 말했다. 자사가 말한 세 구절은 바로 천지 만물의 큰 근본이
며, 모든 변화의 출발점이다. 사람이 이 점을 깊이 체득하면, 비로소
성현이 말한 도리가 모두 자기의 마음속에서 흘러나오는 것으로, 따
라서 다른 데서 찾을 필요가 없음을 알게 될 것이다.

(12) ＜三山陳氏＞ 此章乃中庸之綱領 此三句 又一章之綱
領也.
　此三句 與孟子道性善同意..」

＜삼산 진씨＞ 제1장은 중용의 강령이고, 다시 1절의 세 구절은
1장의 강령이다.
이 세 구절은 맹자가 말한 성선(性善)과 같다.

(13) 雲峯胡氏曰 開端雖不露出中字 天命之謂性 卽未發之
中 因率性之道 而品節之 卽時中之中也.

운봉 호씨가 말했다. 첫머리에서 중(中)자를 노출시키지 않았으
나, 「천명지위성(天命之謂性)」은 곧 「미발지중(未發之中)」이고,
「본성을 따르는 도를 바탕으로 품절함」은 곧 「시중지중(時中之中)」
이다.

【참고 보충】 「제1장의 성(性)·도(道)·교(敎)」
제1장은 중용의 강령이며, 그 핵심은 「성(性)·도(道)·교(敎)」 세

글자다. 그 중에서도 「도(道)」가 핵심이다. 「도」는 「천명으로 주어진 본성」에서 나오고, 「교육이나 교화로써 품절해야」 이루어진다.

　존재 만물은 저마다의 본성을 지니고 있다. 그 성품은 하늘이 내려 준 것이다. 동시에 사람을 포함해서 만물은 하늘의 도리를 따라 생성(生成)하고 변화 발전한다. 교육과 수양을 통해서 본성 속에 주어진 도리를 달성하라는 것이 중용의 가르침이다.

제1장 2절 道不可離
도 불 가 리

道也者不可須臾離也 可離非道也 是故 君子戒
愼乎其所不睹 恐懼乎其所不聞.

도야자(는) 불가수유리야(니) 가리(면) 비도야(라) 시고(로) 군자(는)
계신호기소부도(하며) 공구호기소불문(이니라).

도나 도리는 잠시도 떨어질 수 없다. 만약에 떨어질 수 있다면 참다운 도나 도리가 아니다. 그러므로 군자는 보이지 않는 곳이나 <보이지 않는 자기의 마음을> 경계하고 신중하게 지녀야 한다. 또 소리를 들을 수 없는 곳이나 <소리 없는 자기의 마음을> 겁내고 두렵게 여겨야 한다.

[**어구 설명**] ㅇ道也者(도야자) : 도는. 「야자(也者)」는 주어와 술어 사이의 단락을 표시하는 복합조사. ㅇ不可須臾離也(불가수유리야) : 잠시도 떠나거나 이탈할 수 없다. 이탈해서는 안된다. ㅇ可離非道也(가리비도야) : 떠나거나 이탈할 수 있다면, <그것은> 도나 도리가 아니다. ㅇ是故(시고) : 그런고로. ㅇ君子(군자) : 학문과 덕행을 겸비한 선비나 지식인. ㅇ戒愼乎(계신호) : 경계하고 신중하게 한다. ㅇ其所不睹(기소부도) : 보이지 않는 곳, 자기의 마음. ㅇ恐懼乎(공구호) : 겁내고 두려워하다. ㅇ其所不聞(기소불문) : 들을 수 없는 곳, 자기의 마음. 「기소부도(其所不睹), 기소불문(其所不聞)」을 고주(古注)에서는 「다른 사람이 보고 들

지 않는 곳, 즉 자기 혼자 있는 곳에서」로 풀이했다. 주자는 한층 뜻을 확대해서, 「보거나 들을 수 없는 마음」으로 풀이했다. 이 책에서는 양자의 설을 다 절충했다.

【集註】(1) 道者日用事物當行之理 皆性之德 而具於心 無物不有 無時不然 所以不可須臾離也 若其可離 則豈率性之謂哉.

도(道)는 사람이 날마다 사물을 대하고 처리할 때에 마땅히 따르고 행해야 할 도리이다. <동시에> 모든 도나 도리는 곧 본성적인 이(理)를 따르고 행해서 좋은 성과(成果), 즉 덕(德)을 얻는 바탕이며 <그와 같은 도와 덕은 다> 마음 속에 갖추어져 있다. 모든 사물에는 도리 없는 것이 없다. 또 어느 때인들 그렇지 않은 때도 없다. <즉 언제나 도리가 있고 나타난다.> 그러므로 순간도 도를 이탈할 수 없다. 만약에 이탈할 수 있다면, 어떻게 「본성을 따르는 것이 도」라고 말하겠느냐.

[**어구 설명**] ○道者(도자) : 도나 도리는. ○日用事物當行之理(일용사물당행지리) : 매일 사물을 <대하고> 쓸 때에, 당연히 따르고 행해야 할 도리이며. ○皆性之德(개성지덕) : 직역하면 「모두가 성의 덕이다」가 된다. 그러나 직역만으로는 뜻이 안 통한다. 「성지덕(性之德)」의 깊은 뜻을 알기 위해서는 먼저 「도(道)와 덕(德)」의 뜻을 잘 알아야 한다. 「도는 이(理)이고 체(體)다.」 한편 「덕은 <도를 행해서> 얻어진 좋은 성과이고 용(用)이다.」 그러므로 「성지덕(性之德)」을 「본성적인 도리를 따르고 행해서 얻어진 좋은 성과, 즉 덕이다」로 의역해야 한다. 한문은 뜻을

고도로 압축한다. 그러므로 직역만으로는 충분히 이해할 수 없는 경우가 많다. 그래서 한문공부가 어려운 것이다. ○具於心(구어심) : <도(道)는 체(體)이고, 덕(德)은 용(用)이며, 모두가> 마음속에 갖추어져 있는 것이다. 즉 사람은 마음을 바탕으로 도를 깨닫고 또 마음을 바탕으로 도를 행해서 덕을 세울 수 있다. ○無物不有(무물불유) : 도리 없는 사물은 없다. 즉 천하의 모든 사물에는 저마다의 도리가 있다. ○無時不然(무시불연) : 그렇지 않을 때가 없다. 즉 시간적으로 언제나 모든 사물이 도리를 따른다. ○所以不可須臾離也(소이불가수유리야) : 그러므로 도나 도리는 순간도 떨어지거나 이탈할 수 없다. ○若其可離(약기가리) : 만약에 도나 도리를 떨어지거나 이탈할 수 있다면, 즉 이탈해도 무관하다면. ○則豈率性之謂哉(즉기솔성지위재) : 어찌 「솔성지위도(率性之謂道)」라고 말하겠느냐.

【集註】 (2) 是以君子之心 常存敬畏 雖不見聞 亦不敢忽 所以存天理之本然 而不使離於須臾之 頃也.

그러므로 학덕(學德)을 겸비한 군자는 마음속으로 항상 <하늘의 도리를 잘 간직하고 행하도록> 경외(敬畏)해야 한다. 비록 나타나 보이거나 소리로 들리지 않는 <마음이지만, 도를 간직함에> 역시 감히 소홀하게 하면 안된다. 그 까닭은 천리의 본연을 보존하고 또 잠시도 <도에서> 이탈하지 않게 하기 위해서다.

[어구 설명] ○是以君子之心(시이군자지심) : 그러므로 군자는 마음으로.
　○常存敬畏(상존경외) : <천명으로 주어진 도와 도리를> 항상 경건하

게 받들어 높이고 두려워해야 한다. 「대전소주(大全疏註)」에는 「경(敬)은 계신(戒愼), 외(畏)는 공구(恐懼)」라고 했다.   o 雖不見聞(수불견문) : 비록 보고 듣지 않아도. 주자는 보이지 않고 소리 없는 것, 즉 「마음」으로 풀이했다. 고주(古注)는 「남들이 보지 않고, 듣지 않는 혼자 있을 때에도」라고 해석했다. 양쪽의 뜻을 다 겸해서 파악해도 된다. o 亦不敢忽(역불감홀) : 감히 소홀하게 하지 않는다. o 所以(소이) : 그 까닭은 ……하기 위해서다. o 存天理之本然(존천리지본연) : 천리의 본연을 보존하기 <위해서다.> o 而不使離於須臾之頃也(이불사리어수유지경야) : 아울러 순간도 도에서 이탈하지 않고자 하기 <때문이다.>

【참고 보충】「도자불가수유리(道者不可須臾離)」

도(道)는 잠시도 이탈할 수 없다. 이탈하면 안된다. 이 말도 두 가지 뜻으로 해석해야 한다.

① 인도(人道)를 따라 살아야 한다 : 사람은 하늘이 본성 속에 심어 준 사람의 도리를 순간이라도 이탈하면 안된다. 사람이 사람의 도리를 이탈한다는 것은 곧 「도심(道心)」을 따르지 않고, 「인욕(人欲 : 동물적·이기적 욕심)」을 바탕으로 행동한다는 뜻이다. 오늘의 인류사회가 바로 수심(獸心)을 바탕으로 살육쟁탈(殺戮爭奪)을 거듭하고 있다. 그래서 위기에서 벗어나지 못하는 것이다.

② 도리(道理)에 맞게 사물을 활용해야 한다 : 하늘은 모든 사물에 합당한 도리를 주었다. 그러므로 사람은 사물을 대하고 활용하고 또 처리할 때에 저마다의 도리에 맞게 해야 한다. 그것이 바로 중용(中庸)이다. 그러기 위해서는 먼저 사람이 도심(道心)을 바탕으로 하고 사물을 처리해야 한다. 수심(獸心)을 바탕으로 하기 때문에 오늘의 강대국이 재물과 과학 기술을 무기화하고 남을 죽이고, 남의 재물을 탈취하는 데 악용하고 있다. 이는 사물을 활용하는 도리가 아니다.

【참고 보충】「가리비도야(可離非道也)」

　사람이 도심(道心)을 바탕으로 하면 절대선(絶對善)의 도와 도리를 따라 착한 삶을 살고, 또 사물을 도리에 맞게 처리한다. 그러면 자연히 「선세계(善世界)」가 실현된다. 이러한 세계가 곧 「도(道)와 하나가 된 세계」이다.

　반대로 「동물적・이기적 욕심인 인욕(人欲)이나 수심(獸心)」을 바탕으로 하면 인간이 아귀(餓鬼) 같은 존재로 전락하고, 이 세상은 생지옥으로 화한다. 그러므로 「도를 떠나면 안되고 또 떠날 수 없다고 하는 것이다.」 도를 떠난 오늘의 세계는 정상적인 「사람의 세계」가 아니다. 이 세상이 바로 난세(亂世)다.

【참고 보충】「계신(戒愼)・공구(恐懼)」

　주자는 말했다. 「마음이 몸의 주체다.(心者 身之主也)」 그러므로 마음을 잘 단속해야 한다. 「항상 도심(道心)을 간직하고 도를 지키고 행하게」 「자신의 마음가짐」을 「경계하고 신중하게[戒愼]」 해야 한다. 동시에 「인욕(人欲)이나 수심(獸心)」이 끼어들지 못하게 「겁을 내고 두려워[恐懼]」 해야 한다. 주자는 집주(集註)에서, 「군자는 마음으로 항상 경외한다(君子之心 常存敬畏)」라 하고 「경(敬)은 계신(戒愼), 외(畏)는 공구(恐懼)」라고 풀이를 했다.

　인간의 마음은 하나다. 그 한 마음속에 「도심(道心)과 인욕(人欲)」이 함께 깃들어 있다. 「도심은 본성 속에 내재하고 있는 도덕심」이고 「인욕은 동물적 본능과 이기적 욕심」이다. 사람은 「숭고한 정신이나 도덕성」을 지니고 있다. 동시에 「동물적・육체적 삶의 바탕인 인욕」도 있다. 뿐만 아니라 「남을 죽이고 나 혼자 잘살려는 수심」도 있다. 공자나 주자는 차마 「수심(獸心)」이라고 말하지 않았다. 그러나 오늘의 사람들은 수심만을 바탕으로 서로 싸우고 있다.

【참고 보충】「기소부도(其所不睹)·기소불문(其所不聞)」

　직역하면「기소부도(其所不睹)」는「보이지 않는 곳」,「기소불문(其所不聞)」은「들을 수 없는 곳」이다. 그래서 고주(古注)는「남이 보지 않고 듣지 못하는 곳, 즉 나 혼자 있는 곳」의 뜻으로 풀이했다. 그러나 주자는「남의 눈에 보이지 않고, 남이 귀로 소리를 들을 수 없는 곳」, 즉「자기만이 아는 자기의 마음」으로 풀이했다. 중용(中庸)은「마음 다스리는 법도를 전수하는 경전이다.」역시 주자의 풀이가 탁월하다. 이 책에서는 양쪽을 절충했다.

【大全疏註選譯】

(1) 北溪陳氏曰　未感物時　渾是天理.

　북계 진씨가 말했다. <마음이> 외계의 사물에 대하거나 접하고 동하지 않았을 때는 <마음 전체가> 온통 천리대로 있다.

(2) 朱子曰　此道無時無之　然體之則合　背之則離　一有離之則當此之時　失此之道　故不可須臾離　君子所以　戒愼不睹　恐懼不聞　則不敢以須臾離也.

　주자가 말했다. 바른 도리는 항상 있다. 그러나 내가 도를 체득하고 행하면 도와 합치게 되고, 내가 도를 어기면 도에서 떨어지게 된다. 일단 도에서 이탈하면 당연히 도를 행할 때에도 그 도를 잃게 된다. 그러므로 잠시라도 이탈하면 안된다. 군자가「계신부도(戒愼不睹)」하고「공구불문(恐懼不聞)」하는 바탕은 바로 잠시도 도에서 이탈하지 않음이다.

(3) <朱子> 所不睹不聞 不是閉耳合眼時 只是萬事皆未萌
芽 自家便先恁地戒愼恐懼 不睹不聞時 便是喜怒哀樂未
發處 常要提起此心在這裏 防於未然 所謂不見是圖也.

<주자> 보지 않고 듣지 않는 곳이란, 귀를 닫고 눈을 감은 때라는
뜻이 아니다. 다만 만사가 미처 싹트기 전에 자신이 먼저 마음속으로
계신공구(戒愼恐懼)한다는 뜻이다. 보지 않고 듣지 않는 때에는 바로
희노애락(喜怒哀樂)이 나타나지 않은 상태로, 그때에 계신공구하는
마음을 일으켜 미연에 <도에서 이탈되는 것을> 막아야 한다. 이를
두고 이탈하려는 생각조차 내보이지 않는 것이라 한다.

(4) 戒愼恐懼 正是防閑其未發.

계신과 공구는 나타나기 전에 미리 막고 차단하는 것이다. <이는
곧 지경(持敬)의 경지다>

(5) 北溪陳氏曰 道是日用事物 所當行之路 卽率性之謂 而得
於天之所命者 而其總會於吾心 大而父子君臣夫婦長幼朋
友 微而起居飲食 蓋無物不有 自古及今 流行天地之間 蓋
無時不然.

북계 진씨가 말했다. 도(道)는 날로 사물을 대하고 쓸 때에, 당연히
따르고 가야 할 길이다. 곧 본성의 도리를 따름을 말한다. 그리고
도는 하늘이 명령하고 내려준 것이다. 그 도는 나의 마음속에 총합되
어 있는 것이다. 크게는 부자, 군신, 부부, 장유, 붕우가 서로 지키고
행할 윤리이고, 작게는 기거하고 먹고 마실 때에 대하고 쓰는 모든
사물에 <도리가> 두루 다 있으며, 옛날부터 오늘에 이르도록 천지간
에 항상 유행하고 순간도 도가 작용하지 않을 때가 없다.

(6) <北溪陳氏> 戒謹恐懼 只是主敬 是提撕警覺 使常惺惺
    則天命之本體 常存此 若不戒懼 則易至於離道遠也.

　<북계 진씨>「경계하고 삼가고 두려워하고 무서워함(戒謹恐懼)」
은 오직「주경(主敬)」과 같은 뜻이며, 이는 곧 경각심을 돋아올려서,
항상 <마음을> 밝게 깨어 있게 함이다. 그래야 곧 천명으로 주어진
도의 본체가 항상 마음속에 간직되어 있게 함이다. 만약에 경계하고
두려워하지 않으면 이내 쉽게 도에서 이탈되고 멀리 떨어지게 될
것이다.

(7) <西山眞氏> 中庸戒懼乎其所不睹 只是事物未形之時
    常常持敬 令人不昏昧而已.

　<서산 진씨> 중용에서 보지 않는 곳에서 삼가고 두려워하라고
한 뜻은 어디까지나 사물이 나타나기 전에 <마음속에> 경(敬)을
간직하고 어둡고 흐리게 되지 말게 하라는 뜻이다.

제1장 3절 愼其獨
신 기 독

莫見乎隱 莫顯乎微 故君子 愼其獨也.

막현호은(하며) 막현호미(라) 고(로) 군자(는) 신기독야(니라)

숨은 것보다 더 잘 드러나는 것이 없고, 미세한 것보다 더 크게 발현하는 것이 없다. 고로 군자는 자기 혼자만 아는 경지나 마음을 더욱 신중하게 한다.

[**어구 설명**] ㅇ莫見乎隱(막현호은) : 속에 숨어 있는 도리나 속에 있는 마음보다, 더 잘 나타나는 것이 없다. 즉 보이지 않는 도리가 현상으로 나타난다. 남이 모르는 나의 속마음도 결국은 행동으로 나타나 드러나 보이고 알게 된다. 「막(莫)……호(乎)~」는 「~보다 더 ……하는 것이 없다」는 뜻. 「현(見)」은 나타나 보인다. 주자는 「은(隱)」을 「은밀한 자기의 마음, 혹은 어떻게 하겠다는 상념(想念)이나 의념(意念)의 뜻」으로 확대해서 풀었다. ㅇ莫顯乎微(막현호미) : 미세(微細)한 것보다 더 크게 나타나 보이는 것이 없다. 미세한 천리도 결국은 크게 나타난다. 주자는 「미(微)」를 「마음속에 싹트고 발동하는 미세한 생각이나 뜻」으로 풀었다. ㅇ愼其獨也(신기독야) : 남이 보고 듣지 않는 곳에 혼자 있을 때에도 각별히 몸가짐을 신중하게 한다. 주자는 뜻을 확대해서 「자기 혼자만이 아는 마음속의 기미(幾微)한 생각, 뜻을 신중하게 한다」로 풀었다. 즉 도심(道心)을 간직하고 나쁜 인욕(人欲)이 끼어들지 못하게 계신(戒愼) 공구(恐懼)한다. 이 책에서는 양자의 뜻을 겸해서 해석했다.

【集註】 (1) 隱暗處也 微細事也 獨者人所不知 而己所獨知之地也.

「은(隱)」은 어두운 곳에 숨은 듯이 보이지 않는다는 뜻이다. 「미(微)」는 미세(微細)하고 기미(幾微)한 일이란 뜻이다. 「독자(獨者)」는 남들은 알지 못하고 자기 혼자만 아는 경지의 뜻이다.

[**어구 설명**] ㅇ隱暗處也(은암처야) : 「은(隱)」은 어두운 곳이다. ㅇ微細事也(미세사야) : 「미(微)」는 작은 일이다.   ㅇ獨者人所不知(독자인소부지) : 「독(獨)」은 남은 모르고. ㅇ而己所獨知之地也(이기소독지지지야) : 자기 혼자만이 아는 경지. 주자는 「자기 마음속의 생각이나 뜻」으로 확대했다.

【集註】 (2) 言幽暗之中 細微之事 跡雖未形 而 幾則已動 人雖不知 而己獨知之 則是天下之事 無 有著見明顯 而過於此者.

<다음 같은 뜻이다> <자기 혼자만 아는 마음의 기미(幾微)는> 어둠 속에 숨어있는 듯하고 또 지극히 미세한 것이다. 비록 자국은 아직 나타나지 않아도, 그 기미(幾微)는 이미 발동했으며, 남은 모르되 자기는 알고 있는 것이다. 그러한즉 천하의 모든 일이 이보다 더 잘 밝게 나타나 보이지 않는 것이 없는 것이다. <자기는 마음속으로 일의 옳고 그름을 미리 잘 알고 있다>

[**어구 설명**] ㅇ言(언) : 앞의 구절은 <다음 같은> 뜻을 말한 것이다. ㅇ幽暗之中(유암지중) : 그윽하고 어둠 속에 있는. <자기 마음의 생각이나

뜻> ○細微之事(세미지사) : <자기 마음속에> 싹트는 미세한 일. ○跡雖未形(적수미형) : 비록 그 형상이나 자취가 아직은 나타나지 않았으나. ○而幾則已動(이기즉이동) : 그러나 그 기미가 이미 동했으며. ○人雖不知(인수부지) : 남들은 모르고. ○而己獨知之(이기독지지) : 자기 혼자만 알고 있어도. 「수(雖)」는 여기까지 걸린다. ○則是天下之事(즉시천하지사) : 천하의 모든 일들은. ○無有著見明顯而過於此者(무유저현명현이과어차자) : 밝게 나타나 보이는 것이 이보다 더한 것이 없다. 「저견명현(著見明顯), 무유과어차자(無有過於此者)」의 변형이다.

【集註】(3) 是以 君子旣常戒懼 而於此 尤加謹焉 所以遏人欲於將萌 而不使其潛滋 暗長於隱微之中 以至離道之遠也.

그러므로 군자는 이미 항상 계구(戒懼)하지만, 특히 여기서 근신(謹愼)을 가해야 한다. 그렇게 하는 까닭은 인욕(人欲)이 싹트려 하는 것을 막고, 아울러 <그 인욕이> 어둠 속에 숨어서 자라고 또 은미(隱微)한 속에서 몰래 자라나 도리에서 멀리 이탈하는 지경에 이르지 못하게 하기 위해서이다.

[**어구 설명**] ○是以(시이) : 그러므로. ○君子旣常戒懼(군자기상계구) : 군자는 이미 항상 삼가고 두려워하지만. ○而於此尤加謹焉(이어차우가근언) : 여기서 더욱 근신(謹愼)을 가(加)해야 한다. ○所以(소이) : ……하기 위해서다. ○遏人欲於將萌(알인욕어장맹) : 장차 인욕(人欲)이 싹틀 것을 막고. ○而不使(이불사) : 그래서 ……하지 못하게 한다. 끝까지 걸린다. ○其潛滋(기잠자) : <인욕이> 숨어서 자라나고. ○暗長於隱微之中(암장어은미지중) : <인욕이> 은미(隱微)한 속에서 몰래 자라나고.

ㅇ以至離道之遠也(이지리도지원야) : 마침내 도에서 멀리 이탈하지 <않게 하기(不使)> <위해서이다(所以)>.

【참고 보충】「암처지중(暗處之中) 세미지사(細微之事)」

사람은 행동하기 전에 어떻게 하겠다고 마음속으로 생각하고 뜻을 세운다. 그때의 그 생각이나 뜻이「도심(道心)」을 바탕으로 한 것인지,「동물적·이기적 나쁜 마음, 즉 인욕(人欲)」에서 나온 것이지, 그 기미(幾微)는 남은 모르고 오직 자기만이 안다. 이러한 뜻을「어둠 속의 미세한 일」이라고 했다.

【참고 보충】「막현호은(莫見乎隱) 막현호미(莫顯乎微)」

은미(隱微)하거나, 기미(幾微)한 것이 나타나 보인다. 사람의 언행은 마음을 바탕으로 나타난다. 그러나 마음속에 싹트는 은미하고 기미한 생각이나 뜻은 남들은 모르고 나 혼자만이 안다. 그러나 그 생각이나 뜻은 반드시 나타나 보이게 마련이다. 그래서「계구신독(戒懼愼獨)」해야 한다

【참고 보충】「고군자(故君子) 신기독야(愼其獨也)」

「자기 홀로 있을 때를 신중하게 하다.(愼其獨也)」는 곧「계구신독(戒懼愼獨)」이다.「대전소주(大全疏註)」의 풀이를 바탕으로 다음같이 추릴 수 있다.「계구(戒懼)는 천리를 보존하고 지킨다(保守天理), 신독(愼獨)은 인욕을 엄하게 막는다.(檢防人欲)」<蛟峯方氏>「계구(戒懼)는 도심을 간직하고 함양하는 일이고(存養之事), 신독(愼獨)은 인욕을 성찰하는 일이다.(省察之事)」<雙峯饒氏>「계구(戒懼)로 도를 지킨다. 신독(愼獨)으로 사의(私意=人欲)를 막는다.」<朱子>「여러 사람과 함께 앉아 있을 때, 자기 마음속에서 발동하는

의념(意念)이 곧 독(獨)의 경지다.」<朱子>

【大全疏註選譯】

(1) 朱子曰 事之是非 衆人未見得 自家自是先見得分明.

　주자가 말했다. 일의 옳고 그름을 다른 사람들은 알지 못해도 자기
는 스스로 먼저 분명하게 알고 있다.

(2) 三山陳氏曰 曰隱曰微 則此念已萌矣 特人所未知 隱而未
　　見 微而未顯耳 然人雖未知 而我已知之 則固已甚見而甚
　　顯矣 此正善惡之幾也.

　삼산 진씨가 말했다. 「은(隱), 미(微)」라고 한 것은 곧 자신의 생각
이나 뜻이 이미 싹텄으나 다만 남이 아직 모른다. <그래서> 은밀하
여 보이지 않고, 미세하여 발현되지 않은 것이다. 그러나 비록 남들은
모른다 해도, 나는 이미 잘 알고 있으니, <나 자신에게는> 당연히
잘 나타나 보이고 또 발현되어 있는 것이다. 이와 같은 「은(隱), 미
(微)」가 곧 「선악(善惡)의 기미(幾微)」이다.

(3) <三山潘氏> 幽暗之中 細微之事 其是非善惡 皆不能逃
　　乎此心靈.

　<삼산 반씨> 그윽하고 어두운 속의 미세한 일이라도 그 시비선악
은 모두가 심령에서 도망갈 수 없다.

(4) 問：戒懼 是體統 做工夫 謹獨 是又於其中緊切處 加工
　　夫. 曰：然.

　질문：「계구(戒懼)는 본체가 되는 도 전체를 온전하게 간직하는
공부이고, 근독(謹獨)은 그 중에서도 가장 긴요한 것, <즉 인욕을

막는 일에> 대한 공부를 가하라는 뜻입니까?」<주자의> 대답 :「그러하다.」

(5) 問 : 戒懼者 所以涵養於喜怒哀樂未發之前 當此之時 寂然不動 只下得涵養工夫 謹獨者 所以省察於喜怒哀樂已發之時 當此之時 一毫放過 則流於欲矣 判別義利 全在此時 不知是如此否. 曰 : 此說甚善.

질문 :「계구(戒懼)는 '희노애락(喜怒哀樂)'이 나타나기 전에 함양을 하는 것이며, 이때에는 마음이 고요하고 동하지 않으니, 오직 함양하는 공부만 한다. 한편 근독(謹獨)은 '희노애락'이 나타날 때이니, 이때에 털끝만큼도 소홀히 하면, 인욕에 흐르게 된다. 그러므로 의(義)와 이(利)를 판별하는 것이 바로 이때이다. 이와 같이 말해도 될까요?」<주자의> 대답 :「그 말이 좋다.」

(6) <朱子> 存養 是靜工夫 省察 是動工夫.

<주자> 존양(存養)은 조용히 도심(道心)을 간직하는 공부이고, 성찰(省察)은 마음이 동할 때 인욕(人欲)을 막는 공부이다.

【참고 보충】「계구(戒懼) 신독(愼獨) 경성(敬誠)」
「계신과 공구는 존양(存養)하는 공부」이고, 「신독은 성찰(省察)하고 인욕을 막는 공부」이며, 곧 경성(敬誠)이다.

제1장 4절 喜怒哀樂
희 노 애 락

喜怒哀樂之未發謂之中 發而皆中節謂之和 中
也者 天下之大本也 和也者 天下之達道也.

희노애락지미발(이) 위지중(이오) 발이개중절(이) 위지화(니라) 중야
자(는) 천하지대본야(이오) 화야자(는) 천하지달도야(라).

희노애락(喜怒哀樂)의 정(情)이 미처 나타나지 않은 <마음속
의 본연의 성리(性理)를> 중(中)이라 하고, 정이 나타나되 모두
고르게 절도에 맞게 나타남을 화(和)라고 한다.

중(中)은 천하의 대본(大本)이고, 화는 천하가 도(道)를 달성하
는 바탕이다.

[**어구 설명**] ㅇ喜怒哀樂之未發(희노애락지미발) : 「기쁨(喜), 노여움(怒),
슬픔(哀), 즐거움(樂)」 등의 감정이 아직 밖으로 나타나지 않은 <마음의
본연의 상태, 즉 성리(性理)를>. ㅇ謂之中(위지중) : 중(中)이라고 한다.
ㅇ發而皆中節(발이개중절) : 감정이 발동하고 밖으로 나타나되 도리와
절도에 맞게 나타난 <정의 상태를>. ㅇ謂之和(위지화) : 화(和)라고 한
다. ㅇ中也者 天下之大本也(중야자 천하지대본야) : 「중(中)」은 천하의
대본(大本)이고. ㅇ和也者 天下之達道也(화야자 천하지달도야) : 「화
(和)」는 천하의 달도(達道)다. 「천하의 달도」는 「천하의 모든 사람 만물
이 도와 일치하고 또 도를 달성한다」는 뜻이다. 바꾸어 말하면 「사람이나

사물이 도와 하나가 된 상태를 화(和)라고 한다.」주를 보자. 그리고「참
고 보충」에서 다시 깊은 뜻을 종합적으로 설명하겠다.

【集註】(1) 喜怒哀樂情也　其未發則性也　無所偏倚　故謂之中.

기뻐하고 노여워하고 슬퍼하고 즐거워하는 것이 정(情)이다.
그 정이 아직 나타나지 않은 상태가 성(性)이다. 그 성은 편벽
되거나 치우치지 않는다. 그러므로 중(中)이라고 말한다.

[**어구 설명**] ○喜怒哀樂情也(희노애락정야) :「기뻐하고(喜), 노여워하고
(怒), 슬퍼하고(哀), 즐거워하는(樂)」것이 사람의 감정, 인정(人情)이다.
○其未發則性也(기미발즉성야) : 그와 같은「감정이나 인정이 미처 나
타나지 않은 <마음의 상태는> <천명으로 부여된> 본성 그대로다.」
주자학에서는「성즉리(性卽理)」라고 했다.「본성 그대로라」는 말은「천
리(天理)와 혼연일체를 이루고 있다」는 뜻이다.「감정, 애증 및 욕구」는
외물(外物)과의 접촉으로 발생한다. 외물과의 접촉이나 자극이 없으면,
마음은 허정(虛靜)하고 적연(寂然)하다. ○無所偏倚(무소편의) : 마음
과 본성 속에 있는 도리가 한쪽으로 쏠리고 기우는 법이 없다. ○故謂之
中(고위지중) : 고로 중이라고 한다. 즉 발동하지 않은 본연의 성리(性
理)는 중정(中正) 그대로이다.

【集註】(2) 發皆中節　情之正也　無所乖戾　故謂之和.

정(情)이 나타나되 성리(性理)와 절도에 맞아야 하며, <그것
이 곧> 정의 바름이다. <그 정은 성리에> 어긋나거나 거슬리는

바가 없다. 그러므로 화(和)라고 한다.

[**어구 설명**] ㅇ發皆中節(발개중절) : 정(情)이 발하되, 중정(中正)한 성리(性理)에 맞아야 하며 <그것이>. ㅇ情之正也(정지정야) : 정의 바름이다. 즉 바르게 나타난 정이다. ㅇ無所乖戾(무소괴려) : <바른 정은> 성리(性理)에 떨어지거나 어그러지지 않는다. ㅇ故謂之和(고위지화) : 그래서 화(和)라고 말한다. 이때의 「화」는 「천리(天理) 및 성리(性理)와 일치(一致)한다」는 뜻과 동시에 「모든 사람 및 자연만물과 화합한다」는 뜻을 포함한다.

【集註】 (3) 大本者 天命之性 天下之理 皆由此出 道之體也.

「대본(大本)」은 바로 천명으로 주어진 「성리(性理)」이다. 천하의 도리가 모두 그 성리에서 연유하고 나오며, 그것이 도의 본체(本體)이다.

[**어구 설명**] ㅇ大本者天命之性(대본자천명지성) : 「대본(大本)」은 곧 「천명으로 주어진 성리(性理)」라는 뜻이다. 「성리는 하늘이 사람이나 만물의 본성 속에 심어준 본연의 도리, 즉 천리(天理)」다. ㅇ天下之理(천하지리) : 천하의 모든 도리가. ㅇ皆由此出(개유차출) : 성리(性理)에서 연유하고 나온다. 즉 성리(性理)를 바탕으로 하고 모든 도리가 나온다. ㅇ道之體也(도지체야) : 도(道)의 본체(本體)이다.

【集註】 (4) 達道者 循性之謂 天下古今之所共由 道之用也.

「달도(達道)」는 <모든 사람이나 사물이> 저마다의 성리(性

理)를 따르고 또 천하가 고금을 통해 공통으로 따르고 행한 바이며, 이는 곧 도(道)의 용(用)이다.

[**어구 설명**] ○達道者(달도자) :「도(道)에 도달하고 도를 달성한다」는 것은. ○循性之謂(순성지위) :「<천명으로 주어진> 본성의 천리를 따른다는」뜻이다. ○天下古今之所共由(천하고금지소공유) : 천하 만물이 고금을 통해 다 같이 따르고 행한 바이며. ○道之用也(도지용야) : 도(道)의 용(用)이다.

【集註】(5) 此言性情之德 以明道不可離之意.

이 구절은 성(性)과 정(情)의 덕을 말하고 아울러 도를 이탈하면 안됨을 밝힌 말이다.

[**어구 설명**] ○此(차) : 이 구절. ○言性情之德(언성정지덕) : 성(性)과 정(情)의 덕을 말함으로써. ○以明道不可離之意(이명도불가리지의) : 도(道)를 떠날 수 없다는 뜻을 밝힌 것이다. 이때의 「정(情)」은 인정(人情)과 사정(事情)을 합친 정.

【**참고 보충**】「성리(性理)·인정(人情)·사정(事情)」
「성리(性理)」는 사람이나 사물의 본성 속에 주어진 형이상(形而上)의 도리로, 나타나기 전의 성리에는 선악시비도 없다.「인정(人情)」은 사람의 감정 정서를 다 포괄한다. 사람이 외부의 사물에 접하면 육신을 터로 하고 발동하는 동물적·이기적 욕구나, 정신적·도덕적 욕구도 다 인정에 포함된다.「사정(事情)」은 자연 만물이나 여러 가지 일에 나타나는 실상(實相)이나 실정(實情)을 포함한 뜻이다.
「인정이나 사정」은 도심(道心)을 바탕으로 하면 바르고 착하게 나타나고, 인욕(人欲)을 바탕으로 하면 그릇되고 악하게 나타난다.

【참고 보충】 「정신(精神)과 이성(理性)」

사람은 만물의 영장이다. 식물 동물과는 차원이 다른 숭고한 정신(精神)과 이성(理性)이 있다. 이 「정신과 이성」은 사람만이 가지고 있는 「본성적 특성」이다. 이 「본성적 특성」을 주자학에서는 「성리(性理)」라고 요약한다. 사람은 이 「성리」를 바탕으로 형이상(形而上)의 절대선(絕對善)의 천리(天理)를 깨닫고 행할 수도 있고 동시에 지상세계의 만물과 사물의 도리와 법칙을 알고 활용하기도 한다.

한편 사람은 동물적·육체적 존재로 삶을 영위한다. 그러므로 동물적 욕구, 육체적 감정이 없을 수 없다. 배가 고프면 먹고, 성장하면 결혼하여 자식을 낳고자 한다. 이와 같은 동물적·육체적·생리적 욕구와 감정을 통합하여 크게 「인정(人情)」이라고 한다. 우리가 흔히 말하는 감정은 작은 「인정」에 속한다. 「성리」나 「인정」이나 천명으로 주어진 것이다. 그러므로 중정(中正)의 천리(天理)를 따라야 한다. 편파적 사욕(私欲)을 따르면 안된다. 이것이 중용의 가르침이다.

【참고 보충】 「심통성정(心統性情)」

「중용 제1장 4절」은 주로 인간의 감정표현에 대한 가르침이다. 하늘이 천명(天命)으로 내려준 성품 중에는 이성적 도덕성도 있지만 동시에 칠정(七情)의 감정도 있다. 주자학(朱子學)에서는 「심통성정(心統性情)」이라 한다. 즉 「마음이 이성과 감정을 통솔한다」는 뜻이다. 또 주자학에서는 「성즉리(性卽理)」라고 했다. 사람은 본성적으로 천리(天理)를 따르게 되어 있다. 그러므로 「희노애락애오욕(喜怒哀樂愛惡欲)」 등의 감정표현도 천리에 맞게 해야 한다. 개인생활

에 있어서나 집단생활에 있어서나 감정표현은 매우 중요하다. 서로
사랑하고 협동하면 함께 즐겁고 화락(和樂)하게 된다. 반대로 서로
미워하고 싸우면 함께 고통스럽고 분열(分裂)하게 된다. 전자는 함께
잘살고 번영하는 길이고, 후자는 함께 못살고 함께 망하는 길이다.

　　오늘의 인류사회의 모든 비극과 악덕은 도(道)에서 이탈하고 나만
의 욕심을 채우려고 동물적·원색적 감정을 바탕으로 날뛰기 때문이
다. 강대국의 침략전쟁도 이기적 욕심과 감정의 야만적 표현이다.

【참고 보충】 「칠정(七情)의 심리분석」

　　유교에서는 「희노애락애오욕(喜怒哀樂愛惡欲)」을 「칠정(七情)」
이라고 한다. 한마디로 「정(情)」이라고 하지만 심리적으로 분석하면
서로 다르다. 「희노애락」은 외부의 자극이나 사물에 대한 반사적 느
낌이나 감정이다. 「애(愛 : 사랑하고 좋아함)」와 「오(惡 : 미워하고
기피함＝憎)」는 심리적·선택적 작위(作爲)다. 「욕(欲 : 욕구나 소
원)」은 목적 달성 욕구(欲求)다. 결국 주자가 말하는 「정(情)」은 「느
낌으로서의 감정만이 아니고, 선택적 작위, 목적 욕구」가 다 포함되
어 있다. 폭력으로 남을 살상하고 남의 재물을 탈취하여 잘살려는
욕심도 정에 들어간다.

【참고 보충】 「희노애락지미발(喜怒哀樂之未發) 위지중(謂之中)」

　　앞에서 보았듯이 「정(情)」 속에는 애증(愛憎) 같은 인정(人情), 희
락(喜樂) 같은 감정, 노애(怒哀) 같은 역정(逆情) 및 모든 욕심 욕구
가 다 포함되어 있다. 이와 같은 모든 감정도 마음에서 발동한다.
사람은 영특한 심령(心靈)을 지니고 있다. 그 심령 속에 본성(本性)
이 있고, 본성 속에 이(理)가 있다. 이때의 「성리(性理)」를 절대선의

천리를 따르고 실천하는 「순수이성」 혹은 「도덕성」으로 볼 수 있다. 「이(理)」는 기(氣)를 바탕으로 하고 나타나고 기능한다. 인간의 「정(情)」도 「형기(形氣)와 육체(肉體)」를 바탕으로 나타나고 발동한다.

그러나 나타나기 전의 정은 없는 것과 같이 허정(虛靜)하고 적연부동(寂然不動)하다. 주자학에서는 정도 보이지 않는 마음속에 있다고 보았다. 그래서 「희노애락지미발(喜怒哀樂之未發) 위지중(謂之中)」이라고 한 것이다. 사람의 정은 외부의 사물(事物)에 접하고 자극을 받았을 때에, 발동하고 나타난다. 나타나기 전에는 허정(虛靜)하다. 또 나타나는 정에는 성리(性理)에 일치하는 정정(正情)도 있고 반대되는 역정(逆情)도 있다.

【참고 보충】 「발이개 중절(發而皆中節) 위지화(謂之和)」

정(情)이 형기(形氣)를 타고 나타날 때에 비로소 좋고 나쁘고 도리에 맞고 안 맞는 등의 차별이 있게 된다. 그 기준은 성리(性理)다. 본성 속에 주어진 이성이나 도덕성에 맞는 것은 좋고, 동물적·이기적 욕심을 바탕으로 나타난 것은 나쁘다. 동물적·이기적 사사로운 욕심을 채우려는 정은 천리(天理)나 이성(理性)이나 도리(道理)에 어긋난다. 따라서 다른 사람이나 자연 만물과도 화합할 수 없다. 그래서 절도에 맞게 나타나는 것을 화(和)라고 한 것이다.

「중절(中節)」은 하늘의 도리, 절도 혹은 예절(禮節)에 맞는다는 뜻이다. 예절은 본래 천리를 제도(制度)하고 품절(品節)한 것이다. 「화(和)」의 큰 뜻은 「천도천리나 본성에 맞고 어울린다.」 작은 뜻은 「모든 사람과 조화되고 화합한다.」 도(道)를 따라 「희노애락」하고, 천하 만민과 더불어 「희노애락」하는 것이 군자다. 무도한 학정(虐政)으로 동물적 욕심을 채우고 혼자 기뻐하는 자를 악덕한 폭군이라 한다.

【참고 보충】「**중야자(中也者) 천하지대본야(天下之大本也)**」

「중(中)」의 큰 의미는 절대선(絕對善)의 천리(天理)다. 그 천리는 우주 천지 자연 만물에 고르게 주어져 있고, 고금에 걸쳐 항상 딱 맞게 기능하고 있다. 그러면서 그 천리는 곧 만물의 본성 속에 주어진 지당한 도리다.「천리」는 만물 속에「불편불의(不偏不倚)」하게 공평무사(公平無私)하게 주어져 있다. 그래서「중(中)」이라고 한다.「중」의 작은 뜻은 곧「모든 사람의 성리(性理), 즉 본성 속에 주어진 마땅히 지키고 행해야 할 중정(中正)의 도리라」는 뜻이다. 이와 같이 우주 천지 만물 및 인간 속에 내재하는「중정의 도리」는 곧 만물을 생육(生育)하는 절대선(絕對善)의 도리다. 그래서「중」을「천하지대본(天下之大本)」이라고 한다.

【참고 보충】「**화야자(和也者) 천하지달도야(天下之達道也)**」

「화(和)」는 곧「크게는 천리와 하나가 되고, 작게는 욕구나 감정 및 행동 표현을 자연·만물·만인과 조화시킨다」는 뜻이다.「천하지달도야(天下之達道也)」의 큰 뜻은「천하 모든 나라 모든 사람 및 고금을 막론하고 언제나 절대선의 도리에 도달하고 아울러 달성한다」는 뜻이다. 작은 뜻은「군자의 도리가 천하 만민에게 통하고 달성된다」는 뜻이다. 사람의 감정표현이「화락(和樂)」해야지, 천하의 모든 사람과 모든 사물을 천리와 하나되게 할 수 있다.

【참고 보충】「**성정지덕(性情之德)**」

사람의 마음 속에는「성(性)과 정(情)」이 공존하고 있다. 마음이 천리(天理) 천도(天道)를 따르고 실천하면, 선덕(善德)으로 나타난다. 반대로 동물적·이기적 욕심을 바탕으로 하면 악덕(惡德)으로 나타난다. 정(情)도 같다. 천리(天理) 천도(天道)를 바탕으로 한 정은 착한 인정(人情=仁情)으로 나타난다. 반대로 동물적·이기적 사심을 바탕으로 한 정은 악하고 잔인한 악덕한 정으로 나타난다. 선한 도리를 따른 정은 「선덕(善德)의 정」이 되고, 악한 도리를 따른 정은 「악덕(惡德)의 정」이 된다. 그래서 군자는 항상 도심(道心)을 간직하고 반대로 사심(私心=邪心), 수심(獸心)이 끼어들지 못하게 경계하고 신중하게 해야 한다.

【大全疏註選譯】

(1) <延平李氏> 方其未發 是所謂中也 性也 及其發而中節也 則謂之和 其不中節也 則有不和矣 和不和之異 皆旣發焉而後見之 是情也 非性也.

　　<연평 이씨> 미처 나타나지 않은 상태가 이른바 중이며, 성이다. 나타나서 절도에 맞은 것이 이른바 화다. 절도에 안 맞으면, 화하지 않음이 있게 마련이다. 화와 불화는 이미 나타난 다음에 보이는 것이며, 그것은 정이지, 성리(性理)가 아니다.

(2) <朱子> 喜怒哀樂 渾然在中 未感於物 未有倚著一偏之患 亦未有過與不及之差 故特以中名之 而又以爲天下之大本.

　　<주자> 희노애락이 혼연한 상태로 속에 있을 때는 밖의 사물에 감동하지 않고, 한쪽으로 치우칠 격정도 없고 또 지나치거나 못 미치는 차이도 없다. 그래서 특히 중(中)이라고 이름을 붙이고 또 「천하의 대본」으로 삼는 것이다.

(3) <朱子> 中 所以狀性之德 而形道之體 和 所以語情之正
　　而顯道之用.

　　<주자> 중(中)은 「성의 덕(性之德)」을 묘사하고 아울러 「도의 체
(道之體)」를 그려낸 글자다. 화(和)는 「정의 옳고 바름(情之正)」을
말하고 「도의 용(道之用)」을 표현한 자이다.

(4) <朱子> 心也者 妙性情之德 所以致中和 立大本 而行達
　　道者也 天理之主宰者.

　　<주자> 마음이 성(性)과 정(情)의 덕(德)을 기묘하게 만든다. 마
음은 곧 중화(中和)를 이루고, 대본(大本)을 세우고 또 도에 통하고
도달할 수 있게 한다. 마음은 바로 천리의 주재자다.

(5) <朱子> 靜而無不該者 性之所以爲中也 寂然不動者也
　　動而無不中者 情之發而得其正也 感而遂通者也 靜而常
　　覺 動而常止者 心之妙也 寂而感 感而寂者也.

　　<주자> <마음속에> 조용하게 있으면서 모든 사물을 두루 합당하
게 대하지 않음이 없으므로, 성리(性理)를 중(中)이라고 하는 것이고,
<역경에서는> ‘적연부동(寂然不動)’이라고 했다. 한편 사물에 감동
하여 동하면, 맞지 않음이 없으니, 정(情)의 발동이 바름을 얻은 것이
고, <역경에서 말하는 바> ‘감이수통(感而遂通)’이다. 조용하면서
항상 깨어있고, 동하면서 항상 멈추는 것이 바로 마음의 오묘함이며,
고요하면서도 감동하고, 감동하면서 고요한 것이다.

(6) <北溪陳氏> 情之中節 是本性發來 其不中節 是感物欲
　　而動 須有戒懼工夫 方存得未發之中 須有謹獨工夫 方有
　　已發之和.

　<북계 진씨> 정(情)이 절도에 맞는 것은 본성에서 나타나는 것이다. 절도에 맞지 않는 것은 물욕(物欲)에 따라 동하기 때문이다. 그러므로 모름지기 계구(戒懼)하는 공부를 하고 「미발지중(未發之中)」을 존양(存養)해야 한다. 또 근독(謹篤)의 공부를 해야지 비로소 이발(已發)했을 때의 화(和)가 있게 된다.

🔆 제1장 5절　致中和
치　중　화

致中和 天地位焉 萬物育焉.

치중화(면) 천지위언(하며) 만물육언(하니라)

중화를 이루어야, 하늘과 땅이 제자리에 안정되고 또 만물이 살아 자란다.

[**어구 설명**] ○致中和(치중화) : 중화(中和)를 이루다. 앞에서 「중화」의 기본적인 뜻을 다시 정리하고 복습하자. 「중(中)」은 「희노애락(喜怒哀樂)의 정(情)이 아직 발동하지 않은 상태」, 즉 「마음속에 주어진 성리(性理)의 본연(本然)」을 말한다. 「화(和)」는 「그 본연의 성리가 절도에 맞게 나타난 것」을 말한다. ○天地位焉(천지위언) : 하늘과 땅이 바르게 자리하고 안정이 된다. ○萬物育焉(만물육언) : 만물이 저마다 고르게 자란다. 「육(育)」은 「생육화성(生育化成)」의 뜻이다. ⇒「참고 보충」

【集註】 (1) 致推而極之也　位者安其所也　育者遂其生也.

「치(致)」는 끝까지 미루어 나간다는 뜻이다. 「위(位)」는 저마다의 자리에 안정된다는 뜻이다. 「육(育)」은 저마다의 삶을 완수함이다.

[**어구 설명**] ㅇ致推而極之也(치추이극지야) : 「치(致)」는 밀고 나가 지극한 경지에 이른다는 뜻이다. ㅇ位者安其所也(위자안기소야) : 「위(位)」는 저마다의 자리에 안정된다는 뜻이다. ㅇ育者遂其生也(육자수기생야) : 「육(育)」은 저마다의 삶을 완수함이다. 「삶의 완수」는 「생육화성(生育化成)」을 다 이룬다는 뜻이다. 봄에는 싹이 나고, 여름에는 자라고, 가을에는 열매로 변하고, 겨울에는 새로운 생명의 씨로 굳어진다. 이것이 삶이고, 그와 같은 삶을 무궁하게 되풀이하는 것을 「생생불이(生生不已)」라고 한다.

【集註】 (2) 自戒懼而約之 以至於至靜之中 無所偏倚 而其守不失 則極其中 而天地位矣.

스스로 겁내고 두려워하고 또 단속하여서 <성리(性理)가> 지극히 정밀(靜謐)하고 중정(中正)한 경지에 이르고 또 그 지킴을 잃지 않으면 곧 <그 성리가> 지극히 중정(中正)하게 되고 따라서 하늘과 땅이 제자리에서 안정될 것이다.

[**어구 설명**] ㅇ自戒懼而約之(자계구이약지) : 스스로 계구(戒懼)하고 단속하다. 「계구」는 경계하고 두려워한다. 즉 성리(性理)를 온전하게 지니고 또 따라 행하며 동시에 「사심(私心＝邪心)」이 끼어들지 못하게 항상 경계한다. 「성리(性理)」는 「본성 속에 주어진 천리나 사물의 도리」다. ㅇ以至於至靜之中(이지어지정지중) : 「이(以)」는 「그래 가지고, 그렇게 해서」의 뜻. 「지어(至於)」는 「……에 이르다, 이르게 한다」의 뜻. 「지정지중(至靜之中)」은 「지극히 정밀(靜謐)하고 중정(中正)한 경지」, 「성리(性理)의 본연(本然)」은 「적연부동(寂然不動)하며, 만물 속에 있는 중정(中正)의 도리」이다. 그러므로 「지어지정지중(至於至靜之中)」이란 곧 「성리의 본연」과 하나가 된다는 뜻이다. 그러기 위해서는 철저하게

「이기적 물욕(物欲)이나 사심(私心=邪心)」을 물리쳐야 한다. ㅇ無所偏倚(무소편의) : 치우치고 기우는 바가 없게 한다. 「성리(性理)」는 본래 「편의(偏倚)」가 없다. 「무소편의(無所偏倚)」는 곧 「물욕과 사심을 극복하고 본연의 성리를 굳게 지킴이다.」 ㅇ而其守不失(이기수불실) : 그래서, 자기가 지키는 바 <본성의 성리를> 잃지 않게 하면. ㅇ則極其中(즉극기중) : 곧 만물 속에 있는 중정(中正)의 도리가 지극하게 된다, 즉 천지 만물이 중정의 도리대로 자라고 번성하게 된다. ㅇ而天地位矣(이천지위의) : 아울러 하늘과 땅이 바르게 자리하고 안정된다. 천도(天道)와 지덕(地德)이 일치하고 천지만물이 중정을 얻는다.

【集註】(3) 自謹獨而精之 以至於應物之處 無少差謬 而無適不然 則極其和 而萬物育.

처음에는 홀로 자신을 근신하고 정성으로 <절대선의 천도를> 따르고 지키고, 점차로 모든 사람이나 사물을 대하고 처리함에 있어, 작은 차질이나 오류도 없게 하고 더욱 저마다의 도리대로 되지 않음이 없게 하면, 즉 천하 만물이 조화의 극치를 이루고 다 잘 자라고 번성할 것이다.

[**어구 설명**] ㅇ自謹獨而精之(자근독이정지) : 스스로 근독(謹獨)하고 또 더욱 정밀하게 한다. 「근독」은 「신독(愼獨)」과 같다. 당시의 임금 이름의 「신(愼)」을 기피하여 「근(謹)」으로 고쳤다. 「신독」은 「1장 3절」에 있는 「신기독(愼其獨)」이다. 혼자 있을 때나 혼자만이 아는 마음을 신중하게 지닌다는 뜻이다. ㅇ以至於(이지어) : 그래 가지고 ……에 이르게 한다. ㅇ應物之處(응물지처) : 내가 사물을 대하고 처리할 경우. ㅇ無少差謬(무소차류) : 조그마한 차질이나 오류도 없게 한다, 「유(謬)」의 본래의 음은 「무」다. ㅇ而無適不然(이무적불연) : 어디에서나 그렇지 않음이 없

게 한다. 「지어(至於)」는 여기까지 걸린다. ○則極其和(즉극기화) : <그렇게 하면> 곧 화(和)가 지극해진다. 즉 성(性)과 정(情)이 조화된다. ○而萬物育(이만물육) : 아울러 만물이 잘 자라고 번성하게 된다. 이때의 「육(育)」도 역시 「생육화성(生育化成)」의 뜻이다.

【集註】 (4) 蓋天地萬物 本吾一體 吾之心正 則天地之心亦正矣 吾之氣順 則天地之氣亦順矣.

무릇 천지 만물은 본래 나와 한몸이다. 나의 마음이 바르면 천지의 마음도 바르게 되고, 나의 기가 순하면 천지의 기도 순하게 된다.

[**어구 설명**] ○蓋天地萬物本吾一體(개천지만물본오일체) : 무릇 천지 만물은 본래가 나와 한몸이다. 천지 만물도 나도 다 하늘의 소생(所生)이다. 주자학에서는 「천즉리(天卽理)」라고 한다. 그러므로 같은 도리에서 태어났고 또 저마다의 이를 지니고 있으며, 그 이의 근원과 총체는 천리다. 한편 외형적으로도 사람이나 만물은 다 같은 「음양오행의 기(陰陽五行之氣)」를 타고났다. 그러므로 하늘과 나는 하나라고 말하는 것이다. 그러므로 천지 만물과 인간은 서로 감응(感應)하게 마련이다. ○吾之心正(오지심정) : <천지 만물을 주재하는 사람인> 나의 마음이 바르면. 「정(正)」은 「일(一)」과 「지(止)」의 합자다. 「일」은 「절대인 하나의 이(理), 즉 천리(天理)」다. 「나의 마음이 바름(吾之心正)」은 곧 「나의 마음이 천리와 하나가 되고, 또 따르고 행함이다.」 이는 곧 중용(中庸)에서 말하는 「중화(中和)」이다.   ○則天地之心亦正矣(즉천지지심역정의) : 천지의 마음도 바르게 된다. 「천지지심(天地之心)」은 곧 「천지의 도리」다. 도리가 올바르면 나타나는 모든 것도 도리에 맞고 바르게 나타난다. ○吾之氣順(오지기순) : 나의 기가 천리에 순응하면. ○則天地之氣亦順

矣(즉천지지기역순의) : 천지 만물의 기도 순응하게 마련이다. 이를 가리켜 「치중화(致中和) 천지위언(天地位焉) 만물육언(萬物育焉)」이라고 한 것이다.

【集註】(5) 故其效驗　至於如此　此學問之極功 聖人之能事　初非有待於外　而修道之敎亦在其中矣.

고로 효험도 그와 같이 나타난다. 이것이 바로 학문의 지극한 공이며, 성인이 능히 할 수 있는 일이다. 애당초부터 <본성의 도를 따라서 이루는 것이지> 밖의 다른 힘을 빌리는 것이 아니다. <나와 만물을> 품절해서 도에 맞게 하는 교육이나 교화도 그 속에서 이루어지는 것이다.

[**어구 설명**] o故其效驗 至於如此(고기효험 지어여차) : 고로, 중화(中和)의 효험(效驗)이 이와 같이 <위대하다.> o此學問之極功(차학문지극공) : <이와 같이 위대한 것을 알고 행할 수 있게 하는 것이> 바로 학문의 지극한 공효(功效), 공덕(功德)이다. o聖人之能事(성인지능사) : 성인은 능히 할 수 있는 일이다. o初非有待於外(초비유대어외) : <그러나> 처음부터 외부의 다른 힘을 빌리는 것이 아니다. <즉 본성의 성리를 바탕으로 하는 것이다> o修道之敎(수도지교) : 도리에 맞게 품절(品節)하는 모든 가르침도. o亦在其中矣(역재기중의) : 역시 <본성의 성리> 안에서 이루어지는 것이다.

【集註】(6) 是其一體一用　雖有動靜之殊　然必 其體立而後用有以行　則其實亦非有兩事也　故於 此　合而言之　以結上文之意.

이와 같이 저마다 체(體)와 용(用)이 비록 동(動)과 정(靜)의 차이가 있어도, 그러나 반드시 체(體)가 바르게 선 다음에 용(用)이 행해지는 법이다. 그러나 실지로는 서로 다른 둘이 아니다. 고로 자사(子思)가 여기서 합쳐서 말하고 앞의 글의 결론으로 삼은 것이다.

[**어구 설명**] ○是其一體一用(시기일체일용) : 이와 같이 <중화(中和)의> 체(體)와 용(用)이, 「중은 체, 화는 용」이다.   ○雖有動靜之殊(수유동정지수) : 비록 발동(發動)할 때와 정지(靜止)하고 있을 때는 다르지만, 중(中)이 본성 속에 조용히 멈춰 있을 때는 적연부동(寂然不動), 중(中)이 절도에 맞게 나타난 상태가 화(和)다.   ○然必其體立(연필기체립) : 그러니 반드시 체(體)가 바르게 서야, 즉 본연의 성리대로 맑아야지, 잡된 욕심이 끼어들면 안된다.   ○而後用有以行(이후용유이행) : 그 다음에 용(用)이 천리(天理)나 성리(性理)에 맞게 나타나게 마련이다.   ○則其實亦非有兩事也(즉기실역비유양사야) : 그러한즉 사실에 있어서는 <체(體)와 용(用)이> 다른 둘이 아니다.   ○故於此合而言之(고어차합이언지) : 그래서, 여기서 이를 통합해서 말함으로써, 즉 「체립(體立)」은 「치중(致中)」이고, 「이후용행(而後用行)」은 「필치중화(必致中和)」이다.   ○以結上文之意(이결상문지의) : <그래 가지고> 앞의 글의 뜻을 결론지었다.

【참고 보충】 「천지만물(天地萬物)의 주체는 인간」

주자학에서는 인격신을 인정하지 않는다. 우주 천지만물의 본체(本體)를 「이(理)」라고 해석한다. 아울러 우주 천지만물을 인식하고 다루는 주체를 인간이라고 본다. 따라서 그 인간이 천지만물의 도리를 바르게 알고 바르게 다루면, 천지만물도 도리대로 존재하고 번식하고 발전하게 된다. 반대로 인간이 비도리(非道理)로 천지만물을 다루면 사멸하게 된다. 착한 마음을 바탕으로 하면 천리(天理)를 따르고, 사악한 욕심을 바탕으로 하면 자연 환경을 파괴하고 무자비하게 대량살상을 감행하여 인류사회를 위기에 빠뜨리고 종국에는 멸망케 한다.

천도(天道)를 따르고 실천해서 지덕(地德)을 세워야 한다. 사람이 도덕을 실천하면 천지만물이 번성하고 인류의 경우는 역사 문화가 더욱 발전한다. 그래야 진정한 평화세계도 창건할 수 있다. 성현(聖賢)의 가르침은 오늘에도 살아있다.

【참고 보충】「도덕과 중화(中和)」

우주 천지만물을 생육(生育)하는 절대선(絶對善)의 도리를 「도(道)」라 하고, 그 도를 따르고 행해서 얻은 좋은 성과를 「덕(德)」이라 한다. 도는 체(體)이고, 덕은 용(用)이다. 이를 합해서 도덕(道德)이라고 부른다.

「중화(中和)」도 같다. 중(中)은 곧 도(道)에 해당하고 화(和)는 곧 덕(德)에 해당한다. 그러므로 「중화(中和)＝도덕(道德)」이다. 「도」가 만물 속에 고르게 있는 데 초점을 맞춰 특히 「중」이라 하고, 「덕」이 만물을 화합하는 데 초점을 맞춰 「화」라고 한 것이다. 바꾸어 말하면 「도덕」의 일부를 「중용(中庸)」이니 「중화」라고 말한 것이다. 「도덕」 밖에 「중용」 「중화」가 따로 있는 것이 아니다.

【참고 보충】「천지위언(天地位焉)」「만물육언(萬物育焉)」

계사전(繫辭傳)에 「천지지대덕왈생(天地之大德曰生)」이라고 있다. 「생(生)」은 「생육화성(生育化成)」「생생불이(生生不已)」를 합한 뜻이다.

하늘은 시간과 공간을 통합적으로 섭리한다. 그리고 시간의 흐름에 따라, 「천지만물을 끝없이 낳고 자라고 번식하고 발전하게 한다.」

유교사상에는 「역사적 발전관(歷史的 發展觀)」이 살아 있다. 만물은 땅을 터로 하고 자라고 번식한다. 하늘은 주체적·원리적 존재로 높이 있고, 땅은 피동적·결과적 존재로 낮게 있다. 하늘이 모든 도리를 주재하고 땅은 하늘의 도리를 따르고 실천해서 좋은 성과, 즉 열매를 맺는다. 이를 「천존지비 건곤정의(天存地卑 乾坤定矣)」라고 한다. 철학적으로 「천도(天道) 지덕(地德)」으로 요약할 수 있다. 이와 같은 하늘과 땅의 위치와 기능의 안정을 「천지위언(天地位焉)」이라고 한다. 천도를 따르고 실천해야 지덕이 세워진다. 만물은 땅을 터로 하고 살고 번성하고 사람의 경우는 문화의 꽃을 피운다. 우주 천지만물의 주체는 사람이다. 사람이 「천도천리(天道天理)」를 따르고 실천하면 천지 만물도 안정되고 번성한다. 그래서 「천지위언(天地位焉), 만물육언(萬物育焉)」이라고 한다.

【참고 보충】 「약지(約之)·정지(精之)」

「운봉 호씨가 말했다. 장구의 정(精)·약(約)은 다만 치(致)를 풀이한 것이다. 약은 존양(存養)의 공을 더욱 치밀하게 함이고, 정은 성찰(省察)의 공을 더욱 엄하게 함이다.(雲峯胡氏曰 章句精之約之 只是釋一字致字 約之則存養之功益密 精之則省察之功益嚴)」<大全疏註>

「동양 허씨가 말했다. 치중화(致中和)는 계구신독을 추진하고 쌓아서 지극한 곳에 이르면, 즉 천지가 바르게 자리를 잡고 만물이 생육하는 효험이 있다는 뜻이다.(東陽許氏曰 致中和 是戒懼愼獨 推行積累 至乎極處 則有天地位 萬物育之效驗.)」<大全疏註>

【참고 보충】「천지만물 본오일체(本吾一體)」

사람이나 만물이나 다 하늘의 조화로 태어났고 또 하늘의 도리를 따라 살게 마련이다. 그러므로 우주론적(宇宙論的)·본체론적(本體論的) 관점에서는「나와 만물이 하나이다.」대인(大人)은 크게 내다보고, 소인(小人)은 작게 본다. 크게 보면「나와 천지만물이 하나다.」작게 보면「나와 남이나 만물은 서로 다르다.」그래서 소인은 서로 싸우고 남의 것을 탈취하려고 한다.

【참고 보충】「도통심법(道統心法)과 제왕지학(帝王之學)」

우주 천지의 마음과 도리를 바탕으로 천하 만민을 다스리는 덕치(德治)가 곧「유교의 도통(道統)」이고 또 그와 같은 가르침이 곧「제왕학(帝王學)」이다. 중용(中庸)이 바로「제왕학의 경전(經典)」이다. 그래서 말한다.「임금의 마음이나 행동이 바르면 천지 모든 사람의 마음도 행실도 바르게 되고, 정치 만사도 바른 도리를 따라 바르게 다스려진다.」이를 가리켜「오지심정(吾之心正) 즉천지지심역정(則天地之心亦正)」「오지기순(吾之氣順) 즉천지지기역순(則天地之氣亦順)」이라고 한 것이다.「마음(心)」이「절대선의 하늘의 도리를 깨닫고 행하게 명령을 내린다.」그러면「기(氣)」로 형성된「몸(身)」이 바르고 착하게 행동할 것이다. 임금이 바르면 백성들도 바르게 된다.

【참고 보충】「학문지공(學問之功) 수도지교(修道之敎)」

오늘의 국제 정치가 왜「권모술수(權謀術數)와 살육쟁탈(殺戮爭奪)」만을 일삼고 있는가. 한마디로 오늘의 정치지도자가「유교의 도통 사상」을 배우지 않고 또 모르기 때문이다. 뿐만 아니라, 수심(獸心)으로 남을 잡아먹는 것을 당연시하기 때문이다.「유교의 경전」을 배워야 한다. 배우지 않으면, 야수(野獸)같이 서로 잡아먹게 된다.

배워서 바르게 알고, 자기 수양을 해서 바르게 행동하면, 「인류대동
(人類大同)의 진정한 평화세계」를 창건할 수 있다. 그래서, 「학문의
공(學問之功)과 도덕 수양의 가르침」이 중요하다고 말하는 것이다.
아울러 「학문 수양」을 하면 누구나 「천지만물과 하나 되는 성인(聖
人)」이 될 수 있다고 말하는 것이다. 이것이 중용(中庸)의 사상이요
가르침이다. 「중용의 도(中庸之道)」는 본성의 도리를 따르면 된다.
사람이면서 야수(野獸)의 수심(獸心)을 따라 사니깐, 서로 피곤하고
고생스러운 것이다.

【참고 보충】「체립이후용행(體立而後用行)」

　마음속에 악한 욕심이 넘치면, 살인 강도 짓을 하게 된다. 마음으로
착한 도리를 깨닫고 착하게 행하겠다고 생각을 하면 성인(聖人) 군자
(君子)같은 삶을 살게 마련이다. 살인한 강도는 제 명을 다하지 못하
고, 편하게 살지 못한다. 성인 군자는 편한 마음으로 장수할 수 있다.
머리가 좋은 사람은 「중용의 길」을 따라 편히 살고, 장수하고 또 역사
와 문화 발전의 공을 세워 만고에 이름을 빛낼 것이다. 무식하고 우둔
한 사람이 동물 이하로 산다.

【참고 보충】「중화(中和) · 도덕(道德) · 성정(性情)」

　중용에서 말하는 중화(中和) 속에는 「도(道)와 덕(德)의 통일」과
「성(性)과 정(情)의 통일」이 다 포함되어 있다. 물론 「도와 성」이
체(體)이고, 「덕과 정」이 용(用)이다.

【大全疏註選譯】

(1) 東陽許氏曰 致中和 是戒懼愼獨 推行積累至乎極處 則有
　　天地位 萬物育之效驗.

동양 허씨가 말했다. 중화(中和)를 이룸은 곧 계구(戒懼)와 신독 (愼獨)을 행하고 쌓음이 지극한 경지에 도달했음이다. 그래서 「천지 위(天地位)」 「만물육(萬物育)」의 효험이 있게 된다.

(2) <朱子> 人君 喜一人而賞之 則千萬人勸 怒一人罰之 則 千萬人懼 以至哀矜鰥寡 樂育人材 這便是萬物育.

<주자> 임금이 한 사람의 착함을 기쁘게 여기고 상을 주면 천만 명이 권할 것이고, 한 사람의 잘못을 노하고 벌을 주면 천만 명이 두려워한다. 더 나가서 홀아비나 과부를 불쌍하게 여기고 인재를 잘 교육하면 비로소 만물이 잘 자라고 번성하게 될 것이다.

 * 이상이 중용 제1장이다. 주자는 다음 같은 주를 달았다.

【集註】(1) 右第一章 子思述所傳之意 以立言 首明道之本原 出於天 而不可易 其實體備於己 而 不可離 次言存養省察之要 終言聖神功化之極.

이상이 중용 제1장이다. 자사가 전수한 바의 뜻을 글로 적은 것이다. 먼저 도의 본원이 하늘에서 나와 영구히 변하지 않으며 또 그 실체가 나에게 갖추어져 있으므로 떠날 수 없음을 밝혔다. 다음으로 존양과 성찰의 필요를 말했다. 끝으로 성신의 공덕과 조화가 지극함을 말했다.

【集註】(2) 蓋欲學者於此 反求諸身而自得之 以 去夫外誘之私 而充其本然之善 楊氏所謂一篇之體 要 是也.

모든 학자들이 이 <중용의 도를> 자신에게 돌이켜 구해 스스로 터득하고 나가서 외면적인 이기적 유혹을 제거하고 <자신에게 주어진> 본연의 선을 확충하기를 바란다. 그것이 바로 양씨(楊氏 : 이름은 時)가 말하는 바 중용 1편의 요체이다.

【集註】(3) 其下十章 蓋子思引夫子之言 以終此章之義.

다음의 열 장의 글은 대개 자사가 공자의 말을 인용해서 이 장의 뜻을 완결하려고 한 글일 것이다.

* 중용 제2장에서 제11장까지를 말한다.

【참고 보충】「유교의 도통사상(道統思想)」

「중용 제1장」은 가장 중요하며, 경문에 해당한다. 그래서 이에 대한 종합적인 설명을 다시 가하겠다. 부분적으로는 앞의 설명과 중복되는 곳도 있을 것이다.

1. 평천하(平天下)의 사상(思想)

옛날 중국에서 말하는 천하(天下)는 관념상으로는 바로 오늘의 세계에 해당한다. 그러므로 평천하(平天下), 즉 「천하를 평화롭게 다스린다」는 뜻은 곧 오늘의 말로는 평화세계(平和世界)를 구현(具現)함과 같은 뜻이라 하겠다. 이에 많은 성현(聖賢)들이 저마다의 사상과 이상을 내걸고 당시의 군주(君王)들을 깨우치고 설득하려 애를 썼다. 특히 춘추(春秋) 전국(戰國)의 난세에는 제자백가(諸子百家)의 많은 학파와 사상가들이 나타나 저마다의 학설과 주장을 고취했다. 그 중에도 가장 높이 나타났고 또 후세에도 막대한 영향을 끼친 학파가 바로 공자(孔子)를 시조로 한 유가(儒家)였다.

그들은 인의(仁義)와 충효(忠孝)를 최고의 덕목으로 표방하고 윤리도덕(倫理道德)의 실천을 강조했다. 그들은 인본주의(人本主義), 합리주의(合理主義), 역사주의(歷史主義) 및 문화주의(文化主義)로써 인류애(人類愛)가 넘치는 대동(大同)의 세계를 창건하려고 진력했다.

공자는 논어(論語)에서 말했다. 「정치는 바르게 함이다.(政者 正也)」「정(正)」은 「하나(一)에 가서 멈추다(止)」의 뜻이다. 「하나」는 곧 「만물을 고르게 키우고 번성케 하는 절대선(絶對善)의 하늘의 도리」이다.

아울러 유가에서 높이는 예치(禮治)의 예(禮)의 뜻도 깊다. 「예(禮)」에는 「하늘에 제사를 올리고, 하늘이 내려준 계시, 즉 하늘의 절대선의 도리를 실천한다」는 뜻이 포함되어 있다. 그러므로 유가의 주장은 「천도 천리(天道天理)를 따라 왕도덕치(王道德治)를 펴고, 대동(大同)의 평화세계를 실현하자」는 것이었다. 그러기 위해 정치에 참여할 군자(君子)들은 수기치인(修己治人)해야 한다고 가르쳤다.

2. 일관(一貫)된 토통사상(道統思想)

다시 세분하여 설명하겠다.

① 우주는 무궁한 시간과 무한한 공간을 통합한 하나의 큰 실체다. 우주는 형질(形質)을 갖춘 무한대한 유기물인 동시에 순간도 쉬지 않고 무궁한 회전운동을 지속하고 있다.

② 우주는 하나의 큰 생명체다. 우주 속에는 「천지 자연 만물 및

인간」이 「다같이 태어나 살고 무럭무럭 자라고, 음과 양이 합치고 변화해서 새 생명을 낳고 번식하고 인간의 경우에는 역사와 문화를 발전케 하고 있다.」

③ 실체로 존재하고 회전하면서 동시에 만물을 품고 한결같이 「생육화성(生育化成)」하는 우주 자연의 법칙을 천도(天道) 혹은 천리(天理)라고 한다.

④ 바꾸어 말하면 「천지 자연 만물」은 「천도 천리」에 의해서 「생육화성」한다.

⑤ 단 하늘에 의해서 주어진 「천도 천리」는 만물마다 다 다르다. 수레[車]에는 수레의 도리가 있고, 배[船]에는 배의 도리가 있다. 그와 마찬가지로 동물에는 동물의 도리가 있고, 사람에는 사람의 도리가 있다.

⑥ 동물은 동물적 본성에 맞는 동물적 도리만이 있다. 즉 동물은 먹고 개체(個體)를 보전하고, 암수[雌雄]가 어울려 종족을 번식할 뿐이다.

⑦ 인간도 기본적으로는 동물이다. 그러므로 먹고 개체를 보전하고, 남녀(男女)가 짝짓기를 하여 자손을 낳고 종족을 번식한다. 그러나 인간과 인류는 동물과는 차원이 다른 본성과 특성이 있다. 우선 인간은 숭고한 정신이 있다. 그러므로 정신적으로 하늘[天]과 하늘의 도리[天道]를 깨닫고 따르고 실천하는 특성이 있다.

그러므로 사람이 따르고 가야 하고 지키고 실천해야 할 「사람의 길과 도리, 즉 인도(人道)」는 절대적으로 동물의 도리와는 다르게 마련이다. 그와 같은 숭고하고 고귀한 인간의 특성과 도(道)를 따라서, 개별적인 인간, 집단적인 인류는 「윤리 도덕적 공동체 생활을 영위하면서 역사와 문화를 계승 발전케 하고 있는 것이다.」

⑧ 이와 같이 하늘은 만물에게 만물의 특성에 맞는 도리를 부여해 주었다. 하늘을 나는 새에게는 새의 특성에 맞는 도리를 주고, 물고기에게는 물고기의 도리를 주고, 사족수(四足獸)에게는 사족수의 도리를 주었다.

⑨ 이와 같이 하늘이 절대명령으로 만물에게 준 도리는 저마다의 만물에 딱 맞는 가장 합당하고 언제나 따르고 지켜야 할 도리다. 그래서 그것을 특히 「중용(中庸)」이라는 명칭으로 부른 것이다.

⑩ 「중용(中庸)」은 「만물에게 주어진 저마다의 천도천리(天道天理)」를 일컬은 용어다. 동시에 사람이 「딱 맞는 도리로 사물을 처리하는 것」도 「중용」이라고 한다.

⑪ 「중용」의 1차적인 기본의의는 「우주 천지만물을 지배하는 천도(天道)는 모든 현상이나 만물에 딱 들어맞고 영원히 변치 않는 진리이며 또 만물을 조화 속에 다 같이 발전케 하는 도리이다.」 즉 천도가 편재(偏在)하고 불변(不變)하는 특성에 초점(焦點)을 맞춰 중용이라고 한 것이다.

⑫ 그와 같은 천도를 깨닫고 따르고 행하는 본성을 하늘은 사람에게 주었다. 그러므로 사람은 자신의 삶을 살거나 사물을 처리하거나 「중용, 즉 천도」를 따르고 지키고 행해야 한다. 그것이 바로 인도(人道)이다.

⑬ 「중용」이란 책은 바로 그와 같은 「천도와 인도」를 알고 행하기를 가르친 것이다.

3. 도심(道心)과 인심(人心)

사람은 이중적(二重的) 존재다. 육신(肉身)을 지닌 동물이면서 동시에 정신(精神)을 가진 신성한 영물이다. 「동물적 존재로서의 인간」

은「동물적·본능적·이기적 욕구를 바탕으로 동물적·육체적·현실적 삶을 산다.」 그러나 동시에「영적(靈的)·정신적(精神的) 존재로서의 인간」은 천도천리(天道天理)를 깨닫고 윤리 도덕을 실천하고 인류대동(人類大同)의 평화세계를 창건할 도덕정치(道德政治)를 지향(志向)한다.

사람의 마음은 하나다. 그 하나의 마음속에「동물적 욕구와 관능적 쾌락을 채우려는 이기심(利己心)」과「천도천리를 따라 서로 사랑하고 함께 잘 살려는 도덕심(道德心)」이 공존한다. 중국에서는 전자를 인심(人心), 후자를 도심(道心)이라고 했다.

주자(朱子)가 쓴「중용장구서(中庸章句序)」에 다음 같은 말이 있다. 자사(子思)가 중용을 저술한 목적은「도통(道統)」을 전하기 위해서다. 도통은 곧「요(堯)·순(舜)」같은 성제(聖帝)가 도심(道心)을 바탕으로 덕치(德治)를 한 전통(傳統)을 말한다. 옛날에 순(舜)임금이 우(禹)에게「인간의 사사로운 욕심은 위태롭다. 하늘이 사람에게 내려준 도심(道心)은 은미(隱微)하지만 정성(精誠)되고 한결같다. 그러므로 그 속마음을 잘 지키고 행해야 한다.(人心惟危 道心惟微 惟精惟一 允執厥中)」라고 했다.

「윤집궐중(允執厥中)」의「중(中)」은 곧「은미하고 정성되고 또 한결(惟一)」같은「도심」이다. 사람은 만물의 영장(靈長)이다. 그러므로 하늘은 사람에게만「도심」을 주었다. 「도심」은 곧「천도천리(天道天理)」를 따르고 행하는「도덕심(道德心)」이다. 이는 인간의 본성(本性)이자 도리를 따르려는 이성(理性)이기도 하다. 그래서 주자는 「성즉리(性卽理)」라고 했다.

사람은 만물의 영장이지만 동시에 육신을 가진 동물이다. 그러므로「동물적 욕구, 이기적 욕구」가 없을 수 없다. 그와 같은「동물적 욕구, 이기적 욕구」를 인심(人心)이라고 했다. 인심은 「형기지사(形氣之私)」에서 나온다. 「동물적 욕구, 관능적 쾌락을 추구하는 이기적 인심」으로는 덕치(德治)를 할 수 없다. 그래서 「인심유위(人心惟危)」라고 한 것이다. 평천하(平天下)의 덕치(德治)를 이루기 위해서는 「유미(惟微) 유정(惟精) 유일(惟一)」한 「도심(道心)」을 지켜야 한다. 그것이 곧 「윤집궐중」이다. 「중(中)」은 곧 「도심」이다.

4. 도(道)와 학문(學問)

「도」를 길[路] 혹은 도리(道理)로 풀이한다. 사람이 태어나 살다가 죽을 때까지 따르고 가야 할 바른 행로는 길이다. 한편 사물에 대하고 처리할 때에는 바른 도리라고 한다. 길이나 도리나 그 절대 기준은 천도(天道)다. 유교는 인격신(人格神)을 믿거나 내세우지 않는다. 그 대신 우주·천지·자연·만물의 생성 변화를 통괄하는 절대(絶對)를 「하늘(天), 태극(太極)」이라 하고, 그 「절대선(絶對善)의 도리」를 「천도(天道) 혹은 천리(天理)」라고 한다. 특히 주자(朱子)는 「천(天) 자도 빼고 그냥 이(理)라고」 부르는 경우가 많았다.

사람이나 만물은 다 하늘에 의해서 창조되었다. 그러므로 하늘은 사람이나 「만물의 본성 속에 저마다의 생존의 도리」를 부여해 주었다. 식물은 식물의 도리를 따르고, 동물은 동물의 도리를 따르고 생존하게 되어 있다.

사람은 서로 사랑하고 협동하여 착한 공동체를 꾸미는 도덕성을 따라야 한다. 사람이면서 「남을 죽이고 남의 재물을 탈취하려는 동물성」을 따르면 안된다. 특히 하늘은 사람에게 형이상(形而上)의 도리를 터득하고 행할 수 있는 탁월한 특성을 부여해 주었다. 그와 같은 것을 깨닫고 실천케 하는 것이 학문 교육이다. 사람의 육신은 먹고 운동을 하면 성장한다. 그러나 내면적 인격이나 도덕성은 학문이나 교육 같은 정신적 양식을 통해서만 성장할 수 있다.

【참고 보충】「중용장구(中庸章句)의 구성」

　예기에 수록된「고문 중용」은 한 편의 글이다. 그것을 주자가 장구를 추려서 33장으로 나누었다. 그 구성과 내용을 대략 다음같이 정리할 수 있다.

　제1장(첫장) : 중용의 핵심이 되는 경문(經文)

　제2장～제11장 :「제1장」에 대한 부연 설명

　제12장 :「제1장」중에 있는「도불가리(道不可離)」에 대한 설명

　제13장～제20장 :「제12장」에 대한 중복 설명

　제21장 : 주로「천도(天道)・인도(人道)」에 대한 설명

　제22장～제32장 :「제21장」에 대한 중복 설명

　제33장(끝장) : 중용 전체에 대한 요약

중용 제2장 (총2절)

1절 仲尼曰 君子中庸 小人反中庸.

2절 君子之中庸也 君子而時中 小人之反中
庸也 小人而無忌憚也.

앞의 제1장은 중용의 대강을 압축해서 기술했다. 제2장부터 제11장까지는 중용에 관한 공자의 말을 인용해서, 중용의 뜻을 부연했다. 제2장은 모두 2절이다. 군자와 소인의 상반되는 태도를 기술했다.

제2장 1절 君子中庸
군 자 중 용

仲尼曰 君子中庸 小人反中庸.

중니왈 군자(는) 중용(이요) 소인(은) 반중용(이니라)

중니가 말했다. 군자는 중용을 지키고 실천한다. <그러나> 소인은 중용에 반대되는 행동을 한다.

[**어구 설명**] ○仲尼(중니) : 공자의 자(字). 공자의 모친 안씨가 중니산(仲尼山)에 기도를 드리고 공자를 낳았으므로, 자를「중니」라고 했다. 삼자의 입장에서는 공자(孔子)라 부르고, 존경하는 칭호로는 부자(夫子)라 높인다.「중니」라고 자를 부른 것은 친근감을 나타내기 위해서다. ○君子中庸(군자중용) : 군자는 중용을 지키고 실천한다. 즉 군자는 마음으로 중용의 도리를 체득하고 몸으로 실천한다. ○小人反中庸(소인반중용) : 소인은 중용의 도리를 어긴다. 즉 중용과 반대되는 편파적 욕심, 즉 사리사욕(私利私慾)을 채우는 행동을 한다.

【集註】(1) 中庸者 不偏不倚 無過不及 而平常之理 乃天命所當然 精微之極致也 唯君子爲能體之 小人反是.

중용(中庸)은 편벽되지 않고 치우치지 않고 또 지나치거나 미치지 못함도 없으며 <아울러> 평이하면서도 항상 살아있는

<불변의> 도리이다. <중용은> 곧 하늘이 명하여 부여해준 바 당연하면서 또 정밀한 도리의 극치이다. 오직 군자만이 능히 체득할 수 있으며, 소인은 이를 어기고 반대되는 짓을 한다.

[**어구 설명**] o 中庸者(중용자) : 「중용」의 바탕은 곧 「우주 천지 자연 만물에 깃들고 있으며 또 만물을 낳고 키우고 번식하게 하는 천리(天理)」이다. o 不偏不倚(불편불의) : 한쪽으로 쏠리지도 않고 또 한쪽으로 치우치지도 않는다. 즉 「중용의 도리는 자연 만물에 공정하게 작용하고 있다」는 뜻. o 無過不及(무과불급) : 지나침도 모자람도 없다. 즉 「중용의 도리는 저마다 만물에 딱 맞게 깃들고 또 작용하고 있다」는 뜻이다. o 而(이) : 그리고 또, 아울러. o 平常(평상) : 「평(平)」은 「평범(平凡), 평이(平易), 평등(平等), 공평(公平)」 등을 다 합친 뜻이다. 「상(常)」은 「일상(日常), 항상(恒常)」을 합친 뜻이다. o 而平常之理(이평상지리) : 그리고 <중용의 도리는> 「평상의 도리다.」, 즉 「평상시에 평이하게 나타나면서 동시에 영원히 변하지 않는 일정불변(一定不變)의 도리라는 뜻」이다. o 乃天命(내천명) : <중용의 도리는> 곧 하늘이 명령적으로 <자연 만물에게> 부여해준. o 所當然(소당연) : 당연한 도리. 만물의 경우는 당연한 도리의 뜻이다. 사람의 경우는 당연히 따르고 실천해야 할 도리의 뜻이다. o 精微之極致也(정미지극치야) : <중용의 도리는 보이지 않는 형이상(形而上)의 도리다> <그러나 중용의 도리는 천지만물에> 정밀(精密)하고 미세(微細)하게 작용하고 또 나타나는 지극한 도리다. 중용의 도리는 대우주(大宇宙)의 운행에도 정밀하게 작용한다. 반대로 보이지 않는 세포(細胞) 속에도 미세하게 작동하고 있다. o 唯(유) : 오직, 「유(惟)」와 같다. o 君子爲能體之(군자위능체지) : 군자만이 능히 중용의 도리를 체득하고 실천할 수 있다. o 小人反是(소인반시) : 소인은 그와 반대로 <사리사욕을 채우려고> 중용과 반대되는 악한 도리를 따르고 행한다.

【참고 보충】「중용(中庸)과 중화(中和)」

제1장의 중화(中和)는 주로 성정(性情)을 두고 한 말이다. 즉「중(中)」에는「성(性)＝이(理)＝도(道)＝본체(本體)」의 뜻이 포함되었고,「화(和)」에는「정(情)＝기(氣)＝덕(德)＝작용(作用)」의 뜻이 포함되었다. 제2장의「중용」은 주로 실천적 덕행을 두고 한 말이며, 이「중」속에는 앞의「중(中)＝도(道)＝체(體)」와「화(和)＝덕(德)＝용(用)」이 포함되어 있다.

【참고 보충】「군자와 소인」

천도를 알고 덕을 행하는 사람이 군자다. 즉 군자는 도덕을 실천한다. 이를 제2장에서「군자는 중용을 지키고 행한다(君子中庸)」라고 말한 것이다. 도덕을 모르는 소인은 사리사욕(私利私慾)만을 좇는다. 그래서「소인은 중용에 반대되는 짓을 한다(小人反中庸)」고 했다.

【大全疏註選譯】

(1) 朱子曰 中有二義 不偏不倚 程子所謂在中之意 猶立而不近四旁 心之體也 無過不及 程子所謂中之道 猶行而不先不後 事之中也 故於未發之大本 則取不偏不倚之名 於已發而時中 則取無過不及之義.

주자가 말했다. 중(中)에는 두 가지 뜻이 있다. <하나는>「불편불의(不偏不倚)」로 정자가 말한「가운데 있다는 뜻(在中之意)」이며 우뚝 서서, 어느 한쪽에도 치우치지 않음이니, 이는 곧 마음의 본체다. <다른 하나는>「지나침도 모자람도 없음(無過不及)」이며, 정자가 말한 바, 때를 맞게 간다는 뜻이며 앞서지도 않고 뒤늦지도 않음이며, 일을 알맞게 처리한다는 뜻이다. 고로「미발지대본(未發之大本)」에서는 「불편불의(不偏不倚)」라고 말했고, 「이발이시중(已發而時中)」
에서는 「무과불급(無過不及)」의 뜻을 따서 말했다.

(2) <雲峯胡氏> 中和之論 發於子思 中庸之論 本於仲尼 然
    發而中節之和 卽是時中之中 子思中和二字 亦只是說仲
    尼一中字 故曰中庸之中 兼中和之義.

　<운봉 호씨> 중화라는 말은 자사에게서 나오고, 중용이라는 말은
공자에 바탕을 둔 것이다. 그러나 발하여 절도에 맞는 화(和)는 곧
시중(時中)의 중(中)이니깐, 자사의 중화 두 자는 역시 공자가 말한
한 글자 중이다. 고로 중용의 중은 중화의 뜻을 겸한 것이다.

🔺 제2장 2절 君子時中
군 자 시 중

君子之中庸也 君子而時中 小人之反中庸也 小
人而無忌憚也.

군자지중용야(는) 군자이시중(이요) 소인지반중용야(는) 소인이무기탄야(니라)

군자는 중용의 도리를 실천한다. <그 태도는 곧> 군자는 <마음에 천명으로 주어진 본성의 도리를 함양하고> 때와 장소와 처지에 맞게 실천하고 <행동으로> 발현한다. 소인은 중용의 도리에 반대되게 행한다. <그 태도는> <사리사욕을 채우기에 바빠서> 기탄하는 것 없이 악덕을 자행한다.

[**어구 설명**] ㅇ君子之中庸也(군자지중용야) : 군자는 중용의 도리를 실천한다. <그 태도는 곧> ㅇ君子而時中(군자이시중) : 군자는 <마음에 천명으로 주어진 본성의 도리를 함양하고> 때와 장소와 처지에 맞게 실천하고 <행동으로> 발현한다. 「시중(時中)」의 「시(時)」는 「어느 때에나, 어느 곳에서나, 어떠한 경우에서나」 등의 뜻이 다 포함되어 있다. ㅇ小人之反中庸也(소인지반중용야) : 소인은 중용의 도리에 반대되게 한다. ㅇ小人而無忌憚也(소인이무기탄야) : 소인은 <사리사욕을 채우며> 기탄하는 것 없이 악덕을 행한다.

【集註】(1) 王肅本作小人之反中庸也 程子亦以
爲然 今從之.

　위(魏) 왕숙(王肅)의 본 책에는 「소인지반중용야(小人之反中
庸也)」로 되어있다. 이를 정자(程子)도 옳다고 여겼다. 그래서
이를 따른다.

【集註】(2) 君子之所以爲中庸者 以其有君子之
德 而又能隨時以處中也 小人之所以反中庸者 以
其有小人之心 而又無所忌憚也.

　군자가 중용을 행하는 이유는 그들이 군자의 덕을 지니고 아
울러 능히 때나 경우에 맞게 중용의 도리를 지키고 행하기 때문
이다. 소인이 중용에 반대되게 하는 이유는 그들이 소인의 마음
을 가지고 기탄하는 바 없이 행동하기 때문이다.

[**어구 설명**] ○隨時(수시) : 이 「시(時)」도 「어느 때에나, 어느 곳에서나,
　어떠한 경우에서나」 등의 뜻이 다 포함되어 있다. ○處中(처중) : 중(中)
　에 처한다. 즉 중용의 도리를 지키고 행한다. ○其有小人之心(기유소인
　지심) : 그들이 소인의 마음을 가지고. 「소인의 마음」은 「자기만의 이기
　적 사리사욕을 채우고, 순간적・관능적 쾌락을 채우려는 악덕한 마음」이
　다. ○無所忌憚也(무소기탄야) : 꺼리고 겁내고 두려워하는 바가 없다.

【集註】(3) 蓋中無定體 隨時而在 是乃平常之
理也 君子知其在我 故能戒謹不睹 恐懼不聞 而無

時不中 小人不知有此 則肆欲妄行 而無所忌憚矣.

무릇 「중의 도리」는 고정적인 형체가 없다. 「때와 장소와 경우에 따라」, 저마다 적합하게 내재하고 있다. 그것은 곧 일용평상의 도리이다. 군자는 그 도리가 나의 본성 속에 내재하고 있음을 안다. 그래서 보이지 않는 마음속의 천리를 간직하려고 삼가고 근신하고, <한편> 들리지 않는 마음속의 사리사욕을 겁내고 두려워하고, 언제나 어느 경우에나 도리에 맞게 한다. 그러나 소인은 그와 같은 도리가 <속에 있는 줄> 모른다. 그래서 욕심 내키는 대로 망동하고 기탄하는 바 없이 <악덕한 짓을> 한다.

[**어구 설명**] ○中無定體(중무정체) : 「중(中)」은 고정적인 형체가 없다. ○隨時而在(수시이재) : 때와 장소와 경우에 따라. <만사 만물 속에 내재해 있으므로> ○是乃平常之理也(시내평상지리야) : 그래서 그것을 곧 「평상의 도리」라고 한다. ○君子知其在我(군자지기재아) : 군자는 그 도리가 나의 본성 속에 내재하고 있음을 안다. ○故能戒謹不睹(고능계근부도) : 남이 보지 않는 곳에 혼자 있을 때나, 남이 보지 못하는 나의 마음을 경계하고 신중하게 할 수 있다. 즉 바른 도리를 간직하고, 욕심을 막으려고 노력한다. ○恐懼不聞(공구불문) : 남이 듣지 않는 곳이나, 소리가 나지 않는 나의 마음속에 <항상 도리를 간직하고 반대로 욕심을 막으려고> 겁내고 두려워한다. ○而無時不中(이무시부중) : 그러므로 <군자는> 항상 「중」에 맞게 할 수 있다. ○小人不知有此(소인부지유차) : 소인은 그런 것을 모르기 때문에. ○則肆欲妄行(즉사욕망행) : 곧 마냥 욕심을 내고 망발되게 행동하며. ○而無所忌憚矣(이무소기탄의) : 꺼리는 바가 없다.

【참고 보충】「군자중용(君子中庸)·소인반중용(小人反中庸)」

　군자는 학덕(學德)을 겸한 지식인이다.「배울 학(學)」은「깨달을 각(覺)」과「본받을 효(效)」를 겸한다. 즉「지행합일(知行合一)」이다. 도(道)를 따르고 행해서 얻어진 좋은 결과를「덕(德)」이라 한다. 결국 군자는「도덕을 실천하는 사람」이다.「도덕실천(道德實踐)」은 곧「중용(中庸)」이다.

　한편 소인은 도덕적으로 무식한 인간이다. 그래서 동물적·이기적 욕구, 순간적·육체적 쾌락만을 알고 채우기 위해, 사기·절도·살인·강도도 예사로 행한다. 그러면서 그러한 범죄행각을 당연시한다. 오늘의 인류사회의 대다수가 소인이다. 그래서 오늘의 세계가「반도덕(反道德), 반중용(反中庸)」의 악의 길을 가고 있는 것이다.

【참고 보충】「악덕은 멸망한다」

　「소인의 마음을 가지고 기탄하는 바 없이 악덕을 저지르면 종국에는 개인적으로나 사회적으로나 파멸한다.」그런데 오늘의 지식인들이 정신적 존엄이나 윤리도덕을 모르거나 외면하고 오직 먹고 마시고 노는 것만을 알고 또 이기적 사리사욕이나 순간적·육체적 쾌락만을 채우기 위하여 온갖 악덕이나 범죄를 예사로 저지른다.

　국가도 마찬가지다. 강대국이 권모술수와 무력침공으로 약소국을 능욕한다. 그와 같은「비도덕(非道德)」은 결국 파멸한다. 파멸을 미연에 막기 위하여 사람다운 사람이 되자. 정치도 도덕을 따르고 인류가 중화(中和)하자. 인류 위기를 극복하고 참다운 대동의 세계를 창건하기 위해, 성현이 가르친 바「중용의 도」를 알고 따르자.

【참고 보충】「중무정체(中無定體)·평상지리(平常之理)」

　하늘의 도리는 우주 천지만물에 다 있다. 저마다의 본성 속에 있는 가장 합당한 도리다. 그래서 「중(中)」이라고 한다. 사람·식물·동물은 그 본성이 저마다 다르고 따라서 저마다 따르고 행할 도리도 다르다. 또 「중」은 무형의 형이상(形而上)의 본체(本體)라 고정된 형체가 없다. 그러나 「중」은 천지 자연 만물에 항상 작용하고 평범하게 나타난다. 그래서 「중무정체(中無定體)」 「평상지리(平常之理)」라고 한 것이다.

【참고 보충】 「계근공구(戒謹恐懼)와 시중(時中)」

군자는 천리(天理)에 대하여 「계근공구(戒謹恐懼)」한다. 그 적극적인 뜻은 「천리를 두렵게 여기고 신중하고 근엄하게 따르고 지킨다」는 뜻이다. 소극적인 뜻은 「사악한 마음이나 욕심을 경계하고 막는다」는 뜻이다. 그러므로 군자는 본성의 성리를 바탕으로 어디서나, 언제나, 어느 경우에나 중용의 도를 지키고 행할 수 있다. 소인은 도덕적으로 모를 뿐더러, 오직 이기적·동물적 욕심만을 바탕으로 온갖 악덕을 자행한다.

【참고 보충】 「시중(時中)의 확대 해석」

우(禹)가 치수(治水)할 때 「과문불입(過門不入)」한 것이나, 안연(顔淵)이 「거어누항(居於陋巷)」한 것이 다 시중(時中)이다. 여름에 냉수를 마시고 갈포 옷을 걸치고, 겨울에 더운물을 마시고 털옷을 입는 것과 같이 때와 경우에 따라 도리에 맞게 하는 것이 시중이다.

【大全疏註選譯】

(1) <程子> 可以仕則仕 可以止則止 可以久則久 可以速則速 此皆時也 未嘗不合中 故曰君子而時中.

<정자> 벼슬을 해도 되면 하고, 그만두어야 하면 그만둔다. 오래 있을 만하면 오래 있으되, 속히 물러나야 하면 속히 물러난다. 이렇게 하는 것이 다 때를 맞춤이다. 이렇게 함이 곧 '중용의 도'에 합당하다. 그래서 군자는 시중(時中)한다고 말한다.

(2) <朱子> 爲善者 君子之德 爲惡者 小人之心.

 <주자> 선을 행하는 것이 군자의 덕이다. 악을 행하는 것이 소인의 마음이다.

(3) 三山潘氏曰 君子致存養省察之功 是以無時而不中 小人放肆而無忌憚 是以與中庸反.

 삼산 반씨가 말했다. 군자는 존양과 성찰의 공을 하므로 언제나 중용한다. 소인은 방사하고 기탄하지 않으므로 중용과 반대가 된다.

(4) <新安陳氏> 君子惟知此理在我 故能戒懼 以存養此中之體 而隨時以裁 處此中之用 戒懼卽畏天命.

 <신안 진씨> 군자는 <천명으로 주어진 성리(性理)가> 나에게 있음을 알고 있으므로 삼가고 두려워한다. 그리고 속에 있는 본체(本體)가 되는 <중용의 도리를> 잘 간직하고 배양한다. 그리고 언제나 수시로 <중용의 도리를 기준으로> 사물을 제도하고 중용의 도리를 활용한다. 삼가고 두려워함[戒懼]은 곧 천명(天命)을 두려워함이다. <소인은 천명으로 주어진 성리가 있는 줄 모르고 계구하지도 않고, 욕심만을 따르고 기탄없이 행동한다>

【集註】(4) 右第二章 此下十章 皆論中庸 以釋首章之義 文雖不屬 而意實相承也.

앞의 제2장에서부터 다음의 열 개의 장 <즉 제11장>까지는 모두 중용(中庸)을 논한 것이며, 제1장의 뜻을 풀이한 것이다. 글은 잘 연결되지 않으나 뜻은 실로 잘 이어진다.

【集註】(5) 變和言庸者 游氏曰 以性情言之 則曰中和 以德行言之 則曰中庸 是也 然 中庸之中 實兼中和之義.

  <앞에서「중화(中和)」라고 한 것을 여기서는「중용(中庸)」이라고 하여>「화(和)」를「용(庸)」으로 바꾼 것에 대해서 <정자의 문인> 유초(游酢)가 말했다.「성(性)·정(情)을 말할 때는 중화(中和)라 하고, 덕행(德行)을 말할 때는 중용이라 한 것이다.」그의 말이 옳다. 그러나 중용의 중(中)은 실로「중(中)과 화(和)」의 뜻을 겸하고 있다.

[**어구 설명**] ㅇ游氏(유씨) : 유초(游酢, 1053~1123)를 가리킨다. 자는 정부(定夫) 또는 자통(子通)으로 정자(程子)에게 배웠다.

【**참고 보충**】「중용·도덕」

  너무 여러 가지로 설명을 하기 때문에 혼란스럽고 따라서 핵심적인 뜻을 잃을 수가 있다. 앞에서도 말했거니와 결국「중(中)」은「도(道)나 체(體)」에 해당하고,「용(庸)이나 화(和)」는「덕(德)이나 용(用)」에 해당한다. 한편「중(中)」을 이발(已發)과 미발(未發)을 겸해서 말하기도 한다.

【大全疏註選譯】

(1) 黃氏曰 性情天生底 德行人做底 性情人人一般 德行人人
　　不同.

　　황씨가 말했다. 성정(性情)은 하늘에 의해 주어진 것이고, 덕행은
사람이 행하여 얻는 것이다. 성정은 모든 사람이 동일하지만 덕행은
사람마다 다르게 마련이다.

(2) 雙峯饒氏曰 中庸者道之準的 古今聖賢所傳 只是此理 子
　　思所作中庸 亦只爲發明此二字 首章中和 是性情之德 而
　　中庸之根本 蓋特推其所自來耳.

　　쌍봉 요씨가 말했다. 중용은 도와 도리의 표준이다. 고금의 성현
이 전하는 바도 오직 그 도와 도리이며, 자사가 중용을 저술한 것도
역시 중용 두 글자의 뜻을 밝히기 위해서다. 첫 장에서 말하는 중화
(中和)는 「성정의 덕으로 중용의 근본」이며, 특히 근본을 미루어 말
한 것이다.

(3) <游氏> 中和 以性情言 人心本然 純粹之德也 中庸 以事
　　理言 天下當然之則 不可過亦不及者也.

　　<유씨> 중화는 성정을 바탕으로 인심의 본연과 순수한 덕이다.
중용은 사리를 바탕으로 천하의 당연한 도리의 준칙을 말한 것이며,
과해도 안되고 못미쳐도 안됨을 말한 것이다.

중용 제3장 (총1절)

1절　子曰 中庸其至矣乎 民鮮能久矣.

역시 공자의 말이다. 중용의 도리는 지극히 좋고 아름다운 도리다. 그런데 학문 교화가 쇠퇴하여 사람들이 알고 행하지 못하며, 그렇게 된 지가 오래되었다.

🔹 제3장 1절 民鮮能久矣
민 선 능 구 의

子曰 中庸其至矣乎 民鮮能久矣.

자왈 중용(은) 기지의호(인저) 민선능(이) 구의(니라)

공자가 말했다. 중용은 지당한 도리다. <그런데> 사람들이 <중용의 도리를 바르게 알고> 행하지 못하게 된 지가 이미 오래되었다.

[**어구 설명**] ㅇ子曰(자왈) : 공자가 말했다. 논어(論語) 옹야편(雍也篇-25)에 「자왈(子曰) 중용지위도야(中庸之爲道也) 기지의호(其至矣乎) 민선구의(民鮮久矣).」라고 있다. ㅇ中庸(중용) : 중용의 도나 도리. 앞에서도 말했듯이 중용의 뜻은 넓고 깊다. 여기서는 천지만물의 본성 속에 주어진 지극한 도리라고 말한 것이다. ⇒「참고 보충」 ㅇ其至矣乎(기지의호) : 중용의 도나 도리는 지극하다. 고주(古注)는 「지극히 좋다(至極美)」라고 풀었다. 그러나 주자(朱子)의 뜻을 따라 「평범하고 지당한 도리」로 푸는 것이 좋다. ㅇ民鮮能久矣(민선능구의) : 일반 사람들이 바르게 알고 행하지 않게 된 지가 오래되었다. 고주(古注)는 「일반 사람들은 오래 지키고 행하지 못한다」는 뜻으로 풀었다. 여기서는 주자의 풀이를 따랐다. ⇒「참고 보충」

【集註】(1) 過則失中 不及則未至 故惟中庸之德 爲至 然亦人所同得 初無難事.

　지나쳐도 중(中)에서 벗어나고, 못미쳐도 '중용의 도'에 이른 것이 아니다. 어디까지나 '중용의 덕을 세워야' 지극함에 이른 것이다. 그러나 <본성의 성리는> 모든 사람이 다 같이 <천명으로 받고 있는 것이다> 그래서 애당초부터 알고 행하기 어려운 것이 아니다.

[**어구 설명**] ㅇ過則失中(과즉실중) : 지나쳐도 중(中)에서 벗어난다. ㅇ不及則未至(불급즉미지) : 못미쳐도 아직 중에 이른 것이 아니다. ㅇ故惟中庸之德(고유중용지덕) : 그러므로 중용의 도(道)를 따르고 행해서 중용의 덕(德)을 세워야. 「유(惟)」는 「오직, 참으로, 비로소」의 뜻. ㅇ爲至(위지) : 지극히 좋은 것, 혹은 지당한 것이다. ㅇ然亦人所同得(연역인소동득) : 그리고, 역시 모든 사람이 다 같이 <천명으로 내려받아 지니고> 있는 것이다. ㅇ初無難事(초무난사) : <본성 속에 주어진 성리(性理)를 따르는 것이므로> 처음부터 어려운 일이 아니다.

【集註】(2) 但世教衰 民不興行 故鮮能之 今已久矣 論語無能字.

　다만 세상의 교화(教化)가 쇠퇴하여 모든 사람들이 <중용의 덕을> 진작하고 행하지 못한 것이다. 그러므로 <사람들이 중용의 덕을 행하지> 못하게 된 지가 이미 오래되었다. <논어에도 같은 말이 있으나> 능(能)이란 글자가 없다.

[**어구 설명**] ㅇ但(단) : <중용의 덕은 평범하고 지당하고 쉽게 행할 수 있는 것이다> 그러나, 다만. ㅇ世教衰(세교쇠) : 세교(世教)가 쇠퇴하여. 「세교」는 「세상의 예교(禮教), 교육(教育), 교화(教化)」, 즉 「윤리 도덕

에 대한 가정교육, 사회 교육 및 국가적인 차원에서의 교화(教化), 예교(禮教) 등을 다 포함한다.」 그 근본요인은 성군(聖君)이 나타나 덕치(德治)를 펴지 못했기 때문이다. ㅇ民不興行(민불흥행) : <그래서> 백성이나 민간에서 윤리 도덕의 기풍이 진작되거나 행해지지 못했으며. ㅇ故鮮能之(고선능지) : 고로 <중용의 도리가> 실천되지 못한 지가. ㅇ今已久矣(금이구의) : 이미 오래되었다. ㅇ論語無能字(논어무능자) : 논어에는 「능(能)」자가 없다.

【참고 보충】 「중용기지의호(中庸其至矣乎)」「민선능구의(民鮮能久矣)」

「중용의 도리는 평범하고 지당한 도리다(中庸其至矣乎)」로 해석해야 한다. 고주(古注)같이 「지극히 좋다(至極美)」라고 하면, 일반 사람이나 평민들은 「알기도 어렵고 또 행할 수도 없게 된다.」 역시 주자(朱子)의 생각은 깊다.

그런데 왜 「사람들이 알고 행하지 못하게 된 지가 오래되었다(民鮮能久矣)」고 했나?

「애당초부터 어렵지 않은 중용의 도리를 왜 사람들이 행하지 못하게 되었는가?」

주자는 「집주(集註)」에서 다음같이 말했다. 「다만 세교(世教)가 쇠퇴하여 모든 사람들이 <중용의 덕을> 진작하고 행하지 못했던 것이다.(但世教衰 民不興行)」 그러므로 <중용의 덕을 행하지> 못하게 된 지가 이미 오래되었다.(鮮能之 今已久矣)

여기서 중용 제1장의 첫 구절을 다시 복습하자.

「하늘이 천명을 준 것이 본성이다.(天命之謂性) 그 본성을 따르는 것이 바른 길이고 바른 도리다.(率性之謂道) 그 도를 각자에게 맞게 품절하는 것이 교육 교화다.(修道之謂教)」

바로 이와 같은 교화 교육이 이루어져야 모든 사람이 도를 따라 바르게 살 수 있다.

그와 같은 교육 교화는 성현(聖賢)이나 성군(聖君)이 할 수 있다. 그런데 오랜 세월에 걸쳐 성현이나 성군이 나타나지 않고, 악한 정치를 했으므로, 백성들이 바른 교육 교화를 받지 못했으며, 따라서 모든 사람들이 소인이 되어, 사리사욕만을 채우기에 급급했던 것이다. 그래서 공자가 「백성들이 능히 중용의 도를 행하지 못하게 된 지가 오래되었다(民鮮能久矣)」라고 한탄한 것이다.

근본요인은 성군(聖君)이 나타나 덕치(德治)를 펴지 않고, 범용(凡庸)한 임금이 타락한 정치를 폈기 때문이다. 중용의 도리나 덕은 누구나 쉽게 행할 수 있는 평범하고 지당한 윤리 도덕의 도리이고 덕행이다. 그러나 교육이 쇠퇴하여 사람들이 도덕을 진작하고 실천하지 못하게 된 것이다. 동물의 세계에는 윤리 도덕이 없다. 바꾸어 말하면 「윤리 도덕 교육」을 하지 않으면 인간은 동물적 존재가 된다. 중용 제1장의 뜻을 다시 음미하자.

【集註】 (3) 右第三章.

이상이 제3장이다.

【大全疏註選譯】

(1) 北溪陳氏曰 至者 天下之理 無以加之謂.

북계 진씨가 말했다. 「지(至)」는 천하의 도리로, 그 이상 더 붙일 것이 없다는 뜻을 말한 것이다.

(2) 雙峯饒氏曰 此章 言中庸之道 非特小人反之 衆人亦鮮能

之 以起下章之意.

쌍봉 요씨가 말했다. 이 장은 「중용의 도」는 다만 소인들만이 반대할 뿐만이 아니라, 일반 대중들도 능히 행하지 못함을 말했다. 그래서 다음 장의 뜻을 일으켰다.

(3) <備旨> 言中庸之道 不特小人反之 而民亦鮮能之也 夫子有曰 天下之理 可增可損者 皆非其至也 惟中庸道理 無過不及 其至極而無以復加矣乎 然此理 人所同得 但修道之敎 旣衰 民不興行 鮮能知行中庸之道 亦已久矣 不亦深可歎哉.

<비지> 중용을 소인만 반대하는 것이 아니고, 일반 사람들도 능히 행하지 못한다. 공자가 말한 바 있다. 천하에 있는 많은 도리는 더하고 빼고 할 수 있으므로 지극한 도리가 아니다. 다만 중용의 도리는 지나침도 모자람도 없으므로 더 가할 것이 없는 지극한 것이다. 그리고 그 도리는 모든 사람이 다 지니고 있는 바, 다만 도를 닦는 교육이 쇠퇴하여, 민간에서 흥성하지 못하고 중용의 도를 알고 행하지 못하게 된 지가 이미 오래되었으니, 깊이 한탄할 일이 아니냐.

중용 제4장 (총2절)

1절 子曰 道之不行也 我知之矣 知者過之 愚
　　者不及也 道之不明也 我知之矣 賢者過
　　之 不肖者不及也.
2절 人莫不飮食也 鮮能知味也.

　제4장도 공자의 말을 인용했다. 1절에서는 도(道)가
행해지지 않거나 밝혀지지 않는 이유를 설명했다. 2절
에서는 「사람들이 항상 먹는 음식의 참맛을 모르듯이,
일상 쓰는 중용의 도리를 모른다」고 비유했다.

제4장 1절   道之不行也
도 지 불 행 야

子曰 道之不行也 我知之矣 知者過之 愚者不及
也. 道之不明也 我知之矣 賢者過之 不肖者不
及也.

자왈 도지불행야(를) 아지지의(로니) 지자(는) 과지(하고) 우자(는) 불
급야(니라) 도지불명야(를) 아지지의(로니) 현자(는) 과지(하고) 불초
자(는) 불급야(니라)

공자가 말했다. 세상에 도가 행해지지 않는 이유를 나는 안다.
지자(知者)는 지나치고, 우자(愚者)는 못미친다. 도가 밝게 나
타나지 않는 이유를 나는 안다. 현자(賢者)는 지나치고 불초자
(不肖者)는 못미친다.

[**어구 설명**] ㅇ道之不行也(도지불행야) : 세상에 도가 행해지지 않는. <그
이유를> ㅇ我知之矣(아지지의) : 나는 안다. ㅇ知者過之(지자과지) :
「지자(知者)」는 「참다운 군자(君子)」가 아닌 「세속적인 지자(知者)」의
뜻이다. 「세속적인 지자」는 「복잡하고 궤변적이고 기발한 관념적 지식만
을 추구하고 또 내세운다.」 그러므로 「평이하고 일용(日用)하는 중용의
도리」를 무시하고 지나치게 마련이다. 동시에 나쁜 의미에서는 「세속적
인 지자」는 중용의 중정(中正)의 도리 이상으로 간교한 지혜를 농하여
남의 재물을 탈취하는 악덕(惡德)까지 저지른다. ㅇ愚者不及也(우자불
급야) : 우둔한 사람은 <평범하고 당연한 중용의 도리에도> 앎이 미치

지 못한다. ○道之不明也(도지불명야) : 도가 밝혀지지 않는 그 이유를. ○賢者過之(현자과지) : 세속적으로 현명한 사람, 즉「덕이 없고 재주만 넘치는 겉약은 재주꾼」은「행동으로 자기 이득만을 찾고 물욕을 채우기 위해, 때로는 범죄도 저지른다.」그래서「소박하고 우직하게 중용의 도를 지키지 않고 지나친다.」 ○不肖者不及也(불초자불급야) : 아주 못난 사람은 <당연한 중용의 도리조차> 모른다. 그래서 미치지도 못하고 행하지도 못한다.

【集註】(1) 道者天理之當然 中而已矣 知愚賢不肖之過不及 則生稟之異 而失其中也.

「도(道)」는 하늘이 부여해준 당연히 따라야 할 도리이며, <그것은 본성 속에 내재하고 있는> 도리이다. <그러나>「지(知)와 우(愚)」「현(賢)과 불초(不肖)」에 따라 지나치거나 못미친다. <그것은> 곧 타고날 때 받은 기질의 차이가 있기 때문이다. <그래서> 중용의 도리를 따르고 행하지 못하는 것이다.

[**어구 설명**] ○道者天理之當然(도자천리지당연) :「도(道)」는 당연히 따르고 행할 천리다.「천리의 당연함(天理之當然)」은 곧「모든 사물에 내재하고 있는 당연한 도리」「하늘이 본성 속에 심어준 마땅히 따르고 행해야 할 도리」, 즉「중(中)」이다. 예를 들면, 비행기의 당연한 도리는 하늘을 나는 것이다. 사람의 당연한 도리는 윤리 도덕을 지키는 것이다. ○中而已矣(중이이의) : <만물의 본성 속에 내재하고 있는 당연한 도리는>「바로 딱 맞는 도리」, 즉「중」이다. ○知愚(지우) : 지자(知者)와 우자(愚者). 이때의 지자는 유교에서 말하는 군자적인 지자가 아니라, 불교나 도가 사상을 내세우는 지나치게 아는 척하는 사람의 뜻. ○賢不肖(현불초) :「현(賢)」은 현명한 사람,「불초(不肖)」는 못난 사람. ⇒「참

고 보충」 ○過不及(과불급) : 「지(知)・현(賢)」은 「과(過)」하고, 「우
(愚)・불초(不肖)」는 「불급(不及)」이다. ○則生稟之異(즉생품지이) :
<그와 같이 과(過) 혹은 불급하는 이유는> 곧 태어날 때 받은 기질이
다르기 때문이다. ○而失其中也(이실기중야) : 그래서 <하늘의 당연한
도리인> 중(中)을 잃는 것이다.

【集註】(2) 知者 知之過 旣以道爲不足行 愚者
不及知 又不知所以行 此道之所以常不行也.

　세속적 지자(知者)는 <잡스럽고 사악한 것을> 지나치게 많
이 알기 때문에, <중용의 도리를> 아예 행할 만한 것이 못된다
고 여긴다. 우자(愚者)는 못미치므로 또한 <중용의 도리를>
모른다. <그래서 결국 사람들이> 언제나 중용의 도를 행하지
못하는 것이다.

【集註】(3) 賢者行之過 旣以道爲不足知 不肖
者不及行 又不求所以知 此道之所以常不明也.

　세속적으로 겉약은 사람은 행동이 <중용의 도에> 지나친다.
<그래서> 아예 중용의 도를 알만한 것이 못된다고 생각한다.
불초자(不肖者) 또한 알려고 하지도 않는다. 그래서 중용의 도
가 항상 밝게 나타나지 않는 것이다.

【참고 보충】「지자(知者)・현자(賢者)」
　대전소주(大全疏註)에 있는 삼산 진씨(三山陳氏)의 말의 요점을

들겠다. 「노자나 불교의 무리들은 본래는 지자(知者)다. <그러나> 진리에 달하기를 바라면서, 도리어 인류를 멸망케 하고 있으니, 지나친 것이 아니냐.(老佛之徒 本知者也 求以達理 反滅人類 非過乎)」 「자로(子路)가 새벽에 문에서 만난 사람이나, 공자 앞을 지나간 흙삼태기를 진 사람은 본래는 현자(賢者)다. <그러나> 과감하게 몸을 깨끗하게 지킨다면서, 반대로 인간 대륜을 어지럽혔으니, 지나친 것이 아니냐.(晨門荷蕢之徒 本賢者也 果於潔身 反亂大倫 非過乎)」 ⇒ 「論語 憲問篇 40, 41」

【참고 보충】 「장구(章句)의 '도(道)' 해석」

대전소주(大全疏註)에서 운봉 호씨(雲峯胡氏)는 대략 다음같이 도(道)에 대한 장구(章句)의 해석이 일관됨을 설명했다.

제1장 장구에서는 도(道)를 「일용사물(日用事物) 당행지리(當行之理)」가 「개성지덕(皆性之德) 이구어심(而具於心)」이며 「무물불유(無物不有) 무시불연(無時不然)」이라 풀이하고, 따라서 「불가수유리야(不可須臾離也)」라고 강조했다.

제3장 장구에서는 도(道)를 「천리지당연(天理之當然)」은 「중이이의(中而已矣)」라고 풀이하고, 따라서 「과불급(過不及)」이라고 이었다.

그러나 「사물당연지리(事物當然之理)」는 「즉시천리지당연(卽是天理之當然)」이며, 「성지덕이구어심(性之德而具於心)」도 역시 「중이이의(中而已矣)」다. 특히 「구어심(具於心)」은 바로 「불편불의지중(不偏不倚之中)」이며 또 「무과부급지중(無過不及之中)」이다. 「이와 같이 장구의 해석은 한치의 차이도 없다」고 말했다. 이상의 운봉 호씨의 말을 깊이 음미해야 한다.

【참고 보충】 「지행(知行)과 과불급(過不及)」

대전소주(大全疏註)에서 동양 허씨(東陽許氏)는 대략 다음같이 「지(知)와 행(行)」의 「지나침과 못미침[過不及]」과 「도(道)」의 관계를 요약했다.

「지(知)가 지나치거나 못미치면 도(道)가 행해지지 않는다.」「행(行)이 지나치거나 못미치면 도(道)가 밝혀지지 않는다.」그러나 「참으로 이(理)의 뜻의 극치를 알면 현자는 지나침이 없고, 지자도 반드시 독실하게 행할 것이다.(若眞知理義之極至 則賢者固無過 知者亦必篤於行)」

제4장 2절 鮮能知味也
선 능 지 미 야

人莫不飲食也 鮮能知味也.

인막불음식야(언마는) 선능지미야(니라)

사람은 누구나 다 음식을 먹고 마신다. 그러나 참으로 <음식의> 맛을 아는 사람은 별로 없다.

[**어구 설명**] ㅇ 人莫不飲食也(인막불음식야) : 사람은 누구나 다 음식을 먹고 마신다. 「막불음식(莫不飲食)」을 「마시고 먹지 않음이 없다」로 직역하면 우리말 표현으로는 어색하다. 한문은 뜻을 강조하기 위해 「이중부정(二重否定)의 표현」을 자주 쓴다. ㅇ 鮮能知味也(선능지미야) : <진정으로> 음식 맛을 알 수 있는 <사람은> 별로 없다, 거의 없다. 「미(味)」는 입에 맞고 안 맞는다는 「미각(味覺)」이다. 그러나 「음식을 먹고 마시는 진정한 의미(意味)」로 확대 해석할 수 있다.

【集註】(1) 道不可離 人自不察 是以 有過不及之弊.

중용의 도리는 떨어질 수 없는 일상의 도리다. <그것을> 사람이 스스로 성찰하지 않는다. 그러므로 지나치거나 못미치는 폐단이 있게 된다.

[**어구 설명**] ㅇ 道不可離(도불가리) : 「사람은 도에서 떨어질 수 없다. 떨어

지면 안된다.」 즉 「중용의 도리는 항상 사람과 밀착되어 있다, 멀리 있는 것이 아니다.」 ○人自不察(인자불찰) : 사람들이 스스로 성찰하지 않는다. ○是以(시이) : 그러므로. ○有過不及之弊(유과불급지폐) : 지나치거나 못미치는 폐단이 있게 되는 것이다.

【集註】(2) 右第四章.

이상이 제4장이다.

【大全疏註選譯】

(1) 東陽許氏曰 道不行者 知之過與不及 道不明者 行之過與不及 是固然矣 然下乃結之曰 人莫不飮食也 鮮能知味也 是又總於知 蓋二者皆欠眞知爾 若眞知理義之極至 則賢者固無過 知者亦必篤於行 不徒知之而已矣.

동양 허씨가 말했다. 도(道)가 행해지지 않는 것은 지(知)가 지나치거나 못미치기 때문이고, 도가 밝게 나타나고 행해지지 않는 것은 행(行)이 지나치거나 못미치기 때문이다. 이는 물론 맞는 말이다. 그러나 다음에서 묶어 「인막불음식야(人莫不飮食也) 선능지미야(鮮能知味也)」라고 말한 것은 또한 지(知)로써 총합한 것이다. 무릇 「과(過)」나 「불급(不及)」이나 다 「참다운 지(眞知)」에 부족한 것이다. 만약 참으로 이(理)나 의(義)의 지극한 경지를 안다면, 현자도 당연히 지나치지 않을 것이고, 지자도 당연히 독실하게 행할 것이다. 그러므로 진지(眞知)는 지(知)만으로 끝나는 것이 아니다.

【참고 보충】「음식을 취하는 참뜻」

주자학(朱子學)은 지(知)를 중시한다. 즉 천리(天理)를 알아야 한다. 음식의 맛이란 미각적인 맛이 아니라, 음식을 취하는 진정한 뜻과 도리다. 음식을 중용에 맞게 취하고 천리에 맞는 삶을 살아야 한다.

중용 제5장 (총1절)

1절 子曰 道其不行矣夫.

공자가 거듭 중용의 도가 행해지지 못함을 한탄했다.

제5장 1절 道其不行矣夫
도 기 불 행 의 부

子曰 道其不行矣夫.

자왈 도기불행의부(인저)

공자가 말했다. 도가 행해지지 않는구나.

[**어구 설명**] ㅇ道其不行矣夫(도기불행의부) : 도가 <그렇듯이> 행해지지
않는구나!「기(其)」는「그렇듯, 참으로」의 뜻.「의부(矣夫)」는 감탄사.

【集註】 (1) 由不明 故不行.

「중용의 도」를 <사람들이> 밝게 알지 못하기 때문에 따라서
도가 행해지지 않는다.

[**어구 설명**] ㅇ由不明(유불명) : 주자의 뜻을 따라「사람들이 도를 밝게
알지 못하기 때문에」로 풀이한다.

【**참고 보충**】「유불명(由不明) 소이불행(所以不行)」
대전소주(大全疏註)에서 쌍봉 요씨(雙峯饒氏)는 다음같이 풀이했
다.「이 장은 앞의 장에 있는『능히 맛을 알기 어렵다(鮮能知味)』의
『지(知)』를 받고 한 말이다. 도를 밝게 알지 못하니깐 행하지 못한다.
(此章承上章鮮能知味之知而言 道由不明 所以不行)」
제2장에서 공자는「군자는 중용을 알고 행하지만, 소인은 중용에

반대되는 짓을 서슴없이 한다」고 지적했다.

그리고 제3장에서 공자는 「사람들이 벌써 오래 전부터 중용의 도를 행하지 못하고 있다」고 한탄했다. 그리고 다시 제4장에서는 「지자(知者) 현자(賢者)」는 지나치고 「우자(愚者) 불초자(不肖者)」는 못 미치므로 결국 「지극히 당연한 중용의 도」를 「제대로 알지도 못하고 행하지도 못한다」고 지적했다. 그리고 다시 제5장에서 공자는 「결국 도는 행해지지 않는다」라고 거듭 한탄했다.

이에 대해서 주자(朱子)는 「유불명(由不明) 고불행(故不行)」이라고 원인 분석을 했다. 이 주자의 말속에는 1차적으로는 「결국 사람들이 밝게 알지 못하기 때문이다」라는 뜻이 있다. 그러나 이면에는 역사적으로나 현실로 「정치 담당자나 참여자들이 중용의 도를 밝게 나타내지 못했기 때문이다」라는 뜻도 포함되고 있는 것이다.

제1장의 「수도지위교(修道之謂敎)」는 바로 위정자나 정치 참여자들이 도를 밝히기 위해서 「교육(敎育), 교화(敎化), 예교(禮敎)」를 시행하라는 뜻을 강조한 것이다. 교육이 곧 도를 밝히는 바탕이다. 그런데, 공자가 한탄한 옛날이나, 심각한 위기에 처한 오늘의 세계에서나, 사람들이나 위정자들은 「중용의 도리」와 반대되는 악덕만을 기탄(忌憚)없이 행하고 있는 것이다.

【集註】（1） 右第五章.

이상이 제5장이다.

【集註】（2） 此章承上章　而擧其不行之端　以起下章之意.

이 장은 앞의 장에 이어, 중용의 도가 행해지지 않는 단서를 들어 말하고 아울러 다음의 제6장의 뜻을 일으키고 있다.

【大全疏註選譯】

(1) <三山陳氏> 道不遠人 猶日用飲食也. 由而不知 故鮮能
    知味耳.

<삼산 진씨> 중용의 도리는 사람과 멀리 떨어져 있는 것이 아니다. 역시 일용으로 마시고 먹는 도리와 같은 것이다. 사람들이 알지 못하기 때문에 그 맛을 알지 못할 뿐이다.

(2) <雲峯胡氏> 前章民鮮能 是兼知行言 鮮能知味 是指知
    而言 此章道其不行 又是指行而言.

<운봉 호씨> 앞장의 '민선능(民鮮能)'은 지(知)와 행(行)을 겸해서 말한 것이다. '선능지미(鮮能知味)'는 지(知)를 가리켜서 한 말이다. 이 장에서 '도기불행(道其不行)'이라고 한 것은 또 행을 가리켜서 한 말이다.

【참고 보충】「음식과 건전한 삶」

먹고 마시는 의미는 건전한 삶을 살기 위해서다. 건전한 삶은 곧 본성의 성리(性理)를 따르고 행함이다. 놀거나, 관능적 쾌락을 취하거나, 무력으로 남을 살상하고 남의 재물을 탈취하는 것은 천리에 맞는 건전한 삶이 아니다.

중용 제6장 (총1절)

앞에서 「도를 밝게 알지 못하고 행하지 못함」을 한탄
한 공자가 이 장에서 「순(舜)임금이 중용의 도를 참으로
크게 알고 또 행했음」을 말했다.

제6장 1절 舜其大知
순 기 대 지

子曰 舜其大知也與 舜好問 而好察邇言 隱惡而
揚善 執其兩端 用其中於民 其斯以爲舜乎.

자왈 순(은) 기대지야여(인저) 순(이) 호문 이호찰이언(하고) 은악이양선(하고) 집기양단(이) 용기중어민(이니) 기사이위순호(인저)

공자가 말했다. 순임금은 참으로 대지(大知)이시다. 순임금은 남에게 묻기를 좋아하셨으며, 남의 비근한 말이라도 잘 살피시고, 좋지 않는 말이나 생각은 숨겨두고, 좋은 말이나 생각은 높이 드러내셨다. 서로 대립되는 말이나 의견도 양쪽을 저울질하고 중용의 도리에 맞게 백성을 다스리는 데 쓰셨다. 이렇게 한 점이 곧 순임금의 순임금 되심이다.

[**어구 설명**] ㅇ舜其大知也與(순기대지야여) : 순은 참으로 대지(大知)이시다. 「대지」는 「위대한 지자(知者)」, 즉 「천하 만민의 지혜를 다 받아들이고 중용의 도에 맞게 만민을 다스리는 데 활용했다」는 뜻이다. ㅇ舜好問(순호문) : 순은 <모든 사람에게> 묻기를 좋아했다. 「공자가 말했다. 아래에게 묻기를 부끄럽게 여기지 않는 것이 곧 문화적이라 하겠다.(子曰 不恥下問 是以謂文也)」<論語 公冶長 15> ㅇ而好察邇言(이호찰이언) : 그리고 남의 평범하고 비근한 말도 잘 살피고 분별했다. 邇(가까울 이) ㅇ隱惡(은악) : <남의 말이나 생각 중에서> 잘못된 것은 숨겨두고.

ㅇ而揚善(이양선) : 좋은 말이나 생각은 드러내서 높인다. ㅇ執其兩端(집기양단) : 대립되는 양쪽을 다 잡는다, 즉 고려의 대상으로 삼는다. 「집(執)」은 버리지 않고 채택하다. ㅇ用其中於民(용기중어민) : <자신이 판단하고 가감해서> 중용에 도에 맞는 것을 백성에게 썼다. 혹은 백성에게 잘 맞게 썼다. ㅇ其斯以爲舜乎(기사이위순호) : 바로 이렇게 한 것이 순임금을 위대한 지자(知者)로 만든 것이다.

【集註】 (1) 舜之所以爲大知者　以其不自用　而取諸人也.

순임금을 「위대한 지자(知者)」라고 하는 까닭은 자기만의 지혜를 쓰지 않고, 여러 사람의 지혜를 취해 썼기 때문이다.

[**어구 설명**] ㅇ舜之所以爲大知者(순지소이위대지자) : 순을 대지(大知)라고 하는 이유는. 「소이(所以)」를 「이유, 바탕, 까닭」으로 푼다. 「자(者)」는 단락을 표시하는 조사. ㅇ以(이) : 「……하기 때문이다.」ㅇ其不自用而取諸人也(기부자용 이취제인야) : 자신의 지혜만을 쓰지 않고, 남의 것도 취했기 때문이다.

【集註】 (2) 邇言者 淺近之言 猶必察焉 其無遺善可知.

「이언(邇言)」은 「천근한 말」이다. <그와 같은 비근한 말도> 반드시 살폈으니, 그가 좋은 말을 빠뜨리지 않았음을 알 수 있다.

[**어구 설명**] ㅇ邇言者淺近之言(이언자천근지언) : 「이언(邇言)」은 <일반 사람들이 하는> 천박하고 비근한 말이다. ㅇ猶必察焉(유필찰언) : 그러

한 말도 역시 반드시 <듣고> 살피니. ○其無遺善可知(기무유선가지) :
좋은 말을 버리지 않음을 가히 알 수 있다.

【集註】(3) 然於其言之未善者 則隱而不宣 其善者 則播而不匿 其廣大光明 又如此 則人孰不樂告以善哉.

그러나 <여러 사람의> 말 중에서 좋지 않는 것은 숨겨두고
나타내지 않고, 좋은 말이나 생각은 선양하고 묻어두지 않았다.
그의 심덕(心德)의 넓고 밝음이 이와 같았으니, 누구인들 즐겁
게 와서 그에게 좋은 말을 안했겠느냐.

[**어구 설명**] ○然於其言之未善者(연어기언지미선자) : 그러나, 남의 말 중
에 미처 좋지 않은 것은. ○則隱而不宣(즉은이불선) : 숨기고 묻어두고
나타내지 않고. ○其善者則播而不匿(기선자즉파이불닉) : 좋은 것은 전
파하고 숨겨두지 않았다. ○其廣大光明(기광대광명) :「대전소주(大全
疏註)」에서 주자는「선을 구하는 마음이 이와 같이 광대하고 광명(光明)
하다」로 풀이했다.「신안 진씨(新安陳氏)」는「은악(隱惡)」에서 곧 그가
남의 말을 넓게 수용함을 보고(見其廣大能容),「양선(揚善)」에서 곧 그
가 남의 좋은 말을 밝게 빛나게 하고 묻어두지 않음을 본다(見其光明不
蔽)고 말했다. ○又如此(우여차) : 또 그와 같이 했으니, 혹은 그의 심덕
(心德)이 이와 같았으니. ○則人孰不樂告以善哉(즉인숙불락고이선
재) : 어느 사람인들 즐거운 마음으로 선을 고하지 않겠느냐?

【集註】(4) 兩端謂衆論不同之極致 蓋凡物 皆有兩端 如小大厚薄之類 於善之中 又執其兩端 而

量度以取中 然後用之 則其擇之審 而行之至矣.

「양단(兩端)」은 여러 사람들의 논의가 같지 않고 극과 극을 이룬다는 뜻이다. 무릇 모든 사물에는 상대적으로 양극(兩極)이 있게 마련이다. 예를 들면 「소(小)와 대(大), 후(厚)와 박(薄)」 같은 것이다. 같이 좋은 말이나 생각 중에서도 <상대적으로 대립되는> 두 가지를 저울질하고 헤아려서 적합한 것을 취한다. 그런 다음에도 신중하게 심사하고 채택하고 활용해 쓴다.

[어구 설명] ㅇ於善之中(어선지중) : <좋은 말과 나쁜 말만이 아니라> 다 같이 좋은 말이나 의견 중에서도. ㅇ又執其兩端(우집기양단) : <실제 상황에 비추어> <보다 더 좋은 것과 덜 좋은 것> 두 가지를 <일단> 취하고 고려 대상으로 삼는다. ㅇ而量度以取中(이량도이취중) : 그리고 그 둘을 다 저울질하고 헤아려 <보다 더 실제 상황에> 맞는 것을 취한다. 이때의 중(中)은 곧 시중(時中)이다. ㅇ然後用之(연후용지) : 그런 다음에 적용한다. ㅇ則其擇之審(즉기택지심) : 즉 적용할 도리의 채택을 신중하게 하고. ㅇ而行之至矣(이행지지의) : 실행을 지당하게 한다. 그것이 곧 「중용의 도(中庸之道)」이고 「대지(大知)」다.

【集註】(5) 然非在我之權度精切不差 何以與此 此知之所以無過不及 而道之所以行也.

그러나 내가 저울질하고 헤아림에 있어, 정밀하고 정확하고 잘못이 없지 않고서는 어찌 그와 같이 할 수 있겠는가. 그러므로 <요임금의> 대지(大知)를 「과불급(過不及)」이 없다고 하는 연유이고 또 중용의 도를 행할 수 있었던 연유이다.

[**어구 설명**] ㅇ然非(연비) : 그러나 ……하지 않고서는. ㅇ在我之權度(재아지권도) : 나의 저울질과 헤아림에 있어. ㅇ精切不差(정절불차) : 정밀하고 절실하지 <않고서는>. 「비(非)」는 여기까지 걸린다. ㅇ何以與此(하이여차) : 어떻게 그와 같이 할 수 있느냐?

【集註】 (6) 右第六章.

이상이 제6장이다.

【참고 보충】 「순(舜)의 대지(大知)」

「지(知)」에는 「알다, 행하다, 다스리다」의 뜻이 다 포함되어 있다. 그러므로 순(舜)임금을 「대지(大知)」라고 한 것은 그가 「불편불의 무과불급(不偏不倚 無過不及)」의 도리인 「중용의 도(中庸之道)」를 알고, 실천하고 또 다스려서 「중화(中和)의 덕치(德治)」를 이루었음을 말한다.

순임금이 「대지(大知)의 덕치(德治)」를 이룰 수 있었던 바탕을 제6장에서 다음같이 들었다.

① 「순임금은 사람에게 묻기를 좋아하고 또 비근한 말도 잘 살폈다.(舜好問 而好察邇言)」

② 「나쁜 것은 덮어두고 선한 것을 선양했다.(隱惡而揚善)」

③ 「대립되는 말이나 의견도 일단 다 수용하고 잘 살피고 헤아려 실제 상황에 맞게 백성을 다스리는 데 활용했다.(執其兩端 用其中於民)」 이것이 곧 「중용의 도」다. 그래서 순임금을 대지(大知)라고 한 것이다.

공자는 제2장에서 「소인은 중용을 반대한다」고 말했다. 제3장에서는 「일반 사람들이 중용을 모르고 행하지 않게 된 지가 오래되었다」

고 한탄했다. 제4장에서는 「지자(知者)나 현자(賢者)는 지나치고, 우자(愚者)나 불초자(不肖者)는 못미치므로 결국 중용의 도가 행해지지 않는다」고 했다. 그리고 제5장에서 다시 한번 크게 한탄했다. 그러나 공자는 이 6장에서 「대지(大知) 순임금이 역사적 사실로 중용의 덕치(德治)를 했음을 증명했다.」 결국 성군(聖君)이 나타나면 중용의 덕치가 실현된다고 다짐한 것이다.

【참고 보충】 「집기양단(執其兩端) 용기중어민(用其中於民)」

대립되는 양극(兩極)의 양상은 여러 가지로 나타난다. 동쪽 끝을 주장하는 경우도 있고, 서쪽 끝을 주장하는 경우도 있다. 이때에 동과 서의 중간 지점을 잡는 것을 「중(中)」이라고 착각하면 안된다. 「동(東)」을 취할 때는 「동」을 취하고, 「서(西)」를 취할 때는 「서」를 취하되, 같은 「동」에서도 가장 적합하고 지당한 도리를 취하고 적용하는 것이 「중」이다. 어떤 논자처럼 「악(惡) 속에도 선한 요소를 취하는 것이라」고 생각하면 안된다.

「때에 따라, 장소에 따라, 사물에 따라, 경우에 따라」 가장 「지당한 도리를 바르게 알고 채택하고 행하는 것」이 곧 「중용의 도리」다.

「대소(大小), 후박(厚薄), 장단(長短)」 등의 경우도 같다. 어떠한 경우에도 「시중(時中)」해야 한다. 그러기 위해서는 자기의 지식을 독단적으로 행하지 말고 많은 사람들의 지혜나 의견을 넓게 수렴하고 중정(中正)하게 실행해야 한다.

【大全疏註選譯】

(1) 朱子曰 舜本自知 又能合天下之知 爲一人之知 而不自
用其知 此其知之所以愈大也 若只據一己所有 便有窮盡.

주자가 말했다. 순은 본래 지혜가 있었거늘 또 능히 천하의 지혜를 합쳐서 자기의 지혜로 삼았으며, 더욱 그 지혜를 독단적으로 쓰지 않고 <중용의 도에 맞게> 백성을 다스렸다. 그러므로 그의 지(知)가 더욱 위대하게 되었다. 만약에 오직 자기 한 사람의 지혜에만 의존했다면 이내 막히고 끝났을 것이다.

(2) 程子曰 造道深後 雖聞常人言語 莫非至理.

정자가 말했다. 도가 깊어진 다음에는 비록 평범한 사람의 말을 들어도, 지극한 도리가 아닌 것이 없다.

(3) <朱子> 雖淺近言語 莫不有至理寓焉 人之所忽 而舜好
    察之 非洞見道體 無精粗差別 不能然也.

<주자> 비록 천박하고 비근한 말이라도, 지극한 도리가 깃들어 있지 않은 것이 없다. 다른 사람들은 소홀히 여기지만 순은 잘 살폈다. <그러나> 도의 본체를 밝게 꿰뚫어보고, 정밀하고 조잡한 차별을 알지 못하면 순같이 할 수 없다.

(4) 朱子曰 言之善者 播揚之 不善者 隱匿之 則善者愈樂告
    以善 而不善者 亦無所愧 而不惜言也 求善之心 廣大光明
    如此 人安得不盡言來告 而吾亦安得不盡聞人之言乎.

주자가 말했다. 말 중의 착한 것은 높이고 전파하고, 좋지 않은 것은 감추고 숨겨준다. 그러므로 좋은 말을 하는 사람이 더욱 즐거운 마음으로 와서 좋은 말을 고하고, 한편 좋지 않은 말을 한 사람도 부끄러움 없이 아끼지 않고 말을 할 것이다. 좋은 말을 듣고자 하는 마음이 이처럼 광대 광명하면, 사람들이 어찌 다 와서 말을 충분히 하지 않으랴. 한편 나 역시 어찌 남의 말을 충분히 잘 듣지 않겠는가?

(5) <雙峯饒氏> 中無定體 隨時而在.

  <쌍봉 요씨> 중용의 도는 외형적으로 정해진 고정된 규격이 있는 것이 아니다. 때에 따라 중용의 도가 있다.

중용 제7장 (총1절)

1절 子曰 人皆曰予知 驅而納諸罟擭陷阱之中
而莫之知辟也 人皆曰予知 擇乎中庸 而
不能期月守也.

공자는 앞의 장에서 순(舜)임금이 왜 대지(大知)인가
를 말했다. 이 제7장에서는 동물이 함정에 빠지면서도
피할 줄 모르듯이 사람들이 욕심에 몰려 재화에 빠짐을
지적했고, 이어 중용의 도를 택하되 한 달도 지키지 못하
면서, 그래도 아는 척한다고 일침을 가했다. 참으로 알면
재화에 빠지지도 않고, 언제나 중용의 도를 지키고 행해
야 한다.

🔸 제7장 1절 人皆曰予知
인 개 왈 여 지

子曰 人皆曰予知 驅而納諸罟攫陷阱之中 而莫之知辟也 人皆曰予知 擇乎中庸 而不能期月守也.

자왈 인개왈여지(로되) 구이납저고확함정지중 이막지지피야(하며) 인개왈여지(로되) 택호중용 이불능기월수야(니라)

공자가 말했다. 사람들은 저마다 「나는 지혜롭다」고 말한다. <그러나 저마다> 달리어 그물이나 덫이나 함정 속에 빠져 들어간다. <그러면서도> <그와 같은 화를> 피할 줄 모른다. 사람들은 저마다 「나는 지혜롭다」고 말한다. <그러면서> 중용의 도를 택해서, 한 달을 지키고 행하지를 못한다.

[**어구 설명**] ㅇ子曰(자왈) : 공자가 말했다. ㅇ人皆曰(인개왈) : 사람들은 <저마다> 다 말한다. ㅇ予知(여지) : 「나는 지혜롭다, 나는 다 안다」고. ㅇ驅(구) : 뛰고 달려가서, 혹은 「동물이 쫓겨 달리다」의 뜻으로 풀기도 한다. ㅇ而納諸(이납저) : <스스로 달려가서> 「……속에 들어간다」. 「납(納)」은 빠진다, 들어간다. 「저(諸)」는 「지(之)·어(於)」를 합친 글자. ㅇ罟(고) : 그물. 罟(그물 고) ㅇ攫(확) : <동물을 잡는> 덫. 攫(덫 확) ㅇ陷阱之中(함정지중) : 함정 속에. 陷(빠질 함) 阱(함정 정) ㅇ而(이) : 그러나. ㅇ莫之知辟也(막지지피야) : <그것을> 피함을 알지 못

한다. 辟=避. ○人皆曰予知(인개왈여지) : 사람들이 저마다 「나는 지혜
롭다」고 말하지만. ○擇乎中庸(택호중용) : 중용을 택하고. 「택(擇)」은
「바르게 알고 지키고 행한다」는 뜻을 다 포함한다. 즉 「지(知)와 행(行)」
을 겸한다. ○而不能期月守也(이불능기월수야) : 그러나, 단 한 달도 지
키고 행하지 못한다.

【集註】 (1) 罟網也 攫機檻也 陷阱坑坎也 皆所以掩取禽獸者也.

「고(罟)」는 「그물 망(網)」이다. 「확(攫)」은 <동물을 잡으려
고> 만들어 놓은 우리[檻]다. 「함정(陷阱)」은 <동물을 잡으
려고> 파놓은 구덩이다. 모두가 다 금수를 속여서 잡으려는
기틀이다.

[**어구 설명**] ○罟(고) : 그물. ○攫(확) : 덫. ○陷阱(함정) : 함정. 이상은
방편상의 풀이다. 정확히 옛날에 어떤 기틀을 썼는지 잘 알 수 없다.
機(틀 기) 檻(우리 함) 坑(구덩이 갱) 坎(구덩이 감) 掩(가릴 엄)

【集註】 (2) 擇乎中庸 辨別衆理 以求所謂中庸卽上章好問用中之事也 期月匝一月也.

「택호중용(擇乎中庸)」은 「여러 가지 도리를 분별하고, 이른
바 중용을 구한다」는 뜻이다. 앞의 장에서 말한 「순이 묻기를
좋아하고(舜好問)」 「그 중을 썼다(用其中)」는 사실을 지적한
것이다. 「기월(期月)」은 「만 한 달을 지키고 행한다.」

[**어구 설명**] ○擇乎中庸(택호중용) : 중용의 도를 택한다는 뜻은. ○辨別衆

理(변별중리) : <여러 가지 사물에 대하고 처리함에 있어> <저마다의> 여러 가지 도리를 알고 또 분별하고. ㅇ以求所謂中庸(이구소위중용) : 그래가지고 이른바 중용을 구한다는 뜻이다. ㅇ卽上章好問用中之事也(즉상장호문용중지사야) : 즉 앞의 장에 있듯이 묻기를 좋아하고 중용에 맞게 일을 처리한다는 뜻이다. ㅇ期月匝一月也(기월잡일월야) : 「기월(期月)」은 「만 한 달을 기한다」는 뜻이다. 匝(돌 잡)

【集註】(3) 言知禍而不知辟 以況能擇而不能守 皆不得爲知也.

<이는 다음 같은 뜻을 말한 것이다> 화(禍)를 알면서도 피할 줄 알지 못하고, 더욱 택(擇)할 줄은 알면서도 능히 지키고 행하지 못하니, <결국> 모두 다 「앎이라」 할 수 없다.

[**어구 설명**] ㅇ言(언) : 제7장은 「다음 같은 뜻을 말한 것이다.」 ㅇ知禍而不知辟(지화이부지피) : 화가 됨을 알면서 피할 줄 모른다. ㅇ以況(이황) : 그리고 더욱. ㅇ能擇而不能守(능택이불능수) : 택할 수는 있으나, 지키지는 못하므로. ㅇ皆不得爲知也(개부득위지야) : <결국> 모두 안 것이 되지 않는다.

【集註】(4) 右第七章 承上章大知而言 又擧不明之端 以起下章也.

이상이 제7장이다. 앞장의 대지(大知)를 이어받고 한 말이며 또한 「밝게 행해지지 않는 단서를 들고[擧不明之端]」, 다음 장을 일으킨 구절이다.

【참고 보충】「개왈여지(皆曰予知)」·「막지지피(莫之知辟)」

사람들은 저마다「자기는 지혜롭다」고 말한다. 그러면서「중용의 도」를 지키고 행하지 못하고 재화(災禍)를 자초한다. 동물은 무식하기 때문에 그물이나 덫에 걸리고 함정에 빠진다. 그러나 사람들은 「나는 안다」고 말하면서, 욕심에 눈이 어두워 재난에 빠진다. 그래서 주(註)에서「화가 되는 줄 알면서 피하지 못한다(知禍而不知辟)」라고 했다.

【참고 보충】「택이불능수(擇而不能守)」

주자(朱子)는「중용장구 서문」에서 다음같이 말했다.「천명으로 주어진 본성을 따름은 곧 도심을 말한다. 선을 택하고 굳게 지킴은 곧 <도심을> 정일하게 간직함이다.(其曰天命率性 則道心之謂也 其曰擇善固執 則精一之謂也)」여기서는「중용을 택할 수 있어도, 한 달도 지키지 못함은 참다운 앎이 아니다」라고 말했다. 중용은 영원히 변하지 않는 천리다. 참으로 안다는 것은 행하는 것이다. 한 달도 못 지키면 참다운 지(知)가 아니다. 도(道)에서 벗어나고 이탈하면 재화가 닥친다. 동물적·이기적 욕심에 사로잡히기 때문에 중용의 도를 알면서도 오래 지키지 못하는 것이다.

【大全疏註選譯】

(1) <仁壽李氏> 中不可不擇 又不可不守 擇而不守 終非己
物 能擇能守 然後可以言知.

<인수 이씨> 중(中)은 택하지 않으면 안된다. 또 지키지 않으면 안된다. 택하되 지키지 않으면, 끝내 자기의 것이 아니다. 택할 수 있고, 지킬 수도 있어야 지(知)라고 말할 수 있다.

(2) <備旨> 夫子有曰 今人皆曰予知 蓋自以爲能知禍機之
    伏也 乃爭驅逐 而納諸罟擭陷阱中 而莫知所避 行險取敗
    是其心 有所蔽也 安得爲知乎.

<비지> 공자가 다음같이 말한 바 있다. 지금 모든 사람들이 다
'나는 지혜롭다'고 말하고 있다. 아마도 그들 자신들은 화(禍)의 기
틀이 숨어 있음을 알 수 있다고 생각하는 모양이다. <그러나 실제로
는> <명리(名利)를 얻으려고> 서로 다투어 달리고 좇아가서 그물
과 덫에 걸리고 함정에 빠져들면서도 피할 줄 모르고, 험한 짓을 하
다가 패망을 하니, 이는 그들의 마음에 덮여진 데가 있는 것이다.
어찌 지(知)라고 말할 수 있겠느냐.

중용 제8장 (총1절)

앞에서 공자는 사람들이 「나는 안다」고 말하면서 사
실로는 바르게 알지도 못하고 행하지도 못함을 지적했
다. 여기서 공자는 안회(顔回)를 내세우고, 그가 참으로
중용의 도를 알고 실천했다고 칭찬했다.

제8장 1절 回之爲人
회 지 위 인

子曰 回之爲人也 擇乎中庸 得一善 則拳拳服膺
而弗失之矣.

자왈 회지위인야 택호중용(하야) 득일선 즉권권복응(하고) 이불실지의
(니라)

공자가 말했다. 안회는 <참으로 알고 또 어진> 사람이다. 중용
을 택하여 실천하고, 하나의 선을 얻으면 권권복응(拳拳服膺)하
고 <소중히 받들어 가슴속에 간직하고> 잃지 않았다.

[**어구 설명**] ㅇ回之爲人也(회지위인야) : 직역하면 「안회(顔回)의 사람됨
은」이다. 그러나 「안회는 진지(眞知)의 인자(仁者)다」라고 풀이함이
좋다. ⇒「참고 보충」 ㅇ擇乎中庸(택호중용) : 중용의 도를 택하고 실천
하다. 「택(擇)은 지(知)와 행(行)을 겸한다.」 ㅇ得一善(득일선) : 「하나
의 선을 얻음」은 곧 「하나하나 중용의 좋은 결과, 즉 선덕(善德)을 체험
한다」는 뜻. ㅇ則拳拳服膺(즉권권복응) : <중용을 택하고 행해서 얻은>
귀중한 체험을 소중히 받들어 가슴속에 지니고 간직한다. ㅇ而弗失之矣
(이불실지의) : 그리고 잃지 않는다. 즉 계속 중용을 택하고 행해서 언제
나, 매사에 선덕(善德)을 얻는다. 안회는 과실을 거듭하지 않았다. 그러
므로 「중용의 선덕」을 지속적으로 쌓았던 것이다.

【集註】 (1) 回 孔子弟子顔淵名   拳拳奉持之貌
服猶著也 膺胸也 奉持而著之心胸之間 言能守也.

「회(回)」는 공자의 제자 안연(顔淵)의 이름이다. 「권권(拳拳)」
은 받들어 들고 있는 품이다. 「복(服)」은 붙어있다는 뜻이다.
「응(膺)」은 가슴의 뜻이다. <체득한 일선(一善)을> 소중하게
받들어 지니고 마음과 가슴 사이에 붙이고 있음은 곧 능히 간직
하고 지키고 행할 수 있음을 말한다.

[**어구 설명**] ㅇ回孔子弟子顔淵名(회공자제자안연명) : 「회(回)」는 공자의
  제자 안연(顔淵)의 이름이다. 일반적으로는 자(字)를 불러야 한다. 그러
  나 부모나 스승은 이름을 부를 수도 있다. ㅇ拳拳奉持之貌(권권봉지지
  모) : 공손히 정중히 받쳐들고 있는 품이. ㅇ服猶著也(복유착야) : 「복
  (服)」은 「붙인다」는 뜻으로 「착(著)＝착(着)」과 같다. ㅇ膺胸也(응흉
  야) : 「응(膺)」은 「가슴 흉(胸)」의 뜻이다. ㅇ而著之心胸之間(이착지심
  흉지간) : 마음과 가슴 사이에 꼭 붙이고 있다는 뜻이다. ㅇ言能守也(언
  능수야) : 즉 잘 지키고 행한다는 뜻이다.

【集註】 (2) 顔子蓋眞知之 故能擇能守 如此 此
行之所以無過不及 而道之所以明也.

안자는 전체적으로 참되게 지혜로웠다. 그래서 능히 그와 같
이 <중용을> 택하고 지킬 수 있었다. 그렇게 한 것이 곧 <안자
가> 행동에 지나침이나 못미침도 없었던 까닭이고 또 도를 행
하고 밝힐 수 있었던 이유이다.

[**어구 설명**] ㅇ顔子(안자) : 안선생. 이때의 「자(子)」는 존칭이다. ㅇ蓋眞

知之(개진지지) : 「개(蓋)」는 「아마 ……했으리라」의 뜻이다. 「진지지
(眞知之)」는 「<안자가 중용의 도를> 참으로 알고 또 행했다」는 뜻. ㅇ故
能擇能守如此(고능택능수여차) : 그런고로 <안자가> 그와 같이 <중용
의 도를> 잘 택하고 잘 지키고 행했을 것이다. 「개(蓋)」는 여기까지
걸린다. ㅇ此(차) : 그것이 곧. 「차」는 주어, 술어는 다음 구절. ㅇ行之所
以無過不及(행지소이무과불급) : <안자의 행함에> 「과도 없고 못미침
도 없었던」 이유이다. ㅇ而道之所以明也(이도지소이명야) : 아울러 <안
자가> 도(道)를 밝힐 수 있었던 이유나 바탕이다.

【참고 보충】 「지인용(知仁勇)을 갖춘 안회(顔回)」

 공자가 말했다. 「안회(顔回)는 참으로 된사람, 즉 군자(君子)다.」
군자는 「지인용(知仁勇)」의 삼달덕(三達德)을 고루 갖추어야 한다.
안회는 삼달덕을 고루 갖추었다. 그래서 그는 「택호중용(擇乎中庸)」
「득일선(得一善)」 「권권복응(拳拳服膺) 이불실지의(而弗失之矣)」
했던 것이다. 주자는 집주에서 「안자(顔子) 개진지지(蓋眞知之) 고
능택능수(故能擇能守)」라고 말했다.

 중용의 도를 참으로 아는 것은 지(知)에 속한다. 참으로 알면 이를
경건하게 간직하고 백성을 위해 쓴다. 그것은 인(仁)에 속한다. 사사
로운 욕심이나 이득을 단호하게 물리치고 중용의 도를 지키고 행하
는 것은 용(勇)에 해당한다. 이렇게 「지인용」을 갖춘 「군자, 참으로
된 사람」이라야 「중용의 도」를 택하여 실천하고 천하에 밝힐 수 있
다. 앞에서 순(舜)임금을 대지(大知)라고 했다. 여기서는 안자를 「진
지(眞知)」라고 했다.

【大全疏註選譯】

(1) <程子> 大凡於道 擇之則在乎知 守之則在乎仁 斷之則

在乎勇.

<정자> 도를 택함은 지(知)에 매여 있고, 도를 지킴은 인(仁)에 매여 있고, 도를 단행함은 용(勇)에 매여 있다.

(2) <朱子> 用其中者 舜也 擇乎中庸 得一善 拳拳服膺 而不失者顔子 夫顔子之學 所以求爲舜者 亦在乎精擇 而敬守之耳.

<주자> 중용의 도를 써서 백성을 다스린 사람은 순(舜)이다. 중용을 택하고 행해서, 하나라도 좋은 성과나 덕을 얻으면 <그것을> 소중히 받들고 마음속에 지니고 잃지 않고 계속 행한 사람은 안자다. 안자의 학문은 순임금같이 되는 바탕을 역시 정밀하게 <중용의 도를> 택하고 아울러 경건하게 지키는 데 두었던 것이다.

【集註】 (3) 右第八章.

이상이 제8장이다.

중용 제9장 (총1절)

제9장에서 공자는 말했다. 지혜로운 사람은 나라를
고르게 다스릴 수 있다. 인자하고 청렴한 사람은 벼슬을
마다할 수 있다. 무용(武勇)이 넘치는 사람은 칼날도
밟을 수 있다. 그러나 그것만으로는 중용의 도를 능히
행할 수 없다고 말했다.

제9장 1절　國家可均
국 가 가 균

子曰 天下國家可均也 爵祿可辭也 白刃可蹈也
中庸不可能也.

자왈 천하국가(도) 가균야(이며) 작록(도) 가사야(이며) 백인(도) 가도
야(이나) 중용(은) 불가능야(니라)

공자가 말했다. 천하나 나라를 고르게 다스릴 수도 있고, 작위나
녹봉을 사양할 수도 있고, 시퍼런 칼날을 밟을 수도 있다. 그러
나 중용을 능히 지키고 행하지 못한다.

[**어구 설명**] ㅇ子曰(자왈) : 공자가 말했다. 역사적 사실을 들고 「천하 국가
를 다스린 사람도 있었다. 벼슬이나 녹을 사양한 사람도 있었다. 시퍼런
칼날을 밟은 사람도 있었다. 그러나 중용을 지킨 사람은 별로 없었다」고
한탄한 것이다. ㅇ天下國家可均也(천하국가가균야) : 천하나 나라를 고
르게 잘 다스릴 수 있다. ㅇ爵祿可辭也(작록가사야) : 작위(爵位)나 녹
봉(祿俸)을 사퇴하거나 사양할 수 있다. ㅇ白刃可蹈也(백인가도야) : 시
퍼런 칼날을 밟을 수도 있다. ㅇ中庸不可能也(중용불가능야) : 중용을
택하고 지키고 행하는 것은 불가능하다.

【集註】(1) 均平治也　三者亦知仁勇之事　天下
之至難也.

「균(均)」은 평화롭고 공평하게 다스린다는 뜻이다. 「삼자」는 역시 「지인용(知仁勇)」을 바탕으로 하는 일들이며, 천하에서 행하기 지극히 어려운 일들이다.

[**어구 설명**] ㅇ三者(삼자) :「국가를 고르게 다스리는 일, 벼슬이나 녹봉을 사양하는 일, 시퍼런 칼을 밟는 일」 세 가지 일. ㅇ亦知仁勇之事(역지인용지사) : 역시 「지인용(知仁勇)」을 바탕으로 하는 일이다. 즉 「국가가균(國家可均)」은 지(知), 「작록가사(爵祿可辭)」는 인(仁), 「백인가답(白刃可踏)」은 용(勇)을 위주로 한다. ㅇ天下之至難也(천하지지난야) : 천하의 지극히 어려운 일이다.

【集註】(2) 然皆倚於一偏 故資之近 而力能勉者 皆足以能之.

그러나 <세 가지 일은> 모두가 한쪽으로 치우친 일이다. 그러므로 자질이나 기질이 <어느 하나에> 가깝고 또 기력이 능히 견딜 수 있는 사람이면 다 족히 해낼 수 있는 일이다.

[**어구 설명**] ㅇ然皆倚於一偏(연개의어일편) : 그러나 <세 가지 일은> 모두가 한쪽으로 치우친 것이다. 즉 「가균(可均)」은 주로 「지(知)」, 「가사(可辭)」는 주로 「인(仁)」, 「가답(可踏)」은 주로 「용(勇)」을 바탕으로 하는 것이다. ㅇ故(고) : 그러므로. ㅇ資之近(자지근) : 자질이나 기질이 <어느 하나에> 가깝고. ㅇ而(이) : 또, 아울러. ㅇ力能勉者(역능면자) : 기력으로 능히 견딜 수 있는 사람이면. ㅇ皆足以能之(개족이능지) : 다 족히 해낼 수 있는 일이다.

【集註】(3) 至於中庸 雖若易能 然非義精仁熟

而無一毫人欲之私者 不能及也.

중용에 이르는 것은 비록 쉬운 것 같으나, <그러나> 바른 도리를 정밀하게 가리고 인덕(仁德)을 베푸는 데 익숙하지 못하거나 또는 털끝만큼의 사사로운 욕심을 없게 하지 못하면, 능히 미칠 수 없는 일이다.

[**어구 설명**] ㅇ至於中庸(지어중용) : 중용에 이르는 것은, 곧 중용의 경지에 도달하는 것은. 즉 중용을 택하고 지키고 실천하는 경지에 도달하는 것은. ㅇ雖若易能(수약이능) : 비록 쉽게 할 수 있는 것 같으나. ㅇ然非(연비)…… : 그러나 ……가 아니면. ㅇ義精仁熟(의정인숙) : 의리(義理)를 정밀하게 가리고, 인덕(仁德)에 숙달하다. 「의리」는 「옳고 바른 도리」의 뜻, 「인덕」은 「인심(仁心)을 바탕으로 인애(仁愛)의 덕(德)을 베푼다」는 뜻. ㅇ而無一毫人欲之私者(이무일호인욕지사자) : 아울러 털끝만큼의 사사로운 인욕(人欲)이 없다. 「인욕」은 「동물적 본능을 바탕으로 한 물욕, 육체적 쾌락을 취하려는 욕심과 나 혼자 잘살려는 이기심을 합친 것이다.」 ㅇ不能及也(불능급야) : 즉 <「의정인숙(義精仁熟)」「이무일호인욕지사(而無一毫人欲之私)」하지 않고서는> <중용의 경지에> 도달할 수 없다. 앞의 「지어중용(至於中庸)」의 「지(至)」와 「불능급(不能及)」의 「급(及)」은 서로 대응한다.

* 순수이성(純粹理性)인 도덕심을 따르고 실천하여 인류대동(人類大同)의 하나의 세계를 창건하는 것이 중화(中和)다. 잡된 물욕과 이기심이 있으면 「중화」하지 못한다.

【集註】(4) 三者難而易 中庸易而難 此民之所以鮮能也.

세 가지는 어렵게 느껴지지만 실은 쉬운 일이다. <그러나> 중용은 쉽게 느껴지지만 실은 어려운 일이다. 그것이 바로 사람들이 능히 하지 못한 이유이다.

[어구 설명] ㅇ三者難而易(삼자난이이) : 세 가지 일은 어려우면서도 쉽게 할 수 있는 일이다. ㅇ中庸易而難(중용이이난) : 중용은 쉬우면서도 어려운 일이다. ㅇ此民之所以鮮能也(차민지소이선능야) : 그러므로 사람들이 능히 하지 못하는 것이다. 능히 행한 사람이 적은 것이다.

【集註】(5) 右第九章 亦承上章以起下章.

이상이 제9장이다. 역시 앞장을 이어받고 뒷장의 길을 열어주고 있다.

【참고 보충】 「중용불가능(中庸不可能)」

공자가 역사적 사실을 들고 동시에 중용 실천의 어려움을 지적한 것이다. 지혜로운 사람은 정치에 공을 세웠고, 청렴결백한 사람은 벼슬을 사양했고, 또 용감한 사람은 칼을 두려워하지 않았다. 그러나 능히 중용의 도를 잘 지키고 행한 사람은 적었다. 그 까닭은 중용은 「지인용(知仁勇)」을 고르게 갖춘 참다운 군자(君子)라야 할 수 있기 때문이다. 특히 인욕(人欲)을 극복하고 성리(性理)만을 따라야 한다. 그래서 「중용의 도」를 항상 지키고 행하기 어렵다.

【참고 보충】 「중용이이난(中庸易而難)」

「천명지위성(天命之謂性), 솔성지위도(率性之謂道)」, 즉 「천명으로 주어진 본성(本性)을 따르는 것이 중용의 도」다. 그러므로 쉬운 것이다. 본성을 따르기만 하면 된다. 그런데 「수도지위교(修道之謂敎)」라고 했다. 즉 「수양·교육·교화」를 왜 해야 하는가? 앞의 제8장의 「집주(集註)」에서 그 이유를 살펴보자.

① 「지인용(知仁勇) 삼달덕(三達德)」을 고르게 갖추어야 한다. 한쪽에 치우치면 「가균(可均)·가사(可辭)·가답(可踏)」할 수 있어도 「중용」을 할 수 없다.

② 「의정인숙(義精仁熟)」해야 한다. 즉 「바른 도리를 정밀하게 알고 또 인심(仁心)을 바탕으로 인덕(仁德)이 무르익어야 한다.」 주자는 「의(義)」를 「의리(義理)」라고 풀었다. 「의리」는 곧 「바르고 착한 도리, 곧 천리(天理)」다. 즉 본성 속에 주어진 천리다. 이것을 잘 살피고 실천하는 것은 「지행합일(知行合一)」이다. 동시에 「심덕합일(心德合一)」이며 결국은 「천인합일(天人合一)」의 경지다. 곧 「중용」의 경지다. 그 경지에 이르기 위해서는 「잡스럽고 악한 인욕(人欲)」이 털끝만큼도 있어서는 안된다.

③ 그래서 「무일호인욕지사자(無一毫人欲之私者)」라고 말했다. 「인욕(人欲)」을 현대말로 「동물적 본능인 식색(食色)의 욕구, 재물과 권력을 다투고 독점하려는 이기적 욕심」이라 풀이할 수 있다. 그러나 인간이면서 「인욕지사(人欲之私)」를 가지지 않을 수 있을까? 참으로 어렵다. 그러므로 공자도 보통사람으로서는 「중용은 불가능이다(中庸不可能也)」라고 했다. 이를 주자는 「중용은 쉬우면서 어렵다(中庸易而難)」고 풀이했다. 공자가 말한 「극기복례(克己復禮)」를 주자가 「사리사욕을 극복하고 천리로 돌아감」으로 풀이한 것과 같다.

대전소주(大全疏註)에서 「운봉 호씨(雲峯胡氏)」는 논어에 나오는 세 사람을 들었다. 관중(管仲)은 가균(可均)했다. 자로(子路)가 신문(晨門)에서 만난 사람이나, 공자가 만난 삼태기를 진 사람은 가사(可

辭)했다. 소홀(곱忽)은 가답(可踏)했다. 이들은 그 나름대로는 뛰어
났다. 그러나 한쪽에 치우쳤지, 중용을 지킨 사람은 아니다.

【大全疏註選譯】

(1) <朱子> 三者 也是智仁勇之事 只是不合中庸 若合中庸
　　便盡得智仁勇.

　<주자> 세 가지 일도 역시 「지인용(知仁勇)」을 바탕으로 한 일이
다. 다만 「중용」에 맞지 않을 뿐이다. 만약 「중용」에 맞으면 「지인용」
을 다한 것이 된다.

(2) <北溪陳氏> 國家至大難治也 而資稟明敏者 能均之 爵
　　祿人所好難却也 而資稟廉恥者 能辭之 白刃人所畏難犯
　　也 而資稟勇敢者 能踏之 是三者 雖難而皆可以力爲.

　<북계 진씨> 국가는 지극히 크고 다스리기 어렵다. 그러나 타고난
자질이 총명하고 민첩한 사람은 능히 고르게 할 수 있다. 벼슬과 녹봉
은 누구나 좋아하는 것으로 물리치기 어렵다. 그러나 타고난 자질이
염치를 가리는 사람은 능히 사양할 수 있다. 시퍼런 칼날은 누구나
무서워한다. 그러나 타고난 자질이 용감한 사람은 능히 밟을 수 있다.
세 가지 일은 비록 어렵지만 모두 힘을 쓰면 할 수 있는 일이다.

(3) <北溪陳氏> 至於中庸 乃天命人心之當然 不可以資稟
　　勉强力爲之 須是學問篤至 到那義精仁熟 眞有以自勝其
　　人欲之私 方能盡得 此所以若易而實難也.

　<북계 진씨> 중용을 지키고 행하는 것은 곧 천명으로 주어진 사람
의 마음속에 있는 당연한 도리를 따르고 행하는 것이므로 타고난

자질을 바탕으로 한 억지 힘만으로 될 수 있는 것이 아니다. 모름지기 학문을 돈독히 해서, 바른 도리를 정밀하게 가리고, 인덕(仁德)이 무르익어서 참으로 자신이 사사로운 욕심을 이길 수 있어야 비로소 <중용을> 다 할 수 있는 것이다. 그러므로 <중용을 행하는 것이> 쉬울 것 같으면서 사실은 어려운 것이다.

(4) <雲峯胡氏> 卽論語中 如管仲一匡天下 是天下國家可均也 如晨門荷蕢之徒 是爵祿可辭也 如召忽死子糾之難 是白刃可踏也.

<운봉 호씨> 논어에서 예를 들면, 관중이 천하를 바로잡은 것은 천하 국가를 고르게 한 예다. <憲問-18> 자로가 신문(晨門)에서 만난 사람이나 공자의 경(磬) 소리를 듣고 비판한 삼태기를 멘 사람이나 이들은 다 벼슬이나 녹봉을 사양한 사람들이다. <憲門-40, 41> 제나라의 대부 소홀(召忽)이 공자(公子) 규(糾)를 위해 순사(殉死)한 것은 칼도 밟을 수 있는 예이다.<憲問-17>

중용 제10장 (총5절)

1절　子路 問强.

2절　子曰 南方之强與 北方之强與 抑而强與.

3절　寬柔以敎 不報無道 南方之强也 君子居之.

4절　衽金革 死而不厭 北方之强也 而强者 居之.

5절　故君子 和而不流 强哉矯 中立而不倚 强
哉矯 國有道 不變塞焉 强哉矯 國無道 至
死不變 强哉矯.

제10장에서 공자는 제자 중에 가장 용감하다는 자로(子路)로 하여금 「강(强)」에 대한 질문을 하게 한다. 그리고 공자가 대답하는 형식으로 「강」을 셋으로 분류해서 설명했다.

① 남방의 강(南方之强) : 너그럽고 부드러운 태도로 남을 교화하고 무도한 사람에게도 보복을 하지 않는다. 이를 '남방의 강'이라고 한다.

② 북방의 강(北方之强) : 창이나 칼을 베개로 삼고,

전투복을 걸치고 잠을 잔다. 그리고 죽음도 두려워하지 않는다. 이를 '북방의 강'이라고 한다.

③ 중용의 강(中庸之强) : 자기의 주체성을 확립하고 끝까지 변치 않게 「화이불류(和而不流)」하는 「중용의 도」를 지키는 것이 참다운 「강(强)」이다.

📖 제10장 1절 子路問强
자 로 문 강

子路問强.

자로문강(한대)

자로가 강(强)에 대해서 묻자,

[어구 설명] ㅇ子路問强(자로문강) : 공자의 제자, 자로가 강(强)에 대해서
물었다. 「강(强)」에도 여러 가지가 있다. 무력으로 남을 치고 이기는 것
도 강이다. 참고 견디는 것도 강이다. 더 큰 강은 인욕을 극복하고 항상
도를 지키는 것이다.

【集註】(1) 子路 孔子弟子 仲由也 子路好勇 故
問强.

「자로(子路)」는 공자의 제자, 중유(仲由)다. 자로는 <지나치
게> 용맹함을 좋아했다. 그래서 강(强)에 대해서 물었다.

[어구 설명] ㅇ子路(자로) : 공자의 제자, 이름은 중유(仲由), 자가 자로(子
路). 용맹함을 좋아했다. ㅇ故問强(고문강) : 그래서 강(强)에 대해서 물
었다.

제10장 2절 子曰
자 왈

子曰 南方之强與 北方之强與 抑而强與.

자왈 남방지강여(아) 북방지강여(아) 억이강여(아)

공자가 <되물어> 말했다. 남방의 강인가? 북방의 강인가? 아니면 너의 강인가?

[**어구 설명**] ○子曰(자왈) : 공자가 되물었다.   ○南方之强與(남방지강여) : <강(强)에도 여러 가지가 있다. 그대가 묻는 강은 어느 쪽의 강인가?> 남방의 강인가?   ○北方之强與(북방지강여) : <아니면> 북방의 강인가? ○抑而强與(억이강여) : 아니면, 그대 같은 군자들이 지키고 나갈 강인가? 抑(누를 억) 而(너 이)=爾(너 이)=汝(너 여)

* 「남방의 강」은 유약(柔弱)하고 패배(敗北)적인 강이다. 「북방의 강」은 야만적 · 전투적 강이다.

【集註】 (1) 抑語辭 而汝也.

「억(抑)」은 어조사(語助辭)다. 「이(而)」는 「너 여(汝)」의 뜻이다.

[**어구 설명**] ○抑語辭(억어사) : 「억(抑)」은 어조사. 「아니면」의 뜻. ○而汝也(이여야) : 「이(而)」는 「너 여(汝)」와 같다.

【참고 보충】 「자로호용(子路好勇)」

　자로가 무용을 좋아했다는 말이 논어에도 여러 곳 나온다. 그 중에도 술이편(述而篇)에 있는 말이 자로의 성격을 잘 보여준다. 「자로가 물었다. 선생님께서 삼군을 지휘하고 싸우신다면, 누구를 데리고 싸우시겠습니까? 이에 공자가 대답했다. 맨주먹으로 호랑이를 때려잡고, 맨발로 강을 건너가다가 죽어도 후회를 안하는 그런 자를 나는 데리고 가지 않겠다.(子路曰 子行三軍 則誰與 子曰 暴虎馮河 死而無悔者 吾不與也.)」

【참고 보충】 「억이강여(抑而强與)」

　공자가 「남방의 강(强)이냐, 북방의 강이냐, 아니면 너 자신이 추구하고 지녀야 할 강이냐?」하고 되물은 데 깊은 뜻이 있다. 종래의 자로는 기질적으로 북방의 강에 넘쳐서 공자가 자주 책망했다. 심한 경우에는 「자로같이 하다가는 제대로 죽기 어렵다.(若由也 不得其死焉)」라고 말하기도 했다. 즉 공자는 자로의 호용(好勇)을 꾸짖고 탓했다. 그 자로가 「강(强)」에 대해서 묻자, 공자가 「남방의 강이냐, 북방의 강이냐?」하고 되묻고, 깊은 뜻을 생각하게 자극을 주고 아울러 「너의 강이냐」하고 물었다.

　이때의 「너의 강(而之强＝汝之强)」이라고 한 뜻은 「학문을 하고 덕을 닦고 장차 군자가 되려고 하는 그대 같은 학자들이 추구해야 할 강(强)」의 뜻이다. 자로가 강에 대해서 묻자, 공자가 그 기회를 놓치지 않고 「중용의 도를 지켜야 할 군자 혹은 학자의 강」을 「남북의 강」과 비교해서 말한 것이다. 산 교육이라 하겠다.

제10장 3절 南方之强
남 방 지 강

寬柔以敎 不報無道 南方之强也 君子居之.

관유이교(하고) 불보무도(는) 남방지강야(니) 군자거지(니라)

관대하고 유순한 태도로 남들을 교육 교화하고, 무도한 자에게
도 <즉각적이고 감정적인> 보복을 하지 않는 것이 남방적인
강(强)이다. <남방적인> 군자들은 그와 같은 강을 지킨다.

[**어구 설명**] ㅇ寬柔以敎(관유이교) : 관대하고 유순한 태도로 남들을 교육
교화한다. ㅇ不報無道(불보무도) : 무도한 자에게 즉각적이고 감정적인
보복을 하지 않는다. 무도한 폭력에 대해 무도한 폭력으로 보복하지 않는
다. ㅇ南方之强也(남방지강야) : 남방적인 강이다. 지역적으로는 초(楚)
나라 일대, 사상적으로는 노자(老子)나 장자(莊子)의 학풍(學風)을 말한
다. ㅇ君子居之(군자거지) : 노장학파(老莊學派)에 속하는 사람이나 남
방기질(南方氣質)의 선비들은 그와 같은 「남방의 강(强)」을 지킨다.

【集註】 (1) 寬柔以敎 謂含容巽順 以誨人之不
及也 不報無道 謂橫逆之來 直受之而不報也 南方
風氣柔弱 故以含忍之力勝人爲强 君子之道也.

「관대하고 유순한 태도로 남을 교화한다」는 뜻은 곧 「품고
(含), 받아들이고(容), 공손하고(巽), 부드러운(順) 태도」로써

「다른 사람의 모자람을 가르쳐 준다」는 뜻을 말한다. 「무도에 대해서 <즉각적이고 감정적인> 대응을 하지 않는다」는 뜻은 <상대가> 횡포하고 방자하고 도리에 어긋나는 태도로 <나에게> 덤벼도 「<나는> 다만 받거나 당하기만 하고, 보복하지 않는다」는 뜻을 말한다. 남방은 풍토나 기풍이 유약하다. 고로 품고(含) 인내하는(忍) 힘으로 남에게 이기는 것을 강(强)으로 여기며, 그것이 남방 군자의 도리다.

[**어구 설명**] ㅇ寬柔以敎(관유이교) : 「관대하고 유순한 태도로 남을 교화한다」는 뜻은. ㅇ謂含容巽順(위함용손순) : 「품고(含), 받아들이고(容), 공손하고(巽), 부드러운(順) 태도」로써. ㅇ以誨人之不及也(이회인지불급야) : 「이(以)」는 「……로써, 그러한 태도로」, 「다른 사람의 모자람을 가르쳐 준다」는 뜻을 말한다. ㅇ不報無道(불보무도) : 「무도(無道)에 대해서 <즉각적이고 감정적인> 대응을 하지 않는다」는 뜻은. ㅇ謂橫逆之來(위횡역지래) : <상대가> 횡포하고 방자하고 도리에 어긋나는 태도를 <나에게> 가해와도. ㅇ直受之而不報也(직수지이불보야) : 「<나는> 다만 받거나 당하기만 하고, 보복하지 않는다」는 뜻을 말한다. 「위(謂)」는 여기까지 걸린다. ㅇ南方風氣柔弱(남방풍기유약) : 남방은 풍토나 기풍이 유약하다. ㅇ故以含忍之力勝人爲强(고이함인지력승인위강) : 품고(含) 인내하는(忍) 힘으로 남에게 이기는 것을 강(强)으로 친다, 여긴다. ㅇ君子之道也(군자지도야) : 그것이 남방 군자의 도리다.

【**참고 보충**】 「남방지강(南方之强) 불급호중용(不及乎中庸)」
 '남방의 강'은 남이 모자라도 너그럽게 용서하고, 남이 나에게 무도한 짓을 해도 참고 견딘다. 이것도 쉽지 않다. 그러나 이 같은 '남방의 강'은 '중용의 강'에 못미친다. 「이는 남방의 풍기가 유약해서 관용하고 참는 힘으로 남을 이기는 것을 강하게 여기는 것이며, 흡사 충후(忠厚)의 도리와 같으므로 남방의 착한 사람들이 지킨다. 그러나 그와 같은 강은 중용의 강에 못 미친다.(此南方風氣柔弱 以含忍之力 勝人爲强也 猶近乎忠厚之道 故君子居之 此强之不及乎中)」

이와 같은 군자는 유교에서 말하는 참다운 군자가 아니다. 다만 「점잖고 착한 호인(好人)」의 뜻이다. 중용에서 말하는 군자는 「지인용(知仁勇) 삼달덕(三達德)」을 고르게 갖춘 참다운 군자다. 즉 내면적으로는 「지인용」의 덕성(德性)이 「성리(性理)」와 하나가 되고, 외면적으로는 「화이불류(和而不流)」하는 자주적·인격적 지식인이다.

제10장 4절 北方之强
북 방 지 강

衽金革 死而不厭 北方之强也 而强者居之.

임금혁(하고) 사이불염(이) 북방지강야(니) 이강자거지(니라)

쇠로 만든 무기를 베고 자거나 가죽으로 만든 투구를 걸치고, 싸우다가 죽어도 싫어하지 않는 것이 북방의 무강(武强)이다. <북방의> 강한 자들은 <무력적 강에> 의지하고 행한다.

[**어구 설명**] ○衽金革(임금혁) : 쇠로 만든 무기를 베고 자거나, 가죽으로 만든 투구를 걸치고 잔다. 「임(衽 : 옷깃 임)」은 「앉거나 누워 잔다」는 뜻. 「금(金)」은 쇠로 만든 칼이나 창 같은 무기, 「혁(革)」은 가죽으로 만든 갑옷이나 투구. ○死而不厭(사이불염) : 싸움터에서 싸우다가 죽는 것을 싫어하지 않는다. ○北方之强也(북방지강야) : 그것이 북방의 강(强)이며. ○而强者居之(이강자거지) : 그래서 무력적으로 강한 자들은 <그와 같은 무강(武强)에> 의지하고 산다.

【集註】(1) 衽席也 金戈兵之屬 革甲胄之屬 北方風氣剛勁 故以果敢之力 勝人爲强 强者之事也.

「임(衽)」은 「자리로 삼는다」는 뜻이다. 「금(金)」은 창이나 무기 같은 것을 말한다. 「혁(革)」은 갑옷이나 투구 같은 것을 말한다. 북방의 풍토나 기후 및 기질은 강하고 억세다. 고로 과감하

고 용감한 힘을 가지고 남을 이기는 것을 강하다고 여긴다. 무력
에 강한 자들의 할 일이다.

[**어구 설명**] ㅇ衽席也(임석야) :「임(衽)」은「자리로 삼는다」는 뜻이다.
  ㅇ金戈兵之屬(금과병지속) :「금(金)」은 창이나 무기 같은 것을 말한다.
  ㅇ革甲胄之屬(혁갑주지속) :「혁(革)」은 갑옷이나 투구 같은 것을 말한
  다. ㅇ北方風氣剛勁(북방풍기강경) : 북방의 풍토나 기후 및 기질은 강
  하고 억세다. ㅇ故以果敢之力(고이과감지력) : 고로 과감하고 용감한 힘
  을 가지고. ㅇ勝人爲強(승인위강) : 남을 이기는 것을 강하다고 여긴다.
  ㅇ強者之事也(강자지사야) : 무력에 강한 자들의 할 일이다.

【**참고 보충**】「**남방지강**(南方之强)·**북방지강**(北方之强)」

  남이 나에게 포악무도한 짓을 가해도, 꾹 참고 넘길 뿐만 아니라,
도리어 그를 관용하고 더 나가서는 온유한 태도로 깨우쳐주고 선도
한다. 이것이 남방적인 강(强)이다. 한편 무력으로 남을 치고 굴복시
키는 것이 북방적인 강(强)이다. 둘 다 쉬운 일이 아니다. 그러나
「북방의 강」보다「남방의 강」이 더 어렵고 한수 위다.

  정치사상적으로 말하면「무력패도(武力覇道)」보다「무위자연(無
爲自然)과 이유제강(以柔制强)」의 노장사상(老莊思想)이 한수 위
다. 그러나 이 둘은 다 편파적이고 한쪽으로 치우친 처사다. 그보다
더 위가「중용(中庸)의 도」를 지키고 행하는 것이다. 오늘의 인류세
계는 가장 낮고 무지막지한 약육강식(弱肉强食)의「야수의 도리」를
따르고 있다.

🔸 제10장 5절 君子之强
군 자 지 강

故君子 和而不流 强哉矯 中立而不倚 强哉矯
國有道 不變塞焉 强哉矯 國無道 至死不變 强
哉矯.

고(로) 군자(는) 화이불류(하나니) 강재교(여) 중립이불의(하나니) 강
재교(여) 국유도(에) 불변색언(하나니) 강재교(여) 국무도(에) 지사불
변(하나니) 강재교(여)

고로 군자는 화하되 흐르지 않으니 참으로 강하고 강하다. 중립
을 지키고 한쪽으로 기울지 않으니 참으로 강하고 강하다. 나라
에 도가 있어도 궁색했을 때의 절개를 변하지 않으니 참으로
강하고 강하다. 나라에 도가 없어도 인도(仁道)를 죽을 때까지
변치 않고 지키니 참으로 강하고 강하다.

[**어구 설명**] ㅇ故君子(고군자) : 고로 군자는. 이 군자는 유교에서 내세우
는 군자, 참으로「중용의 도」를 지키고 행하는 군자다. ㅇ和而不流(화이
불류) : 화동(和同)하지만 흐르지 않는다.「불류(不流)」는「자신의 주체
성을 잃고 남에게 휩쓸리지 않는다」는 뜻. ㅇ强哉矯(강재교) : 참으로
강하고 강하다.「교(矯)」는 시경(詩經) 노송(魯頌) 반수편(泮水篇)에 나
온다. 즉「교교호신(矯矯虎臣)」이란 구절이 있다.「호랑이같이 세차고
강하다」는 뜻이다. 이「강재교」를 주자는「감탄사」라고 풀었다.<大全疏

註> 이 책에서는 「참으로 강하고 강하다」로 풀었다. ㅇ中立而不倚(중립이불의) : 중립을 지키고 한쪽으로 기울지 않으니. 「중립」은 곧 「중용의 도를 지키고 의연하게 서다」의 뜻이다. ㅇ國有道(국유도) : 나라에 도가 있어. <자기가 나가서 벼슬하고 녹봉을 받아도> ㅇ不變塞焉(불변색언) : 막혔을 때의 태도를 변하지 않는다. <즉 입신출세하고 부귀를 누려도, 궁색했을 때의 생활태도나 절개를 변하지 않고 유지한다> ㅇ國無道(국무도) : 나라에 도가 없어도. <나라가 바른 도리를 잃고, 혼란하게 되어, 자기가 벼슬을 버리고 은퇴를 해도> ㅇ至死不變(지사불변) : <충군애민(忠君愛民)의 인도(仁道)를> 죽을 때까지 변치 않고 지킨다.

【集註】 (1) 此四者汝之所當强也.

이 네 가지가 바로 그대가 마땅히 지키고 행할 강(强)이다.

[**어구 설명**] ㅇ此四者(차사자) : 이 네 가지의 강(强)이. ㅇ汝之所當强也(여지소당강야) : 그대가 마땅히 <지키고 행해야 할> 강(强)이다. 공자가 자로(子路)에게 한 말이다.

【참고 보충】 「사자(四者)」

「사자」는 「①화이불류(和而不流) ②중립이불의(中立而不倚) ③국유도(國有道) 불변색언(不變塞焉) ④국무도(國無道) 지사불변(至死不變)」의 넷이다.

「중용의 도」를 꽉 잡고 지키면, 네 가지를 행할 수 있다. 신안 진씨(新安陳氏)는 「이는 곧 군자가 행할 일이고, 중용의 도이다.」라고 풀이했다. <大全疏註>

【集註】 (2) 矯强貌 詩曰矯矯虎臣 是也.

「교(矯)」는 강한 품, 시경에 있는 「교교호신(矯矯虎臣)」이 바로 그것이다.

[**어구 설명**] ｏ矯强貌(교강모) : 「교(矯)」는 강한 형용이다. ｏ詩曰(시왈) : 시경(詩經) 노송(魯頌) 반수편(泮水篇)에 있다. ｏ矯矯虎臣(교교호신) : 「억세고 강하기가 호랑이 같은 신하」라는 구절이. ｏ是也(시야) : 바로 그것이다.

【集註】 (3) 倚 偏著也 塞 未達也 國有道 不變 未達之所守 國無道 不變平生之所守也.

「의(倚)」는 치우치다는 뜻이다. 「색(塞)」은 <벼슬에 나가지 못하고> 궁색(窮塞)하게 산다는 뜻이다. 나라에 도가 행해지므로 <나가서 벼슬을 살아도> 미달(未達)했을 때에 지키던 절개(節介)를 변치 않고 지킨다. 나라에 도가 없으므로 벼슬에서 물러나 은퇴하되, 그래도 평소에 지녔던 ‘충군애민(忠君愛民)’의 충절(忠節)을 변하지 않고 지킨다.

[**어구 설명**] ｏ倚偏著也(의편착야) : 「의(倚)」는 치우쳐 있다는 뜻이다. ｏ塞未達也(색미달야) : 「색(塞)」은 <벼슬에 나가지 못하고> 궁색(窮塞)하게 산다는 뜻. ｏ國有道(국유도) : 나라에 도가 행해지므로. <나가서 벼슬을 살아도> ｏ不變未達之所守(불변미달지소수) : 미달(未達)했을 때에 지키던 절개(節介)를 변치 않고 지킨다. 즉 고궁절(固窮節)을 그대로 지킨다. 출세했다고 부귀영화를 누리면서, 교만하고 사치하지 않고, 청빈(淸貧)하게 산다. ｏ國無道(국무도) : 나라에 도가 없으므로 벼슬에서 물러나 은퇴한다. ｏ不變平生之所守也(불변평생지소수야) : 그래도 평소에 지녔던 충군애민(忠君愛民)의 충절(忠節)을 변하지 않고

지킨다. 그렇게 하는 것이 「중용의 도」다.

【集註】(4) 此則所謂中庸之不可能者 非有以自
勝其人欲之私 不能擇而守也.

<이와 같이 네 가지를 다 해야 한다> 그러므로 이른바 <보통
사람들은> 중용을 지키고 행하지 못한다고 말하는 것이다. 또
자기의 동물적·이기적 욕심을 극복하지 못해도 중용을 택하고
지키지 못하는 것이다.

[어구 설명] ㅇ此則所謂(차즉소위) : 직역하면 「이것이 곧 이른바 ……이
다」의 뜻이 된다. ㅇ中庸之不可能者(중용지불가능자) : 이 구절도 직역
하면 「이른바 중용의 불가능이다」가 된다. 이 두 구절은 다음같이 의역해
야 한다. 「이렇게 네 가지를 다 행해야 하므로 그래서, 중용을 <보통사람
들은> 지키고 행할 수 없다고 말하는 것이다.」 ㅇ非有以自勝其人欲之
私(비유이자승기인욕지사) : 스스로 자신의 「인욕지사(人欲之私)」를 극
복하지 않고서는. 「인욕」은 「동물적 본능을 바탕으로 한 욕심」, 「사(私)」
는 「나 혼자만 잘살겠다는 이기심」이다. 그래서 「인욕지사」를 「동물적·
이기적 욕심」으로 풀이했다. ㅇ不能擇而守也(불능택이수야) : 중용을
택하고 지킬 수 없다.

【集註】(5) 君子之强 孰大於是 夫子以是告子
路者 所以抑其血氣之剛而進之以德義之勇也.

<이상 네 가지의> 군자가 지키고 행할 강(强)에 있어, 무엇이
더 큰 것이 있겠느냐? 공자가 이와 같은 말을 자로에게 한 것은,
그의 혈기의 억셈을 억제하고, 아울러 「덕의지용(德義之勇)」을

발전시키기 위해서다.

[**어구 설명**] ㅇ君子之强 孰大於是(군자지강 숙대어시) : <이상 네 가지
가> 군자가 지키고 행하는 강(强)이다. 무엇이 그 「군자의 강」보다 더
중대한 것이 있겠느냐? ㅇ夫子以是告子路者(부자이시고자로자) : 공자
가 이와 같은 말을 자로에게 고한 것은. ㅇ所以(소이) : 「……하기 위해
서다.」 ㅇ抑其血氣之剛(억기혈기지강) : 그의 혈기의 억셈을 억제하고.
ㅇ而進之以德義之勇也(이진지이덕의지용야) : 아울러 「덕의의 용(德義
之勇)」을 발전시키기 위해서다. 「덕의의 용」은 「용감하게 덕과 의를 행
한다」는 뜻.

【集註】(6) 右第十章.

이상이 제10장이다.

【**참고 보충**】「군자지강(君子之强)」

「강(强)」에는 여러 가지가 있다. 제9장의 말은 「지자(知者)는 천하
나 국가도 다스릴 수 있다. 인자(仁者)는 작록(爵祿)도 사양할 수
있다. 용자(勇者)는 백인(白刃)도 밟을 수 있다. 기질적으로 한쪽에
뛰어난 사람이면 하나를 행할 수 있다. 그러나 중용은 어렵다.」고
한 것이다.

제10장에서 공자는 「남방지강(南方之强), 북방지강(北方之强), 그
리고 군자의 강(君子之强)이 있다」고 말하고, 「군자의 강」이 가장
큰 강(强)이며, 그것은 곧 「중용의 도」라고 말했다. 아울러, 「군자의
강」을 지키고 행하기 위해서는 「인욕지사(人欲之私)」를 극복하고
「사자(四者)」를 행해야 한다고 말했다. 「사자」는 ①화이불류(和而不
流) ②중립이불의(中立而不倚) ③국유도(國有道) 불변색언(不變塞

焉) ④국무도(國無道) 지사불변(至死不變)의 네 가지다. 다음에서 나누어 설명하겠다.

【참고 보충】「군자지도(君子之道)와 사자(四者)」

「네 가지 강(强)」을 나누어 설명하겠다.

① 화이불류(和而不流) : 인욕지사(人欲之私)를 극복해야「중용의 도」를 따르고 남하고 화(和)할 수 있다. 또 지속적으로 중화(中和)를 지키기 위해서는 자신의 신념과 주체성이 강해야 한다. 그렇지 않으면 남에게 밀리거나, 대세에 휩쓸려 흘러가게 마련이다.

② 중립이불의(中立而不倚) : 어떠한 경우에도「중정(中正)의 도리」를 굳게 지키고 한쪽으로 치우치지 않는 것이「중용의 도」다.「지인용(知仁勇)의 삼달덕(三達德)」을 고르게 갖춘 군자라야 가능하다.

③ 국유도 불변색언(國有道 不變塞焉) : 나라에 도가 있다는 것은, 나라가「인정덕치(仁政德治)」를 행하고 있다는 뜻이다. 공자는 논어에서 말했다.「천하에 도가 있으면 나타난다.(天下有道見)」<泰伯-13>「나라에 도가 있으면 벼슬하고 녹을 먹는다.(邦有道穀)」<憲問-1> 그러므로 군자가 참여하고, 작록(爵祿)을 받게 마련이다. 이때의 군자는「참다운 군자」다. 자리에 올라 녹을 받는다고 교만하거나 사치하지 않는다.「변함없이 군색했을 때의 도를 그대로 지킨다.[不變塞焉]」그것이 바로「중용의 도」다.

④ 국무도 지사불변(國無道 至死不變) : 나라에 도가 없으면 물러나서 죽을 때까지 변하지 않고 도를 지켜야 한다. 그것이 바로「중용의 도(中庸之道)」다. 공자는 논어에서 말했다.「나라에 도가 없는데 벼슬하고 녹을 먹는 것은 창피한 노릇이다.(邦無道穀, 恥也)」<憲問-1> 또 말했다.「나라에 도가 없는데 벼슬하고 부귀를 누리는 것은

창피한 노릇이다.(邦無道 富且貴焉 恥也)」<泰伯-13> 여기서 「죽을 때까지 변하지 않고 도를 지켜야 한다(至死不變)」고 말한 것은 곧 「태백-13」에서 공자가 말한 「돈독히 도를 믿고 실천하고 배움을 좋아하고, 죽을 때까지 선한 도를 지킨다.(篤信好學 守死善道)」와 같다.

【참고 보충】「사자(四者)의 단계」

대전소주(大全疏註)에서 쌍봉 요씨(雙峯饒氏)가 말했다. 「이 네 가지에도 차제(次第)가 있다.」 즉 한 단계 한 단계씩 높아지고 행하기 어렵다고 했다. 「① 화이불류(和而不流) → ② 중립이불의(中立而不倚) → ③ 국유도(國有道) 불변색언(不變塞焉) → ④ 국무도(國無道) 지사불변(至死不變)」의 순으로 높아지고 행하기 어렵다고 말했다. 특히 「④ 국무도 지사불변」에 대해서 그는 말했다. 「즉 이 경지는 이른바 세상에서 물러나 은둔하고 자기의 존재를 알아주지 않아도, 후회하지 않음이다. 이는 오직 성자(聖者)만이 할 수 있으니, 이 경지가 가장 어렵다.(卽所謂遯世不見知 而不悔 惟聖者能之 此是最難處)」고 했다.

【참고 보충】「불승인욕(不勝人欲) 불능택수(不能擇守)」

주자는 「집주(集註)-4」에서 말했다. 「스스로 자기의 이기적 욕심을 이기지 못하면, 중용의 도를 택하고 굳게 지키지 못한다.(非有以自勝其人欲之私 不能擇而守也.)」

문제는 「인욕지사(人欲之私)」다. 사람도 동물이다. 그러므로 동물적·육체적 욕구, 나만의 이기적 욕심이 없을 수 없다. 이와 같은 욕구 욕심을 「인욕지사(人欲之私)」라고 한 것이다. 그러나 사람은 혼자만 살 수 없다. 반드시 사회생활을 영위한다. 그러므로 「인욕지사」를 조절해야 한다.

【참고 보충】 「법과 천리(天理)」

이때에, 서양사상과 동양사상의 차이가 나타난다. 서양에서는 「개인주의와 이기주의를 절대시하는 입장에서 인간이 만든 법의 힘으로 견제하고 조절하려고 한다.」

반면 유교의 도통(道統)사상에서는 「개인과 이기보다, 전체(全體)와 공익(公益)을 중시하고 천리(天理)를 따르고 행할 것을 강조한다.」

「천리」는 「정신적으로 터득하는 형이상(形而上)의 절대선(絶對善)의 도리」다. 그러므로 유교의 도통사상은 「육체, 개인, 이기」보다 「정신, 마음, 선본성(善本性)과 본성 속에 주어진 중용의 도리」를 중시한다. 중시할 뿐만 아니라, 이 모든 것은 「천명으로 주어졌다」고 절대시한다.

사람도 동물이다. 그러나 교육을 하면 절대선의 천리를 깨닫고 실천을 하는 성인(聖人)이 될 수 있다. 이와 같은 사상이 유교의 도통이다. 이것을 중용에서는 「천명지위성(天命之謂性), 솔성지위도(率性之謂道), 수도지위교(修道之謂敎)」라고 한 것이다. 이와 같은 「도통사상이나 중용의 도」를 「동물적·이기적 존재만을 고집하는 속인(俗人)」들은 알기 어려울 것이다.

【참고 보충】 「맹자지대장부(孟子之大丈夫)」

맹자(孟子)는 「등문공 하(滕文公下)」에 다음같이 「대장부(大丈夫)」에 대해서 말한 바 있다. 「천하의 넓은 집에 몸을 담고, 천하의 바른 자리에 서고, 천하의 대도를 행한다. 뜻을 얻으면, 백성들과 같이 도를 따라 잘살고, 뜻을 얻지 못하면 홀로 도를 행한다. 부귀에도 넘치지 않고, 빈천에도 지조를 옮기지 않고, 위무에도 굴하지 않는다. 이를 대장부라고 한다.(居天下之廣居 立天下之正位 行天下之大道 得志 與民由之 不得志 獨行其道 富貴不能淫 貧賤不能移 威武不能 屈 此之謂大丈夫)」「진정한 사나이」를 대장부라고 한다. 우주의 대도(大道)와 하나된 사나이다. 대도를 행하면 천지만물 만민과 하나가 되고, 함께 번성하고 발전할 수 있다. 「동물적·육체적·물질적 삶만을 기준으로 개인주의와 이기주의만을 고집하면」「외톨이」가 된다.

【大全疏註選譯】

(1) ＜雲峯胡氏＞ 君子 以自勝爲强 其强也 純乎義理 而出乎 風氣之外 此變化氣質之功 所以爲大.

＜운봉 호씨＞ 군자는 스스로 ＜욕심을＞ 이기는 것을 강(强)으로 삼는다. 그와 같은 군자의 강은 의리에 있어 순수하고, 풍토나 기질 밖의 강이며, 이는 기질을 변화시킨 공이다. 그러므로 위대하다고 한다.

중용 제11장 (총3절)

1절 子曰 素隱行怪 後世 有述焉 吾弗爲之矣.
2절 君子 遵道而行 半塗而廢 吾弗能已矣.
3절 君子 依乎中庸 遯世不見知而不悔 唯聖
者 能之.

제2장에서 제11장까지는 공자의 말을 인용해서 「중용
의 도」를 부연하고 설명한 것이다. 이 장은 세 절이다.
1절 : 공자는 괴벽한 말이나 행동이 중용의 도에 어긋
남을 지적했다.
2절 : 공자는 중용의 도를 따르고 행함을 중도에서 폐
하지 말고 끝까지 지키라고 말했다.
3절 : 공자는 중용의 도를 지키고, 설사 세상에 알려지
지 않아도, 후회하지 말아야 한다, 그것이 바로
성인의 경지라고 말했다.

제11장 1절   素隱行怪
색 은 행 괴

子曰 素隱行怪 後世 有述焉 吾弗爲之矣.

자왈 색은행괴(를) 후세(에) 유술언(하나니) 오불위지의(로라)

공자가 말했다. <어떤 사람은 나타나지 않은> 숨은 도리를 찾아서 말하고, 괴벽한 짓을 행한다. <그런 것들이> 후세에 기술될 수도 있겠으나, 나는 그런 괴벽한 말이나 괴상한 일을 하지 않겠다.

[**어구 설명**] ㅇ子曰(자왈) : 공자가 말했다. ㅇ素隱行怪(색은행괴) : 「소(素)」를 「색(索)」으로 고쳐 쓴다. 「색은행괴」는 「은벽(隱僻)한 것을 들춰내서 말하고, 괴이(怪異)한 짓을 한다. 「색(索)」의 속음은 「삭」이다. 주자의 주에 따라 「색」으로 읽는다. ㅇ後世有述焉(후세유술언) : 후세에 <어떤 사람이 혹> 기술하고 내세울 수도 있을 것이다. ㅇ吾弗爲之矣(오불위지의) : 나는 그런 <비상식적인 괴벽한 말이나 행동을> 하지 않겠다.

【集註】 (1) 素按漢書當作索 蓋字之誤也.

「소(素)」는 한서(漢書)에 따라 마땅히 「색(索)」으로 고쳐야 한다. 아마도 「소(素)」는 오기(誤記)일 것이다.

[**어구 설명**] ㅇ素按漢書當作索(소안한서당작색) : 「소(素)」는 한서(漢書)

에 따라 마땅히 「색(索)」으로 고쳐야 한다. 「한서(漢書) 예문지(藝文志)」에는 「색은행괴(索隱行怪)」라고 쓰였다. ○蓋字之誤也(개자지오야) : 아마도 「소(素)」는 오기(誤記)일 것이다.

【集註】(2) 索隱行怪 言 深求隱僻之理 而過爲詭異之行也.

「색은행괴(索隱行怪)」는 「숨어 보이지 않는 괴벽한 이치를 깊이 찾고 또 괴벽하고 기이한 행동을 지나치게 행한다」는 뜻을 말한 것이다.

[**어구 설명**] ○索隱行怪(색은행괴) : 깊이 숨어 있는 생각이나 사상을 들춰내고, 괴벽한 행동을 한다. ○言(언) : <다음 같은 뜻을> 말한 것이다. ○深求隱僻之理(심구은벽지리) : 깊은 곳에 숨어있는 괴벽한 이치를 찾아내고. ○而過爲詭異之行也(이과위궤이지행야) : 그리고 지나치게 괴벽하고 기이한 행동을 한다.

【集註】(3) 然以其足以欺世而盜名 故後世或有稱述之者 此知之過而不擇乎善 行之過而不用其中 不當强而强者也 聖人豈爲之哉.

그러나 <그와 같은 괴벽한 말이나 행동은> 족히 세상사람들을 기만하고 이름을 도적질할 것이므로 후세에 혹 <어떤 사람이> 칭찬하고 기술할 수도 있을 것이다. 그러나 <그와 같은 비상식적인 괴벽한 언행은> 앎에 있어 지나치고 선한 중용의 도를 택한 것이 아니고, 또 행함에 있어서도 지나치고 중용의 중(中)을 행한 것이 아니며 마땅히 억지로 고집스럽게 행할 것이 아닌데도 강행하는 것이다. 그러므로 성인이 어찌 그와 같은 억지를 행하겠느냐?

[**어구 설명**] ○然以其足以欺世而盜名(연이기족이기세이도명) : 그러나 <그와 같은 괴벽한 말이나 행동은> 족히 세상사람들을 기만하고 이름을 도적질할 것이므로. ○故後世或有稱述之者(고후세혹유칭술지자) : 고로 후세에 혹 <어떤 사람이> 칭찬하고 기술할 수도 있을 것이다. ○此(차) : 그러나. <그와 같은 비상식적인 괴벽한 언행은> ○知之過而不擇乎善(지지과이불택호선) : 앎에 있어 지나치고 선한 중용의 도를 택한 것이 아니다. ○行之過而不用其中(행지과이불용기중) : 행함에 있어서도 지나치고 중용의 중(中)을 쓴 것이 아니다. ○不當强而强者也(부당강이강자야) : 강(强)에 부당한 것은 억지로 고집스럽게 행하는 것이다. ○聖人豈爲之哉(성인기위지재) : 성인이 어찌 그와 같은 억지를 행하겠느냐?

【**참고 보충**】 「일용평상(日用平常)의 도리」

「천리(天理)」나 「중용(中庸)의 도리」는 천지 자연 만물에 있는 평범한 도리다. 또 영원히 변치 않는 일정한 도리다. 그러므로 모든 사람이 일상적으로 따르고 행할 수 있는 평범하고 또 쉬운 도리다. 본성 속에 주어진 도리를 따르고 행하는 것이 곧 중용이다. 사람이면 사람의 도리를 따르고 행하면 된다. 「중용의 도리」는 곧 「가장 평범한 상식적인 도리다.」 그런데 지나치게 머리가 좋은 사람은 엉뚱하고 괴상한 소리를 한다. 불로장생(不老長生)이나 신선술(神仙術) 같은 도교(道敎)나 기티의 궤변학파(詭辯學派)를 비판한 말이다.

【참고 보충】「색은행괴(索隱行怪)」

「대전소주(大全疏註)」에서 다음같이 예를 들었다. 「색은(索隱)」은 전국시대(戰國時代) 추연(鄒衍)의 오덕종시설(五德終始說)이나, 후한(後漢)의 도참(圖讖)이나 위서(緯書)의 설 같은 것을 말한다. 추연의 설은「오행상극설(五行相剋說)」이다.

「행괴(行怪)」의 예는 다음과 같다. 순자(荀子)에 나오는 신도적(申屠狄)은 스스로 돌덩이를 안고 물속에 들어가 죽었다. 열녀전(列女傳)에 나오는 미생(尾生)은 여자와 다리 아래에서 만나자고 약속을 했는데, 여자는 오지 않고 강물이 넘치자, 다리기둥을 안고 홍수 물에 죽었다. 이들이 다 괴상한 행동이다.

【大全疏註選譯】

(1) 格庵趙氏曰 深求隱僻之理 是求知乎人之不能之 過爲怪
   異之行 是求行乎人之所不能行.

격암 조씨가 말했다. 숨어 있는 괴벽한 도리를 깊이 찾는 것은 남들이 알지 못하는 것을 알고자 함이고, 괴이한 행동을 지나치게 하려고 함은 남들이 행하지 못하는 것을 행하고자 하는 엉뚱한 욕심 때문이다.

제11장 2절 遵道而行
준 도 이 행

君子 遵道而行 半塗而廢 吾弗能已矣.

군자 준도이행(하다가) 반도이폐(하나니) 오불능이의(로라)

보통 군자들은 중용의 도를 따르고 행하지만, 중도에서 폐하고 그만둔다. 그러나 나는 그만두지 못하겠다.

[**어구 설명**] ○君子(군자) : 보통 군자들은. 덕을 이룬 군자가 아니고, 수양 도중에 있는 군자. ○遵道而行(준도이행) : 중용의 도를 따르고 행하지만. ○半塗而廢(반도이폐) : 중도에서 폐하고 그만둔다. ○吾弗能已矣 (오불능이의) : 나는 그만두지 못한다. 「이(已)」는 그만두다.

【集註】(1) 遵道而行則能擇乎善矣 半塗而廢則力之不足也 此其知雖足以及之而行有不逮 當强而不强者也.

「준도이행(遵道而行)」은 곧 능히 선(善)을 택할 수 있음이다. 「반도이폐(半塗而廢)」는 곧 힘이나 노력이 부족한 것이다. 이는 그의 지(知)가 족히 미치기는 했으나 그러나 행(行)이 못미친 것이다. 마땅히 강하게 해야 할 바를 강하게 하지 못한 것이다.

[**어구 설명**] ○遵道而行 則能擇乎善矣(준도이행 즉능택호선의) : 「준도이

행(遵道而行)」은 곧 능히 선을 택할 수 있음이라 하겠다. ○半塗而廢 則力之不足也(반도이폐 즉역지부족야) : 「반도이폐(半塗而廢)」는 곧 힘이나 노력이 부족한 것이다. ○此其知雖足以及之(차기지수족이급지) : 이는 그의 지(知)가 족히 미치기는 했으나. ○而行有不逮(이행유불체) : 그러나 행(行)이 못미친 것이다. ○當强而不强者也(당강이불강자야) : 마땅히 강하게 해야 할 바를 강하게 하지 못한 것이다.

【集註】 (2) 已止也 聖人於此 非勉焉而不敢廢 蓋至誠無息 自有所不能止也.

「이(已)」는 그만둔다는 뜻이다. 성인은 이와 같은 일에 있어, 무리하게 힘들여 감히 폐하지 않는 것이 아니다. 본래 <중용의 도를> 지극히 성실하게 받들고 쉬지 않고 행함으로써 자연히 그만두지 못하는 것이다.

[**어구 설명**] ○已止也(이지야) : 「이(已)」는 그만둔다는 뜻이다. ○聖人於此(성인어차) : 성인은 이와 같은 일에 있어. 즉 성인은 중도에서 그만두지 않고 끝까지 도를 지킨다. <그것은> ○非勉焉而不敢廢(비면언이불감폐) : <성인이> 인위적으로 힘들여서 감히 폐하지 않는 것이 아니다. ○蓋至誠無息(개지성무식) : 본래 <중용의 도를> 지극히 성실하게 받들고 쉬지 않고 행함으로써. ○自有所不能止也(자유소불능지야) : 자연히 스스로 그만두지 못하는 것이다.

제11장 3절 君子依乎中庸
군 자 의 호 중 용

君子 依乎中庸 遯世不見知 而不悔 唯聖者能之.

군자(는) 의호중용(하야) 둔세불현지 이불회(하나니) 유성자(이야) 능지(니라)

덕을 이룩한 군자는 중용의 도를 의지하고 행하고, 세상에서 물러나 숨어살고 남에게 알려지지 않아도 후회하지 않는다. 오직 성인의 경지에 이른 군자라야 능히 할 수 있는 일이다.

[**어구 설명**] ○君子(군자) : 덕을 이룩한 군자. ○依乎中庸(의호중용) : 중용의 도를 의지하고 행하고. ○遯世不見知(둔세불현지) : 세상에서 물러나 숨어살고 남에게 알려지지 않아도. ○而不悔(이불회) : 그래도 후회하지 않는다. ○唯聖者能之(유성자능지) : 오직 성자의 경지에 이른 군자라야 능히 할 수 있다. 다음의 집주(集註)에 있다. 공자가 「나는 못하겠다」고 말했으니, 결국 성인만 할 수 있다고 말한 것이다.

【集註】(1) 不爲索隱行怪 則依乎中庸而已 不能半塗而廢 是以遯世不見知而不悔也.

「색은행괴(索隱行怪)」하지 않는다 함은 곧 중용의 도를 따르고 행한다는 뜻이다. 「반도이폐(半塗而廢)」할 수 없다는 말은 바로 세상에 묻혀 알려지지 않아도 후회하지 않는다는 뜻이다.

[**어구 설명**] ㅇ不爲索隱行怪(불위색은행괴) : 「색은행괴(索隱行怪)」하지
않는다 함은. ㅇ則依乎中庸而已(즉의호중용이이) : 곧 중용의 도를 따
르고 행한다는 뜻이다. ㅇ不能半塗而廢(불능반도이폐) : 「반도이폐(半
塗而廢)」할 수 없다는 말은. ㅇ是以遯世不見知而不悔也(시이둔세불현
지이불회야) : 바로 세상에 묻혀 알려지지 않아도 후회하지 않는다는
뜻이다.

【集註】 (2) 此中庸之成德 知之盡 仁之至 不賴
勇而裕如者 正吾夫子之事 而猶不自居也 故曰唯
聖者能之而已.

　이러한 경지가 중용의 덕을 이룩한 경지이며, 「지(知)」를 다
하고, 인(仁)이 지극하여 용(勇)의 힘을 빌리지 않아도 넉넉하
게 <중용의 도를 행하고 덕을 세울 수 있는 사람이다.> 이는
바로 우리 공자선생의 일이다. 그러나, <공자가> 스스로 그렇
게 할 수 없다고 말했으니, 그래서 오직 성자만이 능히 할 수
있을 거라고 말한 것이다.

[**어구 설명**] ㅇ此中庸之成德(차중용지성덕) : 이러한 경지가 중용의 덕을
　　이룩한 경지다. ㅇ知之盡(지지진) : 「지(知)」를 다하고. ㅇ仁之至(인지
　　지) : 인(仁)이 지극하여. ㅇ不賴勇而裕如者(불뢰용이유여자) : 용(勇)
　　의 힘을 빌리지 않아도 넉넉하게 <중용의 도를 행하고 덕을 세울 수
　　있는 사람이다.> ㅇ正吾夫子之事(정오부자지사) : 이는 바로 우리 공자
　　선생의 일이다. ㅇ而猶不自居也(이유부자거야) : 그런데도 <공자가>
　　스스로 그렇게 할 수 없다고 말했으니. ㅇ故曰唯聖者能之而已(고왈유성

자능지이이) : 고로 오직 성자만이 능히 할 수 있을 거라고 말한 것이다.

【集註】(3) 右第十一章　子思所引夫子之言以明
首章之義者　止此.

이상이 제11장이다. 자사가 공자선생의 말을 인용해서 제1장
의 뜻을 밝힌 것은 이것으로 끝난다.

【集註】(4) 蓋此篇大旨以知仁勇三達德　爲入道
之門　故於篇首　卽以大舜顏淵子路之事　明之　舜知
也　顏淵仁也　子路勇也　三者　廢其一　則無以造道
而成德矣　餘見第二十章.

대체로 이 편의 큰 뜻은 「지인용(知仁勇) 삼달덕(三達德)」을
가지고, 도에 들어가는 문턱으로 삼은 것이다. 그래서 이 글을
앞에 <내세웠다.>, 즉 위대한 순임금, 안연, 자로 등의 일을
예로 들고 뜻을 밝힌 것이다. 순임금의 경우는 지(知)를 밝히고,
안연의 경우는 인(仁)을 밝히고, 자로의 경우는 용(勇)을 밝힌
것이다. 삼자 중에서 하나만 폐해도, 즉 도에 도달하지 못하고,
아울러 덕을 이룰 수 없다. 기타는 제20장에 나온다.

[**어구 설명**] ㅇ蓋此篇大旨(개차편대지) : 대체로 이 편의 큰 뜻은. ㅇ以知
仁勇三達德(이지인용삼달덕) : 「지인용(知仁勇) 삼달덕(三達德)」을 가
지고. ㅇ爲入道之門(위입도지문) : 도에 들어가는 관문으로 삼았다.
ㅇ故於篇首(고어편수) : 그래서 이 글을 앞에. ㅇ卽以大舜顏淵子路之事

明之(즉이대순안연자로지사명지) : 즉 위대한 순임금, 안연, 자로 등의 일을 예로 들고 밝힌 것이다. ○舜知也(순지야) : 순임금의 경우는 지(知)를 밝히고. ○顔淵仁也(안연인야) : 안연의 경우는 인(仁)을 밝히고. ○子路勇也(자로용야) : 자로의 경우는 용(勇)을 밝힌 것이다. ○三者廢其一(삼자폐기일) : 삼자 중에서 하나만 폐해도. ○則無以造道(즉무이조도) : 즉 도에 도달하지 못하고. ○而成德矣(이성덕의) : 아울러 덕을 이룰 수 없다. ○餘見第二十章(여견제이십장) : 기타 자세한 것은 제20장에 나온다.

【참고 보충】 「제1장~제11장」

중용 제1장은 중용 전체의 핵심이다. 다음의 제2장에서 제11장까지는 공자의 말을 인용해서 제1장의 뜻을 부연 설명한 것이다. 각 장의 요점을 한문으로 요약하겠다.

제1장 : 性道教, 道不可離, 愼獨, 未發, 已發, 致中和.

제2장 : 君子中庸, 小人反中庸.

제3장 : 民鮮能久矣.

제4장 : 道之不行, 知賢過之, 愚不肖不及.

제5장 : 道其不行矣.

제6장 : 舜其大知也.

제7장 : 人皆曰予知, 而不能期月守也.

제8장 : 顔回得一善 拳拳服膺.

제9장 : 國家可均, 爵祿可辭, 白刃可踏, 中庸不可能.

제10장 : 南方之强, 北方之强, 君子之强.

제11장 : 君子中庸, 遯世不見知 而不悔.

중용 제12장 (총4절)

1절 君子之道 費而隱.

2절 夫婦之愚 可以與知焉 及其至也 雖聖人
　　　亦有所不知焉 夫婦之不肖 可以能行焉
　　　及其至也 雖聖人亦有所不能焉 天地之大
　　　也 人猶有所憾 故君子語大 天下莫能載
　　　焉 語小 天下莫能破焉.

3절 詩云 鳶飛戾天 魚躍于淵 言其上下察也.

4절 君子之道 造端乎夫婦 及其至也 察乎
　　　天地.

　　제12장은 자사(子思)의 말이다. 중용(中庸)의 제1장
에 있는 「도는 잠시도 이탈할 수 없다(道須臾不可離)」
를 다시 부연 설명한 것이다. 제12장은 총4절이며 자사
의 말이다.

　　1절 : 「군자의 도의 용(用)은 비(費)하고, 체(體)는 은
　　　　　(隱)하다」고 했다. 즉 「천도(天道)의 작용은 광

대무변(廣大無邊)하며, 본체(本體)는 은미(隱微)하다」는 뜻이다.

2절 : 「도의 작용과 발현은 평범한 부부생활에도 있고 나타난다. 그러나 지극한 도의 체는 성인도 다 알지 못한다」고 말했다.

3절 : 자사는 시경의 구절을 인용해서, 「하늘을 나는 새와 물 속에 뛰는 물고기가 바로 도의 작용이고 발현이다」라고 했다.

4절 : 「도는 부부에서 시작하되 지극함은 천지에서 살펴야 한다」고 맺었다.

제12장 1절 費而隱
비 이 은

君子之道 費而隱.

군자지도(는) 비이은(이니라)

군자가 지킬 중용의 도는 그 작용이 광대(廣大)하게 나타난다.
그러나 그 본체는 은미(隱微)하다.

[**어구 설명**] ㅇ君子之道(군자지도) : 군자가 지키고 행할 도리, 즉 천리(天理), 중용의 도(中庸之道)를 말한다. ㅇ費而隱(비이은) : 작용이 광대하게 나타난다, 그러나 그 본체는 은미(隱微)하다. 「비(費)」는 넓게 쓰인다는 뜻. 「은(隱)」은 도(道)의 본체(本體)는 「형이상의 도」로 눈으로 볼 수 없고 귀로도 들을 수 없는 초감각적인 실체(實體)라는 뜻. 다음의 집주를 보자.

【集註】(1) 費用之廣也 隱體之微也.

「비(費)」는 「그 쓰임이 광대하다」는 뜻이다. 「은(隱)」은 「그 본체가 은미(隱微)하다」는 뜻이다.

[**어구 설명**] ㅇ費用之廣也(비용지광야) : 「비(費)」는 「그 쓰임이 광대하다」는 뜻이다. ㅇ隱體之微也(은체지미야) : 「은(隱)」은 「그 본체가 은미(隱微)하다」는 뜻이다. 도(道)는 감각적으로 감지(感知)할 수 없다.

【참고 보충】「체은용비(體隱用費)」

  군자가 따르고 행해야 할「중용의 도(中庸之道)」는 형이상(形而上)의 도리다. 그러나 우주 천지만물에 항상 작용하고 나타난다. 이를「본체는 은미하고 작용은 광대하다(體隱用費)」고 한다. 주자(朱子)는 대략 다음같이 풀이했다.「도(道)는 체용(體用)을 겸하고, 비은(費隱)을 갖추었다. 비(費)는 '도의 용(道之用)'이고, 은(隱)은 '도의 보이지 않는 체'를 말한 것이다.」「형이상(形而上)의 도(道)가 모든 사물에 있고 또 어디에나 나타난다. 그래서 비(費)라고 한다. <한편, 도는> <모든 사물의> 속에 있는 형이상의 도리다. 보거나 들을 수 없다. 고로 은(隱)이라 한다.」<大全疏註>

【大全疏註選譯】

(1) 朱子曰 道者兼體用 該費隱而言也 費是見之用 隱是道之
    所以然 而不見處.

  주자가 말했다. 도(道)는 체(體)와 용(用)을 겸하고, <그 용이> 광대하고, 그 체가 은미(隱微)함을 아울러 말한 것이다. 비(費)는 눈에 보이는 작용이고 은(隱)은 도의 본연이 보이지 않음을 말한 것이다.

(2) 或說 形而下者爲費 形而上者爲隱 曰形而下者甚廣 其形
    而上者 實行乎其間 而無物不具 無處不有 故曰費 就其中
    形而上者 有非視聽所及 故曰隱.

  혹은 말한다. 형이하자는 비(費)이고 형이상자는 은(隱)이다. 형이하자는 심히 광대하나, 그 속에 형이상자가 운행하며, 모든 사물에 있으며, 모든 곳에 있다. 그래서 비라고 한다. 한편 속에 있는 형이상자는 듣거나 볼 수 없는 것이다. 그래서 은이라고 말한다.

(3) <備旨> 子思自立言 道原於天 而盡於君子 故爲君子之
   道 是道也 其當然之用 則充周不窮 固若是其費矣 而就其
   費之所以原於天命者 則又隱焉.

　<비지> 자사가 <다음같이> 자기 주장을 세웠다. 도는 하늘에서 나오지만 어디까지나 군자에 의해서 행해지는 것이다. 고로 <도는> 바로「군자의 도」가 된다. 그 도는 바르게 쓰이면 <천지만물에> 두루 차고 무궁하게 작용한다. 본래 <도의 용은> 그와 같이 광대한 것이다. 그러나 그 작용이 그와 같이 된 것도 천명에 의해서 그렇게 되는 것이다. 그래서 <도와 천명은> 다 은미(隱微)하다.

제12장 2절 夫婦之愚
부 부 지 우

夫婦之愚 可以與知焉 及其至也 雖聖人 亦有所
不知焉 夫婦之不肖 可以能行焉 及其至也 雖聖
人 亦有所不能焉
天地之大也 人猶有所憾 故君子 語大 天下莫能
載焉 語小 天下莫能破焉.

부부지우(로도) 가이여지언(이로되) 급기지야(하야는) 수성인(이라
도) 역유소부지언(하며) 부부지불초(로도) 가이능행언(이로되) 급기지
야(하야는) 수성인(이라도) 역유소불능언(하며)
천지지대야(에도) 인유유소감(이니) 고(로) 군자(이) 어대(에) 천하막
능재언(이오) 어소(에) 천하막능파언(이니라)

<중용의 도는> 범속하고 어리석은 부부라도 더불어 알 수 있
다. <그러나> 도의 지극한 경지는 성인도 역시 다 알지 못하는
바가 있다. 필부필부(匹夫匹婦)같이 못난 사람도 능히 도를 행
할 수 있다. <그러나> 도의 지극한 경지는 성인도 능히 다
행할 수 없는 바가 있다.
천지는 크고 그 기능이 위대하다. 그런데도 역시 사람들이 유감
스럽게 생각하는 바가 있다. 그러므로 군자가 도의 큼을 논하되,

천하의 모든 사물에 도를 다 실을 수 없으며, <아울러> 도의 미소한 본체나 작용을 논하되, 천하의 모든 사물을 쪼개고 또 쪼개서 <도의 미소함을> 보이게 할 수도 없다.

[어구 설명] ㅇ夫婦之愚(부부지우) : <학문을 배우지 않은> 범속하고 어리석은 부부(夫婦). 정현(鄭玄)은 필부(匹夫) 필부(匹婦)라고 주석을 했다. ㅇ可以與知焉(가이여지언) : 그들도 더불어 도를 알 수 있다. 무식해도 부부생활을 하고 자녀를 낳고 키울 수 있다. ㅇ及其至也(급기지야) : <그러나> 도(道)의 지극한 경지는. ㅇ雖聖人 亦有所不知焉(수성인 역유소부지언) : 성인일지라도 역시 다 알지 못하는 바가 있다. ㅇ夫婦之不肖(부부지불초) : 필부(匹夫) 필부(匹婦)같이 못난 사람도. 「불초(不肖)」는 어리석고 못난 사람. ㅇ可以能行焉(가이능행언) : 도를 능히 행할 수 있다. 오상(五常)의 기본적인 윤리 도덕을 행할 수 있다. ㅇ雖聖人 亦有所不能焉(수성인 역유소불능언) : 성인이라도 다 행할 수 없는 바가 있다. 국가적인 차원에서 예교(禮敎) 예치(禮治)를 완전하게 세우고 실행할 수 없다. ㅇ天地之大也(천지지대야) : 천지는 크고 위대하다. ㅇ人猶有所憾(인유유소감) : 그런데도 사람들은 <천지에 대하여> 유감으로 생각하는 바가 있다. 천지의 기화(氣化), 유행(流行), 음양(陰陽), 한서(寒暑), 길흉(吉凶), 재상(災祥) 등의 오묘한 경지를 다 알 수 없고, 따라서 유감스럽게 여긴다. ㅇ故君子語大(고군자어대) : 그러므로 군자가 도의 크고 위대함을 논하되. ㅇ天下莫能載焉(천하막능재언) : 천하의 모든 사물이나 현상을 도에 다 실어서 설명할 수 없다. ㅇ語小(어소) : <군자가> 도의 미소하고 은미(隱微)한 작용을 논하되. ㅇ天下莫能破焉(천하막능파언) : 천하의 모든 사물을 쪼개고 또 쪼개서, 그 속에 숨어 있는 미소(微小)하고 은미(隱微)한 도를 눈으로 보게 하거나 또 충분히 설파(說破)할 수 없다.

【集註】(1) 君子之道 近自夫婦居室之間 遠而
至於聖人天地之所不能盡 其大無外 其小無內 可
謂費矣 然其理之所以然 則隱而莫之見也.

군자가 알고 따르고 지켜야 할 도리, 즉 중용의 도리는 가까이
는 부부가 함께 사는 방안에도 <있고 또 행해지는 도리로> <평
범한 사람도 다 알고 행하는 도리다.> 멀게는 성인이나 하늘땅
도 끝까지 다 할 수 없는 데까지 이르는 도리다. 그 큼에 있어서
는 <그 이상의> 밖이 없고, 그 작음에 있어서는 <그 이상의>
안이 없다. <즉 도는 극대(極大) 극소(極小)에 다 있고 작용을
한다.> 그래서 참으로 비(費), 즉 광대(廣大)하다고 말하는 것
이다. 그러나 그 도가 그와 같이 있고 또 작용하는 연유나 본체
는, 즉 은미(隱微)하여 나타나 보이지 않는다.

[**어구 설명**] ○君子之道(군자지도) : 군자가 알고 따르고 지켜야 할 도리,
즉 중용의 도리다. ○近自夫婦居室之間(근자부부거실지간) : 가까이는
부부가 함께 사는 방안에도 <있고 또 행하는 도리로>, <평범한 사람도
다 알고 행하는 도리다.> ○遠而至於(원이지어) : 멀게는 ……에 이른
다. ○聖人天地之所不能盡(성인천지지소불능진) : 멀게는 성인이나 하
늘땅도 다 알거나 할 수 없는 <데까지 이른다.> ○其大無外(기대무
외) : 그 큼에 있어서는 <그 이상의> 밖이 없다. 즉 무한대하게 크다.
○其小無內(기소무내) : 그 작음에 있어서는 <그 이상의> 안이 없다.
즉 극소(極小) 극소(極少)다. ○可謂費矣(가위비의) : 그래서 참으로 비
(費), 즉 광대(廣大)하다고 말하는 것이다. 도는 우주에도 있고, 더 쪼갤
수 없는 미립자(微粒子)나 세포(細胞) 속에도 있고 작용한다. ○然其理

之所以然(연기리지소이연) : 그러나 그 도리가 그와 같이 있고 또 작용하는 연유나 본체는. ㅇ則隱而莫之見也(즉은이막지견야) : 즉 은미(隱微)하여 나타나 보이지 않는다.

【集註】(2) 蓋可知可能者 道中之一事 及其至而聖人不知不能 則擧全體而言 聖人固有所不能盡也.

대개 <평범한 사람이> 알 수 있고 또 행할 수 있는 것은 도의 일부분을 말한 것이다. 지극함에 이르러서는 성인도 전부를 알지 못하고 행하지 못한다고 <말한 것은> 도의 전체를 두고 말할 때에는 성인도 당연히 다하지 못하는 바가 있게 마련이다.

[**어구 설명**] ㅇ蓋可知可能者(개가지가능자) : 대개 <평범한 사람이> 알 수 있고 또 행할 수 있는 것은. ㅇ道中之一事(도중지일사) : <무궁무진한 도리 중의> 일부분의 일들을 <말한 것이다.> ㅇ及其至聖人不知不能(급기지성인부지불능) : 지극함에 이르러서는 성인도 전부를 알지 못하고 행하지 못한다고 <말한 것은>. ㅇ則擧全體而言(즉거전체이언) : 도의 전체를 두고 말한 것이며. <그때에는> ㅇ聖人固有所不能盡也(성인고유소불능진야) : 성인도 당연히 다하지 못하는 바가 있게 마련이다.

【集註】(3) 侯氏曰 聖人所不知 如孔子問禮問官之類 所不能 如孔子不得位 堯舜病博施之類.

후씨가 말했다. 「성인도 알지 못하는 바가」 있다고 함은 공자가 노자에게 예를 묻고, 혹은 담자(郯子)에게 관명(官名)에 대해서 물은 것과 같으며, 능히 하지 못하는 바가 있다고 함은 공자도 자리를 얻지 못하고, 또 요임금이나 순임금도 넓게 베풀지 못함을 걱정했다고 하는 예다.

[**어구 설명**] ㅇ侯氏曰(후씨왈) : 후씨가 말했다. 후중량(侯仲良)으로 송(宋)대의 학자. 정자(程子)와 주돈이(周敦頤)에게 배웠다. ㅇ聖人所不知(성인소부지) : 「성인도 알지 못하는 바가」있다고 한 것에 <대해서 후씨가 다음 같은 예를 들었다.> ㅇ如孔子問禮問官之類(여공자문례문관지류) : 예를 들면, 공자가 노자에게 예를 묻고, 혹은 담자(郯子)에게 관명(官名)에 대해서 물은 것과 같다. ㅇ所不能(소불능) : 성인도 능히 다하지 못함이 있다고 함은. ㅇ如孔子不得位(여공자부득위) : 예를 들면, 공자도 자리를 얻지 못했고. ㅇ堯舜病博施之類(요순병박시지류) : 요순 같은 성왕(聖王)도 역시 박시제중(博施濟衆)을 다 하지 못해서 걱정했다는 등이다.

【集註】(4) 愚謂　人所憾於天地　如覆載生成之偏　及寒暑災祥之不得其正者.

<주자의 말> 나는 생각한다. 사람이 하늘 땅에 대해서 유감스럽게 생각한다는 것은 예를 들면 하늘이 땅을 덮고, 땅이 만물을 싣고 자라게 하지만, 한쪽으로 치우치는 경우가 있으며, 아울러 한서(寒暑), 재상(災祥)이 공정하지 못함을 <유감으로 생각하는 것이다.>

[**어구 설명**] ㅇ愚謂(우위) : <주자의 말> 나는 생각한다. ㅇ人所憾於天地(인소감어천지) : 사람이 하늘 땅에 대해서 유감스럽게 생각한다는 것은. ㅇ如覆載生成之偏(여복재생성지편) : 하늘이 땅을 덮고, 땅이 만물을 싣

고 자라게 하지만, 한쪽으로 치우치는 경우가 있으며. ㅇ及寒暑災祥之不
得其正者(급한서재상지부득기정자) : 아울러 한서(寒暑), 재상(災祥)이
공정하지 못함을 <사람들이 유감스럽게 생각하는 것이다.>

【참고 보충】「누구나 알고 행할 수 있다」

「중용의 도」는 천명(天命)으로 주어진 천지만물의 도리다. 봄에
경작(耕作)하고 가을에 추수(秋收)하는 것도 하늘의 도리다. 농부들
도 알고 실천한다. 한편 남자와 여자가 결혼하여 함께 살고 아들딸을
낳고 키우고, 가문(家門)을 계승 발전하는 것도 하늘의 도리이다. 이
와 같이 도는 평범하게 나타나며 따라서 모든 사람이 알고 행한다.
그래서「어리석은 필부필부(匹夫匹婦)라도 다 도를 알 수 있다.(夫婦
之愚 可以與知焉)」「못난 필부필부도 도를 능히 행할 수 있다.(夫婦
之不肖 可以能行焉)」고 한 것이다.

【참고 보충】「지극한 경지는 성인도 모른다」

도(道)는 우주의 이법(理法)이다. 우(宇)는 공간, 주(宙)는 시간을
말한다. 그러므로 도는 무한대한 공간세계 및 영원한 시간세계에 넘
쳐 있고 또 작용을 한다. 도는「극대(極大), 극다(極多)」및「극소(極
小), 극소(極少)」에도 있고 작용을 한다. 그래서「비(費)」, 즉 광대(廣
大)하다고 한다. 그러나「도의 본체(本體)」는「형이상의 도리」로 인
간의 감각(感覺)을 초월한 것이므로, 눈으로 보고 귀로 듣지 못한다.
그래서「은(隱)」, 즉「무형의 실체」라고 한 것이다. 한편 도는 큰
사물이나 형상에만 작용하고 나타나지 않고 미세한 사물이나 현상
속에도 숨어서 작용한다. 현대적으로 말하면 원자(原子)나 세포
(細胞), 유전자(遺傳子) 속에도 도가 있고 작용한다.

그러므로 일상에 나타나는 큰 것은 어리석은 사람도 알 수 있다. 그러나 나타나지 않는 은미한 경지는 성인도 모르고 행할 수 없다. 그것을 「그 지극한 경지는 성인도 역시 모른다.(及其至也 雖聖人 亦有所不知焉)」「그러나 지극한 경지는 성인도 다 행할 수 없는 바가 있다.(及其至也 雖聖人 亦有所不能焉)」고 말한 것이다.

【참고 보충】「유교의 성인관(聖人觀)」

유교는 「현세적 인본주의(現世的 人本主義)」를 바탕으로 한 사상이다. 죽어서 천당이나 극락에 가라고 가르치지 않고, 이승에서 도를 깨닫고 도를 실천하는 사람이 되라고 가르친다. 이 점에 있어, 사람을 크게 셋으로 나눌 수 있다. 무식하고 우매한 속인(俗人), 학문을 배우고 덕을 행하는 군자(君子), 몸과 마음이 도와 하나가 된 경지에 도달한 성인(聖人)이다. 그러나 성인도 사람이다. 신이 아니다. 그러므로 전지전능(全知全能)할 수도 없고, 죽지 않고 영생할 수도 없다. 그래서 「공자 같은 성인」도 알지 못하는 것이 있고 또 다 행하지 못하는 것이 있게 마련이다.

【참고 보충】「천지지대야(天地之大也) 인유유소감(人猶有所憾)」

하늘과 땅은 끝없이 크고 또 하늘과 땅이 어울려 만물을 창조하고 발전케 하는 「생생불이(生生不已)」의 공적은 참으로 위대하다. 그런데 왜 유감스럽게 생각하는가? 그 이유는 곧 천지의 심오한 조화(造化)나 도리를 다 알지 못한다. 그래서 천지의 기화(氣化), 유행(流行), 음양(陰陽), 한서(寒暑), 길흉(吉凶), 재상(災祥) 등의 오묘한 조화를 다 알 수 없다. 아울러 성현도 도를 따라서 예교(禮敎)와 예치(禮治)를 「도의 극치에 맞게 세우고 실행하지 못한다.」 그러므로 유감으로 생각하는 것이다. 이것이 「천지지대야 인유유소감」의 일차적 의미다.

【참고 보충】「천지지대야(天地之大也)의 깊은 뜻」

그러나 「천지지대야」의 높고 깊은 뜻을 다음같이 확대 해석할 수 있다. 역경(易經)에 있다. 「천지의 위대한 공덕은 만물을 생육(生育)함이다.(天地之大德曰生)」, 즉 하늘과 땅이 어울려 만물을 낳고 키우고 번성하고 발전하게 한다. 이때의 생(生)은 「생육화성(生育化成)과 생생불이(生生不已)」의 뜻을 다 포함하고 있다. 같은 역경에 있다. 「서로 기준이 맞는 음과 양이 어울려 낳고 자라고 번성하는 것이 하늘의 도리다. 그 하늘의 도리를 이어받는 것이 선(善)이고, 성취하는 것이 본성이다.(一陰一陽之謂道 繼之者善也 成之者性也)」

공자(孔子)는 논어에서 말했다. 「하늘은 말이 없다. 오직 사계절이 운행하며, 만물이 자라고 번성한다. 하늘은 아무 말도 하지 않는다.(天何言哉 四時行焉 百物生焉 天何言哉)」 계절의 교체, 즉 시간의 흐름에 따라 만물이 생육화성(生育化成)하는 것이 하늘의 조화이고 도리다. 형이상(形而上)의 천도(天道)는 땅 위에서 열매를 맺는다. 이를 지덕(地德)이라고 한다.

천도를 따라 지덕을 세우는 것은 인행(人行)이다. 사람이 실천을 해야 한다. 아무리 절대선(絶對善)의 천도가 있어도 사람이 실천하지 않으면 지덕이 세워지지 않는다. 「우주 천지에 넘치는 중용의 도」도 사람이 실천을 하지 않으면 없는 것과 같게 된다. 인간이 개인적으로나 국가적으로 천도를 따르지 않으면 천재지변이 일어난다. 이때에 사람은 말없는 하늘의 뜻과 하늘의 깊은 도리를 다 알 수가 없으며, 다만 하늘이 내리는 천벌을 겁내고 두려워할 뿐이다. 이것을 가리켜

「천지지대야 인유유소감」이라고도 한다.

【참고 보충】 「어대(語大) 천하막능재언(天下莫能載焉)」

　군자라 해도 도의 광대(廣大)한 작용과 은미(隱微)한 본체를 다 알 수 없고 또 다 행할 수도 없다. 그래서, 광대한 도를 논하고 말하면서, 천하에 존재하는 모든 사물과 현상을 다 포괄해서 설명하거나 말할 수 없다. 사실에 있어 형이하의 세계, 즉 지상세계가 형이상의 무궁무진한 도를 일시에 다 싣고 나타내게 할 수도 없다. 이를 「어대(語大) 천하막능재언(天下莫能載焉)」이라고 한다.

【참고 보충】 「어소(語小) 천하막능파언(天下莫能破焉)」

　도는 극대(極大)이면서 극소(極小)다. 무한한 공간세계와 영원한 시간세계를 지배하는 것이 하늘의 도리다. 그러므로 앞에서 군자도 「도의 큼을 말하되, 다 말할 수 없다」고 말한 것이다. 동시에 은미(隱微)한 도는 극소(極小) 극소(極少)에도 있고 작용한다. 극소(極小)는 눈에 보이지 않는 공기나 세포(細胞) 같은 것이고, 극소(極少)는 바람을 타고 움직이는 한 톨의 꽃가루[花粉] 같은 것이다. 그 속에도 「도」가 있고 기능한다.

　그러므로 군자가 도를 미세하고 은미하다고 말해도, 실지로 「극소(極小＝極少)」를 쪼개고 또 쪼개서 눈에 보이게 할 수 없다. 이를 「군자가 도를 논하되, 다 설파할 수 없다(語小 天下莫能破焉)」고 한 것이다. 오늘의 과학은 유전자의 구조도 보여준다.

【大全疏註選譯】

(1) ＜中庸或問＞ 或問十二章之說 曰 道之用廣 而其體則隱

密 而不可見 所謂費而隱也.

<중용혹문> 어떤 사람이 제12장에 대해서 묻자 주자가 대답했다. 도의 용(用)은 광대하지만 그러나 그 체(體)는 은밀하고 나타나 보이지 않는다. <그래서> 이른바 「비이은(費而隱)」이라 말한 것이다.

(2) <中庸或問> 卽其近而言之 男女居室 人道之常 雖愚不肖 亦能知而行知 極其遠而言之 則天下之大 事物之多 聖人亦容 有不盡知不盡能者也.

<중용혹문> 도의 친근함을 말하면 남녀가 한방에서 부부생활을 하는 것도 사람의 일상적인 도리를 따른 것이다. 어리석고 못난 사람이라도 능히 알고 행할 수 있다. <그러나 도의> 원대함을 말하면, 천하가 크고 사물이 많아도, 성인으로서도 역시 다 알지 못하고 다 하지 못하는 바가 있게 마련이다.

(3) <中庸或問> 然非獨聖人有所不知不能也 天能生覆而不能形載也 地能形載 而不能生覆 至於氣化流行 則陰陽寒暑 吉凶災祥 不能盡得其正者尤多 此所以雖以天地之大 而人猶有憾也.

<중용혹문> 그러나, 비단 성인만이 알지 못하고 행하지 못하는 것이 아니다. 하늘은 만물을 낳고 덮어주지만 만물을 형성하고 실어주지는 못한다. 땅은 만물을 형성하고 실어주지만 만물을 낳고 덮어주지는 못한다. 더 나가, 기(氣)가 변화하고 유행하거나, 음양과 한서 및 길흉이나 재상(災祥)에 있어, 충분히 공정하지 못한 경우가 특히 많다. 그래서 천지가 크고 위대하지만 역시 사람들이 유감으로 여기는 바가 있는 것이다.

(4) <備旨> 何以見其費也 彼夫婦中之愚者 於道宜若無所
　　知矣 然良知 不以其愚而遺之也 卽日用居室之一端 可以
　　與知焉 及其道之全體 而至也 則雖生知之聖人 宜無所不
　　知 而或時與地隔 耳目有限 亦有所不盡知.

　　<비지> 무엇으로 도가 광대하게 나타남을 아는가? 평범한 부부는
어리석으며, 따라서 의당 도를 알지 못하는 것 같을 것이다. 그러나
양지는 그들이 어리석다고 해서 그들을 버리지 않는다. 그래서 <어
리석은 부부도> 일상생활 속에서 <도의> 일단을 알게 마련이다.
그러나 도의 전체와 지극한 경지에 있어서는 비록 생이지지(生而知
之)하는 성인일지라도, 의당히 모르는 바가 있고 또 때와 장소가 격
하고 또 이목이 유한함으로 역시 다 알지 못하는 바가 있는 것이다.

제12장 3절 鳶飛魚躍
연 비 어 약

詩云 鳶飛戾天 魚躍于淵 言其上下察也.

시운 연비려천(이오) 어약우연(이라) 언기상하찰야(라)

시경(詩經) 대아(大雅) 한록편(旱麓篇)에 있다. 솔개는 날아 하늘로 솟구쳐 올라가고, 물고기는 못에서 뛰논다. 이 구절은 <천리(天理)가> 위로 아래로 밝게 나타남을 말한 것이다.

[**어구 설명**] ㅇ詩云(시운) : 시경(詩經) 대아(大雅) 한록편(旱麓篇)에 있는 구절. ㅇ鳶飛戾天(연비려천) : 솔개가 날아 하늘로 솟구쳐 올라간다. 鳶(소리개 연) 戾(어그러질 려) ㅇ魚躍于淵(어약우연) : 고기는 못에서 뛰논다. 躍(뛸 약) 淵(못 연) ㅇ言其上下察也(언기상하찰야) : <천리(天理)가> 위로 아래로 밝게 나타남을 말한 것이다.

【集註】(1) 詩大雅旱麓之篇 鳶鴟類 戾至也 察著也.

이 구절은 시경(詩經) 대아(大雅) 한록편(旱麓篇)의 구절이다. 「연(鳶)」은 「치(鴟)」와 같은 종류의 새다. 「여(戾)」는 하늘 위로 간다는 뜻이다. 「찰(察)」은 밝게 나타난다는 뜻이다.

[**어구 설명**] ㅇ詩大雅旱麓之篇(시대아한록지편) : 「시(詩)」는 시경(詩經) 대아(大雅) 한록편(旱麓篇)의 시 구절이다. ㅇ鳶鴟類(연치류) : 「연

(鳶)」은「치(鴟)」와 같은 종류의 새다. 鴟(소리개 치) ○戾至也(여지
야) :「여(戾)」는 하늘 위로 간다는 뜻이다. ○察著也(찰저야) :「찰
(察)」은 밝게 나타난다는 뜻이다.

【集註】 (2) 子思引此詩 以明化育流行 上下昭著 莫非此理之用 所謂費也 然其所以然者 則非見聞所及 所謂隱也.

　자사(子思)가 이 시를 인용해서 <눈에 보이지 않는 하늘의
도리가> <만물을> 변화시키고 자라게 하고 또 하늘 땅에 넘쳐
흐르고 아울러 위아래로 밝게 나타남을 밝히려 한 것이다. <그
모두가> 하늘의 도리의 용(用)이 아닌 게 없다. 그러므로 비
(費＝廣大)라고 말하는 것이다. 그러나 그렇게 나타나게 하는
본연(本然) 본체(本體)는 보고 들을 수 있는 것이 아니다. <그
래서 도의 본체를> 은미(隱微)하다고 말하는 것이다.

[**어구 설명**] ○子思引此詩(자사인차시) : 자사가 이 시를 인용해서. ○以明
　(이명) : 밝히려고 한 것이다. ○化育流行(화육류행) : <눈에 보이지 않
　는 하늘의 도리가> <만물을> 변화시키고 자라게 하고 또 하늘 땅에
　넘쳐흐른다. ⇒「참고 보충」 ○上下昭著(상하소저) : <눈에 보이지 않
　는 하늘의 도리가> 위아래로 밝게 나타난다. ○莫非此理之用(막비차리
　지용) : <그 모두가> 하늘의 도리의 용(用)이 아닌 게 없다. ○所謂費也
　(소위비야) : 그러므로 비(費＝廣大)라고 말하는 것이다. ○然其所以然
　者(연기소이연자) : 그러나 그렇게 나타나게 하는 본연(本然) 본체(本
　體)는, 즉「형이상의 도리」는. ○則非見聞所及(즉비견문소급) : 즉 보고
　들을 수 있는 것이 아니다. ○所謂隱也(소위은야) : <그래서 도의 본체

를> 은미(隱微)하다고 말하는 것이다.

【集註】 (3) 故程子曰 此一節 子思喫緊爲人處 活潑潑地 讀者其致思焉.

그래서 정자가 말했다. 이 12장 3절은 자사가 가장 긴요하게 생각하고 사람에게 가르치려고 한 것이며, 또 이 구절은 생생하고 발랄하게 <도의 작용을 그린> 것이다. 그러므로 독자들도 이 구절을 특히 깊이 생각해야 한다.

[**어구 설명**] ㅇ故程子曰(고정자왈) : 그래서 정자가 말했다. ㅇ此一節(차일절) : 12장 3절은. ㅇ子思喫緊爲人處(자사끽긴위인처) : 자사가 가장 긴요하게 생각하고 사람에게 가르치려고 한 부분이다. 「위인(爲人)」은 「교인(敎人)」의 뜻이다. ㅇ活潑潑地(활발발지) : 이 구절은 생생하고 발랄한 구절이다. 즉 추상적인 이론이 아니고 삶의 약동을 가지고 「도의 작용」을 생기있게 묘사하고 가르친 구절이라는 뜻이다. ㅇ讀者其致思焉(독자기치사언) : 그러므로 독자들도 이 구절을 특히 깊이 생각해야 한다.

【참고 보충】 「화육유행(化育流行)」

「화성(化成)」은 「생육화성(生育化成)」과 「생생불이(生生不已)」를 합친 뜻이다. 봄에 싹이 돋아나는 것이 생(生)이다. 여름에 무럭무럭 자라는 것이 육(育)이다. 꽃이 가을에 열매로 변하는 것이 화(化)이다. 겨울에 새 생명의 씨로 굳어지는 것이 성(成)이다. 사람도 마찬가지다. 어린아이가 자라서 청년이 되고, 젊은 남녀가 짝짓기를 하여 두 몸이 하나가 되고, 아들딸을 낳는다. 이렇게 「생육화성」을 되풀이하면서 대를 이어가면서 「생생불이」한다. 동시에 번식하고 발전한다. 그것이 하늘의 도리다. 이와 같은 도리는 우주 천지만물에 넘쳐흐르고 있다. 이를 「화육유행(化育流行)」이라고 한다.

【참고 보충】「상하소명(上下昭明)」「용비체은(用費體隱)」

  눈에 보이지 않는 형이상(形而上)의 도리는 반드시 눈에 보이게 나타난다. 하늘에도 나타나고, 땅에도 나타나고, 강물이나 바다 속에도 나타난다. 하늘에 나는 새들이나, 물 속에서 뛰는 고기가 발랄한 생명체다. 새나 고기도 다 하늘의 도리를 따라 삶을 누리고 대를 이어가면서 번식한다. 이 모든 현상이 하늘의 도리에 따라 밝게 나타나는 것이다. 이를 「상하소명(上下昭明)」이라고 한다. 이와 같이 「도의 용(道用)」은 우주 만물에 넘쳐 기능을 한다. 그러나 「도의 본체(道體)」는 볼 수도 없고, 들을 수도 없다. 그래서 「체은(體隱)」이라고 하는 것이다.

【大全疏註選譯】

(1) <雲峯胡氏> 道體每於動處見 本自活潑潑地 聖賢敎人 每欲人於動處用功 亦是活潑潑地 鳶飛魚躍 道之自然 本無一毫私意.

  <운봉 호씨> 도체(道體)는 언제나 동할 때에 나타나므로 본래 그 스스로 활기차고 발랄하게 나타난다. 성현의 가르침도 사람이 동할 때에 대한 공부이다. 그러므로 역시 활기차고 발랄하게 마련이다. 「연비어약(鳶飛魚躍)」은 도의 자연이며, 털끝만큼의 사사로운 뜻도 없다.

🔸 제12장 4절 君子之道
군 자 지 도

君子之道 造端乎夫婦 及其至也 察乎天地.

군자지도(는) 조단호부부(이나) 급기지야(는) 찰호천지(니라)

군자가 지키고 행할 도리는 그 단서가 부부 사이에서 이루어진다. 그러나 그 지극한 경지는 하늘 땅에서 밝게 나타난다.

[**어구 설명**] ○君子之道(군자지도) : 군자가 지키고 행할 도리, 즉 중용의 도리는. ○造端乎夫婦(조단호부부) : 그 단서는 부부 사이에서 이루어진다. ○及其至也(급기지야) : 그러나, 지극한 경지는. ○察乎天地(찰호천지) : 하늘 땅에서 밝게 나타난다.

【集註】(1) 結上文.

이 구절은 앞의 모든 글을 결론지은 것이다.

【集註】(2) 右第十二章 子思之言 蓋以申明首章 道不可離之意也 其下八章 雜引孔子之言 以明之.

이상이 제12장이다. 자사의 말은 대체로 「도를 떠날 수 없음」에 대하여 거듭 설명한 것이다. 다음의 8장, 즉 <제13장에서

제20장까지>는 공자의 말을 섞어서 인용하여 <도를 떠날 수 없음을> 다시 설명한 것이다.

   * 제13장에서 제20장까지는 거듭하여 「제12장」을 부연 설명한 것이다.

중용 제13장 (총4절)

1절 子曰 道不遠人 人之爲道而遠 人不可以爲道.

2절 詩云 伐柯伐柯 其則不遠 執柯以伐柯 睨而
　　視之 猶以爲遠 故君子 以人治人 改而止.

3절 忠恕 違道不遠 施諸己而不願 亦勿施於人.

4절 君子之道四 丘未能一焉 所求乎子 以事父
　　未能也 所求乎臣 以事君 未能也 所求乎弟
　　以事兄 未能也 所求乎朋友 先施之 未能也
　　庸德之行 庸言之謹 有所不足 不敢不勉 有
　　餘 不敢盡 言顧行 行顧言 君子 胡不慥慥爾.

　　제13장은 「제1장 2절」에 있는 「도야자(道也者) 불가수
유리(不可須臾離) 가리비도야(可離非道也)」를 거듭 부연
설명한 말이다. 주로 공자의 말과 시경의 시구를 인용해서
뜻을 밝혔다. 13장은 총4절이다.

　　1절 : 「도가 사람에게 멀지 않음」을 말했다.

　　2절 : 「도는 가까운 자기에게 있음」을 말했다.

　　3절 : 「충서(忠恕)가 도에서 멀지 않음」을 말했다.

　　4절 : 「4개의 군자의 도」를 말했다.

📿 제13장 1절 道不遠人
도 불 원 인

子曰 道不遠人 人之爲道 而遠人 不可以爲道.

자왈 도불원인(하니) 인지위도 이원인(이면) 불가이위도(이니라)

공자가 말했다. 도는 사람과 멀리 떨어져 있는 것이 아니다. 사람이 행할 도가 멀리 있다면, 도라고 할 수 없다.

[어구 설명] ㅇ子曰(자왈) : 공자가 말했다. ㅇ道不遠人(도불원인) : 도는 사람으로부터 멀리 있는 것이 아니다. 도는 사람이 알고 행하는 것이다. 도는 바로 인간의 본성 속에 주어진 도리다. ㅇ人之爲道(인지위도) : 사람이 도를 행한다. ㅇ而遠人(이원인) : 그런데 도가 사람으로부터 멀리 있다면. <멀리 있다고 잘못 생각을 하면 안된다> 이때의 사람은 「나와 남을 포함한 모든 사람」의 뜻이다. ㅇ不可以爲道(불가이위도) : 도가 될 수 없다. 도라고 말할 수 없다. 도는 바로 나의 마음속에 있으며, 내가 일상으로 따르고 행하는 도리다. <노자나 장자가 주장하는 도는 지나치게 높고 멀다. 그래서 도가 될 수 없다>

【集註】 (1) 道者率性而已 固衆人之所能知能行者也 故常不遠於人 若爲道者厭其卑近 以爲不足爲 而反務爲高遠難行之事 則非所以爲道矣.

도는 <천명으로 주어진> 본성을 따라가는 것일 뿐이다. <그

러므로> 당연히 모든 사람이 능히 알고 행할 수 있는 것이다.
고로 <도는> 항상 사람으로부터 멀리 떨어져 있지 않고, <가까
이 있는 것이다.> 만약에 도를 따르고 행하는 사람이 <도가>
비근한 것을 싫어하고, <그런 것은> 도로 삼기에 부족하다고
생각하고, 반대로 높고 멀고 행하기 어려운 일만을 행하려고
애를 쓴다면, <그것들은> 도로 삼을 만한 것이 아니다.

[**어구 설명**] ㅇ道者率性而已(도자솔성이이) : 도는 <천명으로 주어진> 본
성을 따라가는 것일 뿐이다. ㅇ固衆人之所能知能行者也(고중인지소능
지능행자야) : 당연히 모든 사람이 능히 알고 행할 수 있는 것이다. ㅇ故
常不遠於人(고상불원어인) : 고로 <도는> 항상 사람으로부터 멀리 떨
어져 있지 않고. <가까이 있는 것이다> ㅇ若爲道者厭其卑近(약위도자
염기비근) : 만약에 도를 따르고 행하는 사람이 <도가> 비근한 것을 싫
어하고. ㅇ以爲不足爲(이위부족위) : <그런 비근한 것은> 도로 삼기에
부족하다고   생각하고.   ㅇ而反務爲高遠難行之事(이반무위고원난행지
사) : 반대로 높고 멀고 행하기 어려운 일만을 행하려고 애를 쓴다면.
ㅇ則非所以爲道矣(즉비소이위도의) : <그러한 것들은> 도로 삼을 바
탕이 될 것이 아니다.

【大全疏註選譯】

(1) <朱子> 此三句 是一章之綱 下面三節 只是解此三句 然
　　緊要處 又在道不遠人一句.

　　<주자> 이 세 구는 이 장의 강령이며, 다음의 세 절은 오직 이
세 구를 해석한 것이다. 그러나 이 1절의 가장 긴요한 핵심은 다시
「도불원인(道不遠人)」 한 구에 있다.

(2) <黃氏> 率性之謂道 道何嘗遠人 此人字 兼人己而言 自
己觀之 便具此道 自人觀之 人亦具此道.

<황씨>「본성의 성리를 따르는 것이 도」라고 했으니, 도는 잠시도
사람에서 멀어질 수 없다. 이때의 인(人)은 자기와 타인을 겸해서
말한 것이다. 자기를 놓고 보면, 자신에게도 도가 있고, 타인을 놓고
보면 타인에게도 도가 있다.

(3) 陳氏曰 此道常昭著 於日用人事之間 初無高遠難行之
事. 若欲離人事 而求之高遠 便非所以爲道 如老莊 言道
在太極先之類 無非高遠 此三句語脈 猶道不可離 可離非
道之謂.

진씨가 말했다. 이 도는 일용하는 인간사(人間事)에 밝게 나타난
다. 처음부터 높고 멀고 행하기 어려운 것이 아니다. 만약 <도를>
인간사를 떠난 고원(高遠)한 데서 찾으려고 하면 그것은 도의 바탕이
되는 것이 아니다. 예를 들면 노자나 장자가「도는 태극 앞에 있는
것이다」라고 한 말은 모두가 고원하지 않은 것이 없게 된다. 이 1절의
세 구절의 맥락은「도는 사람으로부터 떨어질 수 없다. 떨어지면 도
가 아니다」라는 뜻을 말한 것이다.

(4) <雙峯饒氏> 人之爲道而遠人 不可以爲道 以學道者言
也 遠人之人 是指衆人 人之爲道之人 是指爲道之人.

<쌍봉 요씨>「인지위도이원인 불가이위도」는 도를 따르고 행하
는 사람을 말한 것이다.「원인(遠人)」의 인(人)은 대중이고,「인지위
도(人之爲道)」의 인(人)은 도를 행하는 사람을 말한 것이다.

제13장 2절 執柯伐柯
집 가 벌 가

詩云 伐柯伐柯 其則不遠 執柯以伐柯 睨而視之
猶以爲遠 故君子 以人治人 改而止.

시운 벌가벌가(여) 기칙불원(이라하니) 집가이벌가(호되) 예이시지
(하고) 유이위원(하나니) 고(로) 군자(는) 이인치인(하다가) 개이지
(니라)

시경(詩經) 빈풍(豳風) 벌가편(伐柯篇)에 있다. 『도끼자루를 만
들려고 나무를 벤다. 도끼자루를 만들려고 나무를 벤다. 그 기준
은 멀리 있지 않다. 손에 자루를 잡고 가지를 베고 있으니 <그것
이 기준이거늘>, 역시 곁눈질하여 보면서 아직도 멀다고 생각
한다.』

고로 군자는 사람의 본성의 도리를 기준으로 남을 다스려야 하
며, 남이 <본성의 도리를 따라서> 바르게 되면, 그것으로 멈추
어야 한다.

[**어구 설명**] ㅇ詩云(시운) : 시경(詩經) 빈풍(豳風) 벌가편(伐柯篇)의 시
다. ㅇ伐柯(벌가) : 도끼자루를 만들려고 나뭇가지를 베다. 伐(벨 벌) 柯
(자루 가) ㅇ其則不遠(기칙불원) : <만들려는 도끼자루의> 기준, 본은
멀리 있지 않다. ㅇ執柯以伐柯(집가이벌가) : 자기 손에 도끼자루를 잡
고 <새로 자루를 만들려고> 가지를 베고 있다. <그러므로 기준, 본은

바로 손에 있다는 뜻> ○睨而視之(예이시지) : <손안의 자루를 바로 보지 않고> 곁눈질하여 <멀리 보면서>. ○猶以爲遠(유이위원) : 기준이나 본이 멀리 있는 것같이 생각을 한다. ○故君子(고군자) : 고로 군자는. ○以人治人(이인치인) : 본연의 인간을 기준으로 하고 남들을 다스려야 한다. 「본연의 인간」은 곧 「천명으로 주어진 본성 속의 도리, 즉 성리(性理)」라는 뜻이다. ○改而止(개이지) : 남이 인욕을 해탈하고 바른 인간의 도리로 되돌아오면, 그것으로 멈추어야 한다. 즉 사람이 사람으로 되돌아오면 그것으로 멈춘다.

【集註】(1) 詩豳風伐柯之篇 柯斧柄 則法也 睨邪視也 言人執柯伐木以爲柯者 彼柯長短之法 在此柯耳 然猶有彼此之別 故伐者 視之猶以爲遠也.

「시(詩)」는 시경(詩經) 빈풍(豳風) 벌가편(伐柯篇)의 구절이다. 「가(柯)」는 도끼 자루다. 「칙(則)」은 기준, 본의 뜻이다. 「예(睨)」는 곁눈질해서 본다는 뜻이다.

이 시는 다음 같은 뜻을 말한 것이다. 「사람이 도끼자루를 손에 잡고 나무를 자르고 베고 새 자루를 만든다. <그때 그 사람이 만들려는> 도끼자루의 장단의 기준은 <자기가 쥐고 있는> 바로 그 자루이다. 그러나 역시 피차간에 차이가 있다고 여긴다. 그래서 나무를 자르는 사람이 이것과 저것을 보면서 역시 서로 멀고 다른 것이라고 생각을 한다.」

[어구 설명] ○詩豳風伐柯之篇(시빈풍벌가지편) : 시는 시경(詩經) 빈풍(豳風) 벌가편(伐柯篇)의 구절이다. ○柯斧柄(가부병) : 「가(柯)」는 도

끼자루다. ㅇ則法也(칙법야) :「칙(則)」은 기준의 뜻이다. ㅇ睨邪視也 (예사시야) :「예(睨)」는 곁눈질해서 본다는 뜻이다. ㅇ言(언) : 이 시 구절은 다음 같은 뜻을 말한 것이다. ㅇ人執柯伐木(인집가벌목) : 사람이 도끼자루를 손에 잡고 나무를 자르고 베고. ㅇ以爲柯者(이위가자) : 새로 자루를 만든다. <그때, 그 사람의> ㅇ彼柯長短之法(피가장단지법) : 그 도끼자루의 장단의 법도는. ㅇ在此柯耳(재차가이) : <자기가 손에 쥐고 있는> 바로 그 자루이다. ㅇ然猶有彼此之別(연유유피차지별) : 그러나 역시 피차간에 차이가 있다고 여긴다, 즉 만들려는 자루와 손에 쥐고 있는 자루가 다르다고 생각한다. ㅇ故伐者視之(고벌자시지) : 그래서 나무를 자르는 사람이 이것과 저것을 보면서. ㅇ猶以爲遠也 (유이위원야) : 역시 서로 멀고 다른 것이라고 생각을 한다.

【集註】(2) 若以人治人 則所以爲人之道 各在當人之身 初無彼此之別 故君子之治人也 卽以其人之道 還治其人之身 其人能改 卽止不治.

만약에 <군자가 사람을 다스리려면> 그 사람이 <본성적으로 지닌> 도리로써 그를 다스려야 한다. 그러면 곧 사람이 되는 도리의 바탕이 저마다 본인의 몸에 갖추어져 있으므로 처음부터 이 사람, 저 사람의 분별이 없게 마련이다. 그러므로 군자가 사람을 다스릴 때에는, 곧 그 사람의 도리로써, 되돌려 그 사람의 몸을 다스리고, 그 사람이 능히 도를 따라 개정하면, 거기서 멈추어야 한다. <즉 중용의 도에 맞게 하면 된다>

[어구 설명] ㅇ若以人治人(약이인치인) : 만약에 사람을 기준으로 남을 다스리려 할진대. ㅇ則所以爲人之道(즉소이위인지도) : 그때에, 사람을 다

스리는 도리의 바탕은. ㅇ各在當人之身(각재당인지신) : 저마다 본인의 몸에 갖추어져 있는 것이며, 즉 누구나 다 천명으로 본성 속에 성리(性理)를 지니고 있다. ㅇ初無彼此之別(초무피차지별) : 처음부터 이것과 저것의 분별이 없는 것이다. 오직 성리(性理)를 따르면 된다. ㅇ故君子之治人也(고군자지치인야) : 그러므로 군자가 사람을 다스릴 때에는. ㅇ卽以其人之道(즉이기인지도) : 즉 그 사람의 본성 속에 있는 도리로써. ㅇ還治其人之身(환치기인지신) : 되돌려 그 사람의 몸을 다스리고. ㅇ其人能改(기인능개) : 그 사람이 능히 도를 따라 <허물을> 개정하면. ㅇ卽止不治(즉지불치) : 거기서 멈추고 <더 높고 먼 것을 가지고> 다스리지 말아야 한다. 사람을 사람되게 하면 된 것이다.

【集註】 (3) 蓋責之以其所能知能行 非欲其遠人以爲道也 張子所謂以衆人望人則易從 是也.

원칙적으로 모든 사람들이 알고 또 행할 수 있는 바를 요구해야 하며, 결코 사람으로부터 멀리 있는 것을 도로 삼으라고 요구하는 것이 아니다. 장횡거(張橫渠)가 말한 바 「일반 대중의 도리를 가지고 남에게 바라면 용이하다」고 한 것이 바로 이 말이다.

[**어구 설명**] ㅇ蓋責之以其所能知能行(개책지이기소능지능행) : 원칙적으로 모든 사람들이 알고 행할 수 있는 바를 요구한다(責). ㅇ非欲其遠人以爲道也(비욕기원인이위도야) : 사람으로부터 멀리 있는 것을 도로 삼으라고 요구하는 것이 아니다. ㅇ張子所謂(장자소위) : 장횡거(張橫渠)가 말한 바. ㅇ以衆人望人則易從(이중인망인칙이종) : 일반 대중의 도리를 가지고 남에게 바라면 용이하다. <정몽 중정편(正蒙 中正篇)> ㅇ是

也(시야) : 바로 이 말이다.

【참고 보충】「환치기인(還治其人)」

사람이 천명으로 주어진 본성의 도리를 따르면 악하거나 잘못이 없다. 천리를 따르지 않고 사사로운 욕심을 따르고 행하기 때문에 악하고 잘못하는 것이다. 그러므로 군자가 남을 다스린다고 하는 것은 그를 본성의 도리로 되돌리는 것이다. 원래 사람은 누구나 본성선(本性善)이 있으므로, 다른 것을 가지고 사람을 다스릴 필요가 없다. 「천리의 자연(天理自然)」으로 되돌아가게 지도하면 된다. 주자(朱子)의 「대학장구서(大學章句序)」에 있다. 「<총명한 사람이 나타나면> 하늘은 반드시 명을 내려 억조 만민의 임금이나 스승으로 삼고 다스리고 교화해서 그들의 본성을 되돌리게 한다.(天必命之 以爲億兆之君師 使之治 而敎之 而復其性)」

그러므로「군자도 사람에게 주어진 도리로써 사람을 다스리고 교화하고, 바르게 돌아오면 그만둔다.(故君子 以人治人 改而止)」고 말한 것이다.

제13장 3절 違道不遠
위 도 불 원

忠恕 違道不遠 施諸己而不願 亦勿施於人.

충서(이) 위도불원(하니) 시저기이불원(을) 역물시어인(이니라)

「충(忠)」과 「서(恕)」는 도에서 멀지 않다. <남이> 나에게 한 일로써 내가 원치 않는 일을 <나도> 역시 남에게 하지 말아야 한다.

[**어구 설명**] ○忠恕(충서) : 「충(忠)」은 적극적으로 자기의 최선을 다해서 남을 사랑함이고, 「서(恕)」는 자기 마음으로 촌탁(忖度)해서 남에게 관대하게 함이다. 「충서」라고 했을 때는 남에게 관대하게 대한다는 뜻이 많다. ⇒「참고 보충」 ○違道不遠(위도불원) : 충서는 도에서 멀지 않다. ○施諸己而不願(시저기이불원) : <남이> 나에게 한 일로써 내가 바라지 않는 일. 「시(施)」는 원래는 「베풀다」는 뜻이다. 여기서는 「남이 나에게 가하다, 한다」의 뜻으로 푼다. 「저(諸)」는 「지(之)와 어(於)」를 합한 자이다. ○亦勿施於人(역물시어인) : <나도> 역시 남에게 하지 않는다. <내가 바라지 않는 일을 남에게 강요하거나, 하지 않는다>

【集註】 (1) 盡己之心爲忠 推己及人爲恕 違去也 如春秋傳齊師違穀七里之違 言自此至彼 相去不遠 非背而去之之謂也.

자기의 마음으로 정성을 다함이 충(忠)이다. 자기를 미루어 남에게 미침이 서(恕)이다. 「위(違)」는 거리가 있다는 뜻이다. 춘추전에서 제나라 군대가 곡(穀 : 지명)에서 7리 거리에 있다고 하는 「위(違)」와 같은 뜻이다. 여기서 저쪽까지 거리가 멀지 않다는 뜻을 말한 것이다. 등지고 위배한다는 뜻이 아니다.

[**어구 설명**] ㅇ盡己之心爲忠(진기지심위충) : 자기의 최선을 다하려는 마음이 충(忠)이다. ㅇ推己及人爲恕(추기급인위서) : 자기를 미루어 남에게 미침이 서(恕)이다. ㅇ違去也(위거야) : 「위(違)」는 거리가 멀다는 뜻이다. ㅇ如春秋傳齊師違穀七里之違(여춘추전제사위곡칠리지위) : 춘추전에서 제나라 군대가 곡에서 7리 거리에 있다고 하는 「위(違)」와 같은 뜻이다. ㅇ言自此至彼相去不遠(언자차지피상거불원) : 여기서 저쪽까지 거리가 멀지 않다는 뜻을 말한 것이다. ㅇ非背而去之之謂也(비배이거지지위야) : 등지고 위배한다는 뜻을 말한 것이 아니다.

【集註】 (2) 道卽其不遠人者是也 施諸己而不願 亦勿施於人 忠恕之事也.

「도가 사람으로부터 멀리 있지 않다고 한 것이」 바로 이것이다. 남이 나에게 한 일을 내가 원치 않으면 나도 역시 남에게 하지 않는 것이 충과 서이다.

[**어구 설명**] ㅇ道卽其不遠人者是也(도즉기불원인자시야) : 「도가 사람으로부터 멀리 있지 않다고 한 것이」 바로 이것이다. ㅇ施諸己而不願(시저기이불원) : 남이 나에게 한 일을 내가 원치 않으면. ㅇ亦勿施於人(역물시어인) : 나도 역시 남에게 하지 않는 것이. ㅇ忠恕之事也(충서지사야) : 충서의 일이다. <남이 나에게 가한 일을 내가 싫어하면, 나도 남에

게 가하지 않는 것이 충과 서를 행함이다>

【集註】(3) 以己之心 度人之心 未嘗不同 則道
之不遠於人者 可見 故己之所不欲 則勿以施於人
亦不遠人以爲道之事.

나의 마음으로 남의 마음을 헤아리면 <마음이 피차> 같지
않은 게 없다. 그러니 도가 사람에게 멀지 않음을 알 수 있다.
고로 내가 원치 않는 일을 남에게 하지 않아야 하니 역시 사람에
게 멀지 않는 것을 도로 삼은 것이라 하겠다.

[어구 설명] ㅇ以己之心度人之心(이기지심탁인지심) : 나의 마음을 가지
고 남의 마음을 헤아리면. ㅇ未嘗不同(미상부동) : 같지 않은 게 없으니.
ㅇ則道之不遠於人者可見(즉도지불원어인자가견) : 곧 도가 사람에게
멀지 않음을 볼 수 있다. ㅇ故己之所不欲(고기지소불욕) : 고로 내가 원
치 않는 일을. ㅇ則勿以施於人(즉물이시어인) : 남에게 하지 않아야 하
니. <이것도> ㅇ亦不遠人以爲道之事(역불원인이위도지사) : 역시 사
람에게 멀지 않은 것을 도로 여긴 것이라 하겠다.

【集註】(4) 張子所謂 以愛己之心 愛人 則盡仁
是也.

장횡거(張橫渠)가 말한바, 나 자신을 사랑하는 마음으로 남
을 사랑함이, 곧 나의 인(仁)을 다함이라고 말한 것이 바로 그
것이다.

[어구 설명] ㅇ張子所謂(장자소위) : 장횡거(張橫渠)가 말한바. ㅇ以愛己

之心愛人(이애기지심애인) : 나 자신을 사랑하는 마음으로 남을 사랑함이. ㅇ則盡仁是也(즉진인시야) : 곧 나의 인(仁)을 다함이라고 말한 것이 바로 그것이다.

【참고 보충】「오도일이관지(吾道一以貫之)」

논어(論語) 이인편(里仁篇)에서 공자가 말했다.「우리의 도는 하나로써 꿰뚫는다.(吾道一以貫之)」이를 수제자 증자(曾子)가 다음같이 풀이했다.「선생님이 말씀하신 도는 충서뿐이다.(夫子之道 忠恕而已矣.)」또 옹야편(雍也篇)에서 공자가 말했다.「어진 사람은 내가 나서고 싶으면 남을 내세우고, 내가 도달하고 싶으면 남을 도달케 한다.(夫仁者 己欲立而立人 己欲達而達人)」공자가 말한 도(道)는 주로 인도(仁道)의 뜻이다. 그러나 인도(仁道)는 즉 인도(人道)이고 그 바탕은 천도(天道)다.「중용의 도(中庸之道)」는 곧 군자가 행해야 할 도리로, 그 핵심은 인도(仁道＝人道)이며, 인도의 실천사항은「충(忠)과 서(恕)」다.

【大全疏註選譯】

(1) ＜朱子＞ 忠恕兩箇離不得 方忠時未見得恕 及至恕時 忠行乎其間 施諸己而不願 亦勿施於人 非忠者不能也.

＜주자＞ 충과 서 두 개는 떨어질 수 없다. 충성할 때는 서가 나타날 여지가 없지만, 서를 베풀 때에는 충성이 행해지게 마련이다. 나에게 가해진 것으로 원치 않는 것을 역시 남에게 가하지 않으려면 충성이 아니면 능히 할 수 없다.

📿 제13장 4절 君子之道四
군 자 지 도 사

君子之道四 丘未能一焉 所求乎子 以事父 未能
也 所求乎臣 以事君 未能也 所求乎弟 以事兄
未能也 所求乎朋友 先施之 未能也 庸德之行 庸
言之謹 有所不足 不敢不勉 有餘 不敢盡 言顧行
行顧言 君子胡不慥慥爾.

군자지도사(에) 구미능일언(이로니) 소구호자(로) 이사부(를) 미능야
(하며) 소구호신(으로) 이사군(을) 미능야(하며) 소구호제(로) 이사형
(을) 미능야(하며) 소구호붕우(로) 선시지(를) 미능야(로니) 용덕지행
(하며) 용언지근(하야) 유소부족(이어든) 불감불면(하며) 유여(면) 불
감진(하야) 언고행(하며) 행고언(이니) 군자호부조조이(리오)

군자가 행할 도가 네 가지 있다. 그러나 나는 하나도 능히 행하
지 못한다. <내가> 자식에게 바라는 바대로 부모 섬기기를 아
직 못한다. <내가> 신하에게 요구하는 대로 임금 섬기기를 아
직 못한다. <내가> 동생에게 요구하는 대로 형님 섬기기를 아
직 못한다. <내가> 벗에게 요구하는 대로 벗에게 먼저 베풀지
못한다. <그러므로> 중용의 도에 맞는 덕을 행하고, 중용의 도
에 맞는 말을 근실하게 해야 한다. 모자라는 바가 있으면 감히

노력하지 않을 수 없고, 지나친 점이 있으면 감히 다하지 말아야
한다. 말이 행동을 돌아보고 행동이 말을 돌아보아야 하니, 군자
가 어찌 독실하지 않을 수 있느냐.

[**어구 설명**] ㅇ君子之道四(군자지도사) : 군자가 행할 도가 네 가지 있다.
ㅇ丘未能一焉(구미능일언) : 나는 하나도 능히 행하지 못한다. 「구(丘)」
는 공자의 이름. ㅇ所求乎子(소구호자) : <내가> 자식에게 바라는 바대
로. ㅇ以事父未能也(이사부미능야) : <내가> 부모 섬기기를 아직 못한
다. ㅇ所求乎臣以事君未能也(소구호신이사군미능야) : <내가> 신하에
게 요구하는 대로 <내가> 임금 섬기기를 아직 못한다. ㅇ所求乎弟以事
兄未能也(소구호제이사형미능야) : <내가> 동생에게 요구하는 대로,
<내가> 형님 섬기기를 아직 못한다. ㅇ所求乎朋友先施之未能也(소구
호붕우선시지미능야) : <내가> 벗에게 요구하는 대로, <내가> 벗에게
먼저 베풀지 못한다. ㅇ庸德之行(용덕지행) : 중용의 도에 맞는 덕을 행
하고. 「용덕(庸德)」은 「중용의 도에 맞는 평범하고 변치 않는 덕행」.
ㅇ庸言之謹(용언지근) : 「중용의 도」에 맞게 말을 근실하게 한다. ㅇ有
所不足(유소부족) : 모자라는 바가 있으면. ㅇ不敢不勉(불감불면) : 감
히 노력하지 않을 수 없다. ㅇ有餘不敢盡(유여불감진) : 지나친 것은 감
히 끝까지 하지 않는다. ㅇ言顧行(언고행) : 말이 행동을 돌아보고. ㅇ行
顧言(행고언) : 행동이 말을 돌아보아야 한다. ㅇ君子胡不慥慥爾(군자
호부조조이) : <그러니> 군자가 어찌 독실하지 않을 수 있느냐.

【集註】 (1) 求猶責也 道不遠人 凡己之所以責人者 皆道之所當然也 故反之以自責而自修焉.

「구(求)」는 「책(責)」과 같은 뜻이다. <이때의 「책(責)」은 「바
란다, 권한다」는 뜻> 도는 사람과 멀리 있지 않다. 무릇 내가

남에게 요구하는 것은 도의 당연한 것이다. 고로 <내가 남에게 요구하는 것을> 돌이켜서, 스스로 나에게 구하고 아울러 스스로 닦아야 한다.

[**어구 설명**] ㅇ求猶責也(구유책야) : 「구(求)」는 「책(責)」과 같은 뜻이다. 이때의 「책(責)」은 「바란다, 권한다」는 뜻. ㅇ道不遠人(도불원인) : 도는 사람과 멀리 있지 않다, 혹은 도는 사람을 멀리하지 않는다. 즉 도는 사람과 함께 있다. ㅇ凡己之所以責人者(범기지소이책인자) : 무릇 내가 남에게 요구하는 것은. ㅇ皆道之所當然也(개도지소당연야) : 도의 당연한 것이다, 즉 사람이 당연히 지킬 도리다. ㅇ故反之(고반지) : 고로 <내가 남에게 요구하는 것을> 돌이켜서. ㅇ以自責而自修焉(이자책이자수언) : 스스로 나에게 구하고 아울러 스스로 닦고 수양해야 한다.

【集註】(2) 庸平常也 行者踐其實 謹者擇其可 德不足而勉 則行益力 言有餘而訒 則謹益至 謹之 至 則言顧行矣 行之力 則行顧言矣 慥慥篤實貌 言君子之言行如此 豈不慥慥乎 贊美之也 凡此皆 不遠人以爲道之事.

「용(庸)」은 평상이라는 뜻이다. 「행(行)」은 실천한다는 뜻이다. 「근(謹)」은 잘할 수 있게 신중하게 택한다는 뜻이다. 덕이 부족하면 더욱 노력한다. 그러면 곧 실천이 더욱 세차게 된다. 말이 넘치면 눌러 참는다. 그러면 곧 신중함이 더욱 지극한 경지에 이른다. 신중함이 지극한 경지에 이르면 곧 말이 행동을 돌아보게 된다. 실천이 힘을 얻으면 곧 행동이 말을 돌아보게 된다.

「조조(慥慥)」는 독실한 모양이다. 이는 다음 같은 뜻을 말한 것이다. 군자의 언행이 이와 같으니 어찌 독실하지 않으냐? 찬미하는 말이다. 이 모두가 다 사람과 멀지 않은 것을 도로 삼는다는 뜻이다.

[**어구 설명**] ㅇ庸平常也(용평상야) : 「용(庸)」은 평상이라는 뜻이다. ㅇ行者踐其實(행자천기실) : 「행(行)」은 실천한다는 뜻이다. ㅇ謹者擇其可(근자택기가) : 「근(謹)」은 잘할 수 있게 신중하게 택한다는 뜻이다. ㅇ德不足而勉則行益力(덕부족이면즉행익력) : 덕이 부족하면 더욱 노력한다. 그러면 곧 실천이 더욱 힘있게 된다. ㅇ言有餘而訒則謹益至(언유여이인즉근익지) : 말이 넘치면 눌러 참는다. 그러면 곧 신중함이 더욱 지극한 경지에 이른다. ㅇ謹之至則言顧行矣(근지지즉언고행의) : 신중함이 지극한 경지에 이르면 곧 말이 행동을 돌아보게 된다. ㅇ行之力則行顧言矣(행지력즉행고언의) : 실천이 힘을 얻으면 곧 행동이 말을 돌아보게 된다. ㅇ慥慥篤實貌(조조독실모) : 「조조(慥慥)」는 독실한 모양이다. ㅇ言(언) : 다음 같은 뜻을 말한 것이다. ㅇ君子之言行如此(군자지언행여차) : 군자의 언행이 이와 같으니. ㅇ豈不慥慥乎(기부조조호) : 어찌 독실하지 않으냐? ㅇ贊美之也(찬미지야) : 찬미하는 말이다. ㅇ凡此皆不遠人以爲道之事(범차개불원인이위도지사) : 이 모두가 다 사람과 멀지 않은 것을 도로 삼았다는 뜻이다.

【集註】(3) 張子所謂 以責人之心 責己則盡道 是也.

장횡거(張橫渠)가 말한바 자신이 <남에게> 바라는 마음으로 <먼저> 자기 자신에게 요구하면 곧 도를 다한다고 한 것이 바로 이것이다.

[**어구 설명**] ㅇ張子所謂(장자소위) : 장횡거(張橫渠)가 말한바. ㅇ以責人之心(이책인지심) : 자신이 <남에게> 바라는 마음으로. ㅇ責己則盡道是也(책기즉진도시야) : <먼저> 자기 자신에게 요구하면 곧 도를 다한다고 한 것이 바로 이것이다.

【集註】 (4) 右第十三章 道不遠人者 夫婦所能 丘未能一者 聖人所不能 皆費也而其所以然者 則至隱存焉 下章放此.

이상이 제13장이다. 도가 사람과 멀지 않다고 함은, 곧 필부필부도 능히 할 수 있으며, 공자도 아직 하나도 못한다고 말한 것은 성인도 능히 하지 못하는 바 있다는 말이다. 모두 도가 광대하게 쓰여짐을 말한 것이다. 그러나 도의 연유나 본체는 지극히 은미(隱微)한 속에 있다. 다음 장도 이와 같다.

[**어구 설명**] ㅇ右第十三章(우제십삼장) : 이상이 제13장이다. ㅇ道不遠人者(도불원인자) : 도가 사람과 멀지 않다고 함은, 곧. ㅇ夫婦所能(부부소능) : 필부필부도 능히 할 수 있으며. ㅇ丘未能一者(구미능일자) : 공자도 아직 하나도 못한다고 한 것은. ㅇ聖人所不能(성인소불능) : 성인도 능히 하지 못하는 바 있다는 말이다. ㅇ皆費也(개비야) : 모두가 도가 광대하게 쓰여짐을 말한 것이다. ㅇ而其所以然者(이기소이연자) : 그러나 도의 연유나 본체는. ㅇ則至隱存焉(즉지은존언) : 지극히 은미(隱微)한 속에 있다. ㅇ下章放此(하장방차) : 다음 장도 이와 같다.

【大全疏註選譯】

(1) 三山陳氏曰 人之言常有餘 行常不足 言顧行 則言之有餘
者 將自損 行顧言 則行之不足者 將自勉 此章語若雜出 而
意脈貫通 反復語人己之間者 詳盡明切而有序 其歸不過
致謹於言行 以盡其實耳.

삼산 진씨가 말했다. 사람의 말은 항상 넘치고 실행은 항상 못미친
다. <그러므로> 말할 때 행할 것을 생각해보면 곧 넘치는 말을 스스
로 자제하게 된다. 또 실행할 때에 말을 생각해보면 곧 스스로 노력하
게 될 것이다. 이 장의 글은 이것저것 혼잡하게 말한 것 같으나, <잘
보면> 의미가 관통한다. 자기와 다른 사람 사이를 오가면서 한 말이
지만, 뜻이 절실하고 또 순서가 명백하다. 전체의 귀결점은 언행(言
行)을 근엄하게 하고 끝까지 알차게 하라는 뜻이다.

(2) <朱子> 未能一焉 固是謙讓 然可見聖人之心 有未嘗
滿處.
　事父母未能 須要如舜之事父 方盡得子之道 事君未能
須要如周公之事君 方盡得臣之道 若有一毫不盡 便是道
理有所欠缺 便非子與臣之道矣.

<주자> (공자가) 하나도 능히 하지 못한다고 말한 것은 물론 겸
양하는 말투다. 그러나 성인의 마음이 항상 만족하지 못함을 알 수
있다.
　(공자가) 부모 섬김을 잘하지 못했다고 함은 모름지기 순이 자기
부친을 섬긴 것같이 해야 비로소 자식의 도리를 다함을 말한 것이다.
임금 섬김을 잘하지 못했다고 함은 모름지기 주공(周公)이 자기 임금

을 섬긴 것같이 해야 비로소 신하의 도리를 다함을 말한 것이다. 만약에 털끝만큼의 부족함이 있어도, 곧 도리상으로 결함이 있는 것이니, 이는 자식이나 신하의 도리가 아니다.

(3) <南軒張氏> 此張大意 謂道雖不遠人 而其至 則聖人亦有所不能 而實亦不遠人.

<남헌 장씨> 이 장의 대의는 도가 비록 사람으로부터 멀리 있는 것이 아니고, 그 지극함은 성인도 능히 행하지 못하는 바가 있다고 했다. 그러나 실은 역시 도가 멀리 있는 것이 아님을 말한 것이다.

(4) <雲峯胡氏> 學者之心 常與聖人 以爲未能 則必深體而力行之 惟恐庸言之不謹 而言未能顧其行 惟恐庸德之未行 而行未能顧其言 此皆盡己之心 而恕之本也.

<운봉 호씨> 배우는 사람은 마음을 항상 성인과 같게 해야 한다. 스스로 못한다고 생각이 되면, 즉시 깊이 체득하고 힘을 써서 행하게 해야 한다. 어디까지나 자기가 용언(庸言)을 성실하게 못하고 따라서 말이 실천되지 않을 것을 겁내야 한다. 자기가 용덕(庸德)을 행하지 못하고 따라서 자기 행동이 말을 돌아보지 못할 것을 걱정해야 한다. 이 모두가 자신을 다하는 마음이고 서(恕)의 근본이다.

중용 제14장 (총5절)

1절 君子 素其位而行 不願乎其外.

2절 素富貴 行乎富貴 素貧賤 行乎貧賤 素夷
狄 行乎夷狄 素患難 行乎患難 君子 無
入而不自得焉.

3절 在上位 不陵下 在下位 不援上 正己而不
求於人 則無怨 上不怨天 下不尤人.

4절 故君子 居易以俟命 小人 行險以徼幸.

5절 子曰 射有似乎君子 失諸正鵠 反求諸其身.

제14장의 1절에서 4절까지는 자사(子思)의 말이다.
5절의 첫머리에 「자왈(子曰)」이 붙은 것은 공자의 말을
인용한 것이다. 제14장은 대체로 군자는 어느 경우에도
중용의 도를 지켜야 함을 강조했다.

1절 : 군자는 현재의 위치와 처지에 맞게 행해야
한다.

2절 : 부귀할 때에도, 빈천할 때에도, 오랑캐 땅에
　　　들어가도, 혹은 불행하게 환난에 처해도 언제
　　　나 중용의 도를 지키고 행해야 한다.
3절 : 언제나 자신을 바르게 해야 한다.
4절 : 군자는 평이한 도를 지키면서 천명을 기다리지
　　　만, 소인은 험악한 짓을 하고 요행을 바란다.
5절 : 활로 과녁을 맞추고 못 맞추고는 자기 책임
　　　이다.

제14장 1절 素其位而行
소 기 위 이 행

君子 素其位而行 不願乎其外.

군자(는) 소기위이행(이오) 불원호기외(니라)

군자는 자기 자리를 바탕으로 행동하며, 그밖의 것을 바라지 않는다.

[**어구 설명**] ○君子(군자) : 군자는. ○素其位而行(소기위이행) : 자기 자리를 바탕으로 하고 행한다. 「소(素)」는 바탕으로 하고 행동한다. 「기위(其位)」는 「자기가 현재 처하고 있는 자리」의 뜻이다. 주자는 「소기위(素其位)」를 현재 처해 있는 처지나 위치의 뜻으로 풀이했다. 근본적으로는 같은 뜻이다. ○不願乎其外(불원호기외) : 그밖의 것을 원치 않는다.

【集註】 (1) 素猶見在也 言 君子但因見在所居之位 而爲其所當爲 無慕乎其外之心也.

「소(素)」는 「현재 있다」의 뜻이다. 이 말은 곧 군자는 현재 처해 있는 자리를 바탕으로 하고 마땅히 할 일을 하고, 그밖의 것을 바라는 마음이 없다는 뜻을 말한 것이다.

[**어구 설명**] ○素猶見在也(소유현재야) : 「소(素)」는 「현재 있는」의 뜻이다. 즉 「내가 지금 처해 있는 시간과 공간 및 처지나 위치 등을 포함한

현재의 자리를 바탕으로 한다」는 뜻이다. ㅇ言(언) : 이 말은 다음 같은 뜻을 말한 것이다. ㅇ君子但因見在所居之位(군자단인현재소거지위) : 군자는 현재 처해 있는 자리를 바탕으로 하고. ㅇ而爲其所當爲(이위기소당위) : 마땅히 할 일을 하고. ㅇ無慕乎其外之心也(무모호기외지심야) : 그밖의 것을 바라는 마음을 안 갖는다는 뜻이다.

【참고 보충】「소기위이행(素其位而行)」

「천명으로 주어진 본성 속의 도리」를 따르고 행하는 것이「중용의 도」다. 여기서는 현재 자기가 어떠한 위치나 처지에 있건, 항상 바르게「중용의 도」를 지켜야 참다운 군자임을 말했다.「불원기외(不願其外)」는 중용의 도가 아닌「인욕(人欲)」을 바탕으로 한 세속적인 명예나 이득을 바라지 않는다는 뜻이다. 다음을 보자.

제14장 2절 素富貴 行乎富貴
소 부 귀   행 호 부 귀

素富貴 行乎富貴 素貧賤 行乎貧賤 素夷狄 行乎
夷狄 素患難 行乎患難 君子 無入而不自得焉.

소부귀(하얀) 행호부귀(하며) 소빈천(하얀) 행호빈천(하며) 소이적(하
얀) 행호이적(하면) 소환난(하얀) 행호환난(이니) 군자(는) 무입이부
자득언(이니라)

부귀를 누리는 위치에 있으면, <중용의 도에 맞게> 부귀를 누
리고 산다. 빈천한 처지에 있으면, <중용의 도에 맞게> 빈천하
게 산다. 이적의 땅에 있게 되면, <그 나름대로 중용의 도에
맞게> 이적과 함께 산다. 환난에 빠져도 <역시 중용의 도에
맞게> 환난에 대처하며 산다. 군자는 어떠한 처지나 경우에 들
어가도 스스로 도를 터득하지 못하는 법이 없다.

[어구 설명] ○素富貴行乎富貴(소부귀행호부귀) : 부귀를 누릴 수 있는 위
치에 있으면, <중용의 도에 맞게> 부귀를 누리고 산다. ○素貧賤行乎貧
賤(소빈천행호빈천) : 빈천한 자리에 있으면, <중용의 도에 맞게> 빈천
하게 산다. ○素夷狄行乎夷狄(소이적행호이적) : 이적의 땅에 있게 되
면, <그 나름대로 중용의 도에 맞게> 이적과 함께 산다. ○素患難行乎患
難(소환난행호환난) : 환난에 빠져도 <역시 중용의 도에 맞게> 환난에
대처하며 산다. ○君子無入而不自得焉(군자무입이부자득언) : 군자는

어떠한 처지나 경우에서도 스스로 도를 터득하지 못하는 법이 없다. 중용의 도를 따라 태연 자득한다.

【集註】 (1) 此言素其位而行也.

이것은 자기의 현재 처한 자리에 맞게 행함을 말한 것이다.

【참고 보충】 「행호사사(行乎四事)」

「북계 진씨(北溪陳氏)는 대전소주(大全疏註)」에서 대략 다음같이 말했다. 순임금이 부귀를 누리게 되서는 가벼운 좋은 옷을 입고, 거문고를 탔다. 그것이 「소부귀 행호부귀(素富貴 行乎富貴)」다. 그러나 그가 빈천할 때는 마른 밥과 야채를 먹었다. 그것이 「소빈천 행호빈천(素貧賤 行乎貧賤)」이다. 공자가 「구이(九夷)의 땅도 군자가 살면 누추할 것이 없다」고 말한 것이 곧 「소이적 행호이적(素夷狄 行乎夷狄)」이다. 또 공자가 「하늘이 우리의 문화를 살리려 하거늘 광인(匡人)이 나를 어찌하겠는가」고 한 것이 「소환난 행호환난(素患難 行乎患難)」이다. 「이와 같이 군자는 어떠한 처지에 처해도 스스로 도를 체득하고 오직 <그때마다> 당연히 행할 자를 따르고 행한다.(蓋君子 無所往而不自得 惟爲吾之所當爲而已.)」

이상 「네 가지(四事)」 중에, 순경(順境)은 하나고, 역경(逆境)이 셋이다. 군자는 어느 경우에도 자기가 지킬 「중용의 도(中庸之道)」를 행하면서 천명을 기다려야 한다. 「중용의 도」는 곧 「본성 속에 있는 천리(天理)」이고, 동시에 「우주의 이법(理法)」이다. 인간은 우주 앞에는 미미한 존재다. 그러므로 내가 천리를 따르고 행하면서 천명을 기다려야 한다.

🔖 제14장 3절 不求於人
불 구 어 인

在上位 不陵下 在下位 不援上 正己而不求於人 則無怨 上不怨天 下不尤人.

재상위(하야) 불릉하(하며) 재하위(하야) 불원상(이오) 정기이불구어인(이면) 즉무원(이니) 상불원천(하며) 하불우인(이라)

윗자리에 있으면 아랫사람을 능욕하지 않는다. 아랫자리에 있으면 윗사람에게 덧붙고 의지하지 않는다. 자기를 바르게 하고 남에게 구하지 않는다. 그러므로 남을 원망하는 일도 없다. 위로는 하늘도 원망하지 않고 아래로는 남을 탓하지도 않는다.

[**어구 설명**] ㅇ在上位不陵下(재상위불릉하) : 윗자리에 있으면 아랫사람을 능욕(陵辱)하지 않는다. 「능욕」은 업신여기고 욕보이다. ㅇ在下位不援上(재하위불원상) : 아랫자리에 있으면 윗사람에게 덧붙고 의지하지 않는다. ㅇ正己而不求於人(정기이불구어인) : 자기를 바르게 하고 남에게 구하지 않는다. 「정기(正己)」의 기준은 도(道)다. 즉 어떠한 경우에도 「도」를 바르게 지키고 행한다. ㅇ則無怨(즉무원) : 그러므로 남을 원망하는 일도 없다. ㅇ上不怨天(상불원천) : 위로는 하늘도 원망하지 않고. ㅇ下不尤人(하불우인) : 아래로는 남을 탓하지도 않는다. 논어(論語)에도 「하늘을 원망하지 않고, 남을 탓하지 않는다(不怨天 不尤人)」<憲問>는 공자의 말이 있다.

【集註】 (1) 此言不願乎其外也.

이는 「밖의 것을 구하지 않음」을 말한 것이다.

[**어구 설명**] ○此言(차언) : 이 3절은 「다음 같은 뜻」을 말한 것이다. ○不願乎其外也(불원호기외야) : <오직 중용의 도를 따르고 행할 뿐> 기타 다른 것을 바라고 구하지 않음이다. 즉 인욕(人欲)을 바탕으로 한 세속적 「명리(名利), 재물(財物), 지배(支配), 교만(驕慢)」 등을 바라지 않는다.

【**참고 보충**】 「정기이불구어인(正己而不求於人)」

자기를 바르게 하는 기준은 도(道)다. 「도를 따르고 행하는 것이 곧 정기(正己)다.」 도를 특히 중용(中庸)에서는 「중용의 도」라고 한다. 도는 우주 천지만물에 편재(遍在)하고 또 항상 작용하는 「절대선의 도리」다. 그러므로 군자는 언제나 어디서나 어떠한 경우에서도 꼭 따르고 지켜야 한다. 자기의 분수, 신분, 위치, 처지에 맞게 도를 따르고 지키고 행해야 한다. 이는 곧 안분지족(安分知足)이다.

도를 지키고 행하는 주체는 자기다. 그러므로 남에게 구하거나 책임을 돌리지 않고 어디까지나 선악(善惡), 시비(是非), 성패(成敗), 길흉(吉凶)을 자기에게 돌리고 자기가 책임을 져야 한다. 그것이 「불구어인(不求於人)」이다. 그러면 위로는 하늘을 원망하지 않고, 아래로는 남을 탓하지 않게 된다. 이것이 군자의 도리다.

【大全疏註選譯】

(1) <陳氏> 君子無責望於天之心 無求取於人之意 又何怨尤之有. 此處見君子胸中 多少灑落明瑩 眞如光風霽月 無一點之私累.

<진씨> 군자는 하늘에 바라고 구하려는 마음이 없고 또 다른 사람에게 요구하고 덕을 보려는 뜻도 없다. 그러니 어찌 하늘을 원망하고 남을 탓하겠는가. 이러한 경지에서 군자의 가슴속이 참으로 맑고 깨끗하고 밝고 빛나고 참으로「광풍제월(光風霽月)」같으며 한 점의 사사로운 잡티도 없음을 볼 수 있다.

🏛 제14장 4절 居易俟命
거 이 사 명

故君子 居易以俟命 小人 行險以徼幸.

고(로) 군자(는) 거이이사명(하고) 소인(은) 행험이요행(이니라)

그러므로 <도를 지키고 행하는> 군자는 평이하게 처신하고 천
명(天命)을 기다린다. <도를 모르고 자기 욕심만을 채우려는>
소인은 <도에서 벗어난> 위험하고 험난한 짓을 행하고 요행을
바란다.

[**어구 설명**] ○故君子(고군자) : 그러므로 <도를 지키고 행하는> 군자는.
  ○居易以俟命(거이이사명) : 평이하게 처신하고 천명(天命)을 기다린
  다. ○小人(소인) : <도를 모르고 사사로운 욕심만을 피우려는> 소인은.
  ○行險以徼幸(행험이요행) : <도에서 벗어난> 위험하고 험악한 짓을
  행하고 요행을 바란다.

【集註】(1) 易平地也 居易素位而行也 俟命不願乎外也 徼求也 幸謂所不當得而得者.

「이(易)」는 평탄한 경지다. 「거이(居易)」는 현재 처한 자리나
처지를 바탕으로 하고 합당한 도리를 따르고 행한다는 뜻이다.
「천명을 기다린다는 사명(俟命)」은 <도를 따르고 행하고 천명

을 기다릴 뿐> 다른 것을 바라지 않는다는 뜻이다.「요행(徼幸)」은 마땅히 얻을 수 없는 것을 바라고 얻으려 한다는 뜻이다.

[**어구 설명**] ㅇ易平地也(이평지야) :「이(易)」는 평탄한 경지, 즉 도를 지키고 행함으로써 마음이나 몸가짐이 평안할 수 있다. ㅇ居易素位而行也(거이소위이행야) :「거이(居易)」는 현재 처한 자리나 처지를 바탕으로 하고 합당한 도리를 따르고 행한다는 뜻이다. ㅇ俟命不願乎外也(사명불원호외야) :「천명을 기다린다는 사명(俟命)」은 <도를 따르고 행하고 천명을 기다릴 뿐> 다른 것을 바라지 않는다는 뜻이다. ㅇ徼求也(요구야) :「요(徼)」는 구한다는 뜻이다. ㅇ幸謂所不當得而得者(행위소부당득이득자) :「행(幸)」은 마땅히 얻을 수 없는 것을 얻는다는 뜻이다.「대전소주(大全疏註)」에「평이는 중용이다.(易者中庸也)」「험악함은 반중용이다.(險者反中庸也)」라고 있다.

【**참고 보충**】「군자거이이사명(君子居易以俟命)」

군자는 어떠한 자리나 처지에 있든지 그에 맞는 도에 따라 산다. 그러므로 마음이나 몸가짐이 평탄하다. 그런 자세로 천명(天命)을 기다린다. 도를 따르고 행했다고 반드시 부귀(富貴)를 누리는 것이 아니다. 오직 성인(聖人)을 따라 낙천지명(樂天知命)할 뿐이다. 반대로 도를 모르고 오직 동물적·이기적·물질적 욕심만을 채우려는 소인(小人)은 온갖 험악하고 위태로운 짓, 심지어는 죄를 범하면서 요행을 바란다. 이를 두고「소인행험이요행(小人行險以徼幸)」이라고 한다. 도를 어기면 멸망하는 것이 바로 하늘의 도리다.

【大全疏註選譯】

(1) 問君子居易俟命 與大易樂天知命 相似否 潛室陳氏曰 居

易俟命 學者事 樂天知命 聖人事.

「군자가 평범하게 살면서 천명을 기다린다(居易俟命)고 한 것은 역경에서 말하는 낙천지명(樂天知命)과 같은가요?」하고 묻자, 잠실 진씨가 말했다. 「'거이사명'은 학문하는 사람이 할 일이고, '낙천지명'은 성인이 할 일이다.」

(2) <備旨> 若小人則騁私智 行乎傾險之塗 以徼求苟得之 幸而已.

<비지> 소인은 사사로운 꾀를 쓰고, 위태로운 길을 가면서 임시로 요행을 얻으려고 한다.

⌂ 제14장 5절 反求諸其身
반 구 저 기 신

子曰 射有似乎君子 失諸正鵠 反求諸其身.

자왈 사유사호군자(하니) 실저정곡(이오) 반구저기신(이니라)

공자가 말했다. 활쏘기의 도리가 군자의 도리와 닮은 점이 있다. 정곡을 맞추지 못하면 <그 원인을> 돌이켜 자신에게서 찾아본다.

[**어구 설명**] ○子曰(자왈) : 공자가 말했다. ○射有似乎君子(사유사호군자) : 활쏘기의 도리가 군자의 도리와 닮은 점이 있다. ○失諸正鵠(실저정곡) : 정곡을 맞추지 못하면. ○反求諸其身(반구저기신) : 돌이켜 <실수의 원인을> 자기에게서 찾아본다.

【集註】(1) 畫布曰正 棲皮曰鵠 皆侯之中 射之的也.

베에다 그린 표적을 정(正)이라 하고, 가죽으로 만든 표적을 곡(鵠)이라 한다. 모두 표적의 한복판에 붙여 놓은 것으로 활쏘기의 과녁이다.

[**어구 설명**] ○正(정) : 베로 만든 중심 표적, 과녁. ○鵠(곡) : 가죽으로 만든 중심 표적, 과녁. 「후」는 베(布)로 만들고, 대사(大射) 때에는 가죽으로 만든 곡(鵠)을 복판에 달고, 빈사(賓射) 때에는 베로 만든 정(正)을

복판에 붙인다고 한다. ㅇ侯(후) : 활쏘기 할 때의 전체 표적.

【集註】(2) 子思引此孔子之言 以結上文之意.

자사가 공자의 말을 인용해서 앞글의 뜻을 결론지은 것이다.

【集註】(3) 右第十四章 子思之言也 凡章首 無子曰字者 放此.

이상이 제14장이며, 자사(子思)가 한 말이다. 모든 장의 첫머리에 「자왈(子曰)」이라는 글자가 없는 것은 다 이와 같이 <자사가 한 말이다.>

【大全疏註選譯】

(1) 陳氏曰 射有不中 只是自責 如君子 行有不得 反求諸己
   蓋以證 上文正己 而不求於人 是亦不願乎其外之意也.

진씨가 말했다. 활쏘기 할 때에, 과녁을 맞추지 못하면 오직 자기 책임이다. 이는 흡사 군자가 도에 맞게 행하지 못하면 돌이켜 자기 반성으로 함과 같다. 무릇 이를 가지고 앞에서 말한 「자기를 바르게 하고 밖에서 구하지 않는다(正己而不求於人)」와 「기타 다른 것을 원하지 않는다는 뜻(不願乎其外之意)」을 증명한 것이다.

중용 제15장 (총3절)

1절 君子之道 辟如行遠必自邇 辟如登高必自
卑.

2절 詩曰 妻子好合 如鼓瑟琴 兄弟旣翕 和樂
且耽 宜爾室家 樂爾妻帑.

3절 子曰 父母 其順矣乎.

제15장의 첫 구절은 자사(子思)의 말이고, 둘째 구절
은 시경에서 인용한 구절이고, 셋째 구절은 공자의 말을
인용해서 결론지은 것이다.

　1절 :「군자의 도(君子之道)」는 곧「천자나 임금 및
　　　현명한 군자가 덕치(德治)를 펴서 평천하(平
　　　天下)하거나 치국(治國)하는 도리다.」 그와
　　　같은 고매하고 원대한 덕치도 가까운 데서부
　　　터 낮은 바닥에서부터 이루어지게 마련이다.

　2절 : 자사는 시경의 구절을 인용해서「덕치의 바탕」
　　　이「처자와 형제가 서로 사랑하고 화목하는

것임」을 강조했다.

3절 : 자사는 다시 공자의 말을 인용해서 결론을 지었다. 즉 「군자가 처자를 잘 거느리고 형제간에 화목하면, 위에 계신 부모가 안락하실 것이다.」

제15장은 가정에서 효제(孝弟)가 행해지는 것이 제가(齊家)이고, 그 제가가 곧 치국(治國)과 평천하(平天下)의 바탕이고 시발점임을 강조한 것이다.

📿 제15장 1절 行遠必自邇
행 원 필 자 이

君子之道 辟如行遠必自邇 辟如登高必自卑.

군자지도(는) 비여행원(에) 필자이(하며) 비여등고(에) 필자비(니라)

군자가 도를 따르고 행함은 비유하면 먼길을 갈 때에 반드시 가까운 곳에서 <시작함과> 같고 또 비유하면 높은 데를 올라갈 때에 반드시 낮은 데서 <시작함과> 같다.

[**어구 설명**] ㅇ君子之道(군자지도) : 군자가 도를 따르고 행함은. ⇒ 「참고 보충」 ㅇ辟如行遠必自邇(비여행원필자이) : 비유하면 먼길을 갈 때에 반드시 가까운 곳에서 <시작함과> 같다. 「임금 벽(辟)」을 여기서는 「비유할 비(譬)」의 뜻으로 쓰고 음도 「비」로 읽는다. 邇(가까울 이) ㅇ辟如登高必自卑(비여등고필자비) : 비유하면 높은 데를 올라갈 때에 반드시 낮은 데서 <시작함과> 같다.

【集註】 (1) 辟 譬同

「비(辟)」자는 「비(譬)」와 같다.

【참고 보충】 「군자지도(君子之道)」

군자의 도리와 본분은 「천인합일(天人合一)」하고 「수기치인(修己治人)」하는 것이다. 즉 「절대선(絶對善)의 천리(天理)」를 따르고 행해서 자신의 인격을 완성하고 더 나가서 「덕치(德治)를 펴서 치국(治國) 및 평천하(平天下)해야 한다.」 이와 같은 높고 원대한 사명을 달성하기 위해서 군자는 학문과 덕행을 쌓아야 한다. 동시에 「중용의 도」는 멀고 높은 데에만 있는 것이 아니다. 일상생활에서 지키고 행할 예의범절, 일용하는 평범한 사물처리의 도리가 다 포함된다. 그러므로 군자의 수기(修己)는 쇄소응대(灑掃應對) 같은 소학(小學)의 가르침을 다 따르고 행해야 한다. 그래서 「가까운 곳에서부터, 낮은 데서부터」라고 한 것이다. 다음을 보자.

【참고 보충】 「행원필자이(行遠必自邇) **등고필자비**(登高必自卑)」
먼길도 가까운 곳에서부터 한 발씩 걸어가게 마련이고, 높은 산도 낮은 바닥에서부터 한 발씩 오르게 마련이다. 그와 마찬가지로 높고 원대한 치국(治國), 평천하(平天下)도 수신(修身)과 제가(齊家)에서부터 달성되게 마련이다. 뒤집어 말하면, 수신이나 제가가 치국 평천하의 첫발이고 바탕이다. 다음에는 제가를 주로 하고 말하겠다.
제가는 곧 가정윤리의 확립이다. 윤리는 사람들이 함께 어울리고 잘사는 도리다. 그러므로 가족이 서로 윤리를 지키고 행해야 한다. 즉 「부자유친(父子有親), 부부유별(夫婦有別), 형제우애(兄弟友愛)」 해야 한다. 서로 사랑하고 협동하고, 가정의 중심점인 가장을 중심으로 하나로 뭉치고 함께 화락(和樂)해야 한다.
가정은 소우주(小宇宙)이고 사회의 기본단위다. 가정을 우주적으로 확대 연장한 것이 국가 세계다. 그러므로 가정윤리의 확립은 하나의 평화세계, 즉 대동세계(大同世界) 창건의 바탕이다.

제15장 2절 妻子兄弟
처 자 형 제

詩曰 妻子好合 如鼓瑟琴 兄弟旣翕 和樂且耽 宜
爾室家 樂爾妻帑.

시왈 처자호합(이) 여고슬금(하며) 형제기흡(하야) 화락차탐(이라) 의
이실가(하며) 낙이처노(라)

시경(詩經) 소아(小雅) 상체편(常棣篇)의 시에 다음 같은 구절
이 있다.『처와 자식들이 사랑하고 화합함이 슬(瑟)과 금(琴)이
어울려 소리를 내는 듯하고, 형제가 항상 화합하여 서로 화락(和
樂)하고 깊이 즐거워하니, 그대의 집안이 화목하고 의가 좋으며,
그대의 처와 자식들도 즐거워하노라.』

[**어구 설명**] ㅇ詩曰(시왈) : 시경(詩經) 소아(小雅) 상체편(常棣篇)의 시
　구절이다. ㅇ妻子好合(처자호합) : 처와 자식들이 사랑하고 화합함이.
　ㅇ如鼓瑟琴(여고슬금) : 슬(瑟)과 금(琴)이 잘 어울려 소리를 내는 듯하
　다. 슬(瑟)은 25현(絃)의 큰 거문고, 금(琴)은 7현의 거문고. ㅇ兄弟旣翕
　(형제기흡) : 형제가 전부터 항상 화합하고. ㅇ和樂且耽(화락차탐) : 서
　로 화락하고 또 깊이 즐거워한다. ㅇ宜爾室家(의이실가) : 너의 집안사
　람들이 화목하고 의가 좋다. ㅇ樂爾妻帑(낙이처노) : 너의 처와 자식들
　이 즐겁게 살고 있다. 「금고 탕(帑)」은 「노(孥 : 처자)」와 같다.

【集註】（1）　詩小雅常棣之篇　鼓瑟琴和也　翕亦合也　耽亦樂也　帑子孫也.

「시(詩)」는 시경(詩經) 소아(小雅) 상체편(常棣篇)의 구절이다. 「고슬금(鼓瑟琴)」은 「조화를 이루다」의 뜻이다. 「흡(翕)」도 역시 「화합(和合)하다」의 뜻이다. 「탐(耽)」도 「즐거워하다」의 뜻이다. 「탕(帑)」은 「노(孥)」와 같고, 자손(子孫)의 뜻이다.

【참고 보충】 「부부(夫婦)・부자(父子)・형제(兄弟)」

부모의 아들로 태어난 남성과 다른 부모의 딸로 태어난 여성이 성장하여 어울려 결혼을 하면 부부가 된다. 그리고 그들이 부부생활을 하고 자식을 낳고 양육하면 그들이 부모가 된다. 그리고 그 밑에 형제자매가 태어나 자라난다. 이렇게 해서 가정이 형성된다. 나를 중심으로 가정을 도시하면 다음과 같다.

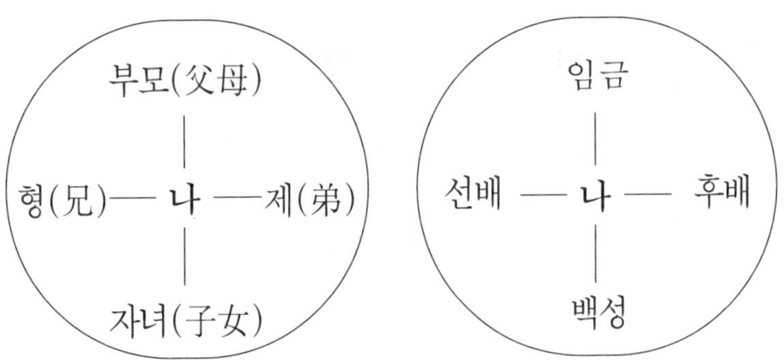

가정은 사회의 기본단위다. 나를 중심으로 위에는 부모, 아래로는 아들딸이 있다. 같은 세대의 형과 아우가 좌우로 있다. 가정을 확대한 것이 국가다. 위로는 임금, 아래로는 백성 만민이 있고, 횡적으로 선배 후배가 서로 관련되어 있다. 모두가 잘 어울리고 함께 잘사는 도리가 윤리다.

🔖 제15장 3절 父母其順矣乎
부 모 기 순 의 호

子曰 父母 其順矣乎.

자왈 부모(는) 기순의호(이신져)

공자가 말했다. 그의 부모는 참으로 마음이 편하고 즐거우실
거다.

[어구 설명] ○子曰(자왈) : 공자가 말했다. ○父母其順矣乎(부모기순의
호) : 그들의 부모는 참으로 마음이 편하고 순탄하고 즐거우리라.

【集註】(1) 夫子 誦此詩而贊之曰 人能和於妻
子 宜於兄弟如此 則父母其安樂之矣.

공자가 이 시를 읽고 칭찬했다. 사람이 능히 그와 같이 아내나
자식과 화목하고 형제와 의가 좋으니, 그 부모가 참으로 안락하
고 즐거울 것이다.

【集註】(2) 子思引詩及此語 以明行遠自邇 登
高自卑之意.

자사가 시경의 이 시를 인용해서 먼 길도 가까이서 출발하고
높은 곳도 낮은 데서부터 올라간다는 뜻을 밝힌 것이다.

【集註】(3) 右第十五章.

이상이 제15장이다.

【참고 보충】「요순지도(堯舜之道) 효제이이(孝悌而已)」

　유교의 최고 목표는 요(堯)임금, 순(舜)임금 같은 덕치를 펴는 것이다. 그와 같은 멀고 높은 덕치(德治)도 바로 가정에서부터 시작한다. 가정 형성의 시발은 부부(夫婦)다. 부부가 서로 사랑하고 화목해야 사랑의 자녀를 낳고 번성할 수 있다. 그러나 가정은 종적(縱的) 횡적(橫的)으로 전개되고 확대된다.

　종적 관계는 시간적·역사적 관계다.「조부모, 부모, 나, 자녀, 손자」로 이어지면서 가문의 전통과 역사 및 문화를 계승하고 더욱 발전케 한다. 이와 같이 종적으로 이어가면서 역사와 문화를 더욱 새롭게 발전케 하는 도리를 효도(孝道)라고 한다. 좁은 의미의 효도는 부모를 잘 섬기는 덕행이다.

　그러나 큰 의미의 효도는 역사 문화의 계승 발전의 도리다. 횡적 관계는 공간적·사회적 관계다. 같은 세대에 속하는 형제가 서로 우애(友愛)하고 협력하는 것을 제(弟＝悌)라고 한다. 앞에 도시(圖示)했듯이, 가정이나 국가는 종적 및 횡적으로 전개된 공동체다. 종(縱)은 시간, 즉 우(宇)이고, 횡(橫)은 공간, 즉 주(宙)다. 그러므로 가정은 사회의 기본단위이자 동시에 소우주(小宇宙)이다. 도(道)는 곧 우주의 이법(理法)이며, 이를 천도 천리(天道天理)라고 한다.

중용 제16장 (총5절)

1절 子曰 鬼神之爲德 其盛矣乎.

2절 視之而弗見 聽之而弗聞 體物而不可遺.

3절 使天下之人 齊明盛服 以承祭祀 洋洋乎
    如在其上 如在其左右.

4절 詩曰 神之格思 不可度思 矧可射思.

5절 夫微之顯 誠之不可揜 如此夫.

제16장은 주자의 특출한 귀신관(鬼神觀)을 이해하는 데 매우 중요한 글이다.

1절 : 눈에 보이지 않는 천리(天理)가 자연 만물에 발현하는 작용을 하는 실체(實體)가 「귀신」이다. 그러므로 「귀신의 덕」이 성대하다.

2절 : 귀신은 보이지도 않고 소리도 없다. 그러나 그 영묘한 작용과 효험은 어디에나 나타낸다.

3절 : 사람들은 정성을 모아 귀신을 모시고 제사를 지내야 한다. 천신(天神)은 천지의 근본이며 만물을 창조한 신령이다. 지기(地祇)는 만물을 자육(慈育)하고 삶의 터를 제공하는 신령이다. 사람도 죽으면 귀신이 된다. 그러므로 「천신·지기·인귀」에 제사를 잘 지내야 한다.

4절 : 신은 알 수 없다. 그러나 신을 소홀히 하면 안된다.

5절 : 은미(隱微)한 도나 신은 이와 같이 반드시 나타난다. 그러므로 정성으로 받들어야 한다.

이 장에서는 「대전소주」를 많이 추리고 해석했다.

🔸 제16장 1절   鬼神之爲德
귀 신 지 위 덕

子曰 鬼神之爲德 其盛矣乎.

자왈 귀신지위덕(이) 기성의호(인져)

공자가 말했다. 귀신의 덕이 참으로 성대하다.

[어구 설명] ○子曰(자왈) : 공자가 말했다. ○鬼神之爲德(귀신지위덕) :
귀신의 덕(德). 「덕」은 곧 공능(功能)과 효험(效驗)을 말한다. 귀신에
대한 자세한 설명은 「참고 보충」에서 하겠다. ○其盛矣乎(기성의호) :
참으로 성대하다. 「기(其)」는 강조사(强調詞)로 보고, 「참으로, 심히」의
뜻으로 풀이한다.

【集註】 (1) 程子曰 鬼神天地之功用 而造化之 迹也.

정자가 말했다. 귀신은 천지의 공용이고 조화의 자취를 일컫
는다.

[어구 설명] ○程子曰(정자왈) : 정자가 말했다. ○鬼神天地之功用(귀신천
지지공용) : 「귀신」은 천지(天地)의 공용이다. 「천지지공용(天地之功
用)」은 좁게는 「하늘과 땅 사이에 나타나는 귀신의 작용, 기능 및 효용
(效用)과 효험(效驗)」 등의 뜻이다. 크게는 하늘의 양기(陽氣)와 땅의
음기(陰氣)가 어울려 자연 만물을 생화(生化)함을 말한다. ○而造化之

迹也(이조화지적야) : <귀신은 곧 음과 양의 두 기가 어울려 나타난> 조화(造化)의 자취다. 조화로써 나타난 현상(現象) 및 형상(形象)이다.

【참고 보충】「귀신(鬼神)·공능(功能)·적(迹)」

옛날에는 「천신(天神), 지기(地祇), 인귀(人鬼)」를 유신론(有神論) 적 혹은 미신적 차원으로 섬기고 모셨다. 그러나 주자는 「이(理)」로써 귀신을 해석했다. 그러므로 이 장을 매우 중시해야 한다.

일반적으로 귀신을 어둠을 타고 홀연히 나타나 사람에게 길흉(吉凶)을 안겨주는 도깨비나 유령 같은 요괴(妖怪)로 본다. 그러나 정자(程子)나 주자(朱子)는 「미신적인 차원의 귀신」을 「음기나 양기의 조화 기능 효험」으로 해석했다. 주자는 다음같이 말했다. 「공용(功用)은 오직 나타나 보이는 것을 말한다. 겨울이 가고 여름이 오고, 해가 지고 달이 뜨고, 봄에 새싹이 살아나고 여름에 자라는 것 등이 다 귀신의 공용이다.(功用只是論發見者 如寒來暑往 日往月來 春生 夏長 皆是也)」

「바람이 불고, 비가 내리고, 서리 내리고, 이슬 맺고, 날과 달이 지나고, 낮과 밤이 바뀌는 것 등이 다 귀신이 조화부리고 음과 양이 돌아가는 흔적이다.(風雨霜露日月晝夜 此鬼神之迹也.)」<大全疏註>

【참고 보충】「음양(陰陽)·굴신(屈伸)·귀신(鬼神)」

우주 천지만물의 근원인 태극(太極)은 「하나의 기」다. 우주는 공간과 시간의 통합체다. 그러므로 동(動)과 정(靜)이 서로 엇바뀌는 운동을 한다. 동할 때의 기(氣)를 양(陽)이라 하고, 정할 때의 기(氣)를 음(陰)이라 한다. 결국 음양(陰陽)은 「하나의 기」의 양면이다. 동할 때의 기는 뻗어나는[伸] 양기(陽氣)로, 이것이 신(神)에 해당한다. 반대로 정(靜)할 때의 기(氣)는 줄어드는[屈] 음기(陰氣)로, 이것이

귀(鬼)에 해당한다.

주자는 다음같이 말했다. 「조화의 묘는 볼 수 없으나, 기가 왕래(往來), 굴신(屈伸)하는 사이에 나타나 보인다. 만약에 귀신이 없다면, 즉 조화의 자취도 없을 것이다.(造化之妙 不可得見 於其氣之往來屈伸者 足以見之 微鬼神則造化無迹矣)」

「귀신은 다만 천지간의 조화로, 음양 두 기의 굴신 왕래이다. 신은 양이고, 귀는 음이다. 돌아오는 기는 굴하고, 나가는 기는 뻗으며, <그러는 사이에> 자국이 있게 된다.(鬼神是天地間造化 只是二氣屈伸往來 神是陽 鬼是陰 往者屈 來者伸 便有箇迹)」<大全疏註>

【集註】 (2) 張子曰 鬼神者 二氣之良能也.

장횡거(張橫渠)가 말했다. 귀신은 음양 두 기(氣)의 영묘(靈妙)한 공능(功能)이다.

[**어구 설명**] ○二氣(이기) : 음양의 두 기. ○良能(양능) : 주자는 다음같이 말했다. 「양능은 왕래 굴신을 말하고 이(理)의 자연이다. 인위적으로 조작한 것이 아니다. 스스로 그렇게 되는 능력을 양능(良能)이라 했다.」

【集註】 (3) 愚謂以二氣言 則鬼者陰之靈也 神者陽之靈也 以一氣言 則至而伸者爲神 反而歸者爲鬼 其實一物而已.

<주자의 말> 나는 생각한다. 음양의 두 기를 나누어 말하면, 곧 귀(鬼)는 음기(陰氣)의 영묘한 작용이고, 신(神)은 양기(陽氣)의 영묘한 작용이다. 하나의 기로 말하면, 즉 음이나 양이나

하나를 가지고 말하는 것이며, 오고 뻗어나는 기(氣)는 신(神)이고, 물러나고 돌아가는 기(氣)는 귀(鬼)다. 사실은 하나의 같은 기(氣)일 뿐이다.

[**어구 설명**] ㅇ愚謂(우위) : 나는 생각한다. ㅇ以二氣言(이이기언) : 음양의 두 기를 나누어 말하면. ㅇ則鬼者陰之靈也(즉귀자음지영야) : 곧 귀(鬼)는 음기(陰氣)의 영묘한 작용이고. ㅇ神者陽之靈也(신자양지영야) : 신(神)은 양기(陽氣)의 영묘한 작용이다. ㅇ以一氣言(이일기언) : 하나의 기로 말하면. <원래 기는 하나이다. 이를 태극이라고 한다. 그 태극이 도는 과정에서 음도 되고, 양도 된다> ㅇ則至而伸者爲神(즉지이신자위신) : <나에게> 오고 뻗는 기(氣)는 신(神)이고. ㅇ反而歸者爲鬼(반이귀자위귀) : <나로부터> 되돌아가는 기(氣)는 귀(鬼)다. ㅇ其實一物而已(기실일물이이) : 사실은 하나의 기(氣)일 뿐이다.

【集註】(4) 爲德猶言性情功效.

「덕(德)」이라고 한 말은 「성정(性情)과 공효(功效)」라는 말과 같다.

[**어구 설명**] ㅇ爲德(위덕) : 「덕이다」는. ㅇ猶言(유언) : ……라고 말한 것과 같은 뜻이다. ㅇ性情功效(성정공효) : 「성(性)」은 「성리(性理)」, 즉 천명으로 주어진 본성 속의 천리(天理)나 도덕성(道德性). 「정(情)」은 좁게는 기(氣)를 바탕으로 하고 나타난 감정(感情), 정서(情緒), 크게는 사물을 처리함으로써 나타난 사정(事情) 및 정상(情狀) 등을 다 포함한다. 「공(功)」은 기능(機能), 작용(作用), 「효(效)」는 효과(效果), 효험(效驗)이다.

* 앞의 「참고 보충」을 다시 보고, 다음의 「대전소주」 뜻을 깊이 생각해보자.

【大全疏註選譯】

(1) 北溪陳氏曰 造化之迹 以陰陽流行 著見於天地間者
言之.

북계 진씨가 말했다. 「조화의 자국(造化之迹)」은 「음양의 기가 유
행하여, 천지간에 나타나 보이는 것」을 말한 것이다.

(2) 朱子曰 良能是說 往來屈伸 乃理之自然 非有安排措置
二氣則陰陽 良能是其靈底.

주자가 말했다. 양능(良能)은 「왕래(往來)」 「굴신(屈伸)」을 말하
는 것이다. <즉 기(氣)가> 이(理)를 따라 스스로 그렇게 되는 것이
지, 별도로 안배하고 조치하는 것이 아니다. 「이기(二氣)」는, 즉 음
(陰)과 양(陽)이다. 「양능(良能)」은 바로 <기의> 영특한 작용을 말
하는 것이다.

(3) <朱子> 鬼神 論來只是陰陽屈伸之氣 謂之陰陽亦可也
然必謂之鬼神者 以其良能功用而言也.

<주자> 귀신은 말하자면 단지 굴신(屈伸)하는 음양의 기이다. 그
러므로 음양이라고 말해도 된다. 그러나 굳이 귀신이라고 말하는 것
은 그 양능(良能)과 공용(功用)을 가지고 말한 것이다.

(4) <朱子> 屈伸往來 是二氣自然能如此 一伸去 便生許多
物事 一屈來 便無了一物 便是良能功用 便是陰陽往來.

<주자> 굴신왕래는 음과 양의 기가 스스로 그렇게 하는 것이다.
뻗으면 허다한 사물이 나타나고, 굽히면 모든 것이 없어진다. 그것이

곧 양능(良能) 공용(功用)이다. 그것은 곧 음과 양의 기가 왕래하는
것이다.

(5) 朱子曰 二氣 謂陰陽對待 各有所屬 如氣之呼吸者爲魂
     魂則神也 而屬乎陽 耳目口鼻之類爲魄 魄卽鬼也 而屬
     乎陰.

  주자가 말했다. 이기(二氣)라고 한 것은, 음과 양이 상대적으로 돌
려가면서 저마다의 속성과 구실이 있음을 말한 것이다. 예를 들면
숨을 내쉬거나 들이마시는 호흡은 혼(魂)이며, 혼은 신(神)이며, 양
(陽)에 속한다. 이목구비(耳目口鼻)는 백(魄)이며, 백은 귀(鬼)며, 음
(陰)에 속한다.

(6) 北溪陳氏曰 靈只是自然屈伸往來 恁地活爾.

  북계 진씨가 말했다. 영(靈)은 다만 스스로 굴신(屈伸) 왕래(往來)
를 마음대로 한다는 뜻이다.

(7) <朱子> 天地間 如消底是鬼 息底是神 生底是神 死底是
     鬼 四時 春夏爲神 秋冬爲鬼 人之語爲神 默爲鬼 動爲神
     靜爲鬼 呼爲神 吸爲鬼.

  <주자> 천지간에서 예를 들면, 소멸하는 것은 귀(鬼)고, 살아 번식
하는 것은 신(神)이다. 생(生)은 신이고, 사(死)는 귀다. 사시(四時)
에서는 봄과 여름은 신이고, 가을과 겨울은 귀다. 사람의 말은 신이고,
침묵은 귀다. 동은 신이고, 정은 귀다. 숨을 불어냄은 신이고, 들이마
심은 귀이다.

  【참고】 기(氣)만 있다고 사람이 사는 것이 아니다. 그 기를 호흡해야

산다. 숨을 내쉬고 반대로 들이마시는 운동은 서로 상반된다. 그와
같은 작용을 하는 요인을 귀신이라고 한다. 귀신의 공효(功效)는 반
드시 나타난다.

(8) 朱子曰 性情 乃鬼神之情狀 能使天下之人 齊明盛服 以
　　承祭祀 便是功效.

　주자가 말했다. <사람에게 성정(性情)이 있듯이 귀신에게도 성정
이 있다> 귀신의 성정은 바로 귀신이 보여주는 여러 가지 정상으로
나타난다. 그러므로 귀신은 천하의 모든 사람들로 하여금, 목욕재계
(沐浴齋戒)하고 성대하게 예복을 갖추어 입고, <천신(天神), 지기
(地祇), 인귀(人鬼)를> 제사지내게 한다. 이것이 곧 귀신의 공효(功
效)다.

【보충 해설】사람에게 성정(性情)이 있듯이, 귀신에게도 성정이 있
으며, 여러 가지 정상(情狀)으로 나타난다. 그래서 사람들은 귀신에
게 제사를 지낸다. 천하를 다스리는 천자(天子)는 천신(天神)을 모시
고, 한 나라의 제후(諸侯)는 토지신(土地神)을 모시고, 선비는 조상
(祖上)을 모시고 제사를 지내는 것이다.

(9) <朱子> 視不見 聽不聞 是性情 體物而不可遺是功效.

　<주자> 보이지 않고, 들리지 않는 것이 <귀신의> 성정이다. <그
러나> 모든 사물에 빠뜨림없이 구체적으로 나타나는 것이 <귀신의>
공용이고 효험이다.

(10) <蛟峯方氏> 性情言其體 功效言其用.

　<교봉 방씨> 성정은 체(體)를 말하고, 공효는 용(用)을 말한다.

(11) <蛟峯方氏> 易曰 鬼神之情狀 情卽性情 狀卽功效也.

<교봉 방씨> 역경에서 귀신의 정상(情狀)이라고 한 정(情)은 성정(性情)이고, 상(狀)은 공효(功效)다.

(12) <蛟峯方氏> 若生而成春 長而成夏 斂而成秋 藏而成冬 便是鬼神之功效.

<교봉 방씨> <기(氣)가> 살아나면 봄이고, 자라면 여름이고, 거두어지면 가을이고, 숨으면 겨울이다. 이것이 바로 귀신의 공효다.

(13) <備旨> 子思引夫子之論鬼神 以明道之兼費隱包大小. 夫子有曰 天地間 屈伸往來 總是陰陽之氣 而氣之靈者 則謂之鬼神 其爲德也 流行乎天地 至無而含至有 至虛而統至實 其盛而不可加矣乎.

<비지> 자사는 공자가 말한 귀신을 인용하여 '도의 비은(費隱), 대소(大小)'를 아울러 밝혔다. 공자가 말했다. 천지간에 굴신(屈伸) 왕래(往來)하는 것은 다 음양의 기다. 그 기의 영묘한 것을 귀신이라 한다. 귀신의 덕은 천지에 유행하고, 무(無) 속에 유(有)를 품고, 허(虛) 속에 실(實)을 통합하고 있으므로, 그 성대함에 더할 게 없다.

【참고 보충】 「기(氣)와 귀신(鬼神)」
우주 천지만물에 충만하고 있는 하나의 기(氣)로 하여금 운동 교체하고 굴신(屈伸) 왕래하면서 계절의 운행에 따라 만물을 생장(生長) 혹은 사멸(死滅)하게 하는 눈에 보이지 않는 기능을 담당한 공능자(功能者)를 일반적으로 「귀신」 혹은 속말로 「도깨비」라고 일컫는다. 그러나 사람이 죽어, 이승에서 영혼의 세계로 돌아간 것을 「귀(歸)=귀(鬼)」라고도 한다. 심령(心靈)의 양신(陽神)은 혼(魂), 육체의 음신(陰神)은 백(魄)이라고 한다.

📿 제16장 2절 視之而弗見
시 지 이 불 견

視之而弗見 聽之而弗聞 體物而不可遺.

시지이불견(하며) 청지이불문(하며) 체물이불가유(이니라)

귀신은 그 형상을 보려 해도 보이지 않고, 그 소리를 들으려 해도 들을 수 없다. 그러나 귀신은 모든 물건의 몸체가 되고 하나도 빠뜨리는 것이 없다. <만물이 모두 귀신의 조화로 이루어지고 형성된다>

[**어구 설명**] ㅇ視之而弗見(시지이불견) : <귀신은 그 형체를> 눈으로 보아도 보이지 않는다. ㅇ聽之而弗聞(청지이불문) : <귀신은 그 소리를> 귀로 들어도 들을 수 없다. ㅇ體物而不可遺(체물이불가유) : <귀신은 보이지도 않고 소리도 없다> 그러나 귀신은 모든 물건의 몸체가 되고 하나도 빠뜨리는 것이 없다. 즉 만물은 모두 귀신의 조화로 이루어진다. 귀신은 음과 양의 기의 공능(功能) 효용(效用)이다. 그러므로 만물은 귀신을 빠뜨릴 수 없다고 말하는 것이다.

【集註】(1) 鬼神無形與聲　然物之終始　莫非陰陽合散之所爲　是其爲物之體　而物之所不能遺也.

귀신은 형상(形狀)도 음성(音聲)도 없다. 그러나 모든 물건의 끝이자 시작이 모두가 음양이 모였다 흩어졌다하는 작용, <즉

귀신의 작용이> 아닌 게 없다. 귀신은 곧 물건의 형체를 꾸미는 인소다. 고로 만물은 <귀신을> 빠뜨릴 수 없다. <모든 물건에게 귀신이 붙어있다>

[**어구 설명**] ㅇ鬼神無形與聲(귀신무형여성) : 귀신은 형상(形狀)도 음성(音聲)도 없다. ㅇ然物之終始(연물지종시) : 그러나 모든 물건의 끝이자 시작이.   ㅇ莫非陰陽合散之所爲(막비음양합산지소위) : 음양이 모였다 흩어졌다하는 작용이 아닌 게 없다. 「음양이 모였다 흩어지는 것(陰陽合散)」이 곧 귀신이다. 즉 모든 물건은 귀신의 조화로 형체를 갖춘 것이 된다. ㅇ是其爲物之體(시기위물지체) : 귀신은 곧 물건의 형체를 꾸민다. ㅇ而物之所不能遺也(이물지소불능유야) : 모든 물건은 귀신을 빠뜨릴 수 없다. 즉 모든 물건에게는 귀신이 붙어있다.

【集註】 (2) 其言體物 猶易所謂幹事.

「체물(體物)」이라고 한 말은 주역(周易) 문언전(文言傳)에서 말한 바 「일의 근간(幹事)」과 같은 뜻이다.

【참고 보충】 「주자학(朱子學)과 귀신」

옛날에는 귀신이나 요괴(妖怪)가 홀연히 나타나 사람에게 길흉을 주는 신물(神物)이라 믿었다. 그러므로 점복(占卜)이나 무술(巫術) 같은 미신(迷信)이나, 원시 종교가 귀신의 실재를 막연하게 믿었다. 공자(孔子)는 「괴력난신(怪力亂神)」을 말하지 않고 특히 「귀신을 공경하되 멀리함이 슬기다.(敬鬼神而遠之 可謂知矣)」라고 가르쳤다. 그러니 주자에 이르러 더욱 귀신을 철학적으로 설명하려고 노력했다.

즉 이(理)에 의해서 하나의 기(氣)가 음(陰)과 양(陽)으로 나뉘어

서로 엇바뀌는 회전운동과 왕래(往來) 굴신(屈伸)하면서 만물을 생장(生長)하거나 사멸(死滅)케 한다. 그때의 뻗어나는 양기(陽氣)를 신(神), 되돌아 오므라드는 음기(陰氣)를 귀(鬼)라고 해석했다. 즉 귀신은 실제로 있는 「요괴나 도깨비」가 아니고, 기(氣)의 작용이며, 모든 존재물은 기가 응집(凝集)한 것이다. 그 기가 분산하면 소멸(消滅)한다. 사람도 기가 모이면 살고, 흩어지면 죽는다. 그래서 만물의 형체를 귀신의 덕(德)이라고 한다.

【大全疏註選譯】

(1) 新安陳氏曰 陰陽之合 爲物之始 陰陽之散 爲物之終.

　신안 진씨가 말했다. 음양의 기가 합하면 만물이 태어나고, 음양의 기가 분산하면 만물이 죽는다.

(2) <朱子> 天下 豈有一物 不以此爲體 天地之升降 日月之 盈縮 萬物之消息變化 無一非鬼神之所爲者.

　<주자> 천하에 어느 하나도 음양의 기를 체로 삼지 않은 것이 없다. 천지의 승강(升降)이나, 일월의 영축(盈縮)이나, 만물의 소멸이나 성장 변화 등이 다 귀신의 작용이 아닌 것이 없다.

(3) <備旨> 陰陽一合而 物以之始 陰陽一散 而物以之終.

　<비지> 음양이 합하면 물건이 태어나 있고, 음양이 분산하면 물건이 종식한다.

제16장 3절 使人齊明盛服
사 인 제 명 성 복

使天下之人 齊明盛服 以承祭祀 洋洋乎如在其
上 如在其左右.

사천하지인(으로) 제명성복(하야) 이승제사(하고) 양양호여재기상(하며) 여재기좌우(이니라)

귀신이 천하의 모든 사람으로 하여금 목욕재계하고 정결한 마음가짐과 성대한 예복을 차려입고 제사를 받들게 한다. <그러면 귀신이 그 위에 강림해서> 흡사 강물처럼 넘실거리는 듯하고 그 좌우에 서성대는 듯한다.

[**어구 설명**] ㅇ使天下之人(사천하지인) : <귀신이> 천하의 모든 사람으로 하여금. ㅇ齊明盛服(제명성복) : 재계(齋戒)하고 정결한 마음가짐과 성대한 예복을 차려입고. ㅇ以承祭祀(이승제사) : 제사를 받들게 한다. ㅇ洋洋乎如在其上(양양호여재기상) : <그러면 귀신이 그 위에 강림해서> 흡사 강물처럼 넘실거리는 듯하고. ㅇ如在其左右(여재기좌우) : 좌우에 서성대는 듯하다.

【集註】(1) 齊之爲言 齊也 所以齊不齊而致其
齊也 明猶潔也.

「제(齊)」는「가지런히 한다는 뜻이다」. <제사 지낼 때에 목욕

재계(沐浴齋戒)하는 것은 자기 몸을 선조의 영혼과 같이 정결하게 하기 위해서다. 마음이나 몸에 때가 묻으면 신령이 강림할 수 없다> 같지 않은 것을 같게 해 가지고 나를 신령과 같게 한다는 뜻이다. 「명(明)」은 정결(淨潔)과 같은 뜻이다.

[**어구 설명**] ㅇ齊之爲言齊也(제지위언제야) : 「제(齊)」라는 말은 「가지런히 한다는 뜻이다」. ㅇ所以(소이) : ……해 가지고. ㅇ齊不齊(제부제) : 부제(不齊)를 제(齊)하고, 같지 않은 것을 같게 만든다. 혹은 부정(不淨)한 것을 정결하게 만든다. 즉 나를 신령과 기준을 맞게 한다는 뜻. ㅇ而致其齊也(이치기제야) : 그래가지고 <나를 신령과> 같게 만든다. ㅇ明猶潔也(명유결야) : 「명(明)」은 정결(淨潔)과 같은 뜻이다.

【集註】 (2) 洋洋流動充滿之意 能使人畏敬奉承而發見昭著如此 乃其體物而不可遺之驗也.

「양양(洋洋)」은 「신령이 넘실넘실 강림하여 이리저리 움직이고(流動), 신령이 집안이나 후손의 마음속에 가득 차고 넘친다(充滿)」는 뜻이다. <그래서 신령이> 능히 사람들로 하여금 외경(畏敬)하고 받들어 모시게 하고 그와 같이 <신령이 사실적으로> 밝게 나타난다. <이것이> 곧 <귀신이나 신령이> 물건의 몸이 되어 작용을 하고 하나도 빠뜨리는 것이 없다는 말의 효험이다.

[**어구 설명**] ㅇ洋洋流動充滿之意(양양류동충만지의) : 「양양(洋洋)」은 「신령이 넘실넘실 강림하고(洋洋), 강림한 신령이 이리저리 움직이고(流動), 신령이 집안이나 후손의 마음속에 가득 차고 넘친다(充滿)」는

뜻이다. ㅇ能使人畏敬奉承(능사인외경봉승) : <그래서 신령이> 능히 사람들로 하여금 외경(畏敬)하고 받들어 모시게 한다. ㅇ而發見昭著如此(이발현소저여차) : 그래서 이와 같이 <신령이 사실적으로> 밝게 나타난다. ㅇ乃其體物而不可遺之驗也(내기체물이불가유지험야) : <이것이> 곧 <귀신이나 신령이> 물건의 몸이 되어 작용을 하고 하나도 빠뜨리는 것이 없다는 말의 효험이라 하겠다.

【集註】(3) 孔子曰 其氣發揚于上 爲昭明焄蒿悽愴 此百物之精也 神之著也 正謂此爾.

공자가 예기(禮記) 제의편(祭義篇)에서 말했다. 기가 발하고 위로 올라가, 소명하게 나타나고 향기가 피어올라가 사람을 송연(悚然)하게 만든다. 이러한 것이 모든 물건의 정(精)이며, 신의 나타남이다. <공자의 말이> 바로 이러한 것을 말한 것이다.

[**어구 설명**] ㅇ孔子曰(공자왈) : 공자가 말했다. 예기(禮記) 제의편(祭義篇)에 있다. ㅇ其氣發揚于上(기기발양우상) : 기가 발하고 위로 올라가. ㅇ爲昭明焄蒿悽愴(위소명훈호처창) : 소명하게 나타나고, 향기가 피어올라가 사람을 송연(悚然)하게 만든다. ㅇ此百物之精也(차백물지정야) : 이러한 현상이 곧 모든 물건의 정(精)과. ㅇ神之著也(신지저야) : 신의 나타남이다. ㅇ正謂此爾(정위차이) : <공자의 말이> 바로 이를 말한 것이다.

【**참고 보충**】「예기(禮記) 제의편(祭義篇)」의「공자왈(孔子曰)」
「예기 제의편」에 있다. 공자의 제자 재아(宰我)가 귀신에 대해서 묻자, 공자가 다음같이 말했다. 「기는 신의 성한 것이고, 백은 귀의 성한 것이다. 귀와 신을 합해서 제사를 지내는 것이 지극한 성인의 가르침이다.(氣也者 神之盛也 魄也者 鬼之盛也 合鬼與神 敎之至也.)」

「모든 사람은 반드시 죽고, 죽으면 흙으로 돌아가며, 이를 귀(鬼)라고 한다. 골육이 땅속에 묻혀 그늘 속에서 흙이 된다. 그러나 그 기(氣)는 위로 발산해 올라가 밝게 나타나고, 향기가 풍겨 퍼져 사람들을 송연(悚然)하게 만든다. 이는 모든 물건의 정(精)의 조화로 신의 나타남이다.(衆生必死 死必歸土 此之謂鬼 骨肉斃于下 陰爲野土 其氣發揚于上 爲昭明 焄蒿悽愴 此百物之精也 神之著也.)」

【참고 보충】「제사와 정성」

「예기 제통편(祭統篇)」에 제사에 대하여 다음같이 말했다. 「사람을 다스리는 도리에 예보다 더 긴요한 것이 없다. 예는『길례(吉禮)·흉례(凶禮)·빈례(賓禮)·군례(軍禮)·가례(嘉禮)의 다섯 가지 예』가 가장 중요하다. 오례(五禮) 중에서 첫 번째 길례(吉禮)에 속하는 제사보다 더 귀중한 게 없다.(凡治人之道 莫急於禮 禮有五經 莫重於祭.)」제사는 천신(天神) 지기(地祇) 및 선조의 신령 등 모든 귀신을 모시는 예다.

「제사는 어떠한 물건이 외부로부터 오는 것이 아니고 속마음에서 우러나오는 것이다. 마음이 감동하여 예로써 받들어 모시는 것이다. 그러므로 현명한 자만이 제례의 바른 뜻을 다할 수 있다.(夫祭者 非物自外至者也 自中出生於心也 心怵而奉之以禮 是故賢者能盡祭之義)」

「안으로 자신의 정성을 다 바치고, 밖으로는 도리를 따르고 행함이다.(內盡於己 而外順於道也)」, 즉 제사는 정성으로 도리를 따르고 행함이다.

【大全疏註選譯】

(1) 陳氏曰　承祭祀　如天子祭天地　諸侯祭社稷　大夫祭五祠
　　士祭其先之類　隨所當祭者　誠敬以集自家精神　則彼之精
　　神方集　便洋洋流動充滿　如神在焉.

　진씨가 말했다. 제사를 드릴 때에는 천자가 천지를 모시거나, 제후가 사직을 모시거나, 대부가 오대(五代)의 사당을 모시거나, 사(士)가 자기 선조를 모시거나, 저마다 제사를 드릴 때에는 성경(誠敬)으로써 자기의 정(精)과 신(神)을 집중해야 한다. 그러면 <제사를 받는> 신령의 정과 신이 집중하고 위에 넘실넘실 넘치고 유동하고 주변에 충만하게 되며, 따라서 흡사 신령이 실재하는 것같이 된다. <귀신이나 신령은 음양(陰陽) 기(氣)의 조화다. 나의 정(精)과 신(神)이 집중되면 상대 기준이 맞아서 신령의 정과 신도 강림한다. 이때의 정(精)은 백(魄)에 통하고 신(神)은 혼(魂)에 통한다>

(2) <新安陳氏>　天地造化　日月風雨　霜露雷霆　四時寒暑
　　晝夜　潮水消長　草木生落　人生血氣盛衰　萬物生死　無非
　　鬼神.

　<신안 진씨> 천지의 조화, 일월과 풍우, 상로(霜露)와 뇌정(雷霆), 사시 및 한서와 주야, 조수의 간만, 초목이 살고 시들고, 인생과 혈기의 성쇠 및 만물의 생사, 그 모두가 귀신의 조화가 아닌 게 없다. <그래서, 귀신이 「체물이불가유(體物而不可遺)」라고 한다. 아울러 목욕재계하고 제사를 드리면 즉시 신령이 그 자리에 나타나고 유동충만(流動充滿)하고 소명발현(昭明發見)하니 그것이 효험이다>

제16장 4절 神之格思
신 지 격 사

詩曰 神之格思 不可度思 矧可射思.

시왈 신지격사(를) 불가탁사(은) 신가역사(아)

시경(詩經)에 있다.『신의 내림(來臨)은 헤아릴 수 없다. 하물며 꺼리거나 싫어할 수 있으랴!』

[어구 설명] ㅇ詩曰(시왈) : 시경(詩經) 대아(大雅) 억편(抑篇)의 구절이다. ㅇ神之格思(신지격사) : 신의 내림(來臨)은.「격(格)」은「오다, 내림, 혹은 강림」의 뜻.「사(思)」는 어조사(語助詞). ㅇ不可度思(불가탁사) : 헤아릴 수 없다.「탁(度)」은 헤아리다, 촌탁(忖度)하다. ㅇ矧可射思(신가역사) : 하물며 꺼리거나 싫어할 수 있으랴!「역(射)」은「꺼리고 싫어하다」의 뜻.

【集註】 (1) 詩大雅抑之篇 格來也 矧況也 射厭也 言厭怠而不敬也 思語辭.

「시(詩)」는 시경(詩經) 대아(大雅) 억편(抑篇)의 구절이다. 「격(格)」은「내(來)」의 뜻이다.「신(矧)」은「하물며(況)」의 뜻이다.「역(射)」은「싫어하다(厭)」의 뜻이다.「꺼리고 태만하고 공경하지 않는다는 뜻」을 말한다.「사(思)」는 어조사.

[**어구 설명**] ○格來也(격래야) :「격(格)」은「내(來)」. ○矧況也(신황야) :
「신(矧)」은「하물며(況)」.　○射厭也(역염야) :「역(射)」은「싫어하다
(厭)」의 뜻. ○言厭怠而不敬也(언염태이불경야) :「꺼리고 태만하고 공
경하지 않는다는 뜻」을 말한다.

제16장 5절 誠之不可揜
성 지 불 가 엄

夫微之顯 誠之不可揜 如此夫.

부미지현(이니) 성지불가엄(이) 여차부(인져)

대저 은미한 <신령이> 나타나고 또 진실무망(眞實無妄)하여
가려 덮을 수 없음이, 이와 같으니라.

[**어구 설명**] ○夫微之顯(부미지현) : 대저, 은미(隱微)한 것이 나타난다. 즉
볼 수 없고 들을 수 없는 신령이 반드시 밝게 나타난다. ○誠之不可揜(성
지불가엄) : <신령의> 진실무망(眞實無妄)함을 가려 덮을 수 없음이.
「엄(揜)」은 가리고 덮는다. ○如此夫(여차부) : 이와 같으니라. 이상과
같이 풀이하는 것이 주자의 생각이다.

【集註】(1) 誠者眞實無妄之謂 陰陽合散 無非實者 故其發見之不可揜 如此.

「성(誠)」은 「진실하고 허망하지 않다」는 뜻이다. 음과 양의
기가 합하고 흩어지는 <귀신이나 신령의 조화가> 실질이 아닌
것이 없다. 고로 <귀신이나 신령이> 밝게 나타나는 것을 가리
고 덮을 수 없음이 이와 같으니라.

[**어구 설명**] ○誠者眞實無妄之謂(성자진실무망지위) : 「성(誠)」은 「진실

하고 허망하지 않다」는 뜻이다. ㅇ陰陽合散無非實者(음양합산무비실자) : 음과 양의 기가 합하고 흩어지는 <귀신이나 신령의 조화가> 실질이 아닌 것이 없다. ㅇ故其發見之不可揜(고기발현지불가엄) : 고로 <귀신이나 신령이> 밝게 나타나는 것을 가리고 덮을 수 없음이. ㅇ如此(여차) : 이와 같다.

【참고 보충】「미지현(微之顯) 성지불가엄(誠之不可揜)」

　　귀신은 은미(隱微)하다. 눈으로 볼 수도 없고, 귀로 소리를 들을 수도 없다. 그러나 사실로 모든 사물에 소명(昭明)하게 발현한다. 그래서 귀신의 존재나 기능을 의심하거나 가려 덮고 없다고 부정할 수 없다. 주자(朱子)는 다음같이 말했다. 「귀신은 기의 정영이다.(鬼神是氣之精英)」「귀신은 실재하는 것이다.(鬼神是實有者也)」

【大全疏註選譯】

(1) <備旨> 夫鬼神者 不見不聞 則微矣 而乃體物不遺 若是
　　其顯而不可揜 何哉 蓋鬼神是氣之屈伸 而其爲德 天命之
　　實理 所謂誠也 一誠之始 一誠之終 故發見流行於萬物之
　　間而不可揜 有如此.

　　<비지> 원래 귀신은 보이지도 않고 소리도 없이 은미하다. 그러나 만물에 나타나고 빠뜨리는 것이 없다. 그런데 왜 발현하고 가려 덮을 수 없다고 하는가? 무릇 귀신은 기의 굴신이며, 귀신의 효용은 천명으로 주어진 실리(實理)에 따라 나타난 것이다. 처음이나 끝이나 한결같이 만물 속에 발현하고 유행하여서 가려 덮을 수가 없는 것이다.

【集註】(2) 右第十六章.

이상이 제16장이다.

【集註】(3) 不見不聞 隱也 體物如在 則亦費矣.

「보이지도 않고 들을 수도 없음(不見不聞)」으로 <귀신이>
은미(隱微)하다. <그러나 귀신이> 만물의 몸이 되어서 실재하
는 듯하므로 곧 역시 비(費＝廣大)하다.

【集註】(4) 此前三章 以其費之小者 而言 此後
三章 以其費之大者 而言 此一章 兼費隱包大小
而言.

이 16장 앞의 3장 <즉 13장, 14장, 15장>은 도가 광대하게
전개된 것 중의 작은 예를 말한 것이다. 뒤의 17장, 18장, 19장은
도가 광대하게 전개된 것 중 큰 것들을 말한 것이다. 이 16장은
「도의 비(費)와 은(隱)」을 겸해서 말한 것이다.

【참고 보충】「제사의 의의」

제사의 뜻을 다음같이 추릴 수 있다.

① 보본반시(報本反始) : 삶의 근원인 하늘과 선조에 감사하고 하
나의 뿌리로 돌아갔다.

② 선조의 공덕을 칭송하고 아울러 종족의 단결과 번영을 다짐하
는 의식으로 제사를 지냈다.

③ 예교(禮敎)와 효도(孝道) 및 윤리도덕의 기본으로 제사를 모셨다.

중용 제17장 (총5절)

1절 子曰 舜其大孝也與 德爲聖人 尊爲天子
富有四海之內 宗廟饗之 子孫保之.

2절 故大德 必得其位 必得其祿 必得其名 必
得其壽.

3절 故天之生物 必因其材而篤焉 故栽者 培
之 傾者 覆之.

4절 詩曰 嘉樂君子 憲憲令德 宜民宜人 受祿
于天 保佑命之 自天申之.

5절 故大德者 必受命.

제17장은 삼황오제(三皇五帝)의 마지막 성제(聖帝)
순(舜)임금이 대효(大孝)로써 천명(天命)을 받고 천자
(天子)가 된 실례를 들고 「대덕은 반드시 천명을 받음
(大德者 必受命)」을 강조했다. 순은 어려서 친어머니를
여의고 어리석은 아버지와 간악한 계모와 이복동생들로
부터 온갖 핍박을 받았고 심지어 여러 차례 생명의 위협

까지 받았다.

그럼에도 순은 지극한 효도로써 그들을 감화했고 아울러 총명한 지혜와 인자한 덕행으로써 요(堯)임금을 보필하고 공을 세웠다. 그래서 하늘의 감응을 받고 천자가 되었다. 그리하여 선조를 종묘(宗廟)에 모시고 제사를 드리는 한편 후손들로 하여금 오래오래 복을 누리게 했던 것이다. 총5절이며, 부연 설명한 것이다.

제17장 1절 舜其大孝
순 기 대 효

子曰 舜其大孝也與 德爲聖人 尊爲天子 富有四
海之內 宗廟饗之 子孫保之.

자왈 순(은) 기대효야여(이신져) 덕위성인(이시고) 존위천자(이시고)
부유사해지내(하사) 종묘향지(하시며) 자손보지(하시니라)

공자가 말했다. 순은 참으로 위대한 효의 실천자이다. 덕을 세워
성인이 되고, 존귀한 자리에 올라 천자가 되고, 부를 누림에는
사해 안의 영토와 재물을 다 지니게 되었고, 선조를 종묘에 모시
고 제사를 지냈으며, 자손들로 하여금 오래도록 보전케 하고
복을 누리게 했다.

[**어구 설명**] ㅇ子曰(자왈) : 공자가 말했다. ㅇ舜其大孝也與(순기대효야
여) : 순은 참으로 위대한 효의 실천자이다. 「기(其)……야여(也與)」를
「뜻을 강조하는 조사」로 보고 「참으로 ……이다」라고 풀이했다. ㅇ德爲
聖人(덕위성인) : 덕을 세워 성인이 되고, 가정에서는 효도를 실천하여
효덕(孝德)을 세우고, 국가적인 차원에서는 천도(天道)를 따라 덕치(德
治)의 공을 세웠다. ㅇ尊爲天子(존위천자) : 존귀함에 있어서는 <천명
으로> 천자가 되고. ㅇ富有四海之內(부유사해지내) : 부유함에 있어서
는 사해 안의 영토와 재물을 다 지니고 <백성을 다스리는 몸이 되었다.>
  ㅇ宗廟饗之(종묘향지) : 순이 <천자가 됨으로써> 선조를 종묘에 모시

고 제사를 지내 흠향(歆饗)케 했다.「순임금이 돌아간 후 자손들이 종묘에 모시고 받들었다」로 풀기도 한다. 그러나 전자가 좋다. ㅇ子孫保之(자손보지) : 자손들을 잘 보전케 하고 대대로 복을 누리게 했다. 순임금의 자손 중, 우사(虞思)는 하(夏)의 우(虞)에 봉지를 받았고, 호공(胡公)은 주(周)의 진(陳)에 봉지를 받았다.

【참고 보충】「효(孝)의 깊은 뜻」

「효(孝)」의 1차적인 기본 뜻은「자식이 부모를 잘 섬기고 봉양함이다.」부자간의 친애(親愛)와 형제간의 우애(友愛)는 인애(仁愛)의 근본이다. 그래서 유자(有子)가「효와 제는 인을 이루는 근본이다.(孝弟也者 爲仁之本)」라고 말했다. 특히 자기를 낳고 양육해준 부모에게 감사하고 보답하는 효도는 만물을 낳고 양육하는 하늘에 대한 경천(敬天)에 직결된다. 경천은 철학적으로는 천도 천리(天道天理)를 따르고 실천함이다.

「효」는 가정적인 차원의 덕행으로부터 확대되어 국가나 천하를 도의세계(道義世界)로 만드는 덕치(德治)로 확대 전개된다. 그러므로 효경에서 공자는「효는 천경(天經), 지의(地義), 민행(民行)」이라고 말했다. 천경(天經)은 곧 천도천리(天道天理)다. 지의(地義)는 곧 도의세계(道義世界)이다. 민행(民行)은 사람들이 실천함이다. 결국 효는 천도를 따르고 행하는 덕행이다.

「덕(德)」은「얻을 득(得)」과 통하며, 천도를 실천해서 얻어진 좋은 성과다. 이는 곧 지상세계를 도의세계로 만드는 핵심이라는 뜻이다. 그래서 또 공자는 말했다.「효는 덕의 근본이고 백성들을 교화하는 근원이다.(夫孝 德之本也 敎之所由生也)」「백성들을 교화하는 것」은 덕치(德治)다.

또 효경에서 공자는 말했다.「효는 처음에는 가정에서 어버이를 잘 모시고, 중간 단계에는 임금에 충성하고, 마지막 단계는 세상에 나가 자신을 내세운다.(夫孝 始於事親 中於事君 終於立身)」 입신(立身)을 오늘의 말로 풀이하면 인류사회와 역사 발전에 공을 세워, 이름을 낸다는 뜻이다.

공자는 효경에서 말했다. 「＜학문과 덕으로써＞ 자신을 내세우고 도를 행해서 후세에까지 이름을 높이고 아울러 부모를 영광되게 하는 것이 효의 마지막 단계이다.(立身行道 揚名於後世 以顯父母 孝之終也)」

【참고 보충】「순기대효(舜其大孝)」

사람은 누구나 다 자기 나름대로 도(道)를 따라 착하게 살고 효도할 수 있다. 농부가 농사지어 부모를 공양하는 것도 효다. 선비가 도를 따라 충군애민(忠君愛民)하고 녹을 받아 부모를 잘 공양하는 것도 효다. 그러나 도를 어기거나 이탈하고 악덕한 수단으로 재물이나 권력을 잡고 부모를 호강시키는 것은 효가 아니라 반대로 「욕(辱)을 보이는 것」이다. 효는 어디까지나 천도를 따라 지덕을 세우는 바탕 위에서 이루어진다.

천도를 따라 지덕을 세우는 최고의 경지를 순임금에서 볼 수 있다. 가정적으로는 지극한 효성으로 부모형제를 감화시키고, 국가적으로는 덕치의 공을 세워 마침내 천명을 받고 천자가 되었다. 그래서 「대효(大孝)」라고 하는 것이다. 맹자는 다음같이 말했다. 「어버이를 높이는 극치는 천하를 가지고 봉양하는 것보다 더할 것이 없다. 그러므로 천자의 부친이 되는 것이 높임의 최고 경지다.(尊親之至 莫大乎以天下養 爲天子父 尊之至也)」＜萬章上＞

【集註】(1) 子孫 謂虞思 陳胡公之屬.

<순임금의> 자손이라고 한 것은 우사(虞思) 혹은 진호공(陳胡公) 같은 사람을 말한다.

[어구 설명] ㅇ子孫(자손) : 순임금 자체가 신화 전설의 주인공이다. 그러므로 자손도 정확하게 알 수 없다. 후세의 기록 속에서 우사(虞思)와 진호공(陳胡公)을 순임금의 후손이라고 했다. ㅇ虞思(우사) : 하(夏)나라의 소강(小康)이 우(虞)에 망명했을 때, 우사(虞思)가 그를 도왔다고 전한다. <左傳 哀公元年> ㅇ陳胡公(진호공) : 순의 후손 우알보(虞閼父)의 아들 호공(胡公)이 주(周) 무왕(武王) 때, 진(陳)에 봉지를 받았다. <左傳 襄公 25年>

【大全疏註選譯】

(1) 西山眞氏曰 舜以聖德 居尊位 其福祿 上及宗廟 下延子孫 所以爲大孝 舜所知孝而已 祿位名壽 天實命之 非舜有心得之也.

서산 진씨가 말했다. 순은 성인의 덕으로 존귀한 천자의 자리에 올랐고, 그의 덕으로 위로는 종묘의 선조에게 미치고, 아래로는 자손에게 뻗고 이어졌다. 그래서 순을 대효라고 한다. 순은 오직 효를 실천했을 뿐이다. 그러나 「복(福), 녹(祿), 명(名) 및 수(壽)」는 하늘이 실질적으로 명을 내려준 것이지, 순이 마음으로 얻고자 한 것이 아니다.

【참고 보충】「천도복선화음(天道福善禍淫)」

「천도는 선에는 복을 주고 악에는 화를 내린다.(天道福善禍淫)」 <書經 湯誥>

「선을 쌓은 집에는 경사가 넘치고, 악을 쌓은 집에는 재앙이 넘친다.(積善之家 必有餘慶 積不善之家 必有餘殃)」<易經 坤 文言傳>

제17장 2절 大德必得其位
대 덕 필 득 기 위

故大德 必得其位 必得其祿 必得其名 必得其壽.

고(로) 대덕(은) 필득기위(하며) 필득기록(하며) 필득기명(하며) 필득기수(이니라)

고로 대덕은 반드시 그에 맞는 자리를 얻고, 반드시 그에 어울리는 하늘의 복록(福祿)을 내려받고, 반드시 그에 해당하는 성명(聖名)을 얻고, 반드시 장수를 누린다.

[어구 설명] ○故大德(고대덕) : 고로 대덕은. ○必得其位(필득기위) : 반드시 그에 맞는 자리를 얻고. ○必得其祿(필득기록) : 반드시 그에 어울리는 하늘의 복록(福祿)을 내려받고. ○必得其名(필득기명) : 반드시 그에 해당하는 성명(聖名)을 얻고. ○必得其壽(필득기수) : 반드시 수(壽)를 누린다. 이때의 수는 본인 한 사람의 수명만이 아니라, 세세대대로 이어지면서 번성하고 복을 누린다는 뜻으로 확대 해석하는 것이 좋다.

【集註】 (1) 舜年百有十歲.

순은 나이 110세의 수를 누렸다.

[어구 설명] ○舜年百有十歲(순년백유십세) : 순임금은 110세의 수를 누렸다. 서경(書經) 요전(堯典)에 다음 같은 글이 있다. 「순은 30세에 요임금의 소명을 받았고, 30년 간 공을 세웠고, 자리에 올라 50년이 되어, 각 지방을 순수하다가 죽었다.」

🏯 제17장 3절 天之生物
천 지 생 물

故天之生物 必因其材而篤焉 故栽者 培之 傾者
覆之.

고(로) 천지생물(이) 필인기재이독언(하나니) 고(로) 재자(는) 배지
(하고) 경자(는) 복지(니라)

고로 하늘이 만물을 낳고 키울 때에는 반드시 그 재질이나 소질을
바탕으로 하고 독실하게 키운다. 고로 땅에 바르게 심어진 것은
더욱 배양해서 잘 자라게 하고, 기울고 쓰러진 것은 엎어버린다.

[**어구 설명**] ㅇ故天之生物(고천지생물) : 고로 하늘이 만물을 낳고 키울
때에. 「생(生)」은 「생육화성(生育化成)」의 뜻을 다 포함한다. ㅇ必因其
材而篤焉(필인기재이독언) : 반드시 그 재질을 바탕으로 하고 <하늘
이> 독실하게 한다. ㅇ故栽者培之(고재자배지) : 고로 땅에 심어져 뿌리
를 내린 것은 더욱 배양하고. 「재자(栽者)」는 「바르게 땅에 심어져 뿌리
를 내린 것」의 뜻. ㅇ傾者覆之(경자복지) : 기울고 쓰러진 것은 뒤집고
엎어버린다.

【集註】(1) 材質也 篤厚也 栽植也 氣至而滋息
爲培 氣反而游散則覆.

「재(材)」는 재질, 「독(篤)」은 두텁게 한다. 「재(栽)」는 「심을

식(植)」의 뜻이다. 기(氣)가 와서 번식하는 것이 「배(培)」다. 기가 돌아가고 흩어지는 것이 복(覆)이다.

【大全疏註選譯】

(1) <朱子> 物若扶植 種在土中 自然生氣湊泊他 若已傾倒 則生氣無所附著 從何處來相接 如人疾病 若自有生氣則 藥力之氣 依之而生氣滋長 若已危殆 則生氣流散而不復 相湊矣.

  <주자> 만약에 식물을 바르게 흙 속에 심어 놓았으면, 자연히 생기가 그 식물에 모여든다. <그러나> 만약에 이미 <식물이> 기울고 쓰러지면 생기가 붙을 곳이 없으니, <생기와 식물이> 어떻게 서로 접하겠는가. 예를 들어, 사람이 질병에 걸렸을 때, 병자에게 생기가 있어야 약기운이 붙어서 생기를 돋아나게 할 것이다. <그러나> 이미 병자가 위태롭게 되면, 생기도 분산되고 다시 붙을 곳이 없게 된다.

(2) <永嘉薛氏> 天之生物 必因其材質而加厚焉 其本固者 雨露必滋培之 其本傾者 風雨必顚覆之 其培之也 非恩之 也 其覆之也 非害之也 皆理之必然者也.

  <영가 설씨> 하늘이 만물을 낳고 키울 때에, 반드시 저마다의 재질이나 소질을 바탕으로 하고 더욱 힘을 가해준다. 그 뿌리가 굳은 초목은 비나 이슬로 반드시 더욱 번식하게 하고, <반대로> 그 뿌리가 기울고 쓰러진 초목은 바람이나 비에 반드시 넘어지고 엎어지게 마련이다. <하늘이 그와 같이> 초목을 배양하는 것도 은혜를 베푸는 것이 아니고, 초목을 덮어버리는 것도 <고의로> 해치려고 하는 것이

아니다. 모두가 다 도리의 필연으로 그렇게 되는 것이다. <성리학에
서는 하늘을 이(理)라고 본다>

(3) <備旨> 德至而福自應 凡此皆天意所在也.

　<비지> 덕이 지극한 경지에 이르면, 복이 스스로 그에 부응한다.
이는 다 하늘의 뜻이 있음이다. <이때의 천의(天意)는 곧 천리(天理)
의 뜻이다>

(4) <備旨> 天非有私意於其間 因其物之自取耳.

　<비지> 하늘이 그 사이에서 사사로운 뜻을 가지고 작용하는 것이
아니고, 모든 물건이 <자신의 재질이나 소질을 바탕으로> 스스로
취하는 것이다. <즉 재배(栽培), 경복(傾覆)은 다 천리(天理)를 따라
스스로 그렇게 된다는 뜻이다>

【참고 보충】「천지생물(天之生物)」

　고대에는 천(天)을 어느 정도 유신론적(有神論的) 인격신(人格神)
으로 보았으며, 따라서 하늘이 어느 정도 목적의식을 가지고 만물을
생성(生成)하고 주재(主宰)한다고 보았다. 그러나 공자(孔子)는 논
어에서「사계절의 운행에 따라 만물이 생성된다.(四時行焉 百物生
焉)」고 말했다. 물론 공자는「인격신이 아니다」라고 부정하지는 않
았다. 그러나 공자는「하늘을 형이상의 본체」로 파악했던 것이다.
이를 주자학(朱子學)에서는 더욱 발전시켜「천(天)＝이(理)」라고 철
학적으로 단정했다. 그러므로「천지생물(天之生物)」을「기독교의
신」같이「전지전능한 신이 만물을 창조했다」는 뜻으로 파악하면 안
된다.「천지간의 만물의 도리에 따라 생성, 변화, 번식(繁殖), 발전(發
展)」한다는 뜻으로 파악해야 한다.

제17장 4절 嘉樂君子
가 락 군 자

詩曰 嘉樂君子 憲憲令德 宜民宜人 受祿于天 保佑命之 自天申之.

시왈 가락군자(여) 헌헌령덕(이) 의민의인(이라) 수록우천(이어늘) 보우명지(하시고) 자천신지(하니라)

시경(詩經) 대아(大雅) 가락편(假樂篇)에 있다.『훌륭하시고 즐거우신 임금님, 밝게 빛나고 아름다운 그의 덕이, 백성에게도 좋고, 선비들에게도 좋았노라. 이에 하늘로부터 복록(福祿)을 내려받고 또 <하늘이> 보호하고 도와주고 또 명을 내려 <천자되게 하였으니> 하늘이 스스로 거듭 돌보아 주었노라.』

[어구 설명] ㅇ詩曰(시왈) : 시경(詩經) 대아(大雅) 가락편(假樂篇)의 시구다. 주자는 집주(集註)에서「가(假)」를「가(嘉)」로 씀이 좋다고 말했다. ㅇ嘉樂君子(가락군자) : 훌륭하시고 즐거우신 임금님,「군자(君子)」는 여기서는「임금」의 뜻이다. ㅇ憲憲令德(헌헌령덕) : 밝게 빛나는 아름다운 덕.「헌헌(憲憲)」은「현현(顯顯)」과 같으며「밝고 빛난다」는 뜻이다.「영덕(令德)」은 좋고 아름다운 덕. ㅇ宜民宜人(의민의인) : 백성에게도 좋고, 선비들에게도 좋다.「민(民)」은 다스림을 받는 일반 대중,「인(人)」은 다스림에 참여하는 선비나 지식인. ㅇ受祿于天(수록우천) : 복록(福祿)을 하늘로부터 내려받다. ㅇ保佑命之(보우명지) : <하늘이> 보호하

고 도와주고 또 명을 내려 <천자 되게 하였으니>. ㅇ自天申之(자천신지) : 하늘이 스스로 거듭 돌보아 주었노라.

【集註】(1)　詩大雅假樂之篇　假當依此作嘉　憲當依詩作顯　申重也.

「시」는 시경(詩經) 대아(大雅) 가락편(假樂篇)의 시구다. 「가(假)」는 마땅히 중용같이 「가(嘉)」라고 고쳐야 한다. 「헌(憲)」은 시경에 따라 「현(顯)」으로 써야 한다. 「신(申)」은 「거듭한다」는 뜻이다.

제17장 5절 大德者必受命
대 덕 자 필 수 명

故大德者 必受命.

고(로) 대덕자(는) 필수명(이니라)

고로 크게 덕을 세운 사람은 반드시 천명을 받는다.

[어구 설명] ㅇ故(고) : 고로. <이상에서 보고 알 듯이> ㅇ大德者(대덕
자) : <도를 따르고 행하여> 크게 덕을 세운 사람은. ㅇ必受命(필수
명) : 반드시 하늘로부터 천명을 받는다.

【集註】 (1) 受命者 受天命爲天子也.

「수명」은 천명을 받고 천자가 된다는 뜻이다.

【참고 보충】 「유덕 수명(有德受命)」

주자는 대략 다음같이 말했다. 천도(天道)는 절대선(絕對善)의 도
리다. 도를 따라 인애(仁愛)의 덕치(德治)를 하면 천명을 받고 천자
가 되는 것은 당연한 도리이다.

【참고 보충】 「공자는 왜 명을 못 받았나?」

「덕(德)이 높은 공자(孔子)는 왜 천명을 받고 천자가 되지 못했는
가?」라는 의문에 대하여 주자(朱子)는 대략 다음같이 말했다. 「순임
금이 덕으로써 하늘의 감응을 얻은 것은 도리의 정상이다.(有舜之德

而必得其應者 理之常)」

「공자가 덕을 지니고도 하늘의 감응을 얻지 못한 것은 이가 정상을 얻지 못한 것이다.(有孔子之德 而不得其應者 理之不得其常也.)」

그리고 주자는 다음같이 말했다. 「대저 성인의 출생은 천지의 큰 운수와 관련이 있다. 천지의 기가 복희에서 요순까지는 한창 자라고 성할 때라, 요순은 청명한 기를 받고 성인이 되었으며 또 높고 두터운 기를 얻은지라 높은 자리와 녹을 받고 또 길고 먼 기를 얻은지라 장수할 수 있었다.(大抵聖人之生 實關天地大數 天地之氣 自伏羲至堯舜 正是長盛時節 堯舜稟氣淸明 故爲聖人 又得氣之高厚 所以得位得祿 又得氣之長遠 所以得壽)」

「그러나 주나라가 쇠하고 춘추에 이를 때에는 천지의 기수가 이미 쇠미하였다. 그래서 비록 공자가 청명한 기를 받고 바르게 뿌리를 내리고 자라려고 해도, 당시의 기수(氣數)가 쇠미하였으므로 돋아나고 자랄 수가 없었다. 그래서 녹이나 자리도 못 얻고 또 중간 정도의 수를 얻었다. 아마도 이의 정상을 얻지 못한 것이리라.(周衰以至春秋 天地之大氣數已微 雖孔子亦稟氣淸明 本根已栽植 然適當氣數之衰 雖培壅之 而不可得 所以不得祿位 僅得中壽 蓋理之不得其常也)」

즉 도리상 공자도 당연히 천명을 내려받고 천자가 되어, 「위(位), 녹(祿), 명(名), 수(壽)」를 얻어야 한다. 그러나 기수가 맞지 않았다.

【集註】(2) 右第十七章.

이상이 제17장이다.

【集註】(3) 此由庸行之常 抽之以極其至.

이 장은 「중용의 도」를 실천하는 여러 가지 덕행 중에서 특히

「대효(大孝)」를 뽑아서 그 지극한 경지에 이르면 <천명을 받고 천자에 오를 수 있음을 기술한 것이다.>

[**어구 설명**] ○此(차) : 이 장은. ○由庸行之常(유용행지상) : 「중용의 도」를 실천하는 여러 가지 덕행 중에서. ○抽之以極其至(추지이극기지) : 특히 대효(大孝)를 뽑아서 그 지극한 경지에 이르면 <천명을 받고 천자에 오를 수 있음을 기술한 것이다.>

【集註】(4) 見道之用廣也　而其所以然者　則爲體微矣　後二章亦此意.

이 장도 「중용의 도의 용(用)」이 광대함을 보여준 것이다. 그러나 「중용의 도가 광대하게 나타나는 이유」는 곧 「중용의 도의 체(體)가 은미(隱微)」하기 때문이다. 다음의 제18장, 제19장도 역시 같은 뜻을 말한 것이다. <즉 보이지 않는 도를 따르고 행하면 그 효과가 광대하게 나타난다>

중용 제18장 (총3절)

1절 子曰 無憂者 其惟文王乎 以王季爲父 以
武王爲子 父作之 子述之.

2절 武王 纘大王王季文王之緒 壹戎衣而有天
下 身不失天下之顯名 尊爲天子 富有四
海之內 宗廟饗之 子孫保之.

3절 武王 末受命 周公 成文武之德 追王大王
王季 上祀先公以天子之禮 斯禮也 達乎
諸侯 大夫及士庶人 父爲大夫 子爲士 葬
以大夫 祭以士 父爲士 子爲大夫 葬以士
祭以大夫 期之喪 達乎大夫 三年之喪 達
乎天子 父母之喪 無貴賤一也.

제18장은 주(周)나라의 문왕(文王)과 그의 아들 무
왕(武王) 및 주공(周公)에 대한 공자(孔子)의 말을
인용한 글이다. 주나라는 공자를 위시하여 유가에서

가장 높이는 왕조다. 즉 천도(天道)를 바탕으로 인애
(仁愛)의 덕치(德治)를 펴고 아울러 문화적인 예교
(禮敎)를 확립한 이상적인 왕조였다. 주나라의 창건
은 무왕이 무력으로 포학무도(暴虐無道)한 은(殷)나
라의 마지막 폭군 주(紂)를 타도하고 세웠다. 그러나
아버지 문왕과 조상들의 공덕으로 천명을 받게 된 것
이다. 그래서 선조에 대한 제사를 정중히 모셨음을
강조했다.

🔖 제18장 1절　無憂者文王
무 우 자 문 왕

子曰 無憂者 其惟文王乎 以王季爲父 以武王爲
子 父作之 子述之.

자왈 무우자(는) 기유문왕호(이신져) 이왕계위부(하시고) 이무왕위자
(하시니) 부작지(어시늘) 자술지(하시니라)

공자가 말했다. 아무런 걱정이 없는 사람은 오직 주나라 문왕이
었다. 그는 왕계를 아버지로 삼고, 무왕을 아들로 두었다. 아버
지 왕계가 왕업의 바탕을 만들고, 아들 무왕이 왕업을 계승하고
성취했다.

[**어구 설명**] ○子曰(자왈) : 공자가 말했다. ○無憂者(무우자) : 아무런 걱
정이 없는 사람은. ○其惟文王乎(기유문왕호) : 그는 바로 주나라 문왕
이었다. ○以王季爲父(이왕계위부) : <문왕은> 왕계를 아버지로 삼았
고. ○以武王爲子(이무왕위자) : 무왕을 아들로 두었다. ○父作之(부작
지) : 아버지 왕계가 왕업의 바탕을 만들고. ○子述之(자술지) : 아들 무
왕이 왕업을 계승하고 성취했다.

【集註】(1) 此言文王之事 書言王季其勤王家 蓋
其所作 亦積功累仁之事也.

이 절은 문왕의 일을 말한 것이다. 서경(書經) 무성편(武成

篇)에 다음 같은 글이 있다. <문왕의 아버지> 왕계가 부지런히 왕가(王家)가 될 수 있게 그 바탕을 닦았다. 무릇 <왕계가 부지런히> 이루어 놓은 것은 역시 공을 쌓고 인덕을 거듭한 일이다.

[**어구 설명**] ○此言文王之事(차언문왕지사) : 이는 문왕에 대한 사실을 말한 것이다. ○書言(서언) : 서경 무성편(武成篇)에 다음 같은 글이 있다. ○王季其勤王家(왕계기근왕가) : <문왕의 아버지> 왕계가 부지런히 왕가(王家)가 될 수 있게 그 바탕을 닦았다. 즉 자기 집안이 왕의 집안이 될 수 있게 그 기초를 닦았다는 뜻. ○蓋其所作(개기소작) : 무릇, <왕계가 부지런히> 이루어 놓은 것은. ○亦積功累仁之事也(역적공루인지사야) : 역시 공을 쌓고 인덕을 거듭한 일이다.

【참고 보충】 「무우자(無憂者) 문왕(文王)」

문왕(文王)을 「걱정이 없는 사람이다」라고 한 것은 앞에서 말한 순(舜) 혹은 하(夏)나라를 창건한 우(禹)와 비교해서 한 말이다. 순의 아버지 고수(瞽瞍)는 어리석고, 계모는 간악하고, 또 이복동생 상(象)은 음흉했다. 그러나 순은 혹심한 역경과 가족들의 핍박을 총명과 인덕으로 극복하고 마침내 요임금에게 발탁되고 공을 세워서 마침내 선양을 받고 천자가 되었다.

한편 우의 아버지 곤(鯀)은 고집스럽고 독단적이었으므로 치수(治水)에 실패하고 처형되었다. 그러나 그의 아들 우가 분골쇄신하고 치수를 성공하고 역시 선양을 받고 자리에 올랐다. 그러나 순의 아들 단주(丹朱)나, 우의 아들 상균(商均)은 총명하지 못했다. 이에 비하면 문왕은 복을 많이 받았다. 즉 문왕의 아버지 왕계가 터를 잡아주고, 아들 무왕이 왕업(王業)을 성취했던 것이다.

【참고 보충】 「주(周)의 도덕적 기반」

유교의 창시자 공자가 이상적인 나라로 높이는 주나라는 하루아침에 한 사람의 손으로 창건된 왕조가 아니다. 오랜 역사와 도덕적 바탕 위에서 천명을 내려받은 것이다. 그러므로 시경(詩經)에 「주는 비록 오래된 나라이지만 그에게 내린 천명은 더욱 새롭다.(周雖舊邦 其命維新)」고 읊었다. 주나라의 시조(始祖)는 후직(后稷)이다. 후직은 요(堯) 및 순(舜) 밑에서 농업을 관장하고 만민의 식량을 풍족하게 만든 공신이었다.

그의 증손 공류(公劉)는 빈(豳)에서 농사를 진작해서 풍요로운 나라로 만들었다. 그의 9대손 고공단보(古公亶父) 때에 주변의 오랑캐가 침입하여 농토와 백성을 탈취하려고 했다. 이에 영주(領主)인 그는 전쟁을 하고 백성을 죽이느니, 차라리 자기 혼자 물러나면 된다고 오랑캐에게 모든 것을 넘겨주고 일족과 함께 기산(岐山) 밑으로 옮겨왔다. 그러자 다른 백성들도 다 뒤를 따라왔으며, 그곳이 새로 번창하여 주나라의 기틀이 잡히었다.

고공단보에게는 세 아들이 있었다. 장남은 태백(太伯), 둘째가 우중(虞仲), 셋째가 계력(季歷)이었다. 계력의 현명한 부인 태임(太任)이 아들 창(昌)을 낳았다. 이 창이 곧 문왕이다. 고공단보는 탁월한 손자 창이 장차 집안을 흥성케 할 것을 믿었다. 그래서 가계를 셋째 아들 계력에게 물려주려고 생각했다. 이를 눈치챈 큰아들 태백과 둘째 우중은 자진해서 형만(荊蠻)으로 몸을 숨기고 셋째 계력, 즉 창의 부친으로 하여금 뒤를 계승하게 했다.

이렇듯이 뒤에 문왕이 된 창의 선조는 훌륭했으며, 특히 할아버지 고공단보와 백부의 덕으로 자기 아버지 계력이 집안을 계승할 수 있었다. 그와 같은 좋은 혈통과 가문을 배경으로 문왕은 덕있는 서백

(西伯)이 될 수 있었던 것이다.

한편 문왕의 아들들도 훌륭했다. 특히 큰아들 무왕(武王)은 무력으로 은(殷)나라의 주왕(紂王)을 토벌하고 주를 창건하고, 고공단보를 태왕(太王), 조부 계력을 왕계(王季), 아버지를 문왕(文王)으로 추존(追尊)했다. 한편 무왕의 동생 주공(周公)은 주나라의 문물제도를 새로 만들고 예치(禮治)의 터전을 확립했다. 그래서 문왕을 위아래로 걱정이 없다고 한 것이다. 동시에 주나라 창건이 역사적으로나 도덕적으로나 빛나는 바탕 위에 세워진 것임을 말한 것이다.

【참고 보충】「부작자술(父作子述)」

조부 태왕(大王 : 古公亶父), 부친 왕계(王季 : 季歷), 문왕(文王 : 창), 아들 무왕(武王)과 주공(周公)이 대를 이어가면서「군자의 도(君子之道)」를 행하고 인덕(仁德)을 세움으로써 드디어 천명을 받고 왕조를 창건하고 천자의 자리에 올랐다. 이가 곧 효도(孝道)이기도 하다. 그래서 다음 제19장에서는「무릇 효는 선조나 부친의 뜻을 잘 계승하고 또 선조나 부친의 유업을 더욱 잘 발전하고 성취함이다.(夫孝者 善繼人之志 善述人之事者也)」라고 했다.

문왕의 경우는 아버지 왕계가 더욱 왕업의 기틀을 공고히 만들었고, 아들 무왕·주공이 문왕의 뜻과 유업을 계승하고 완성했던 것이다. 그러므로 문왕의 경우는「군자의 도」와「효도」를 대를 이어가면서 실천한 결과 천명을 받은 것이다.

🔶 제18장 2절 壹戎衣 有天下
일 융 의 유 천 하

武王 纘大王王季文王之緒 壹戎衣而有天下 身
不失天下之顯名 尊爲天子 富有四海之内 宗廟
饗之 子孫保之.

무왕(이) 찬태왕왕계문왕지서(하사) 일융의이유천하(하시되) 신불실
천하지현명(하사) 존위천자(이시고) 부유사해지내(하사) 종묘향지(하
시며) 자손보지(하시니라)

무왕이 태왕, 왕계, 문왕이 세운 왕업을 계승하고 딱 한번 무력
을 행사하여 <무도한 은(殷)의 주왕(紂王)를 타도하고> 천하
를 차지했다. 그러나 무왕은 결코 천하에 빛나는 명성을 잃지
않았으므로 <천명을 받고> 존귀한 천자가 되었으며, 부함에
있어, 사해 안의 모든 것을 소유하게 되었고, 또 선조를 종묘에
모시고 제사를 흠향(歆饗)케 했으며, 아울러 자손들로 하여금
길이길이 나라를 보전케 했다.

[**어구 설명**] ㅇ武王(무왕) : 문왕의 아들 무왕. ㅇ纘(찬) : 계승하다. 纘(이
   을 찬) ㅇ大王(태왕) : 고공단보(古公亶父)가 기산(岐山) 남쪽에 터를
   잡고 농업을 진흥하고, 백성들을 덕으로 다스려, 주(周)나라의 기틀을
   세웠다. ㅇ王季(왕계) : 문왕의 부친, 무왕의 조부로, 왕가(王家)의 토대
   를 만들었다. ㅇ文王(문왕) : 왕계의 아들 창(昌). 그는 인덕(仁德)으로

천하의 인심을 모았고, 서백(西伯)이 되어 제후들의 영도자가 되었다.
그러나 생전에는 임금자리에는 오르지 못했다. ㅇ緖(서) : 단서, 실마리.
여기서는 <태왕, 왕계, 문왕에 의해서 세워진> 왕업(王業)의 뜻. ㅇ壹戎
衣而有天下(일융의이유천하) : 딱 한번 전복(戰服)을 입고 천하를 차지
했다. 즉「무왕이 딱 한번 무력을 행사하여 <무도한 은(殷)의 주왕(紂王)
를 타도하고> 천하를 바로잡고 다스렸다」는 뜻이다. ㅇ身不失天下之顯
名(신불실천하지현명) : <비록 무력으로 주(紂)를 타도했으나> 무왕은
결코 천하에 빛나는 명성이나 명망을 잃지 않았다. ㅇ尊爲天子(존위천
자) : <그래서 천명을 받고> 존귀한 천자가 되었으며. ㅇ富有四海之內
(부유사해지내) : 부함에 있어, 사해 안의 천하의 모든 재물을 소유하게
되었다. ㅇ宗廟饗之(종묘향지) : 선조를 종묘에 모시고 제사를 흠향(歆
饗)케 했으며. ㅇ子孫保之(자손보지) : 자손들로 하여금 길이길이 나라
를 지니고 다스리게 했다.

【集註】(1) 此言武王之事 纘繼也 大王王季之 父也 書云大王肇基王迹 詩云至于大王 實始翦商.

이 글은 무왕의 일을 말한 것이다.「찬(纘)」은「계승하다」의
뜻이다.「태왕(大王)」은「왕계(王季)」의 부친이다. 서경(書經)
무성편(武成篇)에「태왕이 처음으로 왕업의 터전의 기초를 만
들었다」고 했다. 시경(詩經) 노송(魯頌) 비궁편(閟宮篇)의 시에
「태왕에 이르러 비로소 상(商＝殷)나라를 자르기 시작했다」고
말했다.

[**어구 설명**] ㅇ此言武王之事(차언무왕지사) : 이 글은 무왕의 일을 말한
것이다. ㅇ纘繼也(찬계야) :「찬(纘)」은「계승하다」의 뜻이다. ㅇ大王王

季之父也(태왕왕계지부야) : 「태왕(大王 : 古公亶父)」은 「왕계(王季 : 季歷)」의 부친이다. ㅇ書云大王肇基王迹(서운태왕조기왕적) : 서경(書經) 무성편(武成篇)에 「태왕이 처음으로 왕업의 터전의 기초를 만들었다」고   했다.   ㅇ詩云至于大王實始翦商(시운지우태왕실시전상) : 시경(詩經) 노송(魯頌) 비궁편(閟宮篇)의 시에 「태왕에 이르러 비로소 상(商＝殷)나라를 자르기 시작했다」고 말했다.

【集註】 (2) 緒業也 戎衣甲冑之屬 壹戎衣 武成文 言壹著戎衣以伐紂也.

「서(緒)」는 「왕업(王業)」의 뜻이다. 「융의(戎衣)」는 갑옷이나 투구 같은 ＜전복(戰服)＞이다. 「일융의(壹戎衣)」라는 말은 서경(書經) 위고문(僞古文) 주서(周書) 무성편(武成篇)의 글이다. 「딱 한번 전복을 입고 ＜무력을 행사하여＞ 주왕(紂王)을 토벌했다」는 뜻을 말한 것이다.

[**어구 설명**] ㅇ緒業也(서업야) : 「서(緒)」는 「왕업(王業)」의 뜻이다. ㅇ戎衣甲冑之屬(융의갑주지속) : 「융의(戎衣)」는 갑옷이나 투구 같은 ＜전복(戰服)＞이다. ㅇ壹戎衣(일융의) : 「한번 융의를 입고」라는 말은. ㅇ武成文(무성문) : 서경(書經) 위고문(僞古文) 주서(周書) 무성편(武成篇)의 글이다. ㅇ言壹著戎衣以伐紂也(언일착융의이벌주야) : 「딱 한번 전복을 입고 ＜무력을 행사하여＞ 주왕(紂王)을 토벌했다」는 뜻을 말한 것이다.

【참고 보충】 「무왕(武王)의 말」

무왕의 말은 「위고문(僞古文) 주서(周書) 무성편(武成篇)」에 있다. 무왕이 딱 한번의 군사행동으로 은(殷)을 토벌하고 무기를 거두고 전장에 썼던 소를 도림(桃林)에 되돌리고 제사를 지내면서 한 말이다. 「천하의 제후에게 고하노라. 선조 후직(后稷)이 나라를 세웠다. 증손자 공류(公劉)가 선대의 공업을 더욱 돈독히 하고 태왕(大王)이 되어 왕업(王業)의 토대를 다졌다. 그 아들 왕계(王季)가 부지런히 왕가를 건설했다. 그리고 문덕(文德)에 빛나시는 문왕(文王)이 더욱 공훈을 높이시고 천명을 받고 중국을 안정되게 하셨다. 그러므로 큰 나라들이 문왕을 두렵게 여기고, 작은 나라들이 문왕의 덕을 따르게 되었다. 그런 지 9년이 되었으나, 대통을 잡지 못하시고 <돌아가셨다.> 이에 나 자식이 어른의 뜻을 계승하고, 상(商＝殷)의 죄를 벌하고 하늘 땅 명산 대천에 고해 올린 것이다.(嗚呼羣后 惟先王 建邦 公劉克篤前烈 至于大王 肇基王迹 王季其勤王家 我文考文王 克成厥勳 膺天命以撫方夏 大邦畏其力 小邦懷其德 惟九年 大統未集 予小子其承厥志 底商之罪 告于皇天后土 所過名山大川.)」

【참고 보충】「시경(詩經) 비궁편(閟宮篇)의 시」

시경 노송(魯頌) 비궁편의 시는 대략 다음 같다. 「<후직의 어머니 강원이 하늘의 정기를 받아> 아무런 재해 없이 달이 차서 후직을 낳았으며, 이에 하늘이 온갖 복을 내려주었다.」

「태왕이 기산 남쪽에 터를 잡고 농사를 지어 백성을 잘 살게 함으로써 사실상 '상＝은'나라를 누르기 시작했다. 문왕 무왕이 태왕의 뜻을 계승하여 하늘을 대신해서 극형을 내리고 목야(牧野)에서 '상＝은'을 벌주었다.(居岐山之陽 實始剪商 至于文武 纘大王之緒 致天之屆 于牧之野)」

제18장 3절　周公 成文武之德
주 공　성 문 무 지 덕

武王末受命 周公成文武之德 追王大王王季 上
祀先公以天子之禮 斯禮也 達乎諸侯 大夫及士
庶人 父爲大夫 子爲士 葬以大夫 祭以士 父爲士
子爲大夫 葬以士 祭以大夫 期之喪 達乎大夫 三
年之喪 達乎天子 父母之喪 無貴賤一也.

무왕(이) 말수명(이어시늘) 주공(이) 성문무지덕(하사) 추왕태왕왕계
(하시고) 상사선공이천자지례(하시니) 사례야(이) 달호제후대부급사
서인(하니) 부위대부(이오) 자위사(이어든) 장이대부(오) 제이사(하
며) 부위사(요) 자위대부(이어든) 장이사(요) 제이대부(하며) 기지상
(은) 달호대부(하고) 삼년지상(은) 달호천자(하니) 부모지상(은) 무귀
천일야(니라)

무왕이 늦게 천명을 받았으며 <또 일찍 붕어(崩御)했으므로>
<동생> 주공이 <섭정(攝政)하고> 아버지 문왕과 형님 무왕의
왕덕(王德)을 완성했다. <또 예치(禮治)의 문물제도를 제정하
여> 태왕(大王)과 왕계(王季)를 추증(追贈)했다. 또 위로는 선
조를 천자의 예로써 제사지냈다. <주공이 제정한> 이와 같은
예법은 제후(諸侯), 대부(大夫) 및 사(士)와 서인(庶人)에게도
통용되었다. 부친이 대부이고 아들이 사인 경우에는 장사는 대

부의 예로써 지내고, 제사는 사의 예로써 지낸다. 부친이 사이고 아들의 신분이 대부일 경우에는 장사는 사의 예로써 지내고, 제사는 대부의 예로써 지낸다. 기년상(期年喪)의 제도는 대부에 까지 통용하고 부모에 대한 3년상은 천자에게도 통용한다. 부모 에 대한 상례는 귀천의 차별없이 다 같다.

[**어구 설명**] ㅇ武王末受命(무왕말수명) : 무왕이 만년(晚年)에 천명을 받 았다. 자세한 것은 ⇒「참고 보충」 ㅇ周公成文武之德(주공성문무지 덕) : 주공이 아버지 문왕과 형님 무왕의 뒤를 이어 왕덕(王德)을 완성했 다. ㅇ追王大王王季(추왕태왕왕계) : 태왕(大王)과 왕계(王季)를 추증 (追贈)했다.「추왕(追王)」은「나중에 임금이라고 존칭했다」는 뜻. 태왕 (大王)은 증조부 고공단보(古公亶父), 왕계(王季)는 조부 계력(季歷)이 다. 이들과 아버지 문왕(文王)은 생전에는 왕(王)이 아니었다. 무왕(武 王)이 은(殷)을 타도하고 주(周)나라를 창건하고 임금이 된 다음에 주공 (周公)이 예법(禮法)을 새로 정하고 선조를 왕으로 추증(追贈)한 것이 다. ㅇ上祀先公以天子之禮(상사선공이천자지례) : 위로는 선조를 천자 의 예로써 제사지냈다. ㅇ斯禮也(사례야) : <주공이 새로 제정한> 이와 같은 예법이. ㅇ達乎諸侯大夫及士庶人(달호제후대부급사서인) : 제후 (諸侯), 대부(大夫) 및 사(士)와 서인(庶人)에게도 통용되었다. ㅇ父爲 大夫(부위대부) : 부친이 대부이고. ㅇ子爲士(자위사) : 아들이 사인 경 우에는. ㅇ葬以大夫(장이대부) : 장사는 대부의 예로써 지내고. ㅇ祭以 士(제이사) : 제사는 사의 예로써 지낸다. ㅇ父爲士(부위사) : 부친이 사이고. ㅇ子爲大夫(자위대부) : 아들의 신분이 대부일 경우에는. ㅇ葬 以士(장이사) : 장사는 사의 예로써 지내고. ㅇ祭以大夫(제이대부) : 제 사는 대부의 예로써 지낸다. ㅇ期之喪(기지상) : 기년상(期年喪)의 제 도.「기(期)」는 1년이다. 즉 조부모나 백숙부모(伯叔父母)의 상은 1년

간 상복(喪服)을 입는다. ㅇ達乎大夫(달호대부) : 대부에까지 통용된다. ㅇ三年之喪(삼년지상) : 부모가 돌아가면 3년 간 상복을 입는다. ㅇ達乎天子(달호천자) : 천자에게도 통용한다. ㅇ父母之喪無貴賤一也(부모지상무귀천일야) : 부모에 대한 상례는 귀천의 차별없이 다 같다.

【참고 보충】「문왕(文王)·무왕(武王)·주공(周公)의 연대」

무왕이 은(殷)을 타도하고 주(周)를 창건했다는 것은 사실이다. 그러나 그와 같은 기록이나 연대는 아직은 실증된 역사적 기록이라고 보기에는 부족한 점이 많다. 그러므로 연대에도 여러 가지 설이 있다. 그 중의 하나를 들겠다.

B.C. 1185 : 계력(季歷) 몰(歿)하고, 아들 창(昌)이 서백(西伯)이 되다.

B.C. 1144 : 주(紂)가 서백을 유리(羑里)에 감금.

B.C. 1135 : 서백, 즉 문왕(文王)이 97세로 몰하고, 아들 발(發＝武王)이 뒤를 계승. 무왕의 나이 73세라고 전한다.

B.C. 1122 : 발(發)이 주(紂)를 목야(牧野)에서 격파하고, 주(周)나라를 세우고 무왕(武王)에 올랐다. 그때의 무왕의 나이 86세라고 전한다. 그후 2년만에 몰하고, 뒤를 어린 아들 성왕(成王)이 나이 10세로 뒤를 이었다.

B.C. 1115 : 무왕의 동생 주공(周公 : 이름 旦)이 섭정(攝政)이 되어 주나라의 예악제도(禮樂制度)를 정비하고 어린 성왕을 보필했다.

【集註】 (1) 此言周公之事 末猶老也 追王蓋推文武之意 以及乎王迹之所起也.

이 3절은 주공의 일을 말한 것이다. 「말(末)」은 「노(老)」와 같은 뜻이다. 「추왕(追王)」은 <주공이> 문왕과 무왕의 뜻을 미루어 생각하고 왕엽(王業)의 업적이 시작된 옛날의 선조까지 소급하여 <왕으로 추존(追尊)했다는> 뜻이다.

【集註】 (2) 先公組紺以上至后稷也.

「선공(先公)」은 조감(組紺)에서 <소급하여> 후직(后稷)에 이르는 모든 선조를 말한다.

[**어구 설명**] ㅇ組紺以上至后稷(조감이상지후직) : 조감(組紺)에서 <소급하여> 후직(后稷)에 이르는 모든 선조. 주(周)나라의 시조는 후직(后稷)이다. 사기(史記) 주본기(周本紀)에 대략 다음같이 주의 가계를 기술했다. 시조 후직(后稷)-아들 불줄(不窋)-손자 국도(鞠陶)-제4대 공류(公劉)-제12대 조감(組紺)-제13대 고공단보(古公亶父). 결국 조감은 태왕(大王)의 부친이다.

【集註】 (3) 上祀先公以天子之禮 又推大王王季之意 以及於無窮也.

위로는 선공들을 천자의 예로써 제사 지낸 것도, 역시 <주공이> 태왕(大王), 왕계(王季)의 뜻을 미루어 <끝없이 소급하여> 시조에 미친 것이다.

【集註】 (4) 制爲禮法 以及天下 使葬用死者之爵 祭用生者之祿 喪服自期以下 諸侯絶 大夫降

而父母之喪 上下同之 推己以及人也.

<주공이> 예법을 제정하여 천하에 미치게 했다. 장사는 죽은 사람의 작위를 따르고, 제사는 살아있는 후손의 작위를 따르게 했다. 상복(喪服)에는 기년상(期年喪) 이하는 천자와 제후는 지키지 않는다. 대부 이하라도 부모의 상을 상하가 다같이 <3년의 복상을> 정한 것은 <부모에 대한 자신의 효성을> 미루어 모든 사람에게 미치게 한 것이다.

【集註】(5) 右第十八章.

이상이 제18장이다.

【참고 보충】「제18장의 개요」

공자(孔子)가 높이는 주(周)나라의 창건은 일시에 이루어진 것이 아니다. 시경(詩經) 대아(大雅) 및 주송(周頌)에 있는 여러 편의 시에서 보듯이, 오랜 세월에 걸친 조상의 공덕에 의해서 천명을 내려받게 된 것이다. 그 마무리를 한 왕성한 세 사람이 곧 이 장에 나오는 「문왕(文王)과 무왕(武王) 및 주공(周公)」이다. 문왕은 생존시에는 임금이 아니고 은(殷)나라 주왕(紂王) 밑에 있는 서백(西伯)이었다. 그러나 문왕은 선조들의 공업을 이어받고 더욱 인덕(仁德)을 밝혀 실질적으로 전국의 제후들의 존경을 받았으며, 천하의 3분의 2가 그를 따랐다. 아버지 문왕이 닦은 인덕을 바탕으로 제후를 규합하고 마침내 딱 한 번의 무력행동으로 포학무도한 주(紂)를 목야(牧野)에서 격멸(擊滅)하고 주(周)를 세웠다.

   그러나 무왕은 이미 늙었으며, 천자가 된 지 2년만에 붕어(崩御)하고 어린 성왕(成王)이 뒤를 이었다. 그래서 무왕의 동생 주공(周公)이 그를 도와서, 예악(禮樂)과 모든 문물제도를 제정했다. 이로써 공자가 높인 이상적인 왕조가 성취된 것이다. 즉 아버지 문왕은 선조의 공덕을 이어받고, 왕조의 터전을 확립했다.

   아들 무왕이 마침내 무력으로 제후를 통합하고 실덕(失德)한 주(紂)를 하늘 대신 멸하고 천자 자리에 올랐다. 그 뒤에 동생 주공이 이상적인 문물제도를 제정했던 것이다. 특히 선조들을 추존(追尊)했으며, 상례(喪禮) 및 제례(祭禮)를 상세하게 제정했다. 주나라의 이상적인 예법(禮法)이나 문물제도를 제정한 주공은 위대하다. 그래서 인륜도덕(人倫道德)을 밝힌 공자와 같이 성인(聖人)으로 높인다.

【大全疏註選譯】

(1) 新安陳氏曰 三年之喪 自庶人上達於天子 蓋以子於父母 喪服 無貴賤之分一而已 末二句只是申明上二句 父母之喪 卽三年之喪 朱子謂 中庸之意 只是父母而言 未必及其 他者也.

   신안 진씨가 말했다. 「3년상」을 서민에서부터 위로는 천자에 이르기까지 공통되게 <한 것은>, 아마도 부모에 대한 자식의 복상에는 신분상의 귀천이 없이 같기 때문일 것이다. 끝에 있는 두 구절은 앞의 두 구절을 거듭 밝힌 것으로 부모에 대한 상례는 「3년상」이다. 주자가 「중용의 뜻은 다만 부모를 말한 것이라고 한」 것은 다른 것에는 미치지 않는다.

(2) <備旨> 武王當此受命爲天子時 蓋已末年矣 凡所以述

文王者 尙未及備 周公乃成文武之德 展其欲展之孝思 廣
其末廣之恩意 近而追古公爲太王 公季爲王季 不王其身
而王其號焉 遠而自組紺以上至后稷 皆祠以天子之禮 不
王其封 而王其享焉 斯禮也 乃人情之至也.

<비지> 무왕이 천명을 받고 천자가 되었을 때는 이미 늙었으며
<또 얼마 후에는 붕어했다.> 그러므로 아버지 문왕의 유지(遺志)나
유업(遺業)조차 충분히 계승하고 성취하지 못했던 것이다. 그래서
무왕의 동생 주공(周公)이 문왕과 무왕의 덕을 성취했던 것이다. 즉
문왕 무왕의 효성의 마음을 펴게 했고, 또 선조에 보은하겠다는 뜻을
확대했던 것이다. 그러므로 가까이는 고공단보를 태왕에, 공계를 왕
계로 뒤늦게 임금으로 높였다. 그러나 주공 자신은 임금에 오르지도
않고 또 임금의 칭호도 지니지 않았다. 한편 먼 선조에 대해서는 조감
이상 후직에 이르도록 천자의 예로써 사당에 모시고 제사를 올렸다.
그러나 주공 자신은 왕의 봉지를 받지 않고 또 왕으로서 제사도 받지
않았다. 이와 같은 주공의 처사는 인간으로서는 더없이 지극한 정리
(情理)에서 나온 처사이다.

중용 제19장 (총6절)

1절　子曰　武王周公　其達孝矣乎.

2절　夫孝者　善繼人之志　善述人之事者也.

3절　春秋　修其祖廟　陳其宗器　設其裳衣　薦其
　　時食.

4절　宗廟之禮　所以序昭穆也　序爵　所以辨貴
　　賤也序事　所以辨賢也　旅酬　下　爲上　所
　　以逮賤也　燕毛　所以序齒也.

5절　踐其位　行其禮　奏其樂　敬其所尊　愛其所
　　親　事死如事生　事亡如事存　孝之至也.

6절　郊社之禮　所以事上帝也　宗廟之禮　所以
　　祀乎其先也　明乎郊社之禮　禘嘗之義　治
　　國　其如示諸掌乎.

제19장도 앞장에 이어, 무왕(武王)과 주공(周公)의
효도를 높인 말이다. 특히 2절에서는 「효도는 어른의
뜻을 계승하고 공업(功業)을 더욱 발전함이다(繼志述

事)」라고 하였다. 이는 곧 효도의 역사적 발전관을 강조한 말이다. 이어 주공이 제정한 제사의 예법의 의미를 밝혔다. 즉 나라를 창건한 무왕과, 천하에 통용되는 예법을 제정한 주공을 「달효(達孝)」라고 칭송한 것이다. 이 장은 총 6절이다. 나누어 요점을 설명하겠다.

1절 : 주(周)나라 무왕(武王)과 주공(周公)을 달효(達孝)라고 높였다. 「달효」는 지극한 효도를 달성했다는 뜻이다.

2절 : 「효(孝)는 선친 선조의 뜻과 이상 및 업적과 사업을 계승하고, 더욱 발전케 함이다.(夫孝者 善繼人之志 善述人之事者也)」라고 역사적 발전관에 입각한 효의 기본원리를 말했다.

3절 : 무왕·주공이 나라를 세우고, 봄과 가을에 종묘를 아름답게 가꾸고, 대대로 물려오던 선조의 기물과 의복을 진설하고, 또 신선한 음식을 바치고 제사를 지냈다.

4절 : 종묘에 제사 지내는 기본 의의(意義)를 밝혔다. 즉 시조를 위시한 7대의 선조를 소목(昭穆)에 따라 모시고 제사 지낸다. 종묘의 제사는 돌아가신 선조의 신령을 모시는 예(禮)다. 그러나 동시에 생존하고 있는 일가 후손들을 단합하고 아울러 질서와 서열을 바로잡고, 또 후손 각자에게 직책을 맡아 다스리게 하는 의

미도 지니고 있다.

5절 : 제사를 올릴 때는 전해 내려오는 전통을 엄격히 따른다. 의식(儀式)의 형식만을 따르고 지키는 것이 아니다. 선대가 존경하던 선조나, 선대가 사랑하던 자손, 신하 및 백성들을 사랑해야 한다. 또 돌아가신 분을 생전과 똑같이 섬기고 모셔야 한다. 그것이 지극한 효도다.

6절 : 천하나 나라를 다스리는 천자나 임금은 「교제(郊祭)」로 「천신(天神)＝상제(上帝)」를 모시고 아울러 「사제(社祭)」로 「지신(地神)＝후토(后土)」를 모셔야 한다. 아울러 계절마다 종묘에서 지성으로 제사를 모셔야 한다. 이렇게 천지인(天地人)에게 제사를 올리고 또 그 의의(意義)를 바르게 알아야 천하나 나라를 잘 다스릴 수 있다.

제19장 1절 達孝
달 효

子曰 武王周公 其達孝矣乎.

자왈 무왕주공(은) 기달효의호(이신져)

공자가 말했다. 무왕과 주공은 참으로 달효(達孝)이시니라.

[**어구 설명**] ㅇ子曰(자왈) : 공자가 말했다. ㅇ武王周公(무왕주공) : 주(周)
나라 문왕(文王)의 아들 무왕(武王)과 주공(周公)은. ㅇ其達孝矣乎(기
달효의호) : 참다운 달효(達孝)이니라. ⇒「참고 보충」

【集註】(1) 達通也 承上章而言 武王周公之孝
乃天下之人 通謂之孝 猶孟子之言達尊也.

「달(達)」은 「통(通)」이다. 앞의 장을 이어받고 무왕과 주공의
효(孝)는 곧 천하의 모든 사람이 공통적으로 일컫는 효를 말한
다. 이는 맹자가 말한 「달존(達尊)」의 「달(達)」과 같다.

【참고 보충】「달효(達孝)」

「천하지인 통위지효(天下之人 通謂之孝)」를 크게 두 가지로 풀
수 있다. 하나는 「천하 모든 사람이 공통적으로 칭송하는 효다.」 다른
하나는 「천하 모든 사람에게 통용되는 효다.」 전자의 경우는 「무왕과
주공의 효도 효행을 천하 만민이 칭송하고 높인다」는 뜻이고 후자의

경우는「무왕과 주공의 효도 효행은 천하 만민이 저마다의 위치에서 저마다 행할 수 있는 공통된 효도 효행이다」라는 뜻이 된다. 그러나 우리는 이 둘을 종합해서「달효(達孝)」의 뜻을 깊이 알아야 한다.

「달효」는「지극한 경지에 도달한 효도」다. 즉「현시적(現時的)으로 부모를 정성으로 받들고 모시는 효(孝)」만이 아니라,「역사적으로 부모와 선조의 뜻과 사업을 계승하고 성취하여 더욱 발전되게 하는 효」를 포함한 것이다. 일지록(日知錄)<권6>에 다음같이 있다.「달효는 선조와 후손에게 통하고 영혼의 세계와 현세에 통한다. 효경(孝經)에서 말한바 지극한 효제(孝弟)는 신명에 통하고 사해(四海)에 빛을 내며 시간적으로나 공간적으로나 통하지 않는 바가 없다.(達孝者 達於上下 達於幽明 所謂 孝弟之至 通於神明 光於四海 無所不通者也)」

효도도 천도(天道)에서 나온 것이다. 천도는 현시적(現時的)으로 만물을 창조하고 생성하는 동시에 역사적으로「생생불이(生生不已)」하는 번식과 발전의 절대선(絶對善)의 도리이다. 그러므로「지극한 경지에 도달한 달효(達孝)」는「신명에 통하고 사해에 빛나게 마련이며(通於神明 光於四海)」또「유명(幽明)에 통하게 마련이다.」이와 같은 효도는 중용에서 말하는「군자의 도(君子之道)」이기도 하다.「군자지도」는 본래 은미(隱微)하면서도 광대(廣大)하게 전개된다. 그래서 제12장에서「군자지도 비이은(君子之道 費而隱)」이라고 말한 것이다.

형 무왕(武王)이 주나라를 창건한 눈에 보이는 큰 일을 완수한 것이다. 동생 주공(周公)이 선조를 추왕(追王)하고 종묘에 모시고 제사를 지낸 것은 은미(隱微)한 효도다.

제19장 2절 繼志述事
계 지 술 사

夫孝者 善繼人之志 善述人之事者也.

부효자(는) 선계인지지(하며) 선술인지사자야(니라)

무릇 효(孝)는 어른의 뜻을 잘 계승하고 어른의 일을 더욱 발전적으로 성취함이다.

[**어구 설명**] ○夫孝者(부효자) : 무릇 효(孝)는. 일반적·원칙적으로 말하는 효도 효행은. ○善繼人之志(선계인지지) : 어른의 뜻을 잘 계승하고. 「인(人)」은 살아계신 어른 및 작고한 선인(先人)을 다 포함한다. ○善述人之事者也(선술인지사자야) : 어른의 사업을 더욱 발전적으로 성취한다.

【**참고 보충**】 「선계인지지(善繼人之志) 선술인지사(善述人之事)」 「선(善)」을 석명(釋名)에서 「선은 풀어나간다. 도리를 따라 사물을 더욱 발전함이다.(善演也 演進物理也)」라고 풀었다. 그러므로 「선계인지지(善繼人之志)」는 「천도를 따라 덕을 세우려는 어른의 뜻을 이어받다」, 「선술인지사(善述人之事)」를 「천도를 따라 덕을 세우려는 어른의 업적을 더욱 발전적으로 성취하다」로 풀어야 한다. 「어른」은 생사를 불문하고 「부친, 조부 및 선조」를 포함한다. 만약에 어른이 도에 어긋나는 뜻을 품거나 일을 도모하면 자식은 충간(忠諫)해야 한다. 어른의 뜻이나 일을 맹목적으로 따르고 행하는 것은 진정한 효(孝)가 아니다. 효는 굴종(屈從)이나 맹종(盲從)이 아니다. 효는

천도를 따라 선(善)을 행하고 또 대를 이어가면서 덕을 세우고 가문을 빛내는 덕행이다.

【集註】(1) 上章言 武王纘大王 王季 文王之緒 以有天下 而周公成文武之德 以追崇其先祖 此繼志述事之大者也 下文 又以其所制祭祀之禮 通于上下者言之.

앞의 제18장에서 말한 「무왕이 <증조부> 태왕, <조부> 왕계, <부친> 문왕 등이 시작한 왕업을 계승하고 마침내 천하를 영유하고 <주나라를 세운 것과> 아울러 주공이 <주나라의 예법을 제정하여> 문왕과 무왕의 공덕을 완성케 하고 또 조상들을 추존(追尊)한 것」이 곧 계지술사(繼志述事)의 가장 큰 것이다. 다음 <19장 3절>에서는 <주공이> 제사의 예를 제정하여 위로는 천자로부터 아래로는 서민에 통용하게 했음을 말했다.

【참고 보충】「문왕(文王)·무왕(武王)·주공(周公)」

주나라의 시조 후직(后稷)을 비롯하여 역대의 조상들은 천도를 따라 덕을 세웠다. 특히 문왕(文王)은 왕계(王季)가 세운 왕업의 단서를 바탕으로 천하에 인덕(仁德)을 베풀어 서백(西伯)이 되었다. 그리고 실질적으로 천하의 3분지 2를 덕으로 다스렸던 것이다. 이와 같은 주나라 왕가의 전통을 이어받고, 천하를 통일하고 천자가 된 사람이 무왕이었으며, 그의 동생 주공이 뒤이어 주나라의 빛나는 문물제도, 특히 조상을 높이는 제사 제도를 완성하였던 것이다. 이에 「문왕·무왕·주공」에 의해서 「효도의 모범」이 세워졌다.

제19장 3절 春秋修其祖廟
춘 추 수 기 조 묘

春秋 修其祖廟 陳其宗器 設其裳衣 薦其時食.

춘추(에) 수기조묘(하며) 진기종기(하며) 설기상의(하며) 천기시식(이니라)

춘하추동 사계절마다 종묘나 가묘를 청결하게 손질하고, 대대로 물려 내려온 제기나 귀중한 보물들을 진열한다. 또 조상의 의복을 펼쳐 시동(尸童)에게 걸친다. 그리고 계절 음식을 바쳐 올린다.

[어구 설명] ㅇ春秋(춘추) : 춘추만이 아니라, 종묘나 사당에 대한 제사는 춘하추동(春夏秋冬) 사계절에 다 지낸다. 특히 천자가 올리는 종묘(宗廟)의 제사를 봄에는 사(祠), 여름에는 약(禴), 가을에는 상(嘗), 겨울에는 증(蒸)이라 부른다. ㅇ修其祖廟(수기조묘) : 제사에 앞서 종묘나 사당을 정결하게 청소하고 수축한다. ㅇ陳其宗器(진기종기) : 대대로 물려 내려온 종묘나 가묘(家廟)에 있는 제기나 중요한 기물, 혹은 귀중한 보물들을 진열한다. ㅇ設其裳衣(설기상의) : 조상이 착용하던 의상을 진열한다, 혹은 옷을 시동(尸童)에게 입힌다. 의(衣)는 윗저고리, 상(裳)은 아래옷. 시동은 고인의 손자대에 해당하는 어린아이를 제사지낼 때, 신위 곁에 앉게 하고 신령이나 영혼이 의지할 수 있게 한다. ㅇ薦其時食(천기시식) : 계절마다 신선한 음식을 제상에 올린다. 「천(薦)」은 신령에게 바치고 잡숫게 한다.

【集註】（1）祖廟天子七　諸侯五　大夫三　適士二　官師一.

　조상의 묘는 천자는 7묘, 제후는 5묘, 대부는 3묘, 적사(適士)는 2묘, 관사(官師)는 1묘다.

[**어구 설명**] ㅇ祖廟(조묘) : 종묘(宗廟)나 가묘(家廟)의 수(數). ㅇ天子七(천자칠) : 천자의 경우는 일곱 개의 사당이다. ㅇ諸侯五(제후오) : 제후의 경우는 다섯개. ㅇ大夫三(대부삼) : 대부는 셋. ㅇ適士二(적사이) : 적사는 두개, 「적사」는 천자의 경우는 상사(上士), 중사(中士), 하사(下士)이고, 제후의 경우는 상사(上士)를 말한다. ㅇ官師一(관사일) : 관사의 경우는 사당이 하나다. 「관사」는 관직을 다스리는 벼슬아치의 장이다.

【**참고 보충**】 「예기(禮記) 왕제편(王制篇)의 기록」

　천자의 칠묘(七廟)는 태조(太祖)의 묘와 삼소삼목(三昭三穆), 제후(諸侯)의 오묘(五廟)는 태조의 묘와 이소이목(二昭二穆), 대부(大夫)의 삼묘(三廟)는 태조의 묘와 일소일목(一昭一穆), 상사(上士)는 이묘(二廟), 관사(官士)는 일묘(一廟), 서인(庶人)은 <사당이 없고> 침실에서 제사지낸다(祭於寢).

【**참고 보충**】 「예기(禮記) 제법편(祭法篇)의 기록」

　적사(適士)는 이묘일단(二廟一壇), 즉 고묘(考廟 : 아버지 사당)와 왕고묘(王考廟 : 할아버지 사당)로 월제(月祭)는 없고 사시(四時)에 한번 제사를 지내고, 고조(高祖)는 사당이 없다. 관사(官士)는 아버지 사당이 하나, 할아버지 사당은 없다.

【**참고 보충**】 「사서인(士庶人)은 삼대를 모신다」

　원칙적으로 사(士)나 서인(庶人)은 사당이 없다. 집에서 삼대를 모시고 제사를 지내는 것은 관습이다.

【集註】(2) 宗器 先世所藏之重器 若周之赤刀 大訓 天球 河圖之屬也.

종기(宗器)는 선대로부터 사당에 소장해오던 제기, 혹은 귀중한 기물로, 적도나 대훈, 천구 및 하도 등이다.

[**어구 설명**] ○宗器(종기) : 종묘나 사당에 보관하고 대대로 물려온 귀중한 기물. ○先世所藏之重器(선세소장지중기) : 즉 선조대부터 소장하고 있는 귀중한 기물이나 보물. ○若周之(약주지) : 예를 들면 주나라의 경우는. ○赤刀(적도) : 붉은 칠을 한 칼. 무왕이 은나라를 칠 때 사용한 칼. ○大訓(대훈) : 삼황오제(三皇五帝)와 문왕・무왕의 훈계(訓戒)의 말을 적은 글. ○天球(천구) : 악기의 이름. ○河圖(하도) : 복희씨 때에 황하에서 나온 용마(龍馬)의 등에 있는 그림. 이 그림을 보고 복희씨가 팔괘(八卦)를 만들었다고 한다. ○之屬也(지속야) : 등과 같은 것이다.

【集註】(3) 裳衣 先祖之遺衣服 祭則設之以授尸也 時食四時之食 各有其物 如春行羔豚膳膏香之類是也.

상의(裳衣)는 선조가 남긴 의복이다. 제사 때는 펴서 시동(尸童)에게 걸친다. 시식(時食)은 사계절의 음식이다. 때마다 적합한 음식물이 있다. 예를 들면 봄에는 어린 염소와 어린 돼지고기 반찬을 쇠기름으로 요리함과 같은 것이다.

[**어구 설명**] ○裳衣(상의) : 「상(裳)」은 아래에 입는 옷, 「의(衣)」는 위에

걸치는 옷. ㅇ祭則設之以授尸也(제즉설지이수시야) : 제사 때에 선조가
남긴 옷을 펴서 놓거나 혹은 시동(尸童)에게 걸치게 한다. ㅇ羔(고) : 새
끼양. ㅇ豚(돈) : 어린 돼지. ㅇ膳膏香(선고향) : 쇠기름으로 요리를 하고
반찬을 만든다.

【참고 보충】「선조의 유품(遺品)」

부친이나 조부가 사망하고 육신은 이 세상에 안계셔도, 그 혼(魂)
은 하늘로 올라가고, 백(魄)은 흙으로 돌아가 있다. 그리고 자손이
정성 들여 제사를 올리면 선조의 귀신이 오신다. 그래서 제사 지낼
때는 선조의 유물을 진열해 두는 것이다.

【大全疏註選譯】

(1) <雲峯胡氏> 周家 自大王以至周公 世世修德 古所無也
    周公追王之禮 特以義起 古所無也. 所以中庸特表而出之.
    孝心上下融徹 禮制上下通行 此周公所以謂之達孝也.

<운봉 호씨> 주나라 임금의 집안에서, 대대로 덕을 닦았으니,
<그와 같은 전통은> 옛날에는 없었다. 주공이 추왕(追王)의 예법을
만들어 특히 <선조의> 의(義)를 드러낸 것도 옛날에는 없었다. 그래
서 중용에서 특히 드러내서 알게 한 것이다.

효심이 상하로 두루 통하고 예법이 상하로 통행하였다. 고로 주공
을 달효(達孝)라고 말한다.

(2) <備旨> 然繼述之善 豈徒纘先緒成先德已哉 以其祀典
    之通於上者言之 時維春秋 祀事肇擧 於是修飭其所祭之
    祖廟 致嚴潔也 陳列其先世所藏之宗器 是能守也 至若先

祖所遺有裳與衣 則設其裳衣以授尸 不惟使神有所依 亦
依繫如在之思也 四時之食 各有其物 則薦其時食 以告虔
不惟使神有所享 亦以告時序之變也 武周之因時盡禮 何
莫非體先王之志事而繼述之哉.

<비지> 그러나 계지술사(繼志述事)를 잘하는 효도가 어찌 선인
이 시작한 일을 잘 이어가고 또 선인이 이룩한 공덕을 더욱 완성하는
것뿐이겠느냐. 제사를 지내서 돌아가신 조상과 교통한다는 면에서
도 <효를> 말할 수 있다. 즉 춘하추동 계절에 따라 제사를 지내기에
앞서, 제사를 지낼 조상의 사당을 정결하게 청소하고 수리함은 곧
조상을 엄숙하고 또 정결하게 모시려는 뜻을 나타냄이다. 조상 대대
로 소장해 오던 귀중한 기물들을 진열하는 것은, <선조의 유물을>
잘 간직하게 할 수 있게 하기 위해서다. 더욱이 선조가 남겨 놓은
의상을 <잘 간직했다가 제사 때에> 진열하거나 시동에게 걸치게
하는 것은 다만 신령으로 하여금 의지할 곳을 있게 하려는 것뿐만이
아니라, 조상에 대한 생각을 엮어 매기 위해서다. 사계절의 음식에는
저마다 특색이 있다. 계절에 따라 신선한 음식을 제사에 바쳐 선조에
게 경건하게 고해 올린다. 이는 다만 신령으로 하여금 드시게 하려는
뜻만이 아니라, 아울러 계절의 변화를 고해 올리려는 뜻도 있다. 무왕
과 주공이 때를 따라 예를 극진하게 다한 것은 바로 선왕의 뜻과
일을 계승하고 또 발전적으로 이룩한 것이 아니겠는가.

제19장 4절 宗廟之禮
종 묘 지 례

宗廟之禮 所以序昭穆也 序爵 所以辨貴賤也 序
事 所以辨賢也 旅酬 下 爲上 所以逮賤也 燕毛
所以序齒也.

종묘지례(는) 소이서소목야(요) 서작(은) 소이변귀천야(요) 서사(는)
소이변현야(요) 여수(에) 하(이) 위상(은) 소이체천야(요) 연모(는) 소
이서치야(니라)

종묘의 예법은 소목(昭穆)의 서열이나 순차를 바르게 세우기
위해서다. 작위(爵位)에 따라 서열을 매기는 것은 신분상의 귀
천을 분별하기 위해서다. 제사 지낼 때의 담당할 직책의 서열을
바르게 잡는 것은 현명한 사람과 그렇지 못한 사람을 분별하기
위해서다. 모든 사람에게 「음복주(飮福酒)」하게 하는 까닭은 아
래가 위에게 잔을 권하는 것은 〈제사의 일과 은혜를〉 하천한
사람에게도 두루 미치게 하기 위해서다. 동족만의 연음(宴飮)에
서 머리털, 즉 나이로 자리 순서를 정하는 까닭은 노약(老若)의
질서를 바로잡기 위해서다.

[**어구 설명**] ㅇ宗廟之禮(종묘지례) : 종묘를 세우고 또 제사를 지내는 예법
　　이나 의식. ㅇ所以序昭穆也(소이서소목야) : 소목(昭穆)의 서열이나 순

차를 바르게 세우기 위해서다. 「소이(所以)」는 「그것으로써 ……한다, 혹은 ……하는 바탕이다」의 뜻. ⇒ 「참고 보충」 ㅇ序爵(서작) : 작위(爵位)에 따라 서열을 매기는 것은, 즉 제사지낼 때에 공경대부사(公卿大夫士)의 작위를 지키는 까닭은. ㅇ所以辨貴賤也(소이변귀천야) : 신분상의 귀천을 분별하기 위해서다. ㅇ序事(서사) : 제사 지낼 때의 담당할 직책의 서열을 바르게 잡는 것은. ㅇ所以辨賢也(소이변현야) : 현명한 사람과 그렇지 못한 사람을 분별하기 위해서다. ㅇ旅酬(여수) : 모든 사람에게 「음복주(飮福酒)」하게 하는 까닭은. 「여(旅)」는 모든 사람, 「무리 중(衆)」의 뜻. 「수(酬)」는 수작(酬酌), 주인이 빈객과 잔을 주고받으며 함께 마신다. ㅇ下爲上(하위상) : 아랫사람이 웃어른에게 술잔을 권한다. ㅇ所以逮賤也(소이체천야) : <제사에 참여하는 일이나 은혜를> 밑의 사람에게 두루 미치게 하기 위해서다. ㅇ燕毛(연모) : 제사를 다 마치고 시동이 물러가고 또 타성(他姓)의 빈객도 퇴장한 다음, 동성(同姓)의 일가만이 모여 연음(宴飮＝燕飮)한다. 그때에 머리털빛, 즉 연치(年齒)를 기준으로 자리 순서를 정한다. 이것을 「연모」라고 한다. ㅇ所以序齒也(소이서치야) : 나이, 즉 노약(老若)의 차례를 바로잡기 위해서다.

【集註】(1) 宗廟之次 左爲昭 右爲穆 而子孫 亦以爲序 有事於太廟 則子姓兄弟群昭群穆 咸在而不失其倫焉.

종묘의 예법상의 순차는 왼쪽이 소(昭)이고 오른쪽이 목(穆)이다. 그리고 <제사에 참여하는> 자손도 역시 그 순차를 따르고 지킨다. 종묘에서 제사를 지낼 때에는 자손이나 같은 성의 형제 일가 모든 사람에게도 집단적으로 지킬 소(昭)와 목(穆)이 있으며, 모두가 그 순서와 차례를 잃으면 안된다.

[**어구 설명**] ○宗廟之次(종묘지차) : 종묘의 순차. <크게 세 가지로 나눈다> ①장지(葬地)나 종묘의 위치의 순차 ②종묘 안의 모시고 제사지내는 위패(位牌)의 위치 차례 ③제사에 참석하는 자손들의 위치나 순차. ○左爲昭(좌위소) : 왼쪽은 소(昭)이고. ○右爲穆(우위목) : 오른쪽이 목(穆)이다. ⇒「참고 보충」 ○而子孫亦以爲序(이자손역이위서) : 그리고 <제사에 참여하는> 자손도 역시 그 순차를 따르고 지킨다. ○有事於太廟(유사어태묘) : 태묘, 즉 종묘에서 제사를 지낼 때에는. ○則子姓兄弟羣昭群穆(즉자성형제군소군목) : 자손이나 같은 성의 형제 일가 모든 사람에게도 집단적으로 지킬 소(昭)와 목(穆)이 있으며. ○咸在而不失其倫焉(함재이부실기윤언) : 모두가 그 순서와 차례를 잃으면 안된다.

【集註】(2) 爵公侯卿大夫也 事宗祝有司之職事也 旅衆也 酬導飮也 旅酬之禮 賓弟子 兄弟之子 各擧觶於其長 而衆相酬 蓋宗廟之中 以有事爲榮 故逮及賤者 使亦得以申其敬也.

「작(爵)」은 공(公)·후(侯)·경(卿)·대부(大夫) 등의 신분 작위를 말한다.「사(事)」는 종백(宗伯)과 종인(宗人), 대축(大祝)과 소축(小祝) 등 제사에 관한 여러 가지 대소사(大小事)를 맡아 처리하는 직책을 말한다.「여(旅)」는「모든 사람」의 뜻이다.「수(酬)」는 주인측에서 빈객에게 술잔을 권하고 복주(福酒)를 들게 함이다.「여수의 예(旅酬之禮)」는 <다음같이 한다.> 빈객의 자제나 형제의 자제, 즉 아랫사람들이 저마다 술잔을 들어 어른에게 권한다. 그렇게 해서 모든 사람이 서로 수작(酬酢)을 한다. 무릇 종묘에서 <제사를 지낼 때에> 어떠한 일이나 구실을 하는 것은 영광이다. 고로 아랫사람도 참여시켜서 역시 <선조에 대한> 공경하는 마음을 지니게 하는 것이다.

[**어구 설명**] ㅇ爵公侯卿大夫也(작공후경대부야) : 「작(爵)」은 공(公)·후(侯)·경(卿)·대부(大夫) 등의 신분 작위를 말한다. ㅇ 事宗祝有司之職事也(사종축유사지직사야) : 「사(事)」는 종백(宗伯)과 종인(宗人), 대축(大祝)과 소축(小祝) 등 제사에 관한 여러 가지 대소사(大小事)를 맡아 처리하는 직책을 말한다. ㅇ旅衆也(여중야) : 「여(旅)」는 「모든 사람」의 뜻이다. ㅇ酬導飮也(수도음야) : 「수(酬)」는 주인측에서 빈객에게 술잔을 권하고 복주(福酒)를 들게 함이다. ㅇ旅酬之禮(여수지례) : 「여수의 예」는 <다음같이 한다.> ㅇ賓弟子兄弟之子(빈제자형제지자) : 빈객의 자제나 형제의 자제, 즉 아랫사람들이. ㅇ各擧觶於其長(각거치어기장) : 저마다 술잔을 들어, 어른에게 권한다. ㅇ而衆相酬(이중상수) : 그렇게 해서 모든 사람이 서로 수작(酬酢)을 한다. ㅇ蓋宗廟之中(개종묘지중) : 무릇 종묘 안에서 <제사를 지낼 때에>. ㅇ以有事爲榮(이유사위영) : 어떠한 일이나 구실을 하는 것은 영광이다. ㅇ故逮及賤者(고체급천자) : 고로 <일을> 아래에도 미치게 해서. ㅇ使亦得以申其敬也(사역득이신기경야) : 아랫사람들로 하여금 역시 공경을 뻗게 하는 것이다.

【集註】(3) 燕毛 祭畢而燕 則以毛髮之色 別長幼 爲坐次也 齒年數也.

「연모(燕毛)」는 <다음 같은 것을> 말한다. 제사를 다 마치고, <동족의 일가가 모여서> 연회를 할 때에 곧 머리털의 색을 가지고 노소 장유를 분별하고 자리 순서를 정한다. 「치(齒)」는 연령의 뜻이다.

[**어구 설명**] ㅇ燕毛(연모) :「연모」는 <다음 같은 것을> 말한다. ㅇ祭畢而燕(제필이연) : 제사를 다 마치고, <동족의 일가 사람이 모여서> 연회(宴會)를 한다. 「연(燕)」=「연(宴)」. ㅇ則以毛髮之色(즉이모발지색) : <연회할 때에> 곧 머리털의 색을 가지고. 즉 노인의 머리는 희고, 장정의 머리는 검다. ㅇ別長幼(별장유) : 노소 장유(老少長幼)를 분별하고 ㅇ爲坐次也(위좌차야) : 술자리의 자리 순서를 정한다. ㅇ齒年數也(치년수야) :「치(齒)」는 나이의 수, 연령의 뜻이다.

【**참고 보충**】「종묘지례(宗廟之禮)」

「종묘(宗廟)」를 글자의 뜻을 바탕으로 다음같이 풀기도 한다. 「종(宗)」은 「존(尊)」, 「묘(廟)」는 「모(貌)」의 뜻과 통한다. 그러므로 「종묘」는 「선조의 모습을 볼 수 있는 곳이다」로 풀이할 수도 있다. 그러나 제도상으로는 「종묘」를 다음같이 풀이한다. 「대가족의 중심적 정통(正統)을 계승한 종가(宗家)에 선조의 신령을 모시고 제사를 드리는 사당이다.」 종묘의 수는 신분에 따라 다르다. 천자(天子)는 7묘(七廟), 제후(諸侯)는 5묘(五廟), 대부(大夫)는 3묘(三廟), 사(士)는 1묘(一廟), 서인(庶人)은 집안 상청에 모신다.

【**참고 보충**】「소목(昭穆)」

예기(禮記) 왕제편(王制篇)에 「천자는 7묘이다. 소(昭)가 셋이고 목(穆)이 셋이며, 태조(太祖)의 묘와 합해서 일곱이다.(天子七廟 三昭三穆 與太祖之廟 而七)」라고 하였다.

소(昭)는 밝다는 뜻으로 좌측(左側) 동편(東便)이다. 목(穆)은 그

욱하고 어둡다는 뜻으로 우측(右側) 서편(西便)이다. 실제의 예를 주(周)의 왕가(王家)를 예로 들면 알기 쉽다. 「태조」는 곧 시조 후직(后稷)이다. 「태조 묘」는 남향으로 중앙에 있으며, 소(昭)다. 그러므로 문왕(文王)의 묘는 목(穆)이고, 아들 무왕(武王)의 묘는 소(昭)에 자리한다. 소목(昭穆)은 대(代)에 따라 서로 바뀐다. 조부가 소(昭)면, 부(父)는 목(穆)이고, 자(子)는 소(昭)고, 손(孫)은 목(穆)이 된다. 주나라의 경우는 「태조·문왕·무왕」의 삼묘(三廟)는 고정되었다. 그 앞에 사친묘(四親廟)가 있다. 도시하면 다음과 같다.

		소 무왕세실 (昭 武王世室)	소 황고묘 (昭 皇考廟)	소 고묘 (昭 考廟)
태조 남면 (太祖)(南面)				
		목 문왕세가 (穆 文王世家)	목 현고묘 (穆 顯考廟)	목 왕고묘 (穆 王考廟)

* 「사친(四親)」은 「고(考 : 父), 왕고(王考 : 祖父), 황고(皇考 : 曾祖), 현고(顯考 : 高祖)」

【참고 보충】 「여수(旅酬) 하위상(下爲上)」

제사에는 아랫사람도 참석하고 제나름대로의 구실을 한다. 제사는 선조를 모시는 중대한 의식이며, 일가 친척이 다 참여하고 선조를 추앙하고 동시에 일족의 단결을 재확인한다. 그래서 아랫사람에게도 참여의 영광을 준다.

【大全疏註選譯】

(1) 格庵趙氏曰 左昭右穆者 死者之昭穆也 群昭群穆者 生者之昭穆也 宗廟之禮 非特序死者之昭穆 亦所以序生者之昭穆也.

  격암 조씨가 말했다. 좌측은 소가 되고 우측은 목이 되는 「좌소우목(左昭右穆)」은 돌아가신 선조를 모시는 사당의 순차다. 한편 「군소군목(群昭群穆)」은 <제사에 참례하는> 산 사람들의 소목(昭穆)이다. 「종묘의 예」는 비단 돌아가신 선조를 모시는 사당에만 해당하는 소목만이 아니고, <제사에 참례하는> 살아있는 사람들의 소목이기도 하다.

  * 제사에 참례하는 사람들도 사당의 소목에 따라 소목을 따르고 순차를 지켜야 한다. 종묘 안에 모시는 위패(位牌)도 소목을 따라 모신다. 시동(尸童)도 소목을 따른다. 즉 조부의 제사에는 손자뻘되는 아이를 내세운다.

(2) <新安陳氏> 王制所謂三昭三穆 昭在左 左爲陽 昭者陽明之義 穆在右 右爲陰 穆者陰幽之義.

  父穆則子昭 父昭則子穆也 子孫亦以爲序.

  <신안 진씨> 왕제에 삼소(三昭) 삼목(三穆)이라 했으니, 소(昭)는 좌(左)이고, 좌는 양(陽)이라, 소는 양명(陽明)하다는 뜻이다. 목(穆)은 우(右)이고, 우는 음(陰)이라, 목은 음유(陰幽)하다는 뜻이다.

  아버지가 목이면 아들은 소고, 아버지가 소면 아들은 목이다. 자손도 이 순차를 따른다.

제19장 5절 事死如事生
사 사 여 사 생

踐其位 行其禮 奏其樂 敬其所尊 愛其所親 事死
如事生 事亡如事存 孝之至也.

천기위(하야) 행기례(하며) 주기악(하며) 경기소존(하며) 애기소친(하며) 사사여사생(하며) 사망여사존(이) 효지지야(니라)

선왕이 제사 지내실 때 밟던 같은 자리를 <내가> 밟고, 선왕과 같은 예를 행하고, 선왕과 같은 예악을 연주하고, 선왕이 높이시던 선조와 신령을 존경하고, 선왕이 친애하시던 자손과 백성을 친애한다. 돌아가신 분을 살아 계신 듯이 섬기고, 사망하신 분을 생존해 계신 듯이 섬기고 받든다. 이렇게 하는 것이 효도의 지극함이다.

[**어구 설명**] ㅇ踐其位(천기위) : <선왕이> 밟던 같은 자리를 밟고, 혹은 「선왕의 뒤를 이어 자리에 오르다」로 풀기도 한다. ㅇ行其禮(행기례) : 선왕과 같은 예를 행하고. ㅇ奏其樂(주기악) : 같은 예악을 연주하고. ㅇ敬其所尊(경기소존) : 선왕이 높이시던 선조와 신령을 존경하고. ㅇ愛其所親(애기소친) : 선왕이 친애하시던 자손과 백성을 친애한다. ㅇ事死如事生(사사여사생) : 돌아가신 분을 살아 있을 때와 같이 섬기고. ㅇ事亡如事存(사망여사존) : 사망하신 분을 생존해 계신 듯이 섬기고 받든다. ㅇ孝之至也(효지지야) : 그렇게 하는 것이 효도의 지극함이다.

【集註】(1) 踐猶履也 其指先王也 所尊所親先
王之祖考子孫臣庶也 始死謂之死 旣葬則曰反而
亡焉 皆指先王也.

「천(踐)」은 「이(履)」와 같은 뜻이다. 「기(其)」는 선왕을 가리
킨다. 높이고 친애하는 바는 선왕이 높이신 선조와 고부(考父)
및 선왕이 친애하시던 자손과 신하와 서민들이다. 처음 죽었을
때는 「사(死)」라고 이른다. 장사를 지낸 다음 돌아와서 비로소
「가셨구나(亡)」하고 말한다. 모두가 선왕을 지칭하는 것이다.

[**어구 설명**] ○踐猶履也(천유리야) : 「천(踐)」은 「이(履)」와 같은 뜻이다.
  ○其指先王也(기지선왕야) : 「기(其)」는 선왕을 가리킨다. ○所尊所親
  (소존소친) : <선왕이> 높이고 친애하는 바. ○先王之祖考(선왕지조
  고) : 선왕이 높이신 선조와 고부(考父). ○子孫臣庶也(자손신서야) :
  <선왕이 친애하시던> 자손과 신하와 서민들이다. ○始死謂之死(시사
  위지사) : 처음 죽었을 때는 「사(死)」라고 이른다. ○旣葬(기장) : 장사
  를 지낸 다음에. ○則曰反而亡焉(즉왈반이망언) : 즉 돌아와서 비로소
  「망(亡)」이라고 말한다. ○皆指先王也(개지선왕야) : 모두가 선왕을 지
  칭하는 것이다.

【集註】(2) 此結上文兩節 皆繼志述事之意也.

이것은 앞의 3절 4절 두 구절을 묶은 것으로, 모두가 계지술사
(繼志述事)의 뜻을 말한 것이다.

[**어구 설명**] ○此結上文兩節(차결상문양절) : 이것은 앞의 두 절, 즉 3절
  4절을 묶은 것으로. ○皆繼志述事之意也(개계지술사지의야) : 모두가

계지술사(繼志述事)의 뜻을 말한 것이다.

【大全疏註選譯】

(1) <朱子> 記曰 反哭升堂 反諸其所作也 主婦入于室 反諸
　其所養也.
　　　方得見繼志述事之事.

　<주자> 예기(禮記)에 다음 같이 있다. <장사를 마치고> 돌아와
서 사당에 올라가 곡하는 것은, 전에 선친이 제사를 지내시던 일을
돌이켜 생각함이고, 주부가 방에 들어감은 전에 공양해 올리던 일을
돌이켜 생각함이다.

　비로소 계지술사(繼志述事)하는 사실을 알 수 있다.

(2) 陳氏曰 事死如生 居喪時事 事亡如存 葬祭時事.

　진씨가 말했다. 돌아가신 분을 살아 계신 것처럼 섬기는 것은 거상
(居喪)할 때의 일이고, 안 계신 분을 계신 듯이 섬기는 것은 장사나
제사 때의 일이다.

【참고 보충】 「계지술사(繼志述事)의 큰 뜻」

　여기서는 「계지술사(繼志述事)」를 좁은 뜻으로 풀이하고 사당에
서 제사 지낼 때에 선친과 같은 마음가짐과 태도로 제사를 드린다고
풀이했다. 그러나 「계지술사」에는 보다 큰 뜻이 있다. 주(周)의 무왕
(武王)과 주공(周公)이 아버지 문왕(文王)의 뜻을 계승하고, 아버지
가 이루려던 인덕(仁德)의 예치(禮治)를 달성한 것이다. 이것이 효도
(孝道)의 극치다. 공자는 효경에서 말했다. 「효는 천경 지위 민행(孝
者 天經 地緯 民行)」이라고.

제19장 6절 明乎禮義
명 호 예 의

郊社之禮 所以事上帝也 宗廟之禮 所以祀乎
其先也 明乎郊社之禮 禘嘗之義 治國其如示
諸掌乎.

교사지례(는) 소이사상제야(요) 종묘지례(는) 소이사호기선야(요) 명
호교사지례(와) 체상지의(면) 치국(은) 기여시저장호(인져)

교제(郊祭)와 사제(社祭)의 제례(祭禮)는 상제(上帝)와 후토
(后土)를 모시기 위함이다. 종묘에서 제례를 지내는 까닭은 선
조의 신령을 잘 섬기고자 함이다. 교제나 사제의 뜻을 밝게 알고
성실하게 실행하면 나라 다스리기는 손바닥 안을 들여다보듯이
밝게 알고 행할 수 있다.

[**어구 설명**] ㅇ郊社之禮(교사지례) : 「교(郊)」는 상제(上帝), 즉 천신(天
神)을 모시는 제사, 「사(社)」는 후토(后土), 즉 지신(地神)을 모시는 제
사다. 이 「예(禮)」는 좁은 뜻으로 제례(祭禮), 큰 뜻으로는 「신을 섬기고
복을 빈다(事神致福)」이다. ⇒「참고 보충」 ㅇ所以事上帝也(소이사상제
야) : 상제를 섬기는 바탕이다. 「교(郊)」는 「천신, 상제」를 모시는 제사,
「사(社)」는 「지신, 후토」를 모시는 제사. <후토가 빠졌다> 「소이(所以)」
는 「……하는 바탕이다」혹은 「……하기 위해서다」「……하는 까닭이다」
등으로 풀이할 수 있다. ⇒「참고 보충」 ㅇ宗廟之禮(종묘지례) : 종묘에

서 제례(祭禮)를 지내는 것은, 혹은 까닭은. ○所以祀乎其先也(소이사호기선야) : 그 선조의 신령을 제사해서 잘 섬기고자 함이다. 「사(祀)」는 「제사 지내고 정성으로 섬긴다」는 뜻이 포함되어 있다. ○明乎郊社之禮(명호교사지례) : 교제(郊祭)나 사제(社祭)의 뜻을 밝게 알고 성실하게 실행한다. ○禘嘗之義(체상지의) : 체제(禘祭)와 상제(嘗祭)의 뜻을 밝게 알고 성실하게 실행하면. ⇒「참고 보충」 ○治國其如示諸掌乎(치국기여시저장호) : 「나라 다스림(治國)」의 도리나 방법을 마치 손바닥 안을 보는 듯이 <밝게 알고 행할 수 있다.> 「시(示)＝시(視)」 ⇒「참고 보충」

【集註】 (1) 郊祭天 社祭地 不言后土者 省文也.

「교(郊)」는 하늘을 모시는 제사다. 「사(社)」는 땅을 모시는 제사다. <상제라고만 하고> 후토(后土)를 말하지 않은 것은 글을 생략한 것이다.

[**어구 설명**] ○郊祭天(교제천) : 「교(郊)」는 하늘, 즉 「천신(天神)＝상제(上帝)」를 모시는 제사다. 천자만이 「교제」를 지낸다. 동지(冬至)에는 천단(天壇)에서 「교제」를 지내고, 하지(夏至)에는 지단(地壇)에서 「사제」를 지낸다. ○社祭地(사제지) : 「사(社)」는 땅, 즉 「지신(地神)＝후토(后土)」를 모시는 제사다. 제후(諸侯)는 오직 「사제」만 지낸다. ○不言后土者(불언후토자) : 집주(集註)의 「교사지례(郊社之禮)」를 설명하는 글에서, 「상제를 모시는 바탕이다(所以事上帝也)」라고만 말하고 「지신(地神)＝후토(后土)」를 말하지 않은 것은. ○省文也(생문야) : 글을 생략한 것이다. 즉 「소이사상제<후토>야(所以事上帝<后土>也)」라고 해야 할 것을 「후토(后土)」를 생략했다는 뜻이다.

【集註】(2) 禘天子宗廟之大祭 追祭太祖之所自
出於太廟 而以太祖配之也 嘗秋祭也 四時皆祭 擧
其一耳.

「체(禘)」는 천자가 종묘에서 올리는 큰 제사다. 태조를 태어
나게 한 근원이 되는 오제(五帝)의 한 분, 곡(嚳)을 태묘(太廟)
에서 제사 지내고 추존(追尊)하고, 태조로 하여금 배향(配享)
하게 한다.「상(嘗)」은 가을에 올리는 제사다. 사계절마다 제사
를 드리지만 <여기서는> 그 일부만을 들어 말했다.

[**어구 설명**] ㅇ禘天子宗廟之大祭(체천자종묘지대제) :「체(禘)」는 천자가
종묘에서 올리는 큰 제사다. 즉 천자가 5년에 한 번씩 태조묘(太祖廟)에
서 지낸다. ㅇ追祭(추제) : 추존(追尊)하여 제사를 지낸다. ㅇ太祖之所
自出(태조지소자출) : 태조를 태어나게 한 근원. 주(周)나라의 태조(太
祖)는 후직(后稷)이다. 그 근원은 오제(五帝)인 곡(嚳)이다. ㅇ於太廟
(어태묘) : 곡(嚳)을 주나라 천자가 태묘(太廟)에서 5년마다 제사를 지
낸다. ㅇ而以太祖配之也(이이태조배지야) : 그래가지고 태조로 하여금
배향(配享)하게 한다. ㅇ嘗秋祭也(상추제야) :「상(嘗)」은 가을에 올리
는 제사다. ㅇ四時皆祭(사시개제) : 사계절에 다 제사를 드린다. 춘제(春
祭)는 약(礿), 하제(夏祭)는 체(禘), 추제(秋祭)는 상(嘗), 동제(冬祭)는
증(蒸)이라 부른다. <禮記 王制> ㅇ擧其一耳(거기일이) : <여기서는>
그 일부만을 들어 말했다.

【集註】(3) 禮必有義 對擧之互文也 示與視同
視諸掌言易見也 此與論語文意 大同小異 記有詳

略耳.

예(禮)에는 반드시 뜻[義]이 있다. <앞의 경문에서> <예(禮)와 의(義)를> 대립시켜 말했으나, <실은> 서로 돌려 쓴 것이다. 「시(示)」는 「시(視)」와 같다. 「손바닥을 본다」는 말은 「쉽게 알 수 있다」는 뜻이다. 이 구절은 논어의 말과 뜻이 대동소이하다. 다만 약간 간략하게 기술했다.

[**어구 설명**] ㅇ禮必有義(예필유의) : <형식으로 나타나는> 「예(禮)」에는 반드시 <내면적인> 「의(義)」가 있다. ㅇ對擧之互文也(대거지호문야) : 「예」와 「의」를 대립시켜 말했으나, 실은 두 글자를 서로 돌려서 쓴 것이다. 즉 앞의 경문에서 「교사지례(郊社之禮)」「체상지의(禘嘗之義)」라고 「예」와 「의」를 나누어 대립시켰으나, 실은 「교사의 예와 의의(郊社之禮義)」「체상의 예와 의의(禘嘗之禮義)」라는 뜻이다. ㅇ示與視同(시여시동) : 「시(示)」는 「볼 시(視)」와 같다. ㅇ視諸掌言易見也(시저장언이견야) : 「그것을 손바닥에서 본다(視諸掌)」라고 한 것은 「쉽게 알 수 있다(言易見)」는 뜻이다. ㅇ此與論語文意大同小異(차여논어문의대동소이) : 이 글은 논어(論語)의 글뜻과 대동소이하다. 논어 팔일편(八佾篇)에 있다. 「혹문(或問) 체지설(禘之說) 자왈(子曰) 오부지야(吾不知也) 지기설자지어천하야(知其說者之於天下也) 기여시저사호(其如示諸斯乎) 지기장(指其掌).」 ㅇ記有詳略耳(기유상략이) : 다만 기술이 약간 간략할 뿐이다.

【集註】 (4) 右第十九章.

이상이 제19장이다.

【참고 보충】「예(禮)의 깊은 뜻」

「예(禮)」를 문자학적으로「이(理)」「이(履)」라고 풀이한다. 또 설문에는「소이사신치복야(所以事神致福也)」라고 풀었다.「이(理)」는 곧 천리(天理)다.「이(履)」는 따르고 간다는 뜻이다. 즉 천리를 따르고 행하는 것이 예(禮)의 근본 뜻이다. 우주 천지만물은 하늘에서 나왔으며, 하늘의 도리를 따라 생성화육(生成化育)한다. 그러므로 하늘과 하늘의 도리를 따라야 삶을 누리고 자라고 또 번식하고 발전할 수 있다. 예(禮)는 곧 이와 같은 기본원리를 나타낸 문자다.

「예」에는 양면이 있다.「내면적인 예」는 곧「형이상의 천리(天理)」다. 그 천리가 외형적으로 나타난 것이 곧「예의, 예절, 예악(禮樂), 예치(禮治)」등의 문물제도이다.

제례(祭禮)도 그 중의 하나다.「제(祭)」는「신(神)에게 제물[肉 : 犧牲]을 손[手]에 들고 바쳐 올리고 계시(啓示)를 내려받는다」는 뜻 글자다.

「예」는「시(示)」와「풍(豐)」의 합자(合字)다.「시」는「하늘의 계시」를 뜻한다.「풍」은「받침대[豆] 위에 귀중한 제물을 담은 제기[豐]를 고여 놓고 제사를 드린다」는 뜻이다. 결국 제(祭)나 예(禮)나,「신에게 제사를 드리고 복을 내려받는다(事神致福)」는 뜻이다.

지상세계는「천지인(天地人)」으로 되어있다. 그러므로 천신(天神), 지기(地祇), 인귀(人鬼)에게 정성으로 제사 드리고 잘 섬기면 모든 복을 내려받게 될 것이다. 이것을 예치(禮治)의 도덕정치(道德政治)라고 한다.

【大全疏註選譯】

(1) 譚氏曰 治道不在多端 在夫致敬之間而已 當其執圭幣 以

事上帝之時 其心爲何如 當其奠其斝 以事祖宗之時 其心 爲何如 是心也 擧皆天理 無一毫人僞 介乎其間 鬼神之情 狀 天地萬物之理 聚見於此 推此心以治天下 何所往不當.

담씨가 말했다. 다스리는 도리는 여러 갈래가 있는 것이 아니다. 오직 성경(誠敬)을 바치는 데에 있다. 규옥과 폐백을 잡고 상제를 섬길 때의 그 마음이 어떠한가. 술잔을 올려 조상을 섬길 때에 그 마음이 어떠한가. 그때의 마음은 어디까지나 천리와 일치하고 털끝 만큼의 인위적인 거짓이 끼어 있지 않다. <그래서> 귀신의 정상과 천지만물의 이치가 그 <정성된> 마음에 모이고 나타난다. 이 마음을 미루어 천하를 다스리면, 어디에 간들 부당할 수가 있으랴.

(2) <雙峯饒氏> 序昭穆 序爵 序事 序齒 下爲上 此親親 長 長 貴貴 尊賢 滋幼 逮賤之道 便是治天下之經.
　一祭祀之間 治天下之道 具於此.

<쌍봉 요씨> <종묘 제사에서> 소목(昭穆), 작위(爵位), 직책(職責), 연치(年齒)의 차례를 지키고, 아래가 위를 섬기게 하는 것은, 곧 일가 친족을 친애하고, 어른을 어른으로 모시고, 귀한 사람을 존귀하고, 현인을 존경하고, 어린아이를 자애하고, 또 아랫사람에게도 은혜를 미치게 하는 것이며, 이는 곧 천하를 다스리는 도리이다.

한번 제사를 지내는 사이에 천하를 다스리는 도리가 이와 같이 다 갖추어져 있다.

중용 제20장 (총20절)

1절 哀公 問政.

2절 子曰 文武之政 布在方策 其人存則其政
舉 其人亡則其政息.

3절 人道敏政 地道敏樹 夫政也者 蒲盧也.

4절 故爲政在人 取人以身 修身以道 修道以
仁.

5절 仁者人也 親親爲大 義者宜也 尊賢爲大
親親之殺 尊賢之等 禮所生也.
연문(在下位 不獲乎上 民不可得而治矣)

6절 故君子 不可以不修身 思修身 不可以不
事親 思事親 不可以不知人 思知人 不可
以不知天.

7절 天下之達道五 所以行之者三 曰君臣也
父子也 夫婦也 昆弟也 朋友之交也 五者
天下之達道也 知仁勇三者 天下之達德也

能所以行之者 一也.

8절 或生而知之 或學而知之 或困而知之 及
其知之 一也 或安而行之 或利而行之
或勉强 而行之 及其成功 一也.

9절 (子曰) 好學 近乎知 力行 近乎仁 知恥
近乎勇.

10절 知斯三者 則知所以修身 知所以修身 則
知所以治人 知所以治人 則知所以治天
下國家矣.

11절 凡爲天下國家 有九經曰 修身也 尊賢也
親親也 敬大臣也 體群臣也 子庶民也
來百工也 柔遠人也 懷諸侯也.

12절 修身則道立 尊賢則不惑 親親則諸父昆
弟 不怨 敬大臣則不眩 體群臣則士之報
禮重 子庶民則百姓勸 來百工則財用足
柔遠人則四方歸之 懷諸侯則天下畏之.

13절 齊明盛服 非禮不動 所以修身也 去讒遠
色 賤貨而貴德 所以勸賢也 尊其位 重
其祿 同其好惡 所以勸親親也 官盛任使
所以勸大臣也 忠信重祿 所以勸士也 時
使薄斂 所以勸百姓也 日省月試 旣稟稱
事所以勸百工也 送往迎來 嘉善而矜不

所以柔遠人也 繼絶世 擧廢國 治亂持危
朝聘以時 厚往而薄來 所以懷諸侯也.

14절 凡爲天下國家 有九經 所以行之者 一也.

15절 凡事 豫則立 不豫則廢 言前定則不跲
事前定則不困 行前定則不疚 道前定則
不窮.

16절 在下位 不獲乎上 民不可得而治矣 獲乎
上 有道 不信乎朋友 不獲乎上矣 信乎
朋友 有道 不順乎親 不信乎朋友矣 順
乎親 有道 反諸身不誠 不順乎親矣 誠
身 有道 不明 乎善 不誠乎身矣.

17절 誠者 天之道也 誠之者 人之道也 誠者
不勉而中 不思而得 從容中道 聖人也
誠之者 擇善而固執之者也.

18절 博學之 審問之 愼思之 明辨之 篤行之.

19절 有弗學 學之 弗能 弗措也 有弗問 問之
弗知 弗措也 有弗思 思之 弗得 弗措也
有弗辨 辨之 弗明 弗措也 有弗行 行之
弗篤 弗措也 人一能之 己百之 人十能
之 己千之.

20절 果能此道矣 雖愚必明 雖柔必强.

제20장은 총 20절이다. 중용을 저술한 자사(子思)가 공자의 말을 인용해서 「요순우탕문무주공(堯舜禹湯文武周公)」으로 이어진 도통(道統)의 도덕정치를 여러 각도에서 밝혔다. 각 절마다 요점을 설명하겠다.

제20장 1절 哀公問政
애 공 문 정

哀公問政.

애공(이) 문정(하노라)

애공이 정치에 대해서 물었다.

[**어구 설명**] ○哀公(애공) : 노(魯)나라의 임금, 이름은 장(蔣)이다. 애공
(哀公)은 시호(諡號)다. ○問政(문정) : 정치에 대해서 <공자에게> 물
었다.

【集註】(1) 哀公 魯君 名蔣.

애공은 노나라의 임금이다. 이름은 장(蔣)이다.

【**참고 보충**】「애공문정(哀公問政)」

　노(魯)나라의 애공(哀公)은 B.C. 494년에 임금 자리에 올랐다. 그
때 공자의 나이는 59세였다. 그러나 공자는 수년 전에 노나라를 떠
나, 여러 나라를 떠돌았으며, 69세에 귀국하고 4년 후인 73세에 사망
했다. 그러므로 애공이 공자에게 정치에 대해서 물어본 때는 공자
말년이었다. 그러므로 공자의 학문과 사상 및 덕행이 더없이 높은
경지에 도달한 때다. 그래서, 공자는 여러 가지 면에서 덕치(德治)의
깊은 뜻을 풀이하고 대답했던 것이다. 이 장은 총 20절이다. 형식은

애공이 정치를 묻고 공자가 대답하는 형식을 취했다. 그러나 중용의
저자 자사(子思)가 유교의 도통(道統)을 여러 면에서 밝히려 한 것이
다. 이 장의 글은 공자가어(孔子家語)에도 있다.

제20장 2절 人存政擧
인 존 정 거

子曰 文武之政 布在方策 其人存 則其政擧 其人
亡 則其政息.

자왈 문무지정(이) 포재방책(하니) 기인존 즉기정거(하고) 기인망 즉기
정식(이라)

공자가 말했다. 주(周)나라 문왕(文王)과 무왕(武王)의 정치의
법도나 업적은 옛날의 전적(典籍)에 기록되어 있다. <그들 같
은> 성왕(聖王)이 있으면, 성왕의 덕치(德治)가 이루어지고, 성
왕이 없으면 성왕의 덕치도 없어지게 마련이다.

[**어구 설명**] ㅇ文武之政(문무지정) : 주(周)나라 문왕(文王)과 무왕(武王)
의 인애(仁愛)의 덕치(德治). ㅇ布在方策(포재방책) : 옛날의 전적(典
籍)에 두루 기록되어 있다. 「방(方)」은 목판(木板), 즉 나뭇조각, 「책(策)」
은 죽간(竹簡). 옛날에는 목판이나 죽간에 글을 썼다. 그러므로 「방책」은
글을 쓴 책, 전적이다. ㅇ其人存 則其政擧(기인존즉기정거) : 보통 「그
사람이 있으면, 그 정치가 높아진다」로 풀이한다. 그러나, 「기인(其
人)…… 기정(其政)……」의 「기(其)」는 「앞과 뒤가 하나이며, 같다」는
뜻을 나타내는 특수 허사(虛詞)다. 그러므로 여기서는 「성왕(聖王)이
있으면, 성왕의 덕치가 이루어진다」로 풀이하는 것이 좋다. ㅇ其人亡
則其政息(기인망즉기정식) : 성왕이 없으면 성왕의 정치도 없어진다.
<다른 예문> 「기인선즉기언선(其人善則其言善)」은 곧 「그 사람이 착

하니깐, 그의 말이 착하다」로 풀이한다.

【集註】 (1) 方版也 策簡也 息猶滅也 有是君 有是臣 則有是政矣.

「방(方)」은 나무 판자, 목판(木板)이다. 「책(策)」은 죽간(竹簡), 글을 쓰는 대나무 조각이다. 「식(息)」은 「멸(滅)」과 같은 뜻이다. 성군(聖君)이 있으므로 현신(賢臣)이 있고, 따라서 성현(聖賢)의 도덕정치가 있는 것이다.

[**어구 설명**] ○方版也(방판야) : 「방(方)」은 나무 판자, 목판(木板)이다. ○策簡也(책간야) : 「책(策)」은 죽간(竹簡), 글을 쓰는 대나무 조각. ○息猶滅也(식유멸야) : 「식(息)」은 「멸(滅)」과 같은 뜻이다. 즉 「멸식(滅息), 식멸(熄滅)」의 뜻. ○有是君有是臣(유시군유시신) : 성군(聖君)이 있으므로 현신(賢臣)이 있고. ○則有是政矣(즉유시정의) : 따라서 성현(聖賢)의 도덕정치가 있다. 이때의 「시(是)」도 앞의 「기(其)」와 같으며, 합해서 「옳고 바르다」의 뜻도 포함하고 있다.

【참고 보충】 「인존정거(人存政擧)」

「기인존즉기정거(其人存則其政擧)」를 「정치는 사람에 따라 높아지기도 하고 반대로 쇠퇴하기도 한다」, 「기인망즉기정식(其人亡則其政息)」을 「사람이 죽으면 그 사람의 정치 방식이나 업적도 없어진다」로 풀이할 수도 있다. 그러나 여기서 말하는 「기인(其人)」은 「문왕(文王)과 무왕(武王) 같은 성왕(聖王)」의 뜻으로 풀이하는 것이 좋다. 그래서 필자는 「인존정거(人存政擧)」를 「성왕이라야 덕치(德治)를 펼 수 있다」로 풀이한 것이다.

　공자(孔子)의 정치이상은 천도(天道)를 바탕으로 지덕(地德)을 세우는 정치, 곧 도덕정치다. 그러므로 군왕과 그를 보필하는 신하가 먼저 「절대선의 천도」를 깨닫고 성실하게 실천해야 한다. 임금이나 신하가 동물적 욕심을 바탕으로 패도의 무력통치를 하면 안된다. 정치는 사람에 따라 좋게도 되고 나쁘게도 된다. 그러므로 임금과 신하가 덕(德)을 갖추어야 한다. 먼저 「수기(修己)」해야 한다. 그래야 바르게 「치인(治人)」할 수 있다.

제20장 3절 人道敏政
인 도 민 정

人道敏政　地道敏樹　夫政也者　蒲盧也.

인도(는) 민정(하고) 지도(는) 민수(하니) 부정야자(는) 포로야(니라)

사람의 도리는 정치에 민첩하게 나타난다. 땅의 도리는 식물에 민첩하게 나타난다. 무릇 인애(仁愛)를 베푸는 인정(仁政)은 <땅에서> 갈대가 자라고 번식하듯이 즉시 <효험이> 나타나게 마련이다.

[**어구 설명**] ○人道敏政(인도민정) : 직역하면 「사람의 도리가 정치에 빠르게 나타난다」이다. 그러나 「인도(人道)＝인도(仁道)」다. 그러므로 공자가 말하는 「사람의 도리」는 곧 「인애의 도덕정치의 도리」로 보고, 따라서 「인애의 도덕정치의 도리가 즉각 빠르게 그 효과를 나타낸다」로 풀이함이 좋다. 「민(敏)」을 타동사로 보고 「인도민정(人道敏政)」을 「인도가 정치를 빠르게 잘 통하게 한다」로 풀이할 수도 있으나, 적절하지 않다. ⇒「참고 보충」 ○地道敏樹(지도민수) : <식물을 자라게 하는> 땅의 도리는 수목에 예민하고 빠르게 나타난다. 「수(樹)」는 「수목을 심고 재배한다」는 뜻. ○夫政也者(부정야자) : 무릇 정치는. 「야자(也者)」는 어조사. 앞에서 말했듯이 「정(政)」을 「바르고 착한 인덕(仁德)의 정치」로 풀어야 한다. 그래야 공자의 주장에 맞는다. ○蒲盧也(포로야) : 주자는 「갈대」라고 풀었다. 갈대는 잘 자란다. 蒲(부들 포) 盧＝蘆(갈대 로)

【集註】(1) 敏速也 蒲盧 沈括以爲蒲葦 是也 以 人立政 猶以地種樹 其成速矣 而蒲葦 又易生之物 其成尤速也 言人存政擧 其易如此.

「민(敏)」은 빠르다는 뜻이다. 「포로(蒲盧)」를 심괄(沈括)이 포위(蒲葦)라고 했으며, 그의 설이 맞는다. 성군(聖君)이나 현인(賢人)이 나서서 인정(仁政)을 바로 세우는 것을 흡사 땅에 나무를 심고 재배하는 것과 같다고 비유했다. <인덕의 정치의 효험은> 빠르게 이루어지며, 갈대도 역시 쉽게 자라난다. <인정(仁政)의 효험은> 특히 빠르게 이루어진다. 이 구절은 「성군이 있으면, 인(仁)의 정치가 높이 이루어진다(人存政擧)」는 뜻을 말한 것이며, 그 쉬움이 <갈대와 같이> 쉽다는 뜻을 말한 것이다.

[**어구 설명**] ㅇ敏速也(민속야) : 「민(敏)」은 빠르다는 뜻이다. ㅇ蒲盧(포로) : 「포로」를.   ㅇ沈括以爲蒲葦是也(심괄이위포위시야) : 심괄(沈括)이 포위(蒲葦)라고 했으며, 그의 설이 맞는다. 「심괄」은 북송(北宋)의 학자로 몽계필담(夢溪筆談)의 저자. 蒲(부들 포) 葦(갈대 위) 여기서는 둘을 합해서 「갈대」라고 풀이했다. ㅇ以人立政(이인립정) : 성군(聖君)이나 현인(賢人)이 나서서 인정(仁政)을 바로 세우는 것을. ㅇ猶以地種樹(유이지종수) : 흡사 땅에 나무를 심고 재배하는 것과 같다고 비유했다. ㅇ其成速矣(기성속의) : <인덕의 정치의 효험이> 빠르게 이루어진다. ㅇ而蒲葦又易生之物(이포위우이생지물) : 그리고 갈대도 역시 쉽게 자라나는 식물이다. ㅇ其成尤速也(기성우속야) : <인도(仁道)의 효험은> 더욱 예민하고 빠르게 <인정(仁政)에서> 이루어진다. ㅇ言人存政

擧(언인존정거) : 이 구절은 「성군이 있으면, 인의 정치가 높이 이루어진다(人存政擧)」는 뜻을 말한 것이며. ㅇ其易如此(기이여차) : 그 쉬움이 <갈대와 같이> 쉽다는 뜻을 말한 것이다. 일반적으로 「인애(仁愛)를 베푸는 인정(仁政)」을 어려운 것으로 착각한다. 그래서 쉽고 효험이 즉시 나타난다고 말한 것이다.

【참고 보충】 「인도민정(人道敏政)」

이 말도 역시 공자가 애공(哀公)에게 한 말이다. 그래서 「인도(人道)」를 「사람의 도리」로 풀면 부족하고 또 공자의 주장에 맞지 않는다. 그래서 「인애(仁愛)를 베푸는 인정(仁政)과 덕치(德治)의 도리」로 풀어야 한다. 백성을 사랑하고 잘살게 해주는 바르고 착한 정치가 곧 인정(仁政)이고 덕치(德治)다. 「인(仁)은 인(人)」이다. 「민(敏)은 예민하고 빠르게 나타난다」는 뜻이다.

공자는 논어에서 말했다. 「정(政)은 정(正)이다.」 「정(正)」은 「하나(一)에 가서 멈춘다(止)」는 뜻이다. 「하나(一)」는 곧 절대선(絶對善)인 「천도 천리(天道天理)」다. 설문(說文)에 있다. 「아득한 태초에, 도가 하나에서 세워졌고, 그 다음에 하늘과 땅이 나누어졌고, <다시 천지 음양의> 조화로 만물이 변화해서 나타나고 살아서 번식한다(惟始太初 道立於一 造分天地 化生萬物)」 그러므로 「바른 정치(政治＝正治)」는 「절대선의 천도 천리와 하나가 되는 정치」다. 이는 곧 「대학(大學)의 삼강령(三綱領)」인 「①명명덕(明明德) ②친민(親民)＝신민(新民) ③지어지선(止於至善)」과 같은 경지이기도 하다.

사람은 누구나 「천명으로 주어진 성리(性理)」와 「명덕(明德)」이 있다. 그러므로 「인애의 덕치」를 쉽게 펼 수 있고 또 그 효험이 민감하게 나타나게 마련이다. 이를 「인(仁)의 도리가 바른 정치에 예민하게 빠르게 나타난다(人道＝仁道 敏於政)」라고 한 것이다.

「대전소주 비지(備旨)」에 다음 같은 말이 있다. 「임금과 신하가 덕을 함께하면, 모든 법도가 진작되고 바르게 잡힌다.(君臣一德 則百度振飭矣)」 또 다음 같은 말도 있다.

「먼저 현명한 신하와 백성들의 마음을 얻어야 한다. 그러면 이내 치국과 평천하를 할 수 있다.(一得人 卽俄頃 而奏治平)」

먼저 임금이 인도(仁道)를 행해야 한다. 그러면 현명한 신하를 얻고 또 백성의 마음을 얻게 마련이다. 「덕(德)」은 곧 「얻을 득(得)」이다. 덕치(德治)는 곧 임금이 인도(仁道)를 행해서 인덕(仁德)을 세우는 것이다. 인덕은 곧 현명한 신하를 등용하여 선정(善政)을 펴고, 민심(民心)을 얻는 것이다. 계속해서 다음 4절의 뜻을 깊이 음미하자.

제20장 4절 爲政在人
위 정 재 인

故爲政在人 取人以身 修身以道 修道以仁.

고(로) 위정재인(하니) 취인이신(이오) 수신이도(요) 수도이인(이니라)

그러므로, 어진 정치를 펴는 것은 <어질고 현명한> 사람, 즉 신하에게 매여 있다. 신하를 취하는 일은 임금 자신이 하는 것이니, 임금은 자신을 도로써 수양해야 하며, 자기 수양은 인을 바탕으로 해야 한다.

[**어구 설명**] ㅇ故(고) : 그런 고로. 앞에서 「인도(仁道)는 인정(仁政)에서 빠르게 나타난다(人道敏政)」라고 했다. 뒤집어 말하면 「인정(仁政)을 펴야 인도(仁道)가 나타난다.」 그러므로. ㅇ爲政在人(위정재인) : 일반적으로는 「정치는 사람에게 달려있다」의 뜻으로 풀이한다. 그러나 공자의 말뜻은 「어진 정치는 <현명하고 어진> 신하를 등용해 쓰는 데에 매여있다」의 뜻이다. 공자가어(孔子家語)에는 「위정재어득인(爲政在於得人)」이라고 쓰여 있다. ㅇ取人以身(취인이신) : <현명하고 어진> 신하를 취하는 것은 임금 자신에게 달렸다. ㅇ修身以道(수신이도) : 몸을 닦음은 도(道)로써 한다. 즉 도를 바탕으로 하고 자기를 수양해야 한다. 이때의 도는 좁은 의미로, 주로 「오륜(五倫)의 도」를 말한다. ⇒「참고 보충」 ㅇ修道以仁(수도이인) : 도를 닦는 것은 인(仁)으로써 한다. 즉 인을 바탕으로 도를 닦는다. ⇒「참고 보충」

【集註】(1) 此承上文人道敏政而言也 爲政在人
家語 作爲政在於得人 語意尤備.

이 4절은 앞의 3절의 「인도민정(人道敏政)」을 받고 말한 것
이다. 「위정재인(爲政在人)」을 공자가어(孔子家語)에서는 「정
치를 하는 것은 사람을 얻음에 있다(爲政在於得人)」라고 썼으
므로 말의 뜻이 한층 잘 갖추어져 있다.

[**어구 설명**] ○此(차) : 이 4절은. ○承上文人道敏政(승상문인도민정) :
앞의 3절의 인도민정(人道敏政)을 받고(承). ○而言也(이언야) : 그리고
말한 것이다. ○爲政在人(위정재인) : 「위정재인」을. ○家語作爲政在於
得人(가어작위정재어득인) : 공자가어(孔子家語)에는 「정치는 사람을
얻음에 있다」라고 했다. ○語意尤備(어의우비) : 말의 뜻이 한층 잘 갖추
어져 있다.

【集註】(2) 人謂賢臣 身指君身 道者天下之達
道 仁者天地生物之心而人得以生者 所謂元者善
之長也.

「인(人)」은 현명한 신하를 말한다. 「신(身)」은 임금 자신을
지칭한다. 「도(道)」는 「천하의 달도(天下之達道)」이다. 인(仁)
은 천지간에 만물을 낳고 키우고 발전되게 하는 마음이며 아울
러 사람도 <그것을> 얻음으로써 살고 삶을 누리는 <바탕이
되는> 것이다. 이른바 역경(易經) 건문언(乾文言)에 있는 「원
은 선의 으뜸이다(元者善之長也)」라고 한 「원(元)」과 같은 것

이다.

[어구 설명] ㅇ人謂賢臣(인위현신) :「인(人)」은 현명한 신하를 말한다. ㅇ身指君身(신지군신) :「신(身)」은 임금 자신을 지칭한다. ㅇ道者天下 之達道(도자천하지달도) :「도(道)」는「천하의 달도(天下之達道)」이다. 제1장 4절에「내재하는 성(性)과 발현하는 정(情)이 일치하는 것을 천하 의 달도(和也者天下之達道也)」라고 했으며, 또 뒤의 7절에는「천하 모 든 사람이 서로 지키고 행해야 할 오륜(五倫)의 도리」를 달도(達道)라고 했다. ㅇ仁者(인자) : 인이라고 하는 것은. ㅇ天地生物之心(천지생물지 심) : 천지간에 만물을 낳고 키우고 발전되게 하는 마음이며. ㅇ而人得以 生者(이인득이생자) : 아울러 사람도 <그것을> 얻음으로써 살고 삶을 누리는 <바탕이 되는> 것이다. ㅇ所謂元者善之長也(소위원자선지장 야) : 이른바 역경(易經) 건문언(乾文言)에 있는「원은 선의 으뜸이다 (元者善之長也)」라고 한「원(元)」과 같은 것이다.

【集註】 (3) 言人君爲政 在於得人 而取人之則 又在修身 能仁其身 則有君有臣而政無不擧矣.

이 구절은 모든 사람을 다스리는 임금이 인정(仁政)을 펴는 <바탕은> <현명하고 어진> 신하를 얻음에 있다. 그리고 신하 를 취하는 원칙적 본, 기준은 또한 임금 자신의 수신에 있다. 임금 자신이 능히 인(仁)할 수 있으면, 곧 어진 임금 밑에 어진 신하가 있게 되고 따라서 어진 정치가 높이 나타나지 않음이 없을 것이다.

[어구 설명] ㅇ言(언) : 다음 같은 뜻을 말한 것이다. ㅇ人君爲政(인군위 정) : 모든 사람을 다스리는 임금이 인정(仁政)을 펴는 <바탕은>. ㅇ在

於得人(재어득인) : <현명하고 어진> 사람, 즉 신하를 얻음에 있다. o 而
取人之則(이취인지칙) : 그리고 신하를 취하는 원칙적 본, 기준은. o 又
在修身(우재수신) : 또한 임금 자신의 수신에 있다. o 能仁其身(능인기
신) : 임금 자신이 능히 인(仁)할 수 있으면, 즉 인심(仁心)으로 인(仁)을
행하고 인덕(仁德)을 세울 수 있으면. o 則有君有臣(즉유군유신) : 즉
어진 임금 밑에 어진 신하가 있게 되고. o 而政無不擧矣(이정무불거
의) : 따라서 어진 정치가 높이 나타나지 않음이 없을 것이다.

【참고 보충】 「위정재인(爲政在人)·취인이신(取人以身)」
「위정재인(爲政在人)」을 일반적인 뜻으로「정치는 사람에게 매어
있다」로 해석한다. 즉 선인(善人)은 선정(善政)을 펴고, 악인(惡人)
은 악정(惡政)을 편다. 그러나 여기서 공자가 말한 뜻은「현명하고
어진 사람이라야 인정(仁政)을 한다」는 뜻이다. 이때의「인(人)=인
인(仁人)」은「임금과 신하」를 다 포함한다. 먼저 임금이 인덕(仁德)
을 갖추어야 한다. 그래야 현명한 신하를 얻을 수 있다. 군신(君臣)이
함께 인심(仁心)을 바탕으로 인덕을 세워야 인정(仁政)이 구현(具
現)된다.

【참고 보충】 「수신이도(修身以道)·수도이인(修道以仁)」
「수신(修身)」은「자신의 인격을 완성」한다는 뜻이다.「도(道)」는
「천도 천리(天道天理)」이고, 이는 곧 천명으로 주어진「본성의 성리
(性理)」이다. 결국「도로써 수신한다」는 말은「임금이나 신하가 인욕
(人欲)을 극복하고 본성 속에 주어진 천도 천리를 따르고 행한다」는
뜻이다. 그것을「수신이도(修身以道)」라고 했다.
한편 인정(仁政)은 다른 것이 아니다. 공동체의 중심적 영도자인
임금이 상하좌우의 만민을 고르게 사랑하고 잘살게 인애(仁愛)를 베

푸는 정치다. 동시에 만민이 저마다 천도를 따라 생산을 높이고 부유하게 살도록 교화하는 것이다. 특히 사람들이 서로 사랑하고 협동하여 함께 평화와 번창을 누리는 윤리 도덕을 지키고 실천하게 교화하는 정치다. 공자가 가장 높이는 「인(仁)」 속에는 이와 같이 모든 사람이 서로 사랑하고 협동하여 함께 잘사는 모든 덕목이 통합되어 있다. 그래서 임금이나 신하가 도를 닦을 때, 「인(仁)」을 바탕으로 하라고 가르친 것이다. 이것이 「수도이인(修道以仁)」의 뜻이다. 「인」은 오상(五常) 「인의예지신(仁義禮智信)」의 으뜸이다.

【大全疏註選譯】

(1) 三山陳氏曰 爲政雖在得賢 然使吾身 有所未修 則取舍不明 無以爲取人之則.

삼산 진씨가 말했다. 정치는 현명한 사람을 얻음을 바탕으로 하지만 만약에 자신의 수양이 모자라면, 선택을 밝게 못하며 사람을 택하는 기준도 없게 된다.

(2) 象山陸氏曰 仁人心也 仁者政之本 身者人之本 心者身之本 不造其本 而從事其末 不可得而治矣.

상산 육씨가 말했다. 인(仁)은 사람의 마음이다. 인은 정치의 본이다. 몸은 사람의 본이다. 마음은 몸의 본이다. 근본을 만들지 않고 말단의 일을 하면 될 수가 없다.

제20장 5절   仁者人也
인 자 인 야

仁者人也 親親爲大 義者宜也 尊賢爲大 親親之
殺 尊賢之等 禮所生也.

인자(는) 인야(니) 친친(이) 위대(니라) 의자(는) 의야(니) 존현(이)
위대(니라) 친친지쇄(와) 존현지등(이) 예소생야(니라)

인(仁)은 인(人)이다. 육친 가족과 일가 친족이 서로 친애하는 것을 가장 귀중하고 중대하게 여긴다. 의(義)는 마땅하고 옳게 함이다. <사회적 인간관계에서는> 현인(賢人)을 존경하는 것을 가장 귀중하고 중대하게 여긴다. 육친 가족과 일가 친족을 사랑함에 있어, <상하 원근에 따라> 사랑에 차등과 감소가 있으며, 현인을 존경함에도 등급 차등이 있으나, 그로부터 예의와 예절이 나오는 것이다.

[**어구 설명**] ㅇ仁者人也(인자인야) : 인(仁)은 인(人)이다. 「인」은 인간만이 지니고 행하는 윤리의 핵심이다. 「인」은 「서로 사랑하고 협동하여 함께 잘살고 발전하는 덕성(德性)과 덕행을 통합한 말이다. ⇒ 「참고 보충」 ㅇ親親爲大(친친위대) : 육친 가족과 일가 친족이 서로 친애하는 것을 가장 귀중하고 중대하게 여긴다. ㅇ義者宜也(의자의야) : 의(義)는 마땅하고 옳게 함이다. ⇒ 「참고 보충」 ㅇ尊賢爲大(존현위대) : <사회적 인간관계에서는> 현인(賢人)을 존경하는 것을 가장 귀중하고 중대하

게 여긴다. ㅇ親親之殺(친친지쇄) : 육친 가족과 일가 친족을 사랑함에 있어, <상하 원근에 따라> 사랑에 차등과 감소가 있으며. ㅇ尊賢之等 (존현지등) : 현인을 존경함에도 등급 차등이 있으며. ㅇ禮所生也(예소 생야) : 그로부터 예의와 예절이 나오는 것이다.

【集註】(1) 人指人身而言 具此生理 自然便有 惻怛慈愛之意 深體味之可見.

「인(人)」은 「사람의 몸(人身)」을 가리키는 말이다. <즉 현실 로 육신을 갖추고 생활하고, 활동하고, 일하고, 생업에 종사하고 있는 사람> 그와 같은 사람은 삶의 도리를 갖추고 있다. 그러므 로 자연히 <모든 사람에게는> 「측은하게 여기고(惻), 슬퍼하고 (怛), 자비를 베풀고(慈), 사랑으로 키우려는(愛)」 뜻이 있게 마 련이다. <사람의 삶을> 깊이 체득하고 음미하면 <그와 같이 만물을 사랑하고 낳고 키우려는 인(仁)=생리(生理)를> 보고 알 수 있다.

[**어구 설명**] 「인자인야(仁者人也)」를 설명한 것으로 주자의 사상을 이해하 는 데 매우 중요한 말이다. 「인(仁)」의 기본 뜻은 「어질고 사랑하다」이 다. 그러나 주자는 그 뜻을 더 심화(深化)했다. 즉 「자연 만물이나 다른 사람을 사랑함은 곧 생명을 존중하고 잘 키우고 번식케 한다」는 뜻으로 심화 확대했다. 이와 같은 깊은 뜻을 알아야 주자의 주석을 바르게 이해 할 수 있다. ⇒ 「참고 보충」 ㅇ人指人身而言(인지인신이언) : 「인(人)」 은 「사람의 몸(人身)」을 가리키는 말이다. 이때의 「인신(人身)」의 뜻도 깊이 알아야 한다. 「현실로 육신을 갖추고 생활하고 있는 사람」 「실지로 육체적으로 활동하고, 일하고, 생업에 종사하고, 문화 창조에 이바지하고

있는 사람」의 뜻이다. ㅇ具此生理(구차생리) : <그와 같은> 삶의 도리(生理)를 갖추고 있다. 「삶의 도리」의 깊은 뜻은 「참고 보충」에 설명되어 있다. ㅇ自然便有惻怛慈愛之意(자연편유측달자애지의) : <실존하는 사람이 다 삶의 도리를 갖추고 있다> 그러므로 자연히 <모든 사람에게는>「측은하게 여기고(惻), 슬퍼하고(怛), 자비를 베풀고(慈), 사랑으로 키우려는(愛) 뜻이 있다. ㅇ深體味之可見(심체미지가견) : <살아 있는 사람과 삶의 모습을> 깊이 체득하고 음미하면 <그와 같이 만물을 사랑하고 낳고 키우려는 「인(仁)=생리(生理)」를> 보고 알 수 있다.

【集註】 (2) 宜者分別事理 各有所宜也 禮則節文斯二者而已.

「의(宜)」는 사물의 도리를 분별하고 저마다에 맞게 적절하고 올바르게 한다는 뜻이다. 「예(禮)」는 이 둘, 즉 인(仁)과 의(義)를 서로 잘 조절하고 함께 어울리게 하는 것이다.

[**어구 설명**] ㅇ宜者分別事理(의자분별사리) : 「의(宜)」는 사물의 도리를 분별하고. ㅇ各有所宜也(각유소의야) : 저마다에 맞게 적절하고 올바르게 함이다. ㅇ禮則節文斯二者而已(예즉절문사이자이이) : 「예(禮)」는 이 둘, 즉 인(仁)과 의(義)를 서로 잘 조절하고 함께 어울리게 하는 것이다. ⇒ 「참고 보충」

【참고 보충】 「인자인야(仁者人也)」

「인(仁)」은 「인(人)과 이(二)」의 합자다. 즉 「너와 나」 혹은 「두 사람」의 뜻이다. 공자(孔子)는 「인(仁)은 남을 사랑함이다(仁愛人也)」라고 풀었다. 맹자(孟子)는 「인(仁)은 사람이다(仁者人也)」라고 풀이했다. 이상을 종합하여 인(仁)의 뜻을 현대적으로 다음과 같이 풀이할 수 있다.

「사람은 너와 내가 서로 어울려 사회생활을 한다. 그러므로 서로 사랑하고 협동하면 함께 잘살고 평화와 행복을 누린다. 그와 같은 사람의 삶의 도리를 인(仁)이라 한다.」

「사랑」은 곧 「남을 잘살게 해주는 덕행」으로 나타나야 한다. 「남을 잘살게 해준다 함은」 곧 「남의 생명을 존중하고, 남이 건전하게 삶을 누리고, 무럭무럭 성장하여 훌륭한 사람이 되어, 인류의 역사와 문화에 선가치적(善價値的)으로 기여하는 좋은 사람이 되게, 내가 전폭적으로 도와줌이다.」 부모의 사랑이 대표적인 사랑이다. 그러나 부모의 사랑에는 선악시비가 있게 마련이다. 자식을 악덕하게 키우는 것은 진정한 사람이 아니다.

그러므로 진정한 사랑은 하늘의 사랑을 바탕으로 해야 한다. 하늘은 만물을 낳고 키우고 또 번식하고 더욱 발전되게 한다. 이는 곧 하늘의 도리다. 그러므로 부모의 사랑도 천도(天道)를 따라야 한다. 악한 도리나 욕심을 바탕으로 하면 안된다. 그러므로 진정한 사람의 도리, 즉 인도(仁道)는 천도(天道)와 하나가 되어야 한다. 천도는 만물을 낳고 키워주고 더욱 번식하고 발전되게 하는 도리다.

그러므로 주자(朱子)가 이와 같은 「생명철학적(生命哲學的) 발전관(發展觀)」을 바탕으로 「인도(仁道)＝생물지리(生物之理)」라고 한 것이다. 위대한 주자의 사상을 깊이 알아야 한다. 주자가 말하는 「생물지리」의 뜻도 깊다. 크게는 「하늘과 땅이 어울려 만물을 낳고 키우고 번식케 하는 생의 도리(天地之大德曰生)」이다. 아울러 「시간적으로 이어지면서 더욱 살아 번식하고 끝없이 발전하는(生生不已)」 도리이다. 이와 같은 도리를 사람은 마음으로 터득한다. 그러므로 「인심(仁心)＝인심(人心)」은 바로 「만물을 생육화성(生育化成)」하는

「천심(天心)」이다. 이 「천심」이 중용 첫머리에서 말한 「천명지위성(天命之謂性)」의 성(性)이고, 「인도(仁道)＝인도(人道)」가 곧 「솔성지위도(率性之謂道)의 「도(道)」이다. 주자의 학설에는 빈틈이 없다.

【참고 보충】 「주자(朱子)의 인(仁) 해석」

인(仁)에 대해서 주자가 내린 특수한 해석을 몇 가지 들어 보겠다.

① 애지리(愛之理) : 인(仁)은 곧 「천명에 의해서 주어진 본성 속에 있는 만물을 사랑하고 생육하는 도리」이다. 이는 「인(仁)의 체(體)이고, 미발(未發)의 성(性)」이다.

② 심지덕(心之德) : 마음(心)은 성(性)과 정(情)을 통합하고 있다. 사랑의 성리(性理)가 사물에 감동되어 나타난 것이 「사랑의 정(愛情＝仁情)」이다. 「사랑의 정」은 「인(仁)의 용(用)이며, 이발(已發)한 정(情)」이다. 마음이 형이상의 도리를 형이하의 덕행(德行)으로 나타나게 한다. 그러므로 「나타난 인(仁)」을 「심지덕(心之德)」이라고 하는 것이다.

③ 인자이천지만물위일체(仁者以天地萬物爲一體) : 「인(仁)은 천지만물과 하나가 되는 것이다.」 즉 사람인 내가 공간(宇)과 시간(宙)을 통합한 우주적 차원에서 만물을 사랑하고 생육하는 도리이고 덕행이다.

④ 인위천지만물지생기(仁爲天地萬物之生氣) : 「인은 천지만물을 살고 자라게 하는 기운이다.」 물론 생기(生氣)의 바탕은 하늘의 기운이다. 그러나 만물을 주관하는 사람이 하늘의 생기를 바탕으로 하고 만물을 더욱 생육(生育)하고 문화적으로 더욱 번식하고 발전하게 해주어야 한다. 그러므로 「인」을 「만물의 생기」라고 했다. 「생기」는 「생물지리(生物之理)」와 일치한다. 「사랑하고 키우려는 마음

(仁心)」은 「천심(天心)」과 합일(合一)한다.

【참고 보충】「인여의(仁與義)」

효경(孝經)에 있다. 「효는 하늘이 내려준 정대하고 불변하는 일상의 도리이고, 지상의 만물이 저마다 적절하게 따라야 할 바른 도리이고, 만민이 다 따르고 행해야 할 도리이다.(夫孝 天之經也 地之義也 民之行也)」

또 맹자(孟子)는 다음같이 말했다. 「인(仁)은 사람의 마음속에 있는 도덕성이고, 의(義)는 사람이 따라가야 할 길이다.(仁人心也 義人路也)」「인(仁)은 모든 사람이 깃들어 편히 살 수 있는 집이고, 의(義)는 모든 사람이 따라가야 할 바른 길이다.(仁人之安宅也 義人之正路也)」「어버이를 친애하는 것이 인(仁)이고, 연장자를 공경하는 것이 의(義)다.(親親仁也 敬長義也)」이상을 바탕으로 다음같이 현대적으로 말할 수 있다.

「인(仁)은 하늘과 땅, 위와 아래, 수직관계의 사랑과 협동이고, 의(義)는 사람이 지상에서 사물을 천도 천리(天道天理)에 맞게 적절하게 제도(制度)하고 처리하는 평면적 덕행을 말한다.」

그래서 중용의 경문에서 「의자의야(義者宜也)」라 하고 주자는 집주에서 「의자분별사리 각유소의야(宜者分別事理 各有所宜也)」라 했다. 동시에 「인자친친위대(仁者親親爲大)」「의자존현위대(義者尊賢爲大)」라고 한 것이다.

【참고 보충】「친친지쇄(親親之殺)·존현지등(尊賢之等)」

같은 육친 일가 친족(親族)이라도, 친소(親疎)와 원근(遠近)에 따라 사랑과 협동에 차별이 있게 마련이다. 내가 친아버지를 섬기고

효도하는 데 비하면 백부(伯父)나 숙부(叔父)를 섬기는 데는 자연히
차등이 있게 마련이다. 가까운 친척과 먼 친척에도 자연히 차등이
있게 마련이다. 이를 「친친지쇄(親親之殺)」라고 한다.

한편 연장자나 현인을 존경하고 높이는 데도 자연히 등급이 있게
마련이다. 나를 직접 지도하는 스승이나 나의 직속 상관에 대한 존경
심은 독실하게 마련이고, 거리나 관계가 소원한 선배나 연장자에게
는 비교적 독실함이 적게 마련이다. 이것을 「존현지등(尊賢之等)」이
라 한다.

이와 같은 차등을 바탕으로 예의, 범절(凡節), 의식(儀式), 의례
및 문물제도가 다양하게 다르게 제정된 것이다. 참고로 「대전소주」
의 말을 몇마디 인용하겠다. 「인이 있어야 사람이라 할 수 있다. 안
그러면 사람이 아니다.(有此仁而後 命之曰人 不然則非人矣)」<西山
眞氏> 「인(仁)은 만물을 잘살게 하는 도리다.(仁是生底道理)」「예
는 천리 인사의 경중 고하의 절도를 문화적으로 꾸민 것이다.(원문
생략)」<雙峯饒氏>

(衍文) 在下位 不獲乎上 民不可得而治矣.

【集註】 鄭氏曰 此句在下 誤重在此.

정현(鄭玄)이 말했다. 이 구절은 다음 16절에 있으며, 잘못하
여 여기 들어가 있다. <주자도 그의 설을 따라 이 구절을 연문
(衍文)으로 보았다>

제20장 6절   不可以不知天
불 가 이 부 지 천

故君子 不可以不修身 思修身 不可以不事親 思
事親 不可以不知人 思知人 不可以不知天.

고(로) 군자(이) 불가이불수신(이니) 사수신(이면) 불가이불사친(이오) 사사친(이면) 불가이부지인(이오) 사지인(이면) 불가이부지천(이니라)

고로 <나라를 다스리는> 임금은 자신을 수양하지 않으면 안된다. 자신을 수양하려고 생각하면, 불가불 어버이를 잘 섬기고 효도를 해야 한다. 어버이나 일가 친족을 잘 섬기고 받들려면, 불가불 사람, 즉 신하를 잘 알고 현명한 사람을 가려 써야 한다. 사람을 바르게 알려고 생각하면, 불가불 하늘을 잘 알아야 한다.

[**어구 설명**] ㅇ故(고) : 고로, 그러므로. ㅇ君子(군자) : <여기서는> 정치의 통수권자인 임금과 그를 보좌하는 신하를 다 포함한다. ㅇ不可以不修身(불가이불수신) : 「수신(修身)」하지 않으면 안된다. 즉 자신을 윤리 도덕적으로 수양하고 인격을 높여야 한다. ㅇ思修身(사수신) : 자신을 수양하려고 생각하면. ㅇ不可以不事親(불가이불사친) : 어버이를 잘 섬기고 효도를 해야 한다. 「친(親)」은 일차적으로는 부모 형제, 처자 조부모 손자들이고, 더 나가서는 일가 친척을 다 포함한다. 단 「친소원근(親疎遠近)」에 따른 「경중후박(輕重厚薄)」의 차이가 있게 마련이다. ㅇ思事親(사사친) : 어버이나 일가 친족을 잘 섬기고 받들려면. ㅇ不可以不知人

(불가이부지인) : 「사람[人]」을 잘 알아야 한다. 「인(人)」의 바르고 깊은 뜻은 「참고 보충」에 설명되어 있다. ㅇ思知人(사지인) : 사람을 알려고 생각하면. ㅇ不可以不知天(불가이부지천) : 불가불 하늘(天)을 잘 알아야 한다. 주자는 「천(天)=이(理)」라고 했다. 그러므로 「하늘」을 잘 안다고 함은 곧 천명으로 주어진 「성리(性理)=천리(天理)」를 바르게 알고 행한다는 뜻이다. 「지(知)」는 「앎(知)과 행(行)」을 겸한다.

【集註】 (1) 爲政在人　取人以身　故不可以不修身　修身以道　修道以仁.

인정(仁政)을 펴는 바탕은 임금의 인덕(仁德)에 매여 있으며, 착하고 현명한 신하를 취하고 등용해 쓰는 것은 임금 자신의 인덕을 바탕으로 한다. 그러므로 임금은 자신을 수양하지 않으면 안된다. 임금의 자기 수양은 도(道)를 바탕으로 해야 한다. 도를 닦음은 인(仁)을 바탕으로 해야 한다.

[**어구 설명**] ㅇ爲政在人(위정재인) : 일반적으로 「정치는 사람에게 매여 있다」로 풀이할 수 있다. 그러나 여기서는 「인정(仁政)을 펴는 바탕은 임금의 인품, 인덕(仁德)에 매여 있다」로 풀이하는 것이 좋다. ㅇ取人以身(취인이신) : 착하고 현명한 신하를 취하고 등용해 쓰는 것은 임금 자신의 인품, 인덕을 바탕으로 한다. ㅇ故不可以不修身(고불가이불수신) : 그러므로 자신을 수양하지 않을 수 없다. 반드시 자신을 수양해야 한다. ㅇ修身以道(수신이도) : 자기 수양은 도(道)를 바탕으로 해야 한다. ㅇ修道以仁(수도이인) : 도를 닦음은 인(仁)을 바탕으로 해야 한다. 자세한 설명은 「참고 보충」에 나와 있다.

【集註】 (2) 故思修身 不可以不事親 欲盡親親 之仁 必由尊賢之義 故又當知人.

고로 임금이 자신의 몸을 닦으려고 생각하면, 불가불 어버이를 잘 섬기고 효도를 해야 한다. 임금이 「친친(親親)의 인(仁)」을 다하려고 바라면, 반드시 현인(賢人)을 존경하고 등용하는 의(義)를 거쳐야 한다. 고로 <임금은> 신하의 사람됨을 잘 알아야 한다.

[**어구 설명**] ㅇ故思修身(고사수신) : 자신의 몸을 닦으려고 생각하면. 좁게는 「임금 자신의 수양」의 뜻이다. 그러나 넓게 「정치에 참여하는 신하나 군자」를 포함할 수도 있다. ㅇ不可以不事親(불가이불사친) : 불가불 어버이를 잘 섬기고 효도를 해야 한다. 「친(親)」은 일차적으로는 부모 형제, 위로는 조부모, 아래로는 처자(妻子), 더 나가서는 일가 친척을 다 포함한다. ㅇ欲盡親親之仁(욕진친친지인) : <임금이> 「친친(親親)의 인(仁)」을 다하려고 바라면, 원하면. 「친친의 인」은 좁게는 임금의 어버이나 일가 친척을 친애하는 것이다. 넓게는 제후(諸侯)나 신하 및 만백성을 두루 친애하는 것이다. 그렇게 하는 것이 곧 인정이다. ㅇ必由尊賢之義(필유존현지의) : <인정(仁政)을 펴기 위해서는> 반드시 현인(賢人)을 존경하고 등용하는 의(義)를 거쳐야 한다. ㅇ故又當知人(고우당지인) : 고로 <임금은> 신하의 사람됨을 잘 알아야 한다. 「대전소주(大全疏註)」에서 진씨(陳氏)는 대략 다음 같은 뜻을 말했다. 「임금이 현명한 사람은 가까이하고 우매한 사람을 멀리 해야 나라가 잘 다스려지고 <따라서 나라를 세우고 물려준> 선조나 부모에 대한 효도를 다할 수 있다.」

【集註】(3) 親親之殺 尊賢之等 皆天理也 故又
當知天.

직계 가족이나 일가 친척을 친애함에 있어 친소원근(親疏遠
近)에 따른 경중후박(輕重厚薄)의 차이가 있고, 현명한 사람을
존경하고 높이 쓰는 데 등급이 있는 것은, 모두가 하늘의 도리에
따르는 것이다. 고로 마땅히 하늘[天]과 하늘의 도리를 바르게
알아야 한다.

[**어구 설명**] ㅇ親親之殺(친친지쇄) : 직계 가족이나 일가 친척을 친애함에
있어 친소원근(親疏遠近)에 따른 경중후박(輕重厚薄)의 차이가 있고.
ㅇ尊賢之等(존현지등) : 현명한 사람을 존경하고 높이 쓰는 데 등급이
있는 것은. ㅇ皆天理也(개천리야) : 모두가 하늘의 도리에 따르는 것이
다. ㅇ故又當知天(고우당지천) : 고로 마땅히 하늘[天]을 바르게 알아야
한다. 유교사상은 무신론이다. 그러므로 하늘을 기독교처럼 살아있는 인
격신으로 보지 않고, 우주적 도리의 극점으로 파악한다.

【**참고 보충**】 「지천(知天) · 지인(知人)」

상고 때에는 중국 사람들도 하늘(天)을 유일무이한 절대신(絶對
神)으로 믿고 모셨다. 즉 천지만물을 창조하고 생육하고 시간의 흐름
에 따라 역사와 문화를 발전케 하는 신(神)으로 믿고 모셨다. 그래서
은(殷)나라 때에는 복점(卜占)을 통해 하늘의 뜻을 살피는 미신적인
신권통치를 했다.

그러나 주(周)나라에 와서는 천신(天神)을 도덕적으로 파악하기
시작했다. 그래서 사람이 하늘의 뜻과 하늘의 도리를 따르면 하늘이
상복(賞福)을 내리고, 반대로 어기면 벌화(罰禍)를 내린다고 했다.

따라서 「천명도 일정한 것이 아니다(天命靡常)」라 하고, 천도(天道)를 따르고 실천해서 지덕(地德)을 세워야 천명을 내려받고 임금자리에 오른다. 임금자리에 올라도 인애(仁愛)의 덕치(德治)를 펴야 계속해서 천명을 내려받고 선조가 세운 나라를 이어가면서 다스릴 수 있다고 믿었다.

이와 같은 주나라의 도덕적 천도관을 바탕으로 한 것이 공자와 맹자의 도덕정치사상이고, 유교의 도통(道統)이다. 주자사상도 이 도통을 계승하고 있다. 그러나 주자는 「천(天)＝이(理)」「천도(天道)＝천리(天理)」라고 하여 한층 「도리화(道理化)」, 즉 「로고스(logos)화」했다. 그러므로 「하늘을 안다(知天)」는 곧 「천도 천리를 바르게 알고 행한다」는 뜻이 된다.

중용(中庸)이나 주자가 말하는 사람은 「천명(天命)의 성리(性理)」, 즉 본성 속에 주어진 천리를 따르고 행하는 숭고한 사람이다. 동물적 육체만의 사람이 아니다. 사리사욕만을 채우는 소인이 아니다.

【大全疏註選譯】

(1) ＜朱子＞ 此一節 却是倒看 根本在身 然修身得力處 却是 知天 知天是物格知至 知得箇自然道理.

＜주자＞ 이 절은 ＜논리의 순서를＞ 거꾸로 보고 말한 것이다. 근본은 수신(修身)에 있다. 그러나 수신으로 얻는 가장 중대한 역점은 지천(知天)이다. 지천은 바로 모든 사물 하나하나를 객관적으로 파악하고 ＜그에 대한＞ 바른 도리를 아는 것이다. 즉 개개의 사물에 대한 스스로 그렇게 된 도리를 아는 것이다.」＜「스스로 그렇게 된 도리(自然道理)」는 곧 천리(天理)다＞

(2) 知天是起頭處 能知天則知人 事親身修皆得其理矣 聞見
   之知 非眞知也.

천리(天理)를 알고 행하는 것이 시발점이다. 천리를 알면, 즉 나와
남, 모든 사람과 모든 사람의 관계를 알게 된다. 어버이를 섬기고
자신을 수양하면 모든 천리를 알게 된다. 듣고 보기만 하는 앎은 참다
운 앎이 아니다.

(3) <三山陳氏> 書曰 天秩有禮 故於此 當知天 所謂秩卽等
   殺也.

<삼산 진씨> 서경(書經)에 「하늘의 위계질서에서 모든 예의 이치
가 나온다(天秩有禮)」는 말이 있다. 그 글 속에서 마땅히 하늘의 도
리를 알아야 한다. 이른바 「하늘의 위계질서」가 바로 「친친지쇄(親親
知殺)이고 존현지등(尊賢之等)」이다. <인간 사회의 예의 범절은 다
천리에서 나온 것이다>

제20장 7절 五達道·三達德
오 달 도 삼 달 덕

天下之達道五 所以行之者三 曰君臣也 父子也
夫婦也 昆弟也 朋友之交也 五者 天下之達道也
知仁勇三者 天下之達德也 所以行之者一也.

천하지달도(이) 오(에) 소이행지자(는) 삼(이니) 왈 군신야 부자야 부
부야 곤제야 붕우지교야(요) 오자(는) 천하지달도야(요) 지인용 삼자
(는) 천하지달덕야(이니) 소이행지자(는) 일야(니라)

천하 어디에서나 또 고금을 통해서 모든 사람에게 통달하는 길과
도리가 다섯이고, 그것을 행하는 바탕은 셋이다. 말하자면 임금
과 신하, 아버지와 자식, 남편과 아내, 형과 동생, 붕우가 서로
사귀는 다섯 가지 길이나 도리는 천하 어디에서나 또 고금을 통
해서 모든 사람에게 통달하는 길과 도리이다. 「지(知), 인(仁),
용(勇)」 셋은 천하 어디에서나 또 고금을 통해서 모든 사람에게
통달하는 덕행이다. 그러나 「삼달덕」을 행하는 바탕은 하나이다.

[어구 설명] ㅇ天下之達道五(천하지달도오) : 천하 어디에서나 또 고금을
통해서 모든 사람에게 통달하는 길과 도리가 다섯이다. ㅇ所以行之者三
(소이행지자삼) : 그것을 행하는 바탕은 셋이다. ㅇ曰(왈) : 말하자면, 혹
은 다음에 드는 것은. ㅇ君臣也(군신야) : 임금과 신하, 혹은 임금과 신하
가 서로 지키고 행할 길이나 도리. ㅇ父子也(부자야) : 아버지와 자식,

혹은 아버지와 자식이 서로 지키고 행할 길이나 도리. ○夫婦也(부부
야) : 남편과 아내, 남편과 아내가 서로 지키고 행할 길이나 도리. ○昆弟
也(곤제야) : 형과 동생, 형과 동생이 서로 지키고 행할 길이나 도리.
○朋友之交也(붕우지교야) : 붕우가 서로 사귀면서 지키고 행할 길이나
도리. ○五者(오자) : 이상의 다섯 가지 길이나 도리는. ○天下之達道也
(천하지달도야) : 천하 어디에서나 또 고금을 통해서 모든 사람에게 통달
하는 길과 도리다. ○知仁勇(지인용) : 지(知), 인(仁), 용(勇). ○三者(삼
자) : 셋은. ○天下之達德也(천하지달덕야) : 천하 어디에서나 또 고금
을 통해서 모든 사람에게 통달하는 덕행이다. ○所以行之者(소이행지
자) : 「지인용 삼달덕」을 행하는 바탕은. ○一也(일야) : 하나이다.

【集註】(1) 達道者 天下古今所共由之路 卽書 所謂五典 孟子所謂父子有親 君臣有義 夫婦有別 長幼有序 朋友有信 是也.

통달하는 도리라고 하는 것은 천하 어디에서나 또 고금을 통
해서 모든 사람에게 통달하는 길이라는 뜻이다. 즉 서경(書經)
요전편(堯典篇)에서 말하는 바, 오전(五典)이고 또 맹자가 말하
는 바, <오상(五常)이며> 곧 아버지와 자식은 서로 친애해야
한다. 임금과 신하는 서로 의를 지켜야 한다. 부부 사이에는 분
별이 있어야 한다. 연장자와 어린 사람은 서로 위계질서를 지
켜야 한다. 붕우는 서로 신의를 지켜야 한다. <이상의 다섯 가지
가> 바로 「오달도」다.

[**어구 설명**] ○達道者(달도자) : 통달하는 도리라고 하는 것은. ○天下古
今所共由之路(천하고금소공유지로) : 천하 어디에서나 또 고금을 통해

서 모든 사람에게 통달하는 길이라는 뜻이다. ㅇ卽書所謂五典(즉서소위 오전) : 즉 서경(書經) 요전편(堯典篇)에서 말하는 바, 오전(五典)이다. 정현(鄭玄)은 오교(五敎)라고도 하고 「부의(父義), 모자(母慈), 형우(兄友), 제공(弟恭), 자효(子孝)」를 들었다. 그러나 여기에서는 잘 맞지 않는다. 다음의 맹자가 들은 오상(五常)이 잘 맞는다. ㅇ孟子所謂(맹자소위) : 맹자가 말하는 바. ㅇ父子有親(부자유친) : 부자간에는 육친애가 있다, 아버지와 자식은 서로 친애해야 한다. ㅇ君臣有義(군신유의) : 임금과 신하는 서로 의를 지켜야 한다. ㅇ夫婦有別(부부유별) : 부부 사이에는 분별이 있어야 한다. ㅇ長幼有序(장유유서) : 연장자와 어린 사람은 서로 위계질서를 지켜야 한다. ㅇ朋友有信(붕우유신) : 붕우는 서로 신의를 지켜야 한다. ㅇ是也(시야) : <이상의 다섯 가지가> 바로 「오달도」다.

【集註】(2) 知所以知此也 仁所以體此也 勇所以强此也 謂之達德者 天下古今所同得之理也 一則誠而已矣.

지(知)는 「오달도」를 알고 행하는 바탕이다. 인(仁)은 「오달도」를 체득하고 몸으로 행하는 바탕이다. 용(勇)은 「오달도」를 힘차게 실행하는 바탕이다. 그 셋을 달덕(達德)이라고 말한 것은 천하 어디서나 고금을 통해 모든 사람들이 <경험을 통해서 얻은> 덕행의 이치이기 때문에 <달덕(達德)이라고 한 것이다.> 「일(一)이란 곧 성(誠)일 뿐이다」의 뜻이다.

[**어구 설명**] ㅇ知所以知此也(지소이지차야) : 지(知)는 「오달도」를 알고 행하는 바탕이다. ㅇ仁所以體此也(인소이체차야) : 인(仁)은 「오달도」

를 체득하고 몸으로 행하는 바탕이다. ㅇ勇所以强此也(용소이강차야) :
용(勇)은 「오달도」를 힘차게 실행하는 바탕이다. ㅇ謂之達德者(위지달
덕자) : 그 셋을 달덕(達德)이라고 말한 것은. ㅇ天下古今所同得之理也
(천하고금소동득지리야) : 천하 어디서나 고금을 통해 모든 사람들이
<도를 행하고 얻을 수 있는> 덕의 이치이기 때문에 <달덕(達德)이라고
하는 것이다.> ㅇ一則誠而已矣(일즉성이이의) : 「일(一)이란 곧 성(誠)
일 뿐이다」라는 뜻이다.

【集註】(3) 達道雖人所共由 然 無是三德 則無以行之 達德 雖人所同得 然 一有不誠 則人欲間之 而德非其德矣.

달도(達道)는 비록 모든 사람이 따르고 행해야 할 도리이지
만, 그러나 「삼달덕」이 없으면, 즉 행할 수가 없다. 「삼달덕」도
비록 모든 사람이 <도를 행하고> 다 같이 얻을 수 있는 덕이지
만 만약에 조금이라도 성실하지 못하면 곧 사사로운 욕심이 사
이에 끼어들기 때문에 덕이 진정한 덕이 되지 못하는 것이다.

[**어구 설명**] ㅇ達道雖人所共由(달도수인소공유) : 달도(達道)는 비록 모
든 사람이 따르고 행해야 할 도리이지만. ㅇ然無是三德(연무시삼덕) :
그러나 「삼달덕」이 없으면. ㅇ則無以行之(즉무이행지) : 곧 행할 수가
없다. ㅇ達德雖人所同得(달덕수인소동득) : 「삼달덕」도 비록 모든 사람
이 <도를 행하고> 다 같이 얻을 수 있는 덕이다. ㅇ然一有不誠(연일유
불성) : 그러나 조금이라도 성실하지 못하면. ㅇ則人欲間之(즉인욕간
지) : 인간적 욕심이 사이에 끼어들기 때문에. ㅇ而德非其德矣(이덕비기
덕의) : 덕이 진정한 덕이 되지 못한다.

【集註】(4) 程子曰　所謂誠者　止是誠實此三者
三者之外　更別無誠.

정자가 말했다. 이른바 「성(誠)」은 오직 「지·인·용」 셋을
성실하게 행하라는 뜻이다. 세 가지 덕행 외로 또 다른 성(誠)이
란 덕행이 있는 것이 아니다.

[어구 설명] ㅇ程子曰(정자왈) : 정자가 말했다.　ㅇ所謂誠者(소위성자) :
　이른바 「성(誠)」은.　ㅇ止是誠實此三者(지시성실차삼자) : 오직 「지·
　인·용」 셋을 성실하게 행하라는 뜻이다.　ㅇ三者之外(삼자지외) : 세 가
　지 덕행 외로.　ㅇ更別無誠(경별무성) : 별도로 다른 성(誠)이란 덕행이
　있는 것이 아니다.

【참고 보충】 「오달도(五達道)·삼달덕(三達德)」

　「천하의 달도(天下之達道)」를 오늘의 말로 하면 「동서고금을 막
론하고 세계 모든 사람이 따르고 행해야 할 도리」로 이는 곧 「윤리
도덕의 도리다.」 그 핵심은 맹자가 말하는 오상(五常)이다. 「부자유
친(父子有親), 군신유의(君臣有義), 부부유별(夫婦有別), 장유유서
(長幼有序), 붕우유신(朋友有信)」의 다섯 가지 윤리의 기본 도리다.
이러한 도리는 절대선(絶對善)인 천도(天道)와 인간의 선본성(善本
性)을 바탕으로 한다. 이와 같은 가르침이나 전통은 서양에는 없다.
서양 사람들은 이기적·동물적 욕심을 채우기 위해서 쟁탈하는 것을
당연시한다.

　도(道)를 따르고 실천해서 얻는 좋은 성과, 열매가 덕(德)이다. 덕
은 득(得)에 통한다. 그러므로 「오달도(五達道)」를 행하고 실천해서
좋은 성과를 거두는 덕행을 「삼달덕(三達德)」이라 한다. 즉 「도를

바르게 아는 지(知), 사랑을 체휼(體恤)하고 몸소 행하는 인(仁), 인욕(人欲)을 물리치고 천리(天理)만을 따르고 행하려는 용(勇)」을 일관해서 실천해야 한다. 그것을 성(誠)이라 한다.

【大全疏註選譯】

(1) <備旨> 三達德之所以行乎五達道一也 理惟一實 則私欲不間 知是實知 道自此知 仁是實仁 道自此體 勇是實勇 道自强 而不徒三與五之名已也.

<비지> 삼달덕을 바탕으로 오달도를 행함은 일관된다. 도리가 어디까지나 진실하고 사욕이 끼어들지 않으면, 지(知)가 진실된 지가 되고 그래서 도를 바르게 알게 되고, 인(仁)도 진실된 인이 되므로 그래서 인을 몸으로 행할 것이며, 용(勇)도 진실한 용이 되고 용의 실천도 세차게 될 것이다. 그러므로 공허한 이름만의 「삼달덕」이나 「오달도」가 되지 않을 것이다.

🜨 제20장 8절 生而知之
생 이 지 지

或生而知之 或學而知之 或困而知之 及其知之
一也 或安而行之 或利而行之 或勉強而行之 及
其成功 一也.

혹생이지지(하며) 혹학이지지(하며) 혹곤이지지(하나) 급기지지(에는) 일야(라) 혹안이행지(하며) 혹리이행지(하며) 혹면강이행지(하나) 급기성공(에는) 일야(이니라)

혹은 태어나면서 도를 잘 아는 사람도 있고, 혹은 배워서 도를 아는 사람도 있고, 혹은 막힌 다음에 애를 써서 도를 알게 된 사람도 있다. 그러나 도를 알게 된 점에서는 동일하다. 혹 어떤 사람은 도를 힘들이지 않고 안락하게 행하기도 하고, 혹 어떤 사람은 좋고 이롭다는 생각으로 도를 행하기도 하고, 혹 어떤 사람은 힘들여 노력하여 도를 행하기도 한다. 그러나 도를 행하게 된 점에서는 동일하다.

[어구 설명] ㅇ或生而知之(혹생이지지) : 혹 태어나면서 그것, 즉 달도(達道)를 잘 안다 <그런 사람이 곧 성인이다.> ㅇ或學而知之(혹학이지지) : 혹 배워서 그것, 즉 달도(達道)를 안다 <그런 사람이 곧 군자이다.> ㅇ或困而知之(혹곤이지지) : 혹 <곤난을 겪으면서> 애를 써서 그것, 즉 달도(達道)를 안다 <고생 끝에 체험적으로 도를 알게 된 사람이

다.> ㅇ 及其知之一也(급기지지일야) : 도를 알게 된 점에서는 동일하다, 인식에 도달한 점에서는 동일하다. ㅇ 或安而行之(혹안이행지) : 혹 어떤 사람은 도를 힘들이지 않고 안락하게 행하기도 하고. ㅇ 或利而行之(혹리이행지) : 혹 어떤 사람은 좋고 이롭다는 생각으로 도를 행하기도 하고. ㅇ 或勉强而行之(혹면강이행지) : 혹 어떤 사람은 힘들여 노력하여 도를 행하기도 한다. ㅇ 及其成功一也(급기성공일야) : 도를 행하게 된 점에서는 동일하다, 실천에 도달한 점에서는 동일하다.

【集註】(1) 知之者之所知 行之者之所行 謂達道也.

<경문에서> 「지지(知之)」라고 한 말의 「아는 바」나, 「행지(行之)」라고 한 말의 「행하는 바」는 다 「달도(達道)」를 일컬음이다.

[**어구 설명**] ㅇ 知之者之所知(지지자지소지) : <경문에서> 「지지(知之)」라고 한 말의 「아는 바」나. ㅇ 行之者之所行(행지자지소행) : <경문에서> 「행지(行之)」라고 한 말의 「행하는 바」는. ㅇ 謂達道也(위달도야) : <둘이 다> 「달도(達道)」를 말한다.

【集註】(2) 以其分而言 則所以知者知也 所以行者仁也 所以至於知之成功而一者勇也.

나누어서 말하면 알게 하는 바탕이 되는 것이 곧 <삼달덕의 하나인> 「지(知)」이다. 행하게 하는 바탕이 되는 것이 곧 <삼달덕의 하나인> 「인(仁)」이다. 지(知)를 <행해서> 공(功)이 되고 또 <지와 행을> 하나되는 경지에 이르게 하는 바탕이 곧

<삼달덕의 하나인> 「용(勇)」이다.

[**어구 설명**] ㅇ以其分而言(이기분이언) : 나누어서 말하면. ㅇ則所以知者(즉소이지자) : 알게 하는 바탕이 되는 것은. ㅇ知也(지야) : <삼달덕의 하나인> 「지(知)」이다. ㅇ所以行者(소이행자) : 행하게 하는 바탕이 되는 것은. ㅇ仁也(인야) : <삼달덕의 하나인> 「인(仁)」이다. ㅇ所以至於知之成功而一者(소이지어지지성공이일자) : 지(知)를 <행해서> 공이 되고 또 <지와 행을> 하나되는 경지에 이르게 하는 바탕이. ㅇ勇也(용야) : 바로 <삼달덕의 하나인> 「용(勇)」이다.

【集註】(3) 以其等而言 則生知安行者知也 學知利行者仁也 困知勉行者勇也.

등급별로 말하면 「생지(生知)」「안행(安行)」의 경지는 지(知)에 해당하고, 「학지(學知)」「이행(利行)」은 인(仁)에 해당하고, 「곤지(困知)」「면행(勉行)」은 용(勇)에 해당한다.

[**어구 설명**] ㅇ以其等而言(이기등이언) : 등급별로 말하면. ㅇ則生知安行者知也(즉생지안행자지야) : <가장 높은 등급에 해당하는> 「생지(生知)」「안행(安行)」의 경지는 지(知)에 해당하고. ㅇ學知利行者仁也(학지리행자인야) : <다음 단계의> 「학지(學知)」「이행(利行)」은 인(仁)에 해당하고. ㅇ困知勉行者勇也(곤지면행자용야) : <아래 단계인> 「곤지(困知)」「면행(勉行)」은 용(勇)에 해당한다.

【集註】(4) 蓋人性雖無不善 而氣稟有不同者 故聞道有蚤莫 行道有難易 然能自强不息 則其至一也.

　무릇 사람의 본성은 착하지 않음이 없고 <다 같이 착하다.> 그러나 타고난 기질이 같지 않고 <서로 다르다.> 고로 도를 듣고 터득하는 데 빠른 사람과 늦은 사람의 차이가 있고, 또 도를 행함에 어렵게 하는 사람, 쉽게 하는 사람의 차이가 있게 마련이다. 그러나 스스로 힘들여 노력하고 쉬지 않으면, 그 이룸이 동일하게 된다. <즉 누구나 다 같이 공을 이루게 된다>

[**어구 설명**] ㅇ蓋人性雖無不善(개인성수무불선) : 무릇, 사람의 본성은 착하지 않음이 없다. ㅇ而氣稟有不同者(이기품유부동자) : 그러나 타고난 기질이 같지 않고 <다르다.> ㅇ故聞道有蚤莫(고문도유조막) : 고로 도를 듣고 터득하는 데 빠른 사람과 늦은 사람의 차이가 있다. ㅇ行道有難易(행도유난이) : 또 도를 행함에 어렵게 하는 사람, 쉽게 하는 사람의 차이가 있다. ㅇ然能自强不息(연능자강불식) : 그러나 능히 스스로 힘들여 노력하고 쉬지 않으면. ㅇ則其至一也(즉기지일야) : 그 이룸이 동일하다. 누구나 다 같이 공을 이루게 된다.

【集註】 (5) 呂氏曰　所入之塗雖異　而所至之域則同　此所以爲中庸　若乃企生知安行之資　爲不可幾及　輕困知勉行　謂不能有成　此道之所以不明不行也.

　여대림(呂大臨)이 말했다. 들어가는 길은 비록 다르지만 이르는 곳은 동일하다. 그러므로 중용이라고 하는 것이다. 만약에 그대가 <가장 높은 경지의> 「생지(生知)」 「안행(安行)」의 자질 <갖추기를 바라고> <자기는> 가까이 갈 수 없다고 생각하

고 또 「곤지(困知)」 「면행(勉行)」을 가볍게 여기고 <자기는>
공을 이룰 수 없다고 생각하면 <바로> 그것이 <도를> 밝히지
못하고 행하지 못하는 원인이 되는 것이다.

[**어구 설명**] ○呂氏曰(여씨왈) : 여대림(呂大臨 : 1040~1092)이 말했다.
○所入之塗雖異(소입지도수이) : 들어가는 길은 비록 다르지만. ○而所
至之域則同(이소지지역즉동) : 이르는 곳은 동일하다. ○此所以爲中庸
(차소이위중용) : 그것이 곧 중용이 되는 바탕이다. ○若乃企(약내
기) : 만약에 그대가 ……하기를 바라고. ○生知安行之資(생지안행지
자) : <가장 높은 경지의> 「생지(生知)」 「안행(安行)」의 자질을 <갖추
기를 바라고>. ○爲不可幾及(위불가기급) : <자기는> 가까이 갈 수 없
다고 생각하고. ○輕困知勉行(경곤지면행) : 「곤지(困知)」 「면행(勉行)
」을 가볍게 여기고. ○謂不能有成(위불능유성) : <자기는> 공을 이룰
수 없다고 생각하는 것. ○此道之所以不明不行也(차도지소이불명불행
야) : 그것이 <바로> <도를> 밝히지 못하고 행하지 못하는 원인이 되
는 것이다.

【**참고 보충**】 「생지(生知) · 학지(學知) · 곤지(困知)」

「인륜(人倫)의 도(道)」를 인식하고 실천하는 단계를 크게 셋으로
분류할 수 있다. 최고의 경지는 성인(聖人)의 경지다. 천성이 총명한
그들은 「나면서 알고 행한다(生而知之)」라고 한다. 다음이 군자(君
子)의 단계다. 그들은 부지런히 배우고 성실하게 행동함으로써 도를
알고 행하게 된다. 그래서 「학이지지(學而知之)」라고 한다. 그 다음
이 일반 사람들 중에서도 착한 사람들이다. 그들은 실생활에서 여러
가지 경우에 막히고 곤란을 겪은 다음에 경험적으로 도를 터득하고
도를 행해야 한다고 알고 행한다. 그래서 「곤이지지(困而知之)」라고

한다. 이 세 가지에 들지 못하고 끝내 「인륜의 도」를 모르고 행하지
못하는 사람은 동물 이하다. 즉 무력(武力)으로 사욕(私欲)을 채우는
데 골몰하는 사람이나 국가는 아귀(餓鬼)이다.

【참고 보충】 「안행(安行)·이행(利行)·면행(勉行)」

　「인륜의 도」를 행하는 태도 역시 크게 셋으로 등급을 매길 수 있
다. 최고의 경지는 「안이행지(安而行之)」다. 「생지(生知)」하는 성인
들은 도를 행함에 있어서도, 힘들이지 않고 편안하고 즐거운 마음으
로 행한다. 그 다음이 「학지(學知)」하는 군자의 경우다. 그들은 도를
행함이 좋고 당연하니깐 성실하게 따르고 행한다. 이때의 「이(利)」
는 「세속적·물질적 이」가 아니다. 「원형이정(元亨利貞)」의 「이
(利)」다. 또 그 다음의 경지는 「곤지(困知)」하는 사람들의 경우다.
그들은 힘들여 노력하고 도를 행한다. 이를 「면강이행(勉强而行)」
이라고 한다.

　사람은 누구나 천명으로 착한 본성을 받아 지니고 있다. 그러나
저마다 기질이 다르다. 그래서 도를 알고 행함에도 차이와 등급이
있게 된다. 그러나 일단 「지에 이르고(至知)」 또 「공을 이루면(成功)」
다 같은 하나가 된다. 다 같이 천리를 알고 다 같이 천도를 행하는
것이다. 그래서 「중용의 도」라고 말하는 것이다.

【大全疏註選譯】

(1) ＜陳氏＞ 人性雖無不善 而氣稟有不同 惟其有淸濁厚薄
　　之分 所以有知行三等之別.

　＜진씨＞ 사람의 본성은 다 같이 착하다. 그러나 기품이 같지 않다.
오직 ＜타고난 기질에＞ 청탁(淸濁)과 후박(厚薄)의 분수가 있다. 그

래서 「지와 행(知行)」에 등급이 있게 되는 것이다.

(2) 上等之人 稟氣淸明 所以義理昭著 不待敎而後知 故曰生
　　知 賦質純粹 所以安於義理 不待學習而能 故曰安行 此聖
　　人地位也.

　높은 등급의 사람은 기품이 청명하므로 따라서 의리를 분명히 밝게 알고, 교육을 받지 않고도 안다. 고로 생지(生知)라고 한다. 또 받는 기질이 순수하여 따라서 의리를 안락하게 행하고 학습하지 않고도 능히 행한다. 그래서 안행(安行)이라고 말한다. 이는 성인의 경지다.

　다음 등급의 사람은 받은 기질이 「청다탁소(淸多濁少)」하므로 배워야 도리를 안다. 그래서 학지(學知)라 한다. 또 기질이 「순다박소(純多駁少)」하여 「도리도 이(利)를 내세우고 행한다. 그래서 이행(利行)이라 하며 이는 대현(大賢)의 경지다.」 <원문 생략>

　다음, 범인의 기질은 「탁다청소(濁多淸少)」「박다순소(駁多純少)」하다. 그래서 노력해서 알고 행해야 한다. 이를 「곤지(困知)」「면행(勉行)」이라고 한다. <원문 생략>

제20장 9절 好學近乎知
호 학 근 호 지

(子曰) 好學 近乎知 力行 近乎仁 知恥 近乎勇.

(자왈) 호학(은) 근호지(하고) 역행(은) 근호인(하고) 지치(는) 근호용 (이니라)

배우기를 좋아하면 지(知)에 가까워진다. 힘써 행하면 인(仁)에 가까워진다. 부끄러움을 알고 가리면 용(勇)에 가까워진다.

[어구 설명] ㅇ子曰(자왈) : 이 두 글자는 연문(衍文)이다. ㅇ好學近乎知 (호학근호지) : 배우기를 좋아하면 지에 가까워진다. 배우기를 좋아하는 것이 지에 가까이 가는 길이다. ㅇ力行近乎仁(역행근호인) : 힘써 행하면 인에 가까워진다. ㅇ知恥近乎勇(지치근호용) : <도덕적으로 남보다 못한 것을> 부끄럽게 여기면 용에 가까워진다.

【集註】 (1) 子曰二字 衍文 此言未及乎達德而求以入德之事.

「자왈(子曰)」 두 글자는 잘못 들어간 연문(衍文)이다. 이 구절은 아직 달덕(達德)에 이르지는 못했으나, 그래도 덕에 들어가기를 구하는 사항을 말한 것이다.

[어구 설명] ㅇ子曰二字衍文(자왈이자연문) : 「자왈(子曰)」 두 글자는 잘못 적힌 연문(衍文)이다. ㅇ此言未及乎達德(차언미급호달덕) : 이 구절

은 아직 달덕(達德)에 이르지는 못했으나. ㅇ而求以入德之事(이구이입덕지사) : 그래도 덕에 들어가기를 구하는 일에 대한 말이다.

【集註】 (2) 通上文三知爲知　三行爲仁　則此三近者　勇之次也.

앞의 글을 통해 보면「생지(生知), 학지(學知), 곤지(困知)」의 세 가지는「지(知)」에 속하고,「안행(安行), 이행(利行), 면행(勉行)」세 가지는「인(仁)」에 속한다. <이와 같은 식으로 통해 본다면>, 즉「호학(好學), 역행(力行), 지치(知恥)」의 삼근(三近)은 용에 속하는 것이다.

[**어구 설명**] ㅇ通上文(통상문) : 앞의 글을 통해 본다면. ㅇ三知爲知(삼지위지) :「생지(生知), 학지(學知), 곤지(困知)」의 삼지(三知)는「지(知)」에 속하고. ㅇ三行爲仁(삼행위인) :「안행(安行), 이행(利行), 면행(勉行)」의 삼행(三行)은「인(仁)」에 속한다. <이와 같은 식으로 통해 본다면> ㅇ則此三近者(즉차삼근자) : 즉 삼근(三近),「호학(好學), 역행(力行), 지치(知恥)」의 셋은. ㅇ勇之次也(용지차야) : 용에 속하는 것이다.

【集註】 (3) 呂氏曰　愚者自是而不求　自私者　徇人欲而忘返　懦者甘爲人下而不辭.

여씨가 말했다. 우매한 사람은 자신을 옳다고 여기고, <도를> 구하지 않는다. 자신의 사욕만을 채우려는 사람은 욕심만을 따르고 도(道)에 돌아갈 줄 모른다. 나약한 사람은 <도덕적으로> 남보다 못한 것을 감수하고 <밑에 있기를> 마다하지 않는다.

[**어구 설명**] ㅇ呂氏曰(여씨왈) : 여씨가 말했다. ㅇ愚者自是而不求(우자자
시이불구) : 우매한 사람은 자신을 옳다고 여기고, <도를> 구하지 않는
다. ㅇ自私者徇人欲而忘返(자사자순인욕이망반) : 자신의 사욕만을 채
우려는 사람은 욕심만을 따르고 도(道)에 돌아갈 줄 모른다. ㅇ懦者甘爲
人下而不辭(나자감위인하이불사) : 나약한 사람은 <도덕적으로> 남보
다 못한 것을 감수하고 <밑에 있기를> 마다하지 않는다.

【集註】(4) 故好學非知 然足以破愚 力行非仁
然足以忘私 知恥非勇 然足以起懦.

고로 「호학(好學)」이 그대로 지극한 「지(知)」는 아니지만,
그러나 <호학하면> 우매함을 타파할 수는 있다. 「역행(力行)」
이 그대로 지극한 인(仁)은 아니지만, 그러나 <역행하면> 사
욕에 빠지는 것을 잊게 할 수는 있다. <도덕적으로 남보다 못
한 것을> 창피하게 여기는 지치(知恥)가 그대로 지극한 용(勇)
은 아니지만 그러나 지치하면, 나약함을 떨치고 일어나게 할
수 있다.

[**어구 설명**] ㅇ故好學非知(고호학비지) : 고로 「호학(好學)」이 그대로 지
극한 「지(知)」는 아니다. ㅇ然足以破愚(연족이파우) : 그러나 <호학하
면> 우매함을 타파할 수는 있다. ㅇ力行非仁(역행비인) : 「역행(力行)」
이 그대로 지극한 인(仁)은 아니다. ㅇ然足以忘私(연족이망사) : 그러나
<역행하면> 사욕에 빠지는 것을 잊게 할 수는 있다. ㅇ知恥非勇(지치
비용) : <도덕적으로 남보다 못한 것을> 창피하게 여기는 지치(知恥)
가 그대로 지극한 용(勇)은 아니다. ㅇ然足以起懦(연족이기나) : 그러나
<지치(知恥)하면> 나약함을 떨치고 일어나게 할 수 있다.

【참고 보충】「호학(好學)·역행(力行)·지치(知恥)」

「호학(好學)」은 배우기를 좋아함이다.「배울 학(學)」은「깨달을 각(覺)」과「본받을 효(效)」와 뜻이 통한다. 즉 천도(天道)를 깨닫고 천도를 본받고 따르고 행한다는 뜻이다.「역행(力行)」은 전력을 기울여 실천한다는 뜻이다. 즉 동물적·이기적 욕심을 배제하고 어디까지나 도를 따르고 행한다는 뜻이다.

도의 핵심은「인륜의 도, 즉 오상(五常)」이다. 여기서 말하는「지치(知恥)」는 내가 남보다 도덕적으로 높지 못한 것을 창피하게 여긴다는 뜻이다. 남들은 성인(聖人) 군자(君子)가 되는데 내가 동물적 존재에 머물고 있음을 창피하게 여긴다는 뜻이다. 이러한 가르침은 서양에는 없다.「지인용(知仁勇) 삼달덕(三達德)」은 인류 세계를 하나의 도덕세계로 만드는 핵심적 덕목(德目) 덕행(德行)이다.

【大全疏註選譯】

(1) <西山眞氏> 好學所以明理 力行所以進道 知恥所以立志 能於三者用功 則三達德 庶可漸至矣.

<서산 진씨> 호학(好學)은 천리를 밝게 아는 바탕이고, 역행(力行)은 도에 나아가는 바탕이고, 지치(知恥)는 뜻을 세우는 바탕이다. 이 세 가지를 능히 잘 공부할 수 있으면, 점차로 삼달덕의 높은 경지에 도달하기를 바랄 수 있다.

제20장 10절 知斯三者
지 사 삼 자

知斯三者 則知所以修身 知所以修身 則知所以
治人 知所以治人 則知所以治天下國家矣.

지사삼자(면) 즉지소이수신(이오) 지소이수신(이면) 즉지소이치인(이
오) 지소이치인(이면) 즉지소이치천하국가의(니라)

이 세 가지를 알고 행하면, 곧 수신하는 바탕을 알게 되고, 수신
하는 바탕을 알고 행하면, 곧 남을 다스리는 도리나 방법을 알게
되고, 또 남을 다스리는 바탕을 알고 행하면, 곧 천하나 국가를
다스릴 도리나 방법도 알게 된다.

[**어구 설명**] ㅇ知斯三者(지사삼자) : 이 세 가지를 잘 알고 행하면, 즉「호
학 근호지(好學近乎知)」「역행 근호인(力行近乎仁)」「지치 근호용(知
恥近乎勇)」의 도리를 잘 알고 실천하면. ㅇ則知所以修身(즉지소이수
신) : 수신하는 바탕을 알게 된다.「소이(所以)」는 바탕, 도리, 방법 등의
뜻을 다 포괄한다. ㅇ知所以修身(지소이수신) : 수신하는 바탕을 잘 알
고 행하면. ㅇ則知所以治人(즉지소이치인) : 즉 남을 다스리는 도리나
방법을 알게 된다. ㅇ知所以治人(지소이치인) : 남을 다스리는 바탕을
잘 알면. ㅇ則知所以治天下國家矣(즉지소이치천하국가의) : 즉 천하나
국가를 다스릴 도리나 방법도 알게 된다.

【集註】(1) 斯三者 指三近而言 人者對己之稱

天下國家 則盡乎人矣.

이 「삼자(三者)」는 삼근(三近), 즉 「호학 근호지(好學近乎知)」, 「역행 근호인(力行近乎仁)」, 「지치 근호용(知恥近乎勇)」을 가리킨 말이다. 「인(人)」은 자기의 대칭으로, 즉 남, 다른 사람이다. 「천하 국가」라는 말은 「모든 사람을 다 포괄한다」는 뜻이다.

[**어구 설명**] ㅇ斯三者指三近而言(사삼자지삼근이언) : 이 「삼자(三者)」는 삼근(三近), 즉 「호학 근호지(好學近乎知)」, 「역행 근호인(力行近乎仁)」, 「지치 근호용(知恥近乎勇)」을 가리킨 말이다. ㅇ人者對己之稱(인자대기지칭) : 「인(人)」은 자기의 대칭이다. 즉 남, 다른 사람. ㅇ天下國家則盡乎人矣(천하국가즉진호인의) : 「천하 국가」라는 말은 「모든 사람을 다 포괄한다」는 뜻이다.

【集註】 (2) 言此以結上文修身之意 起下文九經之端也.

이렇게 말하고 앞에 있는 「수신」의 관한 뜻을 결론 지은 것이다. 다음의 글은 구경(九經)의 단서이다.

[**어구 설명**] ㅇ言此以結上文修身之意(언차이결상문수신지의) : 이렇게 말하고 앞에 있는 「수신」에 관한 뜻을 결론 지은 것이다. 즉 제20장 2절~6절 및 7절에서 10절은 「수신이도(修身以道)」를 말한 구절이다. 그들을 이 10절이 결론을 지었다는 뜻이다. ㅇ起下文九經之端也(기하문구경지단야) : 다음 글, 11절은 구경(九經)의 단서를 말한 것이다.

제20장 11절 九經
구 경

凡爲天下國家 有九經 曰 修身也 尊賢也 親親也
敬大臣也 體群臣也 子庶民也 來百工也 柔遠人
也 懷諸侯也.

범위천하국가 유구경(하니) 왈 수신야(와) 존현야(와) 친친야(와) 경대
신야(와) 체군신야(와) 자서민야(와) 내백공야(와) 유원인야(와) 회제
후야(니라)

무릇 천하와 국가를 다스림에 있어 천자나 임금이 지키고 행해
야 할 「구경(九經)」이 있다. 말하자면 다음과 같다. 임금 자신이
몸을 닦고 수양해야 한다. 현명한 사람을 스승으로 모시고, 벗으
로 사귀어야 한다. 임금이 부모형제 및 일가 친족을 친애해야
한다. 높은 신하를 존경해야 한다. 모든 신하들의 처지와 어려움
을 몸소 살피고 걱정하고 또 구휼해야 한다. 서민 백성들을 자식
처럼 사랑해야 한다. 모든 생산에 기술자들이 자진해서 모여들
게 해야 한다. 먼 곳에서 온 여행객이나 이방인들을 부드럽게
돌봐주어야 한다. 각 지방을 다스리는 제후들을 덕으로써 품어
야 한다.

[**어구 설명**] ㅇ凡(범) : 무릇, 대개. ㅇ爲天下國家(위천하국가) : 천하와 국

가를 다스림에 있어, 잘 다스리기 위한. o有九經(유구경) : 「구경(九經)」
이 있다. 「경(經)」은 항상 지키고 행할 만고불변(萬古不變)의 전법(典
法), 원칙(原則). o曰(왈) : 말하자면 다음 같다. o修身也(수신야) :
<임금> 자신이 수양해야 한다. 「야(也)」는 단절을 표시하는 어조사다.
o尊賢也(존현야) : 현명한 사람을 높여야 한다. 이때의 「현(賢)」은 현
사(賢師), 혹은 현우(賢友)의 뜻이다. 여기서는 현명한 신하의 뜻이 아
니다. o親親也(친친야) : <임금이> 부모형제 및 일가 친족을 친애해
야 한다. o敬大臣也(경대신야) : 높은 신하를 존경해야 한다. o體群臣
也(체군신야) : <임금이> 모든 신하의 처지와 어려움을 몸소 살피고 걱
정하고 또 구휼해야 한다. o子庶民也(자서민야) : 서민 백성들을 자식
처럼 사랑해야 한다. o來百工也(내백공야) : 생산에 종사하는 모든 기
술자나 수공업자들이 자진해서 모여들게 해야 한다. 즉 모든 편의를 제
공하고 부렴(賦斂)을 가볍게 해야 한다. o柔遠人也(유원인야) : 먼 곳
에서 온 여행객이나 이방인들을 부드럽게 돌봐주어야 한다. o懷諸侯也
(회제후야) : 각 지방을 다스리는 제후들을 덕으로써 품어야 한다.

**【集註】(1) 經常也 體謂設以身處其地 而察其
心也 子如父母之愛其子也 柔遠人 所謂無忘賓旅
者也 此列九經之目也.**

「경(經)」은 항상(恒常)의 뜻이다. 「체(體)」는 자신을 <신하
의> 처지에 놓고, 그 심정을 살핀다는 뜻이다. 「자(子)」는 흡사
부모가 자기 자식을 사랑하듯이 임금이 백성을 자애한다는 뜻
이다. 「먼 곳에서 온 사람을 부드럽게 대한다」 함은 이른바 빈객
(賓客)이나 여행 온 길손들을 소홀히 하거나 모른 체하지 않는

다는 뜻이다. 이상 아홉 개가 「구경(九經)」의 항목이다.

[**어구 설명**] ○經常也(경상야) : 「경(經)」은 항상(恒常)의 뜻이다. ○體謂 (체위) : 「체(體)」는 <다음 같은 뜻이다.> ○設以身處其地 而察其心也 (설이신처기지 이찰기심야) : 자신을 <신하의> 처지에 놓고, 그 심정을 살핀다. ○子如父母之愛其子也(자여부모지애기자야) : 「자(子)」는 흡사 부모가 자기네 자식을 사랑하듯이 <사랑한다는 뜻이다.> 이때의 「자 (子)」는 「자애(慈愛)하다」의 뜻이다. ○柔遠人(유원인) : 「먼 곳에서 온 사람을 부드럽게 대한다」 함은. ○所謂無忘賓旅者也(소위무망빈려자 야) : 이른바 빈객(賓客)이나 여행 온 길손들을 소홀히 하거나 모른 체하 지 않는다는 뜻이다. ○此列九經之目也(차열구경지목야) : 이상 아홉 개 가 「구경(九經)」의 항목이다.

【**集註**】(2) 呂氏曰 天下國家之本在身 故修身 爲九經之本 然必親師取友 然後修身之道進 故尊 賢次之.

　여대림(呂大臨)이 말했다. 천하 국가를 다스리는 근본은 임금 자신에게 있다. 고로 수신이 구경(九經)의 근본이 된다. 그러나 <임금이> 반드시 현명한 스승을 존경하고 친히 배우고 또 현명 한 벗을 취하고 사귀어야 한다. 그렇게 해야 수신해 나가는 길에 더욱 발전이 있게 된다. 그래서 존현(尊賢)을 다음에 내세웠다.

[**어구 설명**] ○呂氏曰(여씨왈) : 여대림(呂大臨)이 말했다. ○天下國家之 本在身(천하국가지본재신) : 천하 국가를 다스리는 근본은 임금 자신에 게 있다. ○故修身爲九經之本(고수신위구경지본) : 고로 수신이 구경 (九經)의 근본이 된다. ○然必親師取友(연필친사취우) : 그러나 <임금

이> 반드시 현명한 스승을 존경하고 친히 배우고 또 현명한 벗을 취하고 사귀어야 한다. ㅇ然後修身之道進(연후수신지도진) : 그렇게 해야 임금의 수신하는 도정(道程)에 발전이 있게 된다. ㅇ故尊賢次之(고존현차지) : 그래서 존현(尊賢)을 다음에 내세웠다.

【集註】 (3) 道之所進 莫先其家 故親親次之 由家以及朝廷 故敬大臣 體群臣次之.

도를 발전해 나감에는 제가(齊家)보다 더 앞서는 것이 없다. 고로 친친(親親)이 다음에 온다. <임금의 덕이> 집에서 조정으로 미쳐야 한다. 고로 높은 신하를 공경하고 여러 신하들을 몸소 살피고 구휼하는 것이 다음에 온다.

[**어구 설명**] ㅇ道之所進(도지소진) : 도를 발전해 나감에는. ㅇ莫先其家 (막선기가) : 제가(齊家)보다 더 앞서는 것이 없다. ㅇ故親親次之(고친친차지) : 고로 친친(親親)이 다음에 온다. ㅇ由家以及朝廷(유가이급조정) : <임금의 덕이> 집에서 조정으로 미쳐야 한다. ㅇ故敬大臣(고경대신) : 고로 높은 신하를 공경하고. ㅇ體群臣次之(체군신차지) : 신하를 몸소 살피고 구휼하는 것이 다음에 온다.

【集註】 (4) 由朝廷以及其國 故子庶民 來百工次之 由其國以及天下 故柔遠人 懷諸侯次之 此九經之序也.

<임금의 덕이> 조정에서 나라 전체에 미쳐야 한다. 고로 「자서민(子庶民)」과 「내백공(來百工)」이 다음에 온다. <임금의 덕

이> 자기 나라에서 천하에 미쳐야 한다. 고로 「유원인(柔遠人)」
과 「회제후(懷諸侯)」가 다음에 온다. 이상이 구경(九經)의 순
서다.

[**어구 설명**] ㅇ由朝廷以及其國(유조정이급기국) : <임금의 덕이> 조정에
서 나라 전체에 미쳐야 한다. ㅇ故子庶民 來百工次之(고자서민 내백공차
지) : 고로 「자서민(子庶民)」과 「내백공(來百工)」이 다음에 온다. ㅇ由
其國以及天下(유기국이급천하) : <임금의 덕이> 자기 나라에서 천하에
미쳐야 한다. ㅇ故柔遠人 懷諸侯次之(고유원인 회제후차지) : 고로 「유
원인(柔遠人)」과 「회제후(懷諸侯)」가 다음에 온다. ㅇ此九經之序也(차
구경지서야) : 이상이 구경(九經)의 순서다.

【集註】 (5) 視群臣 猶吾四體 視百姓 猶吾子 此 視臣視民之別也.

모든 신하 돌보기를 자기 몸같이 한다. 백성 돌보기를 자식과
같이 한다. 이것이 바로 신하를 보는 것과 백성을 보는 것의
구별이다.

[**어구 설명**] ㅇ視群臣 猶吾四體(시군신 유오사체) : 모든 신하 돌보기를
자기 몸같이 한다. 「사체(四體)」는 「신체와 사지(四肢)」의 뜻이다. ㅇ視
百姓 猶吾子(시백성 유오자) : 백성 보기를 마치 자기 자식과 같이 한다.
ㅇ此視臣視民之別也(차시신시민지별야) : 이것이 신하를 보는 것과 백
성을 보는 것의 구별이다.

제20장 12절 九經之效
구 경 지 효

修身則道立 尊賢則不惑 親親則諸父昆弟不怨
敬大臣則不眩 體群臣則士之報禮重 子庶民則
百姓勸 來百工則財用足 柔遠人則四方歸之 懷
諸侯則天下畏之.

수신즉도립(하고) 존현즉불혹(하고) 친친즉제부곤제불원(하고) 경대
신즉불현(하고) 체군신즉사지보례중(하고) 자서민즉백성권(하고) 내
백공즉재용족(하고) 유원인즉사방귀지(하고) 회제후즉천하외지(니라)

임금이 수신하면 도가 서고, 현명한 스승이나 벗을 높이면 미혹
(迷惑)하지 않으며, 일가 친족을 고르게 친애하면 백부나 숙부
및 자기의 형제들 일가 모든 사람이 원망하지 않게 된다. 임금이
<나라의 중진인> 원로 대신들을 공경하면, 정사가 흐리지 않고
밝게 되며, 임금이 몸소 신하들의 처지와 심정을 살피고 구휼하
면, 모든 선비들이 예를 갖추고 정중히 보답하게 될 것이다. 임
금이 백성들을 자식처럼 자애(慈愛)하면 백성들이 서로 권면
(勸勉)하게 될 것이다. 모든 생산 기술자나 수공업자들이 자진
해서 모여들면, 나라의 재물이 풍족해지고 또 기물도구가 풍족
하게 될 것이다. 먼 곳에서 온 여행객을 온유(溫柔)하게 대접하

면, 사방으로부터 상려(商旅)나 귀빈들이 몰려올 것이다. 모든 나라의 제후들을 덕으로 품으면, 천하만민들이 경외하고 귀순할 것이다.

[**어구 설명**] ㅇ修身則道立(수신즉도립) : 임금이 수신하면 도가 바르게 높이 서고. ㅇ尊賢則不惑(존현즉불혹) : 임금이 현명한 스승이나 벗을 높이면, <도를 잘 알게 됨으로> 미혹(迷惑)하지 않는다. ㅇ親親則諸父昆弟不怨(친친즉제부곤제불원) : 임금이 일가 친족을 고르게 친애하면, 백부나 숙부 및 자기의 형제들 모든 일가 사람이 원망하지 않게 된다. ㅇ敬大臣則不眩(경대신즉불현) : 임금이 <나라의 중진인> 원로 대신들을 공경하면, 정사가 흐리지 않고 밝게 된다. ㅇ體群臣則士之報禮重(체군신즉사지보례중) : 임금이 몸소 신하들의 처지와 심정을 살피고 구휼하면, 모든 선비들이 예를 갖추고 정중히 보답하게 될 것이다. ㅇ子庶民則百姓勸(자서민즉백성권) : 임금이 백성들을 자식처럼 자애(慈愛)하면 백성들이 서로 권면(勸勉)하게 될 것이다. ㅇ來百工則財用足(내백공즉재용족) : 모든 기술자나 수공업자들이 자진해서 모여들게 하면, 나라의 재물이 풍족해지고 또 기물도구가 풍족하게 될 것이다. ㅇ柔遠人則四方歸之(유원인즉사방귀지) : 먼 곳에서 온 여행객을 온유(溫柔)하게 대접하면, 사방으로부터 상려(商旅)나 귀빈들이 몰려올 것이다. ㅇ懷諸侯則天下畏之(회제후즉천하외지) : 모든 나라의 제후들을 덕으로 품으면, 천하의 만민이 경외하고 귀순할 것이다.

【集註】(1) 此言九經之效也.

이 구절은 구경(九經)의 효험을 말한 것이다.

【集註】(2) 道立謂道成於己而可爲民表 所謂皇

建其有極是也 不惑謂不疑於理 不眩謂不迷於事
敬大臣 則信任專 而小臣不得以間之 故臨事而不
眩也.

「도가 선다」는 말은, 자기에게 도가 바르게 서므로 따라서 만
민의 의표(儀表)가 될 만하다는 뜻을 말한 것이다. <서경(書經)
홍범(洪範)에서> 말한바 「임금이 극을 세웠다」고 한 그것이다.
「불혹(不惑)」은 「도리에 의혹(疑惑)하거나 미혹(迷惑)하지 않
는다」는 뜻이다. 「불현(不眩)」은 「일을 처리함에 헷갈리거나 헤
매지 않는다」는 뜻이다. 나라의 원로 대신들을 공경하고 <그들
에 대한> 신임을 한결같이 하면 아래의 신하들이 사이에 끼어
들지 못하고 따라서 일처리에 있어 현혹하는 일이 없다.

[**어구 설명**] ○道立(도립) : 「도가 선다」는 말은. ○謂(위) : <다음 같은 뜻
을> 말한 것이다. ○道成於己 而可爲民表(도성어기 이가위민표) : 자기
에게 도가 바르게 선다. 따라서 만민의 의표(儀表)가 될 만하다. ○所謂
皇建其有極是也(소위황건기유극시야) : <서경(書經) 홍범(洪範)에서>
말한바 「임금이 극을 세웠다」고 한 그것이다. 「황(皇)」은 「빛나는 임금,
황제」의 뜻, 「유극(有極)」의 유(有)는 형식적으로 붙인 글자, 뜻이 없다.
「극(極)」은 「절대적 표준, 기준」이란 뜻. ○不惑謂不疑於理(불혹위불의
어리) : 「불혹(不惑)」은 「도리에 의혹(疑惑)하거나 미혹(迷惑)하지 않
는다」는 뜻이다. ○不眩謂不迷於事(불현위불미어사) : 「불현(不眩)」은
「일을 처리함에 헷갈리거나 헤매지 않는다」는 뜻이다. 眩(어두울 현)
○敬大臣(경대신) : 나라의 원로 대신들을 공경하고. ○則信任專(즉신
임전) : <그들에 대한> 신임을 한결같이 하면. 이때의 「즉(則)」은 「이

(而)」와 같은 뜻으로 가볍게 푼다. ㅇ而小臣不得以間之(이소신부득이간지) : 그러면 아래의 신하들이 사이에 끼어들지 못한다. ㅇ故臨事而不眩也(고임사이불현야) : 일에 임해서 사리에 어둡고 현혹하지 않는다.

【集註】(3) 來百工 則通功易事 農末相資 故財用足 柔遠人 則天下之旅 皆悅而願出於其塗 故四方歸 懷諸侯 則德之所施者博 而威之所制者廣矣 故曰天下畏之.

모든 기술자가 오면 각자의 기술이나 공적을 서로 통하고 또 생산품을 서로 교역하고 아울러 농업과 상업이 서로 돕게 된다. 고로 재용이 풍족하게 된다. 먼 곳에서 온 사람을 부드럽고 따뜻하게 맞이하고 대하면 천하의 모든 나그네나, 상려(商旅)들이 다 즐거운 마음으로 그 나라 여행길에 나서기를 원할 것이며, 따라서 사방의 사람들이 그 나라로 귀순하게 될 것이다. <천하를 다스릴 임금이> 인덕(仁德)으로써 제후들을 품으면, 이내 그 덕이 미치는 바가 넓게 되며, 위세로써 제압하는 바도 넓게 된다. 고로 천하 모든 나라가 경외한다고 말하는 것이다.

[**어구 설명**] ㅇ來百工(내백공) : 생산에 종사하는 일꾼이나 기술자가 오면. ㅇ則通功易事(즉통공역사) : 각자의 기술이나 공적을 서로 통하고 일(즉 각자의 기술이나 생산품)을 서로 교역하고. ㅇ農末相資(농말상자) : 농업과 상업이 서로 돕는다. ㅇ故財用足(고재용족) : 고로 재용이 풍족하게 된다. 「재(財)」는 재물, 재화. 「용(用)」은 기물(器物), 용구(用具), 도구(道具)의 뜻. ㅇ柔遠人(유원인) : 먼 곳, 혹은 먼 나라에서 온 사람을

부드럽고 따뜻하게 맞이하고 대하면. ㅇ則天下之旅(즉천하지려) : 천하의 모든 여행객이나 상려(商旅)들이. ㅇ皆悅而願出於其塗(개열이원출어기도) : 모두 다 즐거운 마음으로 그 나라 여행길에 나서기를 원할 것이다. ㅇ故四方歸(고사방귀) : 고로 사방의 사람들이 그 나라로 귀순하게 될 것이다. ㅇ懷諸侯(회제후) : <천하를 다스릴 임금이> 인덕(仁德)으로써 제후들을 품으면. ㅇ則德之所施者博(즉덕지소시자박) : 그 덕이 미치는 바가 넓게 되며. ㅇ而威之所制者廣矣(이위지소제자광의) : 위세로써 제압하는 바도 넓게 된다. ㅇ故曰天下畏之(고왈천하외지) : 그러므로 천하 모든 나라가 경외한다고 말하는 것이다.

【참고 보충】「구경(九經)의 효과」

국가를 인덕(仁德)으로 다스리는 만고불변의 전법(典法)을 구경(九經)이라 한다. 이 12절에는 「구경의 효과」를 다음같이 기술했다.

① 수신(修身) : 임금이 수신하면 도가 바로 선다. 이때의 도는 「천하의 달도」, 즉 오상(五常)이다.

② 존현(尊賢) : 임금이 현명한 스승을 모시고 학덕(學德)을 높이고 또 도의(道義)의 벗과 사귀면서 상호면려(相互勉勵)해야 한다. 그래야 도와 덕을 밝게 알고 행할 수 있다.

③ 친친(親親) : 임금은 부모형제는 물론, 원근의 모든 친척도 사랑하고 돌보아주어야 한다. 그래야 참다운 제가(齊家)가 이루어지고 왕가가 평온하게 된다.

④ 경대신(敬大臣) : 임금은 국가의 원로 대신을 공경하고 예양(禮讓)하고 아울러 그들의 의견을 존중해야 한다. 그래야 소인배들이 틈을 타고 들어오거나 이간질을 못한다.

⑤ 체군신(體群臣) : 신하들의 어려운 처지를 살피고 구휼(救恤)해 주어야 한다. 그러면 신하들이 감읍하고 보답할 것이다.

⑥ 자서민(子庶民) : 만백성을 자식처럼 자애(慈愛)하고 잘살게 돌봐주어야 한다. 그래야 백성들이 임금을 부모처럼 받들고 모실 것이다.

⑦ 내백공(來百工) : 농업과 상업 및 수공업에 종사하는 기술자나 기능공을 후대해야 한다. 그래야 생산이 높아지고 재산이 증폭한다.

⑧ 유원인(柔遠人) : 외지의 상려(商旅)나 여행객들을 부드럽고 따뜻하게 대접해 주어야 더욱 나라가 번창한다.

⑨ 회제후(懷諸侯) : 제후를 인덕(仁德)으로 품어야 진정한 평화와 친선이 유지되며, 결과적으로 만천하의 경외를 받고, 지도자로서의 위세를 높일 수 있다.

이를 왕도덕치(王道德治)라고 한다. 오늘의 세계는 이와는 정반대가 되는 무력을 바탕으로 남을 유린하고 남의 재물을 약탈하는 악덕 정치만을 일삼고 있다. 그래서 오늘의 세계를 위기에 빠져 있다고 하는 것이다.

제20장 13절   九經之事
구 경 지 사

「제20장 13절」은 구경(九經)을 행할 때의 요점을 말한 것으로, 각기 내용이 다르다. 그래서 「13절」을 다시 네 개의 단으로 나누어 풀이하고 설명했다.

(13-1) 齊明盛服 非禮不動 所以修身也 去讒遠色 賤貨而貴德 所以勸賢也 尊其位 重其祿 同其好惡 所以勸親親也.

제명성복(하야) 비례부동(은) 소이수신야(요) 거참원색(하며) 천화이귀덕(은) 소이권현야(요) 존기위(하며) 중기록(하며) 동기호오(는) 소이권친친야(니라)

임금이 마음속을 한결같이 맑게 지니고, 외모를 빛나고 엄숙하게 차리고, 예가 아니면 움직이지 않으니, <그렇게 하는 것이> 수신의 바탕이다. 임금이 참언(讒言)하는 간신을 물리치고, 여색(女色)을 멀리하고, 재물보화(財物寶貨)를 천시하고, 인애 덕치(仁愛德治)를 귀중하게 여기니, <그렇게 하는 것이> 바로 「권현(勸賢 : 현명을 권면함)」의 바탕이다. 임금이 국가의 원로 대신의 신분과 지위를 존귀하게 높이고, 그들의 녹봉(祿俸)을 후하게 내려주고, 그들과 호오(好惡)를 같이하는 것이 바로 「친친(親親)」을 권면하는 바탕이다.

[**어구 설명**] 「13절 1단」이다. 임금이 행할 「수신(修身), 권현(勸賢), 권친친(勸親親)」에 대한 일이 적혀있다. ㅇ齊明盛服(제명성복) : 보통 「임금이 항상 겉으로 빛나게 차려입고 존엄함을 내보인다」라고 풀이한다. 그러나 「마음속을 한결같이 맑게 지니고, 외모를 눈이 부시면서 엄숙하게 차리고 가꾼다」는 뜻으로 풀이하는 것이 좋다. ⇒「참고 보충」 ㅇ非禮不動(비례부동) : 예가 아니면 동하지 않는다. ⇒「참고 보충」 ㅇ所以修身也(소이수신야) : <그렇게 하는 것이> 수신의 바탕이다. 바로 수신이다. ㅇ去讒遠色(거참원색) : 참언(讒言)하는 간신을 물리치고, 여색(女色)을 멀리하고. ㅇ賤貨而貴德(천화이귀덕) : 재물보화(財物寶貨)를 천시하고, 인애덕치(仁愛德治)를 귀중하게 여기는 것이. ㅇ所以勸賢也(소이권현야) : 바로 「권현(勸賢 : 현명을 권면함)」의 바탕이다. 이때의 「권현」은 뜻이 깊다. ⇒「참고 보충」 ㅇ尊其位(존기위) : 임금이 동성동족(同姓同族)의 왕실 일가의 모든 사람의 신분과 지위를 존귀하게 높이고. ㅇ重其祿(중기록) : 그들에게 국록(國祿)을 후하게 많이 주고. ㅇ同其好惡(동기호오) : <임금이 한집안의 여러 어른들과> 호오(好惡)를 같이한다. ㅇ所以勸親親也(소이권친친야) : <그렇게 하는 것이> 「친친(親親)」을 권면하는 바탕이다. 이때의 「권친친(勸親親)」의 뜻도 깊다. ⇒「참고 보충」

【集註】 (1) 此言九經之事也.

이 구절은 구경의 행할 일을 말한 것이다.

[**참고 보충**] 「제명성복(齊明盛服)」

「13절 1단의 첫 구절」은 「제명성복(齊明盛服)하고 비례부동(非禮

不動)하는 것이 수신의 바탕이다(所以修身也)」이다. 방편상 수신(修身)에 대한 설명을 먼저 하겠다.

① 수신(修身) : 구경은 천명(天命)을 받고 평천하(平天下)하고 만민에게 인애(仁愛)의 덕치(德治)를 하는 천자나 성군(聖君)이 따르고 행할 만고불변의 전법(典法) 기준(基準)이다. 임금은 공동체의 중심이고 절대선(絶對善)의 상징이다. 절대선의 도리가 곧 천도(天道)다. 천도는 곧 만물을 낳고 키우고 발전케 하는 도리다. 현대적으로 말하면 「생명철학적(生命哲學的) 발전(發展)」의 도리가 곧 천도다. 천도는 「광명정대(光明正大), 공평무사(公平無私), 영원불변(永遠不變)하는 절대선의 도리」다. 그러므로 유교에서 천도를 높이는 것이다. 수신은 바로 마음과 몸을 천도와 하나되게 하는 공부다. 동물적인 사리사욕과 관능적·일시적·육체적 욕정을 극복하고 절대선의 천도와 하나되게 하는 공부다. 「수신 공부」는 「지행(知行)」을 일치되게 하는 수양이고 실천적 공부이다.

② 제명성복(齊明盛服) : 앞에서 말했듯이 「제명성복」을 보통 「겉으로 빛나고 존엄하게 복장을 갖춘다」라는 뜻으로 해석한다. 그러나 여기서는 「마음속을 한결같이 맑게 지니고, 외모나 행동을 맑고 엄숙하게 한다」는 뜻으로 한층 깊이 풀이했다. 간단히 그 이유를 밝히겠다. 천도를 깨달은 마음을 대학(大學)에서는 「명덕(明德)」이라 한다. 즉 「절대선의 하늘과 같이 눈부시게 빛을 발하는 마음이자 덕성이다.」 이와 같이 마음속에 품은 「밝고 깨끗한 마음」을 여기서는 「제명(齊明)」이라고 했다. 한편 「성복(盛服)」은 「명명덕(明明德)」이다. 즉 「절대선인 하늘의 도리를 몸으로 실천해서 빛나는 덕을 세운 상태」를 「겉으로 빛나는 모양[盛服]」이라고 했다. ⇒ 「대전소주(大全疏註)」

③ 「비례부동(非禮不動)」:「예(禮)가 아니면 움직이지 말라.」
논어(論語)에서 공자(孔子)가 다음같이 말했다. 「예가 아니면 보지
도 말고, 듣지도 말고, 말하지도 말고, 행동하지도 말라.(非禮勿視
非禮勿聽 非禮勿言 非禮勿動)」 「예」에는 내외(內外)가 있다. 내면
적 예는 곧 천리(天理)이고, 외형적 형식이나 행동이 곧 예의범절
(禮儀凡節)이다. 여기서 말하는 「비례부동」은 임금의 수신에 관한
말이다. 따라서 임금도 천도 천리에 맞지 않는 언행을 하지 말라는
뜻이다.

【大全疏註選譯】

(1) 北溪陳氏曰 九經之事 是做工夫處 齊齊其思慮 明明潔其
    心 齊明以一其內 盛服以肅其外 內外交相養也 齊明盛服
    是靜而未應接之時 以禮而動 是動而已應接之時 動靜相
    交養也如此 所以修身.

북계 진씨가 말했다. 「구경의 일」이란 바로 <임금이 수양하고>
공부해야 할 경지를 말한 것이다. 「제(齊)」는 자기의 사려를 <천리
와> 같이하고, 「명(明)」은 자기 마음을 밝고 깨끗하게 한다는 뜻이
다. 「제명(齊明)」으로써 자기의 속마음을 하나되게 하고, 「성복(盛
服)」으로써 자기의 외모나 언행을 엄숙하게 하고, 안과 밖을 함께
어울리게 함양한다. 「제명성복(齊明盛服)」은 바로 「정(靜)하고 <외
부의 사물과> 응접하지 않을 때의 일」이다. 「예(禮)로써 동(動)함」
은 바로 「동(動)하고 이미 <외부의 사물과> 응접할 때의 일」이다.
동할 때나 정할 때나 언제나 함께 어울리게 함양해야 한다. 그것이
바로 수양의 바탕이다.

【참고 보충】「거참원색(去讒遠色)·천화귀덕(賤貨貴德)·소이권현(所以勸賢)」

임금은 수신하고, 마음으로 천도를 높이고 몸으로 천도를 실천해야 한다. 그래야 인애(仁愛)의 덕치(德治)를 펼 수 있다. 임금이 수양을 하고 인덕(仁德)을 높이면 간사하고 음흉한 소인배나, 탐관오리(貪官汚吏)가 끼어들 수 없다. 그래서 임금은 다음같이 해야 한다.

① 거참원색(去讒遠色) : 임금이 참언(讒言)을 일삼는 간흉(奸凶)한 소인배를 물리치고, 음탕한 여색(女色)과 음란한 주색(酒色) 잡기(雜技)을 멀리해야 한다. 그렇지 않으면 현명한 충신이 가까이 올 수 없고, 기강을 바로잡을 수 없으며, 마침내는 패가망신(敗家亡身)하게 된다.

② 천화이귀덕(賤貨而貴德) : 수신(修身)하고 인덕(仁德)을 바르게 세운 임금은 나라의 씀씀이를 절약하고 선비나 백성을 고르게 사랑하고 잘살게 해준다. 공자(孔子)가 말했다. 「나라의 씀씀이를 절약하고 선비들을 사랑하고 백성들을 때에 맞추어 부려쓴다.(節用而愛人 使民以時)」<學而篇> 덕치를 하면 자연히 임금이 재물을 가볍게 보고 덕을 높이게 된다. 그러나 반대로 임금이 사치 낭비하고 국고에 재물이 없으면, 백성들로부터 재물을 수탈하게 되고, 따라서 탐관오리들이 가렴주구(苛斂誅求)하게 되고, 마침내는 민심을 잃고 나라도 망하게 된다.

③ 소이권현야(所以勸賢也) : 임금은 「거참원색(去讒遠色)·천화귀덕(賤貨貴德)」해야 한다. 「그것이 바로 현덕(賢德)을 권면(勸勉)하는 바탕이다.」 즉 임금이 정치를 바르게 하고, 간악한 소인배나 탐관오리를 물리치고, 현명하고 청렴한 선비들을 등용하는 것이 바로 국가의 기강을 바로잡고, 선비들에게 현덕(賢德)과 청렴(淸廉)을

권면하는 바탕이다.

【참고 보충】 「존기위(尊其位) 중기록(重其祿)」

① 존기위 중기록(尊其位 重其祿) : 임금은 친부모형제는 물론, 대소가 일가 친척, 모든 왕족 자손들의 신분을 존중하고, 저마다에게 높은 자리와 직분을 주고, 아울러 국록을 후하게 내려주어야 한다. 그래야 왕실의 권위가 서고 또 동족간의 화목이 유지된다.

② 동기호오(同其好惡) : 임금과 왕족은 일심동체가 되어 선조가 세운 나라를 간직하고 발전시켜야 한다. 그러기 위해서는 임금이 집안의 어른과 시비(是非)나 호오(好惡)를 같이해야 한다. 독선과 독단은 왕실 분열의 근원이다.

③ 소이권친친야(所以勸親親也) : 임금이 이상과 같이 해야 한다. 그렇게 하는 것이 바로 「권친친(勸親親)」의 바탕이다. 「권친친」은 「왕실의 모든 사람으로 하여금 서로 친애하고 효제(孝弟)를 독실하게 행하게 권장하고 면려(勉勵)함이다.」 임금이나 왕실의 경우, 효도의 정점은 나라를 창건한 태조(太祖)의 건국이념을 계승하고 나라를 더욱 발전되게 함이다. 이를 「계지술사(繼志述事)」라고 한다. 그러기 위해서는 왕족 일가 모든 사람이 「친친(親親)」해야 한다.

(13-2) 官盛任使 所以勸大臣也 忠信重祿 所以勸士也.

관성임사(는) 소이권대신야(요) 충신중록(은) 소이권사야(라)

<대신 밑에> <각종의 우수한> 관속(官屬)을 많이 두고, <대신으로 하여금 임의로> 부려쓰게 하는 것이, 곧 대신을 권면(勸

勉)하는 바탕이다. <임금이 신하를> 성심으로 신임하고, 봉록
(俸祿)을 후하게 주는 것이, 곧 선비를 권면하는 바탕이다.

[**어구 설명**] ㅇ官盛任使(관성임사) : <대신 밑에> <각종의 우수한> 관속
(官屬)을 많이 두고, <대신으로 하여금 임의로> 부려쓰게 하는 것이.
ㅇ所以勸大臣也(소이권대신야) : 곧 대신을 권면하는 바탕이다. ㅇ忠信
重祿(충신중록) : <임금이 신하를> 성심으로 신임하고, 봉록(俸祿)을
후하게 주는 것이. ㅇ所以勸士也(소이권사야) : 곧 선비를 권면하는 바
탕이다. 이때의 권면은 사기를 돋아올리고 아울러 능률을 높여준다는
뜻이다.

【集註】 (2) 官盛任使 謂官屬衆盛 足任使令也
蓋大臣 不當親細事 故所以優之者如此 忠信重祿
謂待之誠而養之厚 蓋以身體之   而知其所賴乎上
者如此也.

<경문에 있는> 「관성임사(官盛任使)」라는 말은 <대신 밑
에> 관속(官屬)들이 많이 있고 또 <그 능력이> 성대함으로,
<대신이 여러 가지 일을> 족히 맡기고 부려 쓸 수 있다는 뜻이
다. 무릇 대신은 자신이 손수 사소한 일을 맡아서 처리하지 않고
<도를 바탕으로 기본 원칙만을 세운다.> 고로 대신을 우대하는
바탕이 이와 같다는 것이다. <경문에 있는> 「충신중록(忠信重
祿)」이라는 말은 임금이 벼슬아치들을 성실하게 신임하고, 후하
게 녹을 주어 잘살게 한다는 뜻이다. 대체로 벼슬아치들이 체험
적으로 <임금의 은혜를> 체득하고, <자기들이> 위의 임금에

게 의지하고 <사는 바> <그 은혜가> 그렇듯이 <막중함을> 안다는 뜻이다.

[**어구 설명**] ㅇ官盛任使(관성임사) : <경문에 있는> 「관성임사(官盛任使)」라는 말은. ㅇ謂官屬衆盛 足任使令也(위관속중성 족임사령야) : 「<대신 밑에> 관속(官屬)들이 많이 있고 또 각종의 기능과 능력이 성대하다. <그래서 대신이 여러 가지 일을> 족히 맡기고 부려 쓸 수 있다」는 뜻을 말한 것이다. ㅇ蓋大臣不當親細事(개대신부당친세사) : 무릇 대신은 자신이 손수 사소한 일을 맡아서 처리하지 않는다. <대신은 도를 바탕으로 기본 원칙만을 세운다> ㅇ故所以優之者如此(고소이우지자여차) : 고로 대신을 우대하는 바탕이 이와 같은 것이다. <즉 대신 밑에 각 분야의 우수한 관속들을 많이 배치해서 여러 가지 일을 처리하게 하고, 한편 대신은 큰 도리와 원칙을 지키게 한다는 뜻이다> ㅇ忠信重祿(충신중록) : <경문에 있는> 「충신중록(忠信重祿)」이라는 말은 <다음 같은 뜻을 말한 것이다.(謂)> ㅇ待之誠而養之厚(대지성이양지후) : 「임금이 벼슬아치들을 성실하게 대하고 후하게 녹을 주어 잘살게 한다」는 뜻이다. ㅇ蓋以身體之(개이신체지) : 대체로 벼슬아치들이 몸으로 <임금의 은혜를> 체득하고. ㅇ而知其所賴乎上者如此也(이지기소뢰호상자여차야) : <자신이나 가족이 살아감에 있어> 위의 임금에게 의뢰하는 바가 그렇듯이 <막중함을> 아는 것이다.

【**참고 보충**】 「관성임사(官盛任使)」

조정에는 임금을 직접 보필하는 공경(公卿) 대신(大臣)들이 있다. 이들 대신들은 임금으로 하여금 왕도 덕치(王道德治)를 실현하게 보좌하는 성현(聖賢)들이다. 그러므로 임금은 그들로 하여금 대의명분(大義名分)을 밝히고, 대도(大道)를 따르고 행하게 최고로 예우(禮遇)해야 한다. 즉 높은 자리와 권위를 부여해야 한다. 대신 밑에

학덕이 높고 또 여러 분야에서 탁월한 기능을 발휘할 수 있는 고급
관속(官屬)들을 배치하고, 대신이 호령하고 부려쓰게 해야 한다. 대
신 밑에 유능하고 민첩한 관리가 있어야, 대신들이 덕치의 대원칙을
따라, 큰 일을 도모할 수 있다. 이와 같이 대신 밑에 유능한 관속을
배치하고 각종의 유기적인 행정조직을 가지고 활용하게 하는 것을
「관성임사」라 한다. 그것이 곧 「권대신(勸大臣)」의 바탕이다.

【참고 보충】 「충신중록(忠信重祿)」

　「충신중록(忠信重祿)」은 바로 다음 같은 뜻을 말한 것이다. 「임금
이 관리들을 성심으로 신임하고 그들에게 녹봉(祿俸)을 후하게 내려
가족들을 잘 공양(供養)하게 해준다.」

　대신 밑에는 각계의 많은 관리(官吏), 즉 벼슬아치(士)들이 저마다
의 직책과 직무를 수행하고 있다. 그러므로 임금은 이들 모든 벼슬아
치들의 어려운 처지를 내 몸처럼 돌보고 녹봉을 후하게 내려주어야
한다. 그래야 선비들이 임금과 나라의 은혜에 감동하고 보답하게 될
것이다. 앞의 12절에서는 「임금이 몸소 군신들의 어려운 처지를 살피
고 구휼하면, 선비들의 보답하는 예도 돈독해진다.(體羣臣則士之報
禮重)」라고 했다. 임금이 선비에게 은덕을 베푸는 것이 바로 「관리
들의 사기를 진작시키고 능률을 높이는 바탕이다.(所以勸士也)」

(13-3) 時使薄斂 所以勸百姓也 日省月試 旣稟 稱事 所以勸百工也.

시사박렴(은) 소이권백성야(요) 일성월시(하야) 희름칭사(는) 소이권
백공야(니라)

<백성들을 부려쓰되> 때를 가려서 부려쓰고, <백성들로부터

세금을 거두어들이되> 가볍게 거두어들이는 것이, 백성을 권면하는 바탕이다. <즉 백성들의 생산을 높이고, 잘살게 하는 바탕이다> <모든 직능공의 작업량이나 실적을> 날마다 살피고 달마다 헤아려서, 실적이나 성과를 헤아려 평가하고, 녹봉(祿俸)이나 급여(給與)를 일의 성적에 맞게 하는 것이, 모든 직능공을 권면하는 바탕이다.

[**어구 설명**] ㅇ時使薄斂(시사박렴) : <백성들을 부려쓰되> 때를 가려서 부려쓰고, <백성들로부터 세금을 거두어들이되> 가볍게 거두어들이는 것이. ㅇ所以勸百姓也(소이권백성야) : 백성을 권면하는 바탕이다. 즉 백성들의 생산을 높이고, 잘살게 하도록 권장하고 힘쓰게 하는 바탕이다. ㅇ日省月試(일성월시) : <모든 직능공(職能工)들의 작업량이나 실적을> 날마다 살피고 달마다 헤아려서. 「시(試)」는 「실적이나 성과를 시험적으로 헤아려 보다, 평가한다」는 뜻. ㅇ旣稟稱事(희름칭사) : 보수로 주는 녹봉이나 급여를 일의 성적에 맞게 하는 것이. 「기(旣)」를 여기서는 「희(餼 : 양식, 봉록)」와 같은 자로 읽고 또 풀이한다. ㅇ所以勸百工也(소이권백공야) : 그렇게 하는 것이 모든 직능공(職能工)을 권면하는 바탕이다.

【集註】 (3) 旣讀曰餼 餼稟稍食也 稱事如周禮稟人職曰 考其弓弩 以上下其食 是也.

「기(旣)」는 「희(餼)」라고 읽는다. 「희름(餼稟)」은 「초식(稍食)」이다. 「칭사(稱事 : 일의 성적에 어울리게 함)」는 주례(周禮) 하관사마편(夏官司馬篇)에서 「고인(稟人)의 직책을 설명하면서, 그가 만든 활[弓]과 쇠뇌[弩]를 살펴서 녹봉을 높이기도

하고 낮추기도 한다고 말한 것」과 같다.

[**어구 설명**] ○旣讀曰餼(기독왈희) : 「기(旣)」는 「희(餼)」라고 읽는다. ○餼
廩稍食也(희름초식야) : 「희름(餼廩)」은 「초식(稍食)」이다. 「줄 품(稟)」
을 여기서는 「곳집 름(廩)」으로 읽는다. 「초식」은 「성적에 따라 조금씩
더 늘여주는 녹봉」의 뜻이다. ○稱事(칭사) : 일의 성적에 어울리게 한
다. 「일에 맞게 녹봉을 준다고 함」은. ○如周禮稟人職曰(여주례고인직
왈) : 주례(周禮) 하관사마편(夏官司馬篇)에서 「고인(稟人)」의 직책을
설명하면서. 「고인」은 「화살대를 만드는 사람」이다. ○考其弓弩(고기궁
노) : 그가 만든 활[弓]과 쇠뇌[弩]를 살펴서. ○以上下其食是也(이상하
기식시야) : <고인(藁人)에게 주는> 녹봉을 높이기도 하고 낮추기도 한
다고 말한[曰] 것[是]과 같다[如].

【**참고 보충**】 「시사박렴(時使薄斂)」

맹자(孟子)는 말했다. 「<나라에서는> 백성이 가장 귀하고, 사직에
제사 지내는 신령이 다음이고, 임금은 가장 가벼운 존재다.(民爲貴
社稷次之 君爲輕)」<盡心 下>

예나 지금이나 나라의 주인은 국민이다. 국민을 잘살게 하기 위해
사직에 제사도 드리고, 국가의 기강을 세우고, 공동체의 윤리 도덕을
바로잡기 위해, 하나의 중심에 임금을 앉히고 제반사를 통제하는 것
이다. 이와 같은 「민위귀(民爲貴)」의 사상이 곧 유교의 덕치(德治)
사상이다. 그러나 국가 권력을 독점하려는 악덕한 자들이 왜곡(歪曲)
했던 것이다. 임금은 만백성을 자식처럼 자애(慈愛)하고 잘살게 해주
어야 한다. 구체적으로 말하면 농번기를 피해서, 백성을 부역(賦役)
에 동원하고 특히 세금을 가볍게 거두어야 한다. 그래야 나라의 주인
인 백성들이 잘산다. 백성이 잘살아야 나라가 안정되고 부강해진다.

그래서 「때에 맞게 부려쓰고, 적게 거두는 것이(時使薄斂)」이 「백성을 잘살게 권면하는 바탕이다(所以勸百姓也)」라고 한 것이다.

【참고 보충】 「일성월시(日省月試) 희름칭사(旣稟稱事)」

농업생산 다음으로 각종의 기물이나 도구를 만드는 수공업도 발달해야 한다. 그러므로 국가는 각종의 기능공(技能工)으로 하여금 새롭고 편리하고 양질의 기물을 만들도록 권장해야 한다. 동시에 생산품의 규격이나 품질이나 양을 감독해야 한다. 생산되는 기물이나 도구를 「매일같이 살피고 달마다 시험해야 한다.(日省月試)」 그리고 「생산량이나 질에 따라서 현물로 지급하는 월급을 성과에 어울리게 지급해야 한다.」 이를 「희름칭사(旣稟稱事)」라고 한다.

양질의 물품을 많이 생산한 사람에게는 보수를 후하게 주고, 미달하는 사람에게는 지급을 삭감해야 한다. 그렇게 하는 것이 곧 「모든 기능공으로 하여금 생산을 권장하는 바탕이다.(所以勸百工也)」

(13-4) 送往迎來 嘉善而矜不能 所以柔遠人也 繼絶世 擧廢國 治亂持危 朝聘以時 厚往而薄來 所以懷諸侯也.

송왕영래(하며) 가선이긍불능(은) 소이유원인야(요) 계절세(하야) 거폐국(하며) 치란지위(하며) 조빙이시(하며) 후왕이박래(는) 소이회제후야(니라)

<먼 나라에서 찾아온 귀빈이나 상려(商旅)들이> 돌아갈 때는 정중히 전송하고, 올 때는 환영한다. <그들 중에> 착하고 능력이 있는 사람을 반겨서 잘 대접하고, 능력 없고 어려운 처지에 있는 사람들을 긍휼히 여기고 돌봐준다. 이렇게 하는 것이 먼

나라 사람들을 부드럽고 따뜻하게 대하는 바탕이다. <제후로
하여금> 단절된 대를 이어주게 하고, 폐망(廢亡)한 <제후국
을> 다시 일으켜 세우고, 흐트러진 나라를 잘 다스리게 하고,
위태하게 기운 나라를 바로잡아 준다. 제후들의 내조(來朝)와
예물 진상을 때에 맞게 하고 <그때에도> <제후들을> 후하게
대접해 보내고, 올 때의 예물은 박하게 받는다. 이렇게 하는 것
이 <천자가> 제후들을 <은덕으로> 품는 바탕이다.

[**어구 설명**] ㅇ送往迎來(송왕영래) : <먼 외국에서 찾아온 귀빈이나 상려
(商旅)들이> 돌아갈 때는 정중히 전송하고, 올 때는 환영한다. ㅇ嘉善而
矜不能(가선이긍불능) : <외국의 손님 중에> 착하고 능력이 있는 사람
을 반겨서 잘 대접하고, 능력 없고 어려운 처지에 있는 사람들을 긍휼히
여기고 돌봐준다. ㅇ所以柔遠人也(소이유원인야) : 그렇게 하는 것이 먼
나라 사람들을 부드럽고 따뜻하게 대하는 바탕이다. ㅇ繼絶世(계절
세) : <제후로 하여금> 단절된 대를 이어주게 하고. ㅇ擧廢國(거폐
국) : 폐망(廢亡)한 <제후국을> 다시 일으켜 세우고. ㅇ治亂持危(치란
지위) : 흐트러진 나라를 잘 다스리게 하고, 위태하게 기운 나라를 바로
잡아 준다. ㅇ朝聘以時(조빙이시) : 제후들의 내조(來朝)와 예물 진상을
때에 맞게 하고. ㅇ厚往而薄來(후왕이박래) : <그때에도> <제후들을>
후하게 대접해 보내고, 올 때의 예물은 박하게 받는다. ㅇ所以懷諸侯也
(소이회제후야) : 이렇게 하는 것이 <천자가> 제후들을 덕으로 품는 바
탕이다.

【集註】 (4) 往則爲之授節以送之 來則豊其委積
以迎之 朝謂諸侯見於天子 聘謂諸侯使大夫來獻

王制比年一小聘 三年一大聘 五年一朝 厚往薄來 謂燕賜厚而納貢薄.

<외국에서 온 귀빈(貴賓)이나 상려(商旅)가> 돌아갈 때는 그를 위해, 부절(符節 : 여권에 해당하는 부신)을 주고 잘 전송한다. <외국의 손님이> 오면, 「위자(委積)」를 풀어 풍성하게 대접한다. 「조(朝)」는 「제후가 천자를 알현함을 말한다.」 「빙(聘)」은 「제후가 대부로 하여금 와서 예물을 바치게 하는 것」을 말한다. 예기(禮記) 왕제편(王制篇)에 있다. 1년마다 소빙(小聘)하고, 3년마다 한번씩 대빙(大聘)을 한다. 제후는 5년에 한번씩 와서 천자를 알현한다. 돌아갈 때는 후하게 대접하고 올 때의 예물은 박하게 한다. <앞의 후왕박래(厚往薄來)라고 한 것은> <천자가 제후에게 베푸는> 잔치나 내리는 예물을 후하게 하고, 받는 공물이나 예물은 적게 한다는 뜻이다.

[**어구 설명**] ㅇ往則爲之授節以送之(왕즉위지수절이송지) : <외국에서 온 귀빈(貴賓)이나 상려(商旅)가> 돌아갈 때는 그를 위해, 부절(符節 : 여권에 해당하는 부신)을 주고 잘 전송한다. ㅇ來則豊其委積以迎之(내즉풍기위자이영지) : <외국의 손님이> 오면, 「위자(委積)」를 풀어 풍성하게 대접한다. 「위자(委積)」의 「적(積)」은 「자」로 발음한다. 「국고에 저축해둔 식량이나 물자」를 말한다. ㅇ朝謂諸侯見於天子(조위제후현어천자) : 「조(朝)」는 「제후가 천자를 알현하는 것을 말한다.」 「견(見)」은 「현」으로 발음한다. ㅇ聘謂諸侯使大夫來獻(빙위제후사대부래헌) : 「빙(聘)」은 「제후가 대부로 하여금 와서 예물을 바치게 하는 것」을 말한다. ㅇ王制比年一小聘(왕제비년일소빙) : 예기(禮記) 왕제편(王制篇)에 있

다. 1년마다 소빙(小聘)하고. ㅇ三年一大聘(삼년일대빙) : 3년마다 한번씩 대빙(大聘)을 한다. ㅇ五年一朝(오년일조) : 제후는 5년에 한번씩 와서 천자를 알현한다. ㅇ厚往薄來(후왕박래) : 돌아갈 때는 후하게 대접하고 올 때의 예물은 박하게 받는다. ㅇ謂燕賜厚而納貢薄(위연사후이납공박) : <앞의 「후왕박래(厚往薄來)」라고 한 것은> <천자가 제후에게 베푸는> 잔치나 내리는 예물을 후하게 하고, 받는 공물이나 예물을 적게 한다는 뜻이다.

【참고 보충】「송왕영래(送往迎來) 가선이긍불능(嘉善而矜不能)」

외국에서 찾아오는 여행객이나 교역상인(交易商人)을 환영하고 돌아갈 때는 신분을 보호하는 여권에 해당하는 부절(符節 : 信標)을 주고, 무사히 돌아가게 한다. 이것이 「송왕영래(送往迎來)」의 뜻이다. 나라에 들어온 여행객 중에, 학식과 기술이 높은 유능한 사람은 특히 잘 대접하고, 그의 좋은 점을 배워야 한다. 한편 어려움에 처한 사람은 긍휼(矜恤)하고 구제해 주어야 한다. 이것이 「가선이긍불능(嘉善而矜不能)」의 뜻이다. 이렇게 하는 것이 「먼 나라 사람들을 회유하는 바탕이다.(所以柔遠人也)」 특히 집주(集註)에서는 「외국 여행객에게 국고의 저축한 양식이나 재물을 내다가 풍족하게 대접하라」고 강조했다.

【참고 보충】「계절세(繼絕世) 거폐국(擧廢國) 치란지위(治亂持危)」

천자(天子)는 천하의 모든 나라를 잘되게 해야 한다. 그러므로 제후국 중에, 혹 대가 끊어진 나라가 있으면 대를 잇게 해주고, 멸망한 나라가 있으면 다시 영토를 주어 나라를 세우게 도와주어야 한다. 뿐만 아니라, 난신적자(亂臣賊子) 때문에 나라가 문란하고 위태롭게 된 나라가 있으면, 천자는 그 나라를 바로잡고 다시 세워주어야 한다.

그래야 진정한 영도자로서 평천하(平天下)를 구현하게 된다. 이렇게 하는 것을 「계절세(繼絶世)」「거폐국(擧廢國)」「치란지위(治亂持危)」라고 한다.

【참고 보충】「조빙이시(朝聘以時) 후왕이박래(厚往而薄來)」

모든 제후(諸侯)는 때에 맞게 국도에 상경해서, 천자를 알현하고 또 때에 맞게 공물이나 예물을 천자에게 올려야 한다. 그래야 천자와 제후간의 친교가 돈독하게 된다. 이를 「조빙이시(朝聘以時)」라고 한다. 단 천자의 나라는 크고 제후의 나라는 작다. 그러므로 천자는 제후국으로부터 받는 예물은 적게 받고, 대신 제후국에 내리는 재물이나 은혜는 크게 베풀어야 한다. 이를 「후왕이박래(厚往而薄來)」라고 한다. 이렇게 천자가 후덕을 베푸는 것이 바로 「제후를 회유하는 바탕이다.(所以懷諸侯也)」

【참고 보충】「구경(九經)을 말한 구절」

제20장 11절 : 「수신(修身), 존현(尊賢), 친친(親親), 경대신(敬大臣), 체군신(體群臣), 자서민(子庶民), 내백공(來百工), 유원인(柔遠人), 회제후(懷諸侯)」를 나열했다.

제20장 12절 : 구경을 시행하는 효과를 기술했다.

제20장 13절 : 구경의 실천 내용을 구체적으로 자세히 기술했다. 그리고 다음의 14절에서는 「구경을 행하는 바탕은 하나(所以行之者一也)」, 즉 「성(誠)」이라고 풀었다.

제20장 14절 一也
일 야

凡爲天下國家 有九經 所以行之者 一也.

범위천하국가 유구경(하니) 소이행지자(는) 일야(라)

무릇 국가를 다스림에는 구경(九經)이 있다. <그러나> 구경을
행하는 바탕은 하나다.

[**어구 설명**] ㅇ凡爲天下國家(범위천하국가) : 무릇 국가를 다스림에는.
　ㅇ有九經(유구경) : 구경(九經)이 있다. ㅇ所以行之者 一也(소이행지자
일야) : 구경을 행하는 바탕은 하나다.

【集註】 (1) 一者誠也 一有不誠 則是九者 皆爲
虛文矣 此九經之實也.

「일(一)」, 즉 「하나」는 바로 「성(誠)」이다. 만약에 조금이라도
성실하지 못하면, 아홉 가지 전법(典法), 즉 구경(九經)이 다
빈 글이 되고 만다. 이 성실이 곧 구경을 열매 맺게 하는 것이다.

[**어구 설명**] ㅇ一者誠也(일자성야) : 「일(一)」, 즉 「하나」는 바로 「성(誠)」
　　이다. ㅇ一有不誠(일유불성) : 만약에 조금이라도 성실하지 못하면. 「일
　　유(一有)」를 「만약에 조금이라도 ……하지 못하면」의 뜻으로 푼다. ㅇ則
　　是九者皆爲虛文矣(즉시구자개위허문의) : 곧 아홉 가지 전법(典法), 즉
　　구경(九經)이 다 빈 글이 되고 만다. ㅇ此九經之實也(차구경지실야) :

성실이 곧 구경을 열매 맺게 하는 것이다.

【참고 보충】 「소이행지자일야(所以行之者一也)」

　이상 「중용 제20장」의 「11절에서 14절」까지는 구경(九經)에 대한 설명이다. 구경은 곧 천자(天子)로 하여금 천하를 인덕(仁德)으로 다스리게 하는 아홉 개의 전법(典法), 즉 모범적인 정치의 기준이며 덕치(德治)의 원리이다. 구경을 따르고 실천하는 주체는 바로 임금이다.

　그러므로 임금 자신이 수신(修身)해야 한다. 수신의 바탕을 「13절」에서 「제명성복 비례부동(齊明盛服 非禮不動)」이라고 했다. 그리고 「권현(勸賢), 권친친(勸親親), 권대신(勸大臣), 권사(勸士), 권백성(勸百姓), 권백공(勸百工), 유원인(柔遠人), 회제후(懷諸侯)」의 바탕을 말했다. 그리고 이 14절에서 다시 「그 바탕은 하나(所以行之者一也)」라고 했다. 이 「소이행지자일야(所以行之者一也)」는 이미 앞의 7절에도 나왔으며, 집주(集註)는 「일자성야(一者誠也)」라고 한 바 있다.

　결국 공자(孔子)가 「오달도(五達道), 삼달덕(三達德), 구경(九經)을 행하는 바탕은 하나다」라고 말한 「일(一)」을 주자(朱子)가 「성(誠)」이라고 풀이한 것이다. 이 「성(誠)」은 앞으로 중용에 본격적으로 나타난다. 즉 다음의 「제20장 17절」과 「중용 제21장부터 맨 끝의 제32장까지」는 거의가 다 「성(誠)」에 대한 설명이다. 그러므로 「성(誠)」은 중용의 「제2의 주제(主題)」이기도 하다. 중용에서 강조하는 「성(誠)」은 일반이 말하는 「성실하다, 정성스럽다」의 뜻을 넘어서, 훨씬 고차원의 어려운 뜻을 내포하고 있다. 그때마다 깊은 뜻을 나누어 설명하겠다.

🔶 제20장 15절 豫則立
예 즉 립

凡事 豫則立 不豫則廢 言前定則不跲 事前定則
不困 行前定則不疚 道前定則不窮.

범사 예즉립(하고) 불예즉폐(하나니) 언전정즉불겁(하고) 사전정즉불
곤(하고) 행전정즉불구(하고) 도전정즉불궁(이니라)

무릇, 모든 일은 <성실을> 미리 갖추어야 이루어진다. 미리 갖
추지 않으면 폐(廢)하게 된다. 말함에도 먼저 성실한 바탕이 확
고하게 서있어야 말이 허망하지 않고, 일을 해도 먼저 성실한
바탕이 확고하게 서있어야 일함에 막히지 않고, 행동을 해도
먼저 성실한 바탕이 확고하게 서있어야 행동에 병폐가 없고,
도를 따르고 행함에도 먼저 성실한 바탕이 확고하게 서있어야
도가 막히지 않는다.

[**어구 설명**] ㅇ凡事(범사) : 무릇, 모든 일은. 여기서 말하는 「모든 일(凡事)」
은 바로 「오달도(五達道), 삼달덕(三達德), 구경(九經)」을 말한다. ㅇ豫
則立(예즉립) : 일반적으로 「모든 일은 미리 예비하거나 준비를 하면 이
루어진다」로 풀이한다. 그러나, 여기서 말하는 「예(豫)」는 뜻이 깊다.
즉「평소부터 성실한 바탕이 확고하게 서 있어야」라는 뜻이다. ⇒ 「참고
보충」 ㅇ不豫則廢(불예즉폐) : 평소에 성실한 바탕이 확고하게 서 있지
않으면, 모든 일이 폐기(廢棄)된다. 즉 「오달도(五達道), 삼달덕(三達

德), 구경(九經)」 등 모두가 이루어지지 않는다. ㅇ言前定則不跲(언전정
즉불겁) : 말을 해도 먼저 성실한 바탕이 확고하게 서 있어야 말이 허망
하지 않고. ㅇ事前定則不困(사전정즉불곤) : 일을 해도 먼저 성실한 바
탕이 확고하게 서 있어야 일에 막히지 않고. ㅇ行前定則不疚(행전정즉
불구) : 행동을 해도 먼저 성실한 바탕이 확고하게 서 있어야 행동에 병
폐가 없고. ㅇ道前定則不窮(도전정즉불궁) : 도를 따르고 행함에도 먼저
성실한 바탕이 확고하게 서 있어야 도가 막히지 않는다.

【集註】 (1) 凡事指達道達德九經之屬　豫素定也
跲躓也　疚病也　此承上文　言凡事皆欲先立乎誠　如
下文所推是也.

「모든 일(凡事)」은 「오달도(五達道), 삼달덕(三達德), 구경
(九經)」 등을 지칭한다. 「예(豫)」는 「평소에 미리 확고하게 정
해지다(素定)」의 뜻이다. 「겁(跲)」은 「넘어질 지(躓)」와 같다.
「구(疚)」는 「병폐(病弊)」의 뜻이다. 이 구절은 앞의 글을 이어
받고, 모든 일을 <행함에 있어> 먼저 성(誠)을 세워야 함을
말한 것이다. 아래 글, 즉 17절에서 더 미루어 말한 것이 바로
그것이다.

[**어구 설명**] ㅇ凡事指達道達德九經之屬(범사지달도달덕구경지속) : 「모
든 일(凡事)」는 「오달도(五達道), 삼달덕(三達德), 구경(九經)」 등을 지
칭한다. ㅇ豫素定也(예소정야) : 「예(豫)」는 「평소에 미리 확고하게 정
해지다」의 뜻이다. ㅇ跲躓也(겁지야) : 「겁(跲)」은 「넘어질 지(躓)」와
같다. ㅇ疚病也(구병야) : 「구(疚)」는 「병폐(病弊)」의 뜻이다. ㅇ此承上
文(차승상문) : 이 구절은 앞의 글을 이어받고. ㅇ言(언) : <다음 같은

뜻을> 말한 것이다. ㅇ凡事皆欲先立乎誠(범사개욕선립호성) : 모든 일을 <행함에 있어> 먼저 성(誠)을 세워야 함을 <말한 것이다>. 「욕(欲)」은 「수(須)」와 같은 뜻이다. ㅇ如下文所推是也(여하문소추시야) : 아래 글, 즉 17절에서 더 미루어 말한 대로다.

【참고 보충】 「범사(凡事)」「예즉립(豫則立)」

이 「15절」도 「중용 제20장」의 한 구절이다. 노(魯)나라 애공(哀公)이 정치에 대해서 묻자, 공자가 대답한 말이다. 공자는 인애덕치(仁愛德治)를 강조했다. 그러므로 여기서 말하는 「모든 일(凡事)」는 「임금이 덕치를 행하는 모든 일, 즉 공자가 20장에서 말한 모든 일이다.」 그 대표적인 사항이 「오달도(五達道), 삼달덕(三達德), 구경(九經)」이다. 그러나 모든 것이 다 임금의 수신(修身)을 바탕으로 한다.

그리고 수신의 핵심을 「성(誠)」이라고 내세웠다. 임금은 평소에 성실한 마음가짐과 성실한 언행으로 수신해야 한다. 그래야 「오달도(五達道), 삼달덕(三達德), 구경(九經)」도 이룰 수 있다. 평소의 성실한 마음가짐과 성실한 언행, 즉 「성(誠)」을 받들고 실천하지 않았다면 모든 일이 다 허사가 된다. 이를 두고 「범사(凡事), 예즉립(豫則立), 불예즉폐(不豫則廢)」라고 한 것이다.

【참고 보충】 「예소정야(豫素定也)」

주자가 「예(豫)」자를 「소정(素定)」이라고 풀이했다. 이때의 「예(豫)」는 앞에서 말한 대로 언행(言行)을 하기 전에 미리 예비할 것, 예비조건이 되는 것, 전제조건이 되는 것, 즉 「성실한 마음가짐과 성실한 실천태도」이다. 「소정(素定)」은 「평소에 정해진다」는 뜻이다. 그러므로 「범사예즉립(凡事豫則立)」을 「모든 일은 전제조건이 되는 성(誠)이 평소부터 확립되어 있어야 성취된다」로 풀이해야 한

다. 한편 성(誠)이 평소에 확립되어 있지 않으면, 만사가 허망하게
된다. 이를 「불예즉폐(不豫則廢)」라고 한 것이다.

  그러므로 경문(經文)의 「예(豫)」나 집주(集註)의 「예소정야(豫素
定也)」를 「예비조건이 되는 성(誠)」「예비조건이 되는 성(誠)이 평
소에 정해진다」로 풀어야 한다. 「대전소주」에서 항씨(項氏)는 다음
같이 말했다. 「성실을 말하면서 반드시 예비라고 한 것은 사람으로
하여금 평소에 배우고 익히라는 뜻이다.(言誠而必言豫者 敎人素學
之也)」 아울러 다음의 「대전소주」를 깊이 음미하자.

【大全疏註選譯】

(1) <雲峯胡氏> 上文言達道達德九經之所以行 此則總言凡
    事之所以立 蓋曰是誠也 非一朝一夕之故 戒懼愼獨 養之
    者有素矣.

  <운봉 호씨> 앞의 13절, 14절은 달도(達道), 달덕(達德), 구경
(九經)을 행하는 바탕이고, 이 15절은 일을 성취하는 바탕을 총괄
해서 말한 것이다. 한마디로 통합해서 성(誠 : 성실한 마음가짐과
성실한 행동)이라고 한 것은 일조일석에 성취되는 것이 아니기 때
문에, 항상 계구독신(戒懼獨愼)하고 평소에 성(誠)을 함양해야 함
을 말한 것이다.

제20장 16절 誠身有道
성 신 유 도

在下位 不獲乎上 民不可得而治矣 獲乎上 有道
不信乎朋友 不獲乎上矣 信乎朋友 有道 不順乎
親 不信乎朋友矣 順乎親 有道 反諸身不誠 不順
乎親矣 誠身有道 不明乎善 不誠乎身矣.

재하위(하야) 불획호상(이면) 민불가득이치의(리라) 획호상(이) 유도
(하니) 불신호붕우(이면) 불획호상의(리라) 신호붕우(이) 유도(이니)
불순호친(이면) 불신호붕우의(니라) 순호친(이) 유도(이니) 반저신불
성(이면) 불순호친의(리라) 성신(이) 유도(이니) 불명호선(이면) 불성
호신의(리라)

아래에 있으면서 윗사람에게 신임을 획득하지 못하면, 백성들
을 잘 다스릴 수 없다. 윗사람에게 신임을 얻는 데에, 기본 도리
와 원칙이 있다. 붕우나 동료에게 믿음을 받지 못하면 윗사람에
게 신임을 얻지 못한다. 붕우나 동료에게 믿음을 받는 데에 기본
도리와 원칙이 있다. 부모에게 효순(孝順)하지 않으면 붕우나
동료에게 믿음을 받지 못한다. 부모에게 효순하는 데, 기본 도리
와 원칙이 있다. 자신의 <언행을> 돌이켜보고 성실하지 않으면
부모에게 효순할 수 없다. 자신을 성실하게 하는 데 기본 도리와
원칙이 있다. 선(善)을 밝게 알지 못하면 자신을 성실하게 할

수 없다.

[**어구 설명**] ㅇ在下位(재하위) : 아래에 있으면서, 즉 아래에서 직접 백성과 접촉하고 제반사를 다스리는 벼슬아치들이. ㅇ不獲乎上(불획호상) : 위의 상급자의 신임을 획득하지 못하면. ㅇ民不可得而治矣(민불가득이치의) : <관청에서 벼슬자리를 유지하고> 백성들을 다스릴 수 없다. ㅇ獲乎上有道(획호상유도) : 상급자에게 신임을 얻는 데에, 기본 도리와 원칙이 있다. ㅇ不信乎朋友(불신호붕우) : <사회적으로> 붕우나 동료에게 믿음을 받지 못하면. ㅇ不獲乎上矣(불획호상의) : 윗사람에게 신임을 얻지 못한다. ㅇ信乎朋友有道(신호붕우유도) : 붕우나 동료에게 믿음을 받는 데에, 기본 도리와 원칙이 있다. ㅇ不順乎親(불순호친) : <가정에서> 부모에게 효순(孝順)하지 않으면. ㅇ不信乎朋友矣(불신호붕우의) : 붕우나 동료에게 믿음을 받지 못한다. ㅇ順乎親有道(순호친유도) : 부모에게 효순(孝順)하는 데, 기본 도리와 원칙이 있다. ㅇ反諸身不誠(반저신불성) : 자신의 <언행을> 돌이켜보고, 성실하지 않으면. ㅇ不順乎親矣(불순호친의) : 부모에게 효순할 수 없다. ㅇ誠身有道(성신유도) : 자신을 성실하게 하는 데, 기본 도리와 원칙이 있다. ㅇ不明乎善(불명호선) : 선(善)을 밝게 알지 못하면. ㅇ不誠乎身矣(불성호신의) : 자신을 성실하게 할 수 없다.

【集註】 (1) 此又以在下位者 推言素定之意.

이 16절도 역시 아랫자리에 있는 벼슬아치의 입장을 미루어 평소에 <성실한 태도를> 취하라고 말한 것이다.

[**어구 설명**] ㅇ此又(차우) : 이 16절도 역시. ㅇ以在下位者(이재하위자) : 아랫자리에 있는 벼슬아치의 입장을 가지고, 입장에서. ㅇ推(추) : 미루어 나가면서. ㅇ言素定之意(언소정지의) : 평소에 <성실한 마음과 태도

를> 확고하게 정하고 세워야 함을 말한 것이다.

【集註】(2) 反諸身不誠　謂反求諸身　而所存所發　未能眞實而無妄也.

「자신의 불성실을 돌이켜 본다」함은 곧 자신의 몸으로 행한 바, 언행(言行)을 되돌려 반성해보고, 그리고 <자기가 말하고 행했을 때에> 속에 품었던 마음이나 밖으로 나타난 행동이 미처 충분히 참되고 허망한 데가 없었는가를 <반성하고 찾아본다는 뜻을> 말한 것이다.

[**어구 설명**] ㅇ反諸身不誠(반저신불성) : 「자신의 성실하지 못했음을 돌이켜 본다」는 말은. ㅇ謂(위) : ……을 말한 것이다. 끝에까지 걸린다. ㅇ反求諸身(반구저신) : 자신의 몸으로 행한바, 언행(言行)을 되돌려 반성해보고. ㅇ而所存所發(이소존소발) : 「이(而)」는 「그리고」, 「소존소발(所存所發)」은 <자기가 말하고 행했을 때에>「속에 품었던 마음이나 밖으로 나타난 행동이. ㅇ未能眞實而無妄也(미능진실이무망야) : 아직도 능히 「진실이무망(眞實而無妄)」하지 못하지 않았나 어떤가를 <반성하고 찾아본다는 뜻을 말한 것이다.> 앞의 「위(謂)」는 여기까지 걸린다. 「진실이무망(眞實而無妄)」은 「진실되고 허망함이 없다」는 뜻으로 그것이 곧 「성(誠)」이다.

【集註】(3) 不明乎善　謂不能察於人心天命之本然　而眞知至善之所在也.

「선을 밝게 알지 못한다」고 한 말은 곧 「사람의 마음속에 천명으로 주어진 본연의 성리(性理)와 아울러 참다운 앎과 지극한 선이 있는 곳을 살피지 못한다」는 뜻을 말한 것이다.

[**어구 설명**] ㅇ不明乎善(불명호선) : 「선을 밝게 알지 못한다」고 한 말은. ㅇ謂(위) : 다음 같은 뜻을 말한 것이다. 끝에까지 걸린다. ㅇ不能察(불능찰) : 살피지 못한다. ㅇ於人心天命之本然(어인심천명지본연) : 사람의 마음속에 천명으로 주어진 본연의 성리(性理), 즉 「천명지위성(天命之謂性)」의 성리(性理)를 <살피지 못하고>. ㅇ而眞知至善之所在也(이진지지선지소재야) : 또 참다운 앎과 지극한 선이 있는 곳을 <살피지 못한다.> 여기까지가 앞의 「위(謂)」에 걸린다.

【**참고 보충**】 「**재하위자**(在下位者)・**예 즉립**(豫則立)」

앞의 「제20장 15절」에서는 「모든 일은 예비가 잘 되어 있어야 이루어진다(凡事 豫則立)」고 말했다. 이 16절에서는 「하위에 있는 관리(在下位者)」를 내세워서 예비적 전제조건을 단계별로 말했다. 그러나 근본 바탕은 성(誠)이며, 그 성(誠)은 어느 단계에나 바탕이 되어야 한다.

① 백성을 직접 다스리는 하위에 있는 관리는 윗사람의 신임을 얻어야 한다. 거짓된 말이나 아첨해서 신임을 얻는 것이 아니다. 성실함으로써 신임을 얻어야 한다.

② 윗사람의 신임을 얻는 길은 붕우나 동료의 믿음이나 신망을 성실로써 얻음이다.

③ 붕우나 동료의 믿음이나 신망을 얻는 길은 성심으로써 부모에게 효순(孝順)하는 것이다.

④ 부모에게 효순하는 길은 모든 일을 마음속으로부터 성실하게 하고, 그 성실함을 그대로 행동으로 나타내야 한다.

⑤ 마음이나 행동을 한결같이 성실하게 하는 길은 선(善)을 밝게

알아야 한다. 이때의 선(善)은 곧 천명으로 주어진 본연의 성리(性理)이다. 성리는 본성 속에 있는 절대선(絶對善)의 천리(天理)다.

「천리에 성실함」은 곧 천리만을 따르고 행하고 잡스런 인욕(人欲)이나 사욕(私欲)을 제거함이다. 밝게 안다고 함은 곧 대학(大學)에서 말한 「격물치지(格物致知)」의 경지다. 또 마음을 성실하게 함은 곧 대학에서 말하는 「성의(誠意)」의 경지다. 결국 「명선(明善)」해야 「성신(誠身)」한다. 이때의 「성신」은 「마음이나 몸을 성실하게 한다」는 상식적인 뜻 이상으로 깊은 뜻이 있다. 즉 「절대선의 천리, 진실무망(眞實無妄)한 천리, 즉 성(誠)을 몸으로 깊이 체득한다」는 뜻이다.

「성(誠)」은 「진실무망하게 우주를 운행하며, 만물을 생육화성(生育化成)하는 천리다.」

「성(誠)」을 이렇게 천리와 결부하고 깊은 뜻으로 풀이한 것이 중용사상(中庸思想)의 특색이다. 다음 17절을 깊이 공부하자.

【종합 보충 설명】「**천**(天) **· 천도**(天道) **· 천리**(天理)」

유교사상의 핵심은 「천(天)과 천도(天道)」다. 윤리 도덕 및 덕치의 도달점도 「천과 천도」다. 대학(大學)의 삼강(三綱) 팔조(八條)나, 중용(中庸)의 오달도(五達道), 삼달덕(三達德), 구경(九經)도 「천과 천도」를 기준으로 하고 있다. 이 점을 모르면 유교사상을 바르게 알 수 없다. 나누어 설명하겠다.

① 천(天) : 하늘에 대한 인식은 크게 두 가지로 나눌 수 있다. 하나는 공간적 · 물리적 인식이다. 즉 지구를 덮고 있는 공간 및 일월성(日月星)이 운행하고 이에 따라 주야(晝夜)가 교체하고, 시간이 흐르고 또 기상변화를 일으키는 공간세계를 하늘이라 한다. 다른 하나는 종교적 · 정신적 · 도덕적 인식이다. 즉 우주 천지 자연 만물을 창조

한 근원을 하늘이라고 본다. 아울러 공간, 즉 우(宇)와 시간, 즉 주(宙)를 통합한 절대자를 하늘(天)이라고도 본다. 또 시간의 흐름에 따라 자연 만물로 하여금 끝없이 생육화성(生育化成)하고 더욱 번식하고 발전케 하는 절대선(絶對善)의 주체를 하늘이라고 본다.

② 천도(天道) : 그와 같은 하늘의 도리를 천도라고 한다. 고대에는 중국도 인격신 상제(上帝)를 믿었다. 그러나 유교는 점차로 「하늘을 도리의 주재자(主宰者)」로 파악하게 되었으며, 마침내 주자는 「천(天)=이(理)」「태극(太極)=이(理)」라고 말하기에 이르렀다. 따라서 천도를 「우주 천지만물을 창조하고 시간의 흐름에 따라 만물을 더욱 번식하고 발전케 하는 절대선의 도리다」라고 풀이할 수 있다.

③ 천도(天道)와 천리(天理) : 천도와 천리를 혼동해서 말하고 쓰기도 한다. 그러나, 엄격히 도(道)와 이(理)를 구분하기도 한다. 즉 도는 우주의 도리, 하늘의 도리, 혹은 사람의 도리같이 「이끌고 나가는 도리, 혹은 따르고 행해야 할 도리」의 뜻이다. 한편 「이(理)」는 모든 사물에 내재하고 있는 도리의 뜻이다. 식물에게는 식물의 특성이 있고, 그 특성 속에 식물의 도리가 있다. 사람에게는 사람의 특성이 있고, 그 특성 속에 사람이 따르고 행할 도리가 있다. 이를 특히 「이(理)」라고 한다. 「사람의 본성 속에 내재하고 있는 이(理)」를 따르고 행하는 것이 바로 「사람의 길」, 즉 「인도(人道)」다.

【종합 보충 설명】「중용(中庸) · 심법(心法) · 실학(實學)」

먼저 중용(中庸)이란 제목을 풀이한 주를 바탕으로 「중용」이란 말 뜻을 다시 복습하자. 정자(程子)는 말했다. 「공간적으로 기울지 않으므로 중이라 한다.(不偏之謂中)」 「시간적으로 변하지 않으므로 용이라 한다.(不易之謂庸)」 주자(朱子)는 다음같이 말했다. 「중은 천하만

물이 따르고 가야 할 정도다.(中者天下之正道)」「용(庸)은 천하만물
이 따라야 할 정리다.(庸者天下之定理)」

  결국 중용은「공간적으로 공정하고, 시간적으로 불변하는 도리로,
천하만물이 따르는 천도 천리이다.」

  이와 같이「시간과 공간을 초월한 형이상(形而上)의 천도 천리」는
마음으로만 터득한다. 그와 같은 심법(心法)을 전수하기 위해서 자사
(子思)가 중용을 저술한 것이다. 자사는 천도 천리를 풀이하고 설명
한 중용을 크게 3단으로 나누었다. 즉 처음에는 일리(一理)를 말하고,
중간에서는 여러 가지 일을 가지고 풀었으며, 끝에 가서는 다시 일리
로 묶었다. 이「일리」는 곧「중용의 도리」이다. 여러 가지로 나타난
것도 곧 일리가 여러 가지로 나타난 것이다.

  이는 바로「천도(天道) 천리(天理)」이다. 이 도리는「우주천지 상
하에 넘치고(彌六合) 또 은밀한 속에도 있다.(藏於密)」이와 같은
「천도 천리」는 우주 천지의 운행 및 자연 만물에 여실히 나타난다.
그래서「중용의 글」을「실학(實學)」이라고 했다. 이상이「중용」이라
제명(題名) 다음에 붙인 집주(集註)를 복습한 것이다.

  이 집주를 자세히 공부하면「천도 천리」를 왜「중용」이라고 고쳐
불렀는지 알 수 있을 것이다.「천도 천리」외로 별도의「중용의 도리」
가 있는 것이 아니다.「천도 천리」의 특성을 돋보이게 하기 위해서
「중용」이라고 한 것이다.

【종합 보충 설명】「도(道)·이(理)·성(誠)·일(一)」

  공자(孔子)가 터를 잡고, 주자(朱子)가 집대성한 유교의 도통사상
의 특성을 다음같이 요약할 수 있다.

  ① 공간을 우(宇)라 하고, 시간을 주(宙)라 한다. 공간과 시간을

통합한 우주는 「하나(一)의 큰(大) 생명체다.」 즉 우주는 살아있다.

② 「한 일(一)과 큰 대(大)를 합친 글자」가 「하늘 천(天)」이다. 그러므로 「공간과 시간을 통합한 우주」를 「천(天)」이라고도 한다. 그러므로 「하늘(天)」도 「하나(一)의 큰(大) 생명체로 살아 있다.」

③ 「살아 있는 하나의 큰 생명체」라는 말은 다른 뜻이 아니다. 「우주, 즉 하늘」 속에 「천지, 자연, 만물 및 인간이 생성(生成), 변화(變化), 번식(繁殖)하고 있다. 특히 인간, 인류는 역사적·문화적으로 발전하고 있다.」 「1대(代)로 끝나지 않고, 대를 이어가면서 생육 발전하고 있다. 이를 역경(易經)에서는 생생불이(生生不已)」라고 했다.

④ 실재하는 자연 만물은 기(氣)의 결합체다. 하늘과 땅도 기의 결합체다. 일월성(日月星)도 기의 결합체다. 식물·동물 및 인간도 기의 결합체다. 공기와 물도 기가 모인 것이다. 그러므로 기는 지극히 미세하다. 오늘의 의학에서 말하는 인체의 세포(細胞)나 유전자(遺傳子)도 일종의 기라고 말할 수 있다.

⑤ 지극히 미세한 하나하나의 기도, 기가 모인 식물·동물·인간도 우주의 기의 일부이다. 그러므로 살아있는 우주와 직결되어 있고, 또 직접적인 영향을 받는다.

⑥ 하나의 작은 기와 총체로서의 우주의 기를 통합한 절대를 태극(太極)이라고 한다. 우주는 살아서 회전운동을 한다. 그래서 낮과 밤이 교체하고, 음(陰)과 양(陽)의 두 기가 발생하고, 음과 양의 두 기가 상대적으로 관계하고 어울림으로써 만물이 생성화육(生成化育)한다.

⑦ 이와 같은 우주, 천(天), 태극(太極)을 주자학(朱子學)에서는 이(理)라고 했다. 즉 「시간과 공간을 초월한 하나의 이(理)」 「천리」를 바탕으로 「우주, 천지, 자연, 만물 및 인간이 생성(生成), 변화

(變化), 번식(繁殖)한다. 그리하여 인류의 역사와 문화가 발전하고 있다.」

⑧ 「형이상(形而上)의 절대인 하나의 이(理)」는 반드시 「기(氣)」를 타고 운행하고 생멸(生滅)을 끝없이 되풀이한다. 인류의 역사 문화도 그와 같은 「우주의 이법(理法)」「천리」를 따라 발전하는 것이다.

⑨ 영특한 사람만이 이와 같은 이(理)를 터득하고 따르고 실천하는 본성이 있다. 이를 중용의 첫머리에서 「천명지위성(天命之謂性)」이라고 한 것이다.

⑩ 그러므로 본성을 따라 사는 것이 사람의 길이며, 도리라고 했다. 이를 중용에서 「솔성지위도(率性之謂道)」라고 했다.

⑪ 그러나 육신을 터로 하고 삶을 사는 인간은 저마다의 기질(氣質)의 차이가 있다. 그러므로 저마다 자신을 조절해서 「본성 속에 주어진 천리」에 맞게 자신을 교육하고 수양해야 한다. 이를 중용에서 「수도지위교(修道之謂敎)」라고 했다.

⑫ 이상이 중용의 전반부의 핵심이며, 「도(道) 혹은 이(理)」를 주제로 한 것이다.

⑬ 그러나 중용의 후반부에서는 주제가 되는 덕목을 「성(誠)」으로 바꾸어 내세웠다. 그러나 「도(道)」와 「성(誠)」은 다른 것이 아니다. 「천도(天道) 천리(天理)」는 반드시 「진실무망(眞實無妄)」하게 나타난다. 그러므로 사람도 「진실무망」하게 「천도 천리」를 따르고 행해야 함을 강조하기 위해서 「성」을 내세웠던 것이다.

【참고 보충】「중용 33개 장의 개요」

자사(子思)가 저술한 중용을 주자(朱子)가 재정리하고, 책이름을

「중용장구(中庸章句)」라 하고 전체를 「33개의 장」으로 나누었다.

주자의 「중용장구 33장」의 구성과 순서는 주자가 강조하려는 「중용의 내면적 사상과 발전적 과정」과 밀접하게 연계되어 있다. 대략 다음같이 개략적으로 추릴 수 있다.

① 제1장 : 중용의 첫 주제(主題)가 되는 도(道)를 여러 각도로 기술했다. 「천명으로 주어진 성리(性理)」를 따르는 것이 「도」다. 「본성의 도」는 잠시도 떨어질 수 없다. 그러므로 계구(戒懼)하고 신독(愼獨)해야 한다. 「성리」를 절도에 맞게 발하면 중화(中和)를 이룬다. 「중화를 이루어야 천지가 바르게 위치하고 만물이 자란다.(致中和 天地位焉 萬物育焉)」

② 제2장에서 제11장 : 공자의 말을 인용해서 「중용의 도」를 여러 가지로 부연 설명했다. 특히 「중용의 도」의 실천 방법과 효과를 말했다.

③ 제12장은 자사의 말이며, 도는 크면서도 은미(隱微)하다. 천지에 넘치고, 조어(鳥魚)도 따르고 산다. 성인 군자 및 평범한 사람도 다 따르고 산다.

④ 제13장에서 제20장 16절까지 : 역시 공자의 말을 인용해서, 도를 인식하고 행하는 주체는 사람이다. 또 도는 은미(隱微)하다. 그러므로 수양해야 하며 특히 문왕, 무왕 및 주공의 대효(大孝)를 높였다. 그리고 특히 제20장 1절에서 16절까지는 문왕, 무왕의 「인애(仁愛)의 덕치(德治)」를 여러 각도에서 논했다. 오달도(五達道), 삼달덕(三達德), 구경(九經)을 논하고 「귀착점은 하나(一)이다. 그 일(一)은 성(誠)이다」라고 했다.

⑤ 제20장 17절 : 중용의 제2의 주제가 되는 「성(誠)」을 높이 내세웠다. 이 「20장 17절」은 중용 제1절과 함께 가장 중요한 구절이다.

⑥ 제20장 18절에서 제26장 : 성(誠)에 대한 설명이다.

⑦ 제27장에서 제32장까지 : 자사(子思)와 공자(孔子)의 말이다. 「성(誠)」을 높이고 찬탄(讚嘆)한 말이나 인용이다. 특히 도를 성실하게 행한 성인 군자의 예치(禮治)와 덕행(德行)의 성대함을 찬미했다. 특히 제31장과 제32장에서는 지성(至聖)과 지성(至誠)의 경지에 이른 천하를 칭찬했다.

⑧ 제33장 : 자사가 시경을 인용해서 중용에 대한 결론을 지었다. 자기를 수양해서 성실하게 중용의 도를 행하면, 천하가 빛나고 바르게 다스려짐을 입증했다.

이상과 같이 중용은 33장으로 나누어졌다. 그러나 일관된 주장은 「천명(天命)으로 주어진 성리(性理)를 따르고 행해서 수기(修己) = 성기(成己)」하고 아울러 도를 따라 「만민을 잘살게 다스려야 한다. 즉 치인(治人) = 성물(成物)」해야 한다. 즉 천인합일(天人合一)과 내성외왕(內聖外王)이 중용의 일관된 도리이고 주장이다. 이를 기술함에 있어, 전반부에서는 「원리적인 도(道)」를 핵심으로 삼았고, 후반부에서는 「나타나고 행하는 덕목인 성(誠)」을 주제로 삼고 기술했다. 「도(道)」나 「성(誠)」이나 결국은 「하나(一)」이다. 계속해서 다음 17절을 공부하자.

제20장 17절 誠者天之道
성 자 천 지 도

誠者 天之道也 誠之者 人之道也 誠者 不勉而中 不思而得 從容中道 聖人也 誠之者 擇善而固執 之者也.

성자(는) 천지도야(요) 성지자(는) 인지도야(니라) 성자(는) 불면이중(하며) 불사이득(하여) 종용중도(하나니) 성인야(요) 성지자(는) 택선이고집지자야(니라)

성(誠)은 하늘의 길이자 도리이고, 그것을 성실하게 받들고 따르는 것이 사람의 길이자 도리다. 성(誠)은 애쓰고 힘들이지 않고도 맞고, 생각하지 않고도 바르게 되며, 조용히 태연자약하면서, 도에 맞게 된다. <이 경지가> 바로 성인의 경지다. 성실하게 따르는 사람은 곧 의식적으로 선(善)을 택하고 굳게 지키는 사람이다.

[**어구 설명**] ㅇ誠者(성자) : 보통 「성실 혹은 성실하게 함」으로 풀이한다. 그러나 주자는 「진실무망(眞實無妄)」이라고 풀이했다. 즉 「참되고 알차게 나타나고 허망하거나, 거짓되지 않는 것」이라는 뜻으로 심화했다. 「성(誠)」은 곧 「우주 천지만물을 운행하고 생육하는 천도(天道) 천리(天理)」다. ㅇ天之道也(천지도야) : <그것이> 하늘의 길이자, 도리다. ⇒ 「참고 보충」 ㅇ誠之者(성지자) : 「그것(之)」을 「성실하게 받들고

따르고 행하는 것(誠之者)」이 바로. ○ 人之道也(인지도야) : 사람이 따라야 할 길이고 또 도리다. ○ 誠者不勉而中(성자불면이중) : 이때의 「성자(誠者)」는 두 가지 뜻이 있다. 하나는 「하늘의 성실, 즉 천도」의 뜻이고, 다른 하나는 「천도와 하나가 된 성실한 사람」의 뜻이다. 즉 「천도지성(天道之誠)」과 「인도지성(人道之誠)」을 합친 「성(誠)」이다. ⇒ 「참고 보충」 ○ 不勉而中(불면이중) : 애쓰고 힘들이지 않고도 딱 맞는다. 「중(中)」은 정도(正道)에 맞는다, 절도(節度)에 맞고 중화(中和)를 이룬다는 뜻이다. ○ 不思而得(불사이득) : 이것저것 생각하지 않고도, 스스로 바르게 된다. ○ 從容中道(종용중도) : 조용히 태연자약하게 있으면서, <모든 것이> 도에 맞는다. ○ 聖人也(성인야) : <그와 같은 경지나 사람이> 바로 성인이다. ○ 誠之者(성지자) : 성(誠)을 성실하게 따르고 행하는 사람은. 앞의 성은 「성실하게 따르고 행하다」의 뜻, 뒤의 「지(之)」는 곧 「진실무망한 성(誠)=천도(天道)」이다. ○ 擇善而固執之者也(택선이고집지자야) : 곧 의식적으로 「선(善)」을 택하고 선을 굳게 지키는 사람이다.」 이 「선(善)」은 곧 역경(易經) 계사전(繫辭傳)에 있는 「일음일양지위도(一陰一陽之謂道) 계지자선(繼之者善) 성지자성(成之者性)」의 「선(善)」이다. 즉 「도(道)＝성(誠)＝선(善)」임을 알 수 있다.

【集註】 (1) 此承上文誠身而言 誠者眞實無妄之謂 天理之本然也.

이 17절은 앞글 「성신(誠身)」을 이어받고 한 말이다. 「성(誠)」은 「참되게 열매를 맺고 거짓되거나 허망하지 않다(眞實無妄)」는 뜻이다. <성(誠)은> 바로 「천리의 본연」이다.

[**어구 설명**] ○ 此承上文誠身而言(차승상문성신이언) : 이 17절은 앞글, 「자신을 성실하게 하다(誠身)」를 이어받고 한 말이다. 앞의 16절에 「선

을 밝게 알지 못하면 자신을 성실하게 할 수 없다(不明乎善 不誠乎身矣)」라고 있다. <그래서 「성(誠)」을 내세우고 풀이한 것이다> ○誠者眞實無妄之謂(성자진실무망지위) :「성(誠)」은 「참되게 열매를 맺고 거짓되거나 허망하지 않다(眞實無妄)」는 뜻이다. ○天理之本然也(천리지본연야) :「성(誠)」은 바로 「천리의 본연」이다. 「천리의 본연」은 「체(體)와 용(用)을 함께 지니고 있다.」 그러므로 「형이상(形而上)의 도(道)는 반드시 덕(德)으로 나타난다.」

【集註】 (2) 誠之者 未能眞實無妄而欲其眞實無妄之謂 人事之當然也.

「그것을 성실하게 따르고 행한다고 함」은 아직 진실무망하지 못하므로 그래서, 진실무망하게 되기를 바란다는 뜻을 말한 것이다. 이는 사람이 할 당연한 일이다.

[**어구 설명**] ○誠之者(성지자) :「그것을 성실하게 따르고 행한다고 함」은. ○未能眞實無妄(미능진실무망) : 미처 진실무망하지 못하므로. ○而欲其眞實無妄之謂(이욕기진실무망지위) : 그래서 「진실무망하게 되기를 바란다」는 뜻을 말한 것이다. ○人事之當然也(인사지당연야) : 사람이 할 당연한 일이다.

【集註】 (3) 聖人之德 渾然天理 眞實無妄 不待思勉而從容中道 則亦天之道也.

성인의 덕은 모두가 천리와 하나를 이루고 있으며, 진실무망하며 생각하고 힘쓰기를 기다리지 않고, 조용히 태연해도 도에 맞으니 <그것이> 곧 또한 하늘의 도와 하나이다.

[**어구 설명**] ㅇ聖人之德(성인지덕) : 성인의 덕은, 성인의 덕성(德性)이나 덕행(德行)은. ㅇ渾然天理(혼연천리) : 모두가 다 천리와 하나를 이루고 있으며. ㅇ眞實無妄(진실무망) : <성인의 덕은> 진실무망하며. ㅇ不待思勉(부대사면) : 생각하고 힘쓰기를 기다리지 않고도. ㅇ而(이) : 그러고도. ㅇ從容中道(종용중도) : 조용히 태연하게 있어도 도에 맞으니. ㅇ則亦天之道也(즉역천지도야) : <그것이> 곧 또한 하늘의 도리와 하나인 것이다.

【集註】(4) 未至於聖 則不能無人欲之私　而其爲德 不能皆實 故未能不思而得 則必擇善然後 可以明善 未能不勉而中 則必固執而後 可以誠身 此則所謂人之道也.

미처 성인의 경지에 이르지 못하면, 즉 인간적인 사욕이 없을 수 없으며 따라서 그가 덕을 행해도 모두가 진실될 수 없다. 고로 생각하지 않고서는 도에 맞게 할 수 없으니, 즉 반드시 선을 택한 연후에 <도에 맞게> 될 것이며, 선을 밝힐 수도 있다. 애를 쓰지 않으면 도에 맞게 할 수 없으므로 반드시 굳게 잡고 지켜야 하며, 그런 다음에, 자신을 성실하게 할 수 있다. 그러므로 이를 곧 사람의 길이고 도라고 말하는 것이다.

[**어구 설명**] ㅇ未至於聖(미지어성) : 미처 성인의 경지에 이르지 못하면. ㅇ則不能無人欲之私(즉불능무인욕지사) : 즉 인간적인 사욕이 없을 수 없으며. ㅇ而其爲德不能皆實(이기위덕불능개실) : 따라서 그가 덕을 행해도 모두가 진실될 수 없다. ㅇ故未能不思而得(고미능불사이득) : 고로

생각하지 않고서는 도에 맞게 할 수 없으며. ㅇ則必擇善然後(즉필택선연후) : 즉 반드시 선을 택한 연후에 <도에 맞게> 될 것이며. ㅇ可以明善(가이명선) : 선을 밝힐 수 있다. ㅇ未能不勉而中(미능불면이중) : 애를 쓰지 않으면 도에 맞게 할 수 없으므로. ㅇ則必固執而後(즉필고집이후) : 즉 반드시 굳게 잡고 지켜야 하며, 그런 다음에. ㅇ可以誠身(가이성신) : 자신을 성실하게 할 수 있다. ㅇ此則所謂人之道也(차즉소위인지도야) : 그러므로 곧 사람의 길이고 도라고 말하는 것이다.

【集註】 (5) 不思而得 生知也 不勉而中 安行也 擇善學知以下之事 固執利行以下之事也.

생각하지 않고 도를 터득하는 경지는 「생이지지(生而知之)」하는 경지다. 애를 쓰지 않고도 도에 맞게 하는 경지는 「안이행지(安而行之)」하는 경지다. 택선(擇善)은 「학이지지(學而知之)」이하의 경지다. 고집(固執)은 「이이행지(利而行之)」이하의 경지다.

[**어구 설명**] ㅇ不思而得生知也(불사이득생지야) : 생각하지 않고 도를 터득하는 경지는 「생이지지(生而知之)」하는 경지다. ㅇ不勉而中安行也(불면이중안행야) : 애를 쓰지 않고도 도에 맞게 하는 경지는 「안이행지(安而行之)」하는 경지다. ㅇ擇善學知以下之事(택선학지이하지사) : 택선(擇善)은 「학이지지(學而知之)」이하의 경지다. ㅇ固執利行以下之事也(고집이행이하지사야) : 고집(固執)은 「이이행지(利而行之)」이하의 경지다.

【참고 보충】 「중용 제20장 17절」
이 「17절」은 「중용 제20장의 한 구절」로 처리되었다. 그러나, 이 구절은 중용 제1장과 더불어 가장 중요한 구절이다. 즉「중용 제1장」은 중용의 제1주제가 되는「도(道)」를 기술했다. 그러나「중용 제20장 17절」에는 중용의 제2주제가 되는「성(誠)」을 중점적으로 기술했다. 왜 이렇게 중요한 덕목(德目)이 되는「성(誠)」을 새로 장(章)을 바꾸지 않고, 절(節)만을 바꾸었을까? 자세히는 알 수 없다. 다만 추측하건대,「중용 제20장」은「문왕(文王), 무왕(武王)의 덕치」를 논하는 장이며, 그 덕치를 성취하는 핵심이 수신(修身)이며, 수신의 핵심이 성신(誠身)이다. 그래서 앞과 뒤를 연결하는 핵심덕목이 성(誠)이기 때문에 제20장에 속하게 했을 것이다. 그러나「성(誠)」은 중용의 주제가 되는 덕목이다. 다음에서 나누어 설명하겠다.

【참고 보충】「중용의 성(誠)」

　시경(詩經), 서경(書經), 역경(易經), 춘추(春秋)의 경문 및 대학 중용을 제외한 예기(禮記) 등 옛글에는「성(誠)」자가 한두개 있을 뿐이며, 그 뜻도「참으로, 혹은 성실하게」라는 부사의 뜻으로 쓰였을 뿐이다. 논어(論語)에도「성(誠)」자가 두 번 나오며, 부사나 조사의 뜻으로 쓰였다. 그러나 자사(子思)는 중용에서「성(誠)의 뜻」을 유교의 도덕철학의 핵심용어로 심화했다. 그래서 자사의 학문을 계승한 맹자(孟子)에도 활용되었던 것이다.

　본래 자사가 중용을 저술한 목적을 주자는「중용장구서」에서 대략 다음같이 추렸다.「옛날 성신(聖神)이 계천(繼天)하고 입극(立極)한 도통(道統)을 전하기 위해서다.」「사람은 작은 마음속에, 도심(道心)과 인심(人心)이 엉켜 있다.」「이를 바르게 다스리지 못하면 천리의 공이 인욕의 사를 이기지 못한다.(天理之公卒無以勝人欲之私)」「천명솔성(天命率性)의 도심(道心)을 바탕으로 택선고집(擇善固執)하여 정일(精一)하고 아울러 군자시중(君子時中)해서 집중(執中)해야 한다.」

　　자사가 중용을 저술한 목적은 「인심사욕(人心私欲)을 극복하고 도심천리(道心天理)를 정일집중(精一執中)」하고, 종국에는 「중화를 이루고 천지를 바로잡고 만물을 생육함(致中和 天地位焉 萬物育焉)」이다. 그래서 자사는 후반부에는 「성(誠)」을 핵심적 주제로 내세웠던 것이다. 다음에서 「성」의 깊은 뜻을 살펴보자.

【참고 보충】 「성자(誠者) 천지도야(天之道也)」

　　일반적으로 「성실은, 혹은 성실하게 하는 것이 하늘의 길이나 도리다(誠者天之道也)」라고 풀이한다. 물론 그런 뜻도 있다. 그러나 주자학에서는 더 깊이 해석한다. 즉 「성(誠)」은 「우주 천지를 운행하고 자연 만물을 생성하고 또 번식 발전케 하는 핵심적인 동능(動能＝에너지)을 일컫는 말이다. 진입부(陳立夫)는 인리학연구(人理學研究) 및 사서도관(四書道貫)에서 대략 다음같이 말했다.

　　「우주는 하나의 큰 생명체다. 사람은 그 중의 하나의 단위다. 우주나 사람이나 그 생존 원리는 같다.」「모든 생명은 그 원동력의 근원은 같다. 그것을 일컬어 성(誠)이라고 한다. 이를 중용에서 『성자 자성지야(誠者 自成之也)』라고 한다.」「천인합일(天人合一)의 도리가 여기서 비롯한다. 그러므로 중용에서 「성자 천지도야(誠者 天之道也)」「성지자 인지도야(誠之者 人之道也)」라고 한다. ＜人理學研究 p. 15~16＞

　　「본성은 생존본능이며, 우주의 동능(動能＝에너지)의 하나다. 우주 만물에도 저마다의 사물의 본성이 있다. 그래서 저마다의 동능이 있다.」「동능은 절대 존재이며 사람이 하늘로부터 받은 것이다. 일체의 인간문화에 대한 본질적인 인식도 이를 바탕으로 해야 한다.」「우주의 능동적인 힘을 만물이 받음으로써 산다. 이를 자연과학적으로는 동능(에너지)이라 한다. 인문 사상적으로는 성(誠)이라 한다.」<四書道貫 p. 88> 옛날 사람은 「우주의 에너지」를 성(誠)이라고 일컬었다.

주자(朱子)는 「성은 진실무망의 뜻이며, 천리의 본연이다.(誠者 眞實無妄之謂 天理之本然)」라고 주를 달았다. 즉 「우주의 에너지는 참되고 실하게 거짓없이 질서정연하게 나타나고 발현한다. 그것이 바로 천리의 본연(本然)이다.」이때의 「본연」은 「본체인 이(理)가 어김없이 성실하게 기(氣)를 타고 운행하고, 형체를 갖춘 사물로 나타나고 또 시간의 흐름에 따라 생생불이(生生不已)한다」는 뜻을 겸했다. 즉 생성화육(生成化育)하는 우주 및 사물의 이(理)와 기(氣)를 총괄해서 성(誠)이라고 한 것이다. 천리(天理)는 절대선(絶對善)의 도리다. 도리는 반드시 스스로 성실하게 발현한다. 그래서 「성(誠)」이라고 한다. 이와 같은 「성(誠)=천리(天理)」와 하나된 사람이 곧 성인이다. 그래서 「성은 애쓰지 않고도 천리에 맞고 생각하지 않고도 이루어진다. 그러므로 성인은 태연자약하게 도에 딱 맞게 된다.(誠者 不勉而中 不思而得 從容中道 聖人也)」라고 했다.

【참고 보충】 「성지자(誠之者) 인지도야(人之道也)」

「성지자(誠之者)」는 「사람, 즉 내가 성(誠)을 성실하게 믿고 따르고 행하는 것이」 곧 「사람의 길이고 사람의 도리다.(人之道也)」「성(誠)」은 「천지만물을 낳고 키우는 참되고 알찬 우주의 에너지다. 동시에 진실무망한 천리(天理)」다. 결국 사람은 진실무망한 「성(誠)=천리(天理)」를 성실하게 받들고 행해서, 하늘과 같이 만물을 생육하고 발전시켜야 한다. 그것이 곧 「천인합일(天人合一)」이다. 이것은 동시에 천명으로 주어진 절대선(絕對善)의 성리(性理)를 덕치(德治)에 발현하는 것이며, 이는 곧 내성외왕(內聖外王)의 경지다. 그러므로「사람은 택선고집해야 한다.(誠之者 擇善而固執之者也)」고 강조했다.

【참고 보충】「성(誠)의 뜻풀이 보충」

엄연한 사실로, 천체(天體)와 일월성(日月星)이 운행하며, 빛과 열을 발하고, 주야(晝夜)가 교체하며, 시간을 흐르게 하고, 춘하추동(春夏秋冬) 사계절에 따라 기상 변화가 있다. 산해(山海)에 초목과 조수(鳥獸)와 어충(魚蟲)이 생멸(生滅)한다. 모든 것을 있게 하고, 살게 하는 힘을「우주의 에너지」라고 한다. 중국의 옛사람은 이를「성(誠)」이라고 일컬었다.

제20장 18절 學問思辨行
학 문 사 변 행

博學之 審問之 愼思之 明辨之 篤行之.

박학지(하며) 심문지(하며) 신사지(하며) 명변지(하며) 독행지(니라)

넓게 많은 것을 배우고, 자세히 세밀하게 묻고, 신중하게 깊이 생각하고, 분명하고 바르게 변별하고, 그리고 독실하게 실천하고 행한다.

[**어구 설명**] ㅇ博學之(박학지) : 넓게 많은 것을 배운다. ㅇ審問之(심문지) : 자세히 세밀하게 묻는다. ㅇ愼思之(신사지) : 신중하게 깊이 생각한다. ㅇ明辨之(명변지) : 분명하고 바르게 변별하다. ㅇ篤行之(독행지) : 독실하게 실행한다.

【集註】(1) 此誠之之目也 學問思辨 所以擇善而爲知 學而知也 篤行 所以固執而爲仁 利而行也 程子曰 五者廢其一 非學也.

이 구절은 「성(誠)」을 성실하게 따르고 행하는 세목(細目)이다. 스승에게 배우고, 의문나는 것을 묻고, 자신이 생각하고, 분별하는 것은, 선(善)을 택하고 바르게 앎을 이루는 바탕이니 <그것이 곧> 배워서 알게 되는 일이다. 독실하게 행함은 <택한

선을> 굳게 지킴이니 인(仁)을 행하는 바탕이며, <그것이 곧> 좋은 줄 알고 행하는 일이다. 정자가 말했다. 다섯 가지 중에서 하나만 폐해도 참다운 배움이 아니다.

[**어구 설명**] ㅇ此誠之之目也(차성지지목야) : 이 구절은 「성(誠)」을 성실하게 따르고 행하는 자세한 항목이다. ㅇ學問思辨(학문사변) : 스승에게 배우고, 의문나는 것을 묻고, 자신이 생각하고, 분별하는 것은. ㅇ所以擇善而爲知(소이택선이위지) : 선(善)을 택하고 바르게 앎을 이루는 바탕이니. ㅇ學而知也(학이지야) : <그것이 곧> 배워서 알게 되는 것이다. ㅇ篤行(독행) : 독실하게 행함은. ㅇ所以固執而爲仁(소이고집이위인) : <택한 선을> 굳게 지킴이니 인(仁)을 행하는 바탕이니. ㅇ利而行也(이이행야) : <그것이 곧> 좋은 줄 알고 행하는 것이다. ㅇ程子曰(정자왈) : 정자가 말했다. ㅇ五者廢其一(오자폐기일) : 다섯 가지 중에서 하나만 폐해도. ㅇ非學也(비학야) : 참다운 배움이 아니다.

【**참고 보충**】 「박학(博學) 심문(審問) 신사(愼思) 명변(明辨) 독행(篤行)」

① 박학(博學) : 넓게 배워야 천하의 견문을 수집하고 또 사물의 도리를 두루 알게 된다.

② 심문(審問) : 배운 것에 대해서 의문을 제시하고 자세히 묻고 앎을 바르게 해야 한다.

③ 신사(愼思) : 자신이 스스로 깊이 생각해야, 학문이 정밀하게 되고 또 마음으로 터득하게 된다.

④ 명변(明辨) : 분명하게 변별해야 비로소 의리의 공사 및 선악시비 등을 바르게 분별하게 된다.

⑤ 독행(篤行) : 바르게 깊이 터득한 앎을 반드시 독실하게 실천하

고 행동하여 덕(德)으로 나타내야 한다.

　이상의 「다섯 가지」를 다 구비해야 한다. 그것이 곧 「성(誠)＝천리」를 성실하게 따르고 행함, 즉 「성지자(誠之者)」「인지도(人之道)」이다.

제20장 19절 弗措
불 조

有弗學 學之 弗能 弗措也 有弗問 問之 弗知 弗
措也 有弗思 思之 弗得 弗措也 有弗辨 辨之 弗
明 弗措也 有弗行 行之 弗篤 弗措也 人一能之
己百之 人十能之 己千之.

유불학(이언정) 학지(인댄) 불능(을) 불조야(하며) 유불문(이어정) 문
지(인댄) 불지(를) 불조야(하며) 유불사(이언정) 사지(인댄) 불득(을)
불조야(하며) 유불변(이언정) 변지(인댄) 불명(을) 불조야(하며) 유불
행(이언정) 행지(인댄) 불독(을) 불조야(하야) 인일능지(어든) 기백지
(하며) 인십능지(어든) 기천지(니라)

배우지 않는 수도 있다. 그러나 일단 배우면 잘하지 못하면, 그
만두지 않는다. 묻지 않는 수도 있다. 그러나 일단 의문을 품고
물었다면, 잘하지 않고서는 그만두지 않는다. 생각을 않을 수는
있다. 그러나 일단 생각을 한 이상, 잘하지 않고서는 그만두지
않는다. 사리를 변별하지 않을 수는 있다. 그러나 일단 변별한
이상, 잘 밝히지 않고서는 그만두지 않는다. 행하지 않을 수는
있다. 그러나 일단 행한 이상, 독실하게 하지 않고서는 그만두지
않는다. 남이 한 번으로 잘한다면, 나는 백 번을 하겠다. 남이
열 번으로 잘한다면, 나는 천 번을 하겠다.

[**어구 설명**] ㅇ有弗學(유불학) : 배우지 않는 수도 있다. ㅇ學之(학지) : 그러나 일단 배우면, 배운 이상은. ㅇ弗能(불능) : 잘하지 못하면. ㅇ弗措也(불조야) : 그만두지 않는다. 즉 일단 배우면, 반드시 잘할 때까지 배운다. ㅇ有弗問(유불문) : 묻지 않는 수도 있다. ㅇ問之弗知弗措也(문지불지불조야) : 일단 의문을 품고 물었다면, 잘하지 않고서는 그만두지 않는다. 끝까지 물어서 의문을 풀고 만다. ㅇ有弗思(유불사) : 생각을 않을 수는 있다. ㅇ思之弗得弗措也(사지불득불조야) : 일단 생각을 한 이상, 잘하지 않고서는 그만두지 않는다. ㅇ有弗辨(유불변) : 사리를 변별하지 않을 수는 있다. ㅇ辨之弗明弗措也(변지불명불조야) : 일단 변별한 이상, 잘 밝히지 않고서는 그만두지 않는다. ㅇ有弗行(유불행) : 행하지 않을 수는 있다. ㅇ行之弗篤弗措也(행지불독불조야) : 그러나 일단 행한 이상, 독실하게 하지 않고서는 그만두지 않는다. ㅇ人一能之 己百之(인일능지 기백지) : 남이 한번으로 잘한다면, 나는 백번을 하겠다. ㅇ人十能之 己千之(인십능지 기천지) : 남이 열 번으로 잘한다면, 나는 천 번을 하겠다.

【集註】(1) 君子之學 不爲則已 爲則必要其成 故常百倍其功 此困而知 勉而行者也 勇之事也.

군자의 학문은 하지 않으면 그만이지만, 일단 학문을 하면 반드시 성공하기를 구해야 한다. 그러므로 항상 노력을 백 배나 기울여야 한다. 이렇게 하는 것이 곧 고생해서 알고, 노력해서 행한다는 뜻이며, 바로 용(勇)의 일이다.

[**어구 설명**] ㅇ君子之學不爲則已(군자지학불위즉이) : 군자의 학문은 하지 않으면 그만이지만. ㅇ爲則必要其成(위즉필요기성) : 일단 학문을 하면 반드시 성공하기를 구해야 한다. 「요(要)」는 「구(求)」의 뜻으로 푼다.

ㅇ故常百倍其功(고상백배기공) : 그러므로 항상 노력을 백 배나 기울여야 한다. ㅇ此困而知 勉而行者也(차곤이지 면이행자야) : 그렇게 하는 것이 곧 막히자 배워서 알고, 노력해서 행한다는 뜻이다. ㅇ勇之事也(용지사야) : <그렇게 하는 것이> 바로 용(勇)의 일이다. 이때의 「용(勇)」은 속으로부터 분발해서 한다는 뜻이다.

【참고 보충】 「인일능지(人一能之) 기백지(己百之)」

「학(學)・문(問)・사(思)・변(辨)・행(行)」의 「다섯 가지(五者)」를 다 철저하게 해야 한다. 그래야 배움의 효험이 있고, 또 성과를 얻을 수 있다. 주자(朱子)는 말했다.「전쟁을 안한다면 모르되, 일단 하면 반드시 이겨야 한다. 그와 같이 공부를 끝까지 철저히 해야 한다」<大全疏註>

「학(學)・문(問)・사(思)・변(辨)」은 「구지(求知)」로 「택선(擇善)」에 속하는 일이고,「독행(篤行)」은「고집(固執)」에 속하는 일이다.「학(學)・문(問)・사(思)・변(辨)」은 지(知)에 속하는 일이고, 「독행(篤行)」은 인(仁)에 속하는 일이고,「불조(弗措)」는 용(勇)에 속하는 일이다.

제20장 20절 雖愚必明
수 우 필 명

果能此道矣 雖愚必明 雖柔必强.

과능차도의(면) 수우필명(하며) 수유필강(이니라)

과연 <이 다섯 가지 학문의 도를> 능히 다할 수 있으면 비록
어리석은 사람도 밝게 되고, 비록 유약한 사람도 강하게 된다.

[어구 설명] ○果能此道矣(과능차도의) : 과연 「다섯 가지 학문의 도」를
능히 다할 수 있으면. 「차도(此道)」는 17절에 있는 「성지자 인지도(誠之
者 人之道)」이기도 하다. ○雖愚必明(수우필명) : 비록 어리석은 사람도
밝게 되고. ○雖柔必强(수유필강) : 비록 유약한 사람도 강하게 된다.

【集註】(1) 明者擇善之功 强者固執之效.

「밝아짐(明)」은 택선(擇善)의 공이고, 「강해짐(强)」은 고집
(固執)의 효과이다.

【集註】(2) 呂氏曰 君子所以學者 爲能變化氣質而已 德勝氣質 則愚者可進於明 柔者可進於强不能勝之 則雖有志於學 亦愚不能明 柔不能立而已矣.

여대림(呂大臨)이 말했다. 군자가 학문을 하는 이유는, 능히 기질을 변화할 수 있기 때문이다. 덕이 기질을 이기면, 즉 우매한 사람도 발전하여 현명하게 될 수 있고, 유약한 사람도 발전하여 강인하게 될 수 있다. <덕으로써> 기질을 변화할 수 없다면, 비록 뜻을 학문에 두었다 해도, 역시 어리석은 사람이 현명해질 수 없고, 유약한 사람이 강인하게 설 수 없다.

[**어구 설명**] ㅇ呂氏曰(여씨왈) : 여대림(呂大臨)이 말했다. ㅇ君子所以學者(군자소이학자) : 군자가 학문을 하는 이유는. ㅇ爲能變化氣質而已(위능변화기질이이) : 능히 기질을 변화할 수 있기 때문에 <학문을 하는 것이다.> ㅇ德勝氣質(덕승기질) : 덕이 기질을 이기면. ㅇ則愚者可進於明(즉우자가진어명) : 즉 우매한 사람도 발전하여 현명하게 될 수 있고. ㅇ柔者可進於强(유자가진어강) : 유약한 사람도 발전하여 강인하게 될 수 있다. ㅇ不能勝之(불능승지) : <학문으로써> 기질을 변화할 수 없다면. ㅇ則雖有志於學(즉수유지어학) : 비록 뜻을 학문에 두었다 해도. ㅇ亦愚不能明(역우불능명) : 역시 어리석은 사람이 현명해질 수 없고. ㅇ柔不能立而已矣(유불능립이이의) : 유약한 사람이 강하게 우뚝 설 수 없다.

【集註】 (3) 蓋均善而無惡者 性也 人所同也 昏明强弱之稟 不齊者 才也 人所異也 誠之者 所以反其同而變其異也 夫以不美之質 求變而美 非百倍其功 不足以致之.

무릇 고르게 선하고 악이 없는 것이 본성이고, <본성은> 모든 사람이 다 같다. 다만 타고난 <기질에 있어> 어둡거나 밝고,

강하거나 약한 것이 같지 않으니 <그것이> 재주나 재능이며 사람마다 다르고 차이가 난다. 성심으로 받들고 따르고 행하는 것은 <기질적으로 차이가 있는 것을> 본성적 같음으로 되돌리고자 함이며, 아울러 기질적 차이를 변화케 하고자 함이다. 무릇 아름답지 못한 기질을 아름답게 변화시키고자 하면, 백 배의 공이 아니고서는, 이룰 수 없는 것이다.

[**어구 설명**] ㅇ蓋均善而無惡者性也(개균선이무악자성야) : 무릇 고르게 선하고 악이 없는 것이 본성이고. ㅇ人所同也(인소동야) : <본성에 있어서는> 모든 사람이 다 같다. ㅇ昏明强弱之稟(혼명강약지품) : <기질적으로> 타고난 어둡고 밝고, 강하고 약한 것은. ㅇ不齊者(부제자) : 다 같지 않으니. ㅇ才也(재야) : <같지 않은 그것이> 재주, 재능이며. ㅇ人所異也(인소이야) : 사람마다 다르고 차이가 난다. ㅇ誠之者(성지자) : <절대선의 천리, 즉 성(誠)을> 성심으로 받들고 따르고 행하는 것은 <혹 학문을 하는 것도 천리를 밝게 알고 행하기 위해서다.> ㅇ所以反其同(소이반기동) : <기질적으로 차이가 있는 것을> 본성적 같음으로 되돌리고자 함이다. ㅇ而變其異也(이변기이야) : 아울러 기질적 차이를 변화케 하고자 함이다. <즉 학문을 통해서 본성의 선을 되찾는다.> ㅇ夫以不美之質(부이불미지질) : 무릇 아름답지 못한 기질을. ㅇ求變而美(구변이미) : 아름답게 변화시키고자 하면. ㅇ非百倍其功(비백배기공) : 백 배의 공이 아니고서는. ㅇ不足以致之(부족이치지) : 이룰 수 없는 것이다.

【集註】(4) 今以鹵莽滅裂之學 或作或輟 以變其不美之質 及不能變 則曰天質不美 非學所能變 是果於自棄 其爲不仁 甚矣.

　　오늘의 거칠고 잡되고, 지리멸렬한 학문을 하며, <그것도>
하다가 말다가 하면서, 아름답지 못한 재질을 고치려다가 고치
지 못하게 되면, 천품(天禀)의 재질이 아름답지 못하며, 학문으
로 고칠 수 있는 것이 아니라고 말한다. 이러한 태도는 결과적으
로 자포자기이며, 어질지 못함이 심한 것이로다.

[어구 설명] ○ 今以鹵莽滅裂之學(금이노모멸렬지학) : 오늘의 거칠고 잡
　되고, 지리멸렬한 학문을 가지고, 「금(今)」은 「혹」으로 풀이해도 된다.
　鹵(거칠 로) 莽(잡초 우거질 모) ○ 或作或輟(혹작혹철) : 공부를 하다가
　말다가 하면서. 輟(그칠 철) ○ 以變其不美之質(이변기불미지질) : 아름
　답지 못한 기질을 변하고 고치려다가. ○ 及不能變(급불능변) : 재질을
　변하지 못하게 되면. ○ 則曰天質不美(즉왈천질불미) : 즉 천품(天禀)의
　재질이 아름답지 못하므로. ○ 非學所能變(비학소능변) : 학문으로 변경
　할 수 있는 것이 아니라고 말한다(曰). ○ 是果於自棄(시과어자기) : 이
　러한 태도는 결과적으로 자포자기이며. ○ 其爲不仁甚矣(기위불인심
　의) : 어질지 못함이 심한 것이다. 「인(仁)」은 「지인용(知仁勇)」 삼달덕
　(三達德)을 통합한 「인덕(仁德)」의 뜻이다.

【集註】 (5) 右第二十章.

이상이 제20장이다.

【集註】 (6) 此引孔子之言 以繼大舜文武周公之

緒 明其所傳之一致 擧而措之 亦猶是爾 蓋包費隱
兼小大 以終十二章之意 章內 語誠始詳 而所謂誠

者 實此篇之樞紐也.

「이 장(章)」은 공자의 말을 인용해서, 위대한 「순임금, 무왕, 무왕, 주공의 덕의 일단」을 바탕으로 하고, 그들이 전해 내려온 <도통이> 일치하며, <따라서> 그 도통을 들어서 행하면, 역시 그들과 같이 될 수 있음을 밝힌 것이다. 무릇 「제20장」의 내용은 「도의 광대(廣大)와 세미(細微), 도의 큼과 작음」을 다 포함해서 <여러 가지를 다 기술했으며> 「중용 제12장의 뜻을」 마무리한 것이다. 「제20장」 속에서 「성(誠)」에 대한 말을 비로소 자세하게 말했으니, 이른바 성(誠)은, 실로 「이 중용편의 글의 핵심이 된다.」

[**어구 설명**] ㅇ此引孔子之言(차인공자지언) : 「이 장(章)」은 공자의 말을 인용해서.   ㅇ以繼大舜文武周公之緒(이계대순문무주공지서) : 위대한 「순임금, 무왕, 무왕, 주공의 덕의 일단」을 바탕으로 하고.   ㅇ明其所傳之一致(명기소전지일치) : 그들이 전해 내려온 <도통이> 일치하므로.   ㅇ擧而措之(거이조지) : 그 도통을 들어서 행하면.   ㅇ亦猶是爾(역유시이) : 역시 그들과 같이 될 수 있음을 밝힌 것이다(明).   ㅇ蓋包費隱兼小大(개포비은겸소대) : 무릇 「제20장」의 내용은 「도의 광대(廣大)와 세미(細微), 도의 큼과 작음」을 다 포함해서. <여러 가지를 다 기술했으며>   ㅇ以終十二章之意(이종십이장지의) : 「중용 제12장의 뜻을」 마무리한 것이다.   ㅇ章內(장내) : 「제20장」 속에서.   ㅇ語誠始詳(어성시상) : 「성(誠)」에 대한 말을 비로소 자세하게 말했다.   ㅇ而所謂誠者(이소위성자) : <그러므로> 이른바 성(誠)은.   ㅇ實此篇之樞紐也(실차편지추뉴야) : 실로 「이 중용편의 글의 핵심이 된다.」 「추뉴(樞紐)」는 「중심이 되는 핵심」이라는 뜻.

【集註】（7） 又按孔子家語 亦載此章而其文尤詳
成功一也之下 有公曰 子之言 美矣至矣 寡人實固
不足以成之也 故其下 復以子曰 起答辭 今無此問
辭而猶有子曰二字 蓋子思刪其繁文 以附于篇而
所刪有不盡者 今當爲衍文也 博學之以下 家語無
之 意彼有闕文 抑此或子思所補也歟.

　또 「공자가어(孔子家語)」에도 이 글이 실려있으며, 그 「공자
가어」의 글이 한층 상세하다. ＜「제20장 8절」 끝에 있는＞ 「성공
일야(成功一也)」라는 구절 다음에 「애공(哀公)이 말했다」는 구
절이 들어 있다. 즉 ＜애공이 공자에게 한 말로＞ 「선생의 말이
좋고 지당하거늘 과인이 실로 고루하여 이를 수 없을 거라고
생각했습니다」＜라는 말이, 「성공일야」 다음에 있었다＞ 그래서
그 다음의 구절, 즉 「제20장 9절」 첫머리에 다시 「자왈(子曰)」
이라는 두 글자를 넣어서, ＜공자의＞ 답하는 말의 앞에 붙였던
것이다. ＜즉 「공자가어」의 경우는 「자왈」이 들어가는 것이 옳
았다는 뜻＞ 지금 중용에서는 「애공문(哀公問)……」이란 말이
없는데, ＜공자가어와 같게＞ 「자왈」 두 글자가 있다. ＜이와 같
이 중용에 필요없는 「자왈」 두 글자가 있는 것에 대해서 주자가
다음같이 자기 생각을 말했다＞ 아마 자사가 번거로운 ＜공자가
어의＞ 글을 깎고 줄여서 ＜중용편의＞ 글에 붙일 때에, 충분히
삭제하지 못했을 것이다. 그러므로 「제20장 9절」 앞에 있는 「자

왈」두 글자는 마땅히 연문(衍文)이다. 「박학(博學)」이하의 글은「공자가어」에는 없으니 생각하건대, 「공자가어」에 글이 빠졌거나, 아니면 이 글을 자사(子思)가 보충했을 것이다.

[어구 설명] ㅇ又按孔子家語(우안공자가어) : 또「공자가어」에도. ㅇ亦載此章(역재차장) : 이 글이 실려있다. ㅇ而其文尤詳(이기문우상) :「공자가어」의 글이 한층 상세하다. ㅇ成功一也之下(성공일야지하) :「제20장 8절」끝에「성공일야(成功一也)」라는 구절 다음의. ㅇ有公曰(유공왈) :「애공(哀公)이 말했다」는 구절이 들어가 있다. ㅇ子之言美矣至矣(자지언미의지의) : <애공이 공자에게 한 말 구절>「선생의 말이 좋고 지당하다」. ㅇ寡人實固不足以成之也(과인실고부족이성지야) : <그런데>「과인이 실로 고루하여 이를 수 없을 거라고 생각했습니다」<라는 말이「성공일야」다음에 있다.> ㅇ故其下(고기하) : 그래서 그 다음의 구절, 즉「제20장 9절」첫머리에. ㅇ復以子曰(복이자왈) : 다시「자왈」이라는 두 글자를 넣어서. ㅇ起答辭(기답사) : <공자의> 답하는 말 앞에 붙였던 것이다. <즉「공자가어」의 경우는「자왈」이 들어가는 것이 옳았다는 뜻> ㅇ今無此問辭(금무차문사) : 지금 중용에서는「애공문(哀公問)……」이란 말이 없다. ㅇ而猶有子曰二字(이유유자왈이자) : 그런데 <공자가어와 같게>「자왈(子曰)」두 글자가 있다. <중용에 필요없는「자왈」두 글자가 있는 것에 대해서 주자가 다음같이 자기 생각을 말했다> ㅇ蓋子思刪其繁文(개자사산기번문) : 아마 자사가 번거로운 <공자가어의> 글을 깎고 줄여서. ㅇ以附于篇(이부우편) : <중용편의> 글에 붙일 때에. ㅇ而所刪有不盡者(이소산유부진자) : 충분히 삭제하지 못했을 것이다. ㅇ今當爲衍文也(금당위연문야) : 그러므로「제20장 9절」앞에 있는「자왈」두 글자는 마땅히 연문(衍文)이다. ㅇ博學之以下(박학지이하) :「박학(博學)」이하의 글은. ㅇ家語無之(가어무지) :「공자가어」에는 없으니. ㅇ意彼有闕文(의피유궐문) : 생각하건대 공자가어에 글이 빠졌거나.

ㅇ抑此或子思所補也歟(억차혹자사소보야여) : 아니면 이 글을 자사(子思)가 보충했을 것이다.

【참고 보충】「중용과 공자가어(孔子家語)」

　주자는「공자가어」를 옛날 책으로 믿고, 자사가 인용했을 거라고 생각했다. 그러나 후세의 학자들은「공자가어」를 위서(僞書)라고 단정했다.

중용 제21장 (총1절)

　　제21장은 자사(子思)의 말이다. 앞에서 공자(孔子)가 천도(天道)와 인도(人道)에 대해서 말한 것을, 자사가 거듭 설명한 글이다. 그리고 다음에 있는 「제22장에서부터 제32장까지」는 자사가 다시 「이 장, 즉 제21장」을 부연 설명한 글이다. 그러므로 이 장은 매우 중요하다.

제21장 1절 自誠明 謂之性
자 성 명 위 지 성

自誠明 謂之性 自明誠 謂之敎 誠則明矣 明則
誠矣.

자성명(을) 위지성(이요) 자명성(을) 위지교(이니) 성즉명의(오) 명즉
성의(니라)

성실함으로써 밝게 됨은 <바로> 본성대로 함을 이르는 말이다.
밝게 앎으로써 성실하게 됨은 <바로> 가르침을 이르는 말이다.
성실하게 하면 밝아진다. 밝으면 성실하게 된다.

[**어구 설명**] ㅇ自誠明(자성명) : 성실함으로써 밝게 알고 밝게 나타난다.
「성(誠)」은 「천지 만물을 생육화성(生育化成)하는 진실무망(眞實無妄)
한 천리(天理)를 성실하게 받든다」는 뜻으로 풀이한다. 「명(明)」은 「밝
게 알고, 또 밝은 덕으로 나타나다」는 뜻이다. ㅇ謂之性(위지성) : <자성
명(自誠明)하는 것이 곧> <천명으로 주어진> 본성대로 함을 말한다.
즉 본성 속에 주어진 천리를 순수하게 따르고 행하면 「자성명(自誠明)」
하게 된다. ㅇ自明誠(자명성) : 먼저 밝게 알거나 덕을 밝힘으로써 성실
하게 된다. <그와 같은 작용을 하게 하는 것을> ㅇ謂之敎(위지교) : 교
육이라고 한다. ㅇ誠則明矣(성즉명의) : 성실하게 하면 밝게 알게 된다.
성실해야 밝게 알게 된다. ㅇ明則誠矣(명즉성의) : 밝게 알면 성실하게
된다. 밝게 아니깐 곧 성실하게 된다.

【集註】(1) 自由也 德無不實而明無不照者 聖
人之德 所性而有者也 天道也.

「자(自)」는 「유(由)」의 뜻이다. 덕(德)에 실하지 않음이 없다.
그리고, 명(明)에 빛나지 않음이 없다. 성인의 덕은 <하늘이
천명으로 부여해준> 성리(性理)를 바탕으로 하고 <그와 같이
밝은 덕으로> 나타나는 것이다. 그것이 곧 하늘의 도리다.

[**어구 설명**] ㅇ自由也(자유야) : 「자(自)」는 「유(由)」의 뜻이다. ㅇ德無不
實(덕무불실) : 덕(德)에 실하지 않음이 없다, 즉 「덕이 사실로 알차게 나
타난다」는 뜻. ㅇ而明無不照者(이명무부조자) : 그리고 명(明)에 빛나지
않음이 없다. 즉 「밝게 나타난다」는 뜻. ㅇ聖人之德(성인지덕) : <반드
시 밝게 나타나는> 성인의 덕은. ㅇ所性而有者也(소성이유자야) : <하
늘이 천명으로 부여해준> 성리(性理)를 바탕으로 하고 <그와 같이 밝은
덕으로> 나타나는 것이다. 「유(有)」는 「그와 같은 현상을 일으키게 한다」
는 뜻으로 풀이한다. ㅇ天道也(천도야) : 그것이 곧 하늘의 도리다. 혹은
「하늘의 도리와 일치하는 경지다.」 즉 「성인의 덕의 경지다.」 성인의
본성은 하늘이 내려준 순수함을 그대로 지니고 있으므로 성인의 경지는
천도와 일치한다.

【集註】(2) 先明乎善 而後能實其善者 賢人之
學 由敎而入者也 人道也.

먼저 선을 밝게 알고 그 다음에 능히 그 선을 알차게 실행하는
것이 현인들의 배움이다. 교학(敎學)을 통해서 덕(德)에 들어가
는 것이 사람의 길이며, 사람이 따르고 행할 도리다.

[**어구 설명**] ㅇ先明乎善 而後(선명호선 이후) : 먼저 선을 밝게 알고, 그 다음에. ㅇ能實其善者(능실기선자) : 능히 그 선을 알차게 실행하는 일이나, 그 경지가. ㅇ賢人之學(현인지학) : 현인들의 학문이다. 학(學)은 지(知)와 행(行)을 겸한다. ㅇ由敎而入者也(유교이입자야) : 교학(敎學)을 통해서 덕(德)에 들어가는 것이. ㅇ人道也(인도야) : 사람의 길이며, 사람이 따르고 행할 도리다.

【集註】 (3) 誠則無不明矣 明則可以至於誠矣.

「성(誠)」은 밝지 않음이 없다. <즉 하늘은 진실무망한 성으로써 만물을 밝게 나타내고 있다> <그러므로 사람은 그와 같은 성을 성실하게 따르고 행함으로써 밝게 알고 밝은 덕(德)을 세울 수 있다> <하늘이 밝게 발현함으로써 성에 이르듯이> 사람은 밝게 알아야 성에 도달할 수 있다.

[**어구 설명**] ㅇ誠則無不明矣(성즉무불명의) : 「성(誠)은 곧 밝지 않음이 없다.」 하늘은 진실무망(眞實無妄)한 성(誠)으로써, 만물을 밝게 나타내고 있다. 이것이 「천도지성(天道之誠)」이다. 한편 사람은 그와 같은 「성(誠)」을 성실하게 따르고 행함으로써 밝게 알고 바르게 행하고 덕(德)을 세울 수 있다. 이것이 「인도지성(人道之誠)」이다. ㅇ明則可以至於誠矣(명즉가이지어성의) : <하늘이 밝게 발현함으로써 성에 이르듯이> <그와 같은 하늘의 도리를> 밝게 알아야 성(誠)에 도달할 수 있다.

【集註】 (4) 右第二十一章.

이상이 제21장이다.

【集註】(5) 子思承上章夫子天道人道之意而立言也 自此以下十二章 皆子思之言 以反覆推明此章之意.

자사가 앞에서 공자(孔子)가 <말한> 천도와 인도의 뜻을 받아 가지고 기술한 것이다. 다음의 열두개 장은 모두 자사의 말이며 이 제21장의 뜻을 되풀이하고 밝힌 것이다.

[**어구 설명**] ㅇ子思(자사) : 자사가. ㅇ承上章夫子天道人道之意(승상장부자천도인도지의) : 앞장에서 공자(孔子)가 <말한> 천도와 인도의 뜻을 받아 가지고. ㅇ而立言也(이입언야) : 기술한 것이다. ㅇ自此以下十二章(자차이하십이장) : 이 다음의 열두장은. ㅇ皆子思之言(개자사지언) : 다 자사의 말이며. ㅇ以反覆推明此章之意(이반복추명차장지의) : 다 이 장, 즉 21장의 뜻을 반복해서 밝힌 것이다. 그러므로 제21장은 중요한 장이다.

【**참고 보충**】 「자성명(自誠明) 위지성(謂之性)」

앞의 「제20장 17절」에서 공자가 말했다. 「성인은 천도인 성(誠)을 성실하게 따르고 받든다. 그래서 노력하지 않고도 도에 맞고, 사려하지 않고도 덕을 얻고, 태연하게 도에 맞게 한다.(誠者 不勉而中 不思而得 從容中道 聖人也)」

이를 자사는 줄여서 「성인은 성실함으로 모든 것을 밝게 알고 덕(德)을 밝힌다. 그것은 바로 성인이 본성의 천리를 그대로 따르기 때문이다.(自誠明 謂之性)」라고 했다. 이는 곧 「성인은 하늘과 같은 경지에서 성(誠)으로써 모든 것을 밝게 알고 밝게 나타낸다.」라는 뜻이다.

그러나 본래 「자성명(自誠明)」은 하늘의 경지를 말한 것이다. 즉 시간과 공간을 통합한 하늘(天)은 진실무망(眞實無妄)하게 만물을 생육화성(生育化成)하고 있다. 그러므로 하늘을 「성(誠)」이라고 일컬었다. 그러므로 「자성명(自誠明)」을 「하늘은 성함으로써 만물을 발현한다」로 풀이해도 되고, 따라서 「위지성(謂之性)」을 「성(誠)으로써, 만물을 발현하는 것이 하늘의 본성이다」라고 풀이해도 된다. 단 주자는 「성실하게 함으로써, 밝게 알고 밝은 덕을 세우는 것이 성인의 본성이다」라고 풀이했다. 이 책은 주자의 설을 중하게 여기고 충실하게 소개하는 책이다.

【참고 보충】 「자명성(自明誠) 위지교(謂之敎)」

앞의 「제20장 17절」에서 공자가 또 다음같이 말했다. 「하늘의 성(誠)을 성실하게 따르고 받드는 것이 사람의 길이고 또 사람의 도리다.(誠之者 人之道也)」 「성실하게 따르고 받든다고 함은 곧 택선고집(擇善固執)이다.(誠之者 擇善而固執之者也)」 이를 자사는 줄여서, 「<학문을 통해서> 먼저 밝게 알고, 그로부터 성실하게 하는 것을 교육이라고 한다.(自明誠 謂之敎)」라고 말했다. 그리고 주자는 주에서 「현인의 배움(賢人之學)」이라고 풀이했다.

【참고 보충】 「성즉명의(誠則明矣) 명즉성의(明則誠矣)」

일반적으로는 「성실하면 밝게 알고, 밝게 알면 성실하게 된다」로 풀이한다. 물론 그런 뜻도 있다. 그러나 더 깊은 뜻을 알아야 한다.

앞에서도 말했듯이 「성(誠)」을 「우주적 생명의 근원, 즉 에너지」로 본다. 그러므로 「성즉명(誠則明)」을 「우주 자체가 진실무망(眞實無妄)한 생명력이다. 그러므로 만물이 발현하고 끝없이 생육화성(生育

化成)한다」로 풀 수 있다.

한편 「명즉성(明則誠)」을 「진실무망하게 발현하니깐 곧 성(誠)이라 한다」로 풀이할 수 있다.

옛날의 성현도 우주가 하나의 큰 생명체라는 것과, 그 우주 속에서 만물이 삶을 누리고 있다는 사실을 직감적으로 터득했을 것이다. 다만 옛날의 한문으로 표현했을 뿐이다. 그러므로 한문 고전 속에 숨어있는 깊은 뜻을 오늘의 말과 오늘의 지식을 바탕으로 해석해야 한다.

【大全疏註選譯】

(1) 葉氏曰 聖人 全體無一不實 而明睿所照 無一不盡 此自誠而明也 學者 先明乎善 無不精察 故踐履之際 始無不實 此自明而誠也 謂之性者 全於天之賦予 謂之敎者 成於己之學習.

섭씨가 말했다. 성인은 전체가 실하지 않음이 없고, 밝음과 지혜가 하나도 다하지 않음이 없다. 이 경지가 「자성이명(自誠而明)」의 경지다. 배우는 사람은 먼저 선(善)을 밝게 알고, 정밀하게 살피지 않음이 없다. 그러므로 실천할 때에 실하지 않음이 없다. 이 경지가 「자명이성(自明而誠)」의 경지다. 「이것을 성이라 한다(謂之性者)」는 뜻은 「<성인은> 전체가 하늘이 부여한 성리(性理)와 합한다」는 뜻이다. 「이것을 교라고 한다(謂之敎者)」는 「<배우는 사람은> 자기의 학습을 바탕으로 자기를 완성한다」는 뜻이다.

(2) 雙峯饒氏曰 自誠明 謂之性 指誠者而言 自明誠 謂之敎 指誠之者而言.

쌍봉 요씨가 말했다. 「자성명 위지성(自誠明 謂之性)」은 성(誠)과 하나가 된 성인(聖人), 즉 천도(天道)와 하나가 된 경지를 말한 것이다. 「자명성 위지교(自明誠 謂之敎)」는 「성실하게 받드는 배우는 사람, 즉 인도(人道)의 경지를 말한 것이다.

<참고> 「誠者天之道也, 誠之者人之道也.」

(3) 朱子曰 自誠明 謂之性 誠實然之理 此堯舜以上事 學者
   則自明誠 謂之敎 明此性 而求實然之理.

주자가 말했다. 「자성명 위지성(自誠明 謂之性)」은 「실제로 그렇게 되는 이치」에 성실함이고, 이는 「요·순」 이전의 일이다. 배우는 사람은, 즉 「자명성 위지교(自明誠 謂之敎)」에 해당하며, 이는 천명의 본성을 밝혀서 실지로 그렇게 되는 도리를 구하는 경지다.

(4) 三山陳氏曰 自誠明者 由其內全所得之實理 以照事物 如
   天開日明 自然無蔽 此性之所以名 天之道也.

삼산 진씨가 말했다. 「자성명자(自誠明者)」는 <하늘에 의해서 주어진> 본성 속에 있는 <만물을 발현하는> 실리(實理)를 온전하게 함으로써, 사물을 밝게 비춘다. <그러면> 흡사 하늘이 열리고 해가 밝아서, 자연히 가려 덮이는 것이 없게 된다. 그러므로 「본성(本性)을 따른다」고 일컬었으니, 이는 바로 「하늘의 도(天之道)」의 경지다.

(5) <三山陳氏> 自明誠者 由窮理致知 去其私欲 以復全其
   所得之實理 必由學而能 此敎之所以立 人之道也.

<삼산 진씨> 「자명성자(自明誠者)」는 먼저 궁리(窮理) 치지(致知)하고, 사사로운 욕심을 제거하고, <하늘로부터 얻은 바 만물을 발현하는> 실리(實理)를 온전하게 되돌린다. 이는 반드시 학문으로

써 가능한 것이며, 교육을 내세우는 이유이기도 하다. 곧 「사람의 도리(人之道)」이다.

(6) <三山陳氏> 自誠明者 誠則明也 非曰誠而後 至於明 自明誠者 尙須明而後 至於誠 雖然 及其成功 一也.

　<삼산 진씨> 「자성명자(自誠明者)」는 「성(誠)이 곧 명(明)이라는 뜻」이다. 「먼저 성(誠)한 다음에, 명(明)에 이른다는 뜻」이 아니다. 「자명성자(自明誠者)」는 역시 「명(明)하기를 기다려야 성(誠)에 이른다는 뜻」이다. 그러나 공을 이룬 경지는 다 같다.

중용 제22장 (총1절)

1절 唯天下至誠 爲能盡其性 能盡其性 則能
盡人之性 能盡人之性 則能盡物之性 能
盡物之性 則可以贊天地之化育 可以贊天
地之化育 則可以與天地參矣.

이 장도 역시 자사(子思)의 말이며, 특히 앞장의 「자성명(自誠明)」을 폭을 넓혀서 기술했다. 즉 천도(天道)와 하나가 된 지성(至誠)의 성인(聖人)은 「천지화육(天地化育)」에 참여할 수 있음을 밝혔다.

🔺 제22장 1절 至誠能盡其性
지 성 능 진 기 성

唯天下至誠 爲能盡其性 能盡其性 則能盡人之
性 能盡人之性 則能盡物之性 能盡物之性 則可
以贊天地之化育 可以贊天地之化育 則可以與
天地參矣.

유천하지성(이아) 위능진기성(이니) 능진기성 즉능진인지성(이오) 능
진인지성 즉능진물지성(이오) 능진물지성 즉가이찬천지지화육(이오)
가이찬천지지화육 즉가이여천지참의(니라)

오직 천하에서 가장 성실한 성인이라야, <천명으로 주어진>
본성의 천리를 다할 수 있다. 본성의 천리를 다할 수 있으므로,
즉 인간 본성의 도리를 다할 수 있다. 인간 본성의 도리를 다할
수 있으므로, 즉 사물의 도리를 다 알고 또 처리할 수 있다. 사물
의 도리를 다 알고 또 처리할 수 있으므로, 즉 천지가 만물을
생성(生成)하고 또 화육(化育)하는 데 도울 수 있다. 천지가 만
물을 생성(生成) 화육(化育)하는 데 도울 수 있으므로, 즉 천지
가 <만물을 낳고 키우는 데> 참여할 수 있다.

[어구 설명] ○唯(유) : 오직. ○天下至誠(천하지성) : 천하에서 가장 성실
한 <성인만이>. ○爲能盡其性(위능진기성) : <천명으로 주어진> 본성

의 천리를 다할 수 있다. ○能盡其性(능진기성) : 본성의 천리를 다할 수 있으므로. ○則能盡人之性(즉능진인지성) : 곧 인간 본성의 도리를 다할 수 있다. 能盡人之性(능진인지성) : 인간 본성의 도리를 다 할 수 있으므로. ○則能盡物之性(즉능진물지성) : 곧 사물의 도리를 다 알고 또 처리할 수 있다. ○能盡物之性(능진물지성) : 사물의 도리를 다 알고 또 처리할 수 있으므로. ○則可以贊天地之化育(즉가이찬천지지화육) : 곧 천지가 만물을 생성(生成)하고 또 화육(化育)하는 데 도울 수 있다. 「찬(贊)」은 「도울 조(助)」의 뜻이다. ○可以贊天地之化育(가이찬천지지화육) : 천지가 만물을 생성(生成) 화육(化育)하는 데 도울 수 있으니깐. ○則可以與天地參矣(즉가이여천지참의) : 즉 천지가 <만물을 낳고 키우는 데> 참여할 수 있다.

【集註】 (1) 天下至誠　謂聖人之德之實　天下莫能加也　盡其性者　德無不實　故無人欲之私　而天命之在我者　察之由之　巨細精粗　無毫髮之不盡也.

천하에서 지극히 성실하다고 한 말은 바로 성인의 덕이 실하다는 뜻을 말한 것이며, 천하에 <다른 사람은> <성인보다> 능히 더 가할 수 없다. <그래서 지성(至誠)이라고 한 것이다> 성리(性理)를 다한다 함은 덕에 성실하지 않음이 없다는 뜻이다. 그러므로 사사로운 인욕이 없으며, 그래서 천명으로 주어진 나에게 있는 <본성의 천리만을> 살펴보고 따르고 행하며, 거대한 일이나 미세한 일이나, 정밀한 일이나 조잡한 일이나, <모든 사물을 처리할 때에> 머리털끝만큼도 다하시 않음이 없는 것이다.

[**어구 설명**] ㅇ天下至誠(천하지성) : 「천하에서 지극히 성실하다」고 한 말
은. ㅇ謂聖人之德之實(위성인지덕지실) : 「바로 성인의 덕이 실하다는
뜻」을 말한 것이며. ㅇ天下莫能加也(천하막능가야) : 천하에서 <다른
사람은> <성인보다> 능히 더 가할 수 없다. <그래서 지성(至誠)이라고
한다> ㅇ盡其性者(진기성자) : 성리(性理)를 다한다 함은. ㅇ德無不實
(덕무불실) : 「덕에 성실하지 않음이 없다」는 뜻이다. ㅇ故無人欲之私
(고무인욕지사) : 그러므로 사사로운 인욕이 없으며. ㅇ而天命之在我者
(이천명지재아자) : 그래서 천명으로 주어진 나에게 있는 <본성의 천리
만을>. ㅇ察之由之(찰지유지) : 살펴보고 알고 따르고 행하며. ㅇ巨細
精粗(거세정조) : 거대한 일이나 미세한 일이나, 정밀한 일이나 조잡한
일이나 <모든 사물을 처리할 때에>. ㅇ無毫髮之不盡也(무호발지부진
야) : 머리털끝만큼도 다하지 않음이 없게 한다.

【集註】(2) 人物之性　亦我之性　但以所賦形氣
不同 而有異耳 能盡之者 謂知之無不明 而處之無
不當也 贊猶助也 與天地參 謂與天地並立 而爲三
也 此自誠而明者之事也.

다른 사람이나 사물의 본성과 <그 속에 있는 천리도> 역시
나의 본성 속에 있는 천리와 같다. 다만 주어진 형체와 기질,
즉 형기(形氣)가 같지 않고 다를 뿐이다. 「다 할 수 있다」는
뜻은 앎에 밝지 않음이 없고, 처리에 부당함이 없다는 뜻을 말한
것이다. 「찬(贊)」은 「조(助)」와 같다. 천지와 더불어 참여한다
는 말은 천지와 함께 <화육(化育)에> 나선다는 뜻이다. 그래서
천지인(天地人) 삼재(三才)가 된다는 뜻이다. 이것은 「자성이

명(自誠而明)」하는 일이다.

[**어구 설명**] ㅇ人物之性(인물지성) : 다른 사람이나 사물의 본성과 <그 속
에 있는 천리도>. ㅇ亦我之性(역아지성) : 역시 나의 본성 속에 있는
천리와 같다. ㅇ但以所賦形氣不同(단이소부형기부동) : 다만 주어진 형
체와 기질, 즉 형기(形氣)가 같지 않고. ㅇ而有異耳(이유이이) : 다를 뿐
이다. ㅇ能盡之者(능진지자) : 「다 할 수 있다」는 뜻은. ㅇ謂知之無不明
(위지지무불명) : 앎에 밝지 않음이 없고. ㅇ而處之無不當也(이처지무
부당야) : 처리에 부당함이 없다는 뜻을 말한다(謂). ㅇ贊猶助也(찬유조
야) : 「찬(贊)」은 「조(助)」와 같은 뜻이다. ㅇ與天地參(여천지삼) : 천지
와 참여한다고 함은. ㅇ謂與天地並立(위여천지병립) : 천지와 함께 <화
육(化育)에> 나선다는 뜻이다. ㅇ而爲三也(이위삼야) : 그래서 천지인
(天地人) 삼재(三才)가 된다는 뜻이다. ㅇ此自誠而明者之事也(차자성
이명자지사야) : 이것은 「자성이명(自誠而明)」하는 일이다.

【集註】 (3) 右第二十二章 言天道也.

이상이 제22장이며, 천도(天道)와 하나가 된 성인(聖人)의 경
지를 말한 것이다.

【참고 보충】 「천지화육(天地化育)에 참여」

성인(聖人)은 지성(至誠)하다. 즉 성인은 천리(天理)만을 따르고
행한다. 성인은 털끝만큼의 사사로운 인욕(人欲)에 미혹되는 일이
없다. 그래서 성인은 천도 천리와 하나가 되어, 천지의 생육화성(生
育化成)에 참여할 수 있다. 천지인(天地人)을 삼재(三才)라 한다. 하
늘과 땅만으로는 자연의 원시적인 화성(化成)만을 이룩한다. 사람이
끼어들어야 능률적인 생산과 고도의 문화적인 생산과 발전을 이룩

할 수 있다. 경작에 소를 부려쓰고, 말을 타고 달리는 것이 다 그들의 본성 속에 주어진 도리를 활용하는 것이다. 재목으로 집을 짓는 것이나, 배를 만들어 타는 것도 나무의 본성 속의 천리를 활용한 것이다.

오늘의 자연과학의 발달도 다 천리를 활용한 것이다. 단 오늘의 사람들은 사욕(私欲)에 빠져 하늘의 혜택을 악용한다. 그래서 오늘의 세계가 악덕사회가 되고 서로 살상(殺傷)과 쟁탈(爭奪)을 되풀이하고 있는 것이다. 그러나 옛날의 성왕(聖王)은 더없이 지극한 정성으로 천도 천리를 따르고 덕을 세우고 만민을 잘살게 해주었다. 그러므로 참되게 「천지의 화육(天地化育)」에 참여하고, 「치중화(致中和)」하여 「천지를 바르게 잡고, 만물을 자라게(天地位焉 萬物育焉)」했던 것이다.

천도 천리는 절대선(絶對善)의 도리다. 식물·동물·사람이 조화를 이루고 함께 잘살고 번식하고 발전하는 도리다. 그 근원은 우주의 생명력 「성(誠)」이다. 그러므로 「천하지성(天下至誠)」 요순(堯舜)의 덕치(德治)를 칭송한다.

【大全疏註選譯】

(1) 陳氏曰 此乃有德有位之聖人之事 惟堯舜足以當之.

진씨가 말했다. 이것은 덕도 있고 자리도 있는 성인에 맞는 일이다. 오직 요임금이나 순임금만이 해당될 수 있을 것이다.

(2) 雙峯饒氏曰 此與首章一般 至誠盡誠 便是致中和 贊化育 便是天地位萬物育.

쌍봉 요씨가 말했다. 이 장은 제1장과 같다. 여기서 말하는 「지성(至誠)」이나 「진성(盡誠)」은 바로 제1장의 「치중화(致中和)」이다.

또 여기서 말하는 「찬화육(贊化育)」은 곧 제1장의 「천지위(天地位)」
「만물육(萬物育)」이다.

(3) <雲峯胡氏> 盡 兼知行而言.

　　<운봉 호씨> 「진(盡)」은 「지와 행을 겸해서 말한 것이다.」 <즉
지와 행을 다 끝까지 한다는 뜻이다>

중용 제23장 (총1절)

1절 其次致曲 曲能有誠 誠則形 形則著 著則
    明 明則動 動則變 變則化 唯天下至誠
    爲能化.

  앞의 장 제22장은 천도(天道)와 하나가 된 성인(聖
人)의 지성(至誠)이 「천지화육(天地化育)」에 참여할
수 있음을 말했다. 이 장 제23장에서는 성인 다음가
는 학자나 군자들도 「하나의 덕을 성실하게 행하면
(曲能有誠)」 역시 화육(化育)할 수 있음을 말했다.

제23장 1절 曲能有誠
곡 능 유 성

其次致曲 曲能有誠 誠則形 形則著 著則明 明則
動 動則變 變則化 唯天下至誠 爲能化.

기차(는) 치곡(이니) 곡능유성(이니) 성즉형(하고) 형즉저(하고) 저즉
명(하고) 명즉동(하고) 동즉변(하고) 변즉화(이니) 유천하지성(이야)
위능화(이니라)

그 다음은 하나하나의 덕을 행하는 <군자의> 단계다. 하나의
덕을 정성껏 행하고 참되고 실해야 한다. 참되고 실하면, 즉 형
상이 생긴다. 형상이 생기면, 즉 나타나고, 나타나면, 즉 밝게
빛나고, 밝게 빛나면, 즉 동하고, 동하면, 즉 변하고, 변하면, 즉
<다른 것으로> 화한다. 오직 천하는 지성으로써 변화하게 할
수 있다.

[**어구 설명**] ㅇ其次(기차) : 그 다음, 즉 성인(聖人)의 다음 단계, 즉 배우는
사람이나 군자 같은 사람을 다 포함한다. ㅇ致曲(치곡) : 하나하나의 덕
을 행한다. 「곡(曲)」은 「전체가 아니고 한 구석, 한 가지의 덕(德)」이라는
뜻이다. ㅇ曲能有誠(곡능유성) : 하나의 덕을 정성껏 행하고 열매[實]를
거둘 수 있어야 한다. 「성(誠)」은 「성실하게 행하고, 참되고 실한 효과를
얻는다」는 뜻을 다 겸하고 있다. ㅇ誠則形(성즉형) : 참되고 실하면, 즉
형상이 생긴다. ㅇ形則著(형즉저) : 형상이 생기면, 즉 나타나고. ㅇ著則

明(저즉명) : 나타나면, 즉 밝게 빛나고. ㅇ明則動(명즉동) : 밝게 빛나면, 즉 동한다. 「동(動)」은 자기도 동하고, 남도 동하게 한다. ㅇ動則變(동즉변) : 동하면, 즉 변하고. ㅇ變則化(변즉화) : 변하면, 즉 <다른 것으로> 화한다. ㅇ唯天下至誠(유천하지성) : 오직 천하는 지성으로써. ㅇ爲能化(위능화) : 변화하게 할 수 있다.

【集註】(1) 其次 通大賢以下 凡誠有未至者 而言也 致推致也 曲一偏也.

그 다음은 대현(大賢) 이하의 모든 사람으로 무릇 성실함이 지극하지 못한 사람을 통틀어 말한다. 「치(致)」는 미루어서 이룬다는 뜻이다. 「곡(曲)」은 <전체가 아니고> 한 구석, 한 부분을 말한다.

[**어구 설명**] ㅇ其次通大賢以下(기차통대현이하) : 그 다음은 대현(大賢) 이하의 모든 사람을 통틀어 <말한다.> ㅇ凡誠有未至者而言也(범성유미지자이언야) : 무릇 성실함이 지극하지 못한 사람을 말한다. ㅇ致推致也(치추치야) : 「치(致)」는 미루어서 이룬다는 뜻이다. ㅇ曲一偏也(곡일편야) : 「곡(曲)」은 <전체가 아니고> 한 구석, 한 부분을 말한다. 「편(偏)」을 「편파되다, 한쪽으로 치우치다」의 뜻으로 풀면 안된다.

【集註】(2) 形者積中而發外 著則又加顯矣 明則又有光輝發越之誠也 動者誠能動物 變者物從而變 化則有不知其所以然者.

「형(形)」은 <성(誠)이> 속에 쌓이면 밖으로 나타나 보인다.

「드러나는 저(著)」는 곧 <형상이> 더 가해지고, 나타나 보이는
것이다. 「밝게 빛나는 명(明)」은 곧 「성(誠)」이 더욱 빛을 내고
넘치는 것이다. 「움직인다는 동(動)」은 「성(誠)」이 능히 대상
을 움직이게 한다는 뜻이다. 「변(變)」은 <나의 성실한 힘에 따
라> 대상 자체가 변한다는 뜻이다. 「화(化)」는 곧「그렇게 변화
하는 원인이나 이유를 알지 못하면서 변화함」을 말한다.

[어구 설명] ○形者積中而發外(형자적중이발외) :「형상(形象)」은 <성
(誠)이> 속에 쌓이면 밖으로 나타나 보인다. ○著則又加顯矣(저즉우가
현의) :「드러나는 저(著)」는 곧 <형상이> 더 가해지고, 나타나 보이는
것이다.   ○明則又有光輝發越之誠也(명즉우유광휘발월지성야) :「밝게
빛나는 명(明)」은 곧 「성(誠)」이 더욱 빛을 내고 넘치는 것이다. ○動者
誠能動物(동자성능동물) :「움직인다는 동(動)」은 「성(誠)」이 능히 대
상을 움직이게 한다는 뜻이다. 「성(誠)」을 「성실함」이라고 번역할 수도
있다. 그러나 「성실하게 만물을 화육(化育)하는 우주의 에너지, 생명력」
으로 파악하면 더욱 좋다. 「물(物)」은 「대상이 되는 사람(人), 물(物),
일(事)을 다 포함한다.」 ○變者物從而變(변자물종이변) :「변(變)」은
<나의 성실한 힘에 따라> 대상 자체가 변한다는 뜻이다. ○化則有不知
其所以然者(화즉유부지기소이연자) :「화(化)」는 곧「그렇게 변화하는
원인이나 이유를 알지 못하면서 변화한다」는 뜻이다.

【集註】(3) 蓋人之性 無不同 而氣則有異 故惟
聖人能擧其性之全體 而盡之 其次 則必自其善端
發見之偏 而悉推致之 以各造其極也.

　무릇, 사람의 본성 속에 주어진 천리는 다 같다. 그러나 기질

(氣質)에 다름이 있다. 고로, 오직 <청명한 기를 타고 나온> 성인만이 능히 그 성리(性理)를 전부 체득하고, 충분히 다 발현할 수 있다. 성현 다음가는 <학자나 군자 같은> 사람은, 반드시 자기의 착한 한 부분으로부터 하나하나를 발현하여서, 전체를 미루어 나가면서 <점차로> 이루게 하고, 하나하나씩 극점(極點)에 도달해야 한다.

[**어구 설명**] ㅇ蓋人之性無不同(개인지성무부동) : 무릇, 사람의 본성 속에 주어진 천리는 다 같다. ㅇ而氣則有異(이기즉유이) : 그러나 기질(氣質)에 다름이 있다. ㅇ故惟聖人(고유성인) : 고로, 오직 <청명(淸明)한 기를 타고 나온> 성인만이. ㅇ能擧其性之全體而盡之(능거기성지전체이진지) : 능히 그 성리(性理)를 전부 체득하고, 충분히 다 발현할 수 있다. ㅇ其次(기차) : 성현 다음가는 학자나 군자는. ㅇ則必自其善端發見之偏(즉필자기선단발현지편) : 즉 반드시 자기의 착한 한 단서로부터 하나하나를 발현하여서. ㅇ而悉推致之(이실추치지) : 그래가지고, 전체를 미루어 나가면서 <점차로> 이루게 하고. ㅇ以各造其極也(이각조기극야) : 하나하나씩 극점(極點)에 도달해야 한다. 「필(必)」은 여기까지 걸린다.

【集註】(4) 曲無不致 則德無不實 而形著動變 之功 自不能已 積而至於能化 則其至誠之妙 亦不 異於聖人矣.

부분적인 하나하나를 다하지 않음이 없고, 덕이 실하지 않음이 없으면, 형성되고(形), 나타나고(著), 동(動)하고, 변(變)하는 공이, 스스로 멈출 수 없고, 쌓여서 능히 화하는 데 이르게 된다.

<그러므로> 곧 <학자나 군자의> 지성(至誠)의 신묘(神妙)한 공도 역시 성인과 다르지 않게 된다.

[**어구 설명**] ㅇ曲無不致(곡무불치) : 부분적인 하나하나를 다하지 않음이 없고. ㅇ則德無不實(즉덕무불실) : 덕이 실하지 않음이 없으면. ㅇ而形著動變之功(이형저동변지공) : 그러면 「형성되고(形), 나타나고(著), 동(動)하고, 변(變)하는 공이」. ㅇ自不能已(자불능이) : 스스로 멈출 수 없고. ㅇ積而至於能化(적이지어능화) : 쌓여서 능히 화하는 데 이르게 된다. ㅇ則其至誠之妙(즉기지성지묘) : <그러므로> 곧 <학자나 군자의> 지성(至誠)의 신묘(神妙)한 공도. ㅇ亦不異於聖人矣(역불이어성인의) : 역시 성인과 다르지 않게 된다. 즉 배우는 사람이라도 덕행 하나하나를 성실하게 행하고, 미루어 나가면, 성인과 같이 천지의 화육에 참여할 수 있다.

【集註】(5) 右第二十三章 言人道也.

이상이 제23장이다. 「성지자 인지도야(誠之者 人之道也)」를 말한 것이다.

[**참고 보충**] 「곡능유성(曲能有誠)」

성인(聖人)은 지극한 성(誠)으로써 총체적으로 「천지화육(天地化育)」에 동참할 수 있다. 그러나 한 단계 아래에 있는 현인(賢人)이나 학자(學者)나 군자(君子)는 일시에 총체적인 「성(誠)이나 덕(德)」을 행할 수 없고, 한 가지씩, 하나하나를 밝게 알고 덕(德)을 세워나가면서, 점차로 우주적 지성의 경지에 나갈 수는 있다. 이를 「곡으로써 성할 수 있다(曲能有誠)」고 한다. 「곡(曲)」는 「한 구석, 하나하나, 부분적 덕행」이라는 뜻이다. 보통사람은 「일시에 천도의 총체를 터

득하고 또 실천할 수 없다.」 우주 전체의 한 구석, 하나의 작은 일을
성실하게 실천하여 참되게 실적(實績)을 쌓아야 한다. 그러면 성인과
같게 된다. 그 과정이 「성(誠)-형(形)-저(著)-명(明)-동(動)-변(變)-
화(化)」이다.

【大全疏註選譯】

(1) 程子曰 其次致曲者 學而後知之也 而其成也 與生而知之
　　者不異焉 故君子 莫大於學 莫害於畫 莫病於自足 莫罪於
　　自棄 學而不止 此湯武所以聖也.

　　정자가 말했다. 「기차치곡(其次致曲)」이라고 한 것은, 배운 다음에
알게 되고 행하는 사람을 말한다. 그러나 이룩함에 있어서는 「생이지
지(生而知之)」하는 성인의 경지와 다르지 않다. 고로 군자는 배움보
다 더 중대한 일이 없다. 또 스스로 못하겠다고 한계를 짓는 것보다
더 큰 해가 없다. 한편 자기 만족하는 것보다 더 큰 병폐가 없다.
자포자기하는 것보다 더 큰 죄도 없다. 배우고 끝없이 정진하는 것이
바로 탕왕이나 무왕이 성군된 바탕이니라.

(2) 朱子曰 至誠盡性 則全體著見 次於此者 未免爲氣質所隔
　　只如人氣質溫厚 其發現多是仁 氣質剛毅 其發現多是義
　　隨其善端發現 便就上推致 以造其端 非是止就其發現一
　　處 推致之也.

　　주자가 말했다. <성인은> 「지성(至誠)하고 진성(盡性)」하므로,
총체적으로 나타나고 발현한다. 「그 다음가는 자(次於此者)」는 기
질이 <성인과> 격차가 없을 수 없다. 예를 들면, 기질이 온후한 사
람은 그 발현함에 인(仁)이 많고, 기질이 강의한 사람은 그 발현함에

의(義)가 많다. 그러므로 착한 성품의 일단을 잡고 더 미루어 극에 도달하게 해야 한다. 발현한 한 곳에 머물러서 미루어 나가라는 뜻이 아니다.

(3) <朱子> 如充無欲害人之心 而仁不可勝用 充無穿窬之 心 而義不可勝用 此正是致曲處.

<주자> 만약에 남을 해치지 않으려는 마음을 확충하면 인이 넘칠 것이고, 도적질하지 않으려는 마음을 확충하면, 의가 넘칠 것이다. 이렇게 하는 것이 바로 치곡(致曲)의 경지다.

중용 제24장 (총1절)

1절 至誠之道 可以前知 國家將興 必有禎祥
國家將亡 必有妖孼 見乎蓍龜 動乎四體
禍福將至 善必先知之 不善必先知之 故
至誠如神.

제24장은 「지성은 신과 같음(至誠如神)」을 말했다.
1차적인 「지성(至誠)」은 「지극한 정성으로 만물을 낳
고 화육(化育)하는 하늘의 지성」이다. 그와 같은 「하
늘의 지성과 하늘의 도리」는 신(神)과 같으며, 모든 징
조를 미리 알게 하고 또 내보인다.

제24장 1절 至誠如神
지 성 여 신

至誠之道 可以前知 國家將興 必有禎祥 國家將
亡 必有妖孽 見乎蓍龜 動乎四體 禍福將至 善
必先知之 不善 必先知之 故至誠如神.

지성지도(는) 가이전지(니) 국가장흥(에) 필유정상(하며) 국가장망
(에) 필유요얼(하야) 현호시귀(하며) 동호사체(라) 화복장지(에) 선
(을) 필선지지(하며) 불선(을) 필선지지(니) 고지성(은) 여신(이니라)

「지극한 정성으로 만물을 낳고 키우는 하늘의 길이나 도리」는
미리 알 수 있다. 나라가 장차 흥하려고 하면, 반드시 상서로운
징조가 있고, 나라가 장차 쇠망하려고 하면, 반드시 요괴(妖怪)
한 흉조가 있다. <그와 같은> 징조는 점치는 시초(蓍草)나 귀
갑(龜甲)에도 나타나고 사람의 몸이나 손발의 움직임에도 나타
난다. 화나 복이 바야흐로 닥치려 할 때에는 좋은 것도 반드시
먼저 알게 하고, 좋지 않은 것도 반드시 먼저 알게 한다. 고로
지성은 신과 같다.

[**어구 설명**] ㅇ至誠之道(지성지도) : 「지극한 정성으로 만물을 낳고 키우
는 하늘의 길이나 도리」는. ㅇ可以前知(가이전지) : 미리 알 수 있다.
예측이 가능하다. ㅇ國家將興(국가장흥) : 나라가 장차 흥하려고 하면.

○必有禎祥(필유정상) : 반드시 상서로운 징조가 있고. 禎(복 정) 祥(상서로울 상) ○國家將亡(국가장망) : 나라가 장차 쇠망하려고 하면. ○必有妖孼(필유요얼) : 반드시 요괴(妖怪)한 흉조가 있다. 妖(요망할 요) 孼(괴이할 얼) ○見乎蓍龜(현호시귀) : <그와 같은> 징조는 점치는 시초(蓍草)나 귀갑(龜甲)에도 나타난다. ○動乎四體(동호사체) : 몸이나 손발의 움직임에도 나타나 보인다. ○禍福將至(화복장지) : 화나 복이 바야흐로 닥치려 할 때에는. ○善必先知之(선필선지지) : 좋은 것도 반드시 먼저 알게 하고. ○不善必先知之(불선필선지지) : 좋지 않은 것도 반드시 먼저 알게 한다. ○故至誠如神(고지성여신) : 고로 지성은 신과 같다.

【集註】 (1) 禎祥者福之兆 妖孼者禍之萌 蓍所以筮 龜所以卜 四體謂動作威儀之間 如執玉高卑其容俯仰之類.

「정상(禎祥)」은 복(福)의 징조다. 「요얼(妖孼)」은 화(禍)의 싹틈이다. 「시초(蓍草)」는 <그것으로써> 점을 치는 것이다. 「귀갑(龜甲)」은 <그것으로써> 점복(占卜)을 치는 것이다. 「사체(四體)」는 곧 동작을 꾸미고 의식을 차리는 <몸놀림의> 뜻이다. 예를 들면 옥을 잡을 때에 높거나 얕게 한다든가, 용모가 지나치게 굽어보거나 혹은 올려보는 따위를 말한다.

[**어구 설명**] ○禎祥者福之兆(정상자복지조) : 정상(禎祥)은 복(福)의 징조다. 禎(상서 정) 祥(상서로울 상) 兆(조짐 조) ○妖孼者禍之萌(요얼자화지맹) : 요얼(妖孼)은 화(禍)의 싹틈이다. 孼(요괴 얼) ○蓍所以筮(시소이서) : 시초(蓍草)는 <그것으로써> 점을 치는 것이다. 蓍(시초 시) 筮

(점칠 서) ○龜所以卜(귀소이복) : 귀갑(龜甲)은 <그것으로써> 점복(占卜)을 치는 것이다. 卜(점 복) ○四體謂動作威儀之間(사체위동작위의지간) : 사체(四體)는 곧 동작을 꾸미고 의식을 차리는 <몸놀림의> 뜻이다. ○如執玉高卑(여집옥고비) : 예를 들면 옥을 잡을 때에 너무 높거나 얕게 한다든가. ○其容俯仰之類(기용부앙지류) : 그 모양이 지나치게 굽어보거나 혹은 올려보는 따위를 말한다.

【集註】 (2) 凡此皆理之先見者也　然唯誠之至極　而無一毫私僞留於心目之間者　乃能有以察其幾焉　神謂鬼神.

무릇 이와 같은 모든 것에, 모든 도리와 징조가 먼저 나타나 보이는 것이다. 그러나 오직 정성이 지극하고, 털끝만큼의 사욕(私欲)과 허위(虛僞)가 마음과 눈 사이에 머물러 있지 않는 사람만이, 능히 그 기미를 살피고 볼 수 있다. 신(神)은 귀신(鬼神)을 말한다.

[**어구 설명**] ○凡此(범차) : 무릇 이와 같은 모든 것에. ○皆理之先見者也(개리지선견자야) : 모든 도리와 징조가 먼저 나타나 보이는 것이다. ○然唯誠之至極(연유성지지극) : 그러나 오직 정성이 지극하고. ○而無一毫私僞(이무일호사위) : 그리고 털끝만큼의 사욕(私欲)과 허위(虛僞)가. ○留於心目之間者(유어심목지간자) : 마음과 눈 사이에 머물러 있지 않은 사람만이. ○乃能有以察其幾焉(내능유이찰기기언) : 즉 능히 그 기미를 살피고 볼 수 있다. ○神謂鬼神(신위귀신) : 신(神)은 귀신(鬼神)을 말한다. 즉 천신(天神), 지기(地祇) 및 죽은 사람의 영혼 등을 다 포함한 뜻이다.

【集註】(3) 右第二十四章 言天道也.

이상이 제24장이다. 천도를 말한 것이다.

【참고 보충】「지성지도(至誠之道) 가이전지(可以前知)」

「지성(至誠)」은「지극한 정성으로 만물을 낳고 키운다」는 뜻이다. 공간과 시간을 통합한 하늘(天)은 진실무망(眞實無妄)하게 만물을 낳고 키운다. 그와 같은「하늘의 생명력＝에너지」를 중용에서는「성(誠)」이라 하고, 그와 같은 도리를「하늘의 길이나 도리(天道)」라고 했다.「성(誠)」은 곧 하늘의 체(體)와 용(用)이다. 그러므로「지성지도(至誠之道)는 곧 천도(天道)」이다. 성인(聖人)은 하늘과 하나가 된 경지에서「지성지도(至誠之道)」를 따르고 실천한다. 성인 다음 단계의 현인(賢人) 및 군자(君子)는 학문 수양으로「지성지도(至誠之道)＝천도(天道)」를 깨닫고 행한다.

앞에서 말했듯이「천지인(天地人) 삼재(三才)」에 의해서 천하의 국가나 만민이「생생불이(生生不已)」하면서, 역사와 문화를 계승하고 발전케 하고 있다. 이때에, 천도(天道)를 지덕(地德)으로 나타내는 주체가 사람이다. 그러므로 사람이 천명(天命)에 의해서 부여된 성리(性理)를 성실하게 따르고 행하면「지성지도(至誠之道)＝천도」가 된다. 특히 천하를 다스리는 성군(聖君)은「지성지도＝천도」를 따르고「털끝만큼의 사욕과 허위가 없어야 한다.(無一毫私僞)」

사람이나 성군이「지성지도＝천도」를 성실하게 따르고 행하면, 그 나라에 봉황(鳳凰)이 날아와 울고 기린(麒麟)이 나타나는 길상(吉祥)이 나타난다. 반대로 사람이나 임금이 사리사욕만을 좇고 악덕하게 타락하면, 천재지변(天災地變) 같은 흉조(凶兆)가 계속 나타난다.

그러므로 「흥망의 징조를 미리 알 수 있다(可以前知)」고 말한 것이다. 하늘과 사람은 감응(感應)한다. 그래서 징조가 첫째는 천체나 기상변화에 나타나고, 두 번째로는 자연과 지상에 괴변으로 나타나고, 세 번째로는 사회 풍조나 인심 및 생활 양식에 나타난다. 특히 영특한 사람은 점괘로써 맞추기도 한다. 천리를 따르면 흥하게 되고, 천리를 어기면 망하게 된다. 나타나는 현상으로 흥망을 알 수 있다.

【참고 보충】 「동호사체(動乎四體)」

동호사체(動乎四體)를 집주(集註)에서 다음같이 풀이했다. 「사체(四體)는 곧 동작을 꾸미고 의식을 차리는 <몸놀림의> 뜻이다. 예를 들면 옥을 잡을 때에 너무 높거나 얕게 한다든가, 그 모양이 지나치게 굽어보거나 혹은 올려보는 따위를 말한다.」

「좌전(左傳) 정공(定公) 14년조」에 대략 다음 같은 기록이 있다. 주(邾)나라의 은공(隱公)이 노(魯)나라의 정공(定公)을 만났을 때, 은공이 옥(玉)을 높이 들고 올려다보는 자세로, 정공에게 넘겨주었다. 그래서 정공은 얼굴을 굽혔다. 이를 본 자공(子貢)이 「예에 어긋난다. 후일에 두 임금이 다 망할 것이다.」라고 말했다. 과연 그 해에 노나라의 정공이 죽었다. 한편 노나라 애공(哀公)이 주나라를 무력으로 토벌했다.

【大全疏註選譯】

(1) 雙峯饒氏曰 聖人淸明在躬 無一毫嗜欲之蔽 故志氣如神 便與明鏡相似 纔有些影來 便知 衆人如昏鏡 所以無所知.

쌍봉 요씨가 말했다. 성인은 온 몸이 청명하고 털끝만큼의 욕심의 가림도 없다. 그래서 지기(志氣)가 신 같고, 밝은 거울과 같으므로 영상이 슬쩍 비치기만 해도, 이내 안다. 그러나 중인(衆人)은 흐린 거울 같으므로 알지 못한다.

(2) <雲峯胡氏> 知幾其神 至誠者能之.

<운봉 호씨> 기미(幾微)한 귀신의 징조를 아는 것은 오직 지성한 사람만이 가능하다.

중용 제25장 (총3절)

1절 誠者自成也 而道自道也.

2절 誠者物之終始 不誠無物 是故君子 誠之
　　爲貴.

3절 誠者非自成己而已也 所以成物也 成己仁
　　也 成物知也 性之德也 合內外之道也 故
　　時措之宜也.

「제25장」도 자사(子思)의 말이며, 「성(誠)」의 핵심을 이해하는 데 중요한 장이다. 절을 나누어 요점을 말하겠다.

1절 : 「성(誠)이나 도(道)」의 근원은 하늘이다. 그러므로 「성이나 도」는 사람의 작위(作爲)를 거치지 않고 스스로 이루어지고 행해진다.

2절 : 「성(誠)＝천리(天理)」에 의해서 만물이 있는 것이다. 「성＝천리」가 없으면, 만물도 없다. 그래서 군자는 「성＝천리」를 귀중하게 여긴다.

3절 :「성(誠)＝천리(天理)」는 「성기(成己)」만으로 끝나지 않고 반드시 성물(成物)로 전개된다. 즉 본성 속의 인애(仁愛)를 만물에 미쳐 인덕(仁德)을 세운다.

「성(誠)＝에너지＝생명력」의 본체는 「형이상(形而上)의 이(理), 즉 천리(天理)」다. 안에 있는 천리는 반드시 밖으로 나타난다. 이를 「내성외왕(內聖外王)」이라고 한다. 천도(天道)는 반드시 사람에 의해서 지덕(地德)으로 나타난다. 이를 「천인합일(天人合一)」이라고 한다. 그래서 「제25장」은 중요한 장이다.

제25장 1절 誠者自成
성 자 자 성

誠者自成也 而道自道也.

성자(는) 자성야(요) 이도(는) 자도야(니라)

성(誠)은 <사물이> 스스로 이루어지는 바탕이다. 도(道)는 <사람이나 만물이> 스스로 따라가는 길이며 도리이다.

[**어구 설명**] ㅇ誠者自成也(성자자성야) :「성(誠)」은 사물로 하여금 스스로 이루어지게 하는 바탕이 되는 것이다. ㅇ而道自道也(이도자도야) : 그리고 「도(道)」는 사람이나 만물이 스스로 따라가는 길이고 도리다.

【集註】 (1) 言誠者 物之所以自成 而道者 人之所當自行也 誠以心言 本也 道以理言 用也.

「성(誠)」이라고 말한 것은 사물이 스스로 이루어지는 바탕이기 때문이다. 그리고 도라고 말한 것은 사람이 마땅히 스스로 가야 할 길이나 <도리이기> 때문이다. 「성(誠)」은 마음(心)을 바탕으로 하고, 그 본체(本體)를 말한 것이다. 도(道)는 이(理)를 바탕으로 하고, 그 용(用)을 말한 것이다.

[**어구 설명**] ㅇ言誠者(언성자) :「성(誠)」이라고 말한 것은. ㅇ物之所以自成(물지소이자성) : 사물을 스스로 이루게 하는 바탕이기 때문이다.

ㅇ而道者(이도자) : 도라고 말한 것은. ㅇ人之所當自行也(인지소당자행야) : 사람이 마땅히 스스로 가야 할 길이고 또 도리이기 때문이다. 주자는 사람이라고만 말했으나, 사물도 포함한다. ㅇ誠以心言本也(성이심언본야) : 「성(誠)」은 마음(心)을 바탕으로 하고, 그 본체(本體)를 말한 것이다. 사람의 경우는 「마음」이다. 사물의 경우는 본성 속에 주어진 「생명력＝에너지」이다. ㅇ道以理言用也(도이리언용야) : 도(道)는 이(理)를 바탕으로 하고 그 용(用)을 말한 것이다.

【참고 보충】 「성자성(誠自成)・도자도(道自道)」

앞에서 여러번 말했지만 「성(誠)」은 「우주의 생명력＝에너지」다. 그 「생명력＝에너지」는 「참으로 정성되게 만물을 창조하고 발전되게 하고 있다.」 그래서 「성(誠)」이라고 일컬은 것이다. 그리고 그와 같은 도리를 천도(天道), 천리(天理)라고 한다. 사람은 물론 자연 만물도 그와 같은 길을 따르고 도리를 따라 스스로 살고 번식하고 발전한다. 다만 사람의 경우는 순수하게 천리(天理)를 따르고 행하지 않고, 잡되고 악한 사욕(私欲)이나 관능적 쾌락을 추구하는 마음으로 행동하기 때문에, 온갖 악덕과 범죄가 발생하는 것이다.

【大全疏註選譯】

(1) <雲峯胡氏> 此誠字 卽是天命之性 是物之所以自成 此道字 是率性之道 是人之所當自行.

<운봉 호씨> 성(誠)자는 즉 「천명으로 주어진 본성 속에 <있는 것이며>」 모든 사물이 스스로 이루어지는 바탕이다. 도(道)자는 「본성을 따르는 것이 도다」라고 한 것으로, 사람이 마땅히 따라가야 할 길이다.

제25장 2절 不誠無物
불 성 무 물

誠者物之終始 不誠無物 是故君子 誠之爲貴.

성자(는) 물지종시(니) 불성(이면) 무물(이니) 시고(로) 군자(는) 성지
위귀(니라)

성(誠)이 만물의 끝이고 처음이다. 성하지 않으면 만물이 없다.
그러므로 군자는 성을 귀하게 여긴다.

[어구 설명] ○誠者物之終始(성자물지종시) : 「성(誠)」은 만물의 처음과
끝이다. 이때의 「성(誠)」을 재래에는 많은 사람들이 「성실한 마음」으로
풀이했다. 그러나 부족하다. 「성(誠)」의 1차적 기본 뜻을 이 책에서는
「우주의 에너지＝생명력」으로 풀이했다. ⇒「참고 보충」2차적 뜻이 「성
실한 마음」이다. ○不誠無物(불성무물) : 1차적 뜻은 「우주에 넘치는 성
(誠)이 진실무망(眞實無妄)하지 않으면 만물이 없게 된다.」 2차적으로
「사람이 성실하지 않으면 모든 사물이 없게 된다. 즉 바르게 처리하지
못한다」로 풀이할 수 있다. ○是故君子(시고군자) : 그러므로 군자는.
○誠之爲貴(성지위귀) : 「성지(誠之)」를 귀하게 여긴다. 「성지(誠之)」
는 「만물의 생명의 근원인 성(誠)＝천도(天道)」를 「성실하게 따르고 행
한다」는 뜻이다. 「제20장 17절」에 있다. 「성자 천지도야(誠者 天之道也)」
「성지자 인지도야(誠之者 人之道也)」

【集註】(1) 天下之物　皆實理之所爲　故必得是
理然後　有是物　所得之理　旣盡　則是物亦盡　而無
有矣.

천하의 만물은 모두가 진실무망(眞實無妄)한 천리(天理)에
의해서 이루어진다. 그러므로, 반드시 바른 도리를 터득한 연후
에 바른 사물이 있게 마련이다. 터득한 천리가 이미 끝나면, 그
것으로 사물도 끝나고 <그 이상 더> 없게 된다.

[**어구 설명**] ○天下之物(천하지물) : 천하의 만물은. ○皆實理之所爲(개실
리지소위) : 모두가 진실무망(眞實無妄)한 천리(天理)에 의해서 이루어
진다. ○故必得是理然後(고필득시리연후) : 그러므로, 반드시 바른 도리
를 터득한 연후에. ○有是物(유시물) : 바른 사물이 있다. 즉 「천리에 맞
게 사물을 처리할 수 있다」는 뜻이다. ○所得之理旣盡(소득지리기진) :
터득한 천리가 이미 끝나면. ○則是物亦盡(즉시물역진) : 즉 그것으로
사물도 끝나고. ○而無有矣(이무유의) : <그 이상 더> 없게 된다. 극단
적인 예를 들고 설명하겠다. 「사람은 동물에 불과하다」고 알면, 「동물적
삶을 산다.」 이것은 사람의 도리에 있어, 가장 낮은 하나만 아는 것이며,
따라서 낮은 단계, 즉 동물적 삶으로 끝나고 그 이상의 높은 경지의 삶이
없게 된다. 한편 「사람은 도덕적으로 존엄한 삶을 살아야 한다」는 도리를
체득하며, 그때에 도덕적으로 존엄한 삶을 살게 된다.

【集註】(2) 故人之心　一有不實　則雖有所爲　亦
如無有　而君子必以誠爲貴也.

그러므로 사람의 마음에 하나라도 성실하지 못한 것이 있으면

<즉 천리가 아니고, 잡되고 악한 사욕이 있으면> 비록 하는 바가 있어도 역시 없는 것과 같게 된다. 즉 천리에 맞는 일이 없게 된다. 군자는 반드시 성(誠)을 귀하게 여긴다.

[**어구 설명**] ㅇ故人之心一有不實(고인지심일유불실) : 그러므로 사람의 마음에 하나라도 성실하지 못한 것이 있으면. 즉 천리(天理)가 아니고, 잡되고 악한 사욕(私欲)이 있으면. ㅇ則雖有所爲(즉수유소위) : 비록 하는 바가 있어도, 즉 사물을 처리해도. ㅇ亦如無有(역여무유) : 역시 없는 것과 같게 된다. 즉 천리에 맞는 일이 없게 된다. ㅇ而君子必以誠爲貴也(이군자필이성위귀야) : 그래서 군자는 반드시, 성(誠)을 귀하게 여긴다. 「성(誠)」은 1차적으로는 「하늘의 진실무망한 성(誠)=천리(天理)」, 2차적으로는 「성=천리를 성실하게 받드는 정성이다.」

【集註】(3) 蓋人之心 能無不實 乃爲有以自成 而道之在我者 亦無不行矣.

무릇 사람의 마음이 능히 부실함이 없어야, 즉 사물을 처리해도 <그 사물이 천리대로> 스스로 이루어진다. 그리고 나에게 있는 도와 도리도 역시 행해지지 않는 바가 없게 된다.

[**어구 설명**] ㅇ蓋人之心(개인지심) : 무릇 사람의 마음이. ㅇ能無不實(능무불실) : 능히 부실함이 없어야, 즉 성실해야. ㅇ乃爲有以自成(내위유이자성) : 즉 사물을 처리해도 <그 사물이 천리대로> 스스로 이루어진다. ㅇ而道之在我者(이도지재아자) : 나에게 있는 도와 도리도. ㅇ亦無不行矣(역무불행의) : 역시 행해지지 않는 바가 없게 된다.

【참고 보충】「성자물지종시(誠者物之終始)」「불성무물(不誠無物)」

직역하면「성(誠)은 만물의 끝이고 처음이다」「성(誠)하지 않으면 만물이 없다.」

재래에는 많은 사람들이「성(誠)」을「마음을 성실하게 하다」혹은「정성을 들이다, 정성되게 하다」로 풀이했다. 그래서「성자물지종시(誠者物之終始)」를「성실이 사물의 끝이자 시작이다.」「불성무물(不誠無物)」을「성실하지 않으면 사물이 없다」로 풀이했다. 즉「성실해야 모든 일의 처음과 끝이 있고, 성실하지 않으면 모든 일이 없게 된다」는 뜻으로 풀이했다. 한편 주자(朱子)는「성(誠)」을「마음으로 터득한 성실한 이(理)」로 풀이했다. 그래서 집주(集註)에서「마음으로 바른 도리를 터득해야 비로소 사물이 있게 된다(心得是理 然後有是物)」라고 풀이했다.

그러나 이들 풀이는 다 자사(子思)가 말한「성(誠)」의 뜻의 핵심이 아니다. 현대에 와서 진입부(陳立夫) 선생이 비로소 바르게 다음같이 해석했다.

「성(誠)은 우주에 넘치는 동능(動能=에너지)이다. 만물을 끝없이 살게 하고 발전케 하는 동능이다.」<四書道貫 p. 256>

「성(誠)」을 이렇게 파악해야 비로소 바르게 해석할 수 있다. 즉「우주에 넘치는 '성(誠)=에너지=생명력'이 만물의 시작이고 끝이다. 그 성(誠)이 아니면 만물도 없게 된다.(誠者物之終始 不誠無物)」

기독교에서 하나님을「생명이요, 사랑이요, 진리요, 길이라」고 높이는 경지와 흡사하다.

제25장 3절 成己·成物
성기   성물

誠者 非自成己而已也 所以成物也 成己仁也 成
物知也 性之德也 合內外之道也 故時措之宜也.

성자(는) 비자성기이이야(라) 소이성물야(니) 성기(는) 인야(요) 성물
(은) 지야(니) 성지덕야(라) 합내외지도야(니) 고(로) 시조지의야(니
라)

성(誠)은 스스로 자기를 완성하는 것으로 끝나지 않는다. <더
나가> 다른 사람이나 사물을 완성하기 때문이다. 자기를 완성
한다고 하는 것은 곧 자신의 인(仁)을 완성한다는 뜻이다. 대상
을 완성한다는 것은 곧 대상이 되는 사람이나 사물의 본성을
바르게 알고 도리에 맞게 다스린다는 뜻이며, 저마다의 본성
속에 있는 천리(天理)를 덕(德)으로 나타나게 한다는 뜻이다.
이는 곧 안과 밖을 하나되게 하는 길이자 도리이다. 고로 때를
맞추어 적용하여, <대상을 저마다> 옳고 바르게 해야 한다.

[**어구 설명**] ㅇ誠者(성자) : 1차적인 성(誠)은 진실무망(眞實無妄)하게 만
　물을 화육(化育)하는 우주의 본체, 즉 「에너지＝생명력＝천리(天理)」이
　다. 2차적인 성(誠)은 성실하게 「천리를 따르고 행하는 사람의 성(誠)」이
　다. ㅇ非自成己而已也(비자성기이이야) : 스스로 자기를 완성하는 것으

로 끝나지 않는다. 「비(非)……이이야(而已也)」는 「……으로 끝나지 않
는다.」 ○所以成物也(소이성물야) : 대상을 완성하기 때문이다. 「물(物)」
은 대상이 되는 「다른 사람, 혹은 사물」을 다 포함한다. ○成己仁也(성기
인야) : 자기 완성을, 곧 자신의 인(仁)을 완성한다는 뜻이다. ○成物知
也(성물지야) : 대상을 완성한다는 것은 곧 대상이 되는 사람이나 사물
의 본성이나 도리를 바르게 알고, 저마다의 도리에 맞게 처리한다는
뜻이다. ○性之德也(성지덕야) : 저마다의 본성 속에 있는 천리(天理)
를 덕으로 나타나게 한다는 뜻이다. ○合內外之道也(합내외지도야) :
<성물(成物)은> 곧 안과 밖을 하나되게 하는 길이자 도리이다. 즉 성
(誠)은 사람이나 사물로 하여금 저마다 내재하고 있는 천리(天理)를 밖
의 덕(德)으로 나타내서, 안과 밖을 합일(合一)하게 하는 도리이다. ○故
時措之宜也(고시조지의야) : 고로 때를 맞추어 <대상을> 이루게 해야
옳고 바르게 된다.

【集註】(1) 誠雖所以成己　然旣有以自成　則自然及物　而道亦行於彼矣.

　비록 성(誠)이 자기를 완성되게 하는 것이지만, 그러나 이미
자신이 완성된 다음에는 이내 <성(誠)이> 자연히 대상에게 미
치고 또 도(道) 역시 대상에게도 행해지게 된다.

[어구 설명] ○誠雖所以成己(성수소이성기) : 비록 성(誠)이 자기를 완성
되게 하는 것이지만. ○然旣有以自成(연기유이자성) : 그러나 이미 자신
이 완성된 다음에는. ○則自然及物(즉자연급물) : 곧 <성(誠)이> 자연
히 대상에게 미치고. ○而道亦行於彼矣(이도역행어피의) : 그리고 도
(道) 역시 대상에게도 행해지게 된다.

【集註】 (2) 仁者體之存 知者用之發 是皆吾性之固有 而無內外之殊 旣得於己 則見於事者 以時措之 而皆得其宜也.

인(仁)은 체(體)를 간직함이다. 지(知)는 용(用)을 발현함이다. 모두가 나의 본성 속에 원래부터 있는 것이며, 안과 밖의 다름이 없다. 이미 <내가 성기(成己)하여> 본성의 인(仁)을 얻게 되면, 즉 모든 사물에 나타나게 마련이다. 단 때를 맞추어 적용해야, 모든 것이 다 옳고 바르게 된다.

[**어구 설명**] ㅇ仁者體之存(인자체지존) : 인(仁)은 체(體)를 간직함이다. ⇒ 「참고 보충」 ㅇ知者用之發(지자용지발) : 지(知)는 용(用)을 나타내는 것이다. ⇒「참고 보충」 ㅇ是皆吾性之固有(시개오성지고유) : 모두가 나의 본성 속에 원래부터 있는 것이며. ㅇ而無內外之殊(이무내외지수) : <원래는> 안과 밖의 다름이 없다. ㅇ旣得於己(기득어기) : 이미 <내가 성기(成己)하여> 본성의 인(仁)을 얻게 되면. ㅇ則見於事者(즉현어사자) : 모든 사물에 나타나게 마련이다. ㅇ以時措之(이시조지) : 때를 맞추어 적용해야 한다. 「시(時)」는 「때, 장소」 등을 다 포함한다. ㅇ而皆得其宜也(이개득기의야) : 그래야 모든 것이 다 옳고 바르게 된다.

【集註】 (3) 右第二十五章 言人道也.

이상이 제25장이다. 인도(人道)를 말한 것이다.

[**어구 설명**] ㅇ人道(인도) : 사람이 지키고 나갈 길과 도리를 말한 것이다. 즉 제25장은 「성지자 인지도야(誠之者 人之道也)」를 풀이한 말이다.

【참고 보충】 「성자(誠者) 비자성기이이야(非自成己而已也)」

① 1차적인 성(誠)은 「하늘의 성」이다. 하늘은 무형(無形)의 본체(本體)다. 그러나, 하늘은 반드시 자기를 유형(有形)의 실재(實在), 즉 자연만물로 발현한다. 즉 하늘은 진실무망(眞實無妄)하게 잠시도 쉬지 않고, 자연만물을 창조하고 발전되게 하고 있다. 그것이 곧 「하늘의 길이고 도리(天道)」이다.

② 「하늘의 성(誠)」은 1차적으로 자연만물을 창조하고 발전케 하는 것이다. 그러나 「성(誠)은 자기완성」으로 끝나지 않는다. 그래서 「성(誠)은 스스로 자기를 완성하고 끝나지 않는다.(誠者 非自成己而已也)」라고 말한 것이다.

③ 「하늘의 성(誠)」은 반드시 성인(聖人)이나 성군(聖君)을 내세워, 천도(天道)를 따라 지덕(地德)을 세우게 한다. 옛날 요(堯)임금, 순(舜)임금이 그 대표자다. 그들은 순수하게 도심(道心)을 따라 덕치(德治)를 폈다. 즉 천하 만민을 덕(德)으로 교화(敎化) 혁신(革新)하고 대동(大同)의 이상세계(理想世界)를 실현했다. 이 경지가 바로 2차적인 「인도의 성(人道之誠)」이다.

④ 「성(誠)」은 반드시 뻗어나가서 대상, 즉 다른 사람이나 사물이나 혹은 동물·식물로 하여금 천리를 따라 참되고 실하게 완성되게 하는 힘을 가졌다. 이를 「소이성물야(所以成物也)」라고 한 것이다.

【참고 보충】 「성기인야(成己仁也) 성물지야(成物知也)」

하늘은 절대선(絶對善)의 본체(本體)다. 하늘과 하나가 된 성인(聖人)도 자기를 완성한 인격자(人格者)다. 「절대선이나, 자기완성(自己完成)」은 곧 「내재하는 성(誠)=천리(天理)를 밖으로 발현하여 만물을 끝없이 생육화성(生育化成)한다」는 뜻이다. 이는 곧 인

(仁)이다.

「성(誠)」은 「내재하는 천리를 따르고 발현하여 참되고 착한 실재(實在)되게 하는 생명력이며, 그 근원은 하늘이다.」한편 「인(仁)」은 「인간의 본성 속에 뿌리를 내리고 있는 사랑의 도리를 실천하여 남이나 사물을 잘살게 하는 덕행을 겸한 것이다.」결과적으로는 같다. 「성을 바탕으로 만물을 창조 발전케 하는 것이나」「인을 바탕으로 만물을 사랑하고 발전케 하는 것이나」다 같다. 그래서 여기서 「성기인야(成己仁也)」라고 한 것은 곧 「사랑으로 대상을 키우고 발전케 해준다」는 뜻이며 곧 「성(誠)」이다.

한편 대상이 되는 사람이나 사물을 잘살고 발전케 한다는 뜻은 곧 대상을 천리에 맞게 잘살고 발전케 한다는 뜻이다. 그러므로 대상이 되는 「사람이나 사물의 본성과 그 속에 내재하는 도리를 바르게 잘 알아야 한다.」그래야 대상을 「본성의 도리를 따라 완성되게 할 수 있다.」그래서 「대상의 완성은 바르게 알고 다스리는 것이다(成物知也)」라고 한 것이다.

【참고 보충】 「성지덕야(性之德也) 합내외지도야(合內外之道也)」

「대상이 되는 사람이나 사물을 완성되게 함」은 곧 「대상의 본성 속에 있는 천리(天理)를 실재(實在)하는 덕(德)으로 나타내는 것」이다.

대상이 되는 사람이나 사물은 다양하고 저마다 다르다. 그러므로 대상을 완성시킬 때에 저마다 때와 장소와, 본성과 도리를 저마다 맞게 해야 한다. 이를 「시조지의야(時措之宜也)」라고 한다.

덕(德)은 득(得)이다. 천도(天道) 천리(天理)를 따르고 행해서 얻어진 좋은 성과를 덕(德)이라고 한다. 그러므로 「성(誠)」은 「천인합일(天人合一)의 도리」이기도 하다.

한편 속에 있는 천리를 밖의 덕으로 나타내므로 이를 「안과 밖을 하나로 합치는 도리(合內外之道)」라고도 한다. 즉 성(誠)은 「내성외왕(內聖外王)의 도리」이기도 하다. 「내성외왕의 덕치」가 곧 유교의 도통(道統)이다.

천리(天理)나 도심(道心)을 따르지 않고, 악덕한 도리나 사악한 마음을 바탕으로 한 범죄적 행위로 얻은 재물은 덕(德)이 아니다. 오늘의 세계에서 강대국이 악덕하게 무력을 행사하여, 남의 토지와 재물을 독점하는 것은 천도 천리에 어긋나는 악덕한 범죄다. 악덕은 반드시 멸망한다.

【大全疏註選譯】

(1) 朱子曰 誠雖所以成己 然在我者 眞實無僞 自能及物 自成己言之 盡己而無一毫之私僞 故曰仁 自成物而言之 因物成就 各得其當 故曰知.

주자가 말했다. 성(誠)은 비록 자기완성의 바탕이나, 나에게 있게 된 것이 진실하고 거짓없는 성(誠)이며, <그 성은> 자연히 대상에 미쳐 나갈 수 있다. 자기를 놓고 말하면, 자기의 본성의 천리를 다하는 것이 되고, 털끝만큼의 사욕(私欲)과 허위(虛僞)도 없다. 그러므로 <그런 상태를> 인(仁)이라고 하는 것이다. 상대를 완성시키는 입장에서 말하면, 대상 하나하나에 붙어 저마다의 본성과 도리에 합당하게 하는 것, 이를 지(知)라고 한다.

  * 논어에서 공자가 말했다. 「사욕을 극복하고 천리에 돌아감을 인이라 한다.(克己復禮爲仁)」. 그래서 사욕과 허위가 없는 상태를 인(仁)이라 한 것이다. 모든 사물의 본성과 그 도리를 알아야 대상

을 완성할 수 있다. 그래서 지(知)라고 한 것이다.

(2) <雲峯胡氏> 成己成物 皆以行言 故先仁後知 仁爲體 知
  爲用.

<운봉 호씨>「자기를 완성하는 성기(成己)나, 대상을 완성케 하는
성물(成物)」은 다「행(行)」을 두고 말하는 것이다. 그러므로 인(仁)
을 앞세우고 지(知)를 뒤에 내세웠다. 인(仁)이 체(體)이고, 지(知)가
용(用)이다.

  * 자기를 완성한 사람이 인(仁)을 주체로 하고, 대상이 되는 사물의
    본성과 도리를 바르게 알고 다스리는 일, 즉 지(知)를 용(用)으로
    삼고 활용함으로써 성물(成物)한다.

중용 제26장 (총10절)

1절 故至誠無息.

2절 不息則久 久則徵.

3절 徵則悠遠 悠遠則博厚 博厚則高明.

4절 博厚 所以載物也 高明 所以覆物也 悠久
所以成物也.

5절 博厚配地 高明配天 悠久無疆.

6절 如此者 不見而章 不動而變 無爲而成.

7절 天地之道 可一言而盡也 其爲物不貳 則
其生物不測.

8절 天地之道 博也 厚也 高也 明也 悠也 久
也.

9절 今夫天 斯昭昭之多 及其無窮也 日月星辰
繫焉 萬物覆焉 今夫地一撮土之多 及其廣
厚 載華嶽而不重 振河海而不洩 萬物載焉

今夫山一卷石之多 及其廣大 草木生之 禽
獸居之寶藏興焉 今夫水一勺之多 及其不
測 黿鼉蛟龍魚鼈生焉 貨財殖焉.
10절 詩云 維天之命 於穆不已 蓋曰天之所以
爲天也 於乎不顯 文王之德之純 蓋曰文
王之 所以爲文也 純亦不已.

각 장마다 나누어 설명을 한다.

제26장 1절 至誠無息
지 성 무 식

故至誠無息.

고(로) 지성(은) 무식(이라)

그런고로 지극한 정성은 쉬지 않는다.

[**어구 설명**] ㅇ故(고) : <앞에서 여러 가지로 설명한 바가 있다> 그러므로.
ㅇ至誠無息(지성무식) : 지극한 정성은 쉬지 않는다.

【集註】 (1) 旣無虛假 自無間斷.

원래 거짓과 꾸밈이 없으므로, 자연히 사이가 나거나 중단하는 일이 없다.

[**어구 설명**] ㅇ旣無虛假(기무허가) : 원래 거짓과 꾸밈이 없으므로. ㅇ自無間斷(자무간단) : 자연히 사이나 중단이 없다.

【**참고 보충**】 「지성무식(至誠無息)」

「지극한 정성은 쉬지 않는다.」「1차적인 지극한 정성」은 「하늘의 지극한 정성」이다. 즉 「하늘은 참되고 알찬 정성으로 우주 천지 자연 만물을 쉬지 않고 줄기차게 창조하고 발전케 하고 있다.」 2차적인 정성은 「성인의 정성이다.」 즉 하늘과 하나가 된 성인(聖人)이나 성군(聖君)도 「지극한 정성으로 쉬지 않고 덕치(德治)를 펴서, 인류의 역사와 문화를 더욱 새롭게 창조적으로 발전되게 한다.」 그러므로 배우는 사람이나 군자(君子)도 「지극한 정성으로 쉬지 않고, 자기 완성, 즉 성기(成己)하고, 더 나가서 대상을 완성하는 성물(成物)을 성취해야 한다.」

제26장 2절 久則徵
구 즉 징

不息則久 久則徵.

불식즉구(하고) 구즉징(하니라)

쉬지 않으니깐 오래 지속하고, 오래 지속하니깐 그 징험이 밖으로 나타난다.

[**어구 설명**] ㅇ不息則久(불식즉구) : 쉬지 않으므로 오래 지속하고. ㅇ久則徵(구즉징) : 오래 지속하니깐 그 징험(徵驗)이 밖으로 나타난다.

【集註】 (1) 久常於中也 徵驗於外也.

「구(久)」는 항상, 언제나 <속에 있는> 「성(誠)＝천리(天理)」에 맞게 함이다. 「징(徵)」은 밖으로 그 효험을 나타냄이다.

[**어구 설명**] ㅇ久常於中也(구상어중야) : 「구(久)」는 항상, 언제나, <속에 있는> 「성(誠)＝천리(天理)」에 맞게 함이다. ㅇ徵驗於外也(징험어외야) : 「징(徵)」은 밖으로 <천리의> 효험을 나타냄이다.

【**참고 보충**】 「불식즉구(不息則久) 구즉징(久則徵)」

하늘이나 성인은 쉬지 않고, 지극한 정성으로 「속에 있는 성(誠)＝천리(天理)」를 항상 변하지 않고 밖으로 발현한다. 그러므로 그 징험(徵驗)이 나타난다. 성인의 경우는 하늘과 같은 마음으로 「성＝천리」를 간직하고 발현하고 있으므로 덕으로 나타난다.

제26장 3절 悠遠·博厚·高明
유 원   박 후   고 명

徵則悠遠 悠遠則博厚 博厚則高明.

징즉유원(하고) 유원즉박후(하고) 박후즉고명(하니라)

나타나는 징험(徵驗)이 유연하고 멀리 나타난다. 유연하게 멀리까지 나타나니깐, 즉 넓게 번지고 두텁게 쌓인다. 넓고 두터우니 곧 고대(高大)하고 광명(光明)하게 된다.

[**어구 설명**] ㅇ徵則悠遠(징즉유원) : 나타나는 징험이 유연하고 멀리 퍼진다. 「유(悠)」는 「각박하지 않고, 여유가 있고 느긋하고 유연한 품」을 뜻한다. ㅇ悠遠(유원) : 유연하게 멀리까지 나타나니. ㅇ則博厚(즉박후) : 넓게 번지고 두텁게 쌓인다. ㅇ博厚則高明(박후즉고명) : 넓고 두터우니 곧 고대(高大)하고 광명(光明)하게 된다.

【集註】(1) 此皆以其驗於外者言之 鄭氏所謂至誠之德著於四方者 是也 存諸中者旣久 則驗於外者盆悠遠而無窮矣 悠遠故 其積也廣博而深厚 博厚故 其發也高大而光明.

이상은 다 밖으로 나타난 징험(徵驗)을 말한 것이다. 정현(鄭玄)이 말한 바 「지성의 덕이 사방으로 나타난다」고 한 것이,

바로 그것이다. 속에 간직한 지가 이미 오래되면, 즉 밖으로 나타나는 징험이 더욱 유연하게 멀리 퍼지고, 또 무궁하다. 유연하게 멀리 퍼지는 고로, 그 축적되는 것도 광범위하게 넓고 또 깊으면서 두텁게 된다. 넓고 두터우니깐, 고로 그 나타나는 징험이 높고 크고 또 빛나고 밝다.

[**어구 설명**] ○此皆以其驗於外者言之(차개이기험어외자언지) : 이상은 다 밖으로 나타난 징험(徵驗)을 말한 것이다. ○鄭氏所謂(정씨소위) : 정현(鄭玄)이 말한 바. ○至誠之德著於四方者(지성지덕저어사방자) : 「지성의 덕이 사방으로 나타난다」고 한 것이. ○是也(시야) : 바로 그것이다. ○存諸中者旣久(존저중자기구) : 속에 간직한 지가 이미 오래되면. ○則驗於外者(즉험어외자) : 밖으로 나타나는 징험이. ○益悠遠(익유원) : 더욱 유연하게 멀리 퍼지고. ○而無窮矣(이무궁의) : 또 무궁하다. ○悠遠故(유원고) : 유연하게 멀리 퍼지는 고로. ○其積也(기적야) : 그 축적되는 것도, 그 쌓이는 것도. ○廣博而深厚(광박이심후) : 광범위하게 넓고 또 깊으면서 두텁게 된다. ○博厚故(박후고) : 넓고 두터우니깐, 고로. ○其發也高大而光明(기발야고대이광명) : 그 나타나는 징험도 높고 크고 또 빛나고 밝다.

【**참고 보충**】「**유원**(悠遠)·**박후**(博厚)·**고명**(高明)」

「지성(至誠)」은「우주의 에너지, 만물을 낳고 키우는 생명력」이다. 하늘의 경지에서나, 성인의 경지에서나「지성무식(至誠無息)」「오래되면 즉 나타난다.(久則徵)」속에 지성(至誠)이 넘치면 밖으로 나타난다. 그것이 곧「지성의 덕(德)」이고「징험(徵驗)」이다. 그「징험」의 품을「유원(悠遠)·박후(博厚)·고명(高明)」하다고 묘사한 것이다.

제26장 4절　載物·覆物·成物
재 물　 복 물　 성 물

博厚 所以載物也 高明 所以覆物也 悠久 所以成物也.

박후(는) 소이재물야(요) 고명(은) 소이복물야(요) 유구(는) 소이성물야(니라)

박후(博厚)는 모든 사물을 싣는 바탕이다. 고명(高明)은 모든 사물을 한결같이 통괄하는 바탕이다. 유구(悠久)는 모든 사물을 성취하는 바탕이다.

[**어구 설명**] ㅇ博厚所以載物也(박후소이재물야) : 「박후(博厚)」는 사물을 싣는 바탕이다, 「박후」하니깐 물건을 싣는다. 「소이(所以)」는 「그럼으로써 ……한다, ……하는 바탕이다」로 풀이한다. ㅇ高明所以覆物也(고명소이복물야) : <하늘같이> 고명(高明)하니깐 모든 사물을 통괄한다. 「복(覆)」은 「덮고 가린다」는 뜻이 아니고 「총체적으로 통괄한다」는 뜻이다.」ㅇ悠久所以成物也(유구소이성물야) : 유구(悠久)하니깐 만물을 성취한다. 「유구」는 「유연하고 느긋하고 오래 지속되다」의 뜻.

【集註】 (1) 悠久卽悠遠 兼內外而言之也 本以悠遠致高厚 而高厚又悠久也 此言聖人與天地同用.

「유구(悠久)」는, 즉 「유연하게 멀리 번진다」는 뜻이다. 아울

러 안(內)와 밖(外)를 겸해서 말한 것이다. 근본이 유원(悠遠)하
므로 고후(高厚)하게 된다. 그래서 고후하고 또 유구(悠久)하
다. 이 말은 성인과 천지가 같음을 말한 것이다.

[**어구 설명**] ㅇ悠久卽悠遠(유구즉유원) : 「유구(悠久)」는, 즉 「유연하게 멀
리 번진다」는 뜻이다. 「구(久)」와 「원(遠)」에는 공간적으로나 시간적으
로나 「멀리 또 오래」라는 뜻이 포함되어 있다. ㅇ兼內外而言之也(겸내
외이언지야) : 아울러 안(內)와 밖(外)를 겸해서 말한 것이다. ㅇ本以悠
遠致高厚(본이유원치고후) : 근본이 유원(悠遠)하니깐 고후(高厚)하게
된다. ㅇ而高厚又悠久也(이고후우유구야) : 그래서 고후(高厚)하고 또
유구(悠久)하다. ㅇ此言聖人與天地同用(차언성인여천지동용) : 이는
성인과 천지가 같음을 말한 것이다.

【**참고 보충**】 「**박후재물**(博厚載物) · **고명복물**(高明覆物) · **유구성
물**(悠久成物)」

① 박후재물(博厚載物) : 「지성(至誠)의 덕(德)」이 넓게 번지고
두텁게 쌓이니깐, 대지(大地)가 만물을 싣고 키워주듯이 성인도 모든
사람과 사물을 다 감당하고 다스리고 처리할 수 있다.

② 고명복물(高明覆物) : 「지성(至誠)의 덕(德)」이 하늘같이 높고
밝으니깐, 성인이 하늘처럼 모든 사람과 사물을 다 통괄하고 다스리
고 처리할 수 있다.

③ 유구성물(悠久成物) : 「지성(至誠)의 덕(德)」이 유연하게 멀리
까지 미치고 또 오래 지속되니깐, 성인이 온 천하를 영원히 다스리고
키워서 사람이나 만물이 저마다 성취되게 할 수 있다.

제26장 5절 配地 · 配天 · 無疆
배 지   배 천   무 강

博厚配地 高明配天 悠久無疆.

박후(는) 배지(하고) 고명(은) 배천(하고) 유구(는) 무강(이니라)

성인의 박후(博厚)한 덕은 대지(大地)의 덕과 합치한다. 성인의 고명(高明)한 덕은 하늘(天)의 덕과 합치한다. 성인의 유구(悠久)한 덕은 무궁무진한 천지(天地)의 덕과 합치한다.

[**어구 설명**] ㅇ博厚配地(박후배지) : 성인의 박후(博厚)한 덕은 <만물을 싣고 생육하는> 대지(大地)의 덕과 합치한다. ㅇ高明配天(고명배천) : 성인의 고명(高明)한 덕은 <만물을 덮고 생육하는> 하늘(天)의 덕과 합치한다. ㅇ悠久無疆(유구무강) : 성인의 유구(悠久)한 덕은 <공간적으로나 시간적으로나> 무궁무진한 천지(天地)의 덕과 합치한다.

【集註】 (1) 此言聖人與天地同體.

이 구절은 성인(聖人)과 천지(天地)가 본체(本體)인 덕(德)을 합치하고 있음을 말한 것이다.

[**참고 보충**] 「박후배지(博厚配地) · 고명배천(高明配天) · 유구무강(悠久無疆)」

박후(博厚)한 덕은 바로 대지(大地)의 덕이다. 고명(高明)한 덕은 바로 하늘의 덕이다. 유구(悠久)한 덕은 바로 무궁무진한 천지(天地)의 덕이다. 천지인(天地人) 삼재(三才)의 덕(德)이 합일한다.

🔖 제26장 6절　無爲而成
무 위 이 성

如此者 不見而章 不動而變 無爲而成.

여차자(는) 불현이장(하며) 부동이변(하며) 무위이성(이니라)

이 같은 성인(聖人)은 남에게 내보이려고 애를 쓰지 않아도, 저절로 아름답게 나타나고, 애를 쓰고 움직이지 않아도 스스로 변하게 되고, 인위적(人爲的)으로 꾸미고 작동하지 않아도 스스로 이루어진다.

[**어구 설명**] ○如此者(여차자) : 이 같은 성인(聖人), 즉 지성무식(至誠無息)한 성인은. ○不見而章(불현이장) : 남에게 내보이려고 애를 쓰지 않아도, 저절로 아름답게 나타나고. ○不動而變(부동이변) : 애를 쓰고 움직이지 않아도 스스로 변하고. ○無爲而成(무위이성) : 인위적(人爲的)으로 꾸미고 작동하지 않아도 스스로 이루어진다.

【集註】(1) 見猶示也 不見而章 以配地而言也 不動而變 以配天而言也 無爲而成 以無疆而言也.

「현(見)」은 <애를 쓰고 남에게> 「내보인다」는 뜻이다. 「불현이장(不見而章)」은 <성인의 덕(德)이> 땅(地)과 합치한다는 뜻을 말한 것이다. 「부동이변(不動而變)」은 <성인의 덕(德)이>

하늘(天)과 합치한다는 뜻을 말한 것이다. 「무위이성(無爲而
成)」은 <성인의 덕(德)이> 하늘과 땅이 무궁무진함과 같다는
뜻을 말한 것이다.

[**어구 설명**] ○見猶示也(현유시야) : 「현(見)」은 <애를 쓰고 남에게> 「내
보인다」는 뜻이다. ○不見而章 以配地而言也(불현이장 이배지이언
야) : 「불현이장」은 <성인의 덕이> 땅(地)과 합치한다는 뜻을 말한 것
이다. ○不動而變 以配天而言也(부동이변 이배천이언야) : 「부동이변」
은 <성인의 덕이> 하늘(天)과 합치한다는 뜻을 말한 것이다. ○無爲而
成 以無疆而言也(무위이성 이무강이언야) : 「무위이성」은 <성인의 덕
이> 하늘과 땅이 무궁무진함과 같다는 뜻을 말한 것이다.

【**참고 보충**】「**불현이장**(不見而章)・**부동이변**(不動而變)・**무위이
성**(無爲而成)」

① 불현이장(不見而章) : 자연 만물은 대지 위에 터를 잡고 삶을
누리고 있다. 봄이 되면 꽃을 피우고, 가을이 되면 열매를 맺는다.
동식물이 번식하고, 인류의 문화가 발전한다. 이 모든 것이 땅의 덕이
며, 자연스럽게 이루어진다.

② 부동이변(不動而變) : 하늘이나 하늘의 도리는 눈에 보이지 않
는다. 그러나 시간과 공간적으로 만물을 지배하고 만물을 변하게 한
다. 이것이 하늘의 덕이다.

③ 무위이성(無爲而成) : 하늘과 땅은 자연스럽게 만물을 낳고 키
우고 번성하고 또 「생생불이(生生不已)」한다. 이것이 「천지의 대덕
(大德)」이자 「지극한 성(誠)」이다. 이와 합치하는 사람이 성인(聖人)
이다. 그래서 요순(堯舜)의 「무위자연(無爲自然)의 덕치(德治)」를
높이는 것이다.

제26장 7절 一言而盡
일 언 이 진

天地之道 可一言而盡也 其爲物 不貳 則其生物
不測.

천지지도(는) 가일언이진야(이니) 기위물(이) 불이(라) 즉기생물(이)
불측(이니라)

하늘과 땅이 어울려 만물을 낳고 키우고 발전케 하는 길이나
도리를 한마디로 말할 수 있으니, 그것은 둘이 아니고 하나인
「성(誠)」이다. 그래서 만물을 헤아릴 수 없이 많이 낳고 키운다.

[**어구 설명**] ㅇ天地之道(천지지도) : 하늘과 땅이 어울려 만물을 낳고 키우
고 발전케 하는 길이나 도리. ㅇ可一言而盡也(가일언이진야) : 한마디로
말할 수 있다. ㅇ其爲物(기위물) : <만물을 낳고 키우는> 하늘의 도리나
땅의 도리 자체는. 「기위물(其爲物)」은 직역하면 「그 물건됨은」이다. 결국
「그 자체, 그 본체」의 뜻이다. ㅇ不貳(불이) : 둘이 아니다, 즉 하늘의 도리
나 땅의 도리가 서로 다른 두 개가 아니다. 하나인 「성(誠)」이다. ㅇ則其生
物不測(즉기생물불측) : 그래서 만물을 헤아릴 수 없이 많이 낳고 키운다.

【集註】 (1) 此以下 復以天地 明至誠無息之功
用 天地之道可一言而盡 不過曰誠而已 不貳所以
誠也 誠故 不息而生物之多 有莫知其所以然者.

이 6절 다음의 글은 다시 하늘과 땅을 가지고 지성무식(至誠無息)의 공용(功用)을 밝힌 것이다. 천지의 도를 한마디로 추려 말할 수 있으니, 즉 「성(誠)」이라 한다. 「불이(不貳)」, 즉 「하늘과 땅이 둘이 아니다」라는 뜻은 <하늘과 땅이 다> 성(誠)을 바탕으로 하고 있기 때문이다. 성(誠)이기 때문에, 고로 쉬지 않고 만물을 많이 낳고 자라게 하며, 그러면서도 그렇게 되는 까닭을 알 수가 없는 것이다.

[**어구 설명**] ㅇ此以下(차이하) : 이 다음은. ㅇ復以天地(부이천지) : 다시 하늘과 땅을 가지고. ㅇ明至誠無息之功用(명지성무식지공용) : 지성무식의 공용을 밝힌 것이다. ㅇ天地之道可一言而盡(천지지도가일언이진) : 천지의 도를 한마디로 추려 말할 수 있으니. ㅇ不過曰誠而已(불과왈성이이) : 오직 「성(誠)」이라고 한다. ㅇ不貳所以誠也(불이소이성야) : 「불이(不貳)」, 즉 「하늘과 땅이 둘이 아니다」라는 뜻은 <하늘과 땅이 다> 「성(誠)」을 바탕으로 하고 있기 때문이다. ㅇ誠故(성고) : <하늘과 땅이> 「성(誠)」을 바탕으로 하고 있기 때문에, 고로, 따라서. ㅇ不息而生物之多(불식이생물지다) : 쉬지 않고 만물을 많이 낳고 자라게 한다. ㅇ有莫知其所以然者(유막지기소이연자) : 그러면서 그렇게 되는 까닭을 알 수가 없다.

【**참고 보충**】 「가일언이진(可一言而盡)」

하늘과 땅이 어울려 만물을 낳고 키우고 또 번식하고 대를 이어가면서 번식하고 발전되게 한다. 이를 「천지의 도(天地之道)」라고 한다. 이를 한마디로 줄여 「성(誠)」이라 한다. 하늘의 도나 땅의 도나 다 성(誠)이다.

제26장 8절 天地之道
천 지 지 도

天地之道 博也 厚也 高也 明也 悠也 久也.

천지지도(는) 박야 후야 고야 명야 유야 구야(니라)

천지의 도는 <성(誠)이다.> 그래서 <그 공용(功用)이> 넓게 퍼지고, 두텁게 쌓이고, 높게 오르고, 밝게 빛나고, 유연하게 뻗어나고, 또 오래 지속한다.

[**어구 설명**] ㅇ天地之道(천지지도) : 만물을 낳고 키우는 천지의 도(道)나 도리가 나타나는 공용(功用)이나 공효(功效)는. ㅇ博也(박야) : 넓게 퍼진다. ㅇ厚也(후야) : 두텁게 쌓인다. ㅇ高也(고야) : 높게 오르다. ㅇ明也(명야) : 밝게 빛나다. ㅇ悠也(유야) : 유연하게 멀리 뻗는다. ㅇ久也(구야) : 오래 지속한다.

【集註】(1) 言天地之道誠一不貳 故能各極其盛 而有下文生物之功.

이 구절은 천지의 도는 성(誠) 하나뿐이고, 둘이 아니다. 그러므로 저마다 극성(極盛)함을 다할 수 있다는 <뜻을 말한 것이다.> 그리고 다음의 글에서는 <하늘과 땅이> 만물을 낳고 키우는 공용을 말했다.

[**어구 설명**] ㅇ言天地之道(언천지지도) : 이 구절은 천지의 도는. ㅇ誠一不貳(성일불이) : 성(誠) 하나뿐이고, 둘이 아니다. ㅇ故能各極其盛(고능각극기성) : 그러므로 저마다 극성(極盛)함을 다할 수 있다는 <뜻을 말한 것이다.> 「언(言)」은 여기까지 걸린다. ㅇ而有下文生物之功(이유하문생물지공) : 그리고 다음의 글에서는 <하늘과 땅이> 만물을 낳고 키우는 공용을 말했다.

【**참고 보충**】「박(博)·후(厚)·고(高)·명(明)·유(悠)·구(久)」 하늘과 땅이 어울려 만물을 낳고 키우고 더욱 번식하고 인류의 경우는 역사와 문화를 더욱 새롭게 발전되게 하고 있다. 그 「원동력 생명력 에너지」를 중용에서는 「성(誠)」이라고 일컬었다. 제24장에서는 「지성은 신과 같다(至誠如神)」고 했다. 그 신비한 「성」이 발현하여 일월성(日月星)이 되고, 또 천체를 운행하고 있다. 하늘에는 연비(鳶飛)하고, 물에는 어약(魚躍)하고, 산에는 초목이 자라고, 숲에는 동물이 달리고 있다. 인류는 수백 만년에 걸쳐 대를 이어가면서, 발전하고 있다. 이와 같이 천지가 운행하고, 자연 만물이 공간적으로나 시간적으로나 생육(生育)하고 번식 발전하는 근원적인 힘이 곧 「성(誠)의 발현」이다.

이 8절에서는 「성(誠)의 공효(功效)나 공용(功用)의 범위와 양상」을 「박(博)·후(厚)·고(高)·명(明)·유(悠)·구(久)」라고 표현했다. 8절은 앞에 있는 「3절, 4절 및 5절」을 요약한 것이다. 즉 3절에서는 「징즉유원(徵則悠遠) 유원즉박후(悠遠則博厚) 박후즉고명(博厚則高明)」이라고 했다. 4절에서는 「박후소이재물야(博厚所以載物也) 고명소이복물야(高明所以覆物也) 유구소이성물야(悠久所以成物也)」라고 했다. 5절에서는 「박후배지(博厚配地) 고명배천(高明配天) 유구무강(悠久無疆)」이라고 했다.

제26장 9절 其無窮也
기 무 궁 야

今夫天斯昭昭之多 及其無窮也 日月星辰繫焉
萬物覆焉.

今夫地一撮土之多 及其廣厚 載華嶽而不重 振
河海而不洩 萬物載焉.

今夫山一卷石之多 及其廣大 草木生之 禽獸居
之 寶藏興焉.

今夫水一勺之多 及其不測 黿鼉蛟龍魚鼈生焉
貨財殖焉.

금부천(이) 사소소지다(이니) 급기무궁야(하야는) 일월성신(이) 계언
(하며) 만물(이) 복언(이니라)

금부지(이) 일촬토지다(이니) 급기광후(하야는) 재화악이부중(하며)
진하해이불설(하며) 만물(이) 재언(이니라)

금부산(이) 일권석지다(이니) 급기광대(하야는) 초목(이) 생지(하며)
금수(이) 거지(하며) 보장(이) 흥언(이니라)

금부수(이) 일작지다(이니) 급기불측(하야는) 원타교룡어별(이) 생언
(하며) 화재(이) 식언(이니라)

지금 <우리가 대하고 보는> 저 하늘은 <말하자면> 맑고 빛나

는 투명한 공간이 많이 모인 것이다. <그러나> 무궁함에 이르러서는 그 하늘, 곧 우주에 일월성신(日月星辰)이 매여 있고 또 만물을 덮고 <자라게 하고 있다.>

지금 <우리가 대하고 있는> 대지는 <말하자면> 한줌의 흙이 많이 모인 것이다. <그러나> 그 넓고 두터움에 이르러서는 화산(華山)이나 악산(嶽山) 같은 산들을 싣고도 무겁게 여기지 않고, 또 강이나 바다의 물을 담고도 새지 않게 하고, 또 만물을 싣고 생육(生育)하고 있다.

지금 <우리가 대하고 있는> 산은 <말하자면> 한 덩어리 돌들이 많이 모인 것이다. 그러나 그 산이 광대하게 되면 초목들이 살아서 우거지고 금수가 <산 속에서> 살고 여러 가지 보물을 감추어 두었다가 나타나게도 한다.

지금 <우리가 대하고 있는> 강물이나 바닷물도 <말하자면> 한 국자의 물이 많이 모인 것이다. <그러나> 그 물이 헤아릴 수 없이 많이 모이면, 큰 자라, 악어, 이무기, 용, 고기, 자라 등이 살아서 번식하며 여러 가지 보화 재물이 불어난다.

[**어구 설명**] ㅇ今夫天(금부천) : 지금 <우리가 대하고 보는> 저 하늘은. ㅇ斯昭昭之多(사소소지다) : <그것은 다만> 맑고 빛나는 투명한 공간이 많이 모인 것이다, 즉 투명한 공간만을 여기저기 보고 알뿐이다. 「소소(昭昭)」는 「경경(耿耿)」과 같은 뜻이다. ㅇ及其無窮也(급기무궁야) : <그러나> 그 무궁함에 이르러서는, 즉 우주의 경지에서는, 공간적으로나 시간적으로 무궁무진한 하늘이 곧 우주다. ㅇ日月星辰繫焉(일월성신계언) : 그 하늘 곧 우주에, 일월성신이 매여 있고 또 운행하고 있다. ㅇ萬

物覆焉(만물복언) : <하늘 곧 우주가> 만물을 덮어 싸고 <살고 자라게 하고 있다.>

ㅇ 今夫地一撮土之多(금부지일촬토지다) : 지금 <우리가 대하고 있는> 대지는 <말하자면> 한줌의 흙이 많이 모인 것이다. ㅇ 及其廣厚(급기광후) : <그러나> 그 넓고 두터움에 이르러서는, 즉 대지의 넓이가 끝없이 광대하고 또 그 두께가 헤아릴 수 없이 두텁다. ㅇ 載華嶽而不重(재화악이부중) : 그래서 화산(華山)이나 악산(嶽山) 같은 산들을 싣고도 무겁게 여기지 않는다. 「화악(華嶽)」을 화산(華山) 하나로 치기도 한다. ㅇ 振河海而不洩(진하해이불설) : <대지나 지구 위에> 강이나 바닷물을 담고도, 새지 않게 하고 있다. 「진(振)」은 「수(收)」와 같다. 즉 강물이나 바닷물을 다 거둬들이다. ㅇ 萬物載焉(만물재언) : <대지나 지구가> 만물을 싣고 <생육(生育)하고 있다.>

ㅇ 今夫山一卷石之多(금부산일권석지다) : 지금 <우리가 대하고 있는> 산은 <말하자면> 한 덩어리 돌들이 많이 모인 것이다. ㅇ 及其廣大(급기광대) : 그러나 그 산이 광대하게 되면. ㅇ 草木生之(초목생지) : 초목들이 살아서 우거지고. ㅇ 禽獸居之(금수거지) : 금수가 <산 속에서> 살고. ㅇ 寶藏興焉(보장흥언) : 여러 가지 보물을 감추어 두었다가 나타나게도 한다.

ㅇ 今夫水一勺之多(금부수일작지다) : 지금 <우리가 대하고 있는> 강물이나 바닷물도 <말하자면> 한 국자의 물이 많이 모인 것이다. ㅇ 及其不測(급기불측) : <그러나> 그 물이 헤아릴 수 없이 많이 모이면. ㅇ 黿鼉蛟龍魚鼈生焉(원타교룡어별생언) : 큰 자라, 악어, 이무기, 용, 고기, 자라 등이 살아서 번식하며. 黿(자라 원) 鼉(악어 타) 蛟(이무기 교) 龍(용 룡) 鼈(자라 별) ㅇ 貨財殖焉(화재식언) : 보화 재물이 불어난다.

【集註】(1) 昭昭猶耿耿 小明也 此指其一處而言之 及其無窮 猶十二章及其至也之意 蓋擧全體

而言也 振收也 卷區也 此四條 皆以發明由其不貳
不息 以致盛大而能生物之意 然天地山川 實非由
積累而後大 讀者不以辭害意可也.

「소소(昭昭)」는 「경경소명(耿耿小明)」이며 즉 「작게 빛난다」
는 뜻이다. 이는 하늘의 한 구석을 말한 것이다. 「그 무궁함에
이르러」는 즉 「하늘의 무궁무진한 총체를 말하면」의 뜻이며,
제12장에서 말한 「급기지야(及其至也)」와 같은 뜻이다. 무릇
〈하늘〉 전체를 다 들고 말한 것이다. 「진(振)」은 「받아들인다」,
즉 「수(收)」와 같은 뜻이다. 「권(卷)」은 「하나(區)」, 즉 「한 덩어
리」의 뜻이다. 이 네 가지 조목의 구절은 모두가 저마다 지니고
있는 한결같은 성(誠)을 바탕으로 쉬지 않음으로써 성대하게
되고 능히 만물을 생육(生育)한다는 뜻을 밝혀낸 것이다. 그러
나 천지산천이, 사실에 있어 공간이나, 흙이나, 돌이나, 물만이
모이고 쌓여서 크게 된 것이 아니다. 독자들은 겉의 뜻을 가지고
본의를 해치지 않아야 한다. 즉 물질이 모여서 천지산천의 기능
이 위대하게 된 것이 아니고 「우주의 생명의 근원인 성(誠)이
쉬지 않고 기능한 결과」라는 깊은 뜻을 바르게 알아야 한다.

[**어구 설명**] ㅇ昭昭猶耿耿小明也(소소유경경소명야) : 「소소(昭昭)」는 「경
경소명(耿耿小明)」이다. 「경(耿)」은 반짝이다, 「소명(小明)」은 「작게 빛
나다.」 ㅇ此指其一處而言之(차지기일처이언지) : 이는 하늘의 한 구석
을 말한 것이다. ㅇ及其無窮(급기무궁) : 「그 무궁함에 이르러」는. 즉
「하늘의 무궁무진한 총체를 말하면」의 뜻. ㅇ猶十二章及其至也之意(유

십이장급기지야지의) : 제12장에서 말한 「급기지야(及其至也)」와 같은 뜻이다. ㅇ蓋擧全體而言也(개거전체이언야) : 무릇 <하늘> 전체를 다 들고 말한 것이다. ㅇ振收也(진수야) : 「진(振)」은 「받아들인다」, 즉 「수(收)」와 같은 뜻이다. ㅇ卷區也(권구야) : 「권(卷)」은 「하나(區)」, 즉 「한 덩어리」의 뜻이다. ㅇ此四條(차사조) : 이 네 가지 조목의 구절은. ㅇ皆以發明由其不貳不息(개이발명유기불이불식) : 모두가 저마다 지니고 있는 한결같은 성(誠)을 바탕으로 쉬지 않음으로써. ㅇ以致盛大而能生物之意(이치성대이능생물지의) : 성대하게 되고 능히 만물을 생육(生育)한다는 뜻을 밝혀낸 것이다. 「발명(發明)」은 여기까지 걸린다. ㅇ然天地山川(연천지산천) : 그러나 천지산천이. ㅇ實非由積累而後大(실비유적루이후대) : 사실에 있어 공간이나, 흙이나, 돌이나, 물만이 모이고 쌓여서 크게 된 것이 아니다. ㅇ讀者不以辭害意可也(독자불이사해의가야) : 독자들은 겉의 뜻을 가지고 본의를 해치지 않게 해야 한다. 즉 물질이 모여서 천지산천의 기능이 위대하게 된 것이 아니고 「우주의 생명의 근원인 성(誠)이 쉬지 않고 기능한 결과」라는 깊은 뜻을 바르게 알아야 한다.

【참고 보충】 「천지산천(天地山川)」

① 하늘(天) : 하늘은 물리적으로 말하면, 아무것도 없는데, 어떻게 거대한 태양과 달과 뭇 별들이 매달려 질서정연하게 억만년을 돌고 운행하며, 빛과 열을 발산하고 또 사계절에 따라 기상변화를 일으키고 만물을 생육하고 있는가?

② 땅(地) : 지금 우리가 대하고 있는 땅도 말하자면 한줌의 흙이 많이 모인 것이다. 그런데 어떻게 해서, 화산(華山)이나 악산(嶽山) 같은 산들을 싣고도 무겁게 여기지 않고 또 강이나 바다의 물을 담고도 새지 않게 하고 또 만물을 싣고 생육(生育)하고 있는가?

③ 산(山) : 지금 우리가 대하고 있는 산도 말하자면 한 덩어리 돌들이 많이 모인 것이다. 그런데 어떻게 그 산에 초목들이 살아서 우거지고 금수가 살고 여러 가지 보물을 감추어 두었다가 나타나게 하는가?

④ 하해(河海) : 강물이나 바닷물도 말하자면 한 국자의 물이 많이 모인 것이다. 그런데, 어떻게 그 물 속에 헤아릴 수 없이 많은 자라, 악어, 이무기, 용, 고기 및 기타의 해산물과 기타의 보화 재물이 쏟아져 나오는가? 중용(中庸)에서 자사(子思)는 그 원동력을 「성(誠)」, 그 도리를 「천도(天道) 천리(天理)」로 보고 있다. 주자는 집주에서 말했다. 「모두가 저마다 지니고 있는 한결같은 성(誠)을 바탕으로 쉬지 않음으로써, 성대하게 되고 능히 만물을 생육(生育)한다.」 성인(聖人)이 바로 「지성무식(至誠無息)」으로 만인을 교화하고 평천하(平天下)한다.

제26장 10절 於穆不已
오 목 불 이

詩云 維天之命 於穆不已 蓋曰天之所以爲天也
於乎不顯 文王之德之純 蓋曰文王之所以爲文
也 純亦不已.

시운 유천지명(이) 오목불이(라하니) 개왈천지소이위천야(이오) 오호
불현(가) 문왕지덕지순(이라하니) 개왈문왕지소이위문야(이니) 순역
불이(니라)

「시경(詩經) 주송(周頌) 유천지명편(維天之命篇)」에 있다.『참
으로 하늘의 명이 깊고 그윽하며 끝남이 없다.』<이 구절은>
무릇 하늘의 하늘 됨을 말한 것이다.『아아! 나타나지 않으랴?
문왕의 덕이 순수하시니!』<시경의 이 구절은> 무릇, 문왕의
문왕 되심을 말한 것이다. <문왕의>「순수한 덕도 역시 끝이
없다」는 뜻을 말한 것이다.

[**어구 설명**] ㅇ詩云(시운) :「시경(詩經) 주송(周頌) 유천지명편(維天之命
篇)」의 시, 문왕(文王)을 제사지낼 때 읊은 시다. ㅇ維天之命 於穆不已
(유천지명 오목불이) :「하늘의 명이 깊고 그윽하며 끝남이 없다.」「유
(維)」는 발어사(發語辭),「오직, 참으로」의 뜻이다.「오(於)」는 감탄사,
「오」로 발음한다. ㅇ蓋曰天之所以爲天也(개왈천지소이위천야) :<시경
의 구절은> 무릇 하늘의 하늘 됨을 말한 것이다. ㅇ於乎不顯 文王之德

之純(오호불현 문왕지덕지순) : 「아아! 나타나지 않으랴? 문왕의 덕이 순수하시니!」 <시경의 구절이다> ○ 蓋曰文王之所以爲文也(개왈문왕지소이위문야) : 무릇, 문왕의 문왕 되심을 말한 것이다. ○ 純亦不已(순역불이) : <문왕의> 「순수한 덕도 역시 끝이 없다」는 뜻을 말한 것이다.

【集註】(1) 詩周頌維天之命篇 於歎辭 穆深遠也 不顯猶言豈不顯也 純純一不雜也 引此以明至誠無息之意.

　시는 시경(詩經) 주송(周頌) 유천지명편(維天之命篇)의 시구절이다. 「오(於)」는 감탄사다. 「목(穆)」은 「깊고 원대하다」는 뜻이다. 「불현(不顯)」은 「어찌 나타나지 않으랴」의 뜻과 같다. 「순(純)」은 「순수하고 한결같고 잡티가 없다」는 뜻이다. 이 시를 인용해서 「지성무식(至誠無息)」의 뜻을 밝힌 것이다.

[**어구 설명**] ○詩周頌維天之命篇(시주송유천지명편) : 시는 시경(詩經) 주송(周頌) 유천지명편(維天之命篇)의 시다. ○於歎辭(오탄사) : 「오(於)」는 감탄사다. ○穆深遠也(목심원야) : 「목(穆)」은 「깊고 원대하다」는 뜻이다. ○不顯猶言豈不顯也(불현유언기불현야) : 「불현(不顯)」은 「어찌 나타나지 않으랴?」의 뜻과 같다. ○純純一不雜也(순순일부잡야) : 「순(純)」은 「순수하고 한결같고 잡티가 없다」는 뜻이다. ○引此以明至誠無息之意(인차이명지성무식지의) : 이 시를 인용해서 「지성무식(至誠無息)」의 뜻을 밝힌 것이다.

【集註】(2) 程子曰 天道不已 文王純於天道 亦不已 純則無二無雜 不已則無間斷先後.

정자가 말했다. 천도는 끝이 없다. 문왕은 천도를 순수하게
지키고 따랐으므로 그의 덕도 끝이 없다. 순수하니깐 곧 하나이
고 잡티가 없으며, 끝이 없으니깐 앞과 뒤가 사이가 나거나 중단
되는 일이 없다.

[**어구 설명**] ○程子曰(정자왈) : 정자가 말했다. ○天道不已(천도불이) :
천도는 끝이 없다. ○文王純於天道亦不已(문왕순어천도역불이) : 문왕
은 천도를 순수하게 지키고 따랐다, 그러므로 그의 덕도 끝이 없다. ○純
則無二無雜(순즉무이무잡) : 순수하니깐 곧 하나이고 잡티가 없다. ○不
已則無間斷先後(불이즉무간단선후) : 끝이 없으니깐 앞과 뒤가 사이가
나거나 중단되는 일이 없다.

【集註】 (3) 右第二十六章　言天道也.

이상이 제26장이다. 천도를 말한 것이다.

【**참고 보충**】 「천도(天道)·지성무식(至誠無息)」

　　제26장 1절에서 「지성무식(至誠無息)」을 내세웠다. 그리고 제26
장의 마지막 10절에서 시경의 구절을 인용하고 문왕의 덕(德)이 바로
「지극한 정성이며, 쉬지 않는 덕」임을 밝혔다. 만물을 낳고 키우고
더욱 번성하게 하고 사람의 경우는 역사와 문화를 발전되게 하는
절대선(絶對善)의 도리가 바로 천도(天道)이다. 「끝없이 성실하게
만물을 생육하고 발전케 하는 힘」을 「성(誠)」이라고 한다.

중용 제27장 (총7절)

1절 大哉 聖人之道.

2절 洋洋乎 發育萬物 峻極于天.

3절 優優大哉 禮儀三百 威儀三千.

4절 待其人而後行.

5절 故曰 苟不至德 至道不凝焉.

6절 故君子 尊德性而道問學 致廣大而盡精
微 極高明而道中庸 溫故而知新 敦厚以
崇禮.

7절 是故居上不驕 爲下不倍 國有道 其言足
以興 國無道 其默 足以容 詩曰 旣明且
哲 以保其身 其此之謂與.

중용 제27장은 총7절이다. 성인(聖人)이 천리(天理)
를 바탕으로 복잡다단한 문물제도를 꾸미고 예치(禮
治)를 폈다. 그러나 그 핵심은 사람이다. 즉 임금이나 군자가 덕성을 높이고 학문을 따라야 함을 밝혔다.

「예의삼백 위의삼천(禮儀三百 威儀三千)」도 「대기인이후행(待其人而後行)」하며 「구부지덕 지도불응(苟不至德 至道不凝)」이라. 그러므로 「군자존덕성 이도문학(君子尊德性 而道問學)」해야 비로소 「온고이지신(溫故而知新)」 「돈후이숭례(敦厚以崇禮)」 「명철보신(明哲保身)」한다고 말했다.

제27장 1절   大哉聖人之道
대 재 성 인 지 도

大哉 聖人之道.

대재(라) 성인지도(여)

위대하다! 성인의 도여!

[**어구 설명**] ㅇ大哉(대재) : 참으로 위대하다! <술어가 앞으로 나왔다>
　　ㅇ聖人之道(성인지도) : 성인의 도는. <주어다>

【集註】(1) 包下文兩節而言.

1절은 다음의 2절, 3절을 포함해서 말한 것이다.

[**참고 보충**] 「대재(大哉) 성인지도(聖人之道)」

　　제26장에서는 「지성무식(至誠無息)」한 「천지(天地)의 위대한 도(道)」를 말하고, 끝의 10절에서는 「순수한 문왕(文王)의 덕(德)」을 높였다. 그 연장선에서 성인(聖人)이 천도를 따라 만물을 양육하는 예치(禮治)를 확립하고, 군자(君子)도 자강불식(自强不息)하여 덕성(德性)을 높이고, 학문으로 수양하고, 중용(中庸)을 실천하여, 온고지신(溫故知新)함을 밝혔다. 이것이 곧 인도(人道)이다. 도(道)의 근원은 천(天)이다. 그러므로 천명(天命)으로 부여된 성리(性理)를 순수하게 따르고 행하는 사람이 곧 성인(聖人)이다. 그래서 앞의 10장

의 집주(集註)에서 주자(朱子)는 다음같이 말했다. 「천도는 끝이 없다. 문왕은 천도를 순수하게 지키고 따랐으므로 그의 덕도 끝이 없다. 순수하니깐 성(誠)과 하나를 이루었다.」

제27장 2절 發育萬物
발 육 만 물

洋洋乎 發育萬物 峻極于天.

양양호 발육만물(하야) 준극우천(이로다)

<성인의 도(道)와 덕(德)이> 사방으로 넘쳐 흘러 퍼지고, 만물로 하여금 스스로 발동케 하고 또 자라게 하며, 그 높고 위대함이 하늘에까지 도달한다.

[**어구 설명**] ㅇ洋洋乎(양양호) : <사방으로> 넘치고 흘러 퍼지다. ㅇ發育萬物(발육만물) : 만물을 발육케 하다. 「발(發)」은 발동하다, 즉 본성 속에 있는 「천리(天理)＝성(誠)＝생명력＝에너지」를 스스로 발동케 한다. ㅇ峻極于天(준극우천) : <성인의> 높고 위대한 도덕이 하늘에까지 도달하다. 즉 하늘과 같은 경지에 이르다.

【集註】 (1) 峻高大也 此言道之極於至大而無外也.

「준(峻)」은 높고 크다는 뜻이다. 이 구절은 「성인의 도(道)와 덕(德)의 극점이 지대(至大)함에 이르고, 더는 밖이 없다」는 뜻을 말한 것이다.

[**어구 설명**] ㅇ峻高大也(준고대야) : 「준(峻)」은 높고 크다는 뜻이다. ㅇ此

言(차언) : 이 구절은 <다음 같은 뜻을> 말한 것이다. ㅇ道之極於至大 (도지극어지대) : 성인의 도(道)와 덕(德)의 극점이 지대(至大)함에 이르다. ㅇ而無外也(이무외야) : 그리고 <그 이상의> 밖이 없다.

【참고 보충】「발육만물(發育萬物)」(1)

모든 도(道)는 하늘에서 나온다. 그러므로「발육만물」도「천도(天道)의 발육만물」(1)과「인도(人道)의「발육만물」(2)로 나누어 설명을 하겠다.

주자는 다음같이 말했다.「양양(洋洋)은 유동(流動)하고 충만(充滿)한다」는 뜻이다.「성인의 도(道)에서 말하는 발육」도「봄에는 싹이 나고(春生), 여름에는 자라고(夏長), 가을에는 거두고(秋收), 겨울에 저장(冬臧)」함이다. 이것이 바로 성인이 따르는 도이다. 그러나 반드시 성인이 인위적으로 만물로 하여금 그렇게 되게 하는 것이 아니다. <스스로> 그렇게 되게 마련이다. 준(峻)이 하늘에 극(極)했다 함은, 즉 천지에 충만했다는 뜻이다.<大全疏註 : 원문 생략>

【참고 보충】「발육만물(發育萬物)」(2)

성인(聖人)의 도(道)나 덕(德)은 하늘과 같은 경지에 도달한다. 하늘은「보이지 않는 천리(天理)」를「보이는 천지만물(天地萬物)」로 발현한다.

그와 마찬가지로 성인(聖人)도 형이상(形而上)의 천도(天道)를 형이하(形而下)의 지덕(地德)으로 나타낸다. 만물은 천명으로 주어진 본성(本性)이 있고, 그 속에는「천리(天理)＝성(誠)＝생명력＝에너지」가 넘치고 있다. 저마다 본성 속에 지니고 있는「천리(天理)＝성(誠)」을 저마다 발동케 하고 스스로 자라게 하는 것이「발육만물(發育萬物)」이다. 그래서 요순(堯舜)의「무위자연의 덕치」를 높인다.

🙢 제27장 3절 禮儀三百
예 의 삼 백

優優大哉 禮儀三百 威儀三千.

우우대재(라) 예의삼백(과) 위의삼천(이로다)

참으로 우아하고 성대하다. <성인이 제정한> 대강이 되는 예의
가 3백 가지나 되고, 작은 예의범절의 조목이 3천 가지나 된다.

[**어구 설명**] ㅇ優優大哉(우우대재) : 참으로 우미(優美)하고 성대(盛大)하
다. 「우우(優優)」를 주자(朱子)는 「충분히 족하고 여유가 있다」로 풀었
다. 그러나 이 말은 성인이 제정한 예의(禮儀)를 형용한 말이므로, 전자
같이 풀이함이 좋다. ㅇ禮儀三百(예의삼백) : <성인들이 제정한> 기본
적인 예의, 대강이 되는 예의가 3백 가지나 된다. ㅇ威儀三千(위의삼
천) : 실제로 지키고 행할 예의범절의 항목(項目)이나 조목(條目)이 3천
가지나 된다.

【集註】 (1) 優優充足有餘之意 禮儀經禮也 威
儀曲禮也 此言道之入於至小而無間也.

「우우(優優)」는 충족(充足)하고 여유가 있다는 뜻이다. 「예의
(禮儀)」는 기본적 대강(大綱)이 되는 예의를 말한다. 「위의(威
儀)」는 「곡례(曲禮)」의 뜻이다. 이 구절은 「도가 지극히 작은

일이나 행동 속에도 들어가고 빈틈이 없다」는 뜻을 말한 것이다.

[어구 설명] ㅇ優優充足有餘之意(우우충족유여지의) :「우우(優優)」는 충족(充足)하고 여유가 있다는 뜻이다. ㅇ禮儀經禮也(예의경례야) :「예의(禮儀)」는 기본적 대강(大綱)이 되는 예의. ㅇ威儀曲禮也(위의곡례야) :「위의(威儀)」는「곡례(曲禮)」의 뜻이다.「곡례」는 작고 세밀한 예의범절을 말한다. ㅇ此言(차언) : 이 구절은 <다음 같은 뜻을> 말한 것이다. ㅇ道之入於至小(도지입어지소) : 도(道)가 지극히 작은 일이나 행동 속에도 들어가고. ㅇ而無間也(이무간야) : 빈틈이 없다는 뜻을 <말한 것이다.>

【참고 보충】「예의삼백(禮儀三百) 위의삼천(威儀三千)」

우주 천지는 질서정연하게 운행하면서, 자연만물을 천도 천리에 따라 생육화성(生育化成)한다. 이러한 엄연한 법칙을 자연과학에서는 자연법칙이라 한다. 자연과학의 세계에서는 우주 천지의 이법(理法)인 천도 천리, 즉 자연법칙을 엄격히 따르고 지킴으로써 과학적 성과를 올린다.

고대의 성인들은 이와 같은 천도(天道)에 따라 인도(人道)를 세우고 따르고 실천했다. 즉 개개인의 행동규범이나, 가정이나 사회 및 국가 같은 공동체 생활의 윤리규범도 다 천도를 기준으로 하고 제정하고 형식화하고 특히 문화적으로 아름답고 효율적으로 꾸몄다. 이를「예(禮)」라고 했다.

「예」는「이(理)」와「이(履)」에 통한다. 즉 천리(天理)를 밟고 행한다는 뜻이다. 그것을 여러 가지 행동규범으로 형식화한 것이 예의(禮儀), 의식(儀式) 및 예의범절(禮儀凡節)이다. 이들은 모두 천리를 따르고 행하는 인간의 행동을 우아(優雅)하고 아름답고 효과적으로 꾸민 생활의 실천규범이다. 그래서 「예의」를 「우우대재(優優大哉)」라고 했다. 우주의 에너지가 아름다운 꽃이나 열매로 나타나듯이 천리를 아름다운 규범으로 나타나게 한 것이 예다.

「예의, 의식 및 예의범절」은 다양하고 또 복잡하다. 그 중에도 기본적이고 핵심이 되는 예와 비교적 가볍고 작은 규범이 있게 마련이다. 「기본적이고 핵심이 되는 예의」를 「예의삼백(禮儀三百)」이라 했고, 「비교적 가볍고 작은 규범」을 「위의삼천(威儀三千)」이라고 말했다.

구체적으로 말하면 「천신(天神), 지기(地祇), 인귀(人鬼)」에게 제사를 지내는 삼례(三禮)는 가장 중요한 대례(大禮)다. 「천자(天子), 제후(諸侯), 경대부(卿大夫), 사(士), 서인(庶人)」이 지키고 행하는 신분상의 예절도 기본적인 것이다. 때와 경우에 따라 행하는 「관혼상제(冠婚喪祭)」의 의식 예절도 중요한 것이다. 「삼강오륜(三綱五倫)」도 기본적인 중요한 예절이다. 이와 같은 것이 대략 3백 가지라고 했다. 이를 추려서 「예의삼백(禮儀三百)」이라고 한 것이다.

한편 개개인이 일상생활에서 지키고 행할 행동규범을 합해서 대략 「위의삼천(威儀三千)」이라고 한 것이다. 예기(禮記) 곡례편(曲禮篇)에 여러 가지 행동규범이 자세하게 기술되어 있다.

오늘의 세계나 인류 사회에서는 법을 높인다. 그러나, 법은 권력을 잡은 사람이나 계층이 자기네 욕구를 채우기 위해 만든 것이다. 이는 천리에 어긋난다. 법보다는 윤리도덕을 바탕으로 한 예치(禮治)와 덕치(德治)가 훨씬 가치적으로 위에 있다. 이것도 유교의 도통사상의 하나다. 그러나, 오늘의 사람들은 정신의 존엄성을 모르고 오직 동물적·본능적 욕심만을 추구한다. 그래서 무력이 법과 사람을 지배하는 악덕세계로 전락하게 된 것이다.

제27장 4절 待人後行
대 인 후 행

待其人而後行.

대기인이후(에) 행(이니라)

모두가 성인이 나타나야 비로소 행하게 된다.

[**어구 설명**] ○待其人而後行(대기인이후행) : <예의의 대강 3백 개도, 작
은 조목 3천 개도> <그것을 행할 만한> 성인이 나타나야 비로소 행하게
마련이다.

【集註】 (1) 總結上兩節.

이상 2절과 3절을 묶은 말이다.

【참고 보충】 「대기인이후행(待其人而後行)」

옛날의 성왕이 제정한 예의범절이 많아도, 그 도리를 알고 행할
수 있는 성인(聖人)이 나타나야 비로소 예치(禮治)와 덕치(德治)가
구현될 수 있다. 「제20장 2절」에서 「기인존 즉기정거(其人存 則其政
擧)」 「기인망 즉기정식(其人亡 則其政息)」이라고 한 것과 같다.

제27장 5절 至道不凝
지 도 불 응

故曰 苟不至德 至道不凝焉.

고왈 구부지덕(이면) 지도불응언(이라하니라)

고로 말한다. 적어도 지극한 덕이 아니면, 지극한 도에 묶여서 이루지 못한다.

[**어구 설명**] ㅇ故曰(고왈) : 고로 말한다, 혹은 고어(古語)에 다음 같은 말이 있다. ㅇ苟不至德(구부지덕) : 가령 혹은 적어도, 지극한 덕에 이르지 못하면 <나라를 다스리는 임금의 덕이 미치지 못하면.> ㅇ至道不凝焉(지도불응언) : <예법 속에 있는 모든 도를> 천도(天道)에 응결되게 하고 또 성취하지 못한다. <예의 대강 3백 개와, 작은 항목 3천 개는 모두 천도(天道)를 바탕으로 한 것이다. 성인의 지극한 덕이 아니면 천도에 집중하고 또 맞게 성취할 수 없다.>

【集註】 (1) 至德謂其人 至道指上兩節而言 凝聚也 成也.

「지덕(至德)」은 「성인(聖人)」의 지극한 덕을 말한다. 「지도(至道)」는 앞의 2절 3절에서 말한 「지극한 도리」를 말한다. 「응(凝)」은 <하나인 천도로> 「집약하고 성취한다」는 뜻이다.

[**어구 설명**] ㅇ至德謂其人(지덕위기인) : 「지덕(至德)」은 「성인(聖人)」의

지극한 덕을 말한다.　ㅇ至道指上兩節而言(지도지상양절이언) : 「지도(至道)」는 앞의 2절 3절에서 말한 「지극한 도리」를 말한다. 즉 2절에서는 「하늘에 달할 만큼 넘치는 만물을 발육하는 성인의 지극한 도리」이고, 3절에서는 「수많은 예법 속에 살아있는 성인의 지극한 도리」이다.　ㅇ凝聚也成也(응취야 성야) : 「응(凝)」은 「집약하고 성취한다」는 뜻이다. 즉 <만물을 발육하는 성인의 지극한 도리, 예법에 담겨진 성인의 많은 지극한 도리를> 하나인 천도로 집약하고 완성케 한다.

＊「지극한 덕이 아니면, 도리를 하나인 천도로 집약하고 성취할 수 없다.
　(苟不至德　至道不凝焉)」

제27장 6절　溫故而知新
온 고 이 지 신

故君子 尊德性而道問學 致廣大而盡精微 極高
明而道中庸 溫故而知新 敦厚以崇禮.

고(로) 군자(는) 존덕성이도문학(이니) 치광대이진정미(하며) 극고명
이도중용(하며) 온고이지신(하며) 돈후이숭례(니라)

고로 군자는 덕성을 높이고 그리고 <묻고 배우는> 학문을 따
라 나가며, 광대한 <도체(道體)를> 알고, 그리고 <실제로 사
물을 대하고 처리함에 있어> 정밀(精密)하고 미세(微細)한 <도
리를> 따른다. 높고 큰 <도체(道體)를> 끝까지 구명해 알고,
그리고 <실제로 사물을 대하고 처리함에 있어> 중용의 도를
따르고 행한다. 옛날의 학문을 따뜻하게 푹 익히고, 그리고 새
것을 알고 다스린다. <덕성을> 돈독히 두텁게 함양하고, 나아
가서 예의범절을 높이고 지킨다.

[**어구 설명**] ○故君子(고군자) : 고로 군자는.　○尊德性(존덕성) : 덕성을
　높이고.　○而道問學(이도문학) : 그리고 <묻고 배우는> 학문을 따라 나
　가며.　○致廣大(치광대) : 광대한 <도체(道體)를> 알고.　○而盡精微(이
　진정미) : 그리고 <실제로 사물을 대하고 처리함에 있어> 정밀(精密)하
　고 미세(微細)한 <도리를> 다 따르고.　○極高明(극고명) : 높고 큰 <도
　체(道體)를> 끝까지 구명해 알고.　○而道中庸(이도중용) : 그리고 <실

제로 사물을 대하고 처리함에 있어> 중용의 도를 따르고 행한다. o溫故
而知新(온고이지신) : 옛 학문을 따뜻하게 푹 익히고, 그리고 새것을 알
고 다스린다. o敦厚以崇禮(돈후이숭례) : <덕성을> 돈독히 두텁게 함
양하고, 나아가서 예의범절을 높이고 지킨다.

【集註】(1) 尊者恭敬奉持之意 德性者 吾所受 於天之正理 道由也 溫猶燖溫之溫 謂故學之矣 復 時習之也 敦加厚也.

「존(尊)」은 공경하고 받들어 지닌다는 뜻이다. 「덕성(德性)」
은 「내가 하늘로부터 받은 바 바른 도리」라는 뜻이다. 「도(道)」
는 「따라간다」는 뜻이다. 「온(溫)」은 「삶고 따뜻하게 한다[燖
溫]는 온(溫)」과 같은 뜻이다. <온(溫)은> 곧 이전에 배운 것을
거듭 때에 따라 익힌다는 뜻을 말한 것이다. 「돈(敦)」은 「더욱
두텁게 한다」는 뜻이다.

[어구 설명] o尊者恭敬奉持之意(존자공경봉지지의) :「존(尊)」은 공경하
고 받들어 지닌다는 뜻이다. o德性者吾所受於天之正理(덕성자오소수
어천지정리) :「덕성(德性)」은 「내가 하늘로부터 받은 바 바른 도리」라
는 뜻이다. o道由也(도유야) :「도(道)」는「따라간다」는 뜻이다. o溫猶
燖溫之溫(온유심온지온) :「온(溫)」은 「삶고 따뜻하게 한다[燖溫]는 온
(溫)」과 같은 뜻이다. 燖(삶을 심) 溫(따뜻할 온) o謂故學之矣(위고학
지의) : <온(溫)은> 곧 이전에 배우고. o復時習之也(복시습지야) : 거
듭 때에 따라 익힌다는 <뜻을 말한 것이다[謂]>. o敦加厚也(돈가후
야) :「돈(敦)」은 「더욱 두텁게 한다」는 뜻이다.

【集註】 (2) 尊德性 所以存心而極乎道體之大也
道問學 所以致知 而盡乎道體之細也 二者修德凝
道之大端也.

덕성을 존중하는 것은 마음을 존양(存養)하고 도체(道體)의
큼을 끝까지 알게 하는 바탕이다. 묻고 배우는 학문을 따라가는
것은 <큰 도체를> 알고, 도체의 작은 조목을 온전하게 행하는
바탕이다. 이 두 가지, 즉 존덕성(尊德性)과 도문학(道問學)이,
자신의 덕성을 수양하고, <자신의 행동이나 예의범절 모든 것
을> 천도(天道)에 집결케 하는 기본 바탕이다.

[**어구 설명**] ㅇ尊德性(존덕성) : 덕성을 존중하는 것은. ㅇ所以存心而極乎
道體之大也(소이존심이극호도체지대야) : 마음을 존양(存養)하고 도체
(道體)의 큼을 다 알게 하는 바탕이다. ㅇ道問學(도문학) : 묻고 배우는
학문을 따라가는 것은. ㅇ所以致知而盡乎道體之細也(소이치지이진호
도체지세야) : <큰 도체를> 알고, 도체의 작은 조목을 온전하게 행하는
바탕이다. ㅇ二者(이자) : 이 두 가지가 <즉 존덕성(尊德性)과 도문학
(道問學)이>. ㅇ修德凝道之大端也(수덕응도지대단야) : 자신의 덕성을
수양하고, <자신의 행동이나 예의범절 모든 것을> 천도(天道)에 집결케
하는 기본 바탕이다.

【集註】 (3) 不以一毫私意自蔽 不以一毫私欲自
累 涵泳乎其所已知 敦篤乎其所已能 此皆存心之
屬也.

터럭만큼의 사사로운 뜻에 덮이지 않고, 터럭만큼의 사사로운

욕심에 묶이거나 매이지 않고, 자기가 이미 아는 바, 바른 도리만을 깊이 간직하고 따르고, 또 자기가 이미 행할 수 있는 바, 예의범절을 더욱 돈독히 하고 행한다. 이와 같이 하는 것은 다 「존심함양(存心涵養)」에 속한다.

[**어구 설명**] ○不以一毫私意自蔽(불이일호사의자폐) : 터럭만큼의 사사로운 뜻에 덮이지 않고. ○不以一毫私欲自累(불이일호사욕자루) : 터럭만큼의 사사로운 욕심에 묶이거나 매이지 않고. ○涵泳乎其所已知(함영호기소이지) : 자기가 이미 아는 바, 바른 도리만을 깊이 간직하고 따른다. ○敦篤乎其所已能(돈독호기소이능) : 자기가 이미 행할 수 있는 바, 예의범절을 더욱 돈독히 하고 행한다. ○此皆存心之屬也(차개존심지속야) : 이와 같이 하는 것은 다 존심함양(存心涵養)에 속한다. 「존심함양」은 「마음속에 주어진 천리를 깊이 간직하고 더욱 발전되게 한다」는 뜻이다.

【集註】(4) 析理則不使有 毫釐之差 處事則不使有過不及之謬 理義則日知其所未知 節文則日謹其所未謹 此皆致知之屬也.

<존덕성(尊德性) 도문학(道問學)하면> 사리를 분석함에 있어 털끝만큼의 차질도 없게 되고, 사물을 처리함에 있어 지나치거나 못미치는 잘못도 없게 되고, 의리를 밝힘에 있어 전에 알지 못했던 바를 날로 더 알게 되고, 다양한 예절을 행함에 있어 전에 삼가 행하지 못한 바 예절을 날로 더욱 삼가 행하게 된다. 이들은 모두 치지(致知)에 속하는 일들이다.

[**어구 설명**] ㅇ析理則不使有毫釐之差(석리즉불사유호리지차) : <존덕성
(尊德性)하고 도문학(道問學)하면> 사리를 분석함에 있어, 털끝만큼의
차질도 없게 되고. ㅇ處事則不使有過不及之謬(처사즉불사유과불급지
류) : 사물을 처리함에 있어 지나치거나 못미치는 잘못도 없게 되고.
ㅇ理義則日知其所未知(이의즉일지기소미지) : 의리를 밝힘에 있어 전
에 알지 못했던 바를 날로 더 알게 되고. ㅇ節文則日謹其所未謹(절문즉
일근기소미근) : 다양한 예절을 행함에 있어 전에 삼가 행하지 못한 바를
날로 더욱 삼가 행하게 된다. ㅇ此皆致知之屬也(차개치지지속야) : 이들
은 모두 치지(致知)에 속하는 일들이다.

【集註】(5) 蓋非存心 無以致知 而存心者 又不可以不致知.

무릇 <본성 속에 주어진 천리를> 「존심함양(存心涵養)」하지
않으면, 치지(致知)하지 못하고, 그리고 존심함양하기 위해서도
역시 치지하지 않을 수 없다.

[**어구 설명**] ㅇ蓋非存心無以致知(개비존심무이치지) : 무릇 <본성 속에
주어진 천리를> 「존심함양(存心涵養)」하지 않으면, 치지(致知)하지 못
하고. ㅇ而存心者又不可以不致知(이존심자우불가이불치지) : 그리고
존심함양(存心涵養)하기 위해서도 역시 치지하지 않을 수 없다.

【集註】(6) 故此五句 大小相資 首尾相應 聖賢所示入德之方 莫詳於此 學者宜盡心焉.

그러므로 위의 다섯 구절은, 큰 것과 작은 것이 서로 받쳐주고,
머리와 꼬리가 서로 호응한다. 성현이 지시한 바, 덕에 들어가는

방도에 있어, 이보다 더 자상한 것이 없으니, 배우는 사람들은 마땅히 마음을 다하여 익혀야 한다.

[**어구 설명**] ㅇ故此五句(고차오구) : 그러므로 위의 다섯 구절은. ㅇ大小相資(대소상자) : 큰 것과 작은 것이 서로 받쳐주고. ㅇ首尾相應(수미상응) : 머리와 꼬리가 서로 호응한다. ㅇ聖賢所示入德之方(성현소시입덕지방) : 성현이 지시한 바, 덕에 들어가는 방도에 있어. ㅇ莫詳於此(막상어차) : 이보다 더 자상한 것이 없으니. ㅇ學者宜盡心焉(학자의진심언) : 배우는 사람들은 마땅히 마음을 다하여 터득해야 한다.

【**참고 보충**】「존덕성(尊德性)・도문학(道問學)」

존덕성(尊德性)	도문학(道問學)
치광대(致廣大)	진정미(盡精微)
극고명(極高明)	도중용(道中庸)
온고(溫故)	지신(知新)
돈후(敦厚)	숭례(崇禮)

제27장 7절 明哲保身
명 철 보 신

是故 居上不驕 爲下不倍 國有道 其言足以興 國
無道 其默足以容 詩曰 旣明且哲 以保其身 其
此之謂與.

시고(로) 거상불교(하며) 위하불배(라) 국유도(에) 기언(이) 족이흥
(이오) 국무도(에) 기묵(이) 족이용(이니) 시왈 기명차철(하야) 이보기
신(이라하니) 기차지위여(인져)

그러므로 군자는 위에 올라도 교만하지 않고 아래에서도 천리
(天理)나 예(禮)에 어긋나지 않는다. 나라에 도가 있으면 그의
말이 족히 나라를 흥하게 하고, 나라에 도가 없으면 그의 은퇴와
침묵이 족히 용납될 것이다. 시경(詩經) 대아(大雅) 증민편(烝
民篇)에서 『이미 밝고 또 지혜로워서, 자기 몸을 보전한다』고
한 말이 바로 이와 같은 군자를 말한 것이니라.

[**어구 설명**] ㅇ是故(시고) : 「존덕성(尊德性)·존심함양(存心涵養)」해야
천리(天理)와 하나가 되고 또 「도문학(道問學)·치지(致知)」해야 예의
범절(禮儀凡節)을 알고 또 행하는 그런 군자는. ㅇ居上不驕(거상불
교) : 위에 올라도 교만하지 않고. 즉 임금이나 정치 지도자가 되어도,
백성이나 남에게 교만하지 않는다. ㅇ爲下不倍(위하불배) : 아래에서 신
하가 되어도 행하는 바가, 천리(天理)나 예(禮)에 어긋나지 않는다. ㅇ國

有道(국유도) : 나라에 도가 있어, 정치가 도를 따라 잘 다스려지면. ㅇ其言足以興(기언족이흥) : 그의 말이 족히 나라를 흥성케 한다. ㅇ國無道(국무도) : 나라에 도가 없어, 정치가 혼란하면. ㅇ其默足以容(기묵족이용) : 그의 은퇴와 침묵이 족히 용납될 것이다. ㅇ詩曰(시왈) : 시경(詩經) 대아(大雅) 증민편(烝民篇)에 있다. ㅇ旣明且哲(기명차철) : 이미 밝고 또 지혜로워서. ㅇ以保其身(이보기신) : 자기 몸을 보전한다. ㅇ其此之謂與(기차지위여) : 바로 이와 같은 군자를 말한 것이니라.

【集註】 (1) 興謂興起 在位也 詩大雅烝民之篇.

「흥(興)」은 흥기(興起)의 뜻이다. 「재(在)」는 「자리에 오르다」의 뜻이다. 「시(詩)」는 시경(詩經) 대아(大雅) 증민편(烝民篇)에 있다.

【集註】 (2) 右第二十七章 言人道也.

이상이 제27장이다. 사람이 지키고 행할 길과 도리를 말한 것이다.

【참고 보충】 「명철보신(明哲保身)」

주자(朱子)는 말했다. 「명철보신은 어디까지나 천하의 모든 사리를 밝게 알고, 천리를 따라 순리대로 행함으로 자연히 모든 재해가 자기 몸에 미치지 않음을 말한다.(明哲 只是曉天下事理 順理而行 自然災害不及其身)」<大全疏註>

「그러나 많은 사람들이 사심(邪心)을 가지고, 악한 짓을 하고도 약삭빠르게 재난이나 벌을 모면하는 것이라고 잘못 해석하고 있다.」

중용 제28장 (총5절)

1절 子曰 愚而好自用 賤而好自專 生乎今之
世 反古之道 如此者 災及其身者也.

2절 非天子 不議禮 不制度 不考文.

3절 今天下 車同軌 書同文 行同倫.

4절 雖有其位 苟無其德 不敢作禮樂焉 雖有
其德 苟無其位 亦不敢作禮樂焉.

5절 子曰 吾說夏禮 杞不足徵也 吾學殷禮 有
宋 存焉 吾學周禮 今用之 吾從周.

제28장은 총 5절이다. 각 절의 뜻을 요약하겠다.

1절 : 우매하고 하천한 사람은 제 고집을 세우고,
멋대로 행동하고, 이상적인 주나라의 문물제
도를 부정하고 옛날로 돌아가자고 주장한다.
그러다가는 재앙을 초래한다.

2절 : 천자가 아니면 예법이나 제도를 논하지 말라.

3절 : 지금은 주나라에 의해 천하의 문물이 통일되
　　　었다.
4절 : 덕 있는 천자만이 예악(禮樂)을 제정할 수 있다.
5절 : 공자의 말이다. 「내가 아는 한 하(夏)나라나
　　　은(殷)나라의 예법은 주(周)나라의 예법같이
　　　찬란하지 못하다. 그러므로 나는 오늘에 쓰이
　　　는 주(周)의 예법을 따르겠다.」

제28장 1절 災及其身
재 급 기 신

子曰 愚而好自用 賤而好自專 生乎今之世 反古
之道 如此者 災及其身者也.

자왈 우이호자용(하며) 천이호자전(이요) 생호금지세(하야) 반고지도
(면) 여차자(는) 재급기신자야(니라)

공자가 말했다. 어리석고 덕이 없으면서, 자기의 편견이 쓰여지기
를 좋아하고, 자리 없이 천하고 밑에 있으면서, 제멋대로 하기를
좋아하고, 오늘의 세상에 태어나 살면서, 옛날의 방식으로 돌아가
려고 한다. 이 같이 하는 자들에게는 재난이 그 몸에 미칠 것이다.

[**어구 설명**] ㅇ子曰(자왈) : 공자가 말했다. ㅇ愚而好自用(우이호자용) :
도(道)도 모르고 덕(德)도 없는 우매한 자가, 무턱대고 자기의 그릇된
주장이나 방식이 쓰여지기를 좋아한다. ㅇ賤而好自專(천이호자전) : 높
은 자리에 오르지 못한 하천(下賤)한 자가, 제멋대로 하기를 좋아한다.
ㅇ生乎今之世(생호금지세) : 지금 세상에 태어나 살면서. ㅇ反古之道
(반고지도) : 옛날의 방식으로 돌아가려고 한다. 「반(反)」을 주자(朱子)
는 집주(集註)에서 「반(返)」이나 「복(復)」의 뜻으로 풀이했다. 즉 공자
나 주자는 「천자(天子)가 다스리는 주(周)나라에 살면, 문무주공(文武周
公)이 세운 찬란한 예악(禮樂) 따르기를 주장」한 것이다. ㅇ如此者 (여
차자) : 앞에서 말한 잘못된 자와 같이 하면. ㅇ災及其身者也(재급기신

자야) : 재난이 그 몸에 미친다.

【集註】（1）以上孔子之言 子思引之 反復也.

이상은 공자의 말이다. 자사가 인용한 것이다. 「반(反)」은 「복(復)」의 뜻이다.

【참고 보충】「고금에 통하는 사상」

공자(孔子)나 주자(朱子)의 사상은 「고금(古今)에 통하는 위대한 사상」이다. 그러므로 그들의 말도 깊은 뜻으로 풀이해야 한다. 그래야 오늘의 우리에게도 유익하다. 극단적인 예를 오늘의 세계 인류를 들고 말하겠다.

【참고 보충】「우이호자용(愚而好自用)·재급기신(災及其身)」

오늘의 세계인류는 혹심한 위기에 빠져있다. 특히 강대국의 병폐(病弊)는 심각하다. 남의 나라에 폭탄을 투하하고 자기네의 탐욕을 채우고 있다. 그러므로 개개인도 타락하고 돈과 폭력만을 알고, 정신가치와 윤리도덕을 모른다. 이러한 작태를 「배우지 못하고 우매하고, 덕 없는 자들, 천박한 자들이 멋대로 날뛴다(愚而好自用, 賤而好自專)」고 한 것이다.

유교의 도통사상(道統思想)은 우주의 이법(理法)이다. 절대선(絶對善)의 천도(天道)를 바탕으로 천지 자연 만물이 조화를 이루고 함께 잘살고 번성하는 도리다. 「사해일가(四海一家)」를 이루고 「온고지신(溫故知新)」하는 사상이다. 유교사상은 「생명철학적 발전관(生命哲學的 發展觀)」을 바탕으로 「평화세계(平和世界)」를 창건(創建)할 위대한 사상이다. 이와 같은 도통사상을 반대하면, 「재화가 미친다.(災及其身)」

🕉 제28장 2절 非天子不議禮
비 천 자 불 의 례

非天子 不議禮 不制度 不考文.

비천자(면) 불의례(하며) 부제도(하며) 불고문(이니라)

천자가 아니면 예절이나 규범을 제정하지 못하고, 문물제도를 정하지 못하고, 국가의 문서나 기록을 살펴보고 교정하지 못한다.

[**어구 설명**] ㅇ非天子(비천자) : 천명을 받은 덕(德)이 높은 천자가 아니면. ㅇ不議禮(불의례) : 예절이나 규범을 제정하지 못한다. ㅇ不制度(부제도) : 문물제도를 정하지 못한다. ㅇ不考文(불고문) : 국가의 문서나 기록을 살펴보고 교정하지 못한다.

【集註】 (1) 此以下子思之言 禮親疎貴賤相接之體也 度品制 文書名.

이 다음은 자사의 말이다. 「예(禮)」는 「친소(親疎), 귀천(貴賤)이 서로 접대하는 본체」이다. 「도(度)」는 「품격에 따라서 제도한다」는 뜻이다. 「문(文)」은 「글이나 문자로 나타낸다」는 뜻이다.

[**어구 설명**] ㅇ此以下子思之言(차이하자사지언) : 이 다음은 자사의 말이

다. ㅇ禮親疎貴賤相接之體也(예친소귀천상접지체야) : 「예」는 「친소, 귀천이 서로 접대하는 본체」이다. ㅇ度品制(도품제) : 「도(度)」는 「품격에 따라 제도한다」는 뜻이다. ㅇ文書名(문서명) : 「문(文)」은 「글이나 문자로 나타낸다」는 뜻이다.

제28장 3절 今天下車同軌
금 천 하 거 동 궤

今天下 車同軌 書同文 行同倫.

금천하 거동궤(하며) 서동문(하며) 행동륜(이니라)

오늘의 천하에서는 <주(周)나라 천자(天子)가 제정한 바에 따라> 수레의 규격이 통일되고, 글이나 서류의 문자가 통일되고, 행동의 윤리규범이 통일되어 있다.

[**어구 설명**] ○今天下(금천하) : 오늘의 천하, 주(周)나라 천자(天子)가 다스리는 오늘의 세계다. 비록 주나라가 쇠약해도, 춘추(春秋)나 전국(戰國)시대에도 주나라는 존재했다. 공자(孔子)나 자사(子思)는 주나라의 예치(禮治)를 높였다. ○車同軌(거동궤) : 수레의 규격이 같다. 주나라에서는 거궤(車軌), 즉 바퀴와 바퀴의 간격이 통일되었다. ○書同文(서동문) : 글이나 서류의 문자가 통일되었다. ○行同倫(행동륜) : 행동의 윤리규범이 통일되었다.

【集註】 (1) 今子思自謂當時也 軌轍迹之度 倫次序之體 三者皆同 言天下一統也.

「금(今)」은 자사가 스스로 말하는 당시다. <즉 전국시대 초기다. 비록 주나라가 쇠약해도 명목상으로는 주나라 시대였다>

「궤(軌)」는 수레의 두 바퀴 사이의 척도(尺度)다. 「윤(倫)」은 차등과 순서의 기본 강령[體]이다. <거궤(車軌), 문자(文字), 윤리(倫理) 등> 셋이 통일되었다. <그러므로> 천하가 하나로 통일되었다고 말하는 것이다.

[**어구 설명**] ㅇ今子思自謂當時也(금자사자위당시야) : 「금(今)」은 자사가 스스로 말하는 당시다. 공자는 춘추시대에 살았으며, 자사의 시대는 전국시대 초기다. 그러므로 비록 주나라가 쇠약해도, 명목상으로는 주나라 시대였다. ㅇ軌轍迹之度(궤철적지도) : 「궤(軌)」는 수레의 두 바퀴자국의 척도(尺度). ㅇ倫次序之體(윤차서지체) : 「윤(倫)」은 차등과 순서의 기본 강령[體]. ㅇ三者皆同(삼자개동) : 「거궤(車軌), 문자(文字), 윤리(倫理)」 셋이 통일되었다. ㅇ言天下一統也(언천하일통야) : <그러므로> 천하가 하나로 통일되었다고 말하는 것이다.

【**참고 보충**】 「비천자불의례(非天子不議禮)」

유교사상에서 말하는 천자(天子)는 아무나 될 수 없다. 선조 대대로 천도(天道)를 따르고 행해서, 지덕(地德)을 세운 가문에서 나온다. 하늘의 운세와 때가 맞았을 때, 하늘의 뜻에 맞게 혁혁한 공을 세워야 비로소 천명(天命)이 내리고, 천자의 자리에 올라, 천하 만민을 다스리게 된다. 그 대표적인 예가 주(周) 왕실(王室)이다. 시조 후직(后稷)에서부터 오랜 세월에 걸쳐, 인덕을 베푼 끝에 마침내 문왕(文王), 무왕(武王) 및 주공(周公)에 이르러 천명이 내렸다. 그래서 천하를 통일하고, 새로 문물제도를 제정하고 온 천하를 다스렸던 것이다. 이와 같이 천자가 되는 것도, 새나라를 창건하고 새로운 문물제도, 특히 예악(禮樂)을 제정하는 것은 아무나 하는 것이 아니다. 그래서 「참다운 천자가 아니면 예를 논하지 못한다(非天子不議禮)」고 말한 것이다.

【참고 보충】「금천하(今天下)」

자사(子思)는 공자의 아들 백어(伯魚)의 아들로, 공자의 손자다. 그는 주경왕(周敬王) 40년(B.C. 480)에 출생했으므로, 그가 말하는 「금천하(今天下)」는 전국(戰國) 초기다.

비록 주 왕실의 위세는 춘추(春秋)시대에 이어, 전국시대에는 더 심하게 쇠미(衰微)했다. 그러나 주 왕실은 명목상으로나마 존재했으며, 특히 공자나 자사는 주나라의 문물제도 및 「예악(禮樂)의 덕치(德治)」를 높였다.

그래서 여기서 말하는 「금천하 거동궤 서동문 행동륜(今天下 車同軌 書同文 行同倫)」을 「주나라에는 거궤(車軌), 문자(文字), 윤리(倫理) 등이 통일되었다」로 해석해야 한다. 주나라의 예악이나 문물제도는 성인에 의해서 제정되었으며, 천리에 합당하는 문물제도이기 때문이다. 그래서 다음 5절에서 공자가 「나는 주의 예악을 배웠으며, 지금 쓴다면, 주를 따르겠다(吾學周禮 今用之 吾從周)」라고 말했다. 주자도 이와 같이 해석했으며, 이 책에서도 그들의 설을 따랐다. 이렇게 해석하는 것이 유교의 도통사상의 깊은 뜻에 맞는다.

다른 학설도 있다. 청(淸)의 유월(兪樾)은 「거동궤(車同軌) 서동문(書同文)」은 진(秦)이 이룬 것이다. 따라서 이 글은 후세에 글이 혼입(混入)된 것이라고 하는 설도 있다. 그러나, 주자는 주나라에서 모든 문물제도를 새로 제정하고 통일했다는 설을 고집하고 있다. 사실 예기(禮記) 주례(周禮) 및 의례(儀禮) 등의 경서를 보면, 주나라의 예악 문물제도가 「방대하고 치밀하게 제정되었음」을 알 수 있다.

제28장 4절 聖人作禮樂
성 인 작 예 악

雖有其位 苟無其德 不敢作禮樂焉 雖有其德 苟
無其位 亦不敢作禮樂焉.

수유기위(나) 구무기덕(이면) 불감작예악언(이며) 수유기덕(이나) 구
무기위(면) 역불감작예악언(이니라)

비록 그 자리에 있어도 만약에 그에 어울리는 덕이 없으면, 감히
예악(禮樂)이나 문물제도를 제정하지 못한다. 비록 그만한 덕이
있어도, 만약에 그에 어울리는 자리, 즉 임금자리에 오르지 않았
으면, 역시 감히 예악을 제작할 수 없다.

[어구 설명] ㅇ雖有其位(수유기위) : 비록 그 자리에 있어도. 임금자리에
있어도. ㅇ苟無其德(구무기덕) : 만약에, 그에 어울리는 덕이 없으면. ㅇ不
敢作禮樂焉(불감작예악언) : 감히 예악(禮樂)이나 문물제도를 제정하지
않는다. ㅇ雖有其德(수유기덕) : 비록 그만한 덕이 있어도. ㅇ苟無其位
(구무기위) : 만약에 그에 어울리는 자리, 즉 임금자리가 없으면. ㅇ亦不
敢作禮樂焉(역불감작예악언) : 역시 감히 예악을 제작할 수 없다.

【集註】 （1） 鄭氏曰 言作禮樂者 必聖人在天子 之位.

정현이 말했다. 이 구절은 예악을 제작할 사람은 반드시 천자

의 자리에 오른 성인이라야 한다는 뜻을 말한 것이다.

[**어구 설명**] ㅇ鄭氏曰(정씨왈) : 정현(鄭玄)이 말했다. ㅇ言作禮樂者(언작
예악자) : 예악을 만드는 사람은. ㅇ必聖人在天子之位(필성인재천자지
위) : 천자의 자리에 있는 성인이라야 함을 말한 것이다.

【참고 보충】 「예악(禮樂)」

「예악(禮樂)」의 뜻을 깊이 알아야 한다. 중용(中庸) 첫머리에 있
다. 「천명으로 부여된 것이 본성이다.(天命之謂性)」 이때의 성(性)은
곧 이(理)다. 이(理)의 대본(大本)은 천리(天理)다. 천리는 눈에 보이
지 않는 형이상(形而上)의 절대선(絶對善)의 도리다. 그 도리를 개인
이나, 가정이나, 국가적인 차원에서 구체화해서, 여러 가지 행동규범
으로 정한 것이 곧 예의범절, 가정윤리 및 국가의 문물제도며, 이를
총괄해서 예(禮)라고 한다. 「예」의 내면은 「천리(天理)」이고 외형은
「덕행(德行)」이다. 그러므로 공동체의 최고 자리에 있으면서 아울러
덕을 세운 천자만이 예악을 바탕으로 예치(禮治)를 할 수 있다.

한편 사람은 외계의 사물에 접하면 정(情)이 발생한다. 중용 제1장
에 있다. 「희노애락(喜怒哀樂)의 감정이 미처 나타나지 않은 상태를
중(中)이라 한다.」 「감정을 나타내되, 절도에 맞게 하는 것이 화(和)
다」 「중화를 이루어야 천지가 바르게 자리를 잡고, 만물이 살고 잘
자란다.(治中和 天地位焉 萬物育焉)」 음악은 모든 사람을 중화(中
和)하게 한다. 사람만이 아니다. 천지와 더불어 귀신도 감동케 한다.
그러므로 옛날의 성군(聖君)은 예악(禮樂)으로 덕치(德治)를 폈던
것이다. 깊은 뜻을 알아야 한다.

제28장 5절 吾從周
오 종 주

子曰 吾說夏禮 杞不足徵也 吾學殷禮 有宋存焉 吾學周禮 今用之 吾從周.

자왈 오설하례(나) 기부족징야(요) 오학은례(호니) 유송(이) 존언(이 어니와) 오학주례(호니) 금용지(라) 오종주(호리라)

공자가 말했다. 내가 하나라의 예(禮)를 논하려고 해도, 하의 후예인 기(杞)나라의 증거자료가 부족하다. 나는 은나라의 예를 배워서 알고 있으며, 은의 후손이 봉해진 송(宋)나라가 있기도 하다. 한편 나는 주(周)나라의 예(禮)도 배워서 잘 알고 있으며, 오늘 실제로 주례(周禮)가 쓰이고 있다. 그러므로 나는 주나라의 예를 따르겠다.

[어구 설명] ○子曰(자왈) : 공자가 말했다. ○吾說夏禮(오설하례) : 나는 하나라의 예악(禮樂)이나 문물(文物)에 대해서 말하고자 하나. ○杞不足徵也(기부족징야) : 하의 후예 나라인 기(杞)나라를 증거할 자료가 부족하다. 「기(杞)」는 주무왕(周武王)이 하우(夏禹)의 후예 동루공(東樓公)으로 하여금 우(禹)의 제사를 지내게 하기 위해 세운 나라다. ○吾學殷禮(오학은례) : 나는 은(殷)나라의 예를 배워서 알고 있다. ○有宋存焉(유송존언) : 그리고 은의 후손이 봉해진 송(宋)나라가 있다. 은나라를 멸한 주무왕(周武王)이 주(紂)의 아들 무경(武庚)을 송나라에 봉하고

제사를 받들게 했다. 그러나 그가 반란했으므로 주공(周公)이 무경을
주멸(誅滅)하고 주(紂)의 서형인 미자(微子)를 봉했다. ㅇ吾學周禮(오
학주례) : 나는 주(周)나라의 예(禮)도 배워서 잘 안다. ㅇ今用之(금용
지) : 오늘에 실제로 주례(周禮)가 쓰이고 있다. ㅇ吾從周(오종주) : 나
는 주나라의 예를 따르겠다.

【集註】(1) 此又引孔子之言 杞夏之後 徵證也 宋殷之後.

이것도 역시 공자의 말을 인용한 것이다. 「기(杞)」는 하(夏)
나라의 후예 나라다. 「징(徵)」은 증명한다는 뜻이다. 「송(宋)」
은 은(殷)나라의 후예 나라다.

[**어구 설명**] ㅇ此又引孔子之言(차우인공자지언) : 이것도 역시 공자의 말
을 인용한 것이다. ㅇ杞夏之後(기하지후) : 「기(杞)」는 하(夏) 나라의 후
예 나라다. ㅇ徵證也(징증야) : 「징(徵)」은 증명한다는 뜻이다. ㅇ宋殷
之後(송은지후) : 「송(宋)」은 은(殷)나라의 후예 나라다.

【集註】(2) 三代之禮 孔子皆嘗學之而能言其意 但夏禮 既不可考證 殷禮雖存 又非當世之法 惟 周禮 乃時王之制 今日所用 孔子既不得位 則從 周而已.

「하(夏)·은(殷)·주(周)」 3대의 예(禮)를 공자는 이전에 다
배워서 알고 있으며, 따라서 그 대의를 능히 말할 수 있다. 그러
나, 하나라의 예는 이미 고증할 수 없고, 은나라의 예는 비록

남아 있기는 하나, 역시 당대의 예법이 아니다. 오직 주나라의 예법만이 곧 현세의 임금의 제도이고, 현재 쓰이고 있는 예법이고 제도이다. 공자는 성인이지만 자리를 얻지 못했으므로 <예법을 제정할 수 없으며> 주나라의 예법을 따를 뿐이다.

[어구 설명] ㅇ三代之禮(삼대지례) : 「하(夏)・은(殷)・주(周)」 3대의 예(禮). ㅇ孔子皆嘗學之(공자개상학지) : 공자는 이전에 다 배워서 알고 있으며. ㅇ而能言其意(이능언기의) : 따라서 그 대의(大意)를 능히 말할 수 있다. ㅇ但夏禮旣不可考證(단하례기불가고증) : 단 하나라의 예에 대해서는 이미 고증할 수가 없고. ㅇ殷禮雖存(은례수존) : 은나라의 예는 비록 남아 있기는 하나. ㅇ又非當世之法(우비당세지법) : 역시 당대의 예법이 아니다. ㅇ惟周禮(유주례) : 오직 주나라의 예법만이. ㅇ乃時王之制(내시왕지제) : 곧 현세의 임금의 제도이고. ㅇ今日所用(금일소용) : 현재 쓰이고 있는 예법이고 제도이다. ㅇ孔子旣不得位(공자기부득위) : 공자는 성인이지만, 자리를 얻지 못했다. <즉 성왕이 되지 못했다. 그래서 자기는 예법을 제정할 수 없으며> ㅇ則從周而已(즉종주이이) : 이에, 주나라의 예법을 따를 뿐이다.

【集註】 (3) 右第二十八章 承上章 爲下不倍而言 亦人道也.

이상이 제28장이다. 앞의 장의 「아랫사람이 되어 반대하지 않는다(爲下不倍)」는 뜻을 풀이한 것이다. 역시 인도(人道)이다.

【참고 보충】 「오종주(吾從周)」

유교는 「요(堯)・순(舜)・우(禹)」를 성제(聖帝)로 높인다. 총명하고 덕이 높고, 공을 세운 사람에게 천하의 대권을 선양(禪讓)했으며 또 무위(無爲)의 덕치(德治)를 폈다. 그 다음으로「하(夏)·은(殷)·주(周)」3대(三代)를 이상적인 왕조로 높인다. 하(夏)의 시조 우(禹)는 치수의 공을 세웠다. 은(殷)의 시조 탕(湯)은 포악무도(暴惡無道)한 걸(桀)을 치고 나라를 창건했다. 주(周)나라의「문왕(文王)·무왕(武王)·주공(周公)」은 천명을 받고 폭군 주(紂)를 멸하고 이상적인 왕국을 세웠다.

특히 주나라는 천도(天道)에 합치되는 찬란한 문물제도를 제정하고 윤리도덕을 확립하고, 예악(禮樂)의 덕치(德治)를 펴서, 천하를 흥성케 했다. 그래서 공자(孔子)는 주나라를 최고로 높이고「주례(周禮)를 따르겠다(吾從周)」라고 했다.

동시에 공자는 다음같이도 말했다.「현재는 성군에 의해서 제정된 문물제도에 의해서, 천하가 통일되었다. 그러므로 따라야 한다.」

「예법이나 문물제도는 자리에 오르고 덕을 갖춘 천자만이 제정한다. 그러므로 둘을 다 갖추지 못한 사람은 함부로 예악을 논하거나, 만들려고 하면 안된다.」

「우매하고 하천한 사람이 자기 주장을 내세우고 멋대로 행동하면 재화가 닥친다.」

공자는 주나라의 예악과 문물제도와 덕치(德治)와 교화(敎化)의 방식을 최고로 높였다. 그래서「오늘에 살면서 옛날로 돌아가자고 하면 안된다」고도 말했다.

중용 제29장 (총6절)

1절 王天下 有三重焉 其寡過矣乎.

2절 上焉者 雖善無徵 無徵不信 不信民弗從
    下焉者 雖善不尊 不尊不信 不信民弗從.

3절 故君子之道 本諸身 徵諸庶民 考諸三王
    而不謬 建諸天地而不悖 質諸鬼神而無疑
    百世以俟聖人而不惑.

4절 質諸鬼神而無疑 知天也 百世以俟聖人而
    不惑 知人也.

5절 是故君子 動而世爲天下道 行而世爲天下
    法 言而世爲天下則 遠之則有望 近之則
    不厭.

6절 詩曰 在彼無惡 在此無射 庶幾夙夜 以
    永終譽 君子未有不如此 而蚤有譽於天
    下者也.

제29장은 모두 6절이다. 그러나 전체의 요점은 천
자나 임금이 몸소 「세 가지 중대사[三重]」를 실천해
서 덕(德)을 세워야 함을 강조했다. 덕(德)을 세움은
곧 백성에게 징험(徵驗)을 나타내게 함이다. 실지로
백성을 잘살게 해주어야 한다. 그래야 천지신명도 인
정한다.

제29장 1절 有三重焉
유 삼 중 언

王天下 有三重焉 其寡過矣乎.

왕천하(이) 유삼중언(이니) 기과과의호(인져)

왕도(王道)로써 천하를 다스릴 천자에게는 세 가지 귀중한 요건이 있다. <세 가지를 잘해야> <백성에게 끼치는> 허물이 적게 될 것이다.

[**어구 설명**] ㅇ王天下(왕천하) : 왕도(王道)로써 천하를 다스리는 천자에게는. 「왕(王)」은 동사, 「왕이 되어 다스린다, 왕도로써 천하 만민을 다스린다」의 뜻이다. ㅇ有三重焉(유삼중언) : 세 가지의 귀중한 요건이 있다. 주자(朱子)는 「의례(議禮), 제도(制度), 고문(考文)」의 셋을 들었다. 의례(議禮)는 천하에 통용하는 예법을 논하고 제정함이다. 제도(制度)는 천하의 문물제도 및 제반 법규를 통일적으로 제정함이다. 고문(考文)은 서로 다르게 쓰이는 서체(書體)와 혼잡한 뜻의 문자를 비교 연구하여, 전국적으로 문자를 통일함이다. 「삼중(三重)」에 대해서는 설이 많다. 여기서는 주자의 설을 따랐다. ㅇ其寡過矣乎(기과과의호) : <천자가 세 가지를 신중하게 하면> <백성에게 끼치는> 허물이 적게 될 것이다.

【集註】 (1) 呂氏曰 三重謂議禮 制度 考文 惟天子得以行之 則國不異政 家不殊俗 而人得寡過矣.

여대림(呂大臨)이 말했다. 세 가지 중대한 사항은 곧 「의례
(議禮), 제도(制度), 고문(考文)」이다. 오직 천자만이 이 세 가
지를 전국적 규모로 통일할 수 있다. 그러면 <천하의 모든>
나라들이 저마다 정치를 달리하지 않을 것이다. <천하의 모든>
집안이 관습이나 규범을 달리하지 않을 것이다. 그래서, 모든
사람에게 미치는 허물도 적게 될 것이다.

[**어구 설명**] ㅇ呂氏曰(여씨왈) : 여대림(呂大臨)이 말했다. ㅇ三重謂議禮
制度考文(삼중위의례제도고문) : 세 가지 중대한 일은, 곧 「의례(議禮),
제도(制度), 고문(考文)」을 말한다.   ㅇ惟天子得以行之(유천자득이행
지) : 오직 천자만이 이 세 가지를 전국적 규모로 통일할 수 있다. ㅇ則國
不異政(즉국불이정) : 그러면, <천하의 모든> 나라들이 저마다 정치를
달리하지 않을 것이다. ㅇ家不殊俗(가불수속) : <천하의 모든> 집안이
관습이나 규범을 달리하지 않을 것이다. ㅇ而人得寡過矣(이인득과과
의) : 그래서, 모든 사람에게 미치는 허물도 적게 될 것이다.

【**참고 보충**】 「**예법**(禮法)·**제도**(制度)·**문자**(文字)**의 통일**」
　　유교사상의 이상은 「평천하(平天下)」다. 그 기본을 대학(大學)에
서는 「삼강팔조(三綱八條)」라 했고, 중용(中庸)에서는 「중용지도
(中庸之道)」를 따르고 실천해서 「중화(中和)」를 이루라고 가르쳤다.
공동체에는 중심이 있다. 가정에서는 가장을 중심으로 하나로 뭉쳐
야 한다. 국가에서는 군주를 중심으로 하나로 뭉쳐야 한다. 천하에서
는 천자를 중심으로 하나로 뭉쳐야 한다. 그러므로 천자는 천하의
「예법·제도·문자」를 통일해야 한다. 그래야 사람들이 같은 문화제
도 밑에서 살게 된다.

제29장 2절 不信民弗從
불 신 민 불 종

上焉者 雖善無徵 無徵不信 不信民弗從 下焉者
雖善不尊 不尊不信 不信民弗從.

상언자(는) 수선(이나) 무징(이니) 무징(이라) 불신(이오) 불신(이라)
민불종(이니라) 하언자(는) 수선(이나) 부존(이니) 부존(이라) 불신
(이오) 불신(이라) 민불종(이니라)

옛날의 <예법은>, 비록 좋기는 해도 증거할 수 없으며, 증거할
수 없으니 믿을 수 없고, 믿을 수 없으니 백성들이 따르지 않는
다. <성인이면서 자리에 오르지 못하고> 밑에 있는 사람은 <즉
공자 같은 사람> 비록 예법을 잘 알았지만 존귀하지 못했으며,
존귀하지 못했으니 믿지 않았고, 믿지 않으니 백성들이 따르지
않는다. <신(信)에는 '뻗어 나간다'는 뜻도 있다>

[**어구 설명**] ○上焉者(상언자) : 옛날의 <예법은>. ○雖善無徵(수선무
징) : 비록 좋기는 해도 증거할 수 없다. ○無徵不信(무징불신) : 증거
할 수 없으니 믿을 수 없다. 「신(信)」에는 「뻗어 나간다, 퍼진다」의 뜻도
있다. ○不信民弗從(불신민불종) : 믿을 수 없으니 <뻗어나가지 않으
니> 백성들이 따르지 않는다. ○下焉者(하언자) : <성인이면서 자리에
오르지 못하고> 밑에 있는 사람 <공자를 가리킨다.> ○雖善不尊(수선
부존) : 비록 예법을 잘 알지만 존귀하지 못하면. ○不尊不信(부존불

신) : 존귀하지 못하니 믿지 않고. ㅇ不信民弗從(불신민불종) : 믿지 않
으니 백성들이 따르지 않는다.

【集註】(1)上焉者 謂時王以前 如夏商之禮雖善
而皆不可考 下焉者 謂聖人在下 如孔子雖善於禮
而不在尊位也.

「상(上)」은 현재의 임금 이전의 시대를 말한다. 예를 들면,
하(夏) 혹은 은(殷)의 예법이 비록 좋다 해도, 다 고증할 수가
없다. 「하(下)」라고 한 말은, 성인이 밑의 자리에 있다는 뜻이다.
예를 들면, 공자는 비록 예법을 잘 알았을 것이다. 그러나 <예법
을 논하고 제정할 만한> 존귀한 천자 자리에 오르지 못했다는
뜻이다.

[**어구 설명**] ㅇ上焉者謂時王以前(상언자위시왕이전) : 「상(上)」은 현재의
　임금 이전을 말한다. <즉 옛날의 뜻으로 풀이했다> ㅇ如夏商之禮雖善
　(여하상지예수선) : 예를 들면, 하(夏) 혹은 은(殷)의 예법이 비록 좋아
　도. ㅇ而皆不可考(이개불가고) : 두 나라의 예법을 다 고증할 수가 없다.
　ㅇ下焉者(하언자) : 「하(下)」라고 한 말은. ㅇ謂聖人在下(위성인재
　하) : 성인이면서, 밑의 자리에 있다는 뜻이다. ㅇ如孔子雖善於禮(여공
　자수선어례) : 예를 들면, 공자는 비록 예법을 잘 알았을 것이다. ㅇ而不
　在尊位也(이부재존위야) : 그러나 <예법을 논하고 제정할 만한> 존귀
　한 천자의 자리에 오르지 못했다는 뜻이다. 앞의 제28장 2절에 다음 같은
　말이 있다. 「천자가 아니면 예절이나 규범을 논하거나 제정하지 못한다.
　(非天子 不議禮 不制度)」

【참고 보충】「상언자(上焉者)·하언자(下焉者)」

　주자(朱子)는 집주(集註)에서 다음같이 풀이했다.

　「상(上)은 현재의 임금 이전의 시대를 말한다.(上焉者 謂時王以前)」「하(下)는 성인이 밑의 자리에 있다는 뜻이다.(下焉者 謂聖人在下)」 그리고 「예를 들면, 하(夏) 혹은 은(殷)의 예법이 비록 좋다 해도, 고증할 수가 없다.」「예를 들면, 공자는 비록 예법을 잘 알았을 것이다. 그러나 <예법을 논하고 제정할 만한> 존귀한 천자 자리에 오르지 못했다」라고 덧붙였다. 물론 주자의 깊은 뜻풀이를 따르는 것이 좋다. 그러나, 이 「상(上)」을 다음같이 풀 수도 있다. 「위에서 존귀한 자리를 차지하고 잘하고 있어도, 사실로 덕을 밝혀서 효험을 나타내지 않으면 믿음이 없고, 백성들이 믿고 따르지 않을 것이다.」

　이와 같이 풀이하면 앞의 「제27장 7절」의 「거상불교(居上不驕)」와도 통하고, 또 대학(大學)의 「명명덕(明明德)」에도 통한다. 그리고 다음 「제29장 3절」의 「고군자본저신(故君子本諸身)」과도 잘 이어진다. 그러나 이 책에서는 주자의 풀이를 존중한다.

【참고 보충】「의례(議禮)·제도(制度)·고문(考文)의 현대적 의미」

　① 의례(議禮) : 예악(禮樂), 의식(儀式), 의례(儀禮)와 윤리 도덕적 행동규범 등을 신중히 논하고 통일한다.

　② 제도(制度) : 법률, 제도, 기구, 조직 등을 현실에 맞게 제정하고 운영한다.

　③ 고문(考文) : 문자 통일, 교육 문화, 과학 기술 등을 살피고 개혁하고 향상시킨다는 뜻이다.

제29장 3절 本諸身
본 저 신

故君子之道 本諸身 徵諸庶民 考諸三王而不謬
建諸天地而不悖 質諸鬼神而無疑 百世以俟聖
人而不惑.

고(로) 군자지도(는) 본저신(하야) 징저서민(하며) 고저삼왕이불류(하며) 건저천지이불패(하며) 질저귀신이무의(하며) 백세이사성인이불혹(이니라)

고로 천자가 천하를 잘 다스리는 도리는 자신의 덕행을 바탕으로 하고 백성에게 사실로 나타난다. 그러므로 하(夏)·은(殷)·주(周) 3대(三代)의 여러 성왕(聖王)에게 계고(稽考)하여도 잘못이 없고, <만물을 생육하는> 하늘과 땅의 도리에도 어긋나지 않으며, 귀신에게 질정(質正)해도 아무런 의심이 없으며, 백세 후에 나타날 성인에게 물어도 아무런 의혹이 없다.

[어구 설명] ㅇ故君子之道(고군자지도) : 고로 천자가 천하를 잘 다스리는 도리는. 「군자」는 천자(天子)나 성군(聖君)의 뜻이다. 「도(道)」는 왕도덕치(王道德治)의 길이나 도리, 그 바탕은 「의례(議禮), 제도(制度) 고문(考文)」이다. ㅇ本諸身(본저신) : 몸을 바탕으로 한다, 즉 자신의 덕행을 바탕으로 한다. ㅇ徵諸庶民(징저서민) : 서민이나 백성에게 나타나는 사실을 징험(徵驗)으로 삼아야 한다. 백성이 잘살면 잘하는 것이고, 못살면

못하는 것이다. ㅇ考諸三王而不謬(고저삼왕이불류) : 하(夏), 은(殷), 주(周) 3대(三代)의 여러 성왕(聖王)에게 계고(稽考)하여도 잘못이 없다. ㅇ建諸天地而不悖(건저천지이불패) : <지성무식(至誠無息)으로 만물을 생육(生育)하는> 하늘과 땅의 도리 앞에도 어긋나지 않는다. 천지의 도와 일치한다. ㅇ質諸鬼神而無疑(질저귀신이무의) : 귀신에게 질정(質正)해도 아무런 의심이 없다. 즉 인귀(人鬼)와 천신(天神)의 도리와도 일치한다. ㅇ百世以俟聖人而不惑(백세이사성인이불혹) : 백세 후에 나타날 성인에게 물어도 아무런 의혹이 없다. 백세 후의 성인도 찬성할 것이다.

【集註】 (1) 此君子指王天下者而言 其道卽議禮制度考文之事也 本諸身有其德也 徵諸庶民 驗其所信從也 建立也 立於此而參於彼也.

「이 군자(君子)」는 천하를 왕도로 다스리는 임금을 말한다. 「그 도(道)」는, 즉 「의례(議禮), 제도(制度), 고문(考文)」의 일이다. 「본저신(本諸身)」이란, 자기가 덕행을 해야 한다는 뜻이다. 「서민에게 징험(徵驗)한다」는 뜻은, <백성들이 자기를> 믿고 따르는가를 사실로 징험(徵驗)해 본다는 뜻이다. 「건(建)」은 내세운다는 뜻이다. <삼중(三重)을> 천지의 도에 맞게 내세우고, <천지화육(天地化育)에> 동참한다.

[**어구 설명**] ㅇ此君子指王天下者而言(차군자지왕천하자이언) : 「이 군자(君子)」는 천하를 왕도로 다스리는 임금을 말한다. ㅇ其道卽議禮制度考文之事也(기도즉의례제도고문지사야) : 「그 도(道)」는, 즉 「의례(議禮), 제도(制度), 고문(考文)」을 처리하는 도리다. ㅇ本諸身有其德也(본저

신유기덕야) : 「본저신(本諸身)」은 자기가 덕행을 해야 한다는 뜻이다.
ㅇ徵諸庶民(징저서민) : 「서민에게 징험(徵驗)한다」는 뜻은. ㅇ驗其所
信從也(험기소신종야) : <백성들이 자기를> 믿고 따르는가를 사실로
징험(徵驗)해 본다는 뜻이다. ㅇ建立也(건립야) : 「건(建)」은 내세운다
는 뜻이다. ㅇ立於此而參於彼也(입어차이참어피야) : <삼중(三重)을>
천지의 도에 맞게 내세우고, <천지화육(天地化育)에> 참여한다.

【集註】(2) 天地者道也 鬼神者造化之迹也 百世以俟聖人而不惑 所謂聖人復起 不易吾言者也.

「천지(天地)」는 바로 「만물을 생육(生育)하는 천지의 도」라
는 뜻이다. 「귀신(鬼神)」은 곧 <눈에 보이지 않으나> 조화의
흔적이다. 백세 후에·나타날 성인(聖人)도 미혹(迷惑)하지 않고,
긍정한다. 이른바, 성인이 다시 나타나도 내 말을 바꾸지 않는다
는 뜻이다.

[**어구 설명**] ㅇ天地者道也(천지자도야) : 「천지」는 바로 「만물을 생육하
는 천지의 도」라는 뜻이다. ㅇ鬼神者造化之迹也(귀신자조화지적야) :
「귀신」은 곧 조화의 흔적을 남기는 <인귀(人鬼)와 천신(天神)을 말한
다.> ㅇ百世以俟聖人而不惑(백세이사성인이불혹) : 백세 후에 나타날
성인도 망설이지 않고 긍정한다. ㅇ所謂聖人復起不易吾言者也(소위성
인부기불역오언자야) : 성인이 다시 나타나도 내 말을 바꾸지 않는다는
뜻이다.

제29장 4절 知天知人
지 천 지 인

質諸鬼神而無疑 知天也 百世以俟聖人而不惑
知人也.

질저귀신이무의(는) 지천야(요) 백세이사성인이불혹(은) 지인야(니
라)

귀신에게 질정해도 의아함이 없음은, 하늘의 도리를 알고 다스
림이고, 백세 후의 성인을 기다려 물어도 미혹하지 않음은, 사람
의 도리를 알고 다스림이다.

[**어구 설명**] ㅇ質諸鬼神而無疑(질저귀신이무의) : 귀신에게 질정해도 의
아함이 없음은. ㅇ知天也(지천야) : 하늘의 도리를 알고 다스림이고.
ㅇ百世以俟聖人而不惑(백세이사성인이불혹) : 백세 후의 성인을 기다
려 물어도 미혹하지 않음은. ㅇ知人也(지인야) : 사람의 도리를 알고 다
스림이다.

【集註】 (1) 知天 知人 知其理也.

「지천(知天), 지인(知人)」은 그 도리를 알고 다스린다는 뜻
이다.

【참고 보충】「민신이종(民信而從)」

　천자나 임금의 덕이 백성에게 사실로 나타나야 백성들이 믿고 따른다. 그래야 비로소, 천지 신명 및 귀신들도 호응하고, 또 옛날의 성인이나 장차 나타날 성인도 인정하게 될 것이다. 즉 우주적으로 공인(公認)을 받는다.

제29장 5절 爲天下道
위 천 하 도

是故君子 動而世爲天下道 行而世爲天下法 言
而世爲天下則 遠之則有望 近之則不厭.

시고(로) 군자(는) 동이세위천하도(이니) 행이세위천하법(하며) 언이
세위천하칙(이라) 원지즉유망(이오) 근지즉불염(이니라)

그러므로 임금은 그 움직임이 바로 천하의 도가 되고, 행함이
바로 천하의 법도가 되고, 말이 바로 천하의 준칙이 된다. 먼
나라도 우러러보고, 이웃 나라도 싫어함이 없느니라.

[**어구 설명**] ㅇ是故君子(시고군자) : 그러므로 그와 같은 천자나 임금은.
「군자(君子)」는 자리에 있으면서 성인의 도를 따라 덕치(德治)를 하는
천자나 임금. ㅇ動而世爲天下道(동이세위천하도) : 그의 움직임이 바로
천하의 도가 되고. ㅇ行而世爲天下法(행이세위천하법) : 그의 행함이 바
로 천하의 법도가 되고. ㅇ言而世爲天下則(언이세위천하칙) : 그의 말이
바로 천하의 준칙이 된다. ㅇ遠之則有望(원지즉유망) : 먼 나라 사람들
도 그를 우러러 높이고. ㅇ近之則不厭(근지즉불염) : 가까이 있는 신하
나 백성이나 이웃 나라도 싫어하지 않는다.

【集註】(1) 動兼言行而言 道兼法則而言 法法
度也 則準則也.

「동(動)」은 언행(言行)을 겸해서 말한 것이다. 「도(道)」는 법칙(法則)을 겸해서 말한 것이다. 「법(法)」은 법도(法度)의 뜻이다. 「칙(則)」은 준칙(準則)의 뜻이다.

[**어구 설명**] ㅇ動兼言行而言(동겸언행이언) : 「동(動)」은 「언(言)·행(行)」을 겸해서 말한 것이다. ㅇ道兼法則而言(도겸법칙이언) : 「도(道)」는 「법(法)·칙(則)」을 겸해서 말한 것이다. ㅇ法法度也(법법도야) : 「법(法)」은 법도(法度)의 뜻이다. ㅇ則準則也(칙준칙야) : 「칙(則)」은 준칙(準則)의 뜻이다.

【**참고 보충**】「왕도덕치(王道德治)의 우주적 의의」
제29장의 대의를 요약하면 대략 다음같이 된다.
1절 : 「삼중(三重)」으로 다스려야 허물이 적다.(有三重 其寡過)」
2절 : 선(善)이 징험(徵驗)으로 나타나야, 만민이 믿고, 따르고 존경한다. 안 그러면 만민이 믿고 따르지 않는다.(不信民 弗從)」
3절 : 「천자나 임금은 몸소 덕을 세우고 만민에게 사실로 나타내야 한다.(君子之道 本諸身 徵諸庶民)」「삼왕(三王), 천지(天地), 귀신(鬼神), 성인(聖人)」이 찬동해야 한다.
4절 : 결국 천도(天道)와 인도(人道)가 하나 되어야 한다.
5절 : 그러므로 천자나 임금의 언행(言行)은 천하 만민의 행동 규범이 되고 따라서 존경을 받게 된다.(爲天下道 爲天下法 遠之則有望 近之則不厭)」

이상과 같은 경지는 결국 성인(聖人)의 왕도덕치(王道德治)가 우주적인 차원에서, 역사적으로나 세계적으로나 공인(公認)되고 존경을 받는다는 뜻이다.

제29장 6절 永終譽
영 종 예

詩曰 在彼無惡 在此無射 庶幾夙夜 以永終譽 君子未有不如此 而蚤有譽於天下者也.

시왈 재피무오(하며) 재차무역(이라) 서기숙야(하야) 이영종예(라하니) 군자(이) 미유불여차 이조유예어천하자야(니라)

시경(詩經) 주송(周頌) 진로편(振鷺篇)에 있다.『저기에서도 미워하지 않고, 여기에서도 싫어하지 않는다. 바라노라, 이른 아침부터 밤늦게까지 열심히 해서, 영원히 영광(榮光)과 명예(名譽)를 끝까지 지키고 빛내기를 !』

군자는 이와 같이 하지 않고서는 일찍이 천하에 이름을 낸 사람이 없었다.

[**어구 설명**] ㅇ詩曰(시왈) : 시경(詩經) 주송(周頌) 진로편(振鷺篇)에 있다. ㅇ在彼無惡(재피무오) : 저기에서도 미워하지 않고. 앞절에「먼 나라 사람들도 우러러본다(遠之則有望)」라 했다. ㅇ在此無射(재차무역) : 여기에서도 싫어하지 않는다. 앞절에「가까운 나라에서도 싫어하지 않는다(近之則不厭)」라 했다. 射(싫어할 역) ㅇ庶幾(서기) : 두 가지로 풀이할 수 있다.「……하기를 바란다.」「아마 ……에 가깝다.」여기서는 전자의 뜻을 따랐다. ㅇ夙夜(숙야) : 이른 아침부터 밤늦게까지 열심히 해서. ㅇ以永終譽(이영종예) : 영원히 영광(榮光)과 명예(名譽)를 끝

까지 지키고 빛내기를 <바란다.> ㅇ君子未有不如此(군자미유불여차) : 군자는 이와 같이 하지 않고서는 ……할 수 없다. ㅇ而蚤有譽於天下者也(이조유예어천하자야) : 일찍이 천하에 이름을 낸 사람이 없었다. 「미유(未有)」는 여기까지 걸린다.

【集註】(1) 詩周頌振鷺之篇　射厭也　所謂此者指本諸身以下六事而言.

시경(詩經) 주송(周頌) 진로편(振鷺篇)의 시다. 「역(射)」은 「싫어하다」의 뜻이다. 이른바 「차(此)」는 「본저신(本諸身)」다음의 여섯 가지 일을 지적한다.

[**어구 설명**] ㅇ詩周頌振鷺之篇(시주송진로지편) : 시경(詩經) 주송(周頌) 진로편(振鷺篇)의 시다. ㅇ射厭也(역염야) : 「역(射)」은 「싫어하다」의 뜻이다. ㅇ所謂此者(소위차자) : 이른바, 「차(此)」는. ㅇ指本諸身以下六事而言(지본저신이하육사이언) : 「본저신(本諸身)」 다음의 여섯 가지 일을 지적한다. 즉 「본저신(本諸身), 징저서민(徵諸庶民), 고저삼왕이불류(考諸三王而不謬), 건저천지이불패(建諸天地而不悖), 질저귀신이무의(質諸鬼神而無疑), 백세이사성인이불혹(百世以俟聖人而不惑)」의 여섯 가지다.

【集註】(2) 右第二十九章　承上章　居上不驕而言　亦人道也.

이상이 제29장이다. 앞의 장을 이어받고 「위에 있으면서 거만하지 마라」를 풀이한 말이다. 역시 인도(人道)이다.

중용 제30장 (총3절)

1절 仲尼 祖述堯舜 憲章文武 上律天時 下襲
水土.

2절 辟如天地之無不持載 無不覆幬 辟如四時
之錯行 如日月之代明.

3절 萬物竝育而不相害 道竝行而不相悖 小德
川流 大德敦化 此天地之所以爲大也.

제30장은 공자(孔子)가 「요순(堯舜)의 도(道)」를 조
술(祖述)하고, 「문무(文武)의 법(法)」을 헌장(憲章)하
여 도통(道統)의 가르침을 세상에 밝혔음을 기술했다.

📖 제30장 1절 祖述堯舜
조 술 요 순

仲尼 祖述堯舜 憲章文武 上律天時 下襲水土.

중니(는) 조술요순(하시고) 헌장문무(하시며) 상률천시(하시고) 하습
수토(하시니라)

중니(仲尼)가 요순의 도를 조술(祖述)하고, 문왕·무왕의 법을
헌장(憲章)하고, 위로는 하늘의 때를 법으로 삼고, 아래로는 지
리를 따랐다.

[어구 설명] ㅇ仲尼(중니) : 공자(孔子)의 자(字)가 「중니」다. ㅇ祖述堯舜
(조술요순) : 요임금·순임금의 도나 도리를 근본으로 삼고 풀어나가다.
「조술(祖述)」은 「계승하고 더욱 발전케 한다」는 뜻도 포함되어 있다.
즉 공자의 사상인 인애(仁愛)의 덕치(德治)는 「요순의 도」를 계승하고
발전케 한 것이다. ㅇ憲章文武(헌장문무) : 「헌장(憲章)」은 「법으로 삼
고 높이 내세우다.」 즉 주(周)나라 문왕(文王)과 무왕(武王)이 제정한
예악(禮樂), 문물(文物), 교령(敎令), 제도(制度) 등을 당시의 모든 사람
이나 나라가 지키고 따를 법도(法度)로 삼고 또 높이 선양(宣揚)했다.
ㅇ上律天時(상률천시) : 위로는 천도(天道)와 사계절, 즉 자연의 도리를
율법(律法)으로 삼고 지키고. ㅇ下襲水土(하습수토) : 아래로는 지형
(地形)과 지리(地理), 기후(氣候)와 풍토(風土), 토양(土壤)과 수질(水
質) 등을 바탕으로 하고 농업이나 목축 어업 등의 생산과 생활 풍습을
잘 어울리게 제정했다. 「습(襲)」은 「바탕으로 하고 이루다」의 뜻. 「수토

(水土)」는 「산천강하(山川江河)의 지세, 혹은 자연의 풍토」라는 뜻도
있다.

**【集註】(1) 祖述者 遠宗其道 憲章者 近守其法
律天時者 法其自然之運 襲水土者 因其一定之理
皆兼內外該本末而言也.**

「조술(祖述)」은 「먼 옛날의 도를 으뜸으로 삼는다」는 뜻이다.
「헌장(憲章)」은 「가까운 주나라의 법률을 지키고 따른다」는 뜻
이다. 「율천시(律天時)」는 「자연의 운행과 운세를 법도로 삼는
다」는 뜻이다. 「습수토(襲水土)」는 「산천지형(山川地形)의 일
정한 도리를 바탕으로 하고 또 따른다」는 뜻이다. 「모두 다 내외
(內外)를 겸하고 본말(本末)을 포함해서 맞게 한다」는 뜻을 말
한 것이다.

[**어구 설명**] ㅇ祖述者 遠宗其道(조술자 원종기도) : 「조술(祖述)」은 「먼
옛날의 도를 으뜸으로 삼는다」는 뜻이다. ㅇ憲章者 近守其法(헌장자
근수기법) : 「헌장(憲章)」은 가까운 주(周)나라의 법률을 지키고 따른
다」는 뜻이다. ㅇ律天時者 法其自然之運(율천시자 법기자연지운) : 「율
천시(律天時)」는 「자연의 운행과 운세를 법도로 삼는다」는 뜻이다.
ㅇ襲水土者 因其一定之理(습수토자 인기일정지리) : 「습수토(襲水土)」
는 「산천지형(山川地形)의 일정한 도리를 바탕으로 하고 또 따른다」
는 뜻이다. ㅇ皆兼內外該本末而言也(개겸내외해본말이언야) : 「다 내
외(內外)를 겸하고 본말(本末)을 포함해서 맞게 한다」는 뜻을 말한
것이다.

【大全疏註選譯】

(1) 北溪陳氏曰 前言堯舜文武周公 能體中庸之道 此言孔子
  法堯舜文武 以體中庸之道也 宗師堯舜之道 堯舜人道之
  極也 效法文武之法 三代法度 至周而備也 天時者 春夏秋
  冬之四時 聖人法其自然之運 水土者 東西南北之四方 聖
  人因其一定之理.

　　북계 진씨가 말했다. 앞에서는 요순·문무·주공이 능히 중용의
도를 행함을 말했고, 여기서는 공자가 요순·문무를 법도로 삼고 중
용의 도를 행한다고 했다. 요순의 도를 종사로 삼는 것은 요순이 인도
의 극이기 때문이다. 문무의 법을 본받음은 3대의 법도가 주에 와서
갖추어졌기 때문이다. 「천시(天時)」는 춘하추동의 사시니, 성인이 그
자연의 운행을 법도로 삼은 것이다. 「수토(水土)」는 동서남북의 사방
이니, 성인이 그 정해진 도리를 바탕으로 한 것이다.

(2) 蛟峯方氏曰 中庸之道 至仲尼而集大成 故此書之末 以仲
  尼明之.

　　교봉 방씨가 말했다. 중용의 도는 중니에 이르러 집대성 되었다.
그래서 이 글의 말미에서 중니를 내세워 밝힌 것이다.
　　* 중용 제2장 1절에서 「중니왈(仲尼曰) 군자중용(君子中庸) 소인
　　반중용(小人反中庸)」이라 했으며, 중용의 끝에 해당하는 이 30
　　장에서 다시 「중니조술요순(仲尼祖述堯舜)」이라 했다.

【참고 보충】 「율천시(律天時)」「습수토(襲水土)」
　① 율천시(律天時) : 논어(論語) 향당편(鄕黨篇)에 있다. 「공자는

제철이 아닌 음식을 들지 않았다.」「심하게 번개가 치고 바람이 사납게 불면 반드시 안색이 변했다.」「벼슬할 만할 때는 나가서 벼슬을 하되, 그렇지 않으면 물러난다.」 이와 같은 것이 하늘의 때를 법도로 삼음이다.

② 습수토(襲水土) : 공자는 노(魯)나라에서는 유학자가 입는 소매가 넓은 봉액지의(逢掖之衣)를 입었으여, 송(宋)나라에서는 은(殷)나라 때에 쓰던 예관(禮冠)인 장보관(章甫冠)을 썼다.「용사행장(用舍行藏)」은 언제나 편안하고 태연자약한 태도를 간직하고 자기의 처지와 환경에 맞게 함이다. 이 모두가「중용의 도」를 따르고 행함이다.

「행(行)」은 내(內)이고 본(本)이다.「사(事)」는 외(外)이고 말(末)이다. 그래서 공자는「중용의 도」를 행함에, 내외(內外)를 겸하고 본말(本末)을 포함한다.

제30장 2절 聖人之德
성 인 지 덕

辟如天地之無不持載 無不覆幬 辟如四時之錯行 如日月之代明.

비여천지지무부지재(하며) 무불부도(하며) 비여사시지착행(하며) 여
일월지대명(이니라)

비유하면 하늘과 땅이 만물을 받치고 실어주고 또 덮고 보호해
주지 않음이 없음과 같다. 비유하면 사계절이 바뀌어 나감과
같고 해와 달이 바뀌면서 낮과 밤이 교체함과 같다.

[**어구 설명**] ㅇ辟如(비여) : 비유하면 ……와 같다. 「임금 벽(辟)」을 여기서
는 「비」로 읽고, 뜻도 「비유할 비(譬)」와 같다. ㅇ天地之無不持載 無不
覆幬(천지지무부지재 무불부도) : 하늘과 땅이 만물을 받치고 실어주고
또 덮고 보호해주지 않음이 없음과 같다. 「지재(持載)」는 「땅이 만물을
받쳐들고, 땅위에서 살고 자라게 한다」는 뜻이다. 「부도(覆幬)」는 「하늘
이 땅과 지상의 만물을 덮어 감싸고, 살아 번식하게 해준다」는 뜻이다.
「뒤집힐 복(覆)」을 여기서는 「덮을 부」로 읽는다. 「휘장 주(幬)」를 여기
서는 「덮을 도」로 읽는다. ㅇ辟如四時之錯行(비여사시지착행) : 비유하
면 사계절이 바뀌어 나감과 같다. ㅇ如日月之代明(여일월지대명) : 해와
달이 바뀌어 밝히면서, 낮과 밤이 교체함과 같다.

【集註】(1) 錯猶迭也 此言聖人之德.

「착(錯)」은 「갈마들다(迭)」의 뜻이다. 이는 성인의 덕을 말한 것이다.

[**어구 설명**] ㅇ錯猶迭也(착유질야) : 「착(錯)」은 「갈마들 질(迭)」과 같다.
ㅇ此言聖人之德(차언성인지덕) : 이 구절은 성인의 덕을 말한 것이다.

【참고 보충】 「성인지덕(聖人之德)」

중니(仲尼) 공자(孔子)는 생이지지(生而知之)한 성인이다. 그러나 때를 못 만나 존귀한 천자의 자리에 오르지 못하고, 오로지 교학(敎學)과 저술(著述)로 만세(萬世)의 사표(師表)가 되었다.

「성인지덕(聖人之德)」은 곧 「지성선사(至聖先師) 공자의 천도(天道)와 지덕(地德)을 합일한 경지」를 말한다. 내면적 체(體)는 천도천리(天道天理)이고 외형적 용(用)은 언행과 학문 사상과 가르침이다. 공자는 요임금·순임금의 도통을 계승하고 주나라의 찬란한 문물제도를 법도로 삼고 선양했다. 그러므로 공자의 가르침은 곧 하늘의 도리이고 동시에 땅에서 진실하게 맺은 열매이다. 그래서 말했다.

① 공자의 덕은 「하늘이 만물을 덮고 보호하고 살아 번식하게 함과 같다」고 했다. 즉 하늘이 위에서 「천리와 성(誠)＝에너지＝생명력」을 내려주면, 땅이 이를 받아서 만물을 위에 싣고 번식하게 함과 같다. 이를 「비여천지지지무부지재 무불부도(辟如天地之無不持載 無不覆幬)」라고 했다.

② 계절과 낮과 밤이 교체하고 시간과 세월이 흐름에 따라, 천지 만물이 더욱 번식하고 인류 문화도 발전한다. 이를 「비여사시지착행 여일월지대명(辟如四時之錯行 如日月之代明)」이라고 했다.

제30장 3절 萬物竝育
만 물 병 육

萬物竝育 而不相害 道竝行 而不相悖 小德川流
大德敦化 此天地之所以爲大也.

만물(이) 병육 이불상해(하며) 도병행 이불상패(라) 소덕(은) 천류(이오) 대덕(은) 돈화(이니) 차(이) 천지지소이위대야(니라)

<우주 천지에는> 자연 만물이 다 함께 자라나고 있다. 그러나 서로 해치지 않는다. 도나 도리가 함께 행해지고 나가지만, 서로 반대하고 어긋나지 않는다. 「소덕(小德)」은 냇물처럼 저마다 흐르고, 「대덕(大德)」은 <천지 자연 만물을> 돈독하고 후하게 조화하고 살아 번성하게 한다. 그러니깐, 천지를 위대하다고 말하는 것이다.

[**어구 설명**] ㅇ萬物竝育(만물병육) : <우주 천지에는> 자연 만물이 다 함께 자라나지만. ㅇ而不相害(이불상해) : 그러나 서로 해치지 않는다. ㅇ道竝行而不相悖(도병행이불상패) : 도나 도리가 함께 행해지고 나가지만 서로 반대하고 어긋나지 않는다. ㅇ小德川流(소덕천류) : 「소덕(小德)」은 냇물처럼 저마다 흐르고. ㅇ大德敦化(대덕돈화) : 「대덕(大德)」은 <천지 자연 만물을> 돈독하고 후하게 조화(造化)하고, 살아서 번성하게 한다. ㅇ此天地之所以爲大也(차천지지소이위대야) : 그러니깐, 천지를 위대하다고 말하는 것이다. 그런 까닭으로 곧 천지를 크다고 한다.

【참고 보충】「우주의 생명력」=「성(誠)」

공간을 우(宇)라 하고, 시간을 주(宙)라고 한다. 결국 우주는 공간과 시간을 통합한 개념이며, 실체가 없다. 이를 한마디로「천(天)」이라 하고,「공간과 시간을 통합한 우주의 이법(理法)」을「천도(天道)」라고 한다.

우주는 하나의 큰 생명체다. 자연 만물은 우주적 존재로 우주의 힘으로 생육화성(生育化成)을 끝없이 되풀이한다. 이를 역경(易經)에서는「생생불이(生生不已)」라고 한다. 이와 같이 만물을 낳고 키우고 번성케 하는 힘의 근원을, 오늘의 과학에서는「우주의 에너지」라 한다. 이를 중용(中庸)에서는「성(誠)」이라 했다.

중용 제20장 17절에「성자 천지도(誠者 天之道)」라고 있다. 이 말은 곧「우주적 에너지, 즉 생명력을 바탕으로 진실무망(眞實無妄)하게 만물을 낳고 키우는 것이 바로 하늘의 도리다」라는 뜻이다. 그와 같은「성(誠)을 성실하게 받들고 따르는 것이 사람의 도리다.」그래서「성지자 인지도야(誠之者 人之道也)」라고 했다. 중용 제30장에서 말한 바,「성인 공자(孔子)가 계승하고 발전케 한 도통(道統)」은 곧「하늘과 땅이 어울려 만물을 끝없이 생육(生育)하는 우주의 도리이며, 동시에 그 도리를 따르고 실천해서 얻는 덕(德)이다. 이를 천도(天道) 지덕(地德)이라고도 한다. 하늘은 만물을 덮고, 땅은 만물을 싣고 생육한다.(天覆地載)」

【참고 보충】「만물병육(萬物竝育)」「도병행(道竝行)」

자연 만물은 우주의「에너지=생명력」을 바탕으로 하늘 땅 사이에서 생육(生育)한다. 이때에 눈에 보이지 않는 형이상의 도리, 혹은 자연법칙을 통틀어 천도(天道)라 한다. 한편 지상에 눈에 보이게 나타나고 변화하는 만물과 그들에 의해서 발생하는 모든 현상을 통틀어 지덕(地德)이라고 한다. 「덕(德)」은 「얻을 득(得)」과 뜻이 통한다. 즉 「도(道)」를 따르고 행해서 얻은 「좋은 성과」를 「덕」이라 한다.

그러므로 땅 위에서 살고, 또 번식하는 식물·동물·사람, 기타 만물은 다 천도(天道)를 따라 지덕(地德)을 누리고 있는 것이다. 천도를 따르지 않으면 지덕도 없게 된다.

무한한 공간과 무궁한 시간을 통합한 것이 하늘(天), 즉 우주다. 그러므로 우주에는 삼라만상이 다 살고 저마다의 삶을 누리고, 저마다 번식하고 있다. 그래서 「만물이 함께 자라고, 서로 해치지 않는다(萬物竝育 不相害)」고 말하는 것이다. 이것도 하늘의 도리다. 그런데, 악한 사람이나 나쁜 나라는 자연을 파괴하고, 남의 나라를 무력으로 침공하고, 남의 재물을 탈취하고, 혼자만의 탐욕을 채우고 있다. 이는 천도를 어기는 처사다. 그래서 오늘의 인류세계는 위기에 빠져 있는 것이다.

지상의 만물은 모두 「우주의 에너지＝생명력」에 의해서 나타나 살고 있다. 즉 근본은 하나다. 그러나, 저마다 각기 다른 본성과 도리를 따라 살고 있다. 그래서 「만물의 도리는 저마다 다르지만 함께 나가고 서로 해치지 않는다.(道竝行 不相害)」고 한다.

【참고 보충】 「소덕천류(小德川流)」「대덕돈화(大德敦化)」

하늘 땅 사이에 있는 자연 만물은 하나의 뿌리, 「우주의 에너지＝생명력」에 의해 태어나 살고 변화하고 번성하고 있으며, 이 모든 것을 주재하는 도리를 통틀어 「천도(天道)」라고 한다. 그러나, 만물은 「하나의 생명력, 하나의 도리」에서 나오되, 저마다 존재하고 활동하는 시간과 형상과 기능이 다르다. 바꾸어 말하면, 만물은 저마다 개별적 존재이고, 저마다의 시간과 공간을 통합한 우주적 존재이다.

이와 같이 개별적이고 분립된 존재를 여기서는 「소덕(小德)」이라고 한 것이다. 「덕(德)」은 「얻을 득(得)」과 뜻이 통한다. 「소덕」은 바로 「소득(小得)」이다. 공간적으로 무한대하고, 시간적으로 무궁한 우주에서 작은 일부를 얻어 가지고, 분립되어 있는 물건을 「소덕」이라고 한 것이다. 한편 공간적으로도 무한하고 시간적으로도 무궁하며, 만물을 낳고 키워주는 「전체 우주(全體宇宙)」를 「대덕(大德)」이라고 한 것이다. 공자와 자사의 사상은 참으로 위대하다. 그 위대한 사상을 현대적으로 이해해야 한다.

【集註】 (1) 悖猶背也　天覆地載　萬物並育於其間而不相害　四時日月　錯行代明而不相悖.

「패(悖)」는 「어긋나다[背]」와 같은 뜻이다. 하늘은 덮어주고 땅은 실어준다. 만물이 그 사이에 함께 자라나지만 서로 해치지 않는다. 춘하추동(春夏秋冬) 사계절과 해와 달이 서로 바뀌어 나가고 밝히지만, 서로 어긋나지 않는다.

[**어구 설명**] ㅇ悖猶背也(패유배야) : 「패(悖)」는 「어긋나다[背]」와 같은 뜻이다. ㅇ天覆地載(천복지재) : 하늘이 덮어주고 땅이 실어주다. ㅇ萬物並育於其間(만물병육어기간) : 만물이 하늘과 땅 사이에 함께 자라고. ㅇ而不相害(이불상해) : <그러나> 서로 해치지 않는다. ㅇ四時日月(사시일월) : 춘하추동(春夏秋冬), 사계절과 해와 달, 날과 달이. ㅇ錯行代明而不相悖(착행대명이불상패) : 서로 바뀌어 나가고 <해와 달, 낮과 밤이> 교대로 밝지만, 서로 어긋나지 않는다.

【集註】 (2) 所以不害不悖者 小德之川流 所以
並育並行者 大德之敦化 小德者 全體之分 大德者
萬殊之本.

　서로 해치지 않고 어긋나지 않으므로 「소덕(小德)」이 냇물처
럼 흐른다. 또 함께 자라고 함께 나가기 때문에 「대덕(大德)」이
돈독하게 <만물을> 조화한다. 「소덕」은 전체에서 나누어진 부
분이고, 「대덕」은 만물의 근본이다.

[어구 설명] ㅇ所以不害不悖者(소이불해불패자) : 서로 해치지 않고 어긋
　나지 않으므로. 「소이(所以)」는 「그런 까닭에」로 풀이한다. ㅇ小德之川
　流(소덕지천류) : 「소덕(小德)」은 작은 냇물처럼 흐른다. ㅇ所以並育並
　行者(소이병육병행자) : 함께 자라고 함께 나가기 때문에. ㅇ大德之敦化
　(대덕지돈화) : 「대덕(大德)」이 <만물을> 돈독하게 조화한다. ㅇ小德
　者全體之分(소덕자전체지분) : 「소덕(小德)」은 전체에서 나누어진 부분
　이다. ㅇ大德者萬殊之本(대덕자만수지본) : 「대덕(大德)」은 만물의 근
　본이다.

【集註】 (3) 川流者 如川之流 脈絡分明而往不
息也 敦化者 敦厚其化 根本盛大而出無窮也 此言
天地之道 以見上文取譬之意也.

　「천류(川流)」는 「냇물이 흐름과 같다」는 뜻이다. <냇물은 저
마다의> 물줄기가 분명하며, 쉬지 않고 흘러간다. 「돈화(敦化)」
는 그 조화가 돈독하고 후하다는 뜻이다. <천지 만물의> 근본
이 성대함으로 <만물을 낳고 키우는 조화가> 끝없이 나타난다.

이는 곧 천지의 도를 말함으로써 앞의 글에서 비유한 것의 본의 (本意)를 밝힌 것이다.

[**어구 설명**] ㅇ川流者如川之流(천류자여천지류) : 「천류(川流)」는 「냇물이 흐름과 같다」는 뜻이다. ㅇ脈絡分明而往不息也(맥락분명이왕불식야) : <냇물은 저마다의> 물줄기가 분명하며, 쉬지 않고 흘러간다. ㅇ敦化者敦厚其化(돈화자돈후기화) : 「돈화(敦化)」는 그 조화가 돈독하고 후하다는 뜻이다. ㅇ根本盛大而出無窮也(근본성대이출무궁야) : <천지 만물의> 근본이 성대함으로 <만물을 낳고 키우는 조화가> 끝없이 나타난다. ㅇ此言天地之道(차언천지지도) : 이는 곧 천지의 도를 말함으로써(以). ㅇ以見上文取譬之意也(이현상문취비지의야) : <그래가지고(以)>, 앞의 글에서 비유한 것의 본의(本意)를 밝힌 것이다.

【集註】 (4) 右第三十章 言天道也.

이상이 제30장이다. <만물을 창조하고 발전케 하는> 하늘의 도리, 즉 천도를 말한 것이다.

【大全疏註選譯】

(1) 北溪陳氏曰 天無不覆 地無不載 大化流行 萬物止其所 而不相侵害也 四時錯行 日月代明 一寒一暑 一晝一夜 似乎相反 而實非相違悖也.

북계 진씨가 말했다. 하늘은 <만물을> 덮어 보호하지 않는 것이 없고, 땅은 <만물을> 싣고 키우지 않는 것이 없으며, 하늘과 땅이 어울려 만물을 낳고 키우는 조화(造化)가 사방으로 흘러 퍼진다. 한편 만물은 저마다 자기 자리에 머물러 있으며, 서로 침범하고 해치는 법이 없다. 사계절이 교대하고 해와 달이 바뀌며, 빛을 밝혀준다. 추위와 더위 및 낮과 밤이 돌려가며 바뀐다. 이러한 현상은 흡사 서로 상반되는 것 같으나, 실은 서로 다르고 어긋나는 것이 아니다.

(2) 新安陳氏曰 小德如言小節 大德如言全體 此言天地造化
   之理 小德者 一本之散於萬殊者 大德者 萬殊之原於一本
   者也.

신안 진씨가 말했다. 「소덕(小德)」은 「작은 마디(小節)」와 같은 말이고, 「대덕(大德)」은 「<우주> 전체(全體)」와 같은 뜻이다. 이 말은 천지 조화의 이치이다. 「소덕」은 「하나의 근본이 만 가지로 분산되었다」는 뜻이고, 「대덕」은 「만 가지 사물이 하나의 근본에서 비롯한다」는 뜻이다.

   * 「하나의 천리에서 만가지 사물이 나오고 갈라진다.(理一萬殊)」
   * 모든 사물이 하나의 천리를 바탕으로 하듯이, 왕도덕치(王道德
     治)는 「성인의 덕(聖人之德)」을 바탕으로 한다.

중용 제31장 (총4절)

1절 唯天下至聖　爲能聰明睿知　足以有臨也
　　寬裕溫柔　足以有容也　發强剛毅　足以有
　　執也　齊莊中正　足以有敬也　文理密察　足
　　以有別也.

2절 溥博淵泉　而時出之.

3절 溥博如天　淵泉如淵　見而民莫不敬　言而
　　民莫不信　行而民莫不說.

4절 是以聲名洋溢乎中國　施及蠻貊　舟車所至
　　人力所通　天之所覆　地之所載　日月所照　霜
　　露所隊　凡有血氣者　莫不尊親　故曰配天.

　제31장은 「지성선사(至聖先師) 공자(孔子)」를 「하
늘과 짝지어서(配天)」 높인 글이다. 절을 나누어 설명
하겠다.

　1절 : 공자는 하늘이 내린 지성(至聖)이다. 천성으

로 「총명예지(聰明睿知)」한 그는 인의예지(仁義禮智)의 덕(德)을 갖추고 천하를 교화(教化)했다.

2절 : 공자의 「지덕(知德)」은 샘이 솟아, 큰못을 이룬 것처럼 뿌리깊고, 천지처럼 넓고 두터우며 때맞게 발현했다.

3절 : 그래서 만민이 공경하고, 믿고, 좋아했다.

4절 : 공자의 명성은 중국만이 아니라, 온 세계 만민에게 뻗고 퍼진다. 그래서 공자를 하늘에 비기고 짝하는 것이다.

제31장 1절 唯天下至聖
유 천 하 지 성

唯天下至聖 爲能聰明睿知 足以有臨也 寬裕溫
柔 足以有容也 發强剛毅 足以有執也 齊莊中正
足以有敬也 文理密察 足以有別也.

유천하지성(이) 위능총명예지(이) 족이유림야(이니) 관유온유(이) 족
이유용야(이며) 발강강의(이) 족이유집야(이며) 재장중정(이) 족이유
경야(이며) 문리밀찰(이) 족이유별야(니라)

오직 천하의 지극한 성인만이 능히 총명과 예지로 아랫사람,
즉 백성에게 임할 수 있다. 관용과 온유한 태도로 족히 <모든
사람들을> 포용할 수 있다. 강함을 발휘하고 굳세고 의연한 태
도로 족히 정의를 고집할 수 있다. 단정하고 장중하고, 중정(中
正)한 태도로, 족히 <모든 사람에게> 예(禮)를 차리고 공경할
수 있다. 학문이나 글의 문리를 세밀하게 살피고 족히 사물의
도리를 분별할 수 있다.

[**어구 설명**] ㅇ唯天下至聖(유천하지성) : 오직 천하의 지극한 성인만이.
ㅇ爲能聰明睿知(위능총명예지) : 능히 총명과 예지로 ……할 수 있다.
끝에까지 걸린다. ㅇ足以有臨也(족이유림야) : 족히 아랫사람, 즉 백성
에게 임할 수 있다. ㅇ寬裕溫柔足以有容也(관유온유족이유용야) : 관용
과 온유한 태도로, 족히 <모든 사람들을> 포용할 수 있다. ㅇ發强剛毅足

以有執也(발강강의족이유집야) : 강함을 발휘하고 굳세고 의연한 태도로, 족히 정의를 고집할 수 있다. ○齊莊中正足以有敬也(재장중정족이유경야) : 단정하고 장중하고, 중정(中正)한 태도로, 족히 <모든 사람에게> 예(禮)를 차리고 공경할 수 있다. ○文理密察(문리밀찰) : 학문이나 글의 문리를 세밀하게 살피고. ○足以有別也(족이유별야) : 족히 사물의 도리를 분별할 수 있다.

【集註】(1) 聰明睿知生知之質　臨謂居上　而臨下也 其下四者 乃仁義禮智之德 文文章也 理條理也 密詳細也 察明辨也.

「총명예지(聰明睿知)」는 태어나면서부터 아는 사람의 자질이다. 「임(臨)」은 「윗자리에 올라, 아랫사람에게 임한다」는 뜻이다. 그 아래의 네 구절은, 곧 「인의예지」의 덕을 말한다. 「문(文)」은 문장의 뜻이다. 「이(理)」는 조리(條理)의 뜻이다. 「밀(密)」은 자세하고 세밀한 뜻이다. 「찰(察)」은 밝게 분별한다는 뜻이다.

[**어구 설명**] ○聰明睿知生知之質(총명예지생지지질) : 「총명예지」는 태어나면서부터 아는 사람의 자질이다. ○臨謂居上而臨下也(임위거상이임하야) : 「임(臨)」은 「윗자리에 올라, 아랫사람에게 임한다」는 뜻이다. ○其下四者(기하사자) : 그 아래의 네 구절은. ○乃仁義禮智之德(내인의예지지덕) : 곧 「인의예지」의 덕을 말한다. ○文文章也(문문장야) : 「문(文)」은 문장의 뜻이다. ○理條理也(이조리야) : 「이(理)」는 조리(條理)의 뜻이다. ○密詳細也(밀상세야) : 「밀(密)」은 자세하고 세밀한 뜻. ○察明辨也(찰명변야) : 「찰(察)」은 밝게 분별한다는 뜻이다.

【참고 보충】「총명예지(聰明睿知)」·「인의예지(仁義禮智)」

　지극한 성인(聖人)은 「생이지지(生而知之)」한다. 즉 천성(天性)이 총명하고 슬기롭고 모든 것을 잘 안다. 이를 여기서는 「총명예지(聰明睿知)」라고 했다. 「총(聰)」은 귀가 밝아서, 청각적으로 모든 것을 잘 알고 분별한다는 뜻이다. 「명(明)」은 눈이 밝아서, 시각적으로 모든 것을 잘 알고 분별한다는 뜻이다. 「예(睿)」는 깊은 도리를 알고 통한다는 뜻이고, 「지(知)」는 전반적으로 모든 것을 알고, 다스린다는 뜻이다.

　지극한 성인은 태어날 때부터 「총명예지」를 갖추고 있다. 그러므로 높은 자리에 올라 백성들을 교화(敎化)하고, 다스릴 수 있다. 성인의 다스림은 곧 「인의예지(仁義禮智)」의 덕을 베푸는 것이다. 그래서 다음같이 말했다.

　① 인(仁) : 「관용과 온유로 남을 포용한다.(寬裕溫柔足以有容也)」 이것이 인(仁)이다.

　② 의(義) : 「강함을 발휘하고 굳세고 의연한 태도로 정의를 고집한다.(發强剛毅足以有執也)」 이것이 의(義)다.

　③ 예(禮) : 「단정하고 엄숙한 태도로 남을 공경한다.(齊莊中正足以有敬也)」 이것이 예(禮)다.

　④ 지(智) : 「문리를 세밀하게 살피고 사리를 분별한다.(文理密察足以有別也)」 이것이 지(智)다.

제31장 2절　溥博淵泉
보 박 연 천

溥博淵泉 而時出之.

보박연천(하야) 이시출지(니라)

성인의 지극한 지(知)와 덕(德)이 두루 돌고 넓게 퍼지고 깊은 못에서 샘솟듯이 솟아나온다. 그리고 때맞추어 나타난다.

[**어구 설명**] ㅇ溥博淵泉(보박연천) : 성인의 지극한 지(知)와 덕(德)이 두루 돌고, 넓게 퍼지고, 깊은 못에서 샘솟듯이 솟아나온다. 溥(넓을 보, 두루 미치다) ㅇ而時出之(이시출지) : 그리고, 때맞추어 나타난다. 시중(時中)한다.

【集註】 (1) 溥博周徧而廣濶也 淵泉靜深而有本也 出發見也 言五者之德 充積於中 而以時發見於外也.

「보박(溥博)」은 두루 미치고 넓게 퍼져나간다는 뜻이다. 「연천(淵泉)」은 <성인의 덕이> 고요하고 깊고 뿌리가 있다는 뜻이다. 「출(出)」은 밖으로 나타나 발현한다는 뜻이다. 「다섯 가지 덕이」 <즉 「총명예지(聰明睿知)」와 「인의예지(仁義禮智)」의 덕이> 속에서 깊이 차고 쌓여 가지고 때맞추어 적절하게 밖으로 발현함을 말한 것이다.

[**어구 설명**] ㅇ溥博周徧而廣濶也(보박주편이광활야) : 「보박(溥博)」은 두루 미치고 넓게 퍼져나간다는 뜻이다. ㅇ淵泉靜深而有本也(연천정심이유본야) : 「연천(淵泉)」은 <성인의 덕이> 고요하고 깊고 뿌리가 있다는 뜻이다. ㅇ出發見也(출발현야) : 「출(出)」은 밖으로 나타나 발현한다는 뜻이다. ㅇ言五者之德(언오자지덕) : 「다섯 가지 덕」, 즉 「총명예지(聰明睿知)」와 「인의예지(仁義禮智)」의 덕을 합해서 다섯 가지 덕이. ㅇ充積於中(충적어중) : 속에서 깊이 차고 쌓여 가지고. ㅇ而以時發見於外(이이시발현어외) : 때맞추어 적절하게 밖으로 발현한다는 뜻을 말한 것이다. 앞의 「언(言)」은 여기까지 걸린다.

제31장 3절 民莫不敬
민 막 불 경

溥博如天 淵泉如淵 見而民莫不敬 言而民莫不信 行而民莫不説.

보박(은) 여천(하고) 연천(은) 여연(이라) 현이민막불경(하며) 언이민막불신(하며) 행이민막불열(이니라)

성인의 덕이 두루 돌고, 넓게 퍼짐이 마치 하늘과 같고 또 성인의 덕이 깊은 못의 샘처럼 솟아나와서 넓은 못같이 고인다. 성인의 덕이 발현하면, 만민이 공경하지 않음이 없고, 성인의 덕을 말로 하면 만민이 믿지 않음이 없고, 성인의 덕을 행하면 만민이 기뻐하지 않음이 없다.

[**어구 설명**] ㅇ溥博如天(보박여천) : 성인의 덕이 두루 돌고, 넓게 퍼짐이 마치 하늘같다. ㅇ淵泉如淵(연천여연) : 성인의 덕이 못의 샘물처럼, 솟아나와 크고 깊은 못같이 쌓여 있다. ㅇ見而民莫不敬(현이민막불경) : 성인의 덕이 발현하면, 만민이 공경하지 않음이 없고. ㅇ言而民莫不信(언이민막불신) : 성인의 덕을 말로 하면 만민이 믿지 않음이 없고. ㅇ行而民莫不說(행이민막불열) : 성인의 덕을 행하면 만민이 기뻐하지 않음이 없다.

【集註】 （1） 言其充積極其盛 而發見當其可也.

성인의 덕이 충만하고 쌓여서 그 성대함이 극을 이루었으며,
따라서 발현함이 당연하고 옳음을 말한 것이다.

[**어구 설명**] ○言其充積極其盛(언기충적극기성) : 성인의 덕이 충만하고
쌓여서 그 성대함이 극을 이루었다. ○而發見當其可也(이발현당기가
야) : 따라서 발현함이 당연하고 옳음을 말한 것이다.

【**참고 보충**】 「보박여천(溥博如天)」「연천여연(淵泉如淵)」

제26장에 있다. 「하늘과 땅이 성실하게 만물을 낳고 자라게 하는
우주의 생명력과 그 도리는 잠시도 쉴 때가 없다. 쉬지 않으므로
오래 쌓이고, 오래 쌓이면 나타나게 마련이다.(至誠無息 不息則久
久則徵)」

하늘과 하나가 되어 만민을 다스리는 성인(聖人)은 「지성무식(至
誠無息)」한다. 그러므로 성인의 덕은 「하늘처럼 두루 돌고, 넓게 퍼
지며(溥博如天)」,「못에서 솟아나오는 샘물처럼, 쉬지 않고 나와 깊
고 넓은 못에 가득 차 있다.(淵泉如淵)」그래서 성인의 덕은 때맞추
어 나타난다. 이에 만민이 공경하고, 믿고, 또 기뻐하게 마련이다.
만물을 생육화성(生育化成)하는 천지의 대덕이 바로 성인의 덕이다.
그래서 다음 구절에서 하늘에 짝한다고 했다.

제31장 4절 故曰配天
고 왈 배 천

是以 聲名洋溢乎中國 施及蠻貊 舟車所至 人力
所通 天之所覆 地之所載 日月所照 霜露所隊 凡
有血氣者 莫不尊親 故曰配天.

시이(로) 성명(이) 양일호중국(하야) 이급만맥(하야) 주거소지(와) 인
력소통(과) 천지소부(와) 지지소재(와) 일월소조(와) 상로소추(에) 범
유혈기자(이) 막부존친(하니) 고왈배천(이니라)

그런 고로 성인, 즉 공자의 명성이 중국에 넘쳐 퍼지고 오랑캐나
야만 민족이 사는 지방에까지 미치고 뻗는다. 배나 수레가 갈
수 있는 곳, 사람의 힘으로 갈 수 있는 곳, 하늘이 덮고 있는
곳, 땅이 싣고 있는 곳, 해와 달이 비치는 모든 곳, 서리와 이슬이
내리는 곳, <지상세계 어디에서나> 모든 혈기를 가진 사람은,
공자를 존경하고 친애하지 않는 사람이 없다. 그러므로 공자를
하늘에 비기고, 하늘과 짝한다고 말하는 것이다.

[**어구 설명**] ㅇ是以(시이) : 그런 고로, 그러므로. ㅇ聲名洋溢乎中國(성명
양일호중국) : 성인, 즉 공자의 명성이 중국(中國)에 넘쳐 퍼지고.「중국」
은「황하(黃河) 일대의 모든 문화 국가를 통합한 지역」. 중원(中原), 중
하(中夏), 중토(中土)라고도 한다. ㅇ施及蠻貊(이급만맥) : 오랑캐나 야
만 민족이 사는 지방에까지 <공자의 명성이> 미치고 뻗는다. 施(뻗을

이) 蠻(오랑캐 만) 貊(북방 종족 맥) ㅇ舟車所至(주거소지) : 배나 수레가 갈 수 있는 곳. ㅇ人力所通(인력소통) : 사람의 힘으로 통하고 갈 수 있는 곳. ㅇ天之所覆(천지소부) : 하늘이 덮은 곳, 하늘 아래의 지상세계. ㅇ地之所載(지지소재) : 땅이 싣고 있는 곳, 즉 지상의 모든 세계. ㅇ日月所照(일월소조) : 해와 달이 비치는 모든 곳. ㅇ霜露所隊(상로소추) : 서리와 이슬이 내리는 모든 곳.「추(隊)」는「떨어질 추(墜)」와 같다. ㅇ凡有血氣者(범유혈기자) : 모든 혈기를 가진 사람은. ㅇ莫不尊親(막부존친) : 공자(孔子)를 존경하고 친애하지 않는 사람이 없다. ㅇ故曰配天(고왈배천) : 그러므로 공자(孔子)를 하늘에 비기고, 하늘과 짝한다고 말한다.

【集註】 (1) 舟車所至以下 蓋極言之 配天言其德之所及 廣大如天也.

「주거소지(舟車所至)」다음의 글은 <성인의 명성이 미치는 지역을> 대충해서, 극단적으로 말한 것이다.「배천(配天)」이라고 한 말은 성인의 덕이 미치는 범위나 지역이, 광대하기가 하늘처럼 넓고 크다는 뜻이다.

[**어구 설명**] ㅇ舟車所至以下(주거소지이하) :「주거소지(舟車所至)」다음의 글은 <성인의 명성이 미치는 곳을>. ㅇ蓋極言之(개극언지) : 대충해서, 극단적으로 말한 것이다. ㅇ配天言其德之所及(배천언기덕지소급) :「배천(配天)」이라고 한 것은 성인의 덕이 미치는 범위나 지역이. ㅇ廣大如天也(광대여천야) : 광대하기가 하늘처럼 넓고 크다는 뜻이다.

【集註】 (2) 右第三十一章 承上章而言小德之川流 亦天道也.

이상이 제31장이다. 앞의 장을 받고, 「소덕천류(小德川流)」에 대해서 말한 것이다. 역시 천도(天道)를 풀이한 글이다.

【참고 보충】 「고왈배천(故曰配天)」

공자(孔子)는 천성의 성인이다. 하늘과 같은 차원의 「총명예지(聰明睿知)」를 바탕으로 하고, 「인의예지(仁義禮智)의 사덕(四德)」을 다 갖추었다. 즉 「관유온유(寬裕溫柔)의 인(仁)」, 「발강강의(發强剛毅)의 의(義)」, 「재장중정(齊莊中正)의 예(禮)」 「문리밀찰(文理密察)의 지(智)」를 갖추었다. 이러한 경지를 두고 공자는 「천도(天道), 지덕(地德), 인행(人行)」을 겸비했다고 말한다.

공자의 「지혜와 덕행」은 천성(天性)에서 솟아나오는 것이다. 「샘이 솟아, 큰못을 이룬 것처럼, 뿌리가 깊고, 하늘같이 넓고, 땅같이 두터우며, 때맞게 발현했다.(溥博淵泉 而時出之)」 그래서 세계 「만민이 공자를 공경하고, 믿고, 좋아하며(民莫不敬 民莫不信 民莫不說)」 「공자의 명성은 중국만이 아니라, 온 세계 만민에게 뻗고 퍼진다. 그래서 공자를 하늘에 비기고 하늘과 짝짓는 것이다.(聲名洋溢乎中國 施及蠻貊) (凡有血氣者 莫不尊親 故曰配天)」 사실 공자의 사상은 중국만이 아니라, 한국과 일본 및 동남아의 지식인들이 숭상했다. 앞으로도 공자의 사상이 다시 세계적으로 빛을 발할 것이다.

중용 제32장 (총3절)

1절 唯天下至誠 爲能經綸天下之大經 立天下
之大本 知天地之化育 夫焉有所倚.
2절 肫肫其仁 淵淵其淵 浩浩其天.
3절 苟不固 聰明聖知 達天德者 其孰能知之.

앞의 장, 제31장에서는 공자(孔子)의 지성(至聖)을 논하고, 이 장, 제32장에서는 공자의 지성(至誠)을 논했다.

앞의 장에서 공자가 「총명예지(聰明睿知)」와 「인의예지(仁義禮智)」의 사덕(四德)으로 천하 만민을 교화했음을 말했으며, 그것을 「소덕천류(小德川流)」라 했다. 이 장에서는 「공자가 지극한 정성(精誠), 즉 지성(至誠)으로 만물을 독실하게 화육(化育)한다」는 뜻의 「대덕돈화(大德敦化)」를 논했다. 절에 따라, 간단히 설명하겠다.

1절 : 천하에서 가장 지성(至誠)된 사람, 공자(孔子)

가 윤리 도덕을 바르게 잡고, 사람의 본성 속
의 천리를 바르게 세우고, 천지의 화육(化育)
에 동참했다.

2절 : 공자의 인덕(仁德)은 하늘처럼 넓고 또 고요
한 못처럼 깊다.

3절 : 공자는 천성으로 타고난 「총명성지(聰明聖知)」
와 「지극한 정성, 즉 지성(至誠)」으로 「천지
대덕(天地大德)」의 높은 경지에 도달했다.

제32장 1절 天下至誠
천 하 지 성

唯天下至誠 爲能經綸天下之大經 立天下之大
本 知天地之化育 夫焉有所倚.

유천하지성(이아) 위능경륜천하지대경(하며) 입천하지대본(하며) 지
천지지화육(이니) 부언유소의(리오)

천하에서 가장 지성(至誠)된 사람은 천하의 대경(大經)이 되는
오상(五常)을 바르게 다스릴 수 있고, 또 천하의 대본(大本)이
되는 본성의 천리(天理)를 온전하게 세울 수 있으며, 또 천지의
화육(化育)의 도리를 알고 행할 수 있다. 어찌 <지성이 아닌
다른 것을> 의지할 바가 있겠는가.

[**어구 설명**] ㅇ唯天下至誠(유천하지성) : 오직 천하에서 가장 지성(至誠)
된 사람, 이는 곧 공자(孔子)다. ㅇ爲能(위능) : 능히 ……할 수 있다.
ㅇ經綸(경륜) : 본래 길쌈할 때의 용어다. 실을 추리고 나누는 것을 「경
(經)」이라 하고, 비슷한 실을 견주어 합하는 것을 「윤(綸)」이라 했다.
그러나 뒤에는 국사(國事)나 정치를 바르게 다스리는 것을 「경륜」이라
했다. ㅇ天下之大經(천하지대경) : 천하를 바로잡고 다스리는 큰 줄기,
기본 강령. 주자(朱子)는 「경(經)」을 「오상(五常)의 인륜(人倫)」이라고
했다. ㅇ立天下之大本(입천하지대본) : 천하의 「대본(大本)」을 바로 세
운다. 주자는 「대본(大本)」을 「본성 속에 주어진 천리 전체(所性之全體)」

라고 주를 달았다. ㅇ知天地之化育(지천지지화육) : 천지의 화육(化育)을 알고 행한다. 「지(知)」는 「알고 동시에 다스린다, 실천한다」는 뜻을 겸했다. ㅇ夫焉有所倚(부언유소의) : 어찌 <다른 것을> 의지할 바가 있겠는가. 오직 「지성(至誠)」만을 의지하고 행한다.

【集註】(1) 經綸皆治絲之事 經者理其緒 而分之 綸者比其類 而合之也 經常也 大經者五品之人倫 大本者所性之全體也.

「경륜(經綸)」은 명주실을 정리할 때 쓰는 용어다. 「경(經)」은 실마리를 간추리고 나눈다는 뜻이고, 「윤(綸)」은 비슷한 실을 견주어 합한다는 뜻이다. 「경(經)」은 「항상 상(常)」과 같은 뜻이다. <즉 변하지 않는 기본도리라는 뜻이다> 「대경(大經)」은 다섯 가지 인간 윤리를 말한다. 「대본(大本)」은 <천명으로 주어진> 「인간의 본성 속에 있는 천리의 전체」이다.

[**어구 설명**] ㅇ經綸皆治絲之事(경륜개치사지사) : 「경륜(經綸)」은 명주실을 정리할 때 쓰는 용어다. ㅇ經者理其緒而分之(경자리기서이분지) : 「경(經)」은 실마리를 간추리고 나눈다는 뜻이고. ㅇ綸者比其類而合之也(윤자비기류이합지야) : 「윤(綸)」은 비슷한 실을 견주어 합한다는 뜻이다. ㅇ經常也(경상야) : 「경(經)」은 「항상 상(常)」과 같은 뜻이다. 즉 「변하지 않는 기본도리」라는 뜻이다. ㅇ大經者五品之人倫(대경자오품지인륜) : 「대경(大經)」은 다섯 가지 인간 윤리를 말한다. ㅇ大本者所性之全體也(대본자소성지전체야) : 「대본(大本)」은 <천명으로 주어진> 「인간의 본성 속에 있는 천리의 전체」이다.

【集註】(2) 惟聖人之德 極誠無妄 故於人倫 各
盡其當然之實 而皆可以爲天下後世法 所謂經綸
之也.

성인의 덕은 지극히 성실하고 망령됨이 없으므로 오륜에 있어
서도, 저마다 당연히 지켜야 할 행실을 다할 것이다. 그래서 모
든 면에서, 천하나 후세의 법도가 될 수 있다. 이것을 두고 경륜
한다고 말하는 것이다.

[**어구 설명**] ㅇ惟聖人之德 極誠無妄(유성인지덕 극성무망) : 성인의 덕은
지극히 성실하고 망령됨이 없다. ㅇ故於人倫 各盡其當然之實(고어인륜
각진기당연지실) : 고로 오륜에 있어서도, 저마다 당연히 지켜야 할 행실
을 다할 것이다. ㅇ而皆可以爲天下後世法(이개가이위천하후세법) : 그
래서 모든 면에서, 천하나 후세의 법도가 될 수 있다. ㅇ所謂經綸之也(소
위경륜지야) : 이것을 두고 경륜한다고 말하는 것이다.

【集註】(3) 其於所性之全體 無一毫人欲之僞以
雜之 而天下之道千變萬化 皆由此出 所謂立之也.

성인은 자기의 본성 속에 있는 천리를 온전하게 간직하고 지
키며, 털끝만큼의 인간적인 욕심의 거짓됨이 섞이지 않았다. 그
래서 천하를 다스리는 도리나 혹은 천변만화(千變萬化)하는
모든 사물을 처리하는 도리가 다 본성 속에 있는 천리(天理)에
서 나온다. 이것을 이른바 <바르게> 세운다고 말한 것이다.

[**어구 설명**] ㅇ其於所性之全體(기어소성지전체) : 성인은 자기의 본성 속

에 있는 천리(天理)를 온전하게 간직하고 지키며. ㅇ無一毫人欲之僞以
雜之(무일호인욕지위이잡지) : 털끝만큼의 인간적인 욕심의 거짓됨이
섞이지 않았으며. ㅇ而天下之道千變萬化 (이천하지도천변만화) : 따라
서 천하를 다스리는 도리나 혹은 천변만화(千變萬化)하는 모든 사물을
처리하는 도리가 다. ㅇ皆由此出(개유차출) : 모두가 다 본성 속에 있
는 천리(天理)에서 나온다. ㅇ所謂立之也(소위립지야) : 이것을 이른바
<바르게> 세운다고 말한 것이다.

【集註】(4) 其於天地之化育 則亦其極誠無妄者 有默契焉 非但聞見之知而已.

　성인이 「천지가 만물을 화육(化育)하는 데」 <동참함에> 있
어서도, 역시 지극히 성실하고 거짓됨이 없는 성인이라, 하늘과
땅과 묵계(默契)가 있을 것이다. <즉 「천지의 화육(化育)」과
「성인의 지성(至誠)」이 말없이 일치할 것이다> 그러므로 다만
보고 듣는 지(知)만이 아니다. <즉 성인의 지(知)와 덕(德)이
천도(天道)와 지덕(地德)과 실질적으로 일치한다>

[**어구 설명**] ㅇ其於天地之化育(기어천지지화육) : 성인이 천지가 만물을
　화육(化育)하는 데 <동참함에> 있어서도. ㅇ則亦其極誠無妄者(즉역
　기극성무망자) : 역시 지극히 성실하고 거짓됨이 없는 성인은. ㅇ有默
　契焉(유묵계언) : 하늘과 땅과 묵계(默契)가 있을 것이다. 즉 「천지의
　화육(化育)」과 「성인의 지성(至誠)」이 말없이 일치할 것이다. ㅇ非但
　聞見之知而已(비단문견지지이이) : 다만 보고 듣는 지(知)만이 아니다.
　성인의 지(知)와 덕(德)이 천도(天道)와 지덕(地德)과 실질적으로 일치
　한다.

【集註】(5) 此皆至誠無妄自然之功用 夫豈有所倚著於物而後能哉.

이렇게 <성인이 천지의 화육(化育)에 말없이 동참하는 것이> <지성무식(至誠無息)한> 성인이 스스로 이룩한 공용이다. 어찌 다른 것에 의존해서 그렇게 될 수 있겠느냐? <오직 지성(至誠)함으로써 그렇게 되는 것이다>

[**어구 설명**] ㅇ此皆至誠無妄自然之功用(차개지성무망자연지공용) : 이렇게 <천지화육(天地化育)에 동참하는 것이> 지성무식(至誠無息)한 성인의 자연스런 공용이다. ㅇ夫豈有所倚著於物而後能哉(부기유소의저어물이후능재) : 어찌 다른 것에 의해서 그렇게 될 수 있겠느냐? 오직 지성(至誠)의 힘이다.

【**참고 보충**】「소덕천류(小德川流) · 대덕돈화(大德敦化)」

앞의 장, 제31장에서는 공자(孔子)의 지성(至聖)을 논하고, 이 장 제32장에서는 공자의 지성(至誠)을 논했다.

먼저 「제31장」을 복습하겠다. 「지극한 성덕(聖德)을 갖춘 성인(聖人) 공자(孔子)가 천성(天性)의 총명예지(聰明睿知)로 천하만민(天下萬民)을 교화(敎化)했다. 즉 인(仁)으로 너그럽게 품고, 의(義)로 굳게 지키고, 예(禮)로 공경하게 받들고, 지(智)로 밝게 분별했다.」<1절>

이는 공자 자신만이 그렇다 하는 것이 아니고, 천하 만민도 그렇게 되야 함을 가르친 것이다. 공자의 「지(知)와 덕(德)」은 본성의 천리에 뿌리를 둔 것이다. 그래서 「하늘처럼 광대하고 못처럼 고요하고 깊다.(溥博如天 淵泉如淵)」<2절, 3절>고 했으며, 「만민이 존경하고,

신임하고, 좋아하며, 그 명성이 중국만이 아니라, 전 세계에 퍼질 것이다」<3절, 4절>라고 했다.

「총명예지(聰明睿知)」는 총체적 대덕(大德)이고, 「인의예지(仁義禮智)」는 개별적 소덕(小德)이다. 작은 여러개의 냇물이 흘러 큰 하나의 호수나 못을 이룬다. 그래서, 「작은 덕이 냇물처럼 흐르고[小德川流]」, 「하나로 통합된 큰 덕은 만물을 독실하게 화육한다[大德敦化]」라고 했다.

앞의 장은 「공자의 지극한 성덕(聖德)을 나누어 논했다.」 즉 「소덕천류(小德川流)」를 논했다. 이 32장에서는 「공자의 지극하고 진실무망한 지극한 정성(精誠)」, 즉 지성(至誠)이 「만물을 돈독하게 화육(化育)하는 것」, 즉 「대덕돈화(大德敦化)」를 논했다.

【참고 보충】 「지성(至聖)」

공간과 시간을 통합한 「하늘(天)」은 무형의 실재(實在)다. 하늘의 의해 우주가 질서 정연하게 운행되고, 자연만물이 끝없이 생육화성(生育化成)한다. 이와 같은 「하늘」을 기독교에서는 「살아있는 인격신」으로 높인다. 그러나 주자학(朱子學)에서는 「천(天)＝이(理)」라고 이화(理化)했다. 보이지 않는 실재, 보이지 않는 도리에 의해서 우주천지가 운행되고 지상에 만물이 살고 번성하고 있다. 이와 같은 우주의 이법(理法)을 유교에서는 천도(天道) 혹은 천리(天理)라고 요약하고, 지상에서 만물이 살아 번식하는 것을 통틀어 지덕(地德)이라고 한다. 역경(易經)에서는 이를 다시 「하늘과 땅이 어울려, 사실적으로 이루어 내는 좋은 성과가 바로 끝없이 이어지는 생이다.(天地之大德曰生)」라고 했다.

이와 같이 「우주적 차원에서 천도와 지덕을 깨닫고 실천하는 사람」

「천지의 대덕」과 하나된 사람을 「지극한 성인, 즉 지성(至聖)」이라고 한다. 공자가 바로 지성(至聖)이다.

【참고 보충】 「지성(至誠)」

단, 눈에 보이지 않는 형이상(形而上)의 도리(道理)만으로는 눈에 보이고 또 실재로 만질 수 있는 유형(有形)의 실체세계(實體世界)가 형성될 수 없다. 그래서 주자학(朱子學)에서는 「이(理)는 기(氣)를 타고 기능하고 또 발현(發現)하고, 저마다 살아서 활동하고 또 음(陰)과 양(陽)이 결합하여 번식하고 대를 이어가면서 번성한다」고 했으며, 이를 「생생불이(生生不已)」라고 한다. 즉 1대만 살다가 죽는 것이 아니고 대를 이어가면서 삶을 누리고 번식하고 사람의 경우는 역사와 문화를 발전케 하고 있다.

이와 같은 우주적 차원의 「생명력＝에너지」를 중용에서는 「성(誠)」이라고 일컬었다. 이와 같은 「삶의 원동력」으로서의 「성(誠)」자는 논어(論語)에도 보이지 않는다. 즉 공자(孔子)도 말하지 못했다. 뿐만 아니라, 한(漢)대의 정현(鄭玄)이나, 송(宋)대의 주자(朱子), 우리나라의 퇴계(退溪)도 「성(誠)」을 「우주의 에너지＝생명력」이라고 딱 잘라 말하지 않았다. 그러나, 그들 모두는 「성(誠)이 우주의 에너지＝생명력의 근원」임을 직감적으로는 알고 있었을 것이다. 그래서 「성(誠)」을 오직 「성실한 성품, 정성스런 성품」으로만 풀이하면 부족하며 아울러 참뜻을 알지 못하게 된다.

그러므로 「성자천지도(誠者天之道)」를 「우주의 생명력을 바탕으로 참되고 거짓없이 만물을 화육(化育)하는 것이 하늘의 도리다」라고 풀이해야 한다. 아울러 「성지자인지도야(誠之者人之道也)」를 「만물을 낳고 키우는 에너지의 근원인 하늘과 하늘의 도리를 성실하게 믿고 따르고 행하는 것이 사람의 도리다」라고 풀어야 한다.

「천(天)＝성(誠)」이다. 「천도(天道)＝성지도(誠之道)」다. 그러므로 「하늘과 하나가 되고, 천도를 성실하게 따르고 행해서, 천지 만물을 화육(化育)하는 사람」이 곧 「지극하게 성실한 사람, 즉 지성(至誠)」이다. 공자(孔子)가 곧 「지성(至聖)이며 지성(至誠)」이다. 성인(聖人)은 반드시 천지의 화육(化育)에 실천적으로 동참해야 한다. 그래서 제32장 1절에서 「천하에서 가장 성실한 사람이라야 경륜할 수 있다(天下至誠 爲能經綸)」고 말한 것이다.

【참고 보충】 「경륜대경(經綸大經)」

천지인(天地人) 삼재(三才) 중에서도 사람이 가장 귀중하다. 절대선(絕對善)의 천도(天道)를 알고 따라서 지덕(地德)을 세우는 주재(主宰)가 바로 사람이다. 천도를 모르고 악덕한 욕심을 채우기 위해서 무력을 휘둘러, 남을 살상하고, 남의 재물을 탈취하는 존재도 인간이다.

요순(堯舜)과 하(夏)·은(殷)·주(周) 3대(三代) 및 공자(孔子)로 이어지는 도통사상(道統思想)은 도심(道心)을 중심으로 한 왕도덕치(王道德治)를 높이고, 인욕(人欲)을 채우기 위한 무력쟁탈(武力爭奪)을 배척한다. 동시에 모든 사람이 함께 어울려 함께 잘사는 대동세계창건(大同世界創建)을 이상으로 삼는다.

사람은 혼자서는 태어날 수도 없고 살 수도 없다. 반드시 남과 어울려 공동체를 꾸미고, 함께 살게 마련이다. 나와 남이 어울려 함께 잘 사는 도리를 곧 윤리(倫理)라고 한다. 유교사상에서는 윤리의 대강을 「삼강(三綱)과 오륜(五倫)」으로 추렸다. 인간 윤리가 무너지면, 개인이나 국가나 동물 이하가 된다. 서로 싸우고 죽이고 재물을 뺏고,

자기만의 이기적 탐욕을 채우고 동물적·관능적 만족만을 채우면서 산다. 그러므로 오늘의 인류세계를 위기에 처했다고 하는 것이다. 이와 같이 개인이나 국가가 타락하여, 비도덕적·비윤리적 존재가 되면, 진정한 평화세계를 기대할 수 없다.

그래서 「1절」에서, 「천하의 지극한 정성스런 성인은 천하 만민의 큰 줄기가 되는 윤리 도덕을 바로잡고 다스린다(唯天下至誠 爲能經綸天下之大經)」고 말한 것이다.

【참고 보충】 「**천하대본**(天下大本)」「**천지화육**(天地化育)」

사람은 마음을 바탕으로 행동한다. 악덕한 욕심을 바탕으로 하면, 윤리 도덕을 무시하고, 무력으로 남을 죽이고 남의 재물을 탈취한다. 반대로 착한 마음을 바탕으로 하면, 남을 사랑하고 남을 잘되게 덕을 베푼다. 사람은 누구에게나, 천명(天命)으로 주어진 본성 속에 깊이 심어진 천리(天理)가 있다. 그 천리를 깨닫고 따르면, 누구나 윤리 도덕을 실천한다. 천리를 따르는 마음이 곧 도심(道心)이다. 도심을 바탕으로 천리를 따르고 실천하면, 하늘과 하나가 되고, 만물을 화육(化育)한다. 이를 두고 「입천하지대본(立天下之大本)」「지천지지화육(知天地之化育)」이라고 한 것이다.

제32장 2절 其仁淵浩
기 인 연 호

肫肫其仁 淵淵其淵 浩浩其天.

준준기인(이며) 연연기연(이며) 호호기천(이니라)

지성스럽고 믿음직한 그의 인덕(仁德)이, 고요하고 깊은 못같고, 높고 넓은 하늘 그대로다.

[**어구 설명**] ○肫肫其仁(준준기인) : 지성스럽고 믿음직한 그의 인덕(仁德)이. ○淵淵其淵(연연기연) : 깊고 고요함이 마치 못같고. 「기(其)」는 「시(是)」 혹은 「여(如)」로 풀 수 있다. ○浩浩其天(호호기천) : 높고 넓음이 하늘같다.

【集註】 (1) 肫肫懇至貌 以經綸而言也 淵淵静深貌 以立本而言也 浩浩廣大貌 以知化而言也 其淵其天 則非特如之而已.

「준준(肫肫)」은 <성인의 인덕(仁德)이> 지성스럽고 믿음직하다는 형용이며, <그와 같은 인덕으로써> 경륜한다는 뜻을 말한 것이다. 「연연(淵淵)」은 고요하고 깊은 모습을 형용한 말이며, 그와 같은 <고요하고 깊은 인덕을 가지고> 근본을 세운다는 뜻을 말한 것이다. 「호호(浩浩)」는 넓고 크고 높다는 뜻이다. 성인이 <하늘처럼 넓고 높고 위대한> 지(知)와 덕(德)으로 천하 만민을 교화한다는 뜻이다. 성인의 지(知)와 덕(德)이 못 같고 또 하늘같다고 했으나, 그와 같을 뿐만이 아니라, <성인의 지성(至誠)의 공용(功用)은 바로 천지화육(天地化育)에 일치한다.>

[어구 설명] ○肫肫懇至貌(준준간지모) : 「준준(肫肫)」은 <그의 인덕(仁德)이> 지성스럽고 믿음직하다는 형용이다. ○以經綸而言也(이경륜이언야) : <그와 같은 인덕으로써> 경륜(經綸)함을 말한 것이다. 「경륜」은 나랏일을 바로잡고, 백성을 교화(敎化)한다는 뜻이다. ○淵淵靜深貌(연연정심모) : 「연연(淵淵)」은 고요하고 깊은 모습. ○以立本而言也(이립본이언야) : <고요하고 깊은 인덕을 가지고> 근본을 세운다는 뜻을 말한 것이다. 「입본(立本)」은 「본성 속에 주어진 천리(天理)를 바로 세운다.」 ○浩浩廣大貌(호호광대모) : 「호호(浩浩)」는 넓고 크고 높다는 뜻. ○以知化而言也(이지화이언야) : 성인이 <하늘처럼 넓고 높고 위대한> 지(知)와 덕(德)으로 천하 만민을 교화한다는 뜻이다. ○其淵其天(기연기천) : 성인의 「지(知)와 덕(德)」이 못같고 또 하늘같다고 했으나. ○則非特如之而已(즉비특여지이이) : 그와 같을 뿐만이 아니라, <지성(至誠)의 공용(功用)은 바로 천지화육(天地化育)에 일치한다.>

【참고 보충】 「준준기인(肫肫其仁)」

「인(仁)」은 공자가 가장 높이 내세우는 덕목(德目)이며, 덕행(德行)이다. 「인」은 본성 속에 있는 사랑의 뿌리다. 그 뿌리에서 「육친애(肉親愛), 가족애(家族愛), 동포애(同胞愛), 민족애(民族愛), 인류애(人類愛)」가 자라고 또 우주적으로 확대된다. 「인」은 사람만 사랑하지 않고, 자연 만물을 사랑하고 양육하는 자연애(自然愛)로 확대된다. 「지성(至誠)」은 곧 천하 만물을 하늘처럼 사랑하고 양육함이다. 「공자의 지성」은 하늘처럼 넓고 또 고요한 못처럼 깊다. 2절은 바로 그것을 말한 것이다.

제32장 3절　其孰能知之
기 숙 능 지 지

苟不固 聰明聖知 達天德者 其孰能知之.

구불고 총명성지 달천덕자(이면) 기숙능지지(리오)

참으로 천성으로 타고난 「총명성지(聰明聖知)」로 「하늘의 덕(德)」에 도달한 사람이 아니면, 그 누가 능히 알고 잘 다스릴 수 있겠느냐? <즉 바르게 경륜(經綸)할 수 있겠느냐?>

[어구 설명] ○苟不固(구불고) : 참으로, 만약, 굳게 ……하지 못하면, 혹은 ……하지 못하는 사람이면. ○聰明聖知 達天德者(총명성지 달천덕자) : 천성으로 타고난 「총명성지(聰明聖知)」가 「하늘의 덕(德)」에 도달할 정도가 아니면, 그런 사람이 아니면. ○其孰能知之(기숙능지지) : 그 누가, 그 어떤 사람이 바르게 알고 잘 다스릴 수 있겠느냐?, 즉 바르게 경륜(經綸)할 수 있으랴.

【集註】(1) 固猶實也 鄭氏曰 唯聖人能之聖人也.

「고(固)」는 「사실」이라는 뜻이다. 정현(鄭玄)이 말했다. 「오직 성인이라야 성인의 경지를 알 수 있다.」

[어구 설명] ○固猶實也(고유실야) : 「고(固)」는 「사실」이라는 뜻이다. ○鄭氏曰唯聖人能之聖人也(정씨왈유성인능지성인야) : 정현(鄭玄)이 말했다. 「오직 성인이라야 성인의 경지를 알 수 있다.」

【集註】(2) 右第三十二章 承上章 而言大德之
敦化 亦天道也.

이상이 제32장이다. 앞의 장을 이어받고,「대덕의 독실한 화
육」을 말한 것이며, 역시 하늘의 도리다.

【集註】(3) 前章言至聖之德 此章言至誠之道 然
至誠之道 非至聖不能知 至聖之德 非至誠不能爲
則亦非二物矣   此篇言聖人天道之極致至此   而無
以加矣.

앞의 31장은「지성(至聖)의 덕(德)」을 말했으나, 이 장 32장
은「지성(至誠)의 도」를 말했다. 허기는「지성의 도」는「지성
(至聖)」이 아니면, 행할 수 없다. 또「지성지덕(至聖之德)」도
「지성(至誠)」이 아니면 행할 수 없다. 그러므로 둘이 아니다.
「성인과 천도의 극치」가 더 가할 것이 없음을 말한 것이다.

 *「지성(至聖)」이나「지성(至誠)」은 같다. 그 도(道)는 천도(天道)이고,
   그 덕(德)은 지덕(地德)이다.「도(道)＝이(理)＝본체(本體)」는「덕
   (德)＝기(氣)＝효용(效用)」으로 나타난다.

중용 제33장 (총6절)

1절 詩曰 衣錦尙絅 惡其文之著也 故君子之
道 闇然而日章 小人之道 的然而日亡 君
子之道 淡而不厭 簡而文 溫而理 知遠之
近 知風之自 知微之顯 可與入德矣.

2절 詩云 潛雖伏矣 亦孔之昭 故君子內省不
疚 無惡於志 君子之所不可及者 其唯人
之所不見乎.

3절 詩云 相在爾室 尙不愧于屋漏 故君子 不
動而敬 不言而信.

4절 詩曰 奏假無言 時靡有爭 是故君子 不賞
而民勸 不怒而民威於鈇鉞.

5절 詩曰 不顯惟德 百辟其刑之 是故 君子篤
恭而天下平.

6절 詩云 予懷明德 不大聲以色 子曰 聲色之
於以化民 末也 詩云 德輶如毛 毛猶有倫
上天之載 無聲無臭 至矣.

각 장마다 요점을 설명하겠다.

제33장 1절 衣錦尚絅
의 금 상 경

詩曰 衣錦尚絅 惡其文之著也 故君子之道 闇然
而日章 小人之道 的然而日亡 君子之道 淡而不
厭 簡而文 溫而理 知遠之近 知風之自 知微之顯
可與入德矣.

시왈 의금상경(이라하니) 오기문지저야(이라) 고(로) 군자지도(는) 암
연이일장(하고) 소인지도(는) 적연이일망(하나니) 군자지도(는) 담이
불염(하며) 간이문(하며) 온이리(니) 지원지근(하며) 지풍지자(하며)
지미지현(이면) 가여입덕의(리라)

시경에 있다. 『비단옷을 입고, 밖에 홑옷을 덧입는다.』<그 이유
는> 비단옷의 문채(紋彩)가 드러나는 것을 싫어하기 때문이다.
고로 군자의 도는 어두운 듯하면서 날로 빛이 나고, 소인의 도는
뚜렷하지만 날로 시들어진다. 군자의 도는 담박하면서도 싫증
나지 않고, 간결하면서도 문채가 나고, 온화하면서도 조리가 바
르다. 그러므로 원대한 일도 가까운 일에서 비롯됨을 알고, 바람
이 불어도 그 근원을 알고, 은미한 것이 밖으로 나타남을 알아야
한다. 그래야 도에 들어갈 수 있다.

[어구 설명] ㅇ詩曰(시왈) : 시경에 있다. <그러나 시경의 구절과 일치하지
않고, 글자가 다르다.> ㅇ衣錦尚絅(의금상경) : 비단옷을 입고, 밖에 홑

옷을 덧입는다. 絅(홑옷 경) 「시경 위풍(衛風) 석인편(碩人篇)」에는 「의
금경의(衣錦褧衣)」라 했고, 「정풍(鄭風) 봉편(丰篇)」에는 「의금경의(衣
錦褧衣) 상금경상(尙錦褧裳)」으로 되어있다. o 惡其文之著也(오기문지
저야) : <비단옷의> 문채(紋彩)가 드러나는 것을 싫어하기 때문에 <홑
옷을 덧입는다.> o 故君子之道(고군자지도) : 고로 군자의 도는, 군자가
지키고 행할 도리와 태도. o 闇然而日章(암연이일장) : 어두운 듯하면서
도 날로 빛이 난다. 闇(어두울 암) o 小人之道(소인지도) : 소인의 도는.
o 的然而日亡(적연이일망) : 뚜렷하지만 날로 시들어진다. o 君子之道
(군자지도) : 군자의 도는. o 淡而不厭(담이불염) : 담박하면서도 싫증
나지 않고. o 簡而文(간이문) : 간결하면서도 문채가 나고. o 溫而理(온
이리) : 온화하면서, 조리가 바르고. o 知遠之近(지원지근) : 원대한 일
도 가까운 일에서 비롯됨을 알고. o 知風之自(지풍지자) : 바람의 시발
점을 알고. o 知微之顯(지미지현) : 은미한 것이 밖으로 나타나 보인다
는 것을 알아야 하다. o 可與入德矣(가여입덕의) : 그래야 <더불어> 도
에 들어갈 수 있다. 「가여(可與)」는 「가이(可以)」와 같다.

【集註】 (1) 前章 言聖人之德 極其盛矣 此復自 下學立心之始言之 而下文 又推之 以至其極也.

앞의 장, 제32장에서는 성인의 덕이 지극히 성대함을 말했다.
이 장에서는 다시 아래서부터 배우고, 마음을 바르게 세우는
데서부터 시작해야 함을 말했다. 그리고 다음 글에서 더욱 미루
어 나가서, 지극한 경지에 이르게 했다.

[어구 설명] o 前章 言聖人之德 極其盛矣(전장 언성인지덕 극기성의) : 앞
의 장, 제32장에서는 성인의 덕이 지극히 성대함을 말했다. o 此復自下
學立心之始言之(차부자하학립심지시언지) : 이 장에서는 다시 아래서

부터 배우고, 마음이나 뜻을 바르게 세우는 데서부터 시작해야 함을 말했
다. ○而下文又推之以至其極也(이하문우추지이지기극야) : 그리고 다
음 글에서 더욱 미루어 나가서, 그 극의 경지에 이르게 했다.

【集註】(2) 詩國風衛碩人 鄭之丰 皆作衣錦褧衣 褧絅同 禪衣也.

시경 국풍(國風) 위풍(衛風) 석인편(碩人篇)이나, 정풍(鄭風)
봉편(丰篇)의 시에는, 다「의금경의(衣錦褧衣)」라고 쓰여 있다.
경(褧)과 경(絅)은 같고 다 홑옷이라는 뜻이다.

[**어구 설명**] ○詩國風衛碩人鄭之丰(시국풍위석인정지봉) : 시경 국풍(國
風) 위풍(衛風) 석인편(碩人篇)이나, 정풍(鄭風) 봉편(丰篇)의 시에는.
○皆作衣錦褧衣(개작의금경의) : 다 「의금경의(衣錦褧衣)」라고 쓰여
있다. ○褧絅同禪衣也(경경동단의야) : 경(褧)과 경(絅)은 같고, 홑옷이
다. 禪(홑옷 단)

【集註】(3) 尙加也 古之學者爲己 故其立心如此 尙絅 故闇然 衣錦 故有日章之實 淡簡溫 絅之襲於外也 不厭 而文且理焉 錦之美在中也.

「상(尙)」은 덧입는다는 뜻이다. 옛날에 글을 배우는 사람은
자기 자신의 수양을 위해서 배웠다. 그러므로 마음 세움을 이와
같이 했다. 비단옷 위에 홑옷을 덧입었다, 그래서 <겉으로는>
어둡고 흐린 듯하지만, 속에는 비단옷을 입고 있으므로, <속에
있는 빛나는 학식이나 덕이> 날로 실하고 알차게 나타난다.

<군자의 태도나 도리가> 담담하고, 간결하고, 온화하게 나타나는 것은 마치 홑옷을 덧입어서, <문채를 누른 것과 같다.> 그래도 사람들이 군자를 싫어하지 않는 것은 속에 아름다운 비단옷을 입고 있듯이, 군자는 속에 총명하고 지극한 덕을 갖추고 있기 때문이다.

[**어구 설명**] ㅇ尙加也(상가야) : 「상(尙)」은 덧입는다는 뜻이다. ㅇ古之學者爲己(고지학자위기) : 옛날에 글을 배우는 사람은 자신의 수양을 위해서 글을 배웠다. ㅇ故其立心如此(고기립심여차) : 그러므로 마음 세움을 이와 같이 했다. ㅇ尙絅故闇然(상경고암연) : 비단옷 위에 홑옷을 덧입었다, 그래서 어둡고 흐린 듯하다. <속에 빛나고 밝은 덕을 지니고 있어도, 겉으로는 내보이지 않는다> ㅇ衣錦故有日章之實(의금고유일장지실) : 속에는 비단옷을 입고 있으므로, <속에 있는 덕이> 날로 실하고 알차게 빛난다. ㅇ淡簡溫(담간온) : <군자의 태도는> 담담하고, 간결하고, 온화하다. ㅇ絅之襲於外也(경지습어외야) : 홑옷을 밖에 덧입어서, <문채를 누른 것과 같다.> ㅇ不厭而文且理焉(불염이문차리언) : 사람들이 군자를 싫어하지 않는 까닭은. ㅇ錦之美在中也(금지미재중야) : 속에 아름다운 비단옷을 입고 있듯이 군자는 속에 총명한 예지와 성덕을 갖추고 있기 때문이다. <그래서 사람들이 존경하고, 믿고, 따른다>

【集註】(4) 小人反是 則暴於外而無實以繼之 是以的然而日亡也.

소인은 이와 반대가 된다. 즉 모든 것을 밖에 들어 내보인다. 그래서 알찬 열매가 뒤따르지 않는다. 그러므로 소인은 <부분적·일시적으로> 뚜렷하게 내보이지만, 결국은 날로 시들고 스러지게 된다.

[**어구 설명**] ㅇ小人反是(소인반시) : 소인은 이와 반대가 된다. ㅇ則暴於外
(즉폭어외) : 밖에 내보인다. <학식이나 덕이 깊지 못하기 때문에, 경솔
하게 내보인다> ㅇ而無實以繼之(이무실이계지) : 그래서 알맹이나 사
실이 뒤따르지 않는다. ㅇ是以的然而日亡也(시이적연이일망야) : 그러
므로 소인은 <일시적·부분적으로는> 뚜렷하게 내보이지만, 결국은
<알차지 못하고> 날로 시들고 스러지게 된다.

【**集註**】 (5) 遠之近 見於彼者 由於此也 風之自
著乎外者 本乎內也 微之顯 有諸內者 形諸外也.

  먼 것이 가까운 것에서 비롯된다 함은, 저기서 나타난 것이
여기서 비롯한다는 뜻이다. 바람도 근원지가 있다고 함은, 밖에
나타난 것은 안에 뿌리를 두고 있다는 뜻이다. 은미(隱微)한
것이 나타나 보인다 함은, 속에 숨어있는 것이 밖으로 나타난
다는 뜻이다.

[**어구 설명**] ㅇ遠之近(원지근) : 먼 것이 가까운 것에서 비롯된다 함은.
   ㅇ見於彼者由於此也(현어피자유어차야) : 저기서 나타난 것이 여기서
비롯한다는 뜻이다. ㅇ風之自(풍지자) : 바람도 근원지가 있다고 함은.
   ㅇ著乎外者本乎內也(저호외자본호내야) : 밖에 나타난 것은 안에 뿌
리를 두고 있다는 뜻이다. ㅇ微之顯(미지현) : 은미(隱微)한 것이 나타
나 보인다 함은. ㅇ有諸內者 形諸外也(유저내자 형저외야) : 속에 숨
어있는 것이 밖으로 나타난다는 뜻이다.

【集註】 (6) 有爲己之心　而又知此三者　則知所謹
而可入德矣　故下文引詩　言謹獨之事.

　학문을 자기 수양을 위해 하겠다는 마음이 있고, 그리고 또
이 세 가지를 잘 알면, 삼갈 바를 알아서, 덕에 들어갈 수 있다.
그러므로 다음에서 시를 인용해서 「자기 자신을 삼가는 일」에
대한 말을 했다.

[**어구 설명**] ο有爲己之心(유위기지심) : 자기를 위해 하겠다는 마음이 있
　고. ο而又知此三者(이우지차삼자) : 또 이 세 가지를 잘 알면. ο則知所
　謹而可入德矣(즉지소근이가입덕의) : 삼갈 바를 알아서, 덕에 들어갈 수
　있다. ο故下文引詩　言謹獨之事(고하문인시 언근독지사) : 고로, 다음
　에서 시경을 인용해서 「자기 자신을 삼가는 일」에 대한 말을 했다.

【참고 보충】 「군자지도(君子之道)　암연일장(闇然日章)」

　대전소주(大全疏註)의 섭씨(葉氏)의 말을 인용하겠다. 「앞의 3장
에서, 공자(孔子)가 중용지도(中庸之道)를 잘 실천해서, 지성(至聖)＝
지성(至誠)의 경지에 이르렀음을 말했다.」「그러나 그와 같은 높은
경지도, 밑에서부터 바르게 잘 배우고 점차로 높이 올라가야 한다.
특히 초학자(初學者)는 뜻을 바르게 세워야 한다. 즉 학문은 자기
수양을 위해서 하는 것이다. 남에게 내보이고 명리(名利)를 얻기 위
해서 하는 것이 아니다. 그러므로 학식과 인덕(仁德)을 깊이 간직해
야 한다.」「그래서, 자사(子思)는 시경(詩經)의 시를 인용해서, 비단
옷 위에 홑옷을 덧입듯이 군자는 속에 빛나는 학식과 인덕이 넘쳐도,
어둡고 희미한 듯이 하고, 때에 맞추어 적절하게 내보이고 실천해야
한다.」「그와 같은 군자의 길은 어두운 듯하지만 날로 빛난다.(君子

之道 闇然而日章)」고 하였다.

【참고 보충】「소인지도(小人之道) 적연이일망(的然而日亡)」

　반대로 소인은 명예나 지위나 재물을 위해서 학문을 한다. 그러므로 경솔하게 함부로 지껄인다. 「적연(的然)」은 「부분적인 토막 지식을 적실한 것처럼 말한다」는 뜻이다. 그러나, 소인은 속에 든 것이 없으므로, 얼마 안 가서 바닥이 나고, 빈털터리가 된다. 이것을 「소인은 당장은 적실하게 아는 척하지만, 날로 아무것도 없게 된다.(小人之道 的然而日亡)」라고 한 것이다. 특히 이 말을 다음같이 확대 해석할 수도 있다. 「도에 어긋나는 욕심을 노골적으로 채우려 하고, 또 감정을 원색적으로 나타낸다. 그래서 천도에 어긋나는 그런 짓은 날로 시들고, 종국에는 망하게 된다.」

【참고 보충】「담이불염(淡而不厭)·간이문(簡而文)·온이리(溫而理)」

　군자의 도리는 하늘의 도리와 일치한다. 그러므로 「담박하면서도 물리지 않고(淡而不厭)」 「간명하면서도 아름답고 문화적이고(簡而文)」 「온순하고 포근하면서도 도리를 엄격하게 지킨다.(溫而理)」 이와 같은 도리와 태도가 곧 하늘과 자연의 도리이고, 따라서 군자의 도리이다.

【참고 보충】「원지근(遠之近)·풍지자(風之自)·미지현(微之顯)」

　주자(朱子)가 말했다. 「먼데서 일어나는 모든 일이 나로부터 비롯되고, 모든 득실이 나에서 연유한다.(遠之近)」 「바람은 바로 나의 마음속에서 일어난다. 국가 백성에 대한 풍교(風敎)가 바로 임금의 마음을 시발점으로 한다.(風之自)」 「보이지 않는 은미(隱微)한 마음이 발현한다. 그러므로 모든 선악 시비가 바로 임금의 마음에서 나온다.(微之顯)」 진씨(陳氏)는 말했다. 「이상의 세 가지를 알면, 비로소 덕에 들어갈 수 있다.(知三者 可與入德矣)」

【참고 보충】 「군자(君子)·소인(小人)」

여기서 말하는 「군자(君子)」는 「천도(天道)」, 즉 「중용의 도(中庸之道)」를 지키고 행하는 「임금과 성인(聖人) 혹은 선비」를 다 포함해도 된다. 반대로 「소인(小人)」은 「도를 모르거나 무시하고, 이기적(利己的) 욕심이나, 육체적 쾌락만을 추구하는 모든 사람」의 뜻으로 확대 해석해도 된다. 바로 오늘날 세계의 정치 지도자나, 돈과 무력과 이득과 쾌락만을 추구하는 타락인간들이, 다 소인이다. 그래서, 오늘의 세계 인류를 위기에 빠졌다고 하는 것이다.

제33장 2절 內省不疚
내 성 불 구

詩云 潛雖伏矣 亦孔之昭 故君子內省不疚 無惡
於志 君子之所不可及者 其唯人之所不見乎.

시운 잠수복의(나) 역공지소(라하니) 고(로) 군자(는) 내성불구(하야)
무오어지(니) 군자지소불가급자(는) 기유인지소불견호(인져)

시경(詩經) 소아(小雅) 정월편(正月篇)에 있다. 『<물고기가>
비록 물속에 잠기고 엎드려 있어도, 역시 심히 밝게 드러나 보인
다.』고로, 군자는 자기가 속으로 반성해서 병폐가 없어야 하고,
자기 마음에 부끄러움이 없어야 한다. <보통사람들이> 군자를
따라갈 수 없는 점은, 오직 <군자가> 남들이 보지 않는 곳에서
도 <스스로> 근신(謹愼)하는 점일 것이다.

[**어구 설명**] ○詩云(시운) : 시경(詩經) 소아(小雅) 정월편(正月篇)의 시
다. ○潛雖伏矣(잠수복의) : <물고기가> 비록 물속에 잠기고 엎드려 있
어도. ○亦孔之昭(역공지소) : 역시 심히 밝게 드러나 보인다. ○故君子
內省不疚(고군자내성불구) : 고로, 군자는 자기 자신 속으로 반성해서
병폐가 없어야 하고. ○無惡於志(무오어지) : 자기 마음에 부끄러움이
없어야 한다. ○君子之所不可及者(군자지소불가급자) : <보통사람들
이> 군자를 따라갈 수 없는 점은. ○其唯人之所不見乎(기유인지소불견
호) : 오직 <군자가> 남들이 보지 않는 곳에서도 <스스로> 근신(謹愼)

하는 점일 것이다.

【集註】（1）　詩小雅正月之篇　承上文　言莫見乎
隱　莫顯乎微也　疚病也　無惡於志猶言無愧於心　此
君子謹獨之事也.

시경(詩經) 소아(小雅) 정월편(正月篇)의 시다. 앞의 글을 이어받고,「숨은 것보다 더 잘 나타나 보이는 것이 없고, 미세한 것보다 더 잘 나타나 보이는 것이 없다」는 뜻을 말한 것이다.「구(疚)」는 병폐라는 뜻이다.「뜻에 싫어함이 없다」함은 마치「마음에 부끄러운 바가 없다」는 뜻과 같다. 이상은「군자는 자기를 근신해야 함」을 말한 것이다.

[**어구 설명**] ㅇ詩小雅正月之篇(시소아정월지편) : 시경(詩經) 소아(小雅) 정월편(正月篇)의 시다.　ㅇ承上文(승상문) : 앞의 글을 이어받고.　ㅇ言莫見乎隱　莫顯乎微也(언막현호은 막현호미야) : 숨은 것보다 더 잘 나타나 보이는 것이 없고, 미세한 것보다 더 잘 나타나 보이는 것이 없다는 뜻을 말한 것이다.　ㅇ疚病也(구병야) :「구(疚)」는 병폐라는 뜻이다. ㅇ無惡於志　猶言無愧於心(무오어지　유언무괴어심) :「뜻에 싫어함이 없다」함은 마치「마음에 부끄러운 바가 없다」는 뜻과 같다. ㅇ此君子謹獨之事也(차군자근독지사야) : 이 글은「군자는 자기를 근신해야 함」을 말한 것이다.

　＊ 군자는 혼자 있거나, 남이 모르고 자기만이 아는 마음속에서도, 항상 하늘의 도리를 간직한다. 이 점이 바로 보통사람들이 따를 수 없는 점이다.

제33장 3절   不愧于屋漏
불 괴 우 옥 루

詩云 相在爾室 尚不愧于屋漏 故君子 不動而敬
不言而信.

시운 상재이실(혼대) 상불괴우옥루(라하니) 고(로) 군자(는) 부동이경
(하며) 불언이신(이니라)

시경(詩經) 대아(大雅) 억편(抑篇)에 있다.『그대가 방안에 있
는 것을 보고, 구석방에서도 부끄럽지 않기를 바라노라!』고로
군자는 움직이지 않아도 남들이 공경하고, 말하지 않아도 남들
이 믿는다.

[**어구 설명**] ㅇ詩云(시운) : 시경(詩經) 대아(大雅) 억편(抑篇)의 시다.
ㅇ相在爾室(상재이실) : 그대가 방안에 있는 것을 보고.「상(相)」은 본
다,「재이실(在爾室)」은「이재실(爾在室)」의 변형. ㅇ尙不愧于屋漏(상
불괴우옥루) : 구석방에서도 부끄럽지 않기를 <나는 바란다.>「상(尙)」
은「더욱 바란다」는 뜻.「옥루(屋漏)」는「서북쪽에 있는 후미진 구석
방」. 즉 구석방에 혼자 있어도 스스로 부끄럽지 않은 신중한 마음가짐
과 태도를 지니기를 바란다. ㅇ故君子(고군자) : 고로 군자는. ㅇ不動
而敬(부동이경) : 움직이지 않아도 남들이 공경하고. ㅇ不言而信(불언
이신) : 말하지 않아도 남들이 믿는다.

【集註】(1) 詩大雅抑之篇 相視也 屋漏室西北隅也 承上文 又言君子之戒謹恐懼 無時不然 不待言動 而後敬信 則其爲己之功 益加密矣 故下文引詩 幷言其效.

시경(詩經) 대아(大雅) 억편(抑篇)의 시다. 「상(相)」은 본다는 뜻이다. 「옥루(屋漏)」는 서북쪽에 있는 구석방이다. 앞의 글을 이어받고, 다시 군자는 <마음이나 몸가짐에 있어> 경계하고, 근신하고, 겁내고 두려워해야 하며, 항상 그렇게 해야 함을 말한 것이다. <군자가> 말하거나 움직이지 않아도, <사람들이> 그를 존경하고 믿으니, 즉 자기를 위한 공부의 효과가 더욱 치밀하게 된 것이다. 고로 다음에서 시경을 인용하고 아울러 효과를 말했다.

[**어구 설명**] ㅇ詩大雅抑之篇(시대아억지편) : 시경(詩經) 대아(大雅) 억편(抑篇)의 시다. ㅇ相視也(상시야) :「상(相)」은 본다는 뜻이다. ㅇ屋漏室西北隅也(옥루실서북우야) :「옥루(屋漏)」는 서북쪽에 있는 구석방. ㅇ承上文(승상문) : 앞의 글을 이어받고. ㅇ又言(우언) : 다시 말한 것이다. ㅇ君子之戒謹恐懼(군자지계근공구) : 군자는 <마음이나 몸가짐에 있어> 경계하고, 근신하고, 겁내고, 두려워해야 한다. ㅇ無時不然(무시불연) : 항상 그렇게 해야 함을 <말한 것이다.> ㅇ不待言動而後敬信(부대언동이후경신) : <군자가> 말하거나 움직이지 않아도, <사람들이> 그를 존경하고 믿으니. ㅇ則其爲己之功(즉기위기지공) : 즉 자기를 위한 공부의 효과가. ㅇ益加密矣(익가밀의) : 더욱 치밀하게 된 것이다. ㅇ故下文 引詩 幷言其效(고하문 인시 병언기효) : 고로 다음에서 시경을 인용하고 아울러 효과를 말했다.

🔶 제33장 4절　不賞而民勸
불 상 이 민 권

詩曰 奏假無言 時靡有爭 是故君子 不賞而民勸
不怒而民威於鈇鉞.

시왈 주격무언(하야) 시미유쟁(이라하니) 시고(로) 군자(는) 불상이민권(하며) 불노이민위어부월(이니라)

시경(詩經) 상송(商頌) 열조편(烈祖篇)에 있다. 『제단 앞에 나가서 <정성으로 제사를 드리면> 신령이 감동하여 강림한다. <그래서 사람들도 감동하고> 말없이 조용하다.』 그러므로, 임금이 상을 주지 않아도 백성들이 스스로 부지런히 일하고, 임금이 성을 내지 않아도 백성들이 작두나 도끼보다 더 두려워한다.

[**어구 설명**] ㅇ詩曰(시왈) : 시경(詩經) 상송(商頌) 열조편(烈祖篇)의 시다. ㅇ奏假無言(주격무언) : 주자(朱子)는 「제단 앞에 나가서 <정성으로 제사를 드리면> 신령이 감동하여 강림한다. <그래서 사람들도 감동하고> 말없이 조용하다」로 풀이했다. 「가(假)」를 「격(格)」으로 읽고 또 뜻풀이한다. ㅇ時靡有爭(시미유쟁) : 그래서 그때에 다투거나 예의를 어기는 일이 없게 된다. ㅇ是故君子(시고군자) : 그런 고로 군자는. 여기서는 임금의 뜻. ㅇ不賞而民勸(불상이민권) : <임금이> 상을 주지 않아도 백성들이 스스로 부지런히 일하고. ㅇ不怒而民威於鈇鉞(불노이민위어부월) : <임금이> 성을 내지 않아도 백성들이 작두나 도끼보다 더 두려워한다. <임금의 총명과 덕이 높고 밝기 때문이다>

【集註】 （1）　詩商頌烈祖之篇　奏進也　承上文而
遂及其效　言進而感格於神明之際　極其誠敬　無有
言說而人自化之也　威畏也　鈇莝斫刀也　鉞斧也.

　시경(詩經) 상송(商頌) 열조편(烈祖篇)의 시다. 「주(奏)」는
<신령 앞에> 나아간다는 뜻이다. 앞의 글을 이어받고, 마침
내 <자신을 성실하고 경건하게 간직한> 효험에 대해서 언급
한 것이다. <제주(祭主)가> 앞에 나가서 <제사를 드리고>
신명을 감동케 하고 또 강림케 할 때에, 정성과 존경을 다하
면, <제사를 드리는 종묘 안에 있는 모든 사람들이> 말하지
않아도 모두 감화된다. 「위(威)」는 「경외(敬畏)한다」는 뜻이
다. 「부(鈇)」는 「여물을 베는 작두다.」「월(鉞)」은 도끼다.

[어구 설명] ○詩商頌烈祖之篇(시상송열조지편) : 시경(詩經) 상송(商頌)
　열조편(烈祖篇)의 시다. 은(殷)나라 탕왕(湯王)을 제사 지내는 시다.
　○奏進也(주진야) : 「주(奏)」는 <신령 앞에> 나아간다는 뜻이다. ○承
　上文而遂及其效言(승상문이수급기효언) : 앞의 글을 이어받고, 마침내
　경성(敬誠)의 효험에 대해서 말했다. ○進而感格於神明之際(진이감격
　어신명지제) : <제주(祭主)가> 나가서 <제사를 드리고> 신명을 감동
　케 하고 또 강림케 할 때에. ○極其誠敬(극기성경) : 정성을 다하면. ○無
　有言說而人自化之也(무유언설이인자화지야) : 사람들이 말하지 않아
　도 스스로 감화된다. ○威畏也(위외야) : 「위(威)」는 경외(敬畏)하다.
　○鈇莝斫刀也(부좌작도야) : 「부(鈇)」는 여물을 베는 작두다. 莝(여물 좌)
　○鉞斧也(월부야) : 「월(鉞)」은 도끼다.

🔖 제33장 5절　不顯惟德
불 현 유 덕

詩曰 不顯惟德 百辟其刑之 是故君子篤恭 而天下平.

시왈 불현유덕(을) 백벽기형지(라하니) 시고(로) 군자(는) 독공 이천하 평(이니라)

시경(詩經) 주송(周頌) 열문편(烈文篇)에 있다.『천자의 드러나지 않는 덕을 모든 임금, 즉 제후들이 본받고 따른다.』그러므로 천자가 독실하고 공경하고 <덕을 드러내 보이지 않아도> 천하가 평화롭게 다스려진다.

[어구 설명] ㅇ詩曰(시왈) : 시경(詩經) 주송(周頌) 열문편(烈文篇)의 시다. ㅇ不顯惟德(불현유덕) : <천자의> 드러나지 않는 덕을. ㅇ百辟其刑之(백벽기형지) : 모든 임금, 즉 제후(諸侯)들이 본받고 따른다.「형(刑)」은「본으로 삼는다, 법도로 삼는다」는 뜻이다.「벽(辟)」은 지방을 다스리는 제후(諸侯), 임금. ㅇ是故(시고) : 그러므로. ㅇ君子篤恭而天下平(군자독공이천하평) : 천자가 독실하고 공경하고 <덕을 드러내 보이지 않아도> 천하가 평화롭게 다스려진다.

【集註】 (1) 詩周頌烈文之篇 不顯說見二十六章 此借引以爲幽深玄遠之意　承上文　言天子有不顯

之德 而諸侯法之 則其德愈深 而效愈遠矣 篤厚也
篤恭言不顯其敬也 篤恭而天下平 乃聖人至德淵
微 自然之應 中庸之極功也.

　시경(詩經) 주송(周頌) 열문편(烈文篇)의 시다. 「임금이 덕
(德)을 보이지 않음」에 대한 설명은 제26장에 있다. 여기서는
「불현(不顯)」을 인용해서, 「유심현원(幽深玄遠)」의 뜻으로 삼
았다. 앞의 글을 이어받고, 천자가 「불현지덕(不顯之德)」을 가
지고 있으면, <지방을 다스리는> 제후들도 법도로 삼고 모방하
고, 따라서 그 덕이 더욱 깊고 또 효험이 더욱 멀리까지 나타남
을 말한 것이다. 「독(篤)」은 두텁다는 뜻이다. 「독공(篤恭)」은
「그 공경(恭敬)을 내보이지 않는다」는 뜻이다. 천자가 덕을 깊
이 간직하고 내보이지 않아도 천하가 태평하게 되는 것은 곧
성인의 지극한 덕이 못같이 깊고 고요하고 은미(隱微)하고, 이
에 천하가 자연히 응한 것이다. 그것이 곧 중용(中庸)의 지극한
공이다.

[**어구 설명**] ㅇ詩周頌烈文之篇(시주송열문지편) : 시경(詩經) 주송(周頌)
　열문편(烈文篇)의 시구다. ㅇ不顯說見二十六章(불현설현이십육장) :
　「임금의 덕(德)을 내보이지 않음」에 대한 설명은 제26장에 있다. ㅇ此借
　引以爲幽深玄遠之意(차차인이위유심현원지의) : 여기서는 「불현(不
　顯)」을 인용해서 「유심현원(幽深玄遠)」의 뜻으로 삼았다. 「유심현원」은
　「임금이 덕을 깊이 간직하고 현묘하고 원대하게 퍼진다」는 뜻이다. ㅇ承
　上文(승상문) : 앞의 글을 이어받고. ㅇ言天子有不顯之德(언천자유불
　현지덕) : 천자가 「불현지덕(不顯之德)」을 가지고 있으면. 「언(言)」은

「효유원의(效愈遠矣)」까지 걸린다.   ㅇ而諸侯法之(이제후법지) : 그러면 <지방을 다스리는> 제후들도 법도로 삼고 모방한다. ㅇ則其德愈深而效愈遠矣(즉기덕유심이효유원의) : 그러므로 즉, 그 덕이 더욱 깊고 또 효험이 더욱 멀리까지 뻗는다. ㅇ篤厚也(독후야) :「독(篤)」은 두텁다는 뜻이다. ㅇ篤恭言不顯其敬也(독공언불현기경야) :「독공(篤恭)」은 「그 공경(恭敬)을 내보이지 않는다」는 뜻이다. ㅇ篤恭而天下平(독공이천하평) : 천자가 덕을 깊이 간직하고 내보이지 않아도 천하가 태평하게 되는 것은. ㅇ乃聖人至德淵微(내성인지덕연미) : 곧 성인의 지극한 덕이 못같이 깊고 고요하고 은미(隱微)한 것이다. ㅇ自然之應(자연지응) : 천하가 자연히 응한 것이다. ㅇ中庸之極功也(중용지극공야) : <그것이 곧> 중용(中庸)의 지극한 공이다.

【참고 보충】 「독공이천하평(篤恭而天下平)」

중용의 마지막, 제33장을 간략하게 복습해보자.

1절 : 군자는 속에 총명하고 고명한 학식과 인덕(仁德)을 깊이 간직하고 있어도, 경솔하게 내보이지 않고, 더욱 자신의 학식과 인덕을 넓히고 높여야 한다.

2절 : 속에 깊이 숨어 있는 것 같은 마음은 결국은 밝게 나타나게 마련이다. 그러므로 군자는 자기 마음속을 항상 하늘이나 하늘의 도리와 하나되게 해야 한다.

3절 : 남이 안보고, 혼자 있을 때의 몸가짐이나, 남은 모르고 자기 혼자만이 아는 마음가짐에도, 항상 근신(謹愼)하고, 천리(天理)를 존양(存養)하고 아울러 사사로운 욕심을 경계하고 겁내야 한다. 즉 계구(戒懼)해야 한다. 그렇게 수양하면 「움직이지 않아도 사람들이 존경하고, 말하지 않아도 사람들이 믿는다.(不動而敬 不言而信)」

4절 : 제사 지낼 때 정성을 다하면, 신령이 감동하고 강림하듯이, 지성(至聖)과 지성(至誠)으로 천도를 따르고 행하면, 천하 만민이 감동하고 교화되어, 상을 주지 않아도 스스로 분발하고, 벌을 내리지 않아도 죄를 짓지 않게 된다.

5절 : 뿐만 아니다. 지방을 다스리는 모든 임금들도 따르고 행한다. 그러므로 천자가 「독경(篤敬)」하면, 참다운 평천하(平天下)가 이루어진다.

6절 : 천자가 성색(聲色), 즉 명령이나 법령 혹은 의식이나 제도를 가지고 백성을 교화하는 것은 말단에 속한다. 역시 「소리도 없고 냄새도 없는 하늘(上天之載 無聲無臭)」같이 「학식이나 인덕조차도 나타내지 않고 교화하는 경지」가 최고의 지극한 경지이다.

제33장 6절 無聲無臭
무 성 무 취

詩云 予懷明德 不大聲以色 子曰 聲色之於以化
民末也 詩云 德輶如毛 毛猶有倫 上天之載 無聲
無臭 至矣.

시운 여회명덕(의) 부대성이색(이라하야늘) 자(이) 왈 성색지어이화민
(에) 말야(라하시니라) 시운 덕유여모(이라하니) 모유유륜(어니와) 상
천지재 무성무취(아) 지의(니라)

시경(詩經) 대아(大雅) 황의편(皇矣篇)에 있다. 『나는 그대의
명덕을 좋게 생각한다. 큰 소리를 내지 않고, 얼굴빛을 꾸미지
않기 때문이다.』<이에 대해서> 공자가 말했다. 「성색(聲色)을
가지고 백성을 교화하는 것은 말단에 속한다.」<그리고 공자가
시경을 인용했다>『덕은 가볍기가 터럭 같다.』<그리고 또 공
자가 말했다>「터럭은 그래도 비교할 것이 있다.」<그리고 또
시경의 말을 인용했다>『하늘은 만물을 낳고 키우는 일을 하면
서도, 소리도 없고 냄새도 없다.』<그리고 또 공자가 말했다>
「이렇게 하는 것이 지극한 경지이다.」

[어구 설명] ㅇ詩云(시운) : 시경(詩經) 대아(大雅) 황의편(皇矣篇)의 시
다. ㅇ予懷明德(여회명덕) : 원래는 상제(上帝)가 문왕(文王)에게 한 말
이며, 「나는 그대의 명덕을 좋게 생각한다」라는 뜻이다. ㅇ不大聲以色

(부대성이색) : <그 이유는 문왕이> 「큰 소리를 내지 않고, 얼굴빛을 꾸미지 않기 때문이다.」 <상제가 문왕을 칭찬한 말이다> 「성(聲)」은 「명령이나 호령(號令)을 크게 한다」는 뜻, 「색(色)」은 「여러 가지로 꾸미는 의식(儀式)이나 의용(儀容) 등을 상징한 말이다.」 ㅇ子曰(자왈) : <시경의 구절을 바탕으로> 공자가 말했다. <이하 전부를 공자의 말로 보는 것이 좋다> ㅇ聲色之於以化民末也(성색지어이화민말야) : 성색(聲色)을 가지고 백성을 교화하는 것은 말단에 속한다. ㅇ詩云(시운) : 대아(大雅) 증민편(烝民篇)의 시. ㅇ德輶如毛(덕유여모) : 덕은 가볍기가 터럭 같다. ㅇ毛猶有倫(모유유륜) : 터럭은 그래도 비교할 것이 있다. ㅇ上天之載 無聲無臭(상천지재 무성무취) : 「하늘이 만물을 낳고 키우는 일을 하지만, 하늘은 소리도 없고 냄새도 없다.」 <대아(大雅) 문왕편(文王篇)의 구절> ㅇ至矣(지의) : <이와 같은 경지가> 지극하다, 최고다. <공자가 시를 인용하고 덧붙인 말이다>

【集註】 (1) 詩大雅皇矣之篇 引之以明上文所謂 不顯之德者 正以其不大聲與色也.

시경(詩經) 대아(大雅) 황의편(皇矣篇)의 시다. 이 시를 인용해서 앞의 글에서 말한 「불현지덕(不顯之德)」이, 바로 음성과 안색을 크게 하지 않기 때문임을 밝힌 것이다.

[어구 설명] ㅇ詩大雅皇矣之篇(시대아황의지편) : 시경(詩經) 대아(大雅) 황의편(皇矣篇)의 시다. ㅇ引之以明(인지이명) : 인용해서 <다음의 뜻을> 밝힌 것이다. ㅇ上文所謂不顯之德者(상문소위불현지덕자) : 앞의 글에서 말한 「불현지덕(不顯之德)」이. ㅇ正以其不大聲與色也(정이기부대성여색야) : 바로 음성과 안색을 크게 하지 않기 때문임을 <밝힌 것이다.>

【集註】(2) 又引孔子之言以爲聲色 乃化民之末
務 今但言不大之而已 則猶有聲色者存 是未足以
形容不顯之妙.

또 공자의 말을 인용해서, 성색(聲色)으로 백성을 교화하고
다스리는 것이 말단이라고 말했다. 그러나 〈시경에서는〉 다만
「성색」을 크게 하지 않았다고 〈말했으니〉, 「성색이 여전히 있
음을」 〈말한 것으로, 그 경지는〉 아직도 「불현의 묘(不顯之
妙)」의 경지를 형용하기에는 부족하다.

[**어구 설명**] ○又引孔子之言(우인공자지언) : 또 공자의 말을 인용해서.
○以爲聲色乃化民之末務(이위성색내화민지말무) : 성색(聲色)으로 백
성을 교화하고 다스리는 것이 말단이라고 말했다. ○今但言不大之而已
(금단언부대지이이) : 그러나 〈시경에서는〉 다만 「성색」을 크게 하지
않았다고 〈말했으니〉. ○則猶有聲色者存(즉유유성색자존) : 「성색이
여전히 있음을」 〈말한 것으로, 그 경지는〉. ○是未足以形容不顯之妙
(시미족이형용불현지묘) : 아직도 「불현의 묘(不顯之妙)」의 경지를 형
용하기에는 부족하다.

【集註】(3) 不若烝民之詩所言德輶如毛 則庶乎
可以形容矣 而又自以爲謂之毛 則猶有可比者 是
亦未盡其妙 不若文王之詩所言上天之事無聲無臭
然後 乃爲不顯之至耳.

증민편(烝民篇)의 시에서 말한 바에 미치지 못한다. 〈증민편
의 시에서〉 덕의 가볍기가 털끝 같다고 했으니, 그만하면 거의

가깝게 형용했다고 할 수 있다. 그러나 그래도 역시 「털」이라고 하면, 역시 비길 물건이 있게 되며, 역시 「불현지묘」를 형용하기에는 충분하지 못하다. <그래서> 차라리 문왕편(文王篇)에서 말한 시 구절, 「하늘의 하는 일은 소리도 없고 냄새도 없다」는 구절을 인용한 것이다. 이에 비로소 「불현지덕」의 지극함을 형용할 수 있게 된 것이다.

[**어구 설명**] ○不若烝民之詩所言(불약증민지시소언) : 증민편(烝民篇)의 시에서 말한 바에 미치지 못한다. ○德輶如毛(덕유여모) : <증민편의 시에서> 「덕이 가볍기가 털끝 같다고 했다.」 ○則庶乎可以形容矣(즉서호가이형용의) : 그만하면 거의 가깝게 형용했다고 할 수 있다. ○而又自以爲謂之毛(이우자이위위지모) : 그러나 그래도 역시 「털」이라고 하면. ○則猶有可比者(즉유유가비자) : 역시 비길 물건이 있게 되며. ○是亦未盡其妙(시역미진기묘) : 역시 「불현지묘」를 형용하기에는 충분하지 못하다. ○不若文王之詩所言(불약문왕지시소언) : <그래서> 차라리 문왕편(文王篇)에서 말한 시 구절. ○上天之事無聲無臭(상천지사무성무취) : 「하늘의 하는 일은 소리도 없고 냄새도 없다」는 구절을 인용한 것이다. ○然後乃爲不顯之至耳(연후내위불현지지이) : 그래서 비로소 「불현지덕」의 지극함을 형용할 수 있게 된 것이다.

【集註】(4) 蓋聲臭 有氣無形 在物 最爲微妙 而猶曰無之 故惟此可以形容不顯篤恭之妙 非此德之外 又別有是三等然後爲至也.

허기는 소리나 냄새는 기(氣)만 있고 형체는 없으며, 물질 중에서는 가장 미묘한 것이며, 역시 없다고 말할 수 있다. 그러므로 「성취(聲臭)」를 가지고 「불현독공지묘(不顯篤恭之妙)」를 형용할 수 있다. 그 덕 이외로 또 다른 세 등급이 있고, <그 등급을 거쳐야> 다음에 지극한 경지에 이른다는 뜻이 아니다.

[**어구 설명**] ㅇ蓋聲臭(개성취) : 허기는 소리나 냄새는. ㅇ有氣無形(유기무형) : 기만 있고, 형체는 없다. ㅇ在物最爲微妙(재물최위미묘) : 물질 중에서는 가장 미묘한 것이며. ㅇ而猶曰無之(이유왈무지) : 역시 없다고 말할 수 있다. ㅇ故惟此可以(고유차가이) : 그러므로 「성취(聲臭)」를 가지고, 형용할 수 있다. ㅇ形容不顯篤恭之妙(형용불현독공지묘) : 「불현독공지묘(不顯篤恭之妙)」를 형용할 수 있다. ㅇ非此德之外(비차덕지외) : 그 덕 이외로. ㅇ又別有是三等(우별유시삼등) : 또 다른 세 등급이 있고 <그 등급을 거쳐야>. ㅇ然後爲至也(연후위지야) : 비로소 지극한 경지에 이른다는 뜻이 아니다. 앞의 「비(非)」는 여기까지 걸린다.

【集註】(5) 右第三十三章 子思因前章極致之言 反求其本 復自下學爲己謹獨之事 推而言之 以馴致乎篤恭而天下平之盛 又贊其妙 至於無聲無臭 而後已焉.

이상이 제33장이다. 자사는 앞장, 즉 제32장에서 「성인이 덕의 극치를 이루었다」고 한 말을 바탕으로 <이 장 33장에서는> 돌이켜 그 근본을 구하고, 또 처음 배우는 사람은 학문을 자기수양을 위해서 하고 아울러 자기 홀로 있을 때도 근신해야 함을 <강조했다.> 그리고 다시 미루어 말했다. <천자는> 「자기의 덕을 내보이지 않는 독공(篤恭)으로 제후나 만민을 순치(馴致)

하면, 천하가 태평성세를 이룬다」고 말했다. 또 천자가 자기의
덕을 내보이지 않는 독공(篤恭)을 칭찬하고, 「무성무취(無聲無
臭)」의 경지에 이르게 해야 한다고 말했다.

[**어구 설명**] ㅇ右第三十三章(우제삼십삼장) : 이상이 제33장이다. ㅇ子思
因前章極致之言(자사인전장극치지언) : 자사는 앞장, 즉 제32장에서 「성
인이 덕의 극치를 이루었다」고 한 말을 바탕으로 <이 장 33장에서는>.
ㅇ反求其本(반구기본) : 돌이켜 그 근본을 구하고. ㅇ復自下學爲己謹獨
之事(부자하학위기근독지사) : 또 처음 배우는 사람은 학문을 자기수양
을 위해서 하고 아울러 자기 홀로 있을 때도 근신해야 함을 <강조했다.>
ㅇ推而言之(추이언지) : 그리고 다시 미루어 말했다. ㅇ以馴致乎篤恭而
天下平之盛(이순치호독공이천하평지성) : <천자는> 「자기의 덕을 내
보이지 않는 독공(篤恭)으로 제후나 만민을 순치(馴致)하면, 천하가 태
평성세를 이룬다고 말했다. ㅇ又贊其妙(우찬기묘) : 천자가 자기의 덕을
내보이지 않는 독공(篤恭)을 칭찬하고. ㅇ至於無聲無臭而後已焉(지어
무성무취이후이언) : 「무성무취(無聲無臭)」의 경지에 이르게 해야 함을
말했다.

【集註】（6） 蓋擧一篇之要而約言之 其反復丁寧 示人之意 至深切矣 學者其可不盡心乎.

무릇, 제33장은 중용(中庸) 전편을 요약해서 말한 것이며, 반
복해서 친절하게 사람에게 뜻을 전함에 있어, 지극히 깊고 절실
하다. 그러므로, 배우는 사람이 정성을 다해야 한다.

[**어구 설명**] ㅇ蓋擧一篇之要而約言之(개거일편지요이약언지) : 무릇, 제33
장은 중용(中庸) 전편을 요약해서 말한 것이며. ㅇ其反復丁寧示人之意

(기반복정녕시인지의) : 반복해서 친절하게 사람에게 뜻을 전함에 있어. ○至深切矣(지심절의) : 지극히 깊고 절실하다.　○學者其可不盡心乎 (학자기가부진심호) : 그러므로, 배우는 사람이 정성을 다해야 한다.

【참고 보충】「제1장과 제33장」

　　중용 제1장 첫 구절은 「천명지위성(天命之謂性)」이고 마지막 제33 장의 끝 구절은 「무성무취지의(無聲無臭至矣)」다. 「천명지위성」은 곧 「하늘이 절대명령으로 내려준 본성 속에 주어진 천리이다.」 천리 는 보이지 않는 형이상(形而上)의 도리, 즉 「천도 천리」이며, 「소리 도 없고 냄새도 없다.」

　　중용 첫장에서 말했다. 「본성 속에 주어진 천리를 따르는 것이 사 람의 도리다.(率性之謂道)」 「그 도리를 따르고 행하기 위해 사람은 저마다의 품격을 조절하는 것이 교육 교화다.(修道之謂敎)」 「교화의 최종 목표는 천리를 따라 진정한 평화세계를 창건하는 것이다.」 그래 서 공자는 말했다. 「천자가 천리를 돈독하게 따르고 공경하면 평천하 를 이룬다.(君子篤敬而天下平)」 그리고 또 결론을 지었다. 「무성무 취한 천리를 따라 평천하하는 것이 최고다.(無聲無臭至矣)」 「하나에 서 시작하고, 만 가지로 풀어졌다가, 다시 하나로 돌아온 것이다.」

색 인(索引)

新完譯 中庸章句新講

初版 印刷 ●2005年　5月　16日
初版 發行 ●2005年　5月　23日

新譯講述 ●張 基 槿
發 行 者 ●金 東 求
發 行 處 ●明 文 堂
　　　　　서울특별시 종로구 안국동 17～8
　　　　　대체　010041-31-001194
　　　　　전화　(영) 733-3039, 734-4798
　　　　　　　　(편) 733-4748
　　　　　F A X 734-9209
　　　　　Homepage www.myungmundang.net
　　　　　E-mail mmdbook1@myungmundang.net
　　　　　등록　1977. 11. 19. 제1～148호

● 낙장 및 파본은 교환해 드립니다.
● 불허복제

정가는 표지에 표기되어 있습니다.
ISBN 89-7270-780-5 93150